MANUEL

DU

COMMERÇANT.

On trouve chez le même Libraire.

CODE DE COMMERCE, précédé du discours de M. Regnaud-de-Saint-Jean-d'Angely, 1 vol. in-12.　　　1 f. 5o c.
Le même in-18,　　　　　　　　　　　　　　1 f.

CODE NAPOLÉON, édition conforme aux changemens adoptés par le Corps législatif le 3 septembre 1807; contenant les motifs, présentés au Corps législatif par MM. *Bigot-Préameneu* et *Chabot* (de l'Allier), orateurs du conseil d'État et du Tribunat; le tableau des distances, les lois transitoires sur les hypothèques, sur l'intérêt de l'argent et autres; avec une table alphabétique et raisonnée des matières, 1 vol. in-8.　5 f. 5o c.

CONSTITUTIONS DE L'EMPIRE FRANÇAIS, contenant les Sénatus - consultes organiques, avec une Table alphabétique raisonnée des matières, suivies des actes relatifs à l'organisation du Sénat; 1 vol. in-8°.　　　　　　　　2 f. 5o c.

RAPPORTS DES NOUVEAUX POIDS ET MESURES AVEC LES ANCIENS DES DIVERSES PROVINCES DE FRANCE ET CEUX DE TOUS LES PAYS, précédés d'un exposé sur le Système Métrique et suivis d'un traité comparatif de toutes les monnaies du Globe et *des Calculs d'intérêts simplifiés*, tableau au moyen duquel on trouve l'intérêt de toutes sommes, à tel nombre de jours et à tel taux d'escompte que ce soit, par une seule multiplication; par *Soulet* (d'Uzerches). 1 volume in-8°.　　　　　　　　　　　　　　　　　5 fr.

TRAITÉ DES CHANGES ET ARBITRAGES, par *Soulet* (d'Uzerches), ouvrage dédié et adopté par la Banque de France; 2. édit. considérablement augmentée, 1 vol. in-8°. 7 fr. 5o c.

BAREME DES ARBITRAGES, par *Soulet* (d'Uzerches), *ouvrage* au moyen duquel, par une simple multiplication, on trouve toute espèce d'arbitrages, 1 vol. in-8°.　　6 fr.

　　Ouvrage dédié et adopté par son excellence monseigneur Cretet, Ministre de l'Intérieur, Gouverneur de la Banque.

CONCORDANCE DES CALENDRIERS RÉPUBLICAIN ET GRÉGORIEN, depuis l'an II jusqu'en l'an XX.
--Feuille ouverte grand raisin,　　　　　　　　　1 f.
--La même collée sur carton.　　　　　　　　1 f. 5o c.

CHOIX DE DISCOURS DE RÉCEPTION A L'ACADÉMIE FRANÇOISE, depuis son établissement jusqu'à sa suppression; 2 vol. in-8°.　　　　　　　　　　　　　　12 fr.

　　Ce recueil contient différens discours de la plus grande éloquence, qui ne se trouvent pas dans les œuvres de leur auteur, entre autres le discours de réception de M. de Buffon et ses réponses; le discours de M. Thomas à la réception de M. Ducis, et qui contient l'éloge de Voltaire.

PERSPECTIVE DES RAPPORTS POLITIQUES ET COMMERCIAUX DE LA FRANCE, DANS LES DEUX INDES, SOUS LA DYNASTIE REGNANTE, par *F. De Pons*; 1 v. in-8. 5 f.

MANUEL
DU COMMERÇANT,

OU

DICTIONNAIRE

DE LÉGISLATION COMMERCIALE,

AUGMENTÉ

De notes instructives sur le Commerce ;

SUIVI

Du texte entier du Code de commerce, des articles des Codes
Napoléon et de Procédure qui y ont rapport ;

ET

DE LA LOI DU 30 AVRIL 1806 SUR LES DOUANES.

PAR F. GUITON , Employé au Conseil d'État.

A PARIS,

Chez {
DEMONVILLE, Imprimeur-Libraire de l'Académie
Française, rue Christine, n°. 2.
BAILLEUL, Éditeur du Journal de Commerce,
rue Helvétius, n°. 71.

1808.

MANUEL

DU

COMMERÇANT.

A.

ABANDON. Faire abandon, c'est l'action et l'acte que fait à ses assureurs un marchand qui s'est fait assurer sur un navire ou sur des marchandises, lorsqu'il reçoit avis de leur prise, de leur perte ou de leur arrêt; il cède et transporte alors, par un acte authentique, à ses assureurs, le navire ou les marchandises qu'ils lui avaient assurées, moyennant quoi ils doivent lui payer les sommes qu'ils avaient assurées sur le navire ou sur les marchandises.

La responsabilité du propriétaire du navire concernant les faits du capitaine pour ce qui est relatif au navire et à l'expédition, cesse par l'abandon du navire et du fret (*art.* 216).

ABANDONNEMENT. Se dit également de l'action de la personne qui abandonne et de la chose abandonnée.

Le capitaine ne peut abandonner son navire pendant le voyage pour quelque danger que ce

I

soit, sans l'avis des officiers et des principaux de l'équipage (241). Voyez *Capitaine*.

ABORDAGE. Terme de marine, qui signifie le choc de deux vaisseaux que la faute du timonier ou la force du vent fait dériver l'un sur l'autre, soit en allant de compagnie, soit lorsqu'ils se trouvent en même mouillage dans une rade ou dans un port.

Toutes pertes et dommages qui arrivent aux objets assurés par abordage fortuit, sont aux risques des assureurs (350).

En cas d'abordage de navires, si l'événement a été purement fortuit, le dommage est supporté, sans répétition, par celui des navires qui l'a éprouvé.

Si l'abordage a été fait par la faute de l'un des capitaines, le dommage est payé par celui qui l'a causé.

S'il y a doute dans les causes de l'abordage, le dommage est réparé à frais communs, et par égale portion par les navires qui l'ont fait et souffert.

Dans ces deux derniers cas, l'estimation du dommage est faite par experts (407).

Voyez *Action*, *Fin de non-recevoir*.

ABRÉVIATION. L'abréviation est un retranchement que l'on fait de quelques lettres dans l'écriture, comme quand on écrit Me. pour *Maître*, Mr. pour *Monsieur*, ou même de quelques mots qu'on représente par *etc.*

Les agens de change et courtiers sont tenus de consigner dans leur livre, sans abréviation, toutes les conditions des ventes, achats, assurances, négociations, et en général de toutes les opérations faites par leur ministère (84).

ABROGATION, est un acte émané du pouvoir souverain, par lequel une loi, un usage sont détruits, annullés ou anéantis.

Tous délais de grace, de faveur, d'usage ou d'habitudes locales pour le paiement des lettres de change, sont abrogés (135).

ABSENCE. L'absent est celui qui est éloigné de sa demeure ordinaire.

On divise les absens en deux classes : l'une est composée de ceux dont l'existence est incertaine, parce qu'on ignore le lieu qu'ils habitent, et que depuis un certain tems on n'a point eu de leurs nouvelles.

L'autre classe comprend ceux dont l'existence ne paraît pas douteuse, attendu qu'on sait où ils sont, et qu'habituellement on en a des nouvelles.

Le mineur qui veut faire le commerce, ne peut en commencer les opérations, ni être réputé majeur, quant aux engagemens par lui contractés pour faits de commerce, s'il n'a été préalablement autorisé par sa mère, dans le cas où son père serait absent (2).

L'acte de protêt doit énoncer la présence ou l'absence de celui qui doit payer (174).

Pourra être poursuivi comme banqueroutier simple et être déclaré tel, le failli qui, s'étant absenté, ne se sera pas présenté aux agens et aux syndics dans les délais fixés, et sans empêchement légitime (587).

ACCEPTATION. L'acceptation d'une lettre de

change est l'acte par lequel celui sur qui elle est tirée s'engage à la payer au terme fixé.

La forme de l'acceptation est simple : on écrit au bas de la lettre, *acceptée pour la somme de....,* et l'on signe.

Le tireur et les endosseurs d'une lettre de change sont garans solidaires de l'acceptation et du paiement à l'échéance (118).

Le refus d'acceptation est constaté par un acte que l'on nomme protêt faute d'acceptation (119).

Sur la notification du protêt faute d'acceptation, les endosseurs et le tireur sont respectivement tenus de donner caution pour assurer le paiement de la lettre de change à son échéance, et d'en effectuer le remboursement avec les frais de protêt et de rechange.

La caution, soit du tireur, soit de l'endosseur, n'est solidaire qu'avec celui qu'elle a cautionné (120).

Celui qui accepte une lettre de change contracte l'obligation d'en payer le montant.

L'accepteur n'est pas restituable contre son acceptation, quand même le tireur aurait failli à son insu avant qu'il eût accepté (121).

L'acceptation d'une lettre de change doit être signée.

L'acceptation est exprimée par le mot *accepté.*

Elle est datée, si la lettre est à un ou plusieurs jours ou mois de vue.

Et, dans ce dernier cas, le défaut de date de l'acceptation rend la lettre exigible au terme y exprimé, à compter de sa date (122).

L'acceptation d'une lettre de change payable dans un autre lieu que celui de la résidence de l'accepteur, indique le domicile où le paiement doit être effectué ou les diligences faites (123).

L'acceptation ne peut être conditionnelle ; mais elle peut être restreinte quant à la somme acceptée.

Dans ce cas, le porteur est tenu de faire protester la lettre de change pour le surplus (124).

Une lettre de change doit être acceptée à sa présentation, ou au plus tard dans les vingt-quatre heures de la présentation.

Après les vingt-quatre heures, si elle n'est pas rendue, acceptée ou non acceptée, celui qui l'a retenue est passible de dommages-intérêts envers le porteur (125).

Lors du protêt, faute d'acceptation, la lettre de change peut être acceptée par un tiers intervenant pour le tireur, ou pour l'un des endosseurs.

L'intervention est mentionnée dans l'acte de protêt ; elle est signée par l'intervenant (126).

L'intervenant est tenu de notifier sans délai son intervention à celui pour qui il est intervenu (127).

Le porteur de la lettre de change conserve tous ses droits contre le tireur et les endosseurs, à raison du défaut d'acceptation par celui sur qui la lettre était tirée, nonobstant toutes acceptations par intervention (128). Voy. *Aval, Délai, Echéance, Effets de commerce, Journal, Paiement, Porteur, Protêt, Provision, Revendication.*

ACCEPTEUR. Celui qui accepte, qui signe une lettre de change, qui s'oblige de payer la valeur y contenue au tems de son échéance.

Voyez *Acceptation, Faillite, Porteur, Saisie, Solidarité.*

ACCIDENT. On appelle accidens les cas fortuits, et particulièrement les événemens fâcheux auxquels la volonté de l'homme n'a pas eu de part.

ACCIDENT DE MER. Voy. *Assurance, Avarie, Délai.*

ACCORD. Convention, accommodement que deux ou plusieurs personnes font entre elles.

ACCORD pour salaires et loyers d'équipages. Voy. *Equipage.*

ACHAT. L'achat est un traité par lequel on acquiert la propriété d'une chose quelconque, moyennant un prix convenu.

On appelle aussi *achat* la chose achetée, et *livre d'achats,* le livre dans lequel les marchands enregistrent les effets qu'ils achètent.

Les agens de change et courtiers sont tenus de consigner dans leur livre, jour par jour, et par ordre de dates, sans ratures, entrelignes, ni transpositions, et sans abréviations ni chiffres, toutes les conditions des achats opérés par leur ministère (84).

Les achats se constatent

Par actes publics,

Par actes sous signature privée,

Par le bordereau ou arrêté d'un agent de change ou courtier, dûment signé par les parties,

Par une facture acceptée,

Par la correspondance,

Par les livres des parties,

Par la preuve testimoniale, dans le cas où le tribunal croira devoir l'admettre (109).

La loi répute acte de commerce tout achat de denrées et marchandises, pour les revendre, soit en nature, soit après les avoir travaillées et mises en œuvre, ou même pour en louer simplement l'usage (632). Voy. *Agrès*, *Banqueroutier frauduleux*, *Bâtiment*, *Négociation*.

ACHAT de marchandises, Voy. *Assurance*, *Capitaine.*

— de victuailles, Voy. *Capitaine.*

— de voiles et cordages. Voy. *Capitaine*, *Propriétaire de navire.*

ACHETEUR. Marchand qui achète des marchandises pour faire son commerce, pour les revendre en gros ou en détail, en magasin, en boutique, en foire, etc. Voy. *Revendication.*

A-COMPTE. Manière de parler abrégée, pour dire qu'on a donné ou reçu quelque chose sur la somme due. Voy. *Paiement.*

AÇORES. Ces Isles, situées dans l'Océan, entre les deux continens d'Europe et d'Afrique, vis-à-vis les côtes de Portugal, furent découvertes, vers le milieu du quinzième siècle, par Gonzalve Velez, Portugais. Elles furent nommées *Açores*, qui signifie *épervier*, à cause de la quantité de ces oiseaux qu'on y trouve.

Sont réputés voyages de long cours, ceux qui se font aux Açores. (377). Voy. *Assurance*, *Délai.*

ACQUÉREUR. C'est celui qui est devenu propriétaire d'un immeuble par vente, échange ou autrement.

Les jurisconsultes distinguent deux sortes d'acquéreurs; l'acquéreur de bonne foi et l'acquéreur de mauvaise foi.

L'acquéreur de bonne foi est celui qui a acquis de quelqu'un qui n'était pas propriétaire, mais qu'il croyait propriétaire.

L'acquéreur de mauvaise foi est celui qui a acquis de celui qu'il savait bien n'être pas propriétaire. Voy. *Navire*, *Vente volontaire*.

ACQUISITION, action d'acquérir. *Acquisition* signifie aussi la chose acquise. Voy. *Femme*.

ACQUIT. On distingue trois sortes d'acquits, savoir : l'acquit de paiement, l'acquit à caution et l'acquit de transit ou passe-avant.

L'acquit de paiement est une espèce de quittance ou billet imprimé sur du papier timbré, qui est expédié et délivré aux marchands, commissionnaires ou voituriers, par les commis ou receveurs des bureaux établis aux entrées et sorties du territoire de l'Empire.

L'acquit à caution est un acte que délivrent des commis des douanes, à un particulier qui se rend caution que des marchandises seront vues et visitées par les préposés à cet effet dans le lieu pour lequel elles sont destinées. Après cette visite qui constate que les marchandises sont parvenues au lieu de la destination, on met la décharge au dos de l'acquit qu'on renvoie ensuite à la caution, pour le représenter à ceux qui le lui ont délivré, afin qu'ils la déchargent de son cautionnement.

L'acquit de *transit* ou passe-avant se délivre pour faire partir des matières ou marchandises exemptes de droits.

Il n'y a rien à payer pour cet acquit; mais on est obligé de rembourser le prix du timbre.

Le capitaine doit avoir à bord les acquits de paiement ou à caution des douanes (226).

Le chargeur est tenu de fournir au capitaine du navire les acquits des marchandises chargées

dans les vingt-quatre heures après le chargement (282).

ACTE. Le terme d'*acte* s'applique en général
à tout ce qui est procédure et à toutes les conventions qui se rédigent par écrit dans la société.

Les actes se divisent en actes authentiques et
en actes privés.

Les *actes authentiques* sont ceux qui portent
avec eux le caractère de l'autorité publique, et
qui ont été rédigés par le ministère d'officiers
publics.

Les *actes privés* sont ceux qui ne sont signés
que par les particuliers.

Les *actes authentiques* sont judiciaires ou passés
par-devant notaires.

Les judiciaires sont tous ceux qui se font en
justice pour la poursuite d'une action jusqu'au
jugement définitif.

Les actes passés par-devant notaires sont tous
les contrats, baux, obligations, transactions,
quittances, procurations, décharges, etc., rédigés par ces officiers.

Il y a cette différence entre les actes passés par-
devant notaires, et ceux qu'on passe sous signature privée, que les premiers, étant revêtus de
la forme qui leur donne une exécution parée,
peuvent être exécutés dans tout le territoire de
l'Empire; qu'ils emportent hypothèque du jour
de la date qui est certaine même contre les tiers,
et qu'il n'est pas besoin que ceux qui les ont
souscrits les aient reconnus, parce qu'ils sont
censés vrais jusqu'à inscription de faux. Cela s'entend des actes non prohibés, et dans lesquels ont
été observées les formalités prescrites par la loi.

Les actes sous seing-privé obligent également

les contractans, mais il faut qu'ils soient reconnus par ceux qui les ont souscrits, pour avoir
le caractère d'authenticité que les autres acquièrent dès le moment de la rédaction.

L'acte par lequel un mineur est autorisé
à faire le commerce doit être enregistré et affiché au tribunal de commerce où le mineur veut
établir son domicile (2).

Les protêts faute d'acceptation, de paiement,
sont faits par deux notaires, ou par un notaire et
deux témoins, ou par un huissier et deux témoins.

Ils doivent être faits,

Au domicile de celui sur qui la lettre de change
était payable, ou à son dernier domicile connu ;

Au domicile des personnes indiquées par la
lettre de change, pour la payer au besoin ;

Au domicile du tiers qui a payé par intervention ; le tout par un seul et même acte (173).

Les actes justificatifs du chargement et de la
perte des objets assurés sont signifiés à l'assureur
avant qu'il puisse être poursuivi pour le paiement des sommes assurées (383).

L'époque de l'ouverture de la faillite est fixée
par la date de tous actes constatant le refus d'acquitter ou de payer des engagemens de commerce.

Néanmoins ces actes ne constateront l'ouverture de la faillite que lorsqu'il y aura cessation
de paiement ou déclaration du failli (441).

Tous actes translatifs de propriétés immobilières, faits par le failli, à titre gratuit, dans
les dix jours qui précèdent l'ouverture de la faillite, sont nuls et sans effet relativement à la
masse des créanciers ; tous actes du même genre,
à titre onéreux, sont susceptibles d'être annullés,
sur la demande des créanciers, s'ils paraissent

aux juges porter des caractères de fraude (444).

Tous actes faits en fraude des créanciers du failli sont nuls (447).

Dans le cas où l'union des créanciers est autorisée par le tribunal de commerce à traiter à forfait des droits et actions du failli dont le recouvrement n'est pas opéré, et à les aliéner, les syndics font tous les actes nécessaires (563). Voy. *Concordat.*

ACTE AUTHENTIQUE. Voy. *Femme.*

ACTES CONSERVATOIRES. A compter de leur entrée en fonctions, les agens, et ensuite les syndics, sont tenus de faire tous actes pour la conservation des droits du failli sur ses débiteurs.

Ils sont aussi tenus de requérir l'inscription aux hypothèques sur les immeubles des débiteurs du failli, si elle n'a été requise par ce dernier, et s'il a des titres hypothécaires. L'inscription sera reçue au nom des agens et des syndics, qui joindront à leurs bordereaux un extrait des jugemens qui les auront nommés (499).

Ils sont tenus de prendre inscription, au nom de la masse des créanciers, sur les immeubles du failli dont ils connaîtront l'existence. L'inscription sera reçue sur un simple bordereau énonçant qu'il y a faillite, et relatant la date du jugement par lequel ils auront été nommés, (500).

ACTE CONSTITUTIF d'une société anonime. Voy. *Société anonime.*

ACTE DE COMMERCE. Sont commerçans ceux qui exercent des actes de commerce, et en font leur profession habituelle (1).

La loi reconnaît, pour les actes de commerce,

des agens intermédiaires ; savoir : les agens de change et les courtiers (76).

Tous actes ou engagemens pour faits de commerce contractés par le débiteur, dans les dix jours qui précèdent l'ouverture de la faillite, sont présumés frauduleux, quant au failli ; ils sont nuls, lorsqu'il est prouvé qu'il y a fraude de la part des autres contractans (445).

Les tribunaux de commerce connaîtront, entre toutes personnes, des contestations relatives aux actes de commerce (631).

Choses que la loi repute actes de commerce (631 et 632).

Voyez *Courtier interprète*, *Tribunal de commerce*.

ACTE DE GESTION. Voy. *Gestion.*

ACTE DE PERQUISITION. Voy. *Domicile*, *Protêt.*

ACTE DE PRÊT A LA GROSSE. Voy. *Contrat à la grosse.*

ACTE DE PROPRIÉTÉ. Le capitaine est tenu d'avoir à bord l'acte de propriété du navire, et l'acte de francisation (226).

ACTE DE PROTESTATION. Voy. *Protestation.*

ACTE DE PROTÊT. L'acte de protêt contient

La transcription littérale de la lettre de change, de l'acceptation, des endossemens, et des recommandations qui y sont indiquées,

La sommation de payer le montant de la lettre de change.

Il énonce

La présence ou l'absence de celui qui doit payer, les motifs du refus de payer, et l'impuissance ou le refus de signer (174).

Nul acte de la part du porteur de la lettre de change ne peut suppléer l'acte de protêt hors le cas prévu par les art. 150 et suivans, touchant la perte de la lettre de change (175).

Voyez *Compte de retour*, *Paiement*, *Rechange.*

ACTE DE SOCIÉTÉ. Aucune preuve par témoins ne peut être admise contre et outre le contenu dans les actes de société, ni sur ce qui serait allégué avoir été dit avant l'acte, lors de l'acte ou depuis, encore qu'il s'agisse d'une somme au-dessous de 150 francs (41).

L'extrait des actes de société en nom collectif, et en commandite, doit être remis, dans la quinzaine de leur date, au greffe du tribunal de commerce de l'arrondissement dans lequel est établie la maison du commerce social, pour être transcrit sur le registre, et affiché, pendant trois mois, dans la salle des audiences.

Si la société a plusieurs maisons de commerce situées dans divers arrondissemens, la remise, la transcription et l'affiche de cet extrait seront faites au tribunal de commerce de chaque arrondissement.

Ces formalités seront observées à peine de nullité à l'égard des intéressés, mais le défaut d'aucunes d'elles ne pourra être opposé à des tiers par les associés (42).

L'extrait doit contenir les noms, prénoms, qualités et demeures des associés, autres que les actionnaires ou commanditaires;

La raison de commerce de la société;

La désignation de ceux des associés autorisés à gérer, administrer et signer pour la société;

Le montant des valeurs fournies ou à fournir par action ou en commandite;

L'époque où la société doit commencer, et celle où elle doit finir (43).

L'extrait des actes de société est signé, pour les actes publics, par les notaires, et pour les actes sous seing-privé, par tous les associés, si la société est en nom collectif, et par les associés

solidaires ou gérens, si la société est en commandite, soit qu'elle se divise ou ne se divise
pas en actions (44). Voy. *Prescription, Raison
sociale, Société.*

ACTE EXTRAJUDICIAIRE. La nomination des arbitres peut être faite par acte extrajudiciaire (53).

ACTES FRAUDULEUX. Voy. *Banqueroute frauduleuse, Femme.*

ACTE NOTARIÉ. La nomination des arbitres peut
être faite par acte notarié (53).

ACTE PUBLIC. Les sociétés en nom collectif ou
en commandite doivent être constatées par des
actes publics ou sous signatures-privées, en se
conformant, dans le dernier cas, à l'art. 1325
du Code Napoléon (39).

Les sociétés anonimes ne peuvent être formées
que par des actes publics (40).

L'extrait des actes de société notariés sont signés
par les notaires (44).

Les achats et ventes se constatent par actes
publics (109).

La vente volontaire d'un navire peut avoir
lieu par acte public (195). Voy. *Banqueroutier
frauduleux.*

ACTE SOUS SIGNATURE PRIVÉE. Les sociétés en
nom collectif ou en commandite doivent être
constatées par des actes publics ou sous signatures privées, en se conformant, dans le dernier
cas, à l'art. 1325 du Code Napoléon (39).

L'extrait des actes de société sous seing-privé
est signé par tous les associés, si la société est
en nom collectif, et par les associés solidaires ou
gérens, si la société est en commandite, soit
qu'elle se divise ou ne se divise pas en actions (44).

La nomination des arbitres peut être faite par
acte sous signature privée (53).

Les achats et ventes se constatent par actes sous signature privée (109).

La vente volontaire d'un navire peut être faite par acte sous signature privée (195).

ACTIF. C'est ce qu'on possède en maisons, en fonds de terre, en meubles, en bijoux, en argent, en créances, etc.

Voyez *Banqueroute, Créancier, Répartition, Revendication.*

ACTION. Une action est une demande judiciaire fondée sur un titre ou sur la loi, par laquelle le demandeur requiert que celui contre lequel il agit ait à le satisfaire, ou qu'il y soit condamné par le juge : et l'on dit *avoir action contre quelqu'un,* pour dire, avoir droit de former contre lui la demande dont on vient de parler.

Les actions se divisent en personnelles, en réelles et en mixtes.

Par l'*action personnelle,* nous agissons contre celui qui est obligé envers nous par une des quatre causes d'où peut dériver l'obligation personnelle. Ces quatre causes sont, le *contrat,* le *quasi-contrat,* le *délit* et le *quasi-délit.*

L'*action réelle* est celle que nous dirigeons pour nous faire remettre en possession d'une chose qui est détenue par un autre, et qui nous appartient. Si le détenteur dénie que celui qui le poursuit soit le propriétaire de la chose répétée, c'est à celui-ci à faire preuve de sa propriété, ou il perd sa cause.

L'*action mixte* est tout-à-la-fois personnelle et réelle, c'est-à-dire que nous agissons en revendication d'une chose qui nous appartient, et en demandant un paiement.

Ces trois actions principales se subdivisent en quantité d'autres, qu'il serait trop long d'énumérer.

Toutes actions contre les associés non liquidateurs et leurs veuves, héritiers ou ayant-cause,
sont prescrites cinq ans après la fin ou la dissolution de la société, si l'acte de société qui en
énonce la durée, ou l'acte de dissolution a
été affiché et enregistré, conformément aux
articles 42, 43, 44 et 46, et si, depuis cette
formalité remplie, la prescription n'a été interrompue, à leur égard, par aucune poursuite judiciaire (64). Voy. *Acte de société.*

Cas où les parties ont action en dommages et
intérêts contre les agens de change ou courtiers,
(87). Voy. *Agent de change, Courtier.*

La réception des objets transportés et le paiement du prix de la voiture éteignent toute action contre le voiturier (105).

Toutes actions contre le commissionnaire et
le voiturier, à raison de la perte et avarie des
marchandises, sont prescrites, après six mois
pour les expéditions faites dans l'intérieur de la
France, et après un an pour celles qui seront
faites à l'étranger; le tout à compter, pour les
cas de perte, du jour où le transport des marchandises aurait dû être effectué, et pour les cas
d'avaries, du jour où la remise des marchandises
aura été faite, sans préjudice des cas de fraude
ou d'infidélité (108).

Toute action dérivant d'un contrat à la grosse
ou d'une police d'assurance, est prescrite après
cinq ans, à compter de la date du contrat
(432).

Sont non-recevables

Toutes actions contre le capitaine et les assureurs, pour dommage arrivé à la marchandise,
si elle a été reçue sans protestation;

Toutes actions contre l'affréteur, pour avarie,
si

si le capitaine a livré les marchandises et reçu son fret sans avoir protesté ;

Toutes actions en indemnité pour dommages causés par l'abordage dans un lieu où le capitaine a pu agir, s'il n'a point fait de réclamation (435).

A compter de l'entrée en fonctions des agens et syndics, toute action civile, intentée avant la faillite contre la personne et les biens mobiliers du failli, par un créancier privé, ne pourra être suivie que contre les agens et les syndics ; et toute action qui sera intentée après la faillite, ne pourra l'être que contre les agens et les syndics (494).

La cession de biens judiciaire n'éteint point l'action des créanciers sur les biens que le failli peut acquérir par la suite (568).

Les tribunaux de commerce connaîtront des actions contre les facteurs, commis des marchands ou leurs serviteurs, pour le fait seulement du trafic du marchand auquel ils sont attachés (634).

Ne seront point de la compétence des tribunaux de commerce, les actions intentées contre un propriétaire, cultivateur ou vigneron, pour vente de denrées provenant de son cru ; les actions intentées contre un commerçant, pour paiement de denrées et marchandises achetées pour son usage particulier (638).

Voy. *Banqueroute, Commandement, Contrat à la grosse, Prescription, Saisie.*

Droits et actions du failli et de sa femme, Voy. *Banqueroute frauduleuse, Femme, Union de créanciers.*

ACTION D'AVARIE, Voy. *Avarie.*

—EN DÉLAISSEMENT, Voy. *Assurance, Prescription.*

2

ACTION EN EXPROPRIATION, Voy. *Expropriation.*

— EN GARANTIE, Voy. *Contrat à la grosse, Déchéance, Délai, Paiement, Porteur, Protêt.*

— EN PAIEMENT, Voy. *Paiement.*

— EN REPRISE, Voy. *Femme.*

ACTION. On donne le nom *d'action* à l'intérêt qu'on a dans une compagnie formée pour l'établissement de quelque commerce ou autrement. Telles sont les actions de la Banque de France, celles de la Compagnie des Indes, celles des assurances contre les incendies, etc.

ACTION, s'entend aussi des obligations, contrats et reconnaissances que les directeurs des Compagnies de commerce délivrent à ceux qui ont porté leurs deniers à la caisse, et qui y sont intéressés. Ainsi, délivrer une action, c'est donner et expédier en forme le titre qui rend un actionnaire propriétaire de l'action qu'il y a prise.

Le capital d'une société anonime se divise en actions et même en coupons d'action d'une valeur égale (34).

L'action peut être établie sous la forme d'un titre au porteur; dans ce cas, la cession s'opère par la tradition du titre (35).

La propriété des actions peut être établie par une inscription sur les registres de la société. Dans ce cas, la cession s'opère par une déclaration de transfert inscrite sur les registres, et signée de celui qui fait le transport, ou d'un fondé de pouvoir (36).

Le capital des sociétés en commandite peut être divisé en actions, sans aucune autre dérogation aux règles établies pour ce genre de sociétés (38).

Voy. *Acte de société.*

ACTIONNAIRE, propriétaire d'actions de commerce. Voy. *Acte de société*, *Action*.

ADJOINT. Un adjoint est, en général, celui qui est chargé de coopérer à l'exercice d'une fonction quelconque.

Les livres dont la tenue est ordonnée par le Code, doivent être cotés et paraphés, soit par un des juges des tribunaux de commerce, soit par le maire ou un adjoint, dans la forme ordinaire et sans frais (11). Même disposition pour les livres des agens de change et courtiers (84).

Le registre que le capitaine de navire est obligé de tenir, est coté et paraphé par le maire ou son adjoint, dans les lieux où il n'y a point de tribunal de commerce (224).

ADJUDICATAIRE, est celui qui devient propriétaire d'une chose vendue à l'enchère, et dont il a offert le plus haut prix, soit judiciairement, soit autrement, Voy. *Adjudication*.

ADJUDICATION, est l'acte judiciaire ou volontaire, par lequel on adjuge un meuble, un bail, un bien, etc., à celui qui est le plus offrant ou le dernier enchérisseur.

Après la troisième criée, en matière de vente de bâtimens de mer par autorité de justice, l'adjudication est faite au plus offrant et dernier enchérisseur, à l'extinction des feux, sans autre formalité.

Le juge commis d'office peut accorder une ou deux remises, de huitaine chacune.

Elles sont publiées et affichées (206).

Si la saisie porte sur des barques, chaloupes et autres bâtimens du port de dix tonneaux et au-dessous, l'adjudication sera faite à l'audience, après la publication sur le quai, pendant trois jours consécutifs, avec affiche au mât, ou, à défaut, en autre lieu apparent du bâtiment, et à la porte du tribunal.

Il sera observé un délai de huit jours francs, entre la signification de la saisie et la vente (207).

L'adjudication du navire fait cesser les fonctions du capitaine; sauf à lui à se pourvoir en dédommagement contre qui de droit (208).

Les adjudicataires des navires de tout tonnage seront tenus de payer le prix de leur adjudication dans le délai de vingt-quatre heures, ou de le consigner sans frais au greffe du tribunal de commerce, à peine d'y être contraints par corps.

A défaut de paiement ou de consignation, le bâtiment sera remis en vente, et adjugé trois jours après une nouvelle publication et affiche unique, à la folle enchère des adjudicataires, qui seront également contraints par corps pour le paiement du déficit, des dommages, des intérêts et des frais (209).

Les demandes en distraction seront formées et notifiées au greffe du tribunal avant l'adjudication.

Si les demandes en distraction ne sont formées qu'après l'adjudication, elles seront converties, de plein droit, en oppositions à la délivrance des sommes provenant de la vente (210).

Le demandeur ou l'opposant aura trois jours pour fournir ses moyens.

Le défendeur aura trois jours pour contredire.

La cause sera portée à l'audience sur une simple citation (211).

Pendant trois jours après celui de l'adjudication, les oppositions à la délivrance du prix seront reçues ; passé ce temps , elles ne seront plus admises (212).

Voyez *Vente*.

ADMINISTRATEUR. Un administrateur est, en général, celui auquel on confie le soin de gérer une chose quelconque.

Les administrateurs d'une société anonime ne sont responsables que de l'exécution du mandat qu'ils ont reçu. Ils ne contractent, à raison de leur gestion, aucune obligation personnelle ni solidaire, relativement aux engagemens de la société (32).

L'extrait des actes de société doit contenir la désignation de ceux des associés autorisés à administrer pour la société (43).

Les administrateurs ne pourront être admis au bénéfice de cession (574).

Les administrateurs qui n'auront pas rendu ou apuré leurs comptes ne seront point admis à la réhabilitation (612).

ADMINISTRATION. On appelle administration l'action d'administrer.

On appelle aussi *administration* le corps ou l'assemblée des administrateurs chargés de gouverner la chose publique ou de gérer les affaires de particuliers, et d'empêcher tout ce qui peut y être nuisible.

La société anonime est administrée par des mandataires à temps, révocables, associés ou non associés, salariés ou gratuits (31).

Le failli, à compter du jour de la faillite, est dessaisi, de plein droit, de l'administration de tous ses biens (442).

ADMINISTRATION DE LA FAILLITE. Voy. *Créancier*, *Répartition*.

ADMINISTRATION des biens en cas de banqueroute. Voy. *Banqueroute.*

ADMINISTRATION DES SYNDICS. Voy. *Juge-commissaire.*

ADMINISTRATION (officier d') d'un navire. Voy. *Matelot.*

ADMISSION. Action par laquelle on est admis.

ADMISSION de la demande en réhabilitation. Voy. *Réhabilitation.*

ADRESSE. Indication soit de la personne à qui il faut s'adresser, soit du lieu où il faut aller ou envoyer.

Le connaissement indique l'adresse de celui à qui l'expédition est faite (281).

AFFAIRE. On appelle affaire, toute contestation ou procès qu'on a avec quelqu'un en quelque juridiction que ce soit, tant en matière civile que criminelle.

Ce terme s'emploie aussi pour signifier toutes les choses qui concernent la fortune et les intérêts du public et des particuliers.

Affaires contentieuses de commerce. Voy. *Courtier interprète.*

AFFICHES. On donne le nom d'affiche aux placards que l'on attache en différens lieux pour rendre publique une loi, un règlement; pour indiquer des ventes de meubles, de biens, etc., tant par autorité de justice qu'autrement.

L'acte par lequel un mineur est autorisé à faire le commerce, doit être affiché au tribunal de commerce du lieu où le mineur veut établir son domicile (2).

L'extrait des actes de société en nom collectif et en commandite doit être affiché pendant trois mois dans la salle des audiences du tribunal de commerce de l'arrondissement dans lequel est établie la maison du commerce social (42). *Quid* si la société a plusieurs maisons de commerce situées dans divers arrondissemens? *Ibid.* Voy. *Société.*

L'acte du Gouvernement qui autorise les sociétés anonymes, doit être affiché avec l'acte d'association et pendant le même temps (45).

En matière de saisie et vente de bâtimens de mer, dans les deux jours qui suivent chaque criée et publication, il est apposé des affiches

Au grand mât du bâtiment saisi,

A la porte principale du tribunal devant lequel on procède,

Dans la place publique et sur le quai du port où le bâtiment est amarré, ainsi qu'à la bourse de commerce (203).

Le jugement qui ordonnera l'apposition des scellés, déclarera l'époque de l'ouverture de la faillite et nommera le commissaire et les agens de la faillite, sera affiché suivant le mode établi par l'art. 683 du Code de procedure civile, (457).

Les jugemens par lesquels le tribunal de police correctionnelle déclarera qu'il y a banqueroute simple, seront affichés, conformément à l'art. 683 du Code de procédure civile (592).

Les arrêts des Cours de justice criminelle contre les banqueroutiers et leurs complices seront affichés, conformément à l'art. 683 du Code de procédure civile (599).

Copie de la pétition du demandeur en réhabilitation restera affichée pendant un délai de deux mois, tant dans les salles d'audience du tribunal d'arrondissement et du tribunal de commerce du domicile du pétitionnaire, qu'à la bourse et à la maison commune (607).

Voyez *Adjudication, Créancier, Criée, Enchère, Opposition, Prescription.*

AFFIRMATION, est l'acte d'assurer avec serment la vérité d'un fait. Voy. *Assurance, Délibération, Echouement, Jet, Recouvrement.*

Affirmation de créances. Voy. *Banqueroute frauduleuse, Créance, Créancier, Répartition, Tribunal de commerce.*

AFFRÉTEMENT. On désigne par le terme d'*affrétement*, une convention pour le louage d'un vaisseau.

On dit, sur la Méditerranée, *nolissement*, dans le même sens qu'on dit *affrétement* sur l'Océan.

Les courtiers interprètes et conducteurs de navires font le courtage des affrétemens (80).

Toute convention pour louage d'un vaisseau, appelée *charte-partie, affrétement* ou *nolissement*, doit être rédigée par écrit;

Elle énonce

Le nom et le tonnage du navire,

Le nom du capitaine,

Les noms du fréteur et de l'affréteur,

Le lieu et le temps convenus pour la charge et pour la décharge,

Le prix du fret ou nolis,

Si l'affrétement est total ou partiel,

L'indemnité convenue pour les cas de retard (273).

Si le temps de la charge et de la décharge du navire n'est point fixé par les conventions des parties, il est réglé suivant l'usage des lieux (274).

Si le navire est frété au mois, et s'il n'y a convention contraire, le fret court du jour où le navire a fait voile (275).

Si, avant le départ du navire, il y a interdiction de commerce avec le pays pour lequel il est destiné, les conventions sont résolues sans dommages-intérêts de part ni d'autre.

Le chargeur est tenu des frais de la charge et de la décharge de ses marchandises (276).

S'il existe une force majeure qui n'empêche que pour un temps la sortie du navire, les conventions subsistent, et il n'y a pas lieu à dommages-intérêts à raison du retard.

Elles subsistent également, et il n'y a lieu à aucune augmentation de fret, si la force majeure arrive pendant le voyage (277).

Le chargeur peut, pendant l'arrêt du navire, faire décharger ses marchandises à ses frais, à condition de les recharger ou d'indemniser le capitaine (278).

Dans le cas de blocus du port pour lequel le navire est destiné, le capitaine est tenu, s'il n'a des ordres contraires, de se rendre dans un des ports voisins de la même Puissance où il lui sera permis d'aborder (279).

Le navire, les agrès et apparaux, le fret et les marchandises chargées, sont respectivement affectés à l'exécution des conventions des parties (280).

La loi répute acte de commerce tout affrétement (633). Voy. *Matelot.*

AFFRÉTEUR. On appelle *affréteur* celui qui prend un vaisseau à louage.

Toute convention pour louage d'un vaisseau doit énoncer le nom de l'affréteur (273).

Les dommages causés par le fait et faute des

affréteurs, ne sont point à la charge des assureurs (352).

Voyez *Action*, *Capitaine*, *Fin de non-recevoir*, *Fret*, *Matelot*, *Navire*.

AFRIQUE, une des quatre parties du monde. L'Océan, la Méditerranée et la Mer Rouge en forment une presqu'île; et elle ne tient à l'Asie que par une espèce de grand isthme, nommé isthme de Suez, lequel se trouve entre le Suez, ville ou bourg situé à l'extrémité de la Mer Rouge, et Damiette, qui est sur la Méditerranée.

Voyez *Assurance*, *Délai*.

AGE se dit des différens degrés de la vie des personnes, et du temps depuis lequel on est vivant. Ce terme est d'un usage fort étendu pour déterminer le temps de la vie auquel on devient habile à tels ou tels actes, à remplir telles ou telles places.

Nul ne peut être nommé juge ou suppléant au tribunal de commerce, s'il n'est âgé de trente ans. Le président devra être âgé de quarante ans (620).

AGENCE. La charge ou l'emploi d'agent. On appelle aussi *agence* le corps, l'assemblée d'agens.

Voyez *Entreprise*.

AGENT. Le nom d'agent se donne, en général, à celui qui est chargé de quelque mandat, qui négocie, qui fait les affaires d'autrui.

AGENT DE LA FAILLITE. Par le même jugement qui ordonnera l'apposition des scellés, le tribunal de commerce nommera un ou plusieurs agens, suivant l'importance de la faillite, pour remplir, sous la surveillance du juge-commissaire, les fonctions qui leur sont attribuées par le Code, (454).

Les agens que nommera le tribunal pourront être choisis parmi les créanciers présumés, ou tous autres, qui offriraient le plus de garantie pour la fidélité de leur gestion. Nul ne pourra être nommé agent deux fois dans le cours de la même année, à moins qu'il ne soit créancier (456).

Les agens nommés par le tribunal de commerce géreront la faillite, sous la surveillance du commissaire, jusqu'à la nomination des syndics : leur gestion provisoire ne pourra durer que quinze jours au plus, à moins que le tribunal ne trouve nécessaire de prolonger cette agence de quinze autres jours pour tout délai (459).

Les agens seront révocables par le tribunal qui les aura nommés (460).

Les agens ne pourront faire aucune fonction avant d'avoir prêté serment, devant le commissaire, de bien et fidèlement s'acquitter des fonctions qui leur seront attribuées (461).

Si, après la nomination des agens et la prestation du serment, les scellés n'avaient point été apposés, les agens requerront le juge de paix de procéder à l'apposition (462).

Les livres du failli seront extraits des scellés, et remis par le juge de paix aux agens, après avoir été arrêtés par lui.

Les effets du portefeuille qui seront à courte échéance, ou susceptibles d'acceptation, seront aussi extraits des scellés par le juge de paix, décrits et remis aux agens pour en faire le recouvrement.

Les agens recevront les autres sommes dues

au failli, et sur leurs quittances, qui devront être visées par le commissaire. Les lettres adressées au failli seront remises aux agens : ils les ouvriront, s'il est absent ; s'il est présent, il assistera à leur ouverture (463).

Les agens feront retirer des scellés et vendre les denrées et marchandises sujettes à dépérissement prochain, après avoir exposé leurs motifs au commissaire et obtenu son autorisation.

Les marchandises non dépérissables ne pourront être vendues par les agens qu'après la permission du tribunal de commerce, et sur le rapport du commissaire (464).

Toutes les sommes reçues par les agens seront versées dans une caisse à deux clefs, dont il sera fait mention ci-après (465).

Si, à l'époque de l'entrée en fonctions des agens, le failli n'avait pas préparé le bilan, il sera tenu, par lui ou par son fondé de pouvoir, suivant les cas prévus par les art. 468, 469, de procéder à la rédaction du bilan, en présence des agens ou de la personne qu'ils auront préposée.

Les livres et papiers du failli lui seront à cet effet communiqués, sans déplacement, (472) Voy. *Failli.*

Dans tous les cas où le bilan n'aurait pas été rédigé, soit par le failli, soit par un fondé de pouvoir, les agens procéderont eux-mêmes à la formation du bilan, au moyen des livres et papiers du failli, et au moyen des informations et renseignemens qu'ils pourront se procurer auprès de la femme du failli, de ses enfans, de ses commis et autres employés (473).

Dans les vingt-quatre heures qui suivront la nomination des syndics provisoires, les agens cesseront leurs fonctions , et rendront compte aux syndics de toutes leurs opérations et de l'état de la faillite (481).

Les agens , après la reddition de leur compte , auront droit à une indemnité qui leur sera payée par les syndics provisoires (483).

Cette indemnité sera réglée selon les lieux et suivant la nature de la faillite , d'après les bases qui seront établies par un règlement d'administration publique (484).

Si les agens ont été pris parmi les créanciers, ils ne recevront aucune indemnité (485).

En toute faillite , les agens seront tenus de remettre , dans la huitaine de leur entrée en fonctions, au magistrat de sûreté de l'arrondissement , un mémoire ou compte sommaire de l'état apparent de la faillite , de ses principales causes et circonstances , et des caractères qu'elle paraît avoir (488).

A compter de l'entrée en fonctions des agens , toute action civile intentée , avant la faillite , contre la personne et les biens mobiliers du failli, par un créancier privé , ne pourra être suivie que contre les agens et les syndics ; et toute action qui serait intentée après la faillite , ne pourra l'être que contre les agens et les syndics (494).

A compter de leur entrée en fonctions , les agens seront tenus de faire tous actes pour la conservation des droits du failli sur ses débiteurs.

Ils seront aussi tenus de requérir l'inscription aux hypothèques sur les immeubles du débiteur du failli, si elle n'a été requise par ce dernier , et s'il a des titres hypothécaires. L'inscription sera reçue au nom des agens qui joindront à leurs bordereaux un extrait des jugemens qui les auront nommés (499).

Voyez *Acte conservatoire*, *Banqueroute simple*, *Bilan*, *Caisse*, *Juge-commissaire*, *Syndic provisoire*.

AGENT DE CHANGE. Les agens de change sont des personnes établies dans les villes de commerce, qui s'entremettent entre les négocians et banquiers pour faciliter leurs négoces de lettres de change, de billets à ordre et autres effets commerçables.

La loi reconnaît, pour les actes de commerce, des agens intermédiaires ; savoir : les agens de change et les courtiers.(74).

Il y en a dans toutes les villes qui ont une bourse de commerce. Ils sont nommés par l'Empereur (75).

Les agens de change, constitués de la manière prescrite par la loi, ont seuls le droit de faire les négociations des effets publics et autres susceptibles d'être cotés ; de faire, pour le compte d'autrui les négociations des lettres de change ou billets, de tous papiers commerçables, et d'en constater le cours.

Les agens de change peuvent faire, concurremment avec les courtiers des marchandises, les négociations et le courtage des ventes ou achats des matières métalliques. Ils ont seuls le droit d'en constater le cours (76).

Le même individu peut, si l'acte du Gouvernement qui l'institue l'y autorise, cumuler les fonctions d'agent de change, de courtier de marchandises ou d'assurances, et de courtier interprète et conducteur de navire (81).

Ceux qui ont fait faillite ne peuvent être agens de change, s'ils n'ont été réhabilités (83).

Les agens de change sont tenus d'avoir un livre

revêtu des formes prescrites par l'art. 11. Voy. *Livre de commerce.*

Ils sont tenus de consigner dans ce livre, jour par jour, et par ordre de dates, sans ratures, entrelignes ni transpositions, et sans abréviations ni chiffres, toutes les conditions des ventes, achats, assurances, négociations, et en général de toutes les opérations faites par leur ministère (84).

Un agent de change ne peut, dans aucun cas et sous aucun prétexte, faire des opérations de commerce ou de banque pour son compte.

Il ne peut s'intéresser directement ni indirectement sous son nom ou sous un nom interposé, dans aucune entreprise commerciale.

Il ne peut recevoir ni payer pour le compte de ses commettans (85).

Un agent de change ne peut se rendre garant de l'exécution des marchés dans lesquels il s'entremet (86).

Toute contravention aux dispositions énoncées dans les deux articles précédens, entraîne la peine de destitution, et une condamnation d'amende, qui sera prononcée par le tribunal de police correctionnelle, et qui ne peut être au-dessus de trois mille francs, sans préjudice de l'action des parties en dommages et intérêts (87).

Tout agent de change destitué en vertu de l'article précédent, ne peut être réintégré dans ses fonctions (88).

En cas de faillite, tout agent de change est poursuivi comme banqueroutier (89).

Les achats et ventes se constatent par le bordereau ou arrêté d'un agent de change dûment signé par les parties (109).

Le compte de retour est certifié par un agent de change.

Dans les lieux où il n'y a point d'agent de change, il est certifié par deux commerçans (181).

Il n'est point dû de rechange, si le compte de retour n'est pas acccompagné du certificat prescrit par l'art. ci-dessus (186).

Voyez *Bourse de commerce*.

AGRÈS, terme de marine dont on se sert sur l'Océan. Ce sont les voiles, cordages, poulies et autres choses nécessaires pour les manœuvres d'un vaisseau, et pour le mettre en état de voguer. On les appelle aussi, en certains endroits, *agrets* et *agrézils*. Sur la Méditerranée, on les nomme *sartie*. On se sert du terme d'agrès en ce sens : un tel vaisseau a tous ses agrès. Le mot *apparaux* a la même signification qu'*agrès*, ce qui fait qu'on ne les sépare presque jamais.

L'huissier fait, dans le procès-verbal de saisie d'un bâtiment de mer, l'énonciation et la description des agrès et apparaux (200).

Les emprunts à la grosse peuvent être affectés sur les agrès et apparaux du navire (315).

Le contrat d'assurance peut avoir pour objet les agrès et apparaux (334).

La loi répute actes de commerce tout achat ou vente d'agrès, apparaux et avitaillemens (633).

Voyez *Affrètement, Charte-partie, Contrat à la grosse, Magasin, Navire, Nolissement, Prêt à la grosse, Prime d'assurance.*

ALIÉNATION. C'est, en général, un acte par lequel on transfère à quelqu'un la propriété d'un fonds ou d'une chose qui tient lieu de fonds.

Voyez *Mineur, Marchande publique, Union de créanciers.*

Remploi des biens de la femme aliénés pendant le mariage, Voy. *Femme.*

ALLÉGE. C'est, sur les rivières, un bateau vide qu'on attache à la queue d'un autre plus grand pour l'alléger et prendre une partie des marchandises dont il est chargé, au cas qu'il vînt à lui arriver quelque accident dans sa route. On appelle cette manœuvre *rincer.* Les coches d'eau et les grands bateaux ne vont presque jamais sans alléges, sur-tout quand ils sont très-chargés.

Sur mer, on appelle aussi alléges certains bâtimens servant à porter les marchandises des vaisseaux qui, à cause de leur trop grande charge, ont de la difficulté à naviguer, ou pour faciliter l'entrée de ceux qui prennent trop d'eau dans les ports et rivières qui n'ont pas suffisamment de fond.

Sont avaries communes, les frais de déchargement pour alléger le navire et entrer dans un havre ou dans une rivière, quand le navire est contraint de le faire par tempête ou par la poursuite de l'ennemi (400).

En cas de perte des marchandises mises dans des barques pour alléger le navire entrant dans un port ou une rivière, la répartition en est faite sur le navire et son chargement en entier.

Si le navire périt avec le reste de son chargement, il n'est fait aucune répartition sur les marchandises mises dans les alléges, quoiqu'elles arrivent à bon port (427).

ALLER. L'assurance peut être faite pour l'aller et le retour, ou seulement pour l'un des deux, (335).

3

Si l'assurance a pour objet des marchandises pour l'aller et le retour, et si, le vaisseau étant parvenu à sa première destination, il ne se fait point de chargement en retour, ou si le chargement en retour n'est pas complet, l'assureur reçoit seulement les deux tiers proportionnels de la prime convenue, s'il n'y a stipulation contraire (356).

Navire frété pour l'aller et le retour. Voy. *Fret*, *Navire*.

ALTÉRATION. Changement dans l'état d'une chose.

ALTÉRATION de marchandises. Voy. *Revendication*.

AMARRAGE. Terme de marine. C'est l'ancrage du vaisseau, ou l'attache de ses agrès avec des cordages.

Les droits d'amarrage sont dettes privilégiées sur le navire (191).

Le privilége ne peut être exercé qu'autant que ces droits seront constatés par les quittances légales des receveurs (192).

AMARRE. Terme de marine. Cordage servant à attacher un vaisseau, et à attacher aussi diverses choses dans un vaisseau.

Les dommages arrivés aux marchandises, faute par le capitaine d'avoir amarré le navire, sont des avaries particulières supportées par le propriétaire des marchandises, mais pour lesquelles il a son recours contre le capitaine, le navire et le fret, (405).

Voyez *Affiche*, *Contrat à la grosse*, *Criée*, *Domicile*.

AMENDE. C'est, en général, une peine pécu-

piaire imposée par la justice pour quelque in-
fraction aux lois, ou pour réparation de quelque
délit ou contravention.

Cas où les agens de change et courtiers encourent une amende, qui est prononcée par le
tribunal de police correctionnelle et qui ne peut
être au-dessus de trois mille francs (87).

Voyez *Agent de Change*, *Courtier*, *Notaire*.

AMENER. (Mandat d') Voy. *Mandat d'amener*.

AMÉRIQUE, une des quatre parties du monde.
Elle forme un continent qui est opposé à celui
que nous habitons, et qui n'a été découvert qu'à
la fin du 15e. siècle : c'est pour cela qu'on l'appelle souvent le *Nouveau monde*.

Sont réputés voyages de long cours ceux qui
se font aux côtes et îles de l'Amérique méridionale et septentrionale (377).

AMIABLEMENT, *à l'amiable*. On dit que tel
procès s'est terminé à l'amiable ; que les arbitres seront nommés amiablement ; que telle
vente se fera à l'amiable, etc., c'est-à-dire, sans
avoir recours aux juges.

Les syndics provisoires peuvent procéder à la
vente à l'amiable des effets et marchandises du
failli (492).

ANCRAGE. Lieu propre et commode pour
ancrer.

Droits d'ancrage. Voy. *Avarie*.

ANCRE. Grosse pièce de fer dont les extrémi-
tés se terminent à deux branches tournées en arc,
et de laquelle on se sert pour arrêter et pour
fixer les vaisseaux quand on veut.

Les ancres abandonnées pour le salut commun
son avaries communes (400).

3.

Est avarie particulière, la perte des ancres causée par tempête, ou autre accident particulier (403).

Voyez *Contrat à la grosse, Jet.*

ANGLETERRE. Voy. *Délai, Porteur.*

ANONIME, qui n'a point de nom. On appelle société anonime, celle qui se fait sans aucun nom, et dans laquelle chacun des associés travaille de son côté, et sous son nom particulier, se rendant compte ensuite, les uns aux autres, des profits et pertes qu'ils ont faits dans leur commerce.

Voyez *Société anonime.*

ANTIDATE, est une date mensongère mise à un acte quelconque, et qui désigne un temps antérieur à celui auquel l'acte a été passé.

Il est défendu d'antidater les ordres à peine de faux (139).

APPARAUX. Terme de marine. Voy. *Agrès.*

APPEL, est l'action de recourir à un tribunal compétent pour faire réformer un jugement rendu par un autre tribunal.

L'acte d'appel est un acte qu'on signifie à la partie qui a obtenu gain de cause, pour lui déclarer qu'on est appelant du jugement rendu à son profit.

Il y aura lieu à l'appel du jugement arbitral ou au pourvoi en cassation, si la renonciation n'a pas été stipulée. L'appel sera porté devant la Cour d'appel (52).

Si des mineurs sont intéressés dans une contestation pour raison d'une société commerciale, le tuteur ne pourra renoncer à la faculté d'appeler du jugement arbitral (63).

Les appels des jugemens des tribunaux de commerce seront portés devant les Cours dans le ressort desquelles ces tribunaux sont situés (644).

Voyez *Banqueroute simple*, *Cour d'appel*, *Tribunal de commerce*.

APPEL. On dit appeler une cause, pour dire, lire tout haut le nom des parties afin que leurs avocats viennent plaider pour elles.

Voy. *Tribunal de commerce*.

APPOSITION de scellés. Voy. *Scellé*.

APUREMENT *de compte*, est la reddition finale d'un compte par où il paraît qu'un comptable est bien et valablement déchargé du maniement des deniers qu'il a eus entre les mains.

Voyez *Administrateur*, *Comptable*, *Dépositaire*, *Tuteur*.

ARBITRAGE, Arbitre. L'*arbitrage* est une espèce de juridiction que les avocats ou autres particuliers exercent en vertu du pouvoir qui leur est donné par les parties, de décider leurs contestations. Les *arbitres* sont les hommes que les parties choisissent à cet effet. Ils ne sont pas de vrais juges; ils n'ont point de fonctions publiques: leur pouvoir est borné à la seule question soumise à leur décision par le compromis, et il est limité à un temps préfix, dans lequel il faut que les parties soient averties qu'ils ont jugé; autrement l'*arbitrage* cesse de plein droit.

Toute contestation entre associés, et pour raison de la société, doit être jugée par des arbitres (51).

La nomination des arbitres se fait par acte sous signature privée, par acte notarié, par acte extra-judiciaire, par un consentement donné en justice (53).

Le délai pour le jugement arbitral est fixé par les parties lors de la nomination des arbitres ; et s'ils ne sont pas d'accord sur le délai, il sera réglé par les juges (54).

En cas de refus de l'un ou de plusieurs des associés de nommer des arbitres, les arbitres sont nommés d'office par le tribunal de commerce (55).

Les parties remettent leurs pièces et mémoires aux arbitres sans aucune formalité de justice (56).

Ils peuvent, suivant l'exigence des cas, proroger le délai pour la production des pièces (58).

S'il n'y a renouvellement de délai, ou si le nouveau délai est expiré, les arbitres jugent sur les seules pièces et mémoires remis (59).

En cas de partage, les arbitres nomment un sur-arbitre, s'il n'est nommé par le compromis ; si les arbitres sont discordans sur le choix, le sur-arbitre est nommé par le tribunal de commerce (60).

Le contrat d'assurance exprime la soumission des parties à des arbitres, en cas de contestation, si elle a été convenue (332).

Voyez *Jugement.*

ARGENT, métal blanc, le plus parfait et le plus précieux après l'or. Ce terme s'emploie particulièrement pour déterminer toutes sortes de monnaies, soit d'or, d'argent, de cuivre ou d'autre métal, quel qu'il soit, ainsi que les billets de banque.

Le capitaine, dans le lieu de la demeure des propriétaires ou de leurs fondés de pouvoirs, ne peut, sans leur autorisation spéciale, prendre de l'argent sur le corps du navire, à l'effet de faire travailler au radoub du bâtiment, d'acheter des voiles, cordages et autres choses pour le navire (232).

Le capitaine qui aura, sans nécessité, pris de l'argent sur le corps, avictuaillement ou équipement du navire, sera responsable envers l'armement, et personnellement tenu du remboursement de l'argent, sans préjudice de la poursuite criminelle, s'il y a lieu (236).

En cas de péril imminent, le capitaine est obligé de sauver avec lui l'argent, sous peine d'en répondre en son propre nom.

Si l'argent est perdu par quelque cas fortuit, le capitaine en demeurera déchargé (241).

Sera déclaré banqueroutier frauduleux tout commerçant failli qui aura détourné aucune somme d'argent (593).

Voyez *Banqueroute frauduleuse, Contrat à la grosse, Inventaire.*

ARGENT COMPTANT. Voy. *Femme.*

ARGENT pris à la grosse. Voy. *Assurance, Paiement.*

Remise d'argent faite de place en place. Voy. *Lettre de change.*

Vaisselle d'argent. Voy. *Femme.*

Valeurs estimables à prix d'argent. Voy. *Assurance.*

ARMATEUR, ARMEMENT. Le terme d'armateur s'applique à celui qui commande un vaisseau pour croiser sur les mers ou près des côtes, et au négociant qui équipe un vaisseau pour le commerce. Et l'on appelle *armement* la provision de tout ce qui est nécessaire à la subsistance, à la manœuvre et à la sûreté d'un vaisseau.

Voyez *Connaissement, Créancier, Fournisseur, Ouvrier.*

Les emprunts à la grosse peuvent être affectés sur l'armement du navire, (315).

Le contrat d'assurance peut avoir les armemens pour objet (334).

Voyez *Assurance, Capitaine, Contrat à la grosse, Créancier, Gages, Navire, Prêt à la grosse, Prime d'assurance.*

ARMES. On appelle armes, les divers instrumens qui servent à attaquer et à se défendre.

L'huissier fait, dans le procès-verbal de saisie d'un bâtiment de mer, l'énonciation et la description des armes (200).

ARRESTATION, signifie prise de corps, action d'appréhender au corps. Ce mot signifie aussi l'état de celui qui est arrêté.

Le capitaine et les gens de l'équipage qui sont à bord, ou qui, sur les chaloupes, se rendent à bord pour faire voile, ne peuvent être arrêtés pour dettes civiles, si ce n'est à raison de celles qu'ils auront contractées pour le dernier voyage, et même, dans ce dernier cas, ils ne peuvent être arrêtés, s'ils donnent caution (231).

ARRÊT (mandat d'). Voy. *Mandat d'arrêt.*

ARRÊT. On appelle *arrêt de Prince, arrêt d'une Puissance*, l'ordre du Souverain en vertu duquel on retient dans un port les vaisseaux qui y sont.

Si le navire est arrêté par ordre du Gouvernement avant le voyage commencé, il n'est dû aux matelots que les journées employées à équiper le bâtiment (253).

Si l'arrêt du navire arrive pendant le cours du voyage, le loyer des matelots engagés au mois court pour moitié pendant le temps de l'arrêt.

Le loyer des matelots engagés au voyage est payé au terme de leur engagement (254).

Toutes pertes et dommages qui arrivent aux objets assurés, par arrêt par ordre de Puissance, sont aux risques des assureurs (350).

Le délaissement des objets assurés peut être fait en cas d'arrêt d'une Puissance étrangère.

Il peut être fait en cas d'arrêt de la part du Gouvernement, après le voyage commencé (369).

Voyez *Affrétement, Assurance, Avarie, Charte-partie, Délai, Fret, Navire, Nolissement.*

ARRÊT. Jugement d'une Cour par lequel une question de fait ou de droit est décidée.

Les arrêts des Cours de justice criminelle contre les banqueroutiers et leurs complices, seront affichés, et de plus insérés dans un journal, conformément à l'article 683 du Code de procédure civile (599).

Voyez *Cour d'appel.*

Arrêt portant admission ou rejet de la demande en réhabilitation. Voy. *Réhabilitation.*

ARRÊTÉ *de compte*, est un acte qui, après l'examen fait de ce qui peut être dû par un particulier à un autre, déduction faite des paiemens faits, règle à quelle somme se monte ce qui reste dû par l'une des parties à l'autre.

Les achats et ventes se constatent par l'arrêté d'un agent de change ou courtier, dûment signé par les parties (109).

La prescription ne peut avoir lieu, s'il y a arrêté de compte, (434).

ARRIVÉE se dit du temps où des marchandises sont apportées en quelque lieu ; où un vaisseau arrive dans un port.

ARRIVÉE des marchandises. Voy. *Marchandise*, *Revendication.*

ARRIVÉE du navire. Voy. *Assurance, Capitaine, Innavigabilité, Prescription.*

ARRONDISSEMENT. On appelle arrondissement d'un tribunal, le territoire compris dans sa juridiction.

Dans les arrondissemens où il n'y aura pas de tribunaux de commerce, les juges du tribunal civil exerceront les fonctions et connaîtront des matières attribuées aux juges de commerce par le Code (640).

Voyez *Tribunal de commerce.*

ASIE, une des quatre parties du monde, la plus grande et la plus riche des trois qui composaient l'ancien continent.

Voyez *Assurance, Délai.*

ASSEMBLÉE. On appelle, en général, *assemblée*, la réunion de plusieurs personnes dans un même lieu.

Les membres des tribunaux de commerce seront élus dans une assemblée composée de commerçans notables, et principalement des chefs des maisons les plus anciennes et les plus recommandables par la probité, l'esprit d'ordre et d'économie (618).

ASSEMBLÉE de créanciers. Voy. *Concordat, Créancier.*

ASSIGNATION, est l'acte par lequel un huissier fait, au nom d'un tiers, sommation à une personne de comparaître devant un juge à certain jour pour se voir condamner à exécuter ce qui est demandé, soit dans l'exploit même d'assignation, soit dans quelque autre acte qu'on y joint. Voyez *Tribunal de commerce.*

ASSOCIATION *commerciale en participation.*
Cette association se fait ordinairement par lettres
missives entre un marchand d'une ville et un
marchand d'une autre ville. Par exemple, il est
arrivé à Bordeaux un navire chargé de plusieurs
marchandises; un négociant de cette ville qui a
la cargaison du navire ou l'état des marchandises dont elle est composée, l'envoie à son ami
de Paris, et lui demande, par sa lettre, s'il veut
participer avec lui dans l'achat et la vente qu'il
espère faire de quelques-unes des marchandises
qui sont sur ce navire. L'ami de Paris ayant
examiné la cargaison, répond au marchand de
Bordeaux qu'il ne demande pas mieux que d'entrer pour une telle portion dans l'achat qu'il fera
d'une telle sorte de marchandises, et qu'il veut
bien participer dans les profits et pertes qui
pourront arriver sur la vente de ces marchandises, à proportion de la part qu'il y prend. En
conséquence de cette réponse, le marchand de
Bordeaux fait l'achat et ensuite la vente, du
produit de laquelle il compte avec son ami de
Paris; et c'est ce qu'on nomme ordinairement
compte en participation.

Indépendamment de la société en nom collectif, de la société en commandite et de la société
anonyme, la loi reconnaît les associations commerciales en participation (47).

Ces associations sont relatives à une ou plusieurs *opérations de commerce;* elles ont lieu
pour les objets, dans les formes, avec les proportions d'intérêt et aux conditions convenues
entre les participans (48).

Les associations en participation peuvent être
constatées par la représentation des livres, de

la correspondance, ou par la preuve testimoniale, si le tribunal juge qu'elle peut être admise (49).

Les associations commerciales en participation ne sont pas sujettes aux formalités prescrites pour les autres sociétés (5o).

ASSOCIÉ. On appelle associés ceux qui sont joints d'intérêts, à cause d'une société qu'ils ont contractée ensemble, pour raison seulement des affaires de la société.

Le défaut d'aucune des formalités relatives à la remise au greffe, à la transcription et à l'affiche de l'extrait des actes de société en nom collectif et en commandite, ne peut être opposé à des tiers par des associés (42.)

En cas de refus de l'un ou de plusieurs associés de nommer des arbitres, les arbitres sont nommés d'office par le tribunal de commerce (55).

L'associé en retard de remettre les pièces et mémoires aux arbitres, est sommé de le faire dans les dix jours (57).

En cas de faillite d'une société en nom collectif, la déclaration du failli contiendra le nom et l'indication du domicile de chacun des associés solidaires (44o)

Voyez *Prescription*, *Raison sociale*, *Société*.

Associé commanditaire. Voy. *Société en commandite*.

ASSURANCE. C'est un contrat de convention par lequel un particulier que l'on appelle *assureur*, se charge des risques d'une négociation maritime, en s'obligeant aux pertes et dommages qui peuvent arriver sur mer à un vaisseau, ou

aux marchandises de son chargement, pendant
son voyage, soit par tempête, naufrage, échouement, abordage, changement de route, de voyage
ou de vaisseau, jet, feu, prise, pillage, arrêt de
Puissance, déclaration de guerre, représailles,
et généralement toutes sortes de fortunes de mer,
moyennant une somme de... pour cent, plus ou
moins forte, selon le risque qu'il y a à courir;
laquelle somme doit être payée comptant à l'assureur par les assurés, en signant la police d'assurance. Cette somme s'appelle *prime* ou *coût*
d'assurance.

Le résultat des négociations et des transactions
qui s'opèrent dans la bourse détermine le cours
des assurances (72).

Ce cours est constaté par les courtiers, dans la
forme prescrite par les règlemens de police gé-
raux et particuliers (73).

Les courtiers d'assurances rédigent les contrats ou polices d'assurances, concurremment
avec les notaires; ils en attestent la vérité par
leur signature, certifient le taux des primes
pour tous les voyages de mer ou de rivière (79).

Les agens de change et courtiers sont tenus
de consigner dans leur livre, jour par jour et
par ordre de dates, sans ratures, entrelignes ni
transpositions, et sans abréviations ni chiffres,
toutes les conditions des assurances contractées
par leur ministère (84).

Contrat d'Assurance, sa forme et son objet.

Le contrat d'assurance est rédigé par écrit.
Il est daté du jour auquel il est souscrit.
Il y est énoncé si c'est avant ou après midi.
Il peut être fait sous signatures privées.
Il ne peut contenir aucun blanc.

Il exprime

Le nom et le domicile de celui qui fait assurer, sa qualité de propriétaire ou de commissionnaire,

Le nom et la désignation du navire,

Le nom du capitaine,

Le lieu où les marchandises ont.été ou doivent être chargées,

Le port d'où ce navire a dû ou doit partir,

Les ports ou rades dans lesquels il doit charger ou décharger,

Ceux dans lesquels il doit entrer,

La nature et la valeur ou l'estimation des marchandises ou objets que l'on fait assurer,

Les temps auxquels les risques doivent commencer et finir,

La somme assurée,

La prime ou le coût de l'assurance,

La soumission des parties à des arbitres, en cas de contestation, si elle a été convenue,

Et généralement toutes les autres conditions dont les parties sont convenues (332).

La même police peut contenir plusieurs assurances, soit à raison des marchandises, soit à raison du taux de la prime, soit à raison de différens assureurs (333).

L'assurance peut avoir pour objet,

Le corps et quille du vaisseau, vide ou chargé, armé ou non armé, seul ou accompagné,

Les agrès et apparaux,

Les armemens,

Les victuailles,

Les sommes prêtées à la grosse,

Les marchandises du chargement et toutes autres choses ou valeurs estimables à prix d'argent, sujettes aux risques de la navigation (334).

L'assurance peut être faite sur le tout ou sur une partie desdits objets, conjointement ou séparément.

Elle peut être faite en temps de paix ou en temps de guerre, avant ou pendant le voyage du vaisseau.

Elle peut être faite pour l'aller et le retour, ou seulement pour l'un des deux; pour le voyage entier ou pour un temps limité;

Pour tous voyages et transports par mer, rivières et canaux navigables (335).

En cas de fraude dans l'estimation des effets assurés, en cas de supposition ou de falsification, l'assureur peut faire procéder à la vérification et estimation des objets, sans préjudice de toutes autres poursuites, soit civiles, soit criminelles (336).

Les chargemens faits aux Échelles du Levant, aux côtes d'Afrique et autres parties du monde, pour l'Europe, peuvent être assurés sur quelque navire qu'ils aient lieu, sans désignation du navire ni du capitaine.

Les marchandises elles-mêmes peuvent, en ce cas, être assurées sans désignation de leur nature et espèce.

Mais la police doit indiquer celui à qui l'expédition est faite ou doit être consignée, s'il n'y a convention contraire dans la police d'assurance (337).

Tout effet dont le prix est stipulé dans le contrat en monnaie étrangère, est évalué au prix que la monnaie stipulée vaut en monnaie de France, suivant le cours à l'époque de la signature de la police (338).

Si la valeur des marchandises n'est point fixée par le contrat, elle peut être justifiée par les factures ou par les livres : à défaut, l'estimation en est faite suivant le prix courant au temps et au lieu du chargement, y compris tous les droits payés et les frais faits jusqu'à bord (339).

Si l'assurance est faite sur le retour d'un pays où le commerce ne se fait que par troc, et que l'estimation des marchandises ne soit pas faite par la police, elle sera réglée sur le pied de la valeur de celles qui ont été données en échange, en y joignant les frais de transport (340).

Si le contrat d'assurance ne règle point le temps des risques, les risques commencent et finissent dans le temps réglé par l'article 328, pour les contrats à la grosse (341). Voy. *Contrat à la grosse.*

L'assureur peut faire réassurer par d'autres les effets qu'il a assurés.

L'assuré peut faire assurer le coût de l'assurance.

La prime de réassurance peut être moindre ou plus forte que celle de l'assurance (342).

L'augmentation de prime qui aura été stipulée en temps de paix pour le temps de guerre qui pourrait survenir, et dont la quotité n'aura pas été déterminée par les contrats d'assurance, est réglée par les tribunaux, en ayant égard aux risques, aux circonstances et aux stipulations de chaque police d'assurance (343).

En cas de perte des marchandises assurées et chargées pour le compte du capitaine sur le vaisseau qu'il commande, le capitaine est tenu de justifier aux assureurs l'achat des marchandises, et d'en fournir un connaissement signé par deux des principaux de l'équipage (344).

Tout homme de l'équipage et tout passager qui apportent des pays étrangers des marchandises assurées en France, sont tenus d'en laisser un connaissement

connaissement dans les lieux où le chargement s'effectue, entre les mains du consul de France, et, à défaut, entre les mains d'un Français, notable négociant, ou du magistrat du lieu (345).

Si l'assureur tombe en faillite lorsque le risque n'est pas encore fini, l'assuré peut demander caution, ou la résiliation du contrat.

L'assureur a le même droit en cas de faillite de l'assuré (346).

Le contrat d'assurance est nul, s'il a pour objet,

Le fret des marchandises existantes à bord du navire,

Le profit espéré des marchandises,

Les loyers des gens de mer,

Les sommes empruntées à la grosse,

Les profits maritimes des sommes prêtées à la grosse (347).

Toute réticence, toute fausse déclaration de la part de l'assuré, toute différence entre le contrat d'assurance et le connaissement, qui diminueraient l'opinion du risque ou en changeraient le sujet, annullent l'assurance.

L'assurance est nulle, même dans le cas où la réticence, la fausse déclaration, ou la différence, n'auraient pas influé sur le dommage ou la perte de l'objet assuré (348).

Obligations de l'Assureur et de l'Assuré.

Si le voyage est rompu avant le départ du vaisseau, même par le fait de l'assuré, l'assurance est annullée; l'assureur reçoit, à titre d'indemnité, demi pour cent de la somme assurée (349).

Sont aux risques des assureurs toutes pertes et

4

dommages qui arrivent aux objets assurés, par tempête, naufrage, échouement, abordage fortuit, changemens forcés de route, de voyage ou de vaisseau, par jet, feu, prise, pillage, arrêt par ordre de Puissance, déclaration de guerre, représailles, et généralement par toutes les autres fortunes de mer (350).

Tout changement de route, de voyage ou de vaisseau, et toutes pertes et dommages provenant du fait de l'assuré, ne sont point à la charge de l'assureur ; et même la prime lui est acquise, s'il a commencé à courir les risques (351).

Les déchets, diminutions et pertes qui arrivent par le vice propre de la chose, et les dommages causés par le fait et faute des propriétaires, affréteurs ou chargeurs, ne sont point à la charge des assureurs (352).

L'assureur n'est point tenu des prévarications et fautes du capitaine et de l'équipage, connues sous le nom de *baratterie de patron*, s'il n'y a convention contraire (353).

L'assureur n'est point tenu du pilotage, tonnage et lamanage, ni d'aucune espèce de droits imposés sur le navire et les marchandises (354).

Il sera fait désignation, dans la police, des marchandises sujettes, par leur nature, à détérioration particulière ou diminution, comme blés ou sels, ou marchandises susceptibles de coulage ; sinon les assureurs ne répondront point des dommages ou pertes qui pourraient arriver à ces mêmes denrées, si ce n'est toutefois que l'assuré eût ignoré le nature du chargement lors de la signature de la police (355).

Si l'assurance a pour objet des marchandises pour l'aller et le retour, et si le vaisseau étant parvenu à sa première destination, il ne se fait

point de chargement en retour, ou si le chargement en retour n'est pas complet, l'assureur reçoit seulement les deux tiers proportionnels de la
prime convenue, s'il n'y a stipulation contraire
(356).

Un contrat d'assurance ou de réassurance consenti pour une somme excédant la valeur des
effets chargés, est nul à l'égard de l'assuré seulement, s'il est prouvé qu'il y a dol ou fraude de
sa part (357).

S'il n'y a ni dol ni fraude, le contrat est valable
jusqu'à concurrence de la valeur des effets chargés, d'après l'estimation qui en est faite ou convenue.

En cas de pertes, les assureurs sont tenus d'y
contribuer chacun à proportion des sommes par
eux assurées.

Ils ne reçoivent pas la prime de cet excédant de
valeur, mais seulement l'indemnité de demi pour
cent (358).

S'il existe plusieurs contrats d'assurance faits
sans fraude sur le même chargement, et que le
premier contrat assure l'entière valeur des effets
chargés, il subsistera seul.

Les assureurs qui ont signé les contrats subséquens, sont libérés; ils ne reçoivent que demi
pour cent de la somme assurée.

Si l'entière valeur des effets chargés n'est pas
assurée par le premier contrat, les assureurs qui
ont signé les contrats subséquens, répondent de
l'excédant en suivant l'ordre de la date des contrats (359).

S'il y a des effets chargés pour le montant des
sommes assurées, en cas de perte d'une partie,
elle sera payée par tous les assureurs de ces effets, au marc le franc de leur intérêt (360).

4.

Si l'assurance a lieu divisément pour des marchandises qui doivent être chargées sur plusieurs vaisseaux désignés, avec énonciation de la somme assurée sur chacun, et si le chargement entier est mis sur un seul vaisseau ou sur un moindre nombre qu'il n'en est désigné dans le contrat, l'assureur n'est tenu que de la somme qu'il a assurée sur le vaisseau ou sur les vaisseaux qui ont reçu le chargement, nonobstant la perte de tous les vaisseaux désignés; et il recevra néanmoins demi pour cent des sommes dont les assurances se trouvent annullées (361).

Si le capitaine a la liberté d'entrer dans différens ports pour compléter ou échanger son chargement, l'assureur ne court les risques des effets assurés que lorsqu'ils sont à bord, s'il n'y a convention contraire (362).

Si l'assurance est faite pour un temps limité, l'assureur est libre après l'expiration du temps, et l'assuré peut faire assurer les nouveaux risques (363).

L'assureur est déchargé des risques, et la prime lui est acquise, si l'assuré envoie le vaisseau en un lieu plus éloigné que celui qui est désigné par le contrat, quoique sur la même route.

L'assurance a son entier effet, si le voyage est raccourci (364).

Toute assurance faite après la perte ou l'arrivée des objets assurés, est nulle, s'il y a présomption qu'avant la signature du contrat, l'assuré a pu être informé de la perte, ou l'assureur de l'arrivée des objets assurés (365).

La présomption existe, si, en comptant trois quarts de myriamètre (une lieue et demie) par heure, sans préjudice des autres preuves, il est établi que de l'endroit de l'arrivée ou de la perte du vaisseau, ou du lieu où la première nouvelle en est arrivée, elle a pu être portée dans le lieu où le contrat d'assurance a été passé, avant la signature du contrat (366).

Si cependant l'assurance est faite sur bonnes ou mauvaises nouvelles, la présomption mentionnée dans les articles précédens n'est point admise.

Le contrat n'est annullé que sur la preuve que l'assuré savait la perte, ou l'assureur l'arrivée du navire, avant la signature du contrat (367).

En cas de preuve contre l'assuré, celui-ci paie à l'assureur une double prime.

En cas de preuve contre l'assureur, celui-ci paie à l'assuré une somme double de la prime convenue.

Celui d'entre eux contre qui la preuve est faite, est poursuivi correctionnellement (368).

Délaissement.

Le délaissement des objets assurés peut être fait,

En cas de prise,

De naufrage,

D'échouement avec bris.

D'innavigabilité par fortune de mer,

En cas d'arrêt d'une Puissance étrangère,

En cas de perte ou détérioration des effets assurés, si la détérioration ou la perte va au moins à trois quarts.

Il peut être fait en cas d'arrêt de la part du Gouvernement, après le voyage commencé (369).

Il ne peut être fait avant le voyage commencé (370).

Tous autres dommages sont réputés avaries, et

se règlent, entre les assureurs et les assurés, à raison de leurs intérêts (371).

Le délaissement des objets assurés ne peut être partiel ni conditionnel.

Il ne s'étend qu'aux effets qui sont l'objet de l'assurance et du risque (372).

Le délaissement doit être fait aux assureurs,

Dans le terme de six mois, à partir du jour de la réception de la nouvelle de la perte arrivée aux ports ou côtes de l'Europe, ou sur celles d'Asie et d'Afrique, dans la Méditerranée, ou bien, en cas de prise, de la réception de celle de la conduite du navire dans l'un des ports ou lieux situés aux côtes ci-dessus mentionnées ;

Dans le délai d'un an après la réception de la nouvelle ou de la perte arrivée, ou de la prise conduite aux colonies des Indes occidentales, aux îles Açores, Canaries, Madère et autres îles et côtes occidentales d'Afrique et orientales d'Amérique ;

Dans le délai de deux ans après la nouvelle des pertes arrivées, ou des prises conduites, dans toutes les autres parties du monde :

Et ces délais passés, les assurés ne seront plus recevables à faire le délaissement (373).

Dans le cas où le délaissement peut être fait, et dans le cas de tous autres accidens aux risques des assureurs, l'assuré est tenu de signifier à l'assureur les avis qu'il a reçus.

La signification doit être faite dans les trois jours de la réception de l'avis (374).

Si, après un an expiré, à compter du jour du départ du navire, ou du jour auquel se rapportent les dernières nouvelles reçues, pour les voyages ordinaires ;

Après deux ans pour les voyages de long cours,

L'assuré déclare n'avoir reçu aucune nouvelle de son navire, il peut faire le délaissement à l'assureur, et demander le paiement de l'assurance, sans qu'il soit besoin d'attestation de la perte.

Après l'expiration de l'an ou des deux ans, l'assuré a, pour agir, les délais établis par l'article 373 du Code de commerce (375).

Dans le cas d'une assurance pour temps limité, après l'expiration des délais établis, comme ci-dessus, pour les voyages ordinaires et pour ceux de long cours, la perte du navire est présumée arrivée dans le temps de l'assurance (376).

Sont réputés voyages de long cours, ceux qui se font aux Indes orientales et occidentales, à la Mer pacifique, au Canada, à Terre-Neuve, au Groenland, et aux autres côtes et îles de l'Amérique méridionale et septentrionale, aux Açores, Canaries, à Madère, et dans toutes les côtes et pays situés sur l'Océan, au-delà des détroits de Gibraltar et du Sund (377).

L'assuré peut, par la signification mentionnée en l'art. 374 du Code de commerce, ou faire le délaissement avec sommation à l'assureur de payer la somme assurée dans le délai fixé par le contrat, ou se réserver de faire le délaissement dans les délais fixés par la loi (378).

L'assuré est tenu, en faisant le délaissement, de déclarer toutes les assurances qu'il a faites ou fait faire, même celles qu'il a ordonnées, et l'argent qu'il a pris à la grosse, soit sur le navire, soit sur les marchandises; faute de quoi, le délai du paiement, qui doit commencer à courir du jour du délaissement, sera suspendu jusqu'au jour où il fera notifier ladite déclaration, sans qu'il en résulte aucune prorogation du délai établi pour former l'action en délaissement (379).

En cas de déclaration frauduleuse, l'assuré est privé des effets de l'assurance ; il est tenu de payer les sommes empruntées, nonobstant la perte ou la prise du navire (380).

En cas de naufrage ou d'échouement avec bris, l'assuré doit, sans préjudice du délaissement à faire en temps et lieu, travailler au recouvrement des effets naufragés.

Sur son affirmation, les frais de recouvrement lui sont alloués jusqu'à concurrence de la valeur des effets recouvrés (381).

Si l'époque du paiement n'est point fixée par le contrat, l'assureur est tenu de payer l'assurance trois mois après la signification du délaissement (382).

Les actes justificatifs du chargement et de la perte sont signifiés à l'assureur avant qu'il puisse être poursuivi pour le paiement des sommes assurées (383).

L'assureur est admis à la preuve des faits contraires à ceux qui sont consignés dans les attestations.

L'admission à la preuve ne suspend pas les condamnations de l'assureur au paiement provisoire de la somme assurée, à la charge par l'assuré de donner caution.

L'engagement de la caution est éteint après quatre années révolues, s'il n'y a pas eu de poursuite (384).

Le délaissement signifié et accepté ou jugé valable, les effets assurés appartiennent à l'assureur, à partir de l'époque du délaissement.

L'assureur ne peut, sous prétexte du retour du navire, se dispenser de payer la somme assurée (385).

Le fret des marchandises sauvées, quand même

il aurait été payé d'avance, fait partie du délaissement du navire, et appartient également à l'assureur, sans préjudice des droits des prêteurs à la grosse, de ceux des matelots pour leur loyer, et des frais et dépenses pendant le voyage (386).

En cas d'arrêt de la part d'une Puissance, l'assuré est tenu de faire la signification à l'assureur dans les trois jours de la réception de la nouvelle.

Le délaissement des objets arrêtés ne peut être fait,

Qu'après un délai de six mois de la signification, si l'arrêt a eu lieu dans les mers d'Europe, dans la Méditerranée, ou dans la Baltique ;

Qu'après le délai d'un an, si l'arrêt a eu lieu en pays plus éloigné.

Ces délais ne courent que du jour de la signification de l'arrêt.

Dans les cas où les marchandises arrêtées seraient périssables, les délais ci-dessus mentionnés sont réduits à un mois et demi pour le premier cas, et à trois mois pour le second cas (387).

Pendant les délais portés par l'article précédent, les assurés sont tenus de faire toutes diligences qui peuvent dépendre d'eux, à l'effet d'obtenir la main-levée des effets arrêtés.

Pourront, de leur côté, les assureurs, ou de concert avec les assurés, ou séparément, faire toutes démarches à même fin (388).

Le délaissement à titre d'innavigabilité ne peut être fait, si le navire échoué peut être relevé, réparé, et mis en état de continuer sa route pour le lieu de sa destination.

Dans ce cas, l'assuré conserve son recours sur les assureurs, pour les frais et avaries occasionnés par l'échouement (389).

Si le navire a été déclaré innavigable, l'assuré

sur le chargement est tenu d'en faire la notification dans le délai de trois jours de la réception de la nouvelle (390).

Le capitaine est tenu, dans ce cas, de faire toutes diligences pour se procurer un autre navire à l'effet de transporter les marchandises au lieu de leur destination (391).

L'assureur court les risques des marchandises chargées sur un autre navire, dans le cas prévu par l'article précédent, jusqu'à leur arrivée et leur déchargement (392).

L'assureur est tenu, en outre, des avaries, frais de déchargement, magasinage, rembarquement, de l'excédant du fret, et de tous autres frais qui auront été faits pour sauver les marchandises, jusqu'à concurrence de la somme assurée (393).

Si, dans les délais prescrits par l'article 387 ci-dessus, le capitaine n'a pu trouver de navire pour recharger les marchandises et les conduire au lieu de leur destination, l'assuré peut en faire le délaissement (394).

En cas de prise, si l'assuré n'a pu en donner avis à l'assureur, il peut racheter les effets sans attendre son ordre.

L'assuré est tenu de signifier à l'assureur la composition qu'il aura faite, aussitôt qu'il en aura les moyens (395).

L'assureur a le choix de prendre la composition à son compte, ou d'y renoncer : il est tenu de notifier son choix à l'assuré, dans les vingt-quatre heures qui suivent la signification de la composition.

S'il déclare prendre la composition à son profit, il est tenu de contribuer, sans délai, au paiement du rachat dans les termes de la convention, et à proportion de son intérêt ; et il continue de courir les risques du voyage, conformément au contrat d'assurance.

S'il déclare renoncer au profit de la composition, il est tenu au paiement de la somme assurée, sans pouvoir rien prétendre aux effets rachetés.

Lorsque l'assureur n'a pas notifié son choix dans le délai susdit, il est censé avoir renoncé au profit de la composition (396).

La loi répute actes de commerce toutes assurances et autres contrats concernant le commerce de mer (633).

Voyez *Contrat à la grosse, Revendication.*

ASSURÉ. Terme de commerce de mer. Il signifie le propriétaire d'un vaisseau ou des marchandises qui sont chargées dessus, du risque desquels les assureurs se sont chargés envers lui, moyennant le prix de la prime d'assurance convenue entre eux.

Voyez *Assurance, Composition, Faillite, Innavigabilité, Main-levée.*

ASSUREUR. Terme de commerce de mer. Il signifie celui qui assure un vaisseau ou les marchandises de son chargement, et qui s'oblige, moyennant la prime qui lui est payée comptant par l'assuré, en signant la police d'assurance, de réparer les pertes et dommages qui peuvent arriver au bâtiment et aux marchandises, suivant qu'il est porté par la police.

Voyez *Action, Assurance, Avarie, Composition, Connaissement, Faillite, Innavigabilité, Main-levée, Paiement.*

ATTESTATION. Certificat, témoignage donné par écrit.

Attestation de la perte du navire assuré. Voy. *Assurance, Délai.*

ATTRIBUTION. Concession de quelque prérogative, de quelque privilége, en vertu d'une loi, d'un décret.

Les tribunaux de commerce sont dans les attributions du Grand-Juge ministre de la justice (630).

Attributions des gardes du commerce. Voyez *Garde du commerce.*

ATTRIBUTION *de juridiction*, est l'attribution de la connaissance de certaines affaires, qui est accordée à de certains juges, à l'exclusion de tous autres. Voyez *Banqueroute.*

AUDIENCE. Ce terme désigne la séance dans laquelle les juges écoutent les plaintes et les contestations qui sont portées devant eux. Il signifie aussi le lieu même où la justice se rend; et, en ce sens, l'*audience* s'appelle *auditoire.*

En matière de saisie et vente de bâtimens de mer, les criées, publications et affiches doivent désigner les jours des audiences auxquelles les enchères seront reçues (204).

Le failli admis au bénéfice de cession sera tenu de faire ou de réitérer sa cession en personne et non par procureur, ses créanciers appelés, à l'audience du tribunal de commerce de son domicile (571).

Voyez *Adjudication, Auditoire, Distraction, Salle des audiences, Serment.*

AUDITOIRE. On entend par ce mot le lieu où s'assemblent les juges pour donner audience à ceux qui viennent devant eux porter des plaintes ou des contestations, et recevoir leurs décisions.

Les nom, prénoms, profession et demeure du débiteur admis au bénéfice de cession seront insérés dans des tableaux à ce destinés placés dans l'auditoire du tribunal de commerce de son domicile, ou du tribunal civil qui en fait les fonctions (573).

Copie de la pétition du demandeur en réhabilitation restera affichée pendant deux mois dans l'auditoire du tribunal d'arrondissement et du tribunal de commerce du domicile du pétitionnaire (607).

AUGMENTATION. Accroissement, addition d'une chose à une autre du même genre.

AUGMENTATION de fret. Voy. *Fret, Navire.*

— de prime. Voy. *Prime.*

AUTORISATION. Action par laquelle on autorise.

Le mineur qui veut faire le commerce, n'en peut commencer les opérations, ni être réputé majeur, quant aux engagemens par lui contractés pour faits de commerce, s'il n'a été préalablement autorisé par son père ou par sa mère ; en cas de décès, interdiction ou absence du père, ou à défaut du père et de la mère, par une délibération du conseil de famille, homologuée par le tribunal civil (2).

Un emprunt à la grosse fait par le capitaine dans le lieu de la demeure des propriétaires du navire, sans leur autorisation authentique ou leur intervention dans l'acte, ne donne action et privilége que sur la portion que le capitaine peut avoir au navire et au fret (321).

Matelot sorti du navire sans autorisation. Voy. *Matelot.*

AUTORISATION du juge. Voy. *Capitaine.*

AUTORISATION *maritale*, est l'approbation qu'un mari donne à l'acte passé par sa femme, soit par son concours dans cet acte, soit par son consentement par écrit.

Voyez *Marchande publique.*

AUTORITÉ. Puissance légitime à laquelle on doit être soumis.

AUTORITÉ CIVILE. Voy. *Capitaine.*

AUTORITÉ DE JUSTICE. Voyez *Capitaine, Consignataire, Fret.*

AVAL, est une souscription mise au bas d'une lettre de change ou billet à ordre, par laquelle on promet d'en payer le contenu.

Ainsi, un aval est proprement un cautionnement envers celui au profit duquel il est fait, et envers celui au profit duquel il a passé ou passera son ordre du contenu en une lettre de change ou billet à ordre.

Pour l'ordinaire, l'aval est ainsi énoncé : *pour aval*, et au-dessous de ces mots ; celui qui a fait l'aval met sa signature ; et par ce seul mot *aval*, il s'oblige à la garantie de la lettre de change ou billet, en cas qu'elle ne soit pas payée, parce que ce mot *aval* signifie *faire valoir.*

Celui qui a fait la lettre de change ou le billet, et celui qui a fait son aval, sont donc obligés solidairement à la garantie.

Le paiement d'une lettre de change, indépendamment de l'acceptation et de l'endossement, peut-être garanti par un aval (141).

Cette garantie est fournie par un tiers sur la lettre même ou par acte séparé.

Le donneur d'aval est tenu solidairement et par les mêmes voies que les tireurs et endosseurs, sauf les conventions différentes des parties (142).

Les dispositions ci-dessus sont applicables aux billets à ordre faits entre marchands, négocians ou banquiers, ou entre toutes personnes pour opération de commerce de terre ou de mer, trafic, banque, change et courtage (187).

AVANCE se dit du paiement qu'on fait avant le terme. Voy. *Marchandise, Matelot, Revendication.*

AVANT-BASSIN. Voy. *Bassin.*
Les droits d'avant-bassin sont dettes privilégiées sur le navire (191).

Le privilége ne peut être exercé qu'autant que ces droits seront constatés par les quittances légales des receveurs (192).

AVANTAGES MATRIMONIAUX sont ceux que les époux se font réciproquement par leur contrat de mariage. Voy. *Femme.*

AVARIE. On appelle *Avarie*, le dommage arrivé à un navire ou aux marchandises dont il est chargé, depuis le départ jusqu'au retour.

Les prêteurs à la grosse contribuent à la décharge des emprunteurs aux avaries communes.

Les avaries simples sont aussi à la charge des prêteurs, s'il n'y a convention contraire (33o).

Tous dommages réputés avaries, se réglent entre les assureurs et les assurés, à raison de leurs intérêts (371).

Toutes dépenses extraordinaires faites pour le

navire et les marchandises, conjointement ou séparément;

Tout dommage qui arrive aux navires et aux marchandises, depuis leur chargement et départ jusqu'à leur retour et déchargement,

Sont réputés avaries (397).

A défaut de conventions spéciales entre toutes les parties, les avaries sont réglées conformément aux dispositions ci-après (398).

Les avaries sont de deux classes, avaries grosses ou communes, et avaries simples ou particulières (399).

Sont avaries communes,

1°. Les choses données par composition et à titre de rachat du navire et des marchandises;

2°. Celles qui sont jetées à la mer;

3°. Les câbles ou mâts rompus ou coupés;

4°. Les ancres et autres effets abandonnés pour le salut commun;

5°. Les dommages occasionnés par le jet aux marchandises restées dans le navire;

6°. Les pansement et nourriture des matelots blessés en défendant le navire, les loyer et nourriture des matelots pendant la détention, quand le navire est arrêté en voyage par ordre d'une Puissance, et pendant les réparations des dommages volontairement soufferts pour le salut commun, si le navire est affrété au mois;

7°. Les frais du déchargement pour alléger le navire et entrer dans un hâvre ou dans une rivière, quand le navire est contraint de le faire par tempête ou par la poursuite de l'ennemi;

8°. Les frais faits pour remettre à flot le navire échoué dans l'intention d'éviter la perte totale ou la prise;

Et en général, les dommages soufferts volontairement,

tairement, et les dépenses faites d'après délibérations motivées, pour le bien et salut commun du navire et des marchandises, depuis leur chargement et départ jusqu'à leur retour et déchargement (400).

Les avaries communes sont supportées par les marchandises et par la moitié du navire et du fret, au marc le franc de la valeur (401).

Le prix des marchandises est établi par leur valeur au lieu du déchargement (402).

Sont avaries particulières,

1o. Le dommage arrivé aux marchandises par leur vice propre, par tempête, prise, naufrage ou échouement ;

2o. Les frais faits pour les sauver ;

3o. La perte des câbles, ancres, voiles, mâts, cordages, causée par tempête ou autre accident de mer ;

Les dépenses résultant de toutes relâches occasionnées, soit par la perte fortuite de ces objets, soit par le besoin d'avictuaillement, soit par voie d'eau à réparer ;

4o. La nourriture et le loyer des matelots pendant la détention, quand le navire est arrêté en voyage par ordre d'une Puissance, et pendant les réparations qu'on est obligé d'y faire, si le navire est affrété au voyage ;

5o. La nourriture et le loyer des matelots pendant la quarantaine, que le navire soit loué au voyage ou au mois ;

Et en général les dépenses faites et le dommage souffert pour le navire seul, ou pour les marchandises seules, depuis leur chargement et départ jusqu'à leur retour et déchargement (403).

Les avaries particulières sont supportées et

payées par le propriétaire de la chose qui a essuyé le dommage ou occasionné la dépense (404).

Les dommages arrivés aux marchandises, faute, par le capitaine, d'avoir bien fermé les écoutilles, amarré le navire, fourni de bons guindages, et par tous autres accidens provenant de la négligence du capitaine ou de l'équipage, sont également des avaries particulières supportées par le propriétaire des marchandises, mais pour lesquelles il a son recours contre le capitaine, le navire et le fret (405).

Les lamanages, touages, pilotages, pour entrer dans les havres ou rivières, ou pour en sortir, les droits de congés, visites, rapports, tonnes, balises, ancrages et autres droits de navigation, ne sont point avaries, mais ils sont de simples frais à la charge du navire (406).

En cas d'abordage de navires, si l'événement a été purement fortuit, le dommage est supporté, sans répétition, par celui des navires qui l'a éprouvé.

Si l'abordage a été fait par la faute de l'un des capitaines, le dommage est payé par celui qui l'a causé.

S'il y a doute dans les causes de l'abordage, le dommage est réparé à frais communs, et par égale portion, par les navires qui l'ont fait et souffert.

Dans ces deux derniers cas, l'estimation du dommage est faite par experts (407).

Une demande pour avaries n'est point recevable, si l'avarie commune n'excède pas un pour cent de la valeur cumulée du navire et des marchandises, et si l'avarie particulière n'excède pas aussi un pour cent de la valeur de la chose endommagée (408).

La clause *franc d'avaries* affranchit les assureurs de toutes avaries, soit communes, soit particulières, excepté dans les cas qui donnent ouverture au délaissement; et, dans ces cas, les assurés ont l'option entre le délaissement et l'exercice d'action d'avarie (409).

La nourriture et les loyers de l'équipage, pendant la détention du navire, sont réputés avaries (300).

Voyez *Action*, *Assurance*, *Capitaine*, *Dommages-intérêts*, *Innavigabilité*, *Marchandise*, *Voiturier*.

AVICTUAILLEMENT. Provision de victuailles que l'on met sur un vaisseau, pour le mettre en état de faire voyage. Voy. *Victuailles*.

Sont avaries particulières les dépenses résultant de toutes relâches occasionnées par le besoin d'avictuaillement (403).

Voyez *Capitaine*, *Fourniture*, *Prescription*.

AVIS. Ce mot reçoit différentes significations. Il se prend d'abord pour le conseil que donne un jurisconsulte sur les difficultés pour lesquelles il est consulté.

Il se prend aussi pour une simple déclaration de sa façon de penser, et c'est dans ce sens qu'on renvoie une affaire qui mérite un certain examen devant un jurisconsulte, devant des experts pour avoir leur avis.

Il se prend encore pour une délibération de personnes, lorsqu'il s'agit de leur commun intérêt.

Enfin *avis* se dit des nouvelles qu'on mande et de celles qu'on reçoit.

Le capitaine ne peut abandonner son navire pendant le voyage, pour quelque danger que ce

5.

soit, sans l'avis des officiers et des principaux de l'équipage (241).

Si, par tempête, ou par la chasse de l'ennemi, le capitaine se croit obligé, pour le salut du navire, de jeter en mer une partie de son chargement, de couper ses mâts, d'abandonner ses ancres, il prend l'avis des intéressés au chargement qui se trouvent dans le vaisseau, et des principaux de l'équipage.

S'il y a diversité d'avis, celui du capitaine et des principaux de l'équipage est suivi (410).

Voyez *Capitaine, Majorité.*

Dans le cas où le délaissement peut être fait, et dans le cas de tous autres accidens aux risques des assureurs, l'assuré est tenu de signifier à l'assureur l'avis qu'il a reçu.

La signification doit être faite dans les trois jours de la réception de l'avis (374).

AVITAILLEMENS. Voy. *Agrès.*

AVOUÉ. On appelle ainsi les officiers ministériels qui ont remplacé les procureurs, et dont les fonctions consistent à représenter en justice les personnes qui les chargent de leurs affaires litigieuses; à faire toute la procédure convenable pour mettre les juges en état de prononcer sur les différens de leurs cliens, et à prendre des conclusions dans les affaires, soit que les parties exercent ou non le droit qu'elles ont de se défendre elles-mêmes verbalement ou par écrit.

Les avoués, établis par la loi du 20 mars 1791, avaient été supprimés par celle du 3 brumaire an 2. Ils ont été rétablis par celle du 27 ventose an 8; ils sont nommés par l'Empereur.

En matière de saisie et vente de bâtimens de

mer, les criées, publications et affiches doivent désigner le nom de l'avoué du poursuivant (204).

Le ministère des avoués est interdit dans les tribunaux de commerce, conformément à l'article 414 du Code de procédure civile (627).

AYANT-CAUSE est celui auquel les droits d'un autre ont été transmis par succession, donation ou testament.

Les dispositions relatives aux contestations entre associés, et à la manière de les décider, sont communes aux ayans-cause des associés (62).

Les ayans-cause des prétendus débiteurs de lettres de change ou de billets à ordre prescrits, sont tenus d'affirmer, sous serment, qu'ils estiment de bonne foi qu'il n'est plus rien dû (189).

Voyez *Arbitre, Associé, Jugement arbitral, Prescription.*

B

BAILLEUR DE FONDS, est celui qui met des fonds dans une société commerciale.

Voyez *Société en commandite.*

BALISE. C'est une sorte de signe qu'on met en quelque endroit où il y a du danger, pour avertir les vaisseaux et les autres bâtimens d'éviter ce danger.

Droits de balise. Voy. *Avarie.*

BALLE. On appelle ainsi certaine quantité de marchandises enveloppées ou empaquetées dans de la toile, avec plusieurs tours de corde bien serrés par-dessus, après les avoir bien garnies de paille, pour empêcher qu'elles ne se brisent ou ne se gâtent par l'injure du temps.

Voyez *Revendication.*

BALTIQUE. La *mer Baltique*, ou simplement la *Baltique*, est située entre le Danemarck, la Suède et la Russie d'Europe, d'une part, et l'Allemagne, la Prusse et la Pologne, de l'autre part. Elle communique avec la mer du Nord par le détroit du Sund.

Voyez *Assurance, Délai.*

BANQUE. Ce mot reçoit différentes significations. Tantôt il est pris pour le trafic ou le commerce d'argent qu'on fait remettre de place en place, d'une ville à une autre, par le moyen d'une correspondance que les banquiers établissent entre eux avec le secours des lettres de change ; tantôt le même mot signifie le lieu où les banquiers s'assemblent pour ce genre de commerce, et l'on donne à ce lieu différens noms : à Marseille, c'est *la loge* ; à Lyon, *le change* ; à Paris, *la bourse*, etc. *Banque* est prise aussi quelquefois pour la caisse où les banquiers tiennent leur argent.

Un agent de change ou courtier ne peut, dans aucun cas et sous aucun prétexte, faire des opérations de banque pour son compte (85).

La loi répute actes de commerce toutes opérations de banques publiques et particulières (632).

Voyez. *Billet à ordre, Compte de retour, Rechange, Tribunal de Commerce.*

BANQUEROUTE. On appelle *banqueroute*, la déroute des affaires d'un débiteur.

On distingue deux sortes de banqueroutes : l'une qui est forcée et qu'on appelle simplement faillite ; l'autre qui est frauduleuse et qui se nomme proprement *banqueroute.*

La banqueroute forcée ou faillite est celle qui

a sa cause dans les accidens arrivés au débiteur et dans les pertes qu'il a faites.

La banqueroute frauduleuse dérive de la mauvaise foi d'un débiteur qui a soustrait les effets de ses créanciers et pris des mesures pour les tromper.

Tout commerçant failli qui se trouve dans l'un des cas de faute grave ou de fraude prévus par le Code, est en état de banqueroute (438).

Il y a deux espèces de banqueroutes :

La banqueroute simple ; elle sera jugée par les tribunaux correctionnels ;

La banqueroute frauduleuse ; elle sera jugée par les Cours de justice criminelle (439).

BANQUEROUTE SIMPLE. Sera poursuivi comme banqueroutier simple, et pourra être déclaré tel, le commerçant failli qui se trouvera dans l'un ou plusieurs des cas suivans ; savoir :

1o. Si les dépenses de sa maison, qu'il est tenu d'inscrire mois par mois sur son livre-journal, sont jugées excessives ;

2o. S'il est reconnu qu'il a consommé de fortes sommes au jeu, ou à des opérations de pur hasard ;

3o. S'il résulte de son dernier inventaire que son actif étant de 50 pour cent au-dessous de son passif, il a fait des emprunts considérables, et s'il a revendu des marchandises à perte ou au-dessous du cours ;

4o. S'il a donné des signatures de crédit ou de circulation pour une somme triple de son actif, selon son dernier inventaire (586).

Pourra être poursuivi comme banqueroutier simple, et être déclaré tel,

Le failli qui n'aura pas fait au greffe la déclaration prescrite par l'article 440 du Code de commerce.

Celui qui, s'étant absenté, ne se sera pas présenté en personne aux agens et aux syndics dans les délais fixés, et sans empêchement légitime;

Celui qui présentera des livres irrégulièrement tenus, sans néanmoins que les irrégularités indiquent de fraude, ou qui ne les présentera pas tous;

Celui qui, ayant une société, ne se sera pas conformé à l'article 400. (587). Voy. *Faillite.*

Les cas de banqueroute simple seront jugés par les tribunaux de police correctionnelle, sur la demande des syndics ou sur celle de tout créancier du failli, ou sur la poursuite d'office qui sera faite par le ministère public. (588).

Les frais de poursuite en banqueroute simple seront supportés par la masse, dans le cas où la demande aura été introduite par les syndics de la faillite (589).

Dans le cas où la poursuite aura été intentée par un créancier, il supportera les frais, si le prévenu est déchargé; lesdits frais seront supportés par la masse, s'il est condamné (590).

Les procureurs impériaux sont tenus d'interjeter appel de tous jugemens des tribunaux de police correctionnelle, lorsque, dans le cours de l'instruction, ils auront reconnu que la prévention de banqueroute simple est de nature à être convertie en prévention de banqueroute frauduleuse (591).

Le tribunal de police correctionelle, en déclarant qu'il y a banqueroute simple, devra, suivant l'exigence des cas, prononcer l'emprisonnement pour un mois au moins, et deux ans au plus.

Les jugemens seront affichés en outre, et insérés dans un journal, conformément à l'article 683 du Code de procédure civile (592).

Voyez. *Concordat*, *Magistrat de sûreté*, *Syndic définitif*, *Union de Créanciers.*

Banqueroute frauduleuse. Sera déclaré banqueroutier frauduleux tout commerçant failli qui se trouvera dans un ou plusieurs des cas suivans; savoir :

1º. S'il a supposé des dépenses ou des pertes, ou ne justifie pas de l'emploi de toutes ses recettes;

2º. S'il a détourné aucune somme d'argent, aucune dette active, aucunes marchandises, denrées ou effets mobiliers;

3º. S'il a fait des ventes, négociations ou donations supposées;

4º. S'il a supposé des dettes passives et collusoires entre lui et des créanciers fictifs, en faisant des écritures simulées, ou en se constituant débiteur, sans cause ni valeur, par des actes publics ou par des engagemens sous signature privée;

5º. Si, ayant été chargé d'un mandat spécial, ou constitué dépositaire d'argent, d'effets de commerce, de denrées ou marchandises, il a, au préjudice du mandat ou du dépôt, appliqué à son profit les fonds ou la valeur des objets sur lesquels portait soit le mandat, soit le dépôt;

6º. S'il a acheté des immeubles ou des effets mobiliers à la faveur d'un prête-nom;

7º. S'il a caché ses livres (593).

Pourra être poursuivi comme banqueroutier frauduleux, et être déclaré tel,

Le failli qui n'a pas tenu de livres, ou dont

les livres ne présenteront pas sa véritable situation active et passive ;

Celui qui, ayant obtenu un sauf-conduit, ne se sera pas représenté à justice (594).

Les cas de banqueroute fraudileuse seront poursuivis d'office devant les Cours de justice criminelle, par les procureurs impériaux et leurs substituts, sur la notoriété publique, ou sur la dénonciation soit des syndics, soit d'un créancier (595).

Lorsque le prévenu aura été atteint et déclaré coupable des délits énoncés dans les articles précédens, il sera puni des peines portées au Code pénal pour la banqueroute frauduleuse (*) (596).

Seront déclarés complices des banqueroutiers frauduleux, et seront condamnés aux mêmes peines que l'accusé, les individus qui seront convaincus de s'être entendus avec le banqueroutier pour recéler ou soustraire tout ou partie de ses biens meubles ou immeubles; d'avoir acquis sur lui des créances fausses; et qui, à la vérification et affirmation de leurs créances, auront persévéré à les faire valoir comme sincères et véritables (**) (597).

(*) Toute banqueroute faite frauduleusement et à dessein de tromper les créanciers légitimes, sera punie de la peine de six années de fers. (*Code des délits et des peines* (loi du 6 octobre 1791) *II.e partie, titre II, section II*, art. 30).

(**) Ceux qui auront aidé ou favorisé lesdites banqueroutes frauduleuses, soit en divertissant les effets, soit en acceptant des transports, ventes ou donations simulées, soit en souscrivant tous autres actes qu'ils savent être faits en fraude des créanciers légitimes, seront punis de

Le même jugement qui aura prononcé les peines contre les complices des banqueroutes frauduleuses, les condamnera,

1°. A réintégrer à la masse des créanciers, les biens, droits et actions frauduleusement soustraits;

2°. A payer, envers ladite masse, des dommages-intérêts égaux à la somme dont ils ont tenté de la frauder (598).

Les arrêts des Cours de justice criminelle contre les banqueroutiers et leurs complices, seront affichés, et de plus insérés dans un journal, conformément à l'article 683 du Code de procédure civile (599).

Voyez *Magistrat de sûreté.*

Administration des biens en cas de Banqueroute.

Dans tous les cas de poursuites et de condamnations en banqueroute simple ou en banqueroute frauduleuse, les actions civiles, autres que celles dont il est parlé dans l'article 598 ci-dessus, resteront séparées, et toutes les dispositions relatives aux biens, prescrites pour la faillite, seront exécutées sans qu'elles puissent être attirées, attribuées ni évoquées aux tribunaux de police correctionnelle ni aux Cours de justice criminelle (600).

Seront cependant tenus les syndics de la faillite, de remettre aux procureurs impériaux, et à leurs substituts, toutes les pièces, titres, papiers et renseignemens qui leur seront demandés (601).

---

la peine portée en l'art. précédent. (*Code des délits et des peines,* (loi du 6 octobre 1791) *II.e partie, titre II, section II,* art. 31).

Les pièces, titres et papiers délivrés par les syndics, seront, pendant le cours de l'instruction, tenus en état de communication par la voie du greffe ; cette communication aura lieu sur la réquisition des syndics, qui pourront y prendre des extraits privés ou en requérir d'officiels, qui leur seront expédiés par le greffier (602).

Lesdites pièces, titres et papiers, seront, après le jugement, remis aux syndics, qui en donneront décharge ; sauf néanmoins les pièces dont le jugement ordonneroit le dépôt judiciaire (603).

BANQUEROUTIER. Négociant qui a fait banqueroute.

BANQUEROUTIER SIMPLE. En cas de faillite, tout agent de change ou courtier est poursuivi comme banqueroutier (89).

Pourra être admis à la réhabilitation le banqueroutier simple qui aura subi le jugement par lequel il aura été condamné (613).
Voyez. *Banqueroute simple.*

BANQUEROUTIER FRAUDULEUX. Cas où un commerçant failli doit être puni comme un banqueroutier frauduleux (69 et 70.). Voy. *Séparation de corps.*

Toute personne qui se présenterait comme créancier à l'assemblée des créanciers, et dont le titre serait postérieurement reconnu supposé de concert entre elle et le failli, encourra les peines portées contre les complices des banqueroutiers frauduleux (479).

La femme du failli qui aurait détourné, diverti ou recelé des effets mobiliers, des marchandises, des effets de commerce, de l'argent comptant, sera poursuivie comme complice de banqueroute frauduleuse (555).

Pourra aussi, suivant la nature des cas, être poursuivie comme complice de banqueroute frauduleuse, la femme qui aura prêté son nom ou son intervention à des actes faits par le mari en fraude de ses créanciers (556).

Les banqueroutiers frauduleux ne pourront être admis au bénéfice de cession (575).

Les banqueroutiers frauduleux ne seront point admis à la réhabilitation (612).

Voy. *Banqueroute frauduleuse.*

BANQUIER. C'est celui qui tient banque et qui fait commerce d'argent en faisant des traites et remises de place en place.

Voyez. *Billet à ordre , Obligation.*

BARATTERIE. Ce terme est un vieux mot qui s'employait autrefois pour signifier tromperie.

Aujourd'hui, en termes de commerce maritime, on appelle *baratterie de patron*, tout le dommage qui peut provenir du fait du maître ou des gens de son équipage, soit par impéritie, imprudence, malice, changement de route, larcin ou autrement.

L'assureur n'est point tenu des prévarications et fautes du capitaine et de l'équipage, connues sous le nom de *baratterie de patron*, s'il n'y a convention contraire (353).

BARQUE. Petit vaisseau pour aller sur l'eau.
Voyez *Adjudication, Contribution, Jet.*

BARRIQUE. Sorte de gros tonneau.
Voyez *Revendication.*

BASSIN. Terme de marine. C'est un endroit pratiqué dans un port de mer, pour recevoir et mettre plus particulièrement à couvert des orages les vaisseaux de l'Etat et ceux des marchands. C'est dans ce sens que l'on dit, le bassin du Havre, le bassin de Toulon.

Les droits de bassin sont dettes privilégiées sur le navire (191).

Le privilége ne peut être exercé qu'autant que ces droits seront constatés par les quittances légales des receveurs (192).

BATEAU. Vaisseau qui sert à naviguer sur les rivières, les lacs et les étangs, et sur lequel on charge les diverses marchandises et denrées qu'on veut transporter par eau d'un lieu à un autre.

Voyez *Maître de bateau.*

BATIMENT. Terme de marine, qui signifie toutes sortes de vaisseaux et navires, depuis le plus petit jusqu'au plus grand, qui ne sont point armés en guerre. Beaucoup de marins cependant l'attribuent également aux vaisseaux de guerre et aux vaisseaux marchands, quoique, selon d'autres, très-improprement.

Tous bâtimens de mer peuvent être saisis et vendus par autorité de justice (197).

La loi répute actes de commerce toute entreprise de construction, et tous achats, ventes et reventes de bâtimens pour la navigation intérieure et extérieure (633).

Voyez *Adjudication*, *Affiche*, *Capitaine*, *Connaissement*, *Contrat à la grosse*, *Criée*, *Domicile*, *Fret*, *Garde*, *Gardien*, *Gens de mer*, *Matelot*, *Navire.*

BÉNÉFICE. Privilége accordé par le Prince ou par les lois.

BÉNÉFICE DE CESSION. Voy. *Cession de biens.*

BESOIN. Manque de quelque chose qui est nécessaire.

S'il n'existe pas de présomption de banque-route, la quotité de la somme que le failli a droit de demander sur ses biens, à titre de secours, est fixée en proportion des besoins de sa famille (530).

BIENS. On comprend, en général, sous la dé-nomination de *biens*, tout ce qui peut composer les richesses ou la fortune; ainsi, on distingue plusieurs sortes de biens qu'on peut néanmoins ranger sous deux classes principales; savoir : les *biens meubles* et les *biens immeubles*.

On appelle *biens meubles*, ceux qui peuvent se mouvoir ou être transportés d'un lieu à un autre, lorsqu'ils ne sont point destinés à faire perpé-tuellement partie d'un fonds, d'un héritage ou d'un bâtiment. Ainsi, les meubles meublans d'une maison, les animaux domestiques, l'or, l'argent, en un mot, tout ce qui peut se dépla-cer sans être détérioré, et sans donner essentiel-lement atteinte au fonds dont il dépend, est dans la classe des choses mobilières, sans con-sidérer si l'objet est d'un grand ou d'un petit volume, et c'est à raison de sa mobilité qu'on lui donne le nom de *meuble*.

Les *biens immeubles*, sont les fonds de terres, comme prés, vignes, étangs, bois, édifices, etc. Tout ce qui en dépend essentiellement, comme les fruits pendans par les racines, les arbres, les clôtures etc., de la même qualité; en un mot, tout ce qui n'est point susceptible de mo-bilité et qui n'entre point dans la classe des choses mobilières dont je viens de parler, est immeuble.

Le failli, à compter du jour de la faillite, est dessaisi, de plein droit, de l'administration de tous ses biens (442).

Les syndics provisoires, après avoir rendu leur compte définitif au failli, lui remettront l'universalité de ses biens (525).

Voyez *Action, Banqueroute frauduleuse, Cession de biens, Femme, Inventaire.*

Femmes communes en biens et séparées de biens. Voy. *Femme, Séparation.*

BIJOU. Petit ouvrage de luxe, précieux par le travail ou par la matière. C'est un de ces ornemens d'or ou d'argent qui servent à la parure, comme les bagues, les boucles d'oreilles, les girandoles, les bracelets, etc., ou à d'autres usages, comme les tabatières, les étuis, les pommes de canne, les flacons, etc.

Voyez *Femme.*

BILAN. C'est le livre où les banquiers, les marchands et les négocians écrivent tout ce qu'ils doivent et tout ce qui leur est dû.

Lorsqu'un marchand ou négociant a fait faillite, et qu'il veut s'accommoder avec ses créanciers, il doit leur présenter son bilan, c'est-à-dire, l'état de ses affaires. Voici comme cela se pratique :

État ou bilan des affaires de M. ......, marchand, demeurant à ....., pour être déposé au greffe du tribunal de commerce de ......, et communiqué à mes créanciers.

Première partie, contenant ce que j'ai et ce qui m'est dû.

Le chapitre premier doit contenir l'état des immeubles qu'on peut avoir, leur situation et ce qu'ils valent ;

Le chapitre second, l'état des meubles meublans et leur valeur ;

Le

Le chapitre troisième, l'état des marchandises et leur valeur ;

Le chapitre quatrième, l'état de ce qui est dû en bonnes créances ;

Le chapitre cinquième, l'état des créances douteuses ;

Le chapitre sixième, l'état des créances dont il n'y a pas lieu d'espérer le paiement.

On doit indiquer la nature des créances actives, si c'est par jugemens, obligations, billets ou non, et la demeure des débiteurs, autant qu'on le peut.

Deuxième partie, contenant les Dettes passives.

Le chapitre premier doit contenir les dettes privilégiées.

Le chapitre second doit énoncer les dettes hypothécaires, par jugemens, obligations, contrats, les rentes foncières, ce qui est dû à la femme du failli, par contrat de mariage, etc.

Le chapitre troisième doit contenir les dettes chirographaires.

Première partie.   *Ce que j'ai.*

Chapitre premier, en immeubles.
Chapitre second, en meubles meublans.
Chapitre troisième, en marchandises.
Chapitre quatrième, en bonnes créances.

TOTAL...

Seconde partie.   *Ce que je dois.*

Chapitre premier, dettes privilégiées.
Chapitre second, dettes hypothécaires.
Chapitre troisième, dettes chirographaires. . . . .

TOTAL...

Je suis *au-dessus* ou *au-dessous* de mes affaires de

6

On ne comprend point dans la récapitulation les dettes douteuses, parce qu'on n'en retire presque rien.

On doit faire mention de l'argent comptant qu'on a.

Au bas de chaque page du bilan, le failli doit le signer, et à la fin il doit certifier son état sincère et véritable, sauf erreur de calcul, faux ou double emploi.

Le failli doit ensuite déposer son état au greffe, et l'affirmer sincère et véritable; s'il ne peut faire le dépôt lui-même, il peut, pour cet effet, donner à quelque personne un pouvoir par écrit ou devant notaire.

Il est à propos que le failli fasse note au pied de son bilan des pertes qu'il a souffertes, soit par maladie, banqueroute, ou autrement, et de la dépense de sa maison à tant par an.

Le dépôt fait, il fait écrire des lettres circulaires aux créanciers pour leur en donner avis, et les prier de s'assembler tel jour, à telle heure, chez tel notaire de la commune de ....., ou d'envoyer leur procuration pour affirmer au greffe devant le juge, la sincérité de leurs créances, les vérifier et accéder aux arrangemens proposés, etc.

Dans les lettres qu'on écrit aux créanciers, il convient de faire la récapitulation de l'état déposé.

Le failli qui aura, avant la déclaration de sa faillite, préparé son bilan, ou état passif et actif de ses affaires, et qui l'aura gardé pardevers lui, le remettra aux agens dans les vingt-quatre heures de leur entrée en fonctions (470).

Le bilan doit contenir l'énumération et l'évaluation de tous les effets mobiliers et immobiliers

du débiteur, l'état des dettes actives et passives,
le tableau des profits et des pertes; le tableau des
dépenses. Le bilan devra être certifié véritable,
daté et signé par le débiteur (471).

Si, à l'époque de l'entrée en fonctions des
agens, le failli n'avait pas préparé le bilan, il sera
tenu, par lui ou par son fondé de pouvoir, suivant les cas prévus par les art. 468 et 469, de procéder à la rédaction du bilan, en présence des
agens ou de la personne qu'ils auront préposée.

Les livres et papiers du failli lui seront, à cet
effet, communiqués, sans déplacement (472).
Voyez *Failli*.

Dans tous les cas où le bilan n'aurait pas été rédigé, soit par le failli, soit par un fondé de pouvoir, les agens procéderont eux-mêmes à la formation du bilan, au moyen des livres et papiers
du failli, et au moyen des informations et renseignemens qu'ils pourront se procurer auprès
de la femme du failli, de ses enfans, de ses
commis et autres employés (473).

Le juge-commissaire pourra aussi, soit d'office,
soit sur la demande d'un ou de plusieurs créanciers, ou même de l'agent, interroger les individus désignés dans l'article précédent, à l'exception
de la femme et des enfans du failli, tant sur ce
qui concerne la formation du bilan, que sur les
causes et les circonstances de sa faillite (474).

Si le failli vient à décéder après l'ouverture de
sa faillite, sa veuve ou ses enfans pourront se
présenter pour suppléer leur auteur dans la formation du bilan, et pour toutes les autres obligations imposées au failli par le Code; à leur défaut,
les agens procéderont (475).

Dès que le bilan aura été remis, par les agens,
au commissaire, celui-ci dressera, dans trois

6.

jours, pour tout délai, la liste des créanciers, qui sera remise au tribunal de commerce, et il les fera convoquer par lettres, affiches et insertion dans les journaux (476).

Même avant la confection du bilan, le commissaire délégué pourra convoquer les créanciers, suivant l'exigence des cas (477).

Les syndics définitifs de la faillite procèdent à la vérification du bilan, s'il y a lieu (528).

Voyez *Juge-Commissaire*, *Magistrat de sûreté*, *Tribunal de commerce*.

BILLET. On donne, en général, le nom de billet à la reconnaissance d'une dette, avec promesse de la payer.

On distingue plusieurs sortes de billets : je ne parlerai que de ceux qui sont usités dans le commerce.

BILLET SIMPLE. Les billets simples sont ceux qui ne sont ni billets de change, ni billets à ordre, ni billets à domicile, etc. (*).

BILLET DE CHANGE. Le caractère distinctif d'un billet de change est qu'il soit causé pour lettres de change fournies ou à fournir. Tout billet qui a un autre objet n'a pas le privilége d'un billet de change.

Ainsi, il y a deux espèces de billets de change : les uns sont pour lettres de change fournies, et les autres pour lettres de change à fournir.

Le billet pour lettres de change fournies est

(*) *Formule d'un billet simple.*

Je reconnais devoir à Louis Dupuy mille francs, pour valeur reçue comptant ; (*ou pour marchandises qu'il m'a fournies*) laquelle somme je promets lui payer au premier octobre prochain. A Paris, ce...

celui par lequel quelqu'un s'oblige envers un autre à lui payer une certaine somme pour le prix des lettres de change qu'il lui a fournies (*).

Le billet pour lettre de change à fournir, est celui par lequel quelqu'un s'oblige envers un autre à lui fournir des lettres de change sur un certain lieu, pour la valeur qu'il lui en a fournie (**).

BILLETS PAYABLES À DOMICILE. Ces billets sont fort usités dans le commerce.

Par cette espèce de billet, *Pierre* s'oblige de me payer, ou à celui qui aura ordre de moi, une certaine somme, dans un certain temps, par le moyen de son correspondant, à la place de la somme ou de la valeur qu'il a reçue ici de moi, ou qu'il en doit recevoir (***).

Ce billet est de la nature de la lettre de change; mais il en diffère par la forme. Dans la lettre de

---

(*) *Formule d'un billet pour une lettre de change fournie.*

Je reconnais devoir, et promets payer, dans deux mois, à *Paul*, ou ordre, deux mille francs pour lettre de change qu'il m'a fournie, payable par *André*, de Nantes, à trois usances, valeur déclarée comptant. Paris le 6 juillet 1807. PIERRE.

(**) *Formule d'un billet pour une lettre de change à fournir.*

J'ai reçu de *Louis* la somme de quinze cents francs comptant, *ou bien*, en marchandises qu'il m'a fournies, pour laquelle somme je promets lui fournir, ou à son ordre, lettre de change payable à Lyon dans le courant de mai prochain. A Paris, ce 15 janvier 1807. ETIENNE.

(***) *Formule d'un billet payable à domicile.*

Le 10 du mois prochain, je paierai à *Pierre*, ou ordre, au domicile de *Jean*, banquier à Lyon, rue ....., douze cents francs, valeur reçue comptant. A Paris, ce 10 avril 1807.

PAUL.

change, celui sur qui elle est tirée doit l'accepter, et en devient, par ce moyen, le débiteur, et celui qui l'a fournie n'en est que le garant ; tandis que, lorsque vous me donnez un billet payable à domicile, vous en êtes le seul débiteur ; votre correspondant, au domicile duquel vous promettez de payer, n'est qu'une personne que vous me désignez comme celle qui doit vous représenter pour faire le paiement : c'est pour cela que ces billets ne se font pas accepter par celui au domicile duquel ils sont payables.

BILLET À ORDRE. Le billet à ordre est celui par lequel je promets de vous payer une somme, soit à vous, *soit à votre ordre*, c'est-à-dire, à celui à qui vous aurez passé votre ordre au dos du billet (*).

Les billets à ordre se négocient de la même manière que les lettres de change ; c'est pourquoi il y a entre les billets simples et les billets à ordre les différences ci-après :

D'abord, vous ne pouvez devenir propriétaire d'un billet simple passé au profit d'un tiers, que par un acte de transport que vous faites signifier au débiteur du billet. Jusqu'alors votre cédant demeure propriétaire de la créance, de telle manière que le débiteur auquel vous n'avez point fait signifier votre transport peut valablement payer entre les mains de ce cédant ; et que d'ailleurs les créanciers de celui-ci peuvent

---

(*) *Formule d'un billet à ordre.*

Le 15 du mois prochain, je payerai à Thomas, marchand à Paris, ou à son ordre, la somme de six cents francs, valeur reçue de lui en deniers comptant. Fait à Paris le 1er juillet 1807.

JULIEN.

faire arrêter, à leur profit, entre les mains du débiteur, le montant du billet.

Au contraire, s'il s'agit d'un billet à ordre, il suffit que le propriétaire ait passé son ordre à votre profit, pour que vous soyez sur-le-champ le créancier légitime, et que la somme y énoncée ne puisse être payée qu'à vous, ou à celui au profit de qui vous avez passé votre ordre.

En second lieu, lorsque vous cédez et transportez un billet simple, vous n'êtes obligé qu'à garantir que le montant du billet est véritablement dû, mais vous ne répondez pas de la solvabilité du débiteur, à moins que, par une clause particulière du transport, vous ne vous soyez soumis à cette garantie.

Au contraire, si vous transportez un billet à ordre, l'endossement qui opère le transport vous rend garant que le montant du billet sera payé à celui auquel vous avez passé votre ordre : c'est pourquoi le porteur de ce billet a un recours contre vous pour être payé, lorsque le débiteur n'a pas rempli son obligation.

Enfin, si vous êtes cessionnaire d'un billet simple, et qu'on vous ait garanti la solvabilité du débiteur, il n'y a aucun temps déterminé dans lequel vous soyez obligé de faire des diligences contre le débiteur pour conserver le droit d'exercer votre action de garantie : mais si vous êtes porteur ou propriétaire d'un billet à ordre, vous ne conservez le droit de recourir contre les endosseurs qu'autant que vous avez fait contre le débiteur les diligences nécessaires, dans le temps prescrit par la loi.

Les différens billets dont on vient de parler, doivent être rédigés sur papier timbré, sous les peines portées par la loi sur le timbre.

Les tribunaux de commerce connaîtront des billets faits par les receveurs, payeurs, percepteurs ou autres comptables des deniers publics (634). Voy. *Tribunal de commerce, Négociation.*

Billet à domicile. Voy. *Revendication.*

Billet à ordre. Toutes les dispositions relatives aux lettres de change concernant

L'échéance,
L'endossement,
La solidarité,
L'aval,
Le paiement,
Le paiement par intervention,
Le protêt,
Les droits et devoirs du porteur,
Le rechange ou les intérêts,

Sont applicables aux billets à ordre, sans préjudice des dispositions relatives aux cas prévus par les art. 635, 636 et 637 (187). Voy. *Tribunal de commerce.*

Le billet à ordre est daté.
Il énonce
La somme à payer,
Le nom de celui à l'ordre de qui il est souscrit,
L'époque à laquelle le paiement doit s'effectuer,
La valeur qui a été fournie en espèces, en marchandises, en compte ou de toute autre manière (188).

Voyez *Aval, Echéance, Endossement, Intérêt, Paiement par intervention, Porteur, Protêt, Rechange, Solidarité.*

Lorsque des billets à ordre porteront en même temps des signatures d'individus négocians et d'individus non négocians, le tribunal de commerce en connaîtra; mais il ne pourra prononcer

la contrainte par corps contre les individus non
négocians, à moins qu'ils ne se soient engagés à
l'occasion d'opérations de commerce, trafic,
change, banque ou courtage (637).

Voyez *Prescription*, *Tribunal de commerce*.

BLANC. C'est ainsi que les négocians nomment
les espaces non écrits qui se trouvent quelquefois sur les livres-journaux ; ce qui est très-
dangereux par l'abus qu'on en peut faire.

Le contrat d'assurance ne peut contenir aucun
blanc (332).

BLÉ, est une plante qui produit dans son épi,
une graine qui est la principale nourriture de
l'homme.

Voyez *Assurance*.

BLESSÉ, BLESSURE. Un blessé est celui qui
a reçu des coups, des plaies, des contusions ; et
les blessures sont les mauvais traitemens qu'il
a soufferts.

Le matelot est pansé aux dépens du navire,
s'il est blessé au service du navire (262).

Le matelot est traité et pansé aux dépens du
navire et du chargement, s'il est blessé en combattant contre les ennemis et les pirates (263).

Si le matelot, sorti du navire sans autorisation,
est blessé à terre, les frais de ses pansement et
traitement sont à sa charge (264).

Voyez *Avarie*.

BLOCUS. Disposition d'une armée de terre ou
de mer, ou d'un corps de troupes sur les ave-
nues d'une place, d'un port, pour empêcher
qu'il n'y puisse entrer aucun secours d'hommes
ni de vivres.

Dans le cas de blocus du port pour lequel le

navire est destiné, le capitaine est tenu, s'il n'a des ordres contraires, de se rendre dans un des ports voisins de la même Puissance où il lui sera permis d'aborder (279).

BOIS, se dit de la substance dure et compacte des arbres propres à la construction des édifices et des bâtimens de mer, à la charpente, à la menuiserie, au charonnage, au chauffage, et à divers autres usages.

Voyez *Fournitures*, *Prescription*.

BORD, en terme de marine, se dit de tout vaisseau, galère, etc.

Voyez *Capitaine*, *Equipage*.

BORDEREAU. C'est, en terme de finances, le mémoire des espèces diverses qui composent une certaine somme.

Les achats et ventes se constatent par le bordereau d'un agent de change ou courtier, dûment signé par les parties (109).

Toutes les semaines, le bordereau de situation de la caisse de la faillite, sera remis au commissaire qui pourra, sur la demande des syndics, et à raison des circonstances, ordonner le versement de tout ou partie des fonds à la caisse d'amortissement, ou entre les mains du délégué de cette caisse dans les départemens, à la charge de faire courir, au profit de la masse, les intérêts accordés aux sommes consignées à cette même caisse (497).

Voyez *Effet de commerce*.

BORDEREAU D'INSCRIPTION AUX HYPOTHÈQUES. Voy. *Actes conservatoires*.

BOURSE. On nomme ainsi le lieu où les négocians, marchands, banquiers, les agens de

change et courtiers, se rassemblent, à une certaine heure, pour y traiter des affaires de commerce qu'ils ont à se proposer les uns aux autres.

La bourse de commerce est la réunion qui a
lieu, sous l'autorité du Gouvernement, des commerçans, capitaines de navire, agens de change
et courtiers (71).

Le résultat des négociations et des transactions
qui s'opèrent dans la bourse, détermine le cours
du change, des marchandises, des assurances,
du fret ou nolis, du prix des transports par terre
et par eau, des effets publics et autres dont le
cours est susceptible d'être coté (72).

Ces divers cours sont constatés par les agens
de change et courtiers, dans les formes prescrites
par les réglemens de police généraux ou particuliers (73).

Il y a des agens de change et des courtiers
dans toutes les villes qui ont une bourse de commerce (75).

En matière de saisie et vente de bâtimens de
mer, les criées et publications sont faites à la
bourse, consécutivement de huitaine en huitaine (202).

Dans les deux jours qui suivent chaque criée
et publication, il est apposé des affiches à la
bourse de commerce (203).

Les nom, prénoms, profession et demeure du
débiteur admis au bénéfice de cession, seront
insérés dans des tableaux à ce destinés, placés à
la bourse (573).

Copie de la pétition du demandeur en réhabilitation restera affichée pendant deux mois à la
bourse du domicile du pétitionnaire (607).

Nul commerçant failli ne pourra se présenter

à la bourse, à moins qu'il n'ait obtenu sa réhabilitation (614).

Voyez *Enchère*, *Syndic provisoire*.

BRIS, signifie les pièces d'un vaisseau qui s'est brisé en donnant contre des rochers ou sur des bancs.

En cas de bris et naufrage, avec perte entière du navire et des marchandises, les matelots ne peuvent prétendre aucun loyer.

Ils ne sont point tenus de restituer ce qui leur a été avancé sur leurs loyers (258).

Voyez *Echouement*.

BUREAU, se dit d'un lieu destiné pour y travailler à l'expédition de certaines affaires.

BUREAU D'AFFAIRES. Voyez *Entreprise*.

BUREAU D'INSCRIPTION MARITIME. Voyez *Gages*, *Inscription maritime*, *Loyers*, *Navire*.

C

CABLE. Grosse et longue corde, ordinairement de chanvre, qui sert à tenir les navires à l'ancre, ou à remonter les grands bateaux dans les rivières. Il se dit aussi des cordages qui servent à élever de pesans fardeaux, par le moyen des grues et autres machines.

Ordinairement on ne nomme câbles que les cordes qui ont au moins trois pouces de circonférence ; au-dessous, on les appelle cordages et cordes.

Les câbles rompus ou coupés sont avaries communes (400).

Est avarie particulière, la perte des câbles, causée par tempête ou autres accidens de mer (403).

CABOTAGE. Ce terme désigne la navigation le long des côtes, de cap en cap, de port en port.

On distingue deux sortes de cabotages, le grand et le petit.

Suivant l'art. 2 du réglement du 25 janvier 1726, la navigation au petit cabotage comprenait tous les ports, depuis Bayonne jusqu'à Dunkerque inclusivement. Le grand cabotage s'étendait, par conséquent, à tout autre navigation plus éloignée, qui n'était pas déclarée voyage de long cours ; mais l'ordonnance du 18 octobre 1740 a donné au petit cabotage beaucoup plus d'extension qu'il n'en avait eu jusqu'alors.

PETIT CABOTAGE. Voyez *Capitaine.*

CAISSE, se dit du lieu où les financiers, banquiers, marchands, etc., mettent leur argent.

Les scellés doivent être apposés sur les caisses du failli (451).

Toutes les sommes reçues par les agens seront versées dans une caisse, à deux clefs, dont il sera fait mention ci-après (465).

Les deniers provenant des ventes et recouvremens opérés par les agens ou syndics de la faillite, seront versés, sous la déduction des dépenses et frais, dans une caisse à double serrure ; une des clefs sera remise au plus âgé des agens ou syndics ; et l'autre, à celui d'entre les créanciers que le commissaire aura préposé à cet effet (496).

Toutes les semaines, le bordereau de situation de cette caisse sera remis au commissaire (497).

Voyez *Créancier, Répartition.*

CAISSE D'AMORTISSEMENT. Cette administration est chargée de toutes les opérations relatives à l'amortissement de la dette publique, en exécu-

tion des lois des 6 frimaire an VIII, 3o ventose
an IX, et 21 floréal an X;

De la garantie des obligations souscrites par
les receveurs généraux, pour les contributions
directes, et du remboursement à présentation
de celles qui ne seraient pas acquittées par eux;

De la comptabilité générale des cautionnemens, de leur remboursement dans les cas prévus par les lois, et de la distribution des intérêts
qui y sont attribués;

Du dépôt et placement en accumulation du
produit des effets militaires mis hors de service;

Du placement en accumulation des retenues
faites sur le traitement de plusieurs administrations publiques, et sur la solde de la garde de
Paris, pour former un fonds de retraite;

Du placement du produit libre des biens com-
munaux;

Du dépôt et du placement en accumulation
du produit des droits sur la sortie des grains;

De la conversion des bons de deux tiers, en inscriptions au grand livre de la dette publique,
dans les proportions fixées par la loi du 3o ventose an IX;

Du rachat direct, au cours de la bourse, en
faveur des militaires et marins, des fractions de
5 pour cent au-dessous de 5o francs de rente,
provenant des liquidations de solde arriérée;

De diverses négociations d'effets publics qui
lui sont confiés par le Gouvernement;

Du service des consignations dans tout l'Empire, tel qu'il est organisé par la loi du 28 mes-
sidor an XIII.

Toutes les semaines, le bordereau de situation
de la caisse de la faillite sera remis au commissaire, qui pourra, sur la demande des syndics,

et à raison des circonstances, ordonner le versement de tout ou partie des fonds à la caisse d'amortissement, ou entre les mains du délégué de cette caisse dans les départemens, à la charge de faire courir, au profit de la masse, les intérêts accordés aux sommes consignées à cette même caisse (497).

Le retirement des fonds versés à la caisse d'amortissement se fera en vertu d'une ordonnance du commissaire (498).

CAISSIER. Celui qui tient la caisse chez un financier, banquier, marchand, etc.

S'il n'intervient point de traité entre le failli et les créanciers, ceux-ci nommeront un caissier chargé de recevoir les sommes provenant de toute espèce de recouvrement (527).

Le caissier de la faillite mentionnera, sur le titre constitutif de la créance, le paiement qu'il effectuera (561).

CALE. Le lieu le plus bas d'un vaisseau.

CALE, signifie encore une espèce de châtiment assez ordinaire dans les vaisseaux, et qui consiste à suspendre un homme à la vergue du grand mât, et à le plonger plusieurs fois dans la mer.

Les droits de cale sont dettes privilégiées sur le navire (191).

Le privilége ne peut être exercé qu'autant que ces droits seront constatés par les quittances légales des receveurs (192).

CANADA. Vaste pays situé dans le continent de l'Amérique septentrionale. Il est borné au Nord par la Nouvelle-Bretagne; à l'Ouest, par la côte du Nord-Ouest; au Sud, par les Etats-Unis;

à l'Est, par la Nouvelle-Ecosse et le golfe Saint-Laurent.

Quelques personnes prétendent que ce pays est aussi grand que la moitié de l'Europe.

Sont réputés voyages de long cours, ceux qui se font au Canada (377).

CANARIES. Ces îles, qu'on nommait autrefois les *Iles fortunées*, sont situées à l'Occident de l'Afrique, vis-à-vis le royaume de Maroc, à 80 lieues des côtes de Barbarie. Elles sont au nombre de huit, et voisines les unes des autres. Les principales s'appellent *Canarie*, *Ténériffe* et *Palma*; les autres se nomment *Hiero*, *Gomere*, *Forta-Ventura*, *Lancerotte* et *l'Ile de Fer*. Elles appartiennent aux Espagnols.

Sont réputés voyages de long cours, ceux qui se font aux Canaries (377).
Voyez *Assurance*, *Délai*.

CANAL. C'est un lieu creusé, afin de recevoir les eaux de la mer, de plusieurs ruisseaux, rivières, etc., et de les conduire d'un endroit dans un autre, pour la commodité du commerce.

CANAUX NAVIGABLES. Voyez *Assurance*, *Transport*.

CANOT. Petit bateau fait d'écorces d'arbres, ou du tronc d'un seul arbre creux. Canot, se dit aussi d'une petite chaloupe qu'on tient ordinairement dans un grand vaisseau, et qu'on ne met guère à la mer que pour aller d'un vaisseau à l'autre.

L'huissier fait, dans le procès-verbal de saisie d'un bâtiment de mer, l'énonciation et la description des canots (200).

CAP DE BONNE-ESPÉRANCE. Grande ville située

située près le Cap du même nom, sur les côtes de l'Afrique méridionale.

Voyez *Délai*, *Porteur*.

CAPITAINE DE NAVIRE. C'est un officier qui commande un navire.

Les sommes prêtées au capitaine pour les besoins du bâtiment pendant le dernier voyage, et le remboursement du prix des marchandises par lui vendues pour le même objet, sont dettes privilégiées sur le bâtiment (191).

Le privilège ne peut être exercé qu'autant que les sommes prêtées et la valeur des marchandises vendues, seront constatées par des états arrêtés par le capitaine, appuyés de procès-verbaux signés par le capitaine et les principaux de l'équipage, constatant la nécessité des emprunts (192).

L'adjudication du navire fait cesser les fonctions du capitaine; sauf à lui à se pourvoir en dédommagement contre qui de droit (208).

Le propriétaire du navire peut congédier le capitaine.

Il n'y a pas lieu à indemnité, s'il n'y a convention par écrit (218).

Si le capitaine congédié est copropriétaire du navire, il peut renoncer à la copropriété, et exiger le remboursement du capital qui la représente.

Le montant de ce capital est déterminé par des experts convenus ou nommés d'office (219).

Tout capitaine, maître ou patron, chargé de la conduite d'un navire ou autre bâtiment, est garant de ses fautes, même légères, dans l'exercice de ses fonctions (221).

7

Il est responsable des marchandises dont il se charge.

Il en fournit une reconnaissance.

Cette reconnaissance se nomme *connaissement* (222).

Il appartient au capitaine de former l'équipage du vaisseau, et de choisir et louer les matelots et autres gens de l'équipage ; ce qu'il fera néanmoins de concert avec les propriétaires, lorsqu'il sera dans le lieu de leur demeure (223).

Le capitaine tient un registre coté et paraphé par l'un des juges du tribunal de commerce, ou par le maire ou son adjoint, dans les lieux où il n'y a pas de tribunal de commerce.

Ce registre contient

Les résolutions prises pendant le voyage,

La recette et la dépense concernant le navire, et généralement tout ce qui concerne le fait de sa charge, et tout ce qui peut donner lieu à un compte à rendre, à une demande à former (224).

Le capitaine est tenu, avant de prendre charge, de faire visiter son navire, aux termes et dans les formes prescrits par les réglemens.

Le procès-verbal de visite est déposé au greffe du tribunal de commerce ; il en est délivré extrait au capitaine (225).

Le capitaine est tenu d'avoir à bord,

L'acte de propriété du navire,

L'acte de francisation,

Le rôle d'équipage,

Les connaissemens et chartes-parties,

Les procès-verbaux de visite,

Les acquits de paiement ou à caution des douanes (226).

Le capitaine est tenu d'être en personne dans

son navire, à l'entrée et à la sortie des ports, havres ou rivières (227).

En cas de contravention aux obligations imposées par les quatre articles précédens, le capitaine est responsable de tous les événemens envers les intéressés au navire et au chargement (228).

Le capitaine répond également de tout le dommage qui peut arriver aux marchandises qu'il aurait chargées sur le tillac de son vaisseau sans le consentement par écrit du chargeur.

Cette disposition n'est point applicable au petit cabotage (229).

La responsabilité du capitaine ne cesse que par la preuve d'obstacles de force majeure (230).

Le capitaine et les gens de l'équipage qui sont à bord ou qui, sur les chaloupes, se rendent à bord pour faire voile, ne peuvent être arrêtés pour dettes civiles, si ce n'est à raison de celles qu'ils auront contractées pour le voyage, et même, dans ce dernier cas, ils ne peuvent être arrêtés, s'ils donnent caution (231).

Le capitaine, dans le lieu de la demeure des propriétaires ou de leurs fondés de pouvoirs, ne peut, sans leur autorisation spéciale, faire travailler au radoub du bâtiment, acheter des voiles, cordages, et autres choses pour le bâtiment, prendre à cet effet de l'argent sur le corps du navire, ni fréter le navire (232).

Si le bâtiment était frété du consentement des propriétaires, et que quelques-uns d'eux fissent refus de contribuer aux frais nécessaires pour l'expédier, le capitaine pourra, en ce cas, vingt-quatre heures après sommation faite aux refusans de fournir leur contingent, emprunter à la grosse pour leur compte sur leur portion d'intérêt dans le navire, avec autorisation du juge (233).

Si, pendant le cours du voyage, il y a nécessité de radoub, ou d'achat de victuailles, le capitaine, après l'avoir constaté par un procès-verbal signé des principaux de l'équipage, pourra, en se faisant autoriser en France par le tribunal de commerce, ou, à défaut, par le juge de paix, chez l'étranger par le consul français, ou, à défaut, par le magistrat des lieux, emprunter sur le corps et quille du vaisseau, mettre en gage ou vendre des marchandises jusqu'à concurrence de la somme que les besoins constatés exigent.

Les propriétaires, ou le capitaine qui les représente, tiendront compte des marchandises vendues, d'après le cours des marchandises de même nature et qualité, dans le lieu de la décharge du navire, à l'époque de son arrivée (234).

Le capitaine, avant son départ d'un port étranger ou des colonies françaises, pour revenir en France, sera tenu d'envoyer à ses propriétaires ou à leurs fondés de pouvoirs, un compte signé de lui, contenant l'état de son chargement, le prix des marchandises de sa cargaison, les sommes par lui empruntées, les noms et demeures des prêteurs (235).

Le capitaine qui aura, sans nécessité, pris de l'argent sur le corps, avictuaillement ou équipement du navire, engagé ou vendu des marchandises ou des victuailles, ou qui aura employé dans ses comptes des avaries et des dépenses supposées, sera responsable envers l'armement, et personnellement tenu du remboursement de l'argent ou du paiement des objets, sans préjudice de la poursuite criminelle, s'il y a lieu (236).

Hors le cas d'innavigabilité légalement constatée, le capitaine ne peut, à peine de nullité
de la vente, vendre le navire sans un pouvoir
spécial des propriétaires (237).

Tout capitaine de navire, engagé pour un
voyage, est tenu de l'achever, à peine de tous
dépens, dommages-intérêts envers les propriétaires et les affréteurs (238).

Le capitaine qui navigue à profit commun sur
le chargement, ne peut faire aucun trafic ni
commerce pour son compte particulier, s'il n'y
a convention contraire (239).

En cas de contravention aux dispositions mentionnées dans l'article précédent, les marchandises embarquées par le capitaine pour son compte
particulier sont confisquées au profit des autres
intéressés (240).

Le capitaine ne peut abandonner son navire
pendant le voyage, pour quelque danger que ce
soit, sans l'avis des officiers et principaux de
l'équipage ; et, en ce cas, il est tenu de sauver
avec lui l'argent et ce qu'il pourra des marchandises les plus précieuses de son chargement,
sous peine d'en répondre en son propre nom.

Si les objets ainsi tirés du navire sont perdus
par quelque cas fortuit, le capitaine en demeurera déchargé (241).

Le capitaine est tenu, dans les vingt-quatre
heures de son arrivée, de faire viser son registre,
et de faire son rapport.

Le rapport doit énoncer

Le lieu et le temps de son départ,

La route qu'il a tenue,

Les hasards qu'il a courus,

Les désordres arrivés dans le navire, et toutes

les circonstances remarquables de son voyage (242).

Le rapport est fait au greffe devant le président du tribunal de commerce.

Dans les lieux où il n'y a pas de tribunal de commerce, le rapport est fait au juge de paix de l'arrondissement.

Le juge de paix qui a reçu le rapport, est tenu de l'envoyer, sans délai, au président du tribunal de commerce le plus voisin.

Dans l'un et l'autre cas, le dépôt en est fait au greffe du tribunal de commerce (243).

Si le capitaine aborde dans un port étranger, il est tenu de se présenter au consul de France, de lui faire un rapport, et de prendre un certificat constatant l'époque de son arrivée et de son départ, l'état et la nature de son chargement (244).

Si, pendant le cours du voyage, le capitaine est obligé de relâcher dans un port français, il est tenu de déclarer au président du tribunal de commerce du lieu, les causes de sa relâche.

Dans les lieux où il n'y a pas de tribunal de commerce, la déclaration est faite au juge de paix du canton.

Si la relâche forcée a lieu dans un port étranger, la déclaration est faite au consul de France, ou, à son défaut, au magistrat du lieu (245).

Le capitaine qui a fait naufrage, et qui s'est sauvé seul ou avec partie de son équipage, est tenu de se présenter devant le juge du lieu, ou, à défaut de juge, devant toute autre autorité civile, d'y faire son rapport, de le faire vérifier par ceux de son équipage qui se seraient sauvés et se trouveraient avec lui, et d'en lever expédition (246).

Pour vérifier le rapport du capitaine, le juge reçoit l'interrogatoire des gens de l'équipage, et, s'il est possible, des passagers, sans préjudice des autres preuves.

Les rapports non vérifiés ne sont point admis à la décharge du capitaine, et ne font point foi en justice, excepté dans le cas où le capitaine naufragé s'est sauvé seul dans le lieu où il a fait son rapport.

La preuve des faits contraire est réservée aux parties (247).

Hors les cas de péril imminent, le capitaine ne peut décharger aucune marchandise avant d'avoir fait son rapport, à peine de poursuites extraordinaires contre lui (248).

Si les victuailles du bâtiment manquent pendant le voyage, le capitaine, en prenant l'avis des principaux de l'équipage, pourra contraindre ceux qui auront des vivres en particulier de les mettre en commun, à la charge de leur en payer la valeur (249).

Les conditions d'engagement du capitaine d'un navire sont constatées par le rôle d'équipage, ou par les conventions des parties (250).

Le capitaine ne peut, sous aucun prétexte, charger dans le vaisseau aucune marchandise pour son compte sans la permission du propriétaire et sans en payer le fret, s'il n'y est autorisé par l'engagement (251).

Toute convention pour le louage d'un vaisseau doit énoncer le nom du capitaine (273).

Si les marchandises sont retirées du navire, pendant le voyage, pour cause des faits ou des fautes du capitaine, celui-ci est responsable de tous les frais (293).

Si le consignataire refuse de recevoir les marchandises, le capitaine peut, par autorité de justice, en faire vendre pour le paiement de son fret, et faire ordonner le dépôt du surplus.

S'il y a insuffisance, il conserve son recours contre le chargeur (305).

Le capitaine ne peut retenir les marchandises dans son navire faute de paiement de son fret;

Il peut, dans le temps de la décharge, demander le dépôt en mains tierces jusqu'au paiement de son fret (306).

Le capitaine est préféré, pour son fret, sur les marchandises de son chargement, pendant quinzaine après leur délivrance, si elles n'ont passé en mains tierces (307).

En cas de faillite des chargeurs ou réclamateurs avant l'expiration de la quinzaine, le capitaine est privilégié sur tous les créanciers pour le paiement de son fret et des avaries qui lui sont dues. (308).

Le contrat à la grosse énonce le nom du capitaine (311).

Un emprunt à la grosse fait par le capitaine dans le lieu de la demeure des propriétaires du navire, sans leur autorisation authentique ou leur intervention dans l'acte, ne donne action et privilége que sur la portion que le capitaine peut avoir au navire et au fret (321).

En cas de perte des marchandises assurées et chargées pour le compte du capitaine sur le vaisseau qu'il commande, le capitaine est tenu de justifier aux assureurs l'achat des marchandises, et d'en fournir un connaissement signé par deux des principaux de l'équipage (344).

Le capitaine ne peut acquérir la propriété du navire par voie de prescription (430).

Voyez *Abordage*, *Action*, *Affrétement*, *Assu-*

rance, *Avarie*, *Bourse de commerce*, *Charte-Partie*, *Commandement*, *Congé*, *Connaissement*, *Contribution*, *Créancier*, *Criée*, *Délibération*, *Dommages-Intérêts*, *Fin de non-recevoir*, *Fournisseur*, *Fret*, *Gages*, *Indemnité*, *Innavigabilité*, *Jet*, *Loyers*, *Navire*, *Nolissement*, *Nourriture*, *Ouvrier*, *Prescription*, *Propriétaire de navire*, *Saisie*.

CAPITAL, est le sort principal d'une rente qui produit des arrérages, ou le principal d'une dette qui produit des intérêts.

Le capital d'une société anonime se divise en actions, et même en coupons d'action d'une valeur égale (34).

Le capital des sociétés en commandite peut être divisé en actions, sans aucune autre dérogation aux règles établies pour ce genre de sociétés (38).

Si le capitaine congédié par le propriétaire du navire est copropriétaire de ce même navire, il peut renoncer à la copropriété et exiger le remboursement du capital qui la représente.

Le montant de ce capital est déterminé par des experts convenus ou nommés d'office (219).

Le contrat à la grosse énonce le capital prêté (311).

Voyez *Contrat à la grosse*

CAPRAJA. Cette île est au nord-est de celle de Corse, et dépend du département du Golo.

Voyez *Délai*, *Porteur*.

CAPTIF. Qui a été pris et fait esclave par les pirates.

Rachat de captifs. Voyez *Indemnité*, *Matelot*.

CARGAISON. Terme de jurisprudence maritime par lequel on exprime la charge entière d'un navire.

Voyez *Capitaine.*

CAS FORTUITS. On désigne sous ce nom les événemens occasionnés par une force majeure qu'on ne peut pas prévoir, et à laquelle on ne peut pas résister. Tels sont les débordemens, les naufrages, les incendies, le tonnerre, etc.

Si les objets que le capitaine a tirés du navire prêt à faire naufrage, pour les sauver avec lui, sont perdus par quelque cas fortuit, le capitaine en demeurera déchargé (241).

Si les effets sur lesquels le prêt à la grosse a eu lieu, sont entièrement perdus, et que la perte soit arrivée par cas fortuit, dans le temps et dans le lieu des risques, la somme prêtée ne peut être réclamée (325).

Marchandises détériorées par cas fortuit. Voy. *Fret.*

CASSATION. Le terme *cassation* désigne une décision émanée de la première Cour de l'Empire, par laquelle un jugement en dernier ressort est cassé et annulé.

Il y aura lieu à l'appel du jugement arbitral ou au pourvoi en cassation, si la renonciation n'a pas été stipulée (52).

CAUSE, est un procès qui se plaide et qui se juge à l'audience.

Les causes se distinguent les unes des autres relativement aux tribunaux devant lesquels elles se discutent, aux formes par lesquelles elles sont dirigées et aux différentes matières qui en sont les objets.

Ainsi, l'on appelle *cause principale*, celle qui s'instruit et qui doit se juger par le premier juge devant lequel elle est portée.

L'expression de *cause principale* s'emploie par opposition à celle de *cause d'appel*, ou de *cause incidente*.

La *cause d'appel* est celle dont on saisit la Cour d'appel pour obtenir un jugement qui réforme celui qu'a rendu le tribunal devant lequel la cause principale a été portée.

Et l'on appelle *cause incidente*, une demande formée par une des parties litigantes dans le cours de la contestation principale.

Voyez *Cour d'appel, Distraction, Tribunal de commerce.*

CAUTION, est la personne qui répond de l'exécution d'une promesse contractée par une ou plusieurs personnes. La caution s'appelle quelquefois *fidéjusseur*.

Sur la notification du protêt faute d'acceptation, les endosseurs et le tireur sont respectivement tenus de donner caution pour assurer le paiement de la lettre de change à son échéance, ou d'en effectuer le remboursement avec les frais de protêt et de rechange.

La caution, soit du tireur, soit de l'endosseur, n'est solidaire qu'avec celui qu'elle a cautionné (120).

Si la lettre de change perdue est revêtue de l'acceptation, le paiement ne peut en être exigé sur une seconde, troisième, quatrième, etc., que par ordonnance du juge et en donnant caution (151).

Si celui qui a perdu la lettre de change, qu'elle soit acceptée ou non, ne peut représenter la seconde, troisième, quatrième, etc., il peut demander le paiement de la lettre de change perdue et l'obtenir par l'ordonnance du juge, en justifiant de sa propriété par ses livres et en donnant caution (152).

L'engagement de la caution mentionnée dans les deux articles ci-dessus, est éteint après trois ans, si, pendant ce temps, il n'y a eu ni demandes ni poursuites juridiques (155).

Dans aucun cas, le capitaine et les gens de l'équipage qui sont à bord, ou qui, sur les chaloupes se rendent à bord pour faire voile, ne peuvent être arrêtés pour dettes civiles, s'ils donnent caution (231).

Si l'assureur tombe en faillite lorsque le risque n'est pas encore fini, l'assuré peut demander caution, ou la résiliation du contrat.

L'assureur a le même droit, en cas de faillite de l'assuré (346).

A l'égard des effets de commerce non échus par lesquels le failli se trouve être l'un des obligés, les autres obligés ne sont tenus que de donner caution pour le paiement à l'échéance, s'ils n'aiment mieux payer immédiatement (448).

Voyez *Assurance, Créancier, Paiement, Propriétaire de navire.*

CAUTIONNEMENT. Lorsque des individus contractent ensemble, c'est dans l'intention que leurs engagemens réciproques seront exécutés; mais tous les contractans n'inspirent pas la même confiance, et pour y suppléer, on a imaginé le cautionnement. Ainsi, le cautionnement est un acte par lequel on s'oblige pour un autre.

Lorsqu'on ne peut pas se procurer une caution, on est reçu à donner à sa place un gage ou un nantissement. Ce gage ou ce nantissement s'appelle *cautionnement.* Il est plusieurs fonctionnaires dont les cautionnemens doivent être fourses en argent que l'on verse à la caisse d'amortissement.

Voyez **Créancier**, **Saisie**.

CÉDANT. Qui cède son droit.

Voyez **Déchéance**, **Porteur**, **Protêt**.

CÉDULE. C'est l'acte que délivre le juge de paix, à la requête d'une partie, pour faire comparaître devant lui la partie adverse.

La prescription ne peut avoir lieu, s'il y a cédule (434).

CÉLÉBRATION DE MARIAGE. On dit célébrer un mariage, pour dire, faire un mariage avec les cérémonies requises.

Voyez **Femme**.

CERTIFICAT. On appelle certificat, un acte par lequel on rend témoignage d'un fait.

Le compte de retour est certifié par un agent de change.

Dans les lieux où il n'y a pas d'agent de change, il est certifié par deux commerçans.

Dans le cas où la retraite est faite sur l'un des endosseurs, elle est accompagnée, en outre, d'un certificat qui constate le cours du change du lieu où la lettre de change était payable, sur le lieu d'où elle a été tirée (181).

Il n'est point dû de rechange, si le compte de retour n'est pas accompagné des certificats prescrits par l'article ci-dessus (186).

Si le capitaine aborde dans un port étranger, il est tenu de se présenter au consul de France, de lui faire son rapport et de prendre un certificat constatant l'époque de son arrivée et de son départ, l'état et la nature de son chargement (244).

Le bilan devra être certifié véritable par le débiteur (471).

CERTIFICAT de jauge. Voyez *Jauge.*

CERTIFICAT de visite d'un navire. Voy. *Navire.*

CESSATION. Intermission, discontinuation.

CESSATION des fonctions du juge commissaire et des syndics de la faillite. Voy. *Concordat.*

CESSATION de paiemens. Voy. *Paiement.*

CESSION. C'est, en général, l'acte par lequel on transmet à autrui la propriété d'une chose quelconque.

Et l'on appelle *Cession de biens*, l'acte judiciaire par lequel un débiteur, hors d'état de payer ce qu'il doit, rend ses créanciers propriétaires de ses biens, afin d'éviter les poursuites qu'ils pourraient diriger contre lui.

La cession de biens est un avantage introduit originairement par le droit romain en faveur du débiteur, que des pertes ou des malheurs ont rendu insolvable.

Quand, en matière de société anonyme, l'action est établie sous la forme d'un titre au porteur, la cession s'opère par la tradition du titre (35.)

Si la propriété des actions est établie par une inscription sur les registres de la société, la cession s'opère par une déclaration de transfert inscrite sur les registres, et signée de celui qui fait le transport, ou d'un fondé de pouvoir (36).

CESSION DE BIENS. La cession de biens, par le failli, est volontaire ou judiciaire (566).

Les effets de la cession volontaire se déterminent par les conventions entre le failli et les créanciers (567).

La cession judiciaire n'éteint point l'action des

créanciers sur les biens que le failli peut acquérir par la suite ; elle n'a d'autre effet que de soustraire le débiteur à la contrainte par corps (568).

Le failli qui sera dans le cas de réclamer la
cession judiciaire, sera tenu de former sa demande au tribunal, qui se fera remettre les titres
nécessaires : la demande sera insérée dans les papiers publics, comme il est dit à l'article 683 du
Code de procédure civile (569).

La demande ne suspendra l'effet d'aucune poursuite, sauf au tribunal à ordonner, parties appelées, qu'il y sera sursis provisoirement (570).

Le failli admis au bénéfice de cession sera tenu
de faire ou de réitérer sa cession en personne et
non par procureur, ses créanciers appelés, à
l'audience du tribunal de commerce de son domicile ; et, s'il n'y a pas de tribunal de commerce,
à la maison commune, un jour de séance. La déclaration du failli sera constatée, dans ce dernier
cas, par le procès-verbal de l'huissier, qui sera
signé par le maire (571).

Si le débiteur est détenu, le jugement qui l'admettra au bénéfice de cession ordonnera son extraction, avec les précautions en tel cas requises
et accoutumées, à l'effet de faire sa déclaration
conformément à l'article précédent (572).

Les nom, prénoms, profession et demeure du
débiteur, seront insérés dans des tableaux à ce
destinés, placés dans l'auditoire du tribunal de
commerce de son domicile, ou du tribunal civil
qui en fait les fonctions, dans le lieu des séances
de la maison commune, et à la bourse (573).

En exécution du jugement qui admettra le débiteur au bénéfice de cession, les créanciers pourront faire vendre les biens meubles et immeubles
du débiteur, et il sera procédé à cette vente dans

les formes prescrites pour les ventes faites par union des créanciers (574). Voy. *Union de Créanciers*.

Ne pourront être admis au bénéfice de cession,

1°. Les stellionataires, les banqueroutiers frauduleux, les personnes condamnées pour fait de vol ou d'escroquerie, ni les personnes comptables;

2°. Les étrangers, les tuteurs, administrateurs ou dépositaires (575).

Voyez *Tribunal de Commerce*.

CHALOUPE. Sorte de petit bâtiment dont on se sert sur mer.

L'huissier fait, dans le procès-verbal de saisie d'un bâtiment de mer, l'énonciation et la description des chaloupes (200).

Voyez *Adjudication*, *Capitaine*, *Equipage*.

CHAMBRES des AVOUÉS et des NOTAIRES. On nomme chambre des avoués, une juridiction établie par arrêté des Consuls, du 13 frimaire an IX, auprès de la Cour de cassation, de chaque Cour d'appel, de chaque tribunal de première instance, pour prononcer, par voie de décision, lorsqu'il s'agit de police et de discipline intérieure, et par forme de simple avis, dans les autres cas.

Les attributions de la chambre sont réglées par le même arrêté.

Les chambres des notaires sont relativement les mêmes que celles des avoués. Leurs attributions sont déterminées par l'arrêté des Consuls, du 2 nivose an XII, qui en établit une auprès de chaque tribunal civil de première instance.

On appelle aussi *Chambre*, le lieu où s'assemblent les notaires et les avoués.

Voyez *Contrat de mariage*.

CHANGE.

CHANGE. Le change est une négociation par laquelle on transporte à une personne les fonds qu'on a dans quelqu'endroit, pour un prix convenu, ou qui se trouve réglé, sur la place, par le commerce. Ce transport se fait par le moyen d'un acte qui représente les fonds dont on a fait la cession, et qu'on appelle lettre de change.

On appelle aussi *Change*, le prix qu'un banquier prend pour l'argent qu'il fait remettre.

Le résultat des négociations et des transactions qui s'opèrent dans la bourse, détermine le cours du change (72).

Ce cours est constaté par les agens de change, dans la forme prescrite par les réglemens de police, généraux ou particuliers (73).

La loi répute acte de commerce toute opération de change (632).

Voyez *Billet à ordre, Lettre de change, Rechange, Retraite, Tribunal de commerce.*

CHANGEMENT à la raison de société. Voy. *Société.*

CHANGEMENT D'ASSOCIÉS. Voy. *Société.*

CHANGEMENT forcé de Route, de Voyage ou de Vaisseau. Voy. *Route, Vaisseau, Voyage.*

CHARGE. La charge d'un vaisseau est proprement ce qu'on appelle sa cargaison. Il ne se dit guère que des vaisseaux marchands.

Par le mot charge, on n'entend ordinairement que les marchandises ou effets qu'on a mis dessus. On dit qu'un vaisseau a sa charge, quand il est aussi rempli de marchandises qu'il en peut contenir ; qu'il n'a que demi charge, quand il n'est plein qu'à demi ; qu'il revient avec une riche charge, quand il rapporte de précieuses marchandises, et en quantité ; qu'un marchand

8

a fait toute la charge d'un navire, ou qu'il n'y a que moitié, qu'un quart, quand il a fait, à ses dépens, la cargaison entière, ou qu'il n'y a contribué que du quart ou de la moitié.

On compte la charge des vaisseaux, par tonneaux, sur le pied de 2000 livres (979 kilogram. environ) pesant, le tonneau.

On appelle jours de charge, le temps qui est accordé aux marchands dans les ports des rivières, pour charger leurs marchandises dans les bateaux : c'est ordinairement trois jours.

Toute convention pour louage d'un vaisseau doit énoncer le lieu et le temps de la charge (273).

Si ce temps n'est point fixé par les conventions des parties, il est réglé suivant l'usage des lieux (274).

Voyez *Affrétement, Charte-Partie, Capitaine, Convention, Fret, Nolissement, Registre.*

CHARGEMENT, se dit également, et de la charge entière d'un vaisseau et de la cargaison ou charge des seules marchandises qu'il contient. On s'en sert dans toutes les acceptions du mot *charge.*

Les emprunts à la grosse peuvent être affectés sur le chargement du navire (315).

Voyez *Assurance, Avarie, Capitaine, Connaissement, Contrat à la grosse, Équipage, Fret, Innavigabilité, Jet, Marchandise, Navire, Passager, Perte, Retour.*

CHARGEUR. Celui qui charge. On appelle marchand chargeur celui à qui appartiennent les marchandises dont un vaisseau est chargé.

Les dommages causés par le fait et faute des chargeurs, ne sont point à la charge des assureurs (352).

Voyez *Affrétement*, *Capitaine*, *Charte-Partie*, *Connaissement*, *Convention*, *Fret*, *Marchandise*, *Matelot*, *Nolissement*.

CHARTE-PARTIE. On appelle *Charte-partie*, l'acte par lequel on loue un vaisseau.

Le capitaine est tenu d'avoir à bord les chartes-parties (226).

Le fret est constaté par la charte-partie ou par le connaissement (286).

Toute convention pour louage d'un vaisseau, appelée *charte-partie, affrétement* ou *nolissement*, doit être rédigée par écrit ;

Elle énonce

Le nom et le tonnage du navire,

Le nom du capitaine,

Les noms du fréteur et de l'affréteur,

Le lieu et le temps convenus pour la charge et pour la décharge,

Le prix du fret ou nolis,

Si l'affrétement est total ou partiel,

L'indemnité convenue pour les cas de retard (273).

Si le temps de la charge et de la décharge du navire n'est point fixé par les conventions des parties, il est réglé suivant l'usage des lieux (274).

Si le navire est frété au mois, et s'il n'y a convention contraire, le fret court du jour où le navire a fait voile (275).

Si, avant le départ du navire, il y a interdiction de commerce avec le pays pour lequel il est destiné, les conventions sont résolues sans dommages-intérêts de part ni d'autre.

Le chargeur est tenu des frais de la charge et de la décharge de ses marchandises (276).

S'il existe une force majeure qui n'empêche

8.

que pour un temps la sortie du navire, les conventions subsistent, et il n'y a pas lieu à dommages-intérêts à raison du retard.

Elles subsistent également, et il n'y a lieu à aucune augmentation de fret, si la force majeure arrive pendant le voyage (277).

Le chargeur peut, pendant l'arrêt du navire, faire décharger ses marchandises à ses frais, à condition de les recharger ou d'indemniser le capitaine (278).

Dans le cas de blocus du port pour lequel le navire est destiné, le capitaine est tenu, s'il n'a des ordres contraires, de se rendre dans un des ports voisins de la même Puissance où il lui sera permis d'aborder (279).

Le navire, les agrès et apparaux, le fret et les marchandises chargées, sont respectivement affectés à l'exécution des conventions des parties (280).

Voyez *Connaissement, Courtier-Interprète, Fret.*

CHASSE, Action de poursuivre. On dit, *donner la chasse aux vaisseaux ennemis,* pour dire, les poursuivre. On dit, en terme de marine, qu'*un vaisseau prend chasse,* lorsqu'ayant rencontré un vaisseau ennemi plus fort que lui, il se retire à pleines voiles pour éviter le combat.

Si, par la chasse de l'ennemi, le capitaine se croit obligé, pour le salut du navire, de jeter en mer une partie de son chargement, de couper ses mâts, d'abandonner ses ancres, il prend l'avis des intéressés au chargement qui se trouvent dans le vaisseau, et des principaux de l'équipage.

S'il y a diversité d'avis, celui du capitaine et des principaux de l'équipage est suivi (410).

CHIFFRE. Caractère dont on se sert pour marquer les nombres.

Les agens de change et courtiers sont tenus de consigner dans leurs livres, sans chiffres, toutes les conditions des ventes, achats, assurances, négociations, et en général de toutes les opérations faites par leur ministère (84).

CHOIX. C'est la préférence, soit d'une personne, soit d'une chose, à une ou à plusieurs autres personnes ou choses.

Voyez *Assurance, Composition.*

CIRCONSTANCE. Certaine particularité qui accompagne un fait, une nouvelle, ou quelque chose de semblable.

Le rapport que le capitaine est tenu de faire, dans les vingt-quatre heures de son arrivée, doit énoncer toutes les circonstances remarquables de son voyage (242).

CIRCULATION (Signature de). Voy. *Signature.*

CITATION. Ce terme est aujourd'hui usité dans le même sens que ceux d'assignation et d'ajournement; il signifie, par conséquent, l'acte en vertu duquel un individu est appelé en justice pour répondre à une demande formée contre lui.

Si la créance est contestée, le juge-commissaire peut, sans qu'il soit besoin de citation, renvoyer les parties à bref délai devant le tribunal de commerce qui jugera sur son rapport (508).

Voyez *Cour d'appel, Déchéance, Délai, Distraction, Porteur, Saisie.*

CLAUSE. C'est une disposition particulière qui fait partie d'un traité, d'une loi, d'un contrat, ou de tout autre acte public ou particulier.

La clause *franc d'avaries* affranchit les assureurs de toutes avaries, soit communes, soit particulières, excepté dans les cas qui donnent ouverture au délaissement; et dans ce cas, les assurés ont l'option entre le délaissement et l'exercice d'action d'avarie (409).

Voyez *Société*.

CLEF. C'est un instrument fait pour ouvrir et fermer une serrure.

Caisse à deux clefs. Voy. *Caisse*.

CLÔTURE des magasins du débiteur. Voy. *Faillite*.

CLÔTURE du rôle d'équipage. Voy. *Congé, Indemnité*.

COASSOCIÉ. Toute continuation de société, après son terme expiré, est constatée par une déclaration des coassociés (46).

Formalités prescrites à ce sujet, *ibid*.

Voyez *Société*.

COLLOCATION. C'est l'action par laquelle on range des créanciers dans l'ordre, suivant lequel ils doivent être payés.

Ce terme signifie l'ordre, le rang dans lequel chaque créancier se trouve colloqué.

Les collocations les plus ordinaires sont celles qui se poursuivent et se font après les ventes d'immeubles par expropriation forcée : on en fait aussi après des ventes volontaires et dans les directions.

Voyez *Créancier, Vente*.

COLLUSION. Terme usité en justice pour désigner une intelligence secrète entre deux ou plusieurs personnes au préjudice d'un tiers.

Il y a autant d'espèces de collusions qu'on peut imaginer de moyens différens de concerter la fraude avec quelqu'un au préjudice d'un tiers.

Voyez *Banqueroute frauduleuse*, *Notaire*.

COLONIE. On donne ce nom à une réunion d'hommes sortis d'un pays pour en peupler un autre.

COLONIE, se dit aussi des lieux où l'on envoie des habitans.

COLONIES DES INDES-OCCIDENTALES. Voy. *Assurance*, *Délai*.

COLONIES FRANÇAISES. Voy. *Capitaine*.

COMBAT. C'est, en général, l'action d'attaquer un ennemi, ou d'en soutenir ou repousser l'attaque.

L'on appelle *combat naval* l'action des armées navales et des escadres qui se livrent un combat.

Voyez *Matelot*.

COMMANDEMENT. C'est un exploit que fait un huissier en vertu d'un jugement ou d'un autre titre portant exécution parée, par lequel il commande, au nom de l'Empereur, de payer une somme, de satisfaire aux condamnations ou engagemens énoncés dans le titre.

Il ne peut être procédé à la saisie d'un bâtiment de mer que vingt-quatre heures après le commandement de payer (198).

Le commandement doit être fait à la personne du propriétaire ou à son domicile, s'il s'agit d'une action générale à exercer contre lui.

Le commandement peut être fait au capitaine du navire, si la créance est du nombre de celles qui sont susceptibles de privilége sur le navire, aux termes de l'art. 191 (199). Voy. cet article au mot *Saisie*.

COMMANDITAIRE. Celui qui a une commandite.

Voyez *Acte de société*, *Société en commandite*.

COMMANDITE. C'est une société de plusieurs
personnes dont l'une donne son argent et les autres leurs soins et leur travail pour leur tenir
lieu des fonds qu'elles sont dispensées de fournir.

Voyez *Acte de société*, *Société*.

COMMERÇANT. Celui qui trafique, qui commerce en gros ou en détail.

Sont commerçans, ceux qui exercent des
actes de commerce, et en font leur profession
habituelle (1er).

Tout mineur émancipé de l'un et l'autre sexe,
âgé de dix-huit ans accomplis, qui voudra profiter de la faculté que lui accorde l'art. 487
du Code Napoléon, de faire le commerce, ne
pourra en commencer les opérations, ni être réputé majeur, quant aux engagemens par lui contractés pour faits de commerce, 1°. s'il n'a été
préalablement autorisé par son père, ou par sa
mère, en cas de décès, interdiction ou absence du
père; ou, à défaut du père et de la mère, par
une délibération du conseil de famille, homologuée par le tribunal civil; 2°. si, en outre, l'acte
d'autorisation n'a été enregistré et affiché au tribunal de commerce du lieu où le mineur veut
établir son domicile (2).

La disposition de l'article précédent est applicable aux mineurs même non commerçans, à
l'égard de tous les faits qui sont déclarés faits de
commerce par les dispositions des art. 632 et
633 (3).

La femme ne peut être marchande publique
sans le consentement de son mari (4).

La femme, si elle est marchande publique, peut, sans l'autorisation de son mari, s'obliger pour ce qui concerne son négoce ; et, audit cas, elle oblige aussi son mari, s'il y a communauté entre eux.

Elle n'est pas réputée marchande publique, si elle ne fait que détailler les marchandises du commerce de son mari ; elle n'est réputée telle que lorsqu'elle fait un commerce séparé (5).

Les mineurs marchands, autorisés comme il est dit ci-dessus, peuvent engager et hypothéquer leurs immeubles.

Ils peuvent même les aliéner, mais en suivant les formalités prescrites par les art. 457 et suivans du Code Napoléon (6).

Les femmes marchandes publiques peuvent également engager, hypothéquer et aliéner leurs immeubles.

Toutefois leurs biens stipulés dotaux, quand elles sont mariées sous le régime dotal, ne peuvent être hypothéqués ni aliénés que dans les cas déterminés et avec les formes réglées par le Code Napoléon (7).

Tout jugement qui prononce une séparation de corps ou un divorce entre mari et femme dont l'un serait commerçant, doit être soumis aux formalités prescrites par l'art. 872 du Code de procédure civile, à défaut de quoi les créanciers seront toujours admis à s'y opposer, pour ce qui concerne leurs intérêts, et à contredire toute liquidation qui en aurait été la suite (66).

Tout contrat de mariage entre époux dont l'un est commerçant, doit être transmis par extrait, dans le mois de sa date, aux greffes et chambres désignés par l'art. 872 du Code de procédure civile, pour être exposé au tableau, conformément au même article. Cet extrait doit annoncer si les époux sont mariés en communauté, s'ils sont séparés de biens, ou s'ils ont contracté sous le régime dotal (67).

Dans les lieux où il n'y a point d'agent de change, le compte de retour est certifié par deux commerçans (181).

Il n'est point dû de rechange si le compte de retour n'est accompagné du certificat prescrit par l'article ci-dessus (186).

Tout commerçant qui cesse ses paiemens est en état de faillite (437).

Tout commerçant failli qui se trouve dans l'un des cas de faute grave ou de fraude prévus par le Code, est en état de banqueroute (438).

Tout commerçant pourra être nommé juge ou suppléant au tribunal de commerce, s'il est âgé de trente ans, s'il exerce le commerce avec honneur et distinction depuis cinq ans (620).

Voyez *Banqueroute*, *Bourse de commerce*, *Denrée*, *Failli*, *Femme*, *Marchandise*, *Preuve*, *Régime dotal*, *Séparation de biens*, *Tribunal de commerce*,

COMMERCE. On appelle *commerce*, un négoce, un trafic de marchandises, d'effets d'argent, en gros ou en détail.

Le contrat de société se règle par les lois particulières au commerce (18.)

Un agent de change ou courtier ne peut, dans aucun cas, et sous aucun prétexte, faire des opérations de commerce pour son compte (85).

Le capitaine qui navigue à profit commun sur le chargement ne peut faire aucun commerce pour son compte particulier, s'il n'y a convention contraire (239).

S'il y a interdiction de commerce avec le lieu

de la destination du navire, ou si le navire est arrêté par ordre du Gouvernement avant le voyage commencé, il n'est dû aux matelots que les journées employées à équiper le bâtiment (253).

Si l'interdiction de commerce arrive pendant le cours du voyage, les matelots seront payés à proportion du temps qu'ils auront servi (254).

Voyez *Acte de commerce*, *Assurance*, *Billet à ordre*, *Tribunal de commerce*.

Interdiction de commerce. Voy. *Affrètement*, *Charte-Partie*, *Convention*, *Fret*, *Navire*, *Nolissement*.

COMMETTANT. Terme de commerce. Celui qui charge un autre d'une affaire. Il se dit aussi en termes de négociation.

Un agent de change ou courtier ne peut recevoir ni payer pour le compte de ses commettans (85).

Le commissionnaire est celui qui agit en son propre nom, ou sous un nom social, pour le compte d'un commettant (91).

Les devoirs et les droits du commissionnaire qui agit au nom d'un commettant, sont déterminés par le Code Napoléon, liv. III, tit. XIII (92).

Tout commissionnaire qui a fait des avances sur des marchandises à lui expédiées d'une autre place pour être vendues pour le compte d'un commettant, a privilège pour le remboursement de ses avances, intérêts et frais sur la valeur des marchandises, si elles sont à sa disposition, dans ses magasins ou dans un dépôt public, ou si, avant qu'elles soient arrivées, il peut constater l'expédition qui lui en a été faite sur un connaissement ou par une lettre de voiture (93).

Si les marchandises ont été vendues et livrées pour le compte du commettant, le commissionnaire se rembourse sur le produit de la vente, du montant de ses avances, intérêts et frais, par préférence aux créanciers du commettant (94).

Tous prêts, avances ou paiemens qui pourraient être faits sur des marchandises déposées ou consignées par un individu résidant dans le lieu du domicile du commissionnaire, ne donnent privilége au commissionnaire ou dépositaire qu'autant qu'il s'est conformé aux dispositions prescrites par le Code Napoléon, liv. III, tit. XVII, pour les prêts sur gages ou nantissemens (95).

COMMIS. Celui qui est chargé par un autre de quelque emploi, de quelque fonction dont il doit lui rendre compte.

Les agens de la faillite, dans le cas où ils procéderont eux-mêmes à la formation du bilan, pourront prendre des informations et renseignemens auprès des commis du failli (473).

Les tribunaux de commerce connaîtront des actions contre les commis des marchands, pour le fait seulement du trafic du marchand auquel ils sont attachés (634).

COMMISSAIRE. On donne, en général, le nom de commissaire à celui qui est préposé par quelque pouvoir légitime pour exercer un acte de juridiction ou remplir certaines fonctions, soit de justice, soit de police, etc.

Voyez *Juge-Commissaire.*

COMMISSION. On entend par ce mot l'acte par lequel un négociant charge d'autres marchands qui demeurent dans des lieux éloignés de sa résidence, d'acheter et de vendre des marchandises pour son compte, et de tirer ou d'acquitter des lettres de change en son nom, moyennant un certain profit qu'il leur accorde pour leurs peines.

Voyez *Entreprise*, *Compte de retour*, *Rechange*, *Revendication*.

COMMISSION ROGATOIRE, est une commission donnée par un juge, et adressée à un autre sur lequel il n'a point de pouvoir, par laquelle il le prie d'informer de quelque fait, de recevoir un serment, d'interroger quelqu'un sur faits et articles.

En cas que les livres de commerce dont la représentation est offerte, requise ou ordonnée, soient dans des lieux éloignés du tribunal saisi de l'affaire, les juges peuvent adresser une commission rogatoire au tribunal de commerce du lieu, ou déléguer un juge de paix pour en prendre connaissance, dresser un procès-verbal du contenu, et l'envoyer au tribunal saisi de l'affaire (16).

Lorsque la Cour d'appel ne siége pas dans l'arrondissement communal où le tribunal de commerce est établi, elle commet, si les juges de commerce le demandent, le tribunal civil de l'arrondissement pour recevoir le serment qu'ils sont obligés de prêter avant d'entrer en fonctions (629).

COMMISSIONNAIRE. On appelle *Commissionnaire* celui qui est chargé, par un négociant, éloigné du lieu de sa résidence, de traiter des affaires de commerce.

On distingue plusieurs sortes de commissionnaires, dont les uns sont chargés d'acheter des marchandises; d'autres d'en procurer la vente; d'autres d'acquitter des lettres de change de leurs commettans, ou d'en recevoir la valeur et de la

leur faire passer ; d'autres sont des commissionnaires d'entrepôt, qui, domiciliés dans les villes
maritimes ou dans celles d'un grand passage, reçoivent les marchandises quand elles arrivent,
et les envoient à leur destination ; d'autres enfin,
sont des commissionnaires pour les transports
par terre et par eau.

Le commissionnaire est celui qui agit en son
propre nom, ou sous un nom social, pour le
compte d'un commettant (91).

Les devoirs et les droits du commissionnaire
qui agit au nom d'un commettant, sont déterminés par le Code Napoléon, liv. III, tit. XIII (92).

Tout commissionnaire qui a fait des avances
sur des marchandises à lui expédiées, d'une autre
place, pour être vendues pour le compte d'un
commettant, a privilége pour le remboursement
de ses avances, intérêts et frais, sur la valeur des
marchandises, si elles sont à sa disposition, dans
ses magasins ou dans un dépôt public, ou si,
avant qu'elles soient arrivées, il peut constater,
par un connaissement ou par une lettre de voiture, l'expédition qui lui en a été faite (93).

Si les marchandises ont été vendues et livrées
pour le compte du commettant, le commissionnaire se rembourse sur le produit de la vente,
du montant de ses avances, intérêts et frais, par
préférence aux créanciers du commettant (94).

Tous prêts, avances ou paiemens qui pourraient être faits sur des marchandises déposées
ou consignées par un individu résidant dans le
lieu du domicile du commissionnaire, ne donnent privilége au commissionnaire ou dépositaire, qu'autant qu'il s'est conformé aux dispositions prescrites par le Code Napoléon liv. III,

titre XVII, pour les prêts sur gages ou nantis-semens (95).

Toutes actions contre le commissionnaire, à raison de la perte et avarie des marchandises, sont prescrites, après six mois, pour les expé-ditions faites dans l'intérieur de la France ; et après un an, pour celles qui seront faites à l'é-tranger : le tout à compter, pour les cas de perte, du jour où le transport des marchandises aurait dû être effectué ; et pour les cas d'avaries, du jour où la remise des marchandises aura été faite, sans préjudice des cas de fraude ou d'infidélité (108).

Le contrat d'assurance exprime si celui qui fait assurer est propriétaire des objets à assurer, ou s'il n'est que commissionnaire (332).

Voyez *Connaissement, Revendication.*

COMMISSIONNAIRE POUR LES TRANSPORTS PAR TERRE OU PAR EAU. Le commissionnaire qui se charge d'un transport par terre ou par eau, est tenu d'inscrire, sur son livre-journal, la décla-ration de la nature et de la quantité des marchan-dises ; et, s'il en est requis, de leur valeur (96).

Il est garant de l'arrivée des marchandises et effets, dans le délai déterminé par la lettre de voiture, hors les cas de la force majeure, léga-lement constatée (97).

Il est garant des avaries ou pertes de marchan-dises et effets, s'il n'y a stipulation contraire dans la lettre de voiture, ou force majeure (98).

Il est garant des faits du commissionnaire in-termédiaire, auquel il adresse les marchandises (99).

La marchandise sortie du magasin du vendeur ou de l'expéditeur, voyage, s'il n'y a convention contraire, aux risques et périls de celui à qui elle appartient , sauf son recours contre le commissionnaire et le voiturier chargé de transport (100).

Voyez *Lettre de voiture.*

COMMUNAUTÉ. La communauté de biens entre conjoints est une société établie entre le mari et la femme, par convention expresse , stipulée dans le contrat de mariage, ou tacitement , par la disposition du Code Napoléon , et en conséquence de laquelle tous leurs meubles et les immeubles qu'ils acquièrent pendant leur mariage , sont communs entr'eux.

Lorsque la communauté est stipulée par le contrat de mariage , on l'appelle *Communauté conventionnelle* ; celle qui s'établit par la simple déclaration qu'on se marie sous le régime de la communauté, s'appelle *Communauté légale.*

La communication des livres et inventaires ne peut être ordonnée que dans les affaires de succession , communauté, partage de société , et en cas de faillite (14).

Voy. *Contrat de mariage , Femme , Marchande publique.*

COMMUNICATION. C'est , en général , l'action de communiquer , ou l'effet de cette action.

On appelle *Communication* de pièces , de livres, l'exhibition de pièces , de livres , à la partie intéressée , afin qu'elle les examine.

La communication de livres et inventaires ne peut être ordonnée en justice que dans les affaires de succession , communauté , partage de société, et en cas de faillite (14).

Les pièces , titres et papiers délivrés par les syndics de la faillite , aux procureurs impériaux

et

et à leurs substituts, seront, pendant le cours de l'instruction, tenus en état de communication par la voie du greffe ; cette communication aura lieu sur la réquisition des syndics (602).

Voyez *Réhabilitation.*

COMPARUTION. C'est l'acte que fait celui qui se présente en justice, ou devant un notaire ou autre officier public.

Voyez *Créancier, Délai.*

COMPENSATION. La compensation est une libération réciproque entre deux individus qui se trouvent être en même-temps, créanciers et débiteurs l'un de l'autre ; de manière que chacun d'eux retient en paiement de la somme qui lui est due, celle qu'il doit à l'autre. C'est, comme on le voit, une sorte de paiement fictif qui se fait de part et d'autre, sans bourse délier.

Voyez *Déchéance.*

COMPÉTENCE. C'est le droit de juger une affaire contentieuse.

COMPÉTENCE DES TRIBUNAUX DE COMMERCE.
Voyez *Tribunal de commerce.*

COMPLICE. C'est celui qui a eu part au crime d'un autre.

Voyez *Banqueroute frauduleuse. Femme.*

COMPOSITION, se dit d'un accommodement dans lequel l'une des deux parties, ou toutes deux ensemble, se relâchent d'une partie de leurs prétentions.

En cas de prise, si l'assuré n'a pu en donner avis à l'assureur, il peut racheter les effets sans attendre son ordre.

L'assuré est tenu de signifier à l'assureur la

9

composition qu'il aura faite, aussitôt qu'il en aura les moyens (395).

L'assureur a le choix de prendre la composition à son compte, ou d'y renoncer : il est tenu de notifier son choix à l'assuré, dans les vingt-quatre heures qui suivent la signification de la composition.

S'il déclare prendre la composition à son profit, il est tenu de contribuer, sans délai, au paiement du rachat dans les termes de la convention, et à proportion de son intérêt; et il continue de courir les risques du voyage, conformément au contrat d'assurance.

S'il déclare renoncer au profit de la composition, il est tenu au paiement de la somme assurée, sans pouvoir rien prétendre aux effets rachetés.

Lorsque l'assureur n'a pas notifié son choix dans le délai susdit, il est censé avoir renoncé au profit de la composition (396).

Les choses données par composition et à titre de rachat du navire et des marchandises, sont avaries communes (400).

COMPROMIS. C'est un acte par lequel deux ou plusieurs personnes nomment un ou plusieurs arbitres pour décider une contestation (*).

(*) *Formule d'un compromis sous seing-privé.*

Nous soussignés Jean (N) d'une part, et Antoine (N) d'autre part; désirant terminer la contestation qui s'est élevée entre nous, au sujet de... sommes convenus de nous en rapporter à la décision de MM. (NN) que nous avons choisis pour arbitres. En conséquence, nous promettons de leur remettre, au plus tard dans quinze jours, les pièces, poursuites et pro-

En cas de partage, les arbitres nomment un sur-arbitre, s'il n'est nommé par le compromis; si les arbitres sont discordans sur le choix, le sur-arbitre est nommé par le tribunal de commerce (60).

COMPTABLE. C'est celui qui est assujetti à rendre un compte.

Les personnes comptables ne pourront être admises au bénéfice de cession (575).

Les comptables qui n'auront pas rendu ou apuré leur compte, ne seront point admis à la réhabilitation (612).

Les tribunaux de commerce connaîtront des billets faits par les comptables des deniers publics (634). Voy. *Tribunal de commerce.*

COMPTE. Un compte est, en général, un état qui présente par suite de dates, d'une part, la

cédures dont nous nous proposons de nous servir, afin qu'ils rendent leur jugement arbitral dans deux mois, à compter de ce jour.

Promettons pareillement d'exécuter ledit jugement, et d'y acquiescer, sous peine d'une somme de... que celui qui refusera d'y acquiescer sera tenu de payer à l'autre partie avant de pouvoir être reçu à en interjeter appel, sans que ladite peine puisse être réputée comminatoire; et dans le cas où lesdits arbitres se trouveraient divisés d'opinions, ils s'en rapporteront à un tiers dont ils conviendront pour sur-arbitre. Donnons, au surplus, pouvoir auxdits arbitres de liquider les dépens par leur jugement. Convenu que, dans le cas où l'un de nous, ou tous les deux ensemble, interjetterions appel du jugement arbitral, comme nous nous en sommes réservé le droit, sous la condition de la peine stipulée ci-devant, cet appel sera porté devant le tribunal de première instance de..... Nous déclarons, au surplus, renoncer à exercer le droit de recours en cassation, *ou* nous nous réservons, au surplus, la faculté d'exercer le droit de recours en cassation. Fait double à Paris le.... *Signé* JEAN et ANTOINE.

9.

quantité, l'espèce et la qualité, avec le prix et la somme à laquelle se monte chacune des choses que l'on a fournies successivement à quelqu'un, et d'autre part, ce que l'on a reçu de lui.

Les comptes que les marchands et les négocians se remettent réciproquement, ne sont que des extraits qu'ils appellent *comptes courans,* parce qu'à mesure qu'ils se sont fourni ou envoyé réciproquement des marchandises, des lettres de change, ou compté de l'argent, ils s'en sont donné un état que l'on nomme *facture* pour les marchandises, *note* pour les lettres de change, et *bordereau* pour l'argent, et qu'ainsi les détails ayant été donnés et enregistrés de part et d'autre, il n'est nécessaire à l'un des deux que de donner à l'autre un extrait qui n'exprime simplement que la date, l'espèce et la somme de chaque chose fournie.

Une lettre de change doit énoncer la valeur fournie en espèces, en marchandises, en compte, ou de toute autre manière (110).

Même disposition pour le billet à ordre (188).

Le capitaine, avant son départ d'un port étranger ou des colonies françaises pour revenir en France, sera tenu d'envoyer à ses propriétaires ou à leurs fondés de pouvoir un compte signé de lui, contenant l'état de son chargement, le prix des marchandises de sa cargaison, les sommes par lui empruntées, les noms et demeures des prêteurs (235).

L'homologation du traité entre le failli et ses créanciers étant signifiée aux syndics provisoires, ceux-ci rendront leur compte définitif au failli, en présence du commissaire ; ce compte sera débattu et arrêté. En cas de contestation, le tribunal de commerce prononcera (525).

Voyez *Administrateur*, *Agent*, *Arrêté de compte*, *Capitaine*, *Comptable*, *Déchéance*, *Dépositaire*, *Registre*, *Revendication*, *Syndic*, *Tuteur*, *Union de créanciers*.

COMPTE DE RETOUR. La retraite est accompagnée d'un compte de retour (180).

Le compte de retour comprend

Le principal de la lettre de change protestée,

Les frais et protêt et autres frais légitimes, tels que commission de banque, courtage, timbre et ports de lettres.

Il énonce le nom de celui sur qui la retraite est faite et le prix du change auquel elle est négociée.

Il est certifié par un agent de change.

Dans les lieux où il n'y a pas d'agent de change, il est certifié par deux commerçans.

Il est accompagné de la lettre de change protestée, du protêt, ou d'une expédition de l'acte de protêt.

Dans le cas où la retraite est faite sur l'un des endosseurs, elle est accompagnée, en outre, d'un certificat qui constate le cours du change du lieu où la lettre de change était payable, sur le lieu d'où elle a été tirée (181).

Il ne peut être fait plusieurs comptes de retour sur une même lettre de change.

Ce compte de retour est remboursé d'endosseur à endosseur respectivement et définitivement par le tireur (182).

Il n'est point dû de rechange, si le compte de retour n'est pas accompagné des certificats d'agens de change ou de commerçans, prescrits par l'art. 181 (186).

COMPTOIR. Sorte de table où il y a communément un tiroir fermant à la clef, et dont les marchands se servent, soit pour compter leur argent, soit pour le serrer.

COMPTOIR, se dit aussi du bureau général de commerce d'une nation en pays étranger.

Les scellés doivent être apposés sur les comptoirs du failli (451).

COMPULSOIRE. On nomme ainsi une procédure dont l'objet est de contraindre un notaire, un greffier, ou tout autre dépositaire public de titres, actes et registres, à les représenter, et en délivrer ou laisser prendre des copies dûment collationnées, pour tenir lieu des originaux mêmes à celui qui requiert le compulsoire.
Voyez *Créance*, *Juge-Commissaire*.

CONCLUSIONS. On appelle *conclusions*, les avis et réquisitions que donnent les procureurs généraux et impériaux dans les affaires qui ne pourraient être jugées sans l'intervention de leur ministère.
Voyez *Ministère public*.

CONCORDAT. Transaction, accord, convention.

Il ne pourra être consenti de traité entre les créanciers délibérans et le débiteur failli, qu'après l'accomplissement des formalités prescrites pour l'assemblée des créanciers.
Voyez *Créancier*.

Ce traité ne s'établira que par le concours d'un nombre de créanciers formant la majorité, et réprésentant, en outre, par leurs titres de créances vérifiées, les trois quarts de la totalité des sommes dues, selon l'état des créances vérifiées et enregistrées, conformément à ce qui est prescrit pour la vérification des créances (Voy. *Créance*); le tout à peine de nullité (519).

Les créanciers hypothécaires inscrits, et ceux nantis d'un gage, n'auront point de voix dans les délibérations relatives au concordat (520).

Si l'examen des actes, livres et papiers du failli, donne quelque présomption de banqueroute, il ne pourra être fait aucun traité entre le failli, et les créanciers, à peine de nullité : le commissaire veillera à l'exécution de la présente disposition (521).

Le concordat, s'il est consenti, sera, à peine de nullité, signé séance tenante : si la majorité des créanciers présens consent au concordat, mais ne forme par les trois quarts en somme, la délibération sera remise à huitaine pour tout délai (522).

Les créanciers opposans au concordat seront tenus de faire signifier leurs oppositions aux syndics et au failli dans huitaine *pour tout délai* (523).

Le traité sera homologué dans la huitaine du jugement sur les oppositions. L'homologation le rendra obligatoire pour tous les créanciers, et conservera l'hypothèque à chacun d'eux sur les immeubles du failli ; à cet effet, les syndics seront tenus de faire inscrire aux hypothèques le jugement d'homologation, à moins qu'il n'y ait été dérogé par le concordat (524).

L'homologation étant signifiée aux syndics provisoires, ceux-ci rendront leur compte définitif au failli, en présence du commissaire ; ce compte sera débattu et arrêté. En cas de contestation, le tribunal de commerce prononcera : les syndics remettront ensuite au failli l'universalité de ses biens, ses livres, papiers, effets.

Le failli donnera décharge, les fonctions du commissaire et des syndics cesseront, et il sera dressé du tout procès-verbal par le commissaire (525).

Le tribunal de commerce pourra, pour cause d'inconduite ou de fraude, refuser l'homologation du concordat; et, dans ce cas, le failli sera en prévention de banqueroute, et renvoyé de droit devant le magistrat de sûreté, qui sera tenu de poursuivre d'office.

S'il accorde l'homologation, le tribunal déclarera le failli excusable, et susceptible d'être réhabilité aux conditions prescrites pour la réhabilitation. Voy. *Réhabilitation* (526).

Voyez *Tribunal de commerce, Union de créanciers.*

CONCURRENCE. Prétention de plusieurs personnes à la même chose.

CONCURRENCE pour le paiement d'une lettre de change par intervention. Voy. *Paiement par intervention.*

CONDAMNATION , CONDAMNÉ. Condamnation se dit et du jugement qui condamne et de la chose à laquelle on est condamné.

CONDAMNÉ est celui contre lequel on a porté un jugement, soit en matière civile, soit en matière criminelle; mais ce mot pris substantivement ne s'emploie qu'en matière criminelle, pour désigner ceux contre lesquels il a été prononcé des peines afflictives ou infamantes.

Les personnes condamnées pour fait de vol ou d'escroquerie ne seront point admises à la réhabilitation (612).

Voyez *Assurance, Banqueroute, Escroquerie, Femme, Paiement, Prescription, Vol.*

CONDITION, en général, est une clause quelquonque dans un acte.

Les associations commerciales en participation ont lieu, pour les objets et aux conditions convenues entre les participans (48).

Les agens de change et courtiers sont tenus de consigner dans leur livre toutes les conditions des ventes, achats, assurances, négociations, et en général de toutes les opérations faites par leur ministère (84).

Les conditions d'engagement du capitaine et des hommes d'équipage d'un navire sont constatées par le rôle d'équipage ou par les convention des parties (250).

Le contrat d'assurance exprime généralement toutes les conditions dont les parties sont convenues (332).

CONDUCTEUR, celui qui conduit.

CONDUCTEUR DE NAVIRE. Voy. *Courtier interprète.*

CONDUITE de retour. Voy. *Matelot.*

CONFISCATION, action de confisquer, adjudication au fisc.

Si le capitaine navigue à profit commun sur le chargement, et qu'il ne soit point convenu qu'il pourra trafiquer ou commercer pour son compte particulier, les marchandises par lui embarquées pour son propre compte seront confisquées au profit des autres intéressés (240).

CONGÉ. Permission que donne un supérieur à un inférieur de faire quelque chose que l'inférieur ne peut faire licitement sans cette permission.

CONGÉ, en termes de commerce de mer, est une espèce de passe-port ou permission que les maîtres des vaisseaux sont obligés de prendre quand ils veulent sortir du port pour aller en mer.

Le matelot qui sort du navire sans autorisation peut être congédié par le capitaine (264).

Tout matelot qui justifie qu'il est congédié sans cause valable, a droit à une indemnité contre le capitaine.

L'indemnité est fixée au tiers des loyers, si le congé a lieu avant le voyage commencé.

L'indemnité est fixée à la totalité des loyers et aux frais du retour, si le congé a lieu pendant le cours du voyage.

Le capitaine ne peut, dans aucun des cas ci-dessus, répéter le montant de l'indemnité contre les propriétaires du navire.

Il n'y a pas lieu à indemnité, si le matelot est congédié avant la clôture du rôle d'équipage.

Dans aucun cas, le capitaine ne peut congédier un matelot dans les pays étrangers (270).

CONGÉS (droits de) Voy. *Avarie.*

CONNAISSEMENT. C'est un terme de commerce maritime, par lequel on exprime un acte ou reconnaissance sous signature privée, concernant la déclaration des marchandises qui sont chargées sur un vaisseau, les noms de ceux qui les ont chargées, ceux des personnes auxquelles elles sont adressées, l'envoi ou le lieu de leur destination, et une soumission de les y porter. Cet acte fait la sûreté des propriétaires des marchandises.

La reconnaissance que le capitaine fournit des marchandises dont il se charge, se nomme connaissement (222).

Le capitaine est tenu d'avoir à bord les connaissemens (226).

Le connaissement doit exprimer la nature et la quantité ainsi que les espèces ou qualités des objets à transporter.

Il indique

Le nom du chargeur,

Le nom et l'adresse de celui à qui l'expédition est faite,

Le nom et le domicile du capitaine,

Le nom et le tonnage du navire,

Le lieu du départ et celui de la destination.

Il énonce

Le prix du fret.

Il présente en marge les marques et numéros des objets à transporter.

Le connaissement peut être à ordre, ou au porteur, ou à personne dénommée (281).

Chaque connaissement est fait en quatre originaux au moins :

Un pour le chargeur,

Un pour celui à qui les marchandises sont adressées,

Un pour le capitaine,

Un pour l'armateur du bâtiment.

Les quatre originaux sont signés par le chargeur et par le capitaine, dans les vingt-quatre heures après le chargement.

Le chargeur est tenu de fournir au capitaine, dans le même délai, les acquits des marchandises chargées (282).

Le connaissement rédigé dans la forme ci-dessus prescrite, fait foi entre toutes les parties intéressées au chargement, et entre elles et les assureurs (283).

En cas de diversité entre les connaissemens

d'un même chargement, celui qui sera entre les mains du capitaine fera foi, s'il est rempli de la main du chargeur, ou de celle de son commissionnaire; et celui qui est présenté par le chargeur ou le consignataire sera suivi, s'il est rempli de la main du capitaine (284).

Tout commissionnaire ou consignataire qui aura reçu les marchandises mentionnées dans les connaissemens ou chartes-parties, sera tenu d'en donner reçu au capitaine qui le demandera, à peine de tous dépens, dommages-intérêts, même de ceux de retardement (285).

Le fret est constaté par la charte-partie ou par le connaissement (286).

En cas de perte de marchandises assurées et chargées pour le compte du capitaine sur le vaisseau qu'il commande, le capitaine est tenu de justifier aux assureurs l'achat des marchandises, et d'en fournir un connaissement signé par deux des principaux de l'équipage (344).

Tout homme de l'équipage et tout passager qui apportent des pays étrangers des marchandises assurées en France, sont tenus d'en laisser un connaissement dans les lieux où le chargement s'effectue, entre les mains du consul de France, et à défaut, entre les mains d'un Français, notable négociant, ou du magistrat du lieu (345).

Les marchandises ne pourront être revendiquées, si, avant leur arrivée, elles ont été vendues sans fraude, sur factures et connaissemens ou lettres de voiture (578).

Voyez *Contribution, Courtier - Interprète, Expert, Jet, Marchandise.*

CONSEIL DE FAMILLE. Réunion de parens.

ou amis, dont le but est de veiller aux intérêts d'un membre de la famille, mineur ou interdit.

Le mineur qui veut faire le commerce, ne peut en commencer les opérations ni être réputé majeur quant aux engagemens par lui contractés pour faits de commerce, si, à défaut du père et de la mère, il n'est préalablement autorisé par une délibération du conseil de famille (2).

CONSENTEMENT. Acquiescement à quelque chose, ou adhésion à la volonté de quelqu'un.

La femme ne peut être marchande publique sans le consentement de son mari (4).

La nomination des arbitres peut être faite par un consentement donné en justice (53).

Ce capitaine répond de tout le dommage qui peut arriver aux marchandises qu'il aurait chargées sur le tillac de son vaisseau sans le consentement par écrit du chargeur.

Cette disposition ne s'applique pas au petit cabotage (229).

CONSERVATION. Action par laquelle une chose est conservée, ou l'effet de cette action.

Actes que les agens et les syndics de la faillite sont tenus de faire pour la conservation des droits du failli sur ses débiteurs.

Voyez *Acte conservatoire, Agent de la faillite, Syndic provisoire.*

CONSIGNATAIRE, CONSIGNATION. Par le mot *consignation*, on exprime le dépôt que l'on fait en mains sûres, de sommes, de deniers, de billets et papiers importans, de marchandises et autres sortes d'effets; soit par autorité de justice, pour être ensuite délivrés à ceux à qui ils sont adjugés; soit volontairement, pour être remis aux personnes à qui ils appartiennent, ou envoyés et conduits aux lieux pour lesquels ils sont destinés.

On appelle *consignataire* celui à qui est fait ce dépôt.

Si le consignataire refuse de recevoir les marchandises, le capitaine peut, par autorité de justice, en faire vendre pour le paiement de son fret, et faire ordonner le dépôt du surplus.

S'il y a insuffisance, il conserve son recours contre le chargeur (305).

Voyez *Assurance, Connaissement.*

CONSIGNATION. Voy. *Paiement, Revendication.*

CONSTRUCTION. Action de construire.

Construction de navire. Voy. *Bâtiment, Fourniture, Navire, Prescription.*

CONSUL. Les consuls sont des envoyés d'une Puissance souveraine, dans une ville étrangère de commerce, pour y veiller à ce que les négocians de leur nation, établis dans ces villes, jouissent des priviléges et droits que des traités leur ont accordés.

Si, pendant le cours du voyage, il y a nécessité de radoub, ou d'achat de victuailles, le capitaine, après l'avoir constaté par le procès-verbal signé des principaux de l'équipage, pourra, en se faisant autoriser chez l'étranger par le consul français, emprunter sur le corps et quille du vaisseau, mettre en gage ou vendre des marchandises jusqu'à concurrence de la somme que les besoins constatés exigent (234).

Si le capitaine aborde dans un pays étranger, il est tenu de se présenter au consul de France, de lui faire un rapport, et de prendre un certificat constatant l'époque de son arrivée et de son départ, l'état et la nature de son chargement (244).

Si le capitaine est forcé de relâcher dans un port étranger, il est tenu de déclarer au consul de France les causes de sa relâche (245).

Les experts chargés d'estimer les marchandises jetées, sont nommés par le consul de France, si la décharge se fait dans un port étranger (414).

La répartition des pertes et dommages que font ces mêmes experts est rendue exécutoire par le consul de France (416).

Voyez *Connaissement*, *Equipage*, *Passager*.

CONSUL des marchands. On donnait autrefois le titre de consul à des négocians ou marchands choisis pour faire les fonctions de juges dans les juridictions consulaires, et connaître de certaines contestations relatives au commerce.

Les lois nouvelles ont substitué aux juridictions consulaires, les tribunaux de commerce.

Voyez *Tribunal de commerce*.

CONTENANCE. Capacité, étendue.

La lettre de voiture doit exprimer la contenance des objets à transporter (102).

CONTESTATION. Dispute, altercation, débats sur quelque chose. On dit, au palais, que tel fait ou tel objet donne lieu à une contestation, quand il devient la matière d'un procès.

Dans le cours d'une contestation, la représentation des livres de commerce peut être ordonnée par le juge, même d'office, à l'effet d'en extraire ce qui concerne le différend (15). *Quid*, si les livres dont la représentation est offerte, requise ou ordonnée, sont dans des lieux éloignés du tribunal saisi de l'affaire? (16). *Quid*, si la partie aux livres de laquelle on offre d'ajouter foi, refuse de les représenter? (17). Voy. *Livre de commerce.*

Toute contestation entre associés, et pour raison de la société, doit être jugée par des arbitres (51).

Si des mineurs sont intéressés dans une contestation pour raison d'une société commerciale, le tuteur ne pourra renoncer à la faculté d'appeler du jugement arbitral (63).

En cas de contestations portées devant les tribunaux, les courtiers interprètes et conducteurs de navires ont seuls le droit de traduire les déclarations, chartes-parties, connaissemens, contrats, et tous actes de commerce dont la traduction serait nécessaire (80).

Le contrat d'assurance exprime la soumission des parties à des arbitres, en cas de contestation, si elle a été convenue (332).

En cas de contestation au sujet du compte définitif à rendre par les syndics provisoires au failli, le tribunal de commerce prononcera (525).

Les contestations en matière de revendication sont jugées par le tribunal de commerce, le juge-commissaire préalablement entendu (585).

Les tribunaux de commerce connaîtront

1°. De toutes contestations relatives aux engagemens et transactions entre négocians, marchands et banquiers;

2°. Entre toutes personnes, des contestations relatives aux actes de commerce (631).

Voyez *Créance, Juge-Commissaire, Voiturier.*

CONTINENT. Terme de géographie. Grande étendue

étendue de terrain que la mer n'entoure pas de tous les côtés.

Voyez *Délai*, *Porteur*.

CONTINGENT, se dit de la part que chacun doit recevoir ou de la part que chacun doit fournir. Il se dit également de la part des frais communs d'une société, et auxquels chaque associé doit contribuer, à proportion de l'intérèt qu'il y a.

Sont affectées aux sommes empruntées, même dans le lieu de la demeure des intéressés, pour radoub et victuailles, les parts et portions des propriétaires qui n'auraient pas fourni leur contingent pour mettre le bâtiment en état, dans les vingt-quatre heures de la sommation qui leur en sera faite (322).

CONTINUATION. L'action par laquelle on continue, et là durée de la chose continuée.

CONTINUATION d'emprunt. Voy. *Contrat à la grosse.*

CONTINUATION DE SOCIÉTÉ. Voy. *Société.*

CONTRAINTE PAR CORPS, se dit, tantôt du jugement, ordonnance ou commission qui permet au créancier de faire emprisonner son débiteur en matière civile, tantôt du droit qu'a le créancier d'user de cette voie contre son débiteur, tantôt enfin de l'arrêt et de l'emprisonnement même du débiteur.

Voy. *Adjudication*, *Garde du commerce*, *Paiement*, *Tribunal de commerce.*

CONTRAT. C'est une convention revêtue des formes d'un acte public. Ce mot a des rapports avec ceux de convention, de pacte, de traité, d'obligation, de pollicitation, etc. ; celui de con-

10

vention paraît le plus générique, celui qui comprend tous les autres.

Dans l'acception propre, ce terme de *contrat* exprime une convention revêtue des formalités établies pour lui procurer une exécution plus sûre et des effets plus étendus.

Dans l'état de nature, les contrats ne pourraient être fondés que sur la bonne-foi ; mais dans l'ordre civil, ils sont appuyés de la force publique ; la société y intervient et s'en rend garante.

Le consentement des parties forme l'essence des contrats ; mais ce sont les formalités dont ils sont accompagnés qui en assurent l'exécution. Quand une fois ils sont consolidés par ces qualités extérieures, les parties ne peuvent plus s'en écarter. Dénoncés à la justice, elle s'armerait elle-même pour les soutenir et réprimer la mauvaise foi.

De là les solennités dont tous les peuples ont soin d'environner leurs conventions, afin qu'une fois conclues elles ne puissent plus être révoquées en doute, et par là rester sans effet.

Voyez *Courtier-interprète.*

CONTRAT A LA GROSSE. On appelle *contrat,* ou *obligation à la grosse aventure,* une certaine convention par écrit, qui se fait entre deux personnes, dont l'une envoie des marchandises par mer, et l'autre lui donne une somme d'argent, sous condition de la retirer avec un certain profit, supposé que le voyage se fasse avec succès, ou de la perdre si les marchandises viennent à périr.

Le contrat à la grosse est fait devant notaire, ou sous signatures privées.

Il énonce

Le capital prêté et la somme convenue pour le profit maritime,

Les objets sur lesquels le prêt est affecté,

Les noms du navire et du capitaine,

Ceux du prêteur et de l'emprunteur;

Si le prêt a lieu pour un voyage,

Pour quel voyage et pour quel temps;

L'époque du remboursement (311).

Tout prêteur à la grosse, en France, est tenu de faire enregistrer son contrat au greffe du tribunal de commerce, dans les dix jours de la date, à peine de perdre son privilége;

Et si le contrat est fait à l'étranger, il est soumis aux formalités prescrites par l'article 234 (312). Voy. *Capitaine.*

Tout acte de prêt à la grosse peut être négocié par la voie de l'endossement, s'il est à ordre.

En ce cas, la négociation de cet acte a les mêmes effets et produit les mêmes actions en garantie que celle des autres effets de commerce (313).

La garantie de paiement ne s'étend pas au profit maritime, à moins que le contraire n'ait été expressément stipulé (314).

Les emprunts à la grosse peuvent être affectés

Sur le corps et quille du navire,

Sur les agrès et apparaux,

Sur l'armement et les victuailles,

Sur le chargement,

Sur la totalité de ces objets conjointement, ou sur une partie déterminée de chacun d'eux (315).

Tout emprunt à la grosse, fait pour une somme excédant la valeur des objets sur lesquels il est affecté, peut être déclaré nul, à la demande du prêteur, s'il est prouvé qu'il y a fraude de la part de l'emprunteur (316).

10.

S'il n'y a fraude, le contrat est valable jusqu'à la concurrence de la valeur des effets affectés à l'emprunt, d'après l'estimation qui en est faite ou convenue;

Le surplus de la somme empruntée est remboursé avec intérêt au cours de la place (317).

Tous emprunts sur le fret à faire du navire et sur le profit espéré des marchandises, sont prohibés.

Le prêteur, dans ce cas, n'a droit qu'au remboursement du capital, sans aucun intérêt (318).

Nul prêt à la grosse ne peut être fait aux matelots ou gens de mer sur leurs loyers ou voyages (319).

Le navire, les agrès et les apparaux, l'armement et les victuailles, même le fret acquis, sont affectés par privilége au capital et intérêts de l'argent donné à la grosse sur le corps et quille du vaisseau.

Le chargement est également affecté au capital et intérêts de l'argent donné à la grosse sur le chargement.

Si l'emprunt a été fait sur un objet particulier du navire ou du chargement, le privilége n'a lieu que sur l'objet, et dans la proportion de la quotité affectée à l'emprunt (320).

Un emprunt à la grosse fait par le capitaine dans le lieu de la demeure des propriétaires du navire, sans leur autorisation authentique ou leur intervention dans l'acte, ne donne action et privilége que sur la portion que le capitaine peut avoir au navire et au fret (321).

Sont affectées aux sommes empruntées, même dans le lieu de la demeure des intéressés, pour radoub et victuailles, les parts et portions des propriétaires qui n'auraient pas fourni leur contingent pour mettre le bâtiment en état, dans les

vingt-quatre heures de la sommation qui leur en
sera faite (322).

Les emprunts faits pour le dernier voyage du
navire sont remboursés par préférence aux sommes prêtées pour un précédent voyage, quand
même il serait déclaré qu'elles sont laissées par
continuation ou renouvellement.

Les sommes empruntées pendant le voyage
sont préférées à celles qui auraient été empruntées avant le départ du navire; et s'il y a plusieurs emprunts faits pendant le même voyage,
le dernier emprunt sera toujours préféré à celui
qui l'aura précédé (323).

Le prêteur à la grosse sur marchandises chargées dans un navire désigné au contrat, ne supporte pas la perte des marchandises, même par
fortune de mer, si elles ont été chargées sur un
autre navire, à moins qu'il ne soit légalement
constaté que ce chargement a eu lieu par force
majeure (324).

Si les effets sur lesquels le prêt à la grosse a eu
lieu, sont entièrement perdus, et que la perte
soit arrivée par cas fortuit, dans le temps et dans
le lieu des risques, la somme prêtée ne peut être
réclamée (325).

Les déchets, diminutions et pertes qui arrivent
par le vice propre de la chose, et les dommages
causés par le fait de l'emprunteur, ne sont point
à la charge du prêteur (326).

En cas de naufrage, le paiement des sommes
empruntées à la grosse est réduit à la valeur des
effets sauvés et affectés au contrat, déduction
faite des frais de sauvetage (327).

Si le temps des risques n'est point déterminé
par le contrat, il court, à l'égard du navire, des
agrès, apparaux, armement et victuailles, du

jour que le navire a fait voile, jusqu'au jour où il est ancré ou amarré au port ou lieu de sa destination.

A l'égard des marchandises, le temps des risques court du jour qu'elles ont été chargées dans le navire, ou dans les gabarres pour les y porter, jusqu'au jour où elles sont délivrées à terre (328).

Celui qui emprunte à la grosse sur des marchandises, n'est point libéré par la perte du navire et du chargement, s'il ne justifie qu'il y avait, pour son compte, des effets jusqu'à la concurrence de la somme empruntée (329).

Les prêteurs à la grosse contribuent, à la décharge des emprunteurs, aux avaries communes.

Les avaries simples sont aussi à la charge des prêteurs, s'il n'y a convention contraire (330).

S'il y a contrat à la grosse et assurance sur le même navire ou sur le même chargement, le produit des effets sauvés du naufrage est partagé entre le prêteur à la grosse, *pour son capital seulement*, et l'assureur, pour les sommes assurées, au marc le franc de leur intérêt respectif, sans préjudice des priviléges établis à l'art. 191 (331).

Voyez l'art. 191, au mot *Navire*.

Toute action dérivant d'un contrat à la grosse est prescrite après cinq ans, à compter de la date du contrat (432).

Voyez *Assurance*, *Prêt à la grosse*, *Navire*.

CONTRAT *d'acquisition*, est l'acte par lequel se fait la translation d'une chose à titre de propriété.

Voyez *Femme*.

CONTRAT *d'assurance*, est un contrat par lequel on s'oblige de réparer les dommages et pertes qui pourront arriver par cas fortuit à un vaisseau ou à son chargement, moyennant une certaine somme qui est donnée d'avance par le propriétaire à celui qui fait une telle promesse.

Voyez *Assurance.*

CONTRAT DE MARIAGE. C'est l'acte ou contrat qui contient les clauses et conventions faites par rapport au mariage.

Tout contrat de mariage entre époux dont l'un est commerçant, doit être transmis par extrait, dans le mois de sa date, aux greffes et chambres désignés par l'art. 872 du Code de procédure civile, pour être exposé au tableau, conformément au même article. Cet extrait doit annoncer si les époux sont mariés en communauté, s'ils sont séparés de biens ou s'ils ont contracté sous le régime dotal (67).

Le notaire qui a reçu le contrat de mariage est tenu de faire la remise ordonnée par l'article précédent, sous peine de cent francs d'amende, et même de destitution et de responsabilité envers les créanciers, s'il est prouvé que l'omission soit la suite d'une collusion (68).

Voyez *Femme.*

CONTRAT *de société*, est un contrat par lequel deux ou plusieurs personnes entrent en communauté de tous leurs biens ou d'une partie, ou de quelque négoce et trafic, pour participer au gain et à la perte qui en peut provenir, à proportion de ce que chacun d'eux a contribué dans la société, s'il n'a été autrement convenu entre les parties.

Voyez *Société.*

CONTRAT *d'union.* On appelle contrat d'union, un contrat qui se fait entre les créanciers d'un homme obéré de dettes, par lequel ils s'unissent pour agir de concert, à l'effet de parvenir au recouvrement de leur dû, et d'empêcher que les biens du débiteur ne se consument en frais par la multiplicité et contrariété des procédures.

Voyez *Union de créanciers.*

CONTREDIT. En termes de palais, contredit, signifie l'écriture servant de réponse à la production de la partie adverse.

Tout créancier dont la créance aura été vérifiée et affirmée, pourra assister à la vérification des autres créances et fournir tout contredit aux vérifications faites ou à faire (504).

CONTRIBUTION, en matière de commerce de mer, se dit de la répartition qui se fait sur le corps d'un vaisseau, sa cargaison et son fret, du prix et valeur des choses jetées à la mer dans un péril pressant, pour éviter le naufrage ou la prise du bâtiment. Ces sortes de contributions se font au marc le franc.

La contribution pour le rachat du navire et des marchandises se fait sur le prix courant des marchandises, au lieu de leur décharge, déduction faite des frais, et sur la moitié du navire et du fret.

Les loyers des matelots n'entrent point en contribution (304).

Les munitions de guerre et de bouche, et les hardes des gens de l'équipage ne contribuent point au jet; la valeur de celles qui auront été jetées sera payée par contribution sur tous les autres effets (419).

Les effets dont il n'y a pas de connaissement ou déclaration du capitaine, ne sont pas payés s'ils sont jetés; ils contribuent s'ils sont sauvés (420).

Les effets chargés sur le tillac du navire contribuent, s'ils sont sauvés.

S'ils sont jetés ou endommagés par le jet, le propriétaire n'est point admis à former une demande en contribution ; il ne peut exercer son recours que contre le capitaine (421).

Il n'y a lieu à contribution pour raison du dommage arrivé au navire, que dans le cas où le dommage a été fait pour faciliter le jet (422).

Si le jet ne sauve le navire, il n'y a lieu à aucune contribution.

Les marchandises sauvées ne sont point tenues du paiement ni du dédommagement de celles qui ont été jetées ou endommagées (423).

Si le jet sauve le navire, et si le navire, en continuant sa toute, vient à se perdre, les effets sauvés contribuent au jet sur le pied de leur valeur en l'état où ils se trouvent, déduction faite des frais de sauvetage (424).

Les effets jetés ne contribuent, en aucun cas, au paiement des dommages arrivés, depuis le jet, aux marchandises sauvées.

Les marchandises ne contribuent point au paiement du navire perdu ou réduit à l'état d'innavigabilité (425).

Si, en vertu d'une délibération, le navire a été ouvert pour en extraire les marchandises, elles contribuent à la réparation du dommage causé au navire (426).

En cas de perte des marchandises mises dans des barques pour alléger le navire entrant dans un port ou une rivière, la répartition en est faite sur le navire et son chargement en entier.

Si le navire périt avec le reste de son chargement, il n'est fait aucune répartition sur les marchandises mises dans les alléges, quoiqu'elles arrivent à bon port (427).

Dans tous les cas ci-dessus exprimés, le capitaine et l'équipage sont privilégiés sur les marchandises ou le prix en provenant, pour le montant de la contribution (428).

Si, depuis la répartition, les effets jetés sont recouvrés par les propriétaires, ils sont tenus de rapporter au capitaine et aux intéressés ce qu'ils ont reçu dans la contribution, déduction faite des dommages causés par le jet et des frais de recouvrement (429).

Voyez *Assurance*, *Capitaine*, *Créancier*, *Dol*, *Fraude*, *Fret*, *Navire*.

CONVENTION. En général, on appelle *convention*, un pacte, un accord entre deux ou plusieurs personnes.

Le contrat de société se règle par les conventions des parties (18).

Le donneur d'aval est tenu solidairement et par les mêmes voies que les tireurs et endosseurs, sauf les conventions différentes des parties (142).

Il n'y a pas lieu à indemnité en faveur du capitaine congédié par le propriétaire du navire, s'il n'y a convention par écrit (218).

Le capitaine qui navigue à profit commun sur le chargement, ne peut faire aucun trafic ni commerce pour son compte particulier, s'il n'y a convention contraire (239).

Toute convention pour louage d'un vaisseau, doit être rédigée par écrit.

Elle énonce le nom et le tonnage du navire,
Le nom du capitaine,
Les noms du fréteur et de l'affréteur,

Le lieu et le temps convenu pour la charge et pour la décharge,

Le prix du fret ou nolis,

Si l'affrètement est total ou partiel,

L'indemnité convenue pour les cas de retard (273).

Si le temps de la charge et de la décharge n'est pas fixé par les conventions des parties, il est réglé suivant l'usage des lieux (274).

Si le navire est frété au mois, et s'il n'y a convention contraire, le fret court du jour où le navire a fait voile (275).

Si, avant le départ du navire, il y a interdiction de commerce avec le pays pour lequel il est destiné, les conventions sont résolues sans dommages-intérêts de part ni d'autre (276).

Le navire, les agrès et apparaux, le fret et les marchandises chargées sont respectivement affectés à l'exécution des conventions des parties (280).

Le prix du loyer d'un navire ou autre bâtiment de mer est réglé par les conventions des parties (286).

Les effets de la cession de biens volontaire se déterminent par les conventions entre le failli et les créanciers (567).

Voyez *Assurance, Avarie, Capitaine, Composition, Contrat à la grosse, Engagement, Equipage, Matelot, Propriétaire de navire.*

CONVENTION pour salaires et loyers d'équipages. Voyez *Equipage.*

CONVOCATION. Action de convoquer, de faire assembler.

CONVOCATION de l'assemblée des créanciers du failli. Voy. *Créancier, Juge-Commissaire.*

COOBLIGÉ. C'est celui qui est obligé avec un ou plusieurs autres, dans un traité, dans un contrat, etc.

Voyez *Créancier*.

COPIE. C'est un écrit qui a été transcrit d'après un autre.

Le terme de *copie* est quelquefois opposé à celui d'*original*. On dit, par exemple, l'original d'un exploit qui reste au demandeur, et la copie qu'on laisse au défendeur.

Ce terme de *copie* est quelquefois opposé à celui de *minute*, lorsque la copie est tirée sur l'original d'un acte qualifié de minute, tel que la minute d'un acte passé par-devant notaire.

Le terme de *copie* est aussi quelquefois opposé à celui de *grosse*; par exemple, l'original d'une requête s'appelle *grosse*, et le double que l'on en fait est la *copie*.

Les notaires et les huissiers sont tenus, à peine de destitution, dépens, dommages-intérêts envers les parties, de laisser copie exacte des protêts, et de les inscrire en entier, jour par jour et par ordre de dates, dans un registre particulier, coté, paraphé et tenu dans les formes prescrites pour les répertoires (176).

COPIE d'assignation. Voy. *Tribunal de commerce*.

COPIE DE LETTRES, est un registre sur lequel on fait copier les lettres que l'on écrit à ses correspondans, afin de pouvoir se rappeler par la suite les conditions qu'on a mises à telles propositions qu'on leur a faites, ou ce à quoi on a consenti sur les leurs, et généralement tout ce qu'il importe de se remettre dans la mémoire.

Voyez *Lettre missive*.

COPROPRIÉTAIRE, est celui qui possède avec un autre la propriété d'une maison, d'une terre, d'un effet, etc. On appelle *copropriétaires à titre particulier*, ceux dont chacun a acquis séparément la part qu'il a dans la chose commune; et *copropriétaires à titre commun*, ceux qui sont devenus propriétaires par le même titre.

Voyez *Propriétaire de navire.*

COPROPRIÉTÉ. Voy. *Propriétaire de navire.*

CORDAGE. Toutes les cordes qui servent à la manœuvre d'un vaisseau ou autre bâtiment de mer.

Voyez *Capitaine, Propriétaire de navire.*

CORDE. Tortis fait ordinairement de chanvre, et quelquefois d'écorce d'arbres, de jonc, et d'autres matières pliantes et flexibles.

Voyez *Revendication.*

CORPS DE NAVIRE. C'est tout le bâtiment, tout le vaisseau, sans y comprendre les voiles, cordages, agrès et apparaux.

Les emprunts à la grosse peuvent être affectés sur le corps et quille du navire (315).

Le contrat d'assurance peut avoir pour objet le corps et quille du vaisseau, vide ou chargé, armé ou non armé, seul ou accompagné (334).

Voyez *Capitaine, Navire, Prêt à la grosse, Prime d'assurance, Propriétaire de navire.*

CORRESPONDANCE. C'est le commerce de lettres qu'on entretient avec quelque personne.

Les associations commerciales en participation peuvent être constatées par la représentation de la correspondance (49).

Les achats et ventes se constatent par la correspondance (109).

CORSE. Cette île est située au nord de la Sardaigne, dont elle est séparée par le détroit de Bonifacio; et au sud de la côte de Gênes, dont elle est éloignée d'environ 35 lieues. Elle appartient à la France depuis 1768, et elle forme les départemens du *Golo* et du *Liamone*.

Voyez *Délai*, *Porteur*.

COTE. C'est la marque numérale qu'on met en tête de chaque feuillet d'un livre, d'un registre. On en fait aussi usage pour mettre en ordre les pièces d'un procès, d'un inventaire, etc.

Les livres des commerçans dont la tenue est ordonnée par le Code doivent être cotés, paraphés et visés, soit par un des juges des tribunaux de commerce, soit par le maire ou un adjoint, dans la forme ordinaire et sans frais. Les commerçans seront tenus de conserver ces livres pendant dix ans (11). Même disposition pour les livres des agens de change et courtiers (84).

Le registre où les notaires et les huissiers sont obligés d'inscrire les protêts doive être coté et paraphé (176).

Le registre que le capitaine est obligé de tenir est coté par l'un des juges du tribunal de commerce, ou par le maire ou son adjoint, dans les lieux où il n'y a pas de tribunal de commerce. (224).

CÔTE, signifie le rivage de la mer.

Sont réputés voyages de long cours ceux qui se font aux côtes de l'Amérique méridionale et septentrionale (377).

CÔTES d'Europe, d'Asie et d'Afrique.

Voyez *Assurance*, *Délai*, *Porteur*.

COULAGE. Il se dit, dans le commerce des

vins, des bières, des cidres, des huiles et autres liqueurs, de la perte et diminution qui s'en fait par leur écoulement ou imperceptible, ou subit, hors de leurs futailles et tonneaux.

On appelle marchandises sujettes au coulage, celles où il peut arriver du déchet, en s'écoulant hors des vaisseaux où elles sont contenues. Voyez *Assurance.*

COUPON D'ACTION. Portion de la répartition d'une action. Chaque répartition d'action, c'est-à-dire, ce que chaque action rapporte à un actionnaire de profit par an, est divisée en coupons. Ces coupons ont été inventés pour faciliter le paiement des répartitions, épargner à l'actionnaire le soin de faire dresser des quittances. On les appelle coupons, parce qu'en les coupant et retranchant du billet d'action à chaque répartition, ils deviennent des quittances en forme, qui suffisent au caissier pour sa décharge et à l'actionnaire pour recevoir sa portion de répartition, sans avoir besoin de la signer.

Le capital d'une société anonime se divise en actions et même en coupons d'action d'une valeur égale (34).

COUR D'APPEL. Tribunal institué pour prononcer sur les appels des jugemens de première instance rendus en matière civile par les tribunaux d'arrondissement et de commerce.

Il y aura lieu à l'appel du jugement arbitral ou au pourvoi en cassation, si la renonciation n'a pas été stipulée ; l'appel sera porté devant la Cour d'appel (52).

Toute demande en réhabilitation, de la part du failli, sera adressée à la Cour d'appel dans le ressort de laquelle il sera domicilié (604).

Les appels des jugemens des tribunaux de commerce seront portés par-devant les Cours dans le ressort desquelles ces tribunaux sont situés (644).

Le délai pour interjeter appel des jugemens des tribunaux de commerce, sera de trois mois, à compter du jour de la signification du jugement, pour ceux qui auront été rendus contradictoirement, et du jour de l'expiration du délai de l'opposition, pour ceux qui auront été rendus par défaut : l'appel pourra être interjeté le jour même du jugement (645).

L'appel ne sera pas reçu lorsque le principal n'excédera pas la somme ou la valeur de 1000 fr., encore que le jugement n'énonce pas qu'il est rendu en dernier ressort, et même quand il énoncerait qu'il est rendu à la charge de l'appel (646).

Les Cours d'appel ne pourront, en aucun cas, à peine de nullité, et même des dommages-intérêts des parties, s'il y a lieu, accorder des défenses ni surseoir à l'exécution des jugemens des tribunaux de commerce, quand même ils seraient attaqués d'incompétence : mais elles pourront, suivant l'exigence des cas, accorder la permission de citer extraordinairement à jour et heure fixes, pour plaider sur l'appel (647).

Les appels des jugemens des tribunaux de commerce seront instruits et jugés dans les Cours, comme appels de jugemens rendus en matière sommaire. La procédure, jusques et y compris l'arrêt définitif, sera conforme à celle qui est prescrite, pour les causes d'appel en matière civile, au livre III de la Iere. partie du Code de procédure civile (648).

Voyez *Serment.*

COUR

COUR *de justice criminelle*. Tribunal qui connaît de tous les délits emportant peine capitale, afflictive et infamante, et qui statue sur les appels des jugemens rendus par les tribunaux de première instance en matière de police correctionnelle. D'après les lois du 18 pluviose an IX, et du 23 floréal an X, des Cours de justice spéciale connaissent des crimes et délits commis par les vagabonds et gens sans aveu, des vols sur les grandes routes, dans les campagnes, etc., des crimes d'incendies, de fausse monnaie et de faux en écritures publiques et privées.

La banqueroute frauduleuse est jugée par les Cours de justice criminelle (439).

Les cas de banqueroute frauduleuse seront poursuivis d'office devant les Cours de justice criminelle, par les procureurs impériaux et leurs substituts, sur la notoriété publique, ou sur la dénonciation soit des syndics, soit d'un créancier (595).

Les arrêts des Cours de justice criminelle contre les banqueroutiers et leurs complices, seront affichés, et de plus insérés dans un journal, conformément à l'art. 683 du Code de procédure civile (599).

Dans les cas de poursuite et de condamnation en banqueroute simple ou en banqueroute frauduleuse, les actions civiles, autres que celles dont il est parlé dans l'art. 598, ne peuvent être attirées, attribuées ni évoquées aux Cours de justice criminelle (600). Voy. *Banqueroute*.

COURS. On dit le cours des marchandises, du change, du fret, pour exprimer le prix auquel se vendent ces marchandises, se fait le change, se paye le fret.

11

Les agens de change ont seuls le droit de constater le cours des lettres de change ou billets, de tous papiers commerçables et des ventes ou achats des matières métalliques (76).

Les courtiers de marchandises ont seuls le droit de constater le cours des marchandises (78).

Les courtiers interprètes et conducteurs de navires ont seuls le droit de constater le cours du fret ou du nolis (80).

Voyez *Assurance, Banqueroute, Capitaine, Change, Contrat à la grosse, Effets de commerce, Fret, marchandise, Nolis, Rechange, Retraite, Transport.*

COURS. On appelle, en termes de marine, les longs voyages sur mer et en pays éloignés, *voyages de long cours.*

Voyez *Assurance.*

COURTAGE. C'est le métier de celui qui s'entremet pour faire vendre, acheter ou échanger des marchandises et effets de commerce.

Ce mot se dit aussi du droit et du salaire qu'on paye à celui qui exerce le courtage.

La loi répute acte de commerce toute opération de courtage (632).

Voyez *Billet à ordre, Compte de retour, Courtier, Négociation, Rechange, Tribunal de commerce.*

COURTIER. C'est un entremetteur entre gens de commerce, pour faciliter aux uns la vente et aux autres l'achat des marchandises et effets de commerce, ou toute autre opération.

La loi reconnaît, pour les actes de commerce, des agens intermédiaires ; savoir, les agens de change et les courtiers (74).

Il y en a dans toutes les villes qui ont une

bourse de commerce. Ils sont nommés par l'Empereur. (75).

Il y a des courtiers de marchandises;

Des courtiers d'assurance ;

Des courtiers interprètes et conducteurs de navires;

Des courtiers de transport par terre et par eau (77).

Ceux qui ont fait faillite ne peuvent être courtiers , s'il n'ont été réhabilités (83).

Les courtiers sont tenus d'avoir un livre revêtu des formes prescrites par l'art. 11. Voy. *Livre de commerce.*

Ils sont tenus de consigner dans ce livre , jour par jour, et par ordre de dates , sans ratures , entrelignes ni transpositions , et sans abréviations ni chiffres, toutes les conditions des ventes, achats, assurances , négociations et en général de toutes les operations faites par leur ministère (84).

Un courtier ne peut, dans aucun cas , et sous aucun prétexte faire des opérations de commerce ou de banque pour son compte.

Il ne peut s'intéresser directement ni indirectement sous son nom , ou sous un nom interposé, dans aucune entreprise commerciale.

Il ne peut recevoir ni payer pour le compte de ses commettans (85).

Un courtier ne peut se rendre garant de l'éxécution des marchés dans lesquels il s'entremet (86).

Toute contravention aux dispositions énoncées dans les deux articles précédens , entraîne la peine de destitution , et une condamnation d'amende qui sera prononcée par le tribunal de police correctionnelle , et qui ne peut être au-dessus de trois mille francs, sans préjudice de l'action des parties en dommages et intérêts (87).

Tout courtier destitué en vertu de l'art. précédent, ne peut être réintégré dans ses fonctions (88).

En cas de faillite, tout courtier est poursuivi comme banqueroutier (89).

Les achats et ventes se constatent par le bordereau ou arrêté d'un courtier dûment signé par les parties (109):

Voyez *Bourse de commerce, Enchère, Syndic provisoire.*

COURTIER D'ASSURANCE. Les courtiers d'assurance rédigent les contrats ou polices d'assurances, concurremment avec les notaires; ils en attestent la vérité par leur signature, certifient le taux des primes par tous les voyages de mer ou de rivière (79).

Le même individu peut, si l'acte du Gouvernement qui l'institue, l'y autorise, cumuler les fonctions d'agent de change et de courtier d'assurance (81).

Les courtiers de transport par terre et par eau ne peuvent cumuler, dans aucun cas, et sous aucun prétexte, les fonctions de courtiers d'assurances (82).

Voyez *Navire, Prime d'assurance.*

COURTIER DE MARCHANDISES. Les agens de change peuvent faire, concurremment avec les courtiers de marchandises, les négociations et le courtage des ventes ou achats des matières métalliques. Ils ont seuls le droit d'en constater le cours (76).

Les courtiers de marchandises, constitués de la manière prescrite par la loi, ont seuls le droit de faire le courtage des marchandises, d'en constater le cours ; ils exercent, concurremment avec les agens de change, le courtage des matières métalliques (78).

Le même individu peut, si l'acte du Gouvernement qui l'institue l'y autorise, cumuler les fonctions d'agent de change et de courtier de marchandises (81).

Les courtiers de transport par terre et par eau ne peuvent cumuler, dans aucun cas et sous aucun prétexte, les fonctions de courtier de marchandises (82).

COURTIER DE TRANSPORT PAR TERRE ET PAR EAU. Les courtiers de transport par terre et par eau, constitués selon la loi, ont seuls, dans les lieux où ils sont établis, le droit de faire le courtage des transports par terre et par eau ; ils ne peuvent cumuler, dans aucun cas et sous aucun prétexte, les fonctions de courtiers de marchandises, d'assurances, ou de courtiers conducteurs de navires. (82).

COURTIER INTERPRÈTE ET CONDUCTEUR DE NAVIRES. Les courtiers interprètes et conducteurs de navires font le courtage des affrétemens ; ils ont, en outre, seuls le droit de traduire, en cas de contestations portées devant les tribunaux, les déclarations, chartes-parties, connaissemens, contrats et tous actes de commerce dont la traduction serait nécessaire ; enfin de constater le cours du fret et du nolis.

Dans les affaires contentieuses de commerce, et pour le service des douanes, ils servent seuls de truchement à tous étrangers, maîtres de navire, marchands, équipages de vaisseau et autres personnes de mer (80).

Le même individu peut, si l'acte du Gouverne-

ment qui l'institue l'y autorise, cumuler les fonctions d'agent de change et de courtier interprète
et conducteur de navire (81).

Les courtiers de transport par terre et par eau
ne peuvent cumuler, dans aucun cas et sous aucun prétexte, les fonctions de courtiers conducteurs de navires (82).

COÛT. Ce qu'une chose coûte.

Le contrat d'assurance exprime le coût de l'assurance (332).

Voyez *Assurance.*

CRÉANCE. On entend par ce mot une dette
active, c'est-à-dire, le droit qu'a un créancier de
répéter une somme d'argent au paiement de laquelle un débiteur s'est engagé envers lui.

Vérification des créances.

La vérification des créances sera faite sans délai; le commissaire veillera à ce qu'il y soit procédé diligemment à mesure que les créanciers se
présenteront (501).

Tous les créanciers du failli seront avertis, à
cet effet, par les papiers publics et par lettres
des syndics, de se présenter, dans le délai de
quarante jours, par eux ou par leurs fondés de
pouvoirs, aux syndics de la faillite; de leur déclarer à quel titre et pour quelle somme ils sont
créanciers, et de leur remettre leurs titres de
créances, ou de les déposer au greffe du tribunal
de commerce. Il leur en sera donné récépissé (502).

La vérification des créances sera faite contradictoirement entre le créancier ou son fondé de
pouvoir et les syndics, et en présence du juge-
commissaire qui en dressera procès-verbal. Cette

opération aura lieu dans les quinze jours qui suivront le délai fixé par l'article précédent (503).

Tout créancier dont la créance aura été vérifiée et affirmée, pourra assister à la vérification des autres créances, et fournir tout contredit aux vérifications faites ou à faire (504).

Le procès-verbal de vérification énoncera la représentation des titres de créance, le domicile des créanciers et de leurs fondés de pouvoirs.

Il contiendra la description sommaire des titres, lesquels seront rapprochés des registres du failli.

Il mentionnera les surcharges, ratures et interlignes.

Il exprimera que le porteur est légitime créancier de la somme par lui réclamée.

Le commissaire pourra, suivant l'exigence des cas, demander aux créanciers la représentation de leurs registres, ou l'extrait fait par les juges de commerce du lieu, en vertu d'un compulsoire; il pourra aussi, d'office, renvoyer devant le tribunal de commerce, qui statuera sur son rapport (505).

Si la créance n'est pas contestée, les syndics signeront, sur chacun des titres, la déclaration suivante :

Admis au passif de la faillite de***, *pour la somme de.... le....* Le visa du commissaire sera mis au bas de la déclaration (506).

Chaque créancier, dans le délai de huitaine, après que sa créance aura été vérifiée, sera tenu d'affirmer, entre les mains du commissaire, que ladite créance est sincère et véritable (507).

Si la créance est contestée en tout ou en partie, le juge-commissaire, sur la réquisition des syndics, pourra ordonner la représentation des titres du créancier, et le dépôt de ses titres au greffe du tribunal de commerce. Il pourra même, sans qu'il soit besoin de citation, renvoyer les parties, à bref délai, devant le tribunal de commerce, qui jugera sur son rapport (5o8).

Le tribunal de commerce pourra ordonner qu'il soit fait, devant le commissaire, enquête sur les faits, et que les personnes qui pourront fournir des renseignemens soient, à cet effet, citées par-devant lui (5o9).

A l'expiration des délais fixés pour les vérifications des créances, les syndics dresseront un procès-verbal contenant les noms de ceux des créanciers qui n'auront pas comparu. Ce procès-verbal, clos par le commissaire, les établira en demeure (5ro).

Le tribunal de commerce, sur le rapport du commissaire, fixera, par jugement, un nouveau délai pour la vérification.

Ce délai sera déterminé d'après la distance du domicile du créancier en demeure, de manière qu'il y ait un jour par chaque distance de trois myriamètres ; à l'égard des créanciers résidant hors de France, on observera les délais prescrits par l'article 73 du Code de procédure civile (5ɪɪ).

Le jugement qui fixera le nouveau délai, sera notifié aux créanciers, au moyen des formalités voulues par l'article 683 du Code de procédure civile ; l'accomplissement de ces formalités vaudra signification à l'égard des créanciers qui n'auront pas comparu, sans que pour cela la nomination des syndics définitifs soit retardée (5ɪ2).

A défaut de comparution et affirmation dans le délai fixé par le jugement, les défaillans ne seront pas compris dans les répartitions à faire.

Toutefois la voie de l'opposition leur sera ouverte jusqu'à la dernière distribution des deniers inclusivement, mais sans que les défaillans, quand même ils seraient des créanciers inconnus, puissent rien prétendre aux répartitions consommées, qui, à leur égard, seront réputées irrévocables, et sur lesquelles ils seront entièrement déchus de la part qu'ils auraient pu prétendre (513).

Voyez *Concordat. Créancier, Délai, Jugement, Réhabilitation, Répartition, Saisie, Tribunal de commerce, Vente.*

CRÉANCE FAUSSE. Voy. *Banqueroute frauduleuse.*

CRÉANCIER, est celui à qui il est dû quelque chose, soit par prêt, soit pour toute autre cause.

On distingue trois ordres de créanciers; ceux qui n'ont ni hypothèque ni privilége, on les nomme *créanciers chirographaires;* ceux qui n'ont qu'une hypothèque sans privilége, on les désigne sous le nom de *créanciers hypothécaires;* enfin, ceux dont la créance a quelque privilége qui distingue leur condition de celle des autres créanciers, on les appelle *créanciers privilégiés.*

Tout jugement qui prononce une séparation de corps ou un divorce entre mari et femme, dont l'un serait commerçant, doit être soumis aux formalités prescrites par l'art. 872 du Code de procédure civile; à défaut de quoi les créanciers seront toujours admis à s'y opposer, pour ce qui touche leurs intérêts, et à contredire toute liquidation qui en aurait été la suite (66).

Les sommes dues aux créanciers pour fournitures, travaux, main-d'œuvre; pour radoub, victuailles, armement et équipement, avant le départ du navire, sont dettes privilégiées sur le navire (191).

Le privilége ne peut être exercé, qu'autant que les dettes seront constatées par des mémoires,

factures ou états, visés par le capitaine, et arrêtés
par l'armateur, dont un double sera déposé au
greffe du tribunal de commerce avant le départ
du navire, ou au plus tard dans les dix jours
après son départ (192).

Les créanciers qui s'opposent à la délivrance
des sommes provenant de la vente d'un navire
saisi, sont tenus de produire au greffe leurs titres
de créance, dans les trois jours qui suivent la
sommation qui leur en est faite par le créancier
poursuivant ou par le tiers saisi; faute de quoi
il sera procédé à la distribution du prix de la
vente, sans qu'ils y soient compris (213).

La collocation des créanciers et la distribution
de deniers, sont faites entre les créanciers privilégiés, dans l'ordre prescrit par l'art. 191, et
entre les autres créanciers, au marc le franc de
leurs créances.

Tout créancier colloqué l'est, tant pour son
principal que pour les intérêts et frais (214).
Voy. *Navire.*

Les agens de la faillite pourront être choisis
parmi les créanciers présumés. Nul ne pourra
être nommé agent deux fois dans le cours de la
même année, à moins qu'il ne soit créancier
(456).

Dès que le bilan aura été remis, par les agens,
au commissaire, celui-ci dressera, dans trois
jours, pour tout délai, la liste des créanciers qui
sera remise au greffe du tribunal de commerce,
et il les fera convoquer par lettres, affiches et
insertion dans les journaux (476).

Même avant la confection du bilan, le commissaire délégué pourra convoquer les créanciers,
suivant l'exigence des cas (477).

Les créanciers susdits se réuniront, en présence du commissaire, aux jour et lieu indiqués par lui (478).

Toute personne qui se présenterait comme créancier à cette assemblée, et dont le titre serait postérieurement reconnu supposé de concert entre elle et le failli, encourra les peines portées contre les complices de banqueroutiers fauduleux (479).

Les créanciers réunis présenteront au juge-commissaire une liste triple du nombre des syndics provisoires qu'ils estimeront devoir être nommés; sur cette liste le tribunal nommera (480).

Si les agens de la faillite ont été pris parmi les créanciers, ils ne recevront aucune indemnité (485).

Si les créanciers ont quelque motif de se plaindre des opérations des syndics, ils en référeront au commissaire, qui statuera, s'il y a lieu, ou fera son rapport au tribunal de commerce (495).

Dans les trois jours après l'expiration des délais prescrits pour l'affirmation des créanciers connus, les créanciers dont les créances ont été admises, seront convoqués par les syndics provisoires (514).

Aux lieu, jour et heure qui seront fixés par le commissaire, l'assemblée se formera sous sa présidence; il n'y sera admis que des créanciers reconnus, ou leurs fondés de pouvoirs (515).

Le failli sera appelé à cette assemblée: il devra s'y présenter en personne, s'il a obtenu un sauf-conduit, et il ne pourra s'y faire représenter que pour des motifs valables, et approuvés par le commissaire (516).

Le commissaire vérifiera les pouvoirs de ceux

qui s'y présenteront comme fondés de procuration : il fera rendre compte en sa présence, par
les syndics provisoires, de l'état de la faillite,
des formalités qui auront été remplies, et des
opérations qui auront eu lieu : le failli sera entendu (517).

Le commissaire tiendra procès-verbal de ce qui
aura été dit et décidé dans cette assemblée (518).

Le créancier porteur d'engagemens solidaires
entre le failli et d'autres cobligés qui sont en
faillite, participera aux distributions dans toutes
les masses, jusqu'à son parfait et entier paiement (534).

Les créanciers du failli qui seront valablement
nantis par des gages, ne seront inscrits dans la
masse que pour mémoire (535).

Si les syndics ne retirent pas le gage, qu'il soit
vendu par les créanciers, et que le prix excède la
créance, le surplus sera recouvré par les syndics;
si le prix est moindre que la créance, le créancier
nanti viendra à contribution pour le surplus
(537).

Les créanciers garantis par un cautionnement
seront compris dans la masse, sous la déduction
des sommes qu'ils auront reçues de la caution;
la caution sera comprise dans la même masse pour
tout ce qu'elle aura payé à la décharge du failli
(538).

Le montant de l'actif mobilier du failli, distraction faite des frais et dépenses de l'administration
de la faillite, du secours qui a été accordé au
failli et des sommes payées aux privilégiés, sera
réparti entre tous les créanciers, au marc le franc
de leurs créances vérifiées et affirmées (558).

A cet effet, les syndics remettront, tous les
mois, au commissaire, un état de situation de la

aillite, et des deniers existans en caisse : le commissaire ordonnera, s'il y a lieu, une répartition entre les créanciers, et en fixera la quotité (559).

Les créanciers seront avertis des décisions du commissaire et de l'ouverture de la répartition (560).

Nul paiement ne sera fait que sur la représentation du titre constitutif de la créance.

Le caissier mentionnera, sur le titre, le paiement qu'il effectuera; le créancier donnera quittance en marge de l'état de répartition (561).

Lorsque la liquidation sera terminée, l'union les créanciers sera convoquée à la diligence des syndics, sous la présidence du commissaire; les syndics rendront leur compte, et son reliquat formera la dernière répartition (562).

L'union pourra, dans tout état de cause, se faire autoriser par le tribunal de commerce, le failli dûment appelé, à traiter à forfait des droits et actions dont le recouvrement n'aurait pas été opéré, et à les aliéner; en ce cas, les syndics feront tous les actes nécessaires (563).

Pendant huitaine après l'adjudication des immeubles du failli, tout créancier aura droit de surenchérir. La surenchère ne pourra être au-dessous du dixième du prix principal de l'adjucation (565).

Voyez *Banqueroute*, *Caisse*, *Cession de biens*, *Commettant*, *Concordat*, *Créance*, *Délai*, *Domicile*, *Failli*, *Faillite*, *Femme*, *Juge-Commissaire*, *Jugement*, *Navire*, *Notaire*, *Privilège*, *Réhabilitation*, *Saisie*, *Scellé*, *Union de créanciers*, *Vente volontaire*.

CRÉANCIER CHIROGRAPHAIRE. Voy. *Créancier hypothécaire*, *Distribution*.

CRÉANCIER FICTIF. Voy. *Banqueroute frauduleuse.*

CRÉANCIER HYPOTHÉCAIRE.. Lorsque la distribution du prix des immeubles sera faite antérieurement à celle du prix des meubles, ou simultanément, les seuls créanciers hypothécaires non remplis sur le prix des immeubles, concourront, à proportion de ce qui leur restera dû, avec les créanciers chirographaires, sur les deniers appartenant à la masse chirographaire (539).

Si la vente du mobilier précède celle des immeubles et donne lieu à une ou plusieurs répartitions de deniers, avant la distribution du prix des immeubles, les créanciers hypothécaires concourront à ces répartitions dans la proportion de leurs créances totales, et sauf, le cas échéant, les distractions dont il sera ci-après parlé (540).

Après la vente des immeubles et le jugement d'ordre entre les créanciers hypothécaires, ceux d'entre ces derniers qui viendront en ordre utile sur le prix des immeubles pour la totalité de leurs créances, ne toucheront le montant de leur collocation hypothécaire, que sous la déduction des sommes par eux perçues dans la masse chirographaire.

Les sommes ainsi déduites ne resteront point dans la masse hypothécaire, mais retourneront à la masse chirographaire, au profit de laquelle il en sera fait distraction (541).

A l'égard des créanciers hypothécaires qui ne seront colloqués que partiellement dans la distribution du prix des immeubles, il sera procédé comme il suit:

Leurs droits sur la masse chirographaire seront définitivement réglés d'après les sommes dont ils resteront créanciers après leur collocation immobilière ; et les deniers qu'ils auront touchés au-delà de cette proportion dans la distribution antérieure, leur seront retenus sur le montant de leur collocation hypothécaire, et reversés dans la masse chirographaire (542).

Les créanciers hypothécaires qui ne viennent point en ordre utile, seront considérés comme purement et simplement chirographaires (543).

Les créanciers hypothécaires inscrits n'ont point de voix dans les délibérations relatives au concordat (520).

CRÉANCIER PRIVILÉGIÉ. La distribution du prix de la vente de navires saisis est faite entre les créanciers privilégiés dans l'ordre prescrit par l'art. 191 (214).

Voyez *Créancier, Répartition, Navire, Syndic définitif.*

CRÉDIT. On appelle signature de crédit, lettre de crédit, une lettre dont le porteur peut toucher de l'argent de ceux à qui elle est adressée.

Voyez *Signature.*

CRÉDITEUR. Terme dont les négocians se servent assez souvent, pour signifier un créancier, ou, comme ils disent, *celui qui doit avoir.*

Voyez *Revendication.*

CRIÉE. C'est une proclamation publique qui se fait après une saisie, par un huissier, pour avertir les intéressés que les objets saisis seront vendus et adjugés aux enchères publiques.

Si la saisie a pour objet un bâtiment dont le tonnage soit au-dessus de dix tonneaux, il sera fait trois criées et publications des objets en vente.

Les criées et publications seront faites consécutivement, de huitaine en huitaine, à la bourse et dans la principale place publique du lieu où le bâtiment est amarré.

L'avis en sera inséré dans un des papiers publics imprimés dans le lieu où siége le tribunal devant lequel la saisie se poursuit ; et s'il n'y en a pas, dans l'un de ceux qui seraient imprimés dans le département (202).

Dans les deux jours qui suivent chaque criée et publication, il est apposé des affiches

Au grand mât du bâtiment saisi,

A la porte principale du tribunal devant lequel on procède,

Dans la place publique et sur le quai du port où le bâtiment est amarré, ainsi qu'à la bourse de commerce (203).

Les criées, publications et affiches doivent désigner

Les nom, profession et demeure du poursuivant,

Les titres en vertu desquels il agit,

Le montant de la somme qui lui est due,

L'élection de domicile par lui faite dans le lieu où siége le tribunal, et dans le lieu où le bâtiment est amarré,

Les nom et domicile du propriétaire du navire saisi,

Le nom du bâtiment, et, s'il est armé ou en armement, celui du capitaine,

Le tonnage du navire,

Le lieu où il est gisant ou flottant,

Le nom de l'avoué du poursuivant,

La première mise à prix,

Les jours des audiences auxquelles les enchères seront reçues (204).

Apr

Après la première criée, les enchères seront reçues le jour indiqué par l'affiche.

Le juge commis d'office pour la vente, continue de recevoir les enchères après chaque criée, de huitaine en huitaine, à jour certain fixé par son ordonnance (205).

Voyez *Adjudication.*

CUEILLETTE. Terme de commerce de mer. C'est un amas de diverses sortes de marchandises, que fait un maître de vaisseau, et qui lui sont remises par plusieurs personnes, pour former la cargaison de son bâtiment. Ainsi, l'on lit : *charger un vaisseau à cueillette*, quand divers particuliers concourent à en faire le chargement.

Ce terme n'est d'usage que sur l'Océan. Sur la Méditerranée, on dit, *charger au quintal.*

Le fret d'un bâtiment peut avoir lieu à cueillette (286).

CULTIVATEUR, est celui qui cultive la terre.
Voyez *Denrée.*

D

DANGER. Ce mot se dit de ce qui expose à une perte, à un dommage.

Le capitaine ne peut abandonner son navire pendant le voyage, pour quelque danger que ce soit, sans l'avis des officiers et des principaux de l'équipage (241). Voy. *Capitaine.*

DATE, est l'indication du temps et du lieu où un acte est passé. On date communément de l'année, du mois et du jour.

Tous les livres des commerçans doivent être tenus par ordre de dates (10).

12

L'extrait des actes de société en nom collectif et en commandite, doit être remis, dans la quinzaine de leur date, au greffe du tribunal de commerce de l'arrondissement dans lequel est établie la maison du commerce social, pour être transcrit sur le registre, et affiché pendant trois mois dans la salle des audiences (42).

Les agens de change et courtiers sont tenus de consigner dans leur livre, par ordre de dates, toutes les conditions des ventes, achats, assurances, négociations, et en général de toutes les opérations faites par leur ministère (84).

La lettre de voiture doit être datée (102).

La lettre de change doit être datée (110).

L'acceptation d'une lettre de change doit être datée, si la lettre est à un ou plusieurs jours ou mois de vue.

Et dans ce dernier cas, le défaut de date de l'acceptation rend la lettre exigible au terme y exprimé, à compter de sa date (122).

Une lettre de change peut être tirée,

$$\left.\begin{array}{l} \text{A un ou plusieurs jours,}\\ \text{A un ou plusieurs mois,}\\ \text{A une ou plusieurs usances.} \end{array}\right\} \textit{de date.}$$

(129.)

L'endossement d'une lettre de change doit être daté (137).

Les notaires et les huissiers sont tenus, à peine de destitution, dépens, dommages-intérêts envers les parties, d'inscrire les protêts en entier, jour par jour, et par ordre de dates, dans un registre particulier, coté, paraphé, et tenu dans les formes prescrites pour les répertoires (176).

Le billet à ordre est daté (188).

Le contrat d'assurance est daté du jour auquel il est souscrit (332).

Le bilan devra être daté par le débiteur (471).

Voy. *Action., Assurance, Contrat à la grosse, Contrat de mariage, Délai, Echéance, Fin de non-recevoir, Greffe, Police d'assurance, Porteur.*

DÉBITEUR, est celui qui doit une somme ou une chose quelconque.

La cession de biens judiciaire n'a d'autre effet que de soustraire le débiteur à la contrainte par corps (568).

Si le débiteur est détenu, le jugement qui l'admet au bénéfice de cession ordonnera son extraction, avec les précautions en tel cas requises et accoutumées, à l'effet de faire sa déclaration, conformément à l'art. 571. (Voyez cet article aux mots *Cession de biens* (572).

Les nom, prénoms, profession et demeure du débiteur seront placés dans des tableaux à ce destinés, placés dans l'auditoire du tribunal de commerce de son domicile, ou du tribunal civil qui en fait les fonctions, dans le lieu des séances de la maison commune, et à la bourse (573).

Voyez *Acte conservatoire, Banqueroute frauduleuse, Bilan, Cession de biens, Concordat, Faillite, Inventaire, Prescription, Revendication.*

DÉBRIS. Les effets qui restent d'un vaisseau qui a fait naufrage, soit que la mer les jette sur le rivage, soit qu'ils soient trouvés et pêchés en pleine mer. En terme de marine, on dit plus ordinairement *bris.* Voy. *ce mot.*

Si quelque partie du navire naufragé est sauvée, les matelots engagés au voyage ou au mois sont payés de leurs loyers échus sur les débris du navire qu'ils ont sauvés.

12.

Si les débris ne suffisent pas, ou s'il n'y a que des marchandises sauvées, ils sont payés de leurs loyers subsidiairement sur le fret (259).

Voyez *Matelot.*

DÉCÈS. Terme qui s'emploie pour signifier la mort naturelle d'une personne.

En cas de décès du père, le mineur qui veut faire le commerce, ne peut en commencer les opérations ni être réputé majeur quant aux engagemens par lui contractés pour faits de commerce, s'il n'a été préalablement autorisé par sa mère (2).

Si le failli vient à décéder après l'ouverture de sa faillite, sa veuve ou ses enfans pourront se présenter pour suppléer leur auteur dans la formation du bilan et pour toutes les autres obligations imposées au failli par le Code ; à leur défaut, les agens procéderont (475).

Voyez *Matelot, Mort.*

DÉCHARGE, se dit du transport qui se fait des marchandises et effets hors du navire, par les matelots et autres personnes établies à cet effet sur les ports.

Si la décharge du navire se fait volontairement dans un lieu plus rapproché que celui qui est désigné par l'affrétement, il ne leur est fait aucune diminution (256).

Toute convention pour le louage d'un vaisseau doit énoncer le lieu et le temps convenus pour la décharge (273).

Si ce temps n'est point fixé par les conventions des parties, il est réglé suivant l'usage des lieux (274).

Voyez *Affrétement, Capitaine, Charte-partie, Convention, Créancier, Expert, Jet, Navire, Nantissement.*

DÉCHARGE, acte par lequel on décharge quelqu'un d'une obligation d'une chose dont il était chargé.

Le failli donnera décharge aux syndics provisoires, lorsqu'ils lui remettront ses biens, ses livres, papiers et effets (525).

DÉCHARGEMENT. Action de décharger les navires et autres bâtimens de mer.

Déchargement de marchandises. Voy. *Assurance, Avarie, Innavigabilité, Jet.*

DÉCHÉANCE, peine qui consiste à êtré privé du droit que l'on avait.

La déchéance est quelquefois de rigueur et de fait, quelquefois elle n'est que comminatoire.

La déchéance est de rigueur dans les matières de droit étroit, comme celles qui concernent les prescriptions et autres semblables.

La déchéance simplement comminatoire est celle qui ne s'opère pas de plein droit.

Après l'expiration des délais,

Pour la présentation de la lettre de change à vue, ou à un ou plusieurs jours ou mois ou usances de vue,

Pour le protêt faute de paiement,

Pour l'exercice de l'action en garantie,

Le porteur de la lettre de change est déchu de tous droits contre les endosseurs (168).

Les endosseurs sont également déchus de toute action en garantie contre leurs cédans, après les délais ci-dessus prescrits, chacun en ce qui le concerne (169).

La même déchéance a lieu contre le porteur et les endosseurs, à l'égard du tireur lui-même, si ce dernier justifie qu'il y avait provision à l'échéance de la lettre de change.

Le porteur, en ce cas, ne conserve d'action que contre celui sur qui la lettre était tirée (170).

Les effets de la déchéance prononcée par les trois articles précédens cessent en faveur du porteur contre le tireur, ou contre celui des endosseurs qui, après l'expiration des délais fixés pour le protêt, la notification du protêt ou la citation en jugement, a reçu par compte, compensation ou autrement, les fonds destinés au paiement de la lettre de change (171).

DÉCHET, en termes de commerce, se dit, 1°. de la déduction que l'on fait pour le dégât ou pour la poussière qui se trouve mêlée avec certaines marchandises; 2°. de la perte, de la diminution de prix, de valeur ou de quantité arrivée par une révolution quelconque; 3°. et enfin, de la diminution des marchandises sujettes à couler, comme les huiles, les vins, ou de celles dont la mode ne peut durer, comme de certaines étoffes et les ouvrages de pure curiosité.

Les déchets qui arrivent par le vice propre de la chose sur laquelle le prêt à la grosse a lieu, ne sont point à la charge du prêteur (326).

Les déchets qui arrivent par le vice propre de la chose assurée, ne sont point à la charge des assureurs (352).

DÉCISION. Jugement, résolution prise sur quelque objet. Il se dit également des personnes qui décident, et des matières qui sont décidées.

DÉCISION ARBITRALE. Voy. *Dommages-Intérêts*, *Navire*.

DÉCLARATION, est, en général, l'action par laquelle on déclare, on fait connaître.

On distingue, en jurisprudence, plusieurs

sortes de déclarations dont je vais parler successivement.

Le mot *déclaration* employé seul signifie ordinairement ce qui est déclaré par quelqu'un dans
un acte judiciaire ou extrajudiciaire.

Déclaration, se dit des mémoires qu'un débiteur donne à ses créanciers de ses effets et de ses
biens, lorsqu'à cause du mauvais état de ses
affaires, il en veut obtenir ou la remise de partie
de ce qu'il leur doit, ou un délai pour le paiement.

Déclaration, signifie encore la même chose
que contre-lettre.

Déclaration, s'entend aussi de l'état ou facture
circonstanciée de ce qui est contenu dans les
balles, ballots et caisses, que les voituriers conduisent dans les bureaux d'entrée et de sortie.

On appelle *déclaration de guerre*, le manifeste
par lequel un Souverain déclare la guerre à un
autre Souverain. Voyez, pour les autres *déclarations*, les articles qu'elles concernent.

Toute continuation de société, après son terme
expiré, est constatée par une déclaration des coassociés (46). Formalités prescrites à ce sujet,
ibid. Voy. *Société.*

L'assuré est tenu, en faisant le délaissement
des objets assurés, de déclarer toutes les assurances qu'il a faites ou fait faire, même celles
qu'il a ordonnées, et l'argent qu'il a pris à la
grosse, soit sur le navire, soit sur les marchandises; faute de quoi, le délai du paiement qui
doit commencer à courir du jour du délaissement, sera suspendu jusqu'au jour où il fera notifier ladite déclaration, sans qu'il en résulte aucune prorogation du délai établi pour former l'action en délaissement (379).

En cas de déclaration frauduleuse, l'assuré est

privé des effets de l'assurance; il est tenu de payer les sommes empruntées, nonobstant la perte ou la prise du navire (380).

Tout failli sera tenu, dans les trois jours de la cessation de paiement, d'en faire la déclaration au greffe du tribunal de commerce; le jour où il aura cessé ses paiemens sera compris dans ces trois jours (440).

En cas de faillite d'une société en nom collectif, la déclaration du failli contiendra le nom et l'indication du domicile de chacun des associés solidaires, *ibid.*

Dès que le tribunal de commerce aura connaissance de la faillite, soit par la déclaration du failli, soit par la requête de quelque créancier, soit par la notoriété publique, il ordonnera l'apposition des scellés (449).

Pourra être poursuivi comme banqueroutier simple et être déclaré tel, le failli qui n'aura pas rempli les formalités ci-dessus (587).

Voyez *Cession de biens, Contribution, Courtier-interprète, Faillite, Jet, Marchandises.*

DÉCLARATION de guerre Voy. *Guerre.*

DÉCLARATION de marchandises. Voy. *Marchandises.*

DÉCLARATION d'emploi. Voy. *Femme.*

DÉCLARATION de transfert. Voy. *Action et Cession.*

DÉCLARATION (fausse) de la part de l'assuré. Voy. *Assurance, Nullité.*

DÉCLARATION du tonnage d'un navire. Voy. *Tonnage.*

DÉCLARATION que les syndics de la faillite sont tenus de signer sur chacun des titres de créance. Voy. *Créance.*

DÉDOMMAGEMENT. Réparation d'un dommage.

L'adjudication du navire fait cesser les fonctions du capitaine; sauf à lui à se pourvoir en dédommagement contre qui de droit (208).

Voyez *Contribution*, *Jet*, *Matelot*.

DÉFAILLANT, est celui qui ne comparaît pas, qui ne se trouve pas à l'assignation donnée en justice.

Voyez *Créance*, *Délai*.

DÉFAUT, est le jugement rendu sur la demande de l'une des parties, sans que l'autre ait été ouïe.

Il y a deux sortes de défauts; les défauts faute de comparoir, et les défauts faute de défendre. Il y a aussi le défaut faute de plaider : il a lieu lorsque le demandeur ou le défendeur ne paraissent point à l'audience pour y plaider ou faire plaider leur cause. Les deux premiers ne s'obtiennent jamais contre le défendeur, parce qu'il n'y a que lui qui puisse être en demeure de comparoir ou de défendre; mais le défaut faute de plaider peut s'obtenir tant par le défendeur que par le demandeur, attendu que l'un ou l'autre peut être en demeure de paraître à l'audience pour plaider.

Jugement par défaut. Voy. *Tribunal de commerce*.

DÉFENDEUR. C'est celui à qui on fait une demande en justice.

LE DÉFENDEUR AU FOND OU DÉFENDEUR AU PRINCIPAL est celui qui est en même temps demandeur à quelque incident sur la forme; et *défendeur en la forme*, celui qui défend à un incident de cette sorte.

En matière de garantie, on appelle *défendeur originaire*, celui contre lequel on a formé quelque demande, pour laquelle il prétend avoir un garant auquel il a dénoncé la demande.

Voyez *Tribunal de commerce.*

DÉFENDEUR en distraction. Voy. *Distraction.*

DÉFENSES, signifie le jugement qu'on obtient pour empêcher l'exécution d'un autre jugement. Voy. *Cour d'appel.*

DÉFICIT, mot emprunté du latin pour signifier *ce qui manque.*

Voy. *Adjudication, Paiement.*

DÉLAI, est un temps accordé par la loi ou par les parties pour faire quelque chose. La loi accorde différens délais pour les ajournemens ou assignations, pour prendre un défaut, pour former une opposition, pour interjeter appel, etc. On appelle *délai fatal* ou *péremptoire*, celui qui est accordé sans espérance de prolongation.

Le délai pour le jugement arbitral est fixé par les parties lors de la nomination des arbitres; et, s'ils ne sont pas d'accord sur le délai, il sera réglé par les juges (54).

Les arbitres peuvent, suivant l'exigence des cas, proroger le délai pour la production des pièces (58).

S'il n'y a renouvellement de délai, ou si le nouveau délai est expiré, les arbitres jugent sur les seules pièces et mémoires remis (59).

Le jugement arbitral est motivé.

Il est déposé au greffe du tribunal de commerce.

Il est rendu exécutoire sans aucune modifiation, et transcrit sur les registres, en vertu d'une ordonnance du président du tribunal, lequel est tenu de la rendre pure et simple et dans le délai de trois jours du dépôt au greffe (61).

Le commissionnaire qui se charge d'un transport par terre ou par eau, est garant de l'arrivée des marchandises et effets dans le délai déterminé par la lettre de voiture, hors les cas de la force majeure légalement constatée (97).

La lettre de voiture doit exprimer le délai dans lequel le transport doit être effectué (102).

Si, par l'effet de la force majeure, le transport n'est pas effectué dans le délai convenu, il n'y a pas lieu à indemnité contre le voiturier pour cause de retard (104).

Tous délais de grace, de faveur, d'usage ou d'habitudes locales, pour le paiement des lettres de change, sont abrogés (135).

Les juges ne peuvent accorder aucun délai pour le paiement d'une lettre de change (157).

Le porteur d'une lettre de change tirée du Continent et des îles de l'Europe, et payable dans les possessions européennes de la France, soit à vue, soit à un ou plusieurs jours ou mois ou usances de vue, doit en exiger le paiement ou l'acceptation dans les six mois de sa date, sous peine de perdre son recours sur les endosseurs, et même sur le tireur, s'il a fait provision.

Le délai est de huit mois pour la lettre de change tirée des Echelles du levant et des Côtes septentrionales de l'Afrique, sur les possessions européennes de la France, et réciproquement du Continent et des îles de l'Europe sur les établissemens français aux Echelles du levant et aux Côtes septentrionales de l'Afrique.

Le délai est d'un an pour les lettres de change

tirées des côtes occidentales de l'Afrique, jusques et compris le Cap de Bonne-Espérance.

Il est aussi d'un an pour les lettres de change tirées du Continent et des Iles des Indes occidentales sur les possessions européennes de la France, et réciproquement du Continent et des îles de l'Europe sur les possessions françaises ou établissemens français aux côtes occidentales d'Afrique, au Continent et aux îles des Indes occidentales.

Le délai est de deux ans pour les lettres de change tirées du Continent et des îles des Indes orientales sur les possessions européennes de la France, et réciproquement du Continent et des îles de l'Europe sur les possessions françaises ou établissemens français au Continent et aux îles des Indes orientales.

Les délais ci-dessus de huit mois, d'un an et de deux ans sont doublés en temps de guerre maritime (160).

Si le porteur exerce le recours individuellement contre son cédant, il doit lui faire notifier le protêt, et, à défaut de remboursement, le faire citer en jugement dans les quinze jours qui suivent la date du protêt, s'il réside dans la distance de cinq myriamètres.

Ce délai, à l'égard du cédant domicilié à plus de cinq myriamètres de l'endroit où la lettre de change était payable, sera augmenté d'un jour par deux myriamètres et demi excédant les cinq myriamètres (165).

Les lettres de change tirées de France, et payables hors du territoire continental de la France, en Europe, étant protestées, les tireurs et endosseurs résidans en France, seront poursuivis dans les délais ci-après:

De deux mois pour celles qui étaient payables en Corse, dans l'île d'Elbe ou de Capraja, en Angleterre et dans les Etats limitrophes de la France ;

De quatre mois pour celles qui étaient payables dans les autres Etats de l'Europe ;

De six mois pour celles qui étaient payables aux Echelles du levant et sur les Côtes septentrionales de l'Afrique ;

D'un an pour celles qui étaient payables aux côtes occidentales de l'Afrique, jusque et compris le cap de Bonne-Espérance, et dans les Indes occidentales ;

De deux ans pour celles qui étaient payables dans les Indes orientales.

Ces délais seront observés dans les mêmes proportions pour les recours à exercer contre les tireurs et endosseurs résidans dans les possessions françaises situées hors d'Europe.

Les délais ci-dessus, de six mois, d'un an et de deux ans, seront doublés en temps de guerre maritime (166).

Si le porteur exerce son recours collectivement contre les endosseurs et le tireur, il jouit, à l'égard de chacun d'eux, du délai déterminé par les articles précédens.

Chacun des endosseurs a le droit d'exercer le même recours, ou individuellement, ou collectivement, dans le même délai.

A leur égard, le délai court du lendemain de la date de la citation en justice (167).

Après l'expiration des délais ci-dessus,

Pour la présentation de la lettre de change à vue, ou à un ou plusieurs jours ou mois ou usances de vue,

Pour le protêt faute de paiement,

Pour l'exercice de l'action en garantie,

Le porteur de la lettre de change est déchu
de tous droits contre les endosseurs (168).

Les endosseurs sont également déchus de toute
action en garantie contre leurs cédans, après les
délais ci-dessus prescrits, chacun en ce qui le
concerne (169).

La même déchéance a lieu contre le porteur
et les endosseurs, à l'égard du tireur lui-même,
si ce dernier justifie qu'il y avait provision à
l'échéance de la lettre de change.

Le porteur, en ce cas, ne conserve d'action
que contre celui sur qui la lettre était tirée (170)

Les effets de la déchéance prononcée par les
trois articles précédens, cessent en faveur du
porteur contre le tireur, ou contre celui des endosseurs qui, après l'expiration des délais fixés
pour le protêt, la notification du protêt ou la citation en jugement, a reçu par compte, compensation ou autrement, les fonds destinés au
paiement de la lettre de change (171).

Le délaissement des objets assurés doit être
fait aux assureurs, dans le terme de six mois
à partir du jour de la réception de la nouvelle
de la perte arrivée aux ports ou côtes de l'Europe, ou sur celles d'Asie et d'Afrique, dans la
Méditerranée, ou bien, en cas de prise, de la
réception de celle de la conduite du navire dans
l'un des ports ou lieux situés aux côtes ci-dessus
mentionnées.

Dans le délai d'un an après la réception de
la nouvelle ou de la perte arrivée, ou de la prise
conduite aux colonies des Indes occidentales,
aux îles Açores, Canaries, Madère et autres îles et
côtes occidentales d'Afrique et orientales d'Amérique.

Dans le délai de deux ans après la nouvelle

des pertes arrivées, ou des prises conduites dans toutes les autres parties du monde.

Et ces délais passés, les assurés ne seront plus recevables à faire le délaissement (373).

Dans le cas où le délaissement peut être fait, et dans le cas de tous autres accidens aux risques des assureurs, l'assuré est tenu de signifier à l'assureur les avis qu'il a reçus.

La signification doit être faite dans les trois jours de la réception de l'avis (374).

Si, après un an expiré, à compter du jour du départ du navire, ou du jour auquel se rapportent les dernières nouvelles reçues, pour les voyages ordinaires,

Après deux ans pour les voyages de long cours,

L'assuré déclare n'avoir reçu aucune nouvelle de son navire, il peut faire le délaissement à l'assureur, et demander le paiement de l'assurance, sans qu'il soit besoin d'attestation de la perte.

Après l'expiration de l'an ou des deux ans, l'assuré a, pour agir, les délais établis par l'art. 373 ci-dessus (375).

Dans le cas d'une assurance pour temps limité, après l'expiration des délais établis, comme ci-dessus, pour les voyages ordinaires et pour ceux de long cours, la perte du navire est présumée arrivée dans le temps de l'assurance (376).

En cas d'arrêt de la part d'une Puissance, l'assuré est tenu d'en faire la signification à l'assureur, dans les trois jours de la réception de la nouvelle.

Le délaissement des objets arrêtés ne peut être fait

Qu'après un délai de six mois de la signification, si l'arrêt a eu lieu dans les mers d'Europe, dans la Méditerranée, ou dans la Baltique;

Qu'après le délai d'un an, si l'arrêt a eu lieu en pays plus éloigné.

Ces délais ne courent que du jour de la signification de l'arrêt.

Dans le cas où les marchandises arrêtées seraient périssables, les délais ci-dessus mentionnés sont réduits à un mois et demi pour le premier cas, et à trois mois pour le second cas (387).

Pendant les délais portés par l'article précédent, les assurés sont tenus de faire toutes diligences qui peuvent dépendre d'eux, à l'effet d'obtenir la main-levée des effets arrêtés.

Pourront, de leur côté, les assureurs, ou de concert avec les assurés, ou séparément, faire toutes démarches à même fin (388).

Si, dans les délais prescrits par l'art. 387, le capitaine n'a pu trouver de navire pour recharger les marchandises et les conduire au lieu de leur destination, l'assuré peut en faire le délaissement (394). Voy. *Assurance.*

Le jugement qui ordonnera l'apposition des scellés, déclarera l'époque de l'ouverture de la faillite et nommera le juge-commissaire et les agens de la faillite, sera exécutoire provisoirement, mais susceptible d'opposition ; savoir : pour le failli, dans les huit jours qui suivront celui de l'affiche; pour les créanciers présens ou représentés, et pour tout autre intéressé, jusques et y compris le jour du procès-verbal constatant la vérification des créances; pour les créanciers en demeure, jusqu'à l'expiration du dernier délai qui leur aura été accordé. (457).

Dès que le bilan aura été remis par les agens au commissaire de la faillite, celui-ci dressera, dans trois jours pour tout délai, la liste des créanciers,

créanciers, qui sera remise au tribunal de commerce, et il les fera convoquer par lettres, affiches et insertion dans les journaux (476).

A l'expiration des délais fixés pour les vérifications des créances, les syndics dresseront un procès-verbal contenant les noms de ceux des créanciers qui n'auront pas comparu. Ce procès-verbal clos par le commissaire, les établira en demeure (510).

Le tribunal de commerce, sur le rapport du commissaire, fixera, par jugement, un nouveau délai pour la vérification.

Ce délai sera déterminé d'après la distance du domicile du créancier en demeure, de manière qu'il y ait un jour par chaque distance de trois myriamètres; à l'égard des créanciers résidant hors de France, on observera les délais prescrits par l'art. 73 du Code de procédure civile (511).

Le jugement qui fixera le nouveau délai, sera notifié aux créanciers, au moyen des formalités voulues par l'article 683 du Code de procédure civile; l'accomplissement de ces formalités vaudra signification à l'égard des créanciers qui n'auront pas comparu, sans que, pour cela, la nomination des syndics définitifs soit retardée (512).

A défaut de comparution et affirmation dans le délai fixé par le jugement, les défaillans ne seront pas compris dans les répartitions à faire.

Toutefois la voie de l'opposition leur sera ouverte jusqu'à la dernière distribution de deniers exclusivement; mais sans que les défaillans, quand même ils seraient des créanciers inconnus, puissent rien prétendre aux répartitions consommées, qui, à leur égard, seront réputées irrévoca-

13

bles, et sur lesquelles ils seront entièrement déchus de la part qu'ils auraient pu prétendre (513).

Dans les trois jours après l'expiration des délais prescrits pour l'affirmation des créanciers connus, les créanciers dont les créances ont été admises seront convoqués par les syndics provisoires (514).

Voyez *Adjudication*, *Concordat*, *Créance*, *Paiement*, *Provision*, *Saisie*.

DÉLAI pour interjeter appel des jugemens des tribunaux de commerce. Voy. *Cour d'appel*.

DÉLAISSEMENT. C'est, en termes de commerce maritime, l'acte par lequel un marchand qui a fait assurer des marchandises sur quelque vaisseau, dénonce la perte de ce vaisseau à l'assureur et lui abandonne les effets pour lesquels l'assurance a été faite, avec sommation de lui payer la somme assurée. Voy. *Assurance*, *Avarie*.

DÉLIBÉRANT, qui délibère.
Voyez *Délibération*.

DÉLIBÉRATION. Discussion faite entre plusieurs personnes pour prendre une résolution. Il signifie aussi *résolution*.

Le capitaine est tenu de rédiger par écrit, aussitôt qu'il en a les moyens, la délibération en vertu de laquelle s'est fait le jet des marchandises et autres objets du navire.

La délibération exprime
Les motifs qui ont déterminé le jet,
Les objets jetés ou endommagés;
Elle présente la signature des délibérans, ou les motifs de leur refus de signer;
Elle est transcrite sur le registre (412).
Au premier port où le navire abordera,

capitaine est tenu, dans les vingt-quatre heures de son arrivée, d'affirmer les faits contenus dans la délibération transcrite sur le registre (413).

Voyez *Concordat*, *Contribution*.

DÉLIT. On appelle délit tout crime grave ou léger, ou toute mauvaise action qui blesse directement l'intérêt public ou les droits des particuliers.

On se sert ordinairement du terme de crime pour désigner un délit grave qui intéresse le public. Le mot *délit* s'applique plus particulièrement aux *crimes* dont la réparation concerne moins le public qu'une personne privée.

DÉLIT commis en mer par les gens de guerre qui sont sur le navire ou par les gens de l'équipage. Voy. *Propriétaire de navire*.

DÉLIVRANCE. Mise en possession d'un droit quelconque. Ce mot a, à peu près, le même sens que livraison, pour exprimer la tradition des choses mobilières.

On distingue deux sortes de délivrances, la délivrance fictive et la délivrance réelle.

La *délivrance fictive* a été imaginée pour suppléer à la délivrance réelle, quand celle-ci ne peut pas avoir lieu physiquement. Par exemple, lorsqu'il s'agit de délivrer une maison vendue, une terre, etc., comme cette délivrance ne peut se faire réellement, on y supplée fictivement, en délivrant les clefs de la maison, les titres constitutifs de la terre.

La *délivrance réelle* est celle qui se fait en délivrant la chose même; comme, par exemple, en délivrant un meuble, des denrées, des marchandises, un cheval, une somme d'argent, et d'autres choses semblables.

13.

DÉLIVRANCE de marchandises. Voy. *Prescription.*

DÉLIVRANCE (opposition à la) des sommes provenant de la vente de navires saisis. Voy. *Opposition.*

DEMANDE, se dit d'une action qu'on intente en justice pour obtenir une chose à laquelle on croit avoir droit, d'où l'on peut conclure qu'il y a autant de sortes de demandes qu'il y a de sortes d'actions.

L'intérêt des frais de protêt, rechange et autres frais légitimes, n'est dû qu'à compter du jour de la demande en justice (185).

Le failli qui sera dans le cas de réclamer la cession judiciaire, sera tenu de former sa demande au tribunal, qui se fera remettre les titres nécessaires ; la demande sera insérée dans les papiers publics, comme il est dit à l'art. 683 du Code de procédure civile (569).

La demande ne suspendra l'effet d'aucune poursuite, sauf au tribunal à ordonner, parties appelées, qu'il y sera sursis provisoirement (570).

Si la demande en réhabilitation est rejetée, elle ne pourra plus être reproduite (610).

Les tribunaux de commerce jugeront en dernier ressort,

1º. Toutes les demandes dont le principal n'excédera pas la valeur de 1000 francs ;

2º. Toutes celles où les parties justiciables de ces tribunaux, et usant de leurs droits, auront déclaré vouloir être jugées définitivement et sans appel (639).

Voyez *Avarie, Capitaine, Fin de non-recevoir, Registre, Revendication.*

DEMANDE en contribution. Voy. *Contribution.*

DEMANDE en délivrance de marchandises. Voy. *Prescription.*

DEMANDE en distraction. Voy. *Distraction.*

DEMANDE en réhabilitation. Voy. *Réhabilitation.*

DEMEURE. Ce mot, pris pour le lieu de l'habitation d'une personne, a la même signification que *domicile.*

L'extrait des actes de société doit contenir les demeures des asociés, autres que les actionnaires ou commanditaires (43).

L'huissier énonce dans le procès-verbal de saisie d'un bâtiment de mer, la demeure du créancier pour lequel il agit (200).

En matière de saisie et vente de bâtimens de mer, les criées, publications et affiches doivent désigner la demeure du poursuivant (204).

Le capitaine qui, pendant le cours du voyage, a emprunté sur le corps et quille du navire pour les besoins constatés du navire, est obligé, avant son départ d'un port étranger ou des colonies françaises, de faire connaître à ses propriétaires ou à leurs fondés de pouvoir, les demeures des prêteurs (235).

Un emprunt à la grosse fait par le capitaine dans le lieu de la demeure des propriétaires du navire, sans leur autorisation authentique ou leur intervention dans l'acte, ne donne action et privilége que sur la portion que le capitaine peut avoir au navire et au fret (321).

Voyez *Débiteur.*

DEMEURE. Ce mot s'entend du délai qui s'écoule depuis le terme auquel un débiteur devait satisfaire à son obligation. Dans ce sens, on dit, *être en demeure de payer, de rendre une chose, constituer quelqu'un en demeure.*

Voyez *Créancier, Délai.*

DEMI-FRET, moitié du prix du fret.
Voyez *Fret.*

DÉNÉGATION, action, par laquelle on dénie
quelque chose en justice.

Dénégation en matière de provision. Voy. *Provision.*

DENIERS. Ce mot signifie toutes les espèces
qui composent une somme d'argent. Ces espèces
sont celles qui circulent dans le commerce, et
qui servent à acheter les choses qu'on reçoit à la
place.

Deniers publics, sont ceux qui proviennent des
contributions directes et indirectes et autres revenus de l'État.

Les deniers provenant des ventes et des recouvremens faits par les agens ou syndics de la faillite, seront versés, sous la déduction des dépenses et frais, dans une caisse à double serrure.
Une des clefs sera remise au plus âgé des agens ou
syndics, et l'autre à celui d'entre les créanciers
que le commissaire aura préposé à cet effet (496).

Les syndics de la faillite doivent remettre, tous
les mois, au commissaire, un état des deniers
existans en caisse (559).
Voyez *Créancier, Femme.*

DENIERS PUBLICS. Voy. *Comptable.*

DENRÉES. C'est tout ce qui se vend pour la
nourriture et la subsistance des hommes et des
bêtes.

Sera déclaré banqueroutier frauduleux, tout
commerçant failli qui aura détourné aucunes
denrées (593).

Ne seront point de la compétence des tribunaux
de commerce, les actions intentées contre un pro-

priétaire, cultivateur ou vigneron, pour vente de denrées provenant de son cru, les actions intentées contre un commerçant, pour paiement de denrées achetées pour son usage particulier (638).

Voyez *Achat*, *Agent de la faillite*, *Assurance*, *Banqueroute frauduleuse*.

DÉPART, action de partir.

Le rapport que le capitaine est tenu de faire dans les vingt-quatre heures de son arrivée, doit énoncer le lieu et le temps de son départ (242).

Si l'affréteur, sans avoir rien chargé sur le navire affrété, rompt le voyage avant le départ, il paiera, en indemnité, au capitaine, la moitié du fret convenu par la charte-partie pour la totalité du chargement qu'il devait faire (288).

Voy. *Affrétement*, *Assurance*, *Avarie*, *Charte-Partie*, *Connaissement*, *Contrat à la grosse*, *Convention*, *Matelot*, *Navire*, *Nullité*.

DÉPENS. On appelle ainsi les frais qui ont été faits à la poursuite d'un procès, et que la partie qui a succombé doit payer à celle qui a eu gain de cause.

Tout capitaine d'un navire, engagé pour un voyage, est tenu de l'achever, à peine de tous dépens, dommages-intérêts envers les propriétaires et les affréteurs (238).

Voy. *Connaissement*, *Huissier*, *Notaire*, *Protêt*.

DÉPENSE. C'est l'argent qu'on emploie à quelque chose que ce soit.

Le registre que le capitaine de navire est obligé de tenir contient la dépense concernant le navire (224).

Toutes dépenses extraordinaires faites pour le

navire et les marchandises conjointement ou séparément sont réputées avaries (397).

Sont avaries, les dépenses faites d'après délibérations motivées, pour le bien et salut commun
du navire et des marchandises depuis leur chargement et départ jusqu'à leur retour et déchargement (400).

Sont avaries particulières, les dépenses résultant de toutes relâches occasionnées, soit par la
perte fortuite des câbles, ancres, voiles, mâts,
cordages, soit par le besoin d'avictuaillement,
soit par voie d'eau à réparer (403).

Sont avaries particulières en général, les dépenses faites par le navire seul ou pour les marchandises seules, depuis leur chargement et départ jusqu'à leur retour et déchargement (403).

Le bilan devra contenir le tableau des dépenses
du failli (471).

Les deniers provenant des ventes et recouvremens opérés par les agens ou syndics de la faillite,
seront versés, sous la déduction des dépenses et
frais, dans une caisse à double serrure (496).

Le commerçant failli sera poursuivi comme
banqueroutier simple et pourra être déclaré tel,
si les dépenses de sa maison, qu'il est tenu d'inscrire mois par mois sur son livre-journal, sont
jugées excessives (586).

Sera déclaré banqueroutier frauduleux, tout
commerçant failli qui aura supposé des dépenses
(593).

Voyez *Assurance*, *Avarie*, *Capitaine*, *Créan-*
cier, *Fret*, *Journal*, *Répartition*.

DÉPÉRISSEMENT, état d'altération, de dégradation, de ruine.

Denrées et marchandises sujettes à dépérissement prochain. Voy. *Agent de la faillite.*

DÉPOSITAIRE. Celui qui est chargé d'un dépôt.

Les dépositaires ne pourront être admis au bénéfice de cession (575).

Les dépositaires qui n'auront pas rendu ou apuré leurs comptes ne seront point admis à la réhabilitation (612).

Voyez *Banqueroute frauduleuse*, *Commissionnaire.*

DÉPÔT. On appelle *dépôt*, ce qu'on a donné en garde à quelqu'un, pour être rendu à la volonté de celui qui l'a donné.

DÉPÔT, se prend aussi pour l'action de déposer, et pour la convention faite en déposant quelque chose entre les mains de quelqu'un.

DÉPÔT, s'entend aussi de l'acte par lequel on déclare qu'on a apporté au greffe ou chez un notaire des pièces et papiers pour y être déposés.

Le jugement arbitral est motivé.

Il est déposé au greffe du tribunal de commerce.

Il est rendu exécutoire sans aucune modification, et transcrit sur les registres, en vertu d'une ordonnance du président du tribunal, lequel est tenu de la rendre pure et simple et dans le délai de trois jours du dépôt au greffe (61).

DÉPÔT AU GREFFE. Voy. *Créance.*

DÉPÔT de la personne du failli dans une maison d'arrêt. Voy. *Banqueroute frauduleuse, Maison d'arrêt.*

DÉPÔT de marchandises en mains-tierces. Voy. *Capitaine, Revendication.*

DÉPÔT du bilan et des registres du commerçant en faillite. Voy. *Tribunal de commerce.*

DÉPÔT JUDICIAIRE de pièces. Voy. *Banqueroute.*

DÉPÔT (mandat de). Voy. *Mandat de dépôt.*

DÉPÔT PUBLIC. En cas de refus ou contestation des objets transportés, le dépôt ou séquestre, et ensuite le transport dans un dépôt public peut en être ordonné (106).

DÉPRÉDATION, signifie dégât, pillage, dégradation. On appelle effets déprédés, marchandises déprédées, les effets et les marchandises qui ont été pillés sur un vaisseau par les ennemis, ou donnés par composition aux pirates, pour le rachat du navire et des marchandises.

Voyez *Capitaine.*

DERNIER RESSORT. On dit d'un jugement dont on ne peut point appeler, qu'il est rendu en dernier ressort.

Voyez *Tribunal de commerce.*

DÉROGATION. C'est un acte par lequel on déroge à une loi, à une coutume, à un statut, à une convention.

Le capital des sociétés en commandite peut être divisé en actions, sans aucune autre dérogation aux règles établies pour ce genre de sociétés (38).

DÉSARMEMENT, en terme de marine, signifie l'action par laquelle on ôte d'un vaisseau les armes et les agrès.

Voyez *Gages, Loyers, Navire.*

DESCRIPTION, état ou dénombrement sommaire des meubles, effets, titres, papiers, etc. La description est une espèce d'inventaire, mais elle en diffère, en ce qu'elle se fait sans aucune prisée de chaque objet en particulier; qu'elle peut se faire tant en présence qu'en l'absence des arties intéressées; tandis que l'inventaire proprement dit se fait avec prisée et estimation de chaque objet, qu'il n'est régulier qu'autant qu'il st fait avec un légitime contradicteur; qu'il est u ministère des notaires, etc.

Le procès-verbal de vérification de créances ontiendra la description sommaire des titres, esquels seront rapprochés des registres du failli 5o5).

DÉSIGNATION. C'est l'action de dénoter une chose par des paroles ou des signes qui la font onnaître.

Le contrat d'assurance exprime la désignation u navire (33a).

DÉSORDRE, manque d'ordre, dérangement les choses qui ne sont pas dans l'état, dans le ang, dans la disposition où elles devraient être. l signifie encore pillage, dégât.

Le rapport que le capitaine est tenu de faire lans les vingt-quatre heures de son arrivée, doit noncer les désordres arrivés dans le navire (242).

DESTINATION. On dit *se rendre à sa destination*, pour dire, se rendre au lieu où l'on est appelé.

Lieu de la destination du navire. Voy. *Aller, Assurance, Connaissement, Innavigabilité, Retour.*

DESTITUTION d'un fonctionnaire. C'est la privation de sa place et des fonctions publiques qui y sont attachées.

Cas où les agens de change et courtiers encourent la peine de destitution (87). Voy. *Agent de change, Courtier.*

Tout agent de change ou courtier destitué en

vertu de l'article précédent, ne peut être réintégré dans ses fonctions (88).
Voy. *Huissier, Notaire, Protét.*

DÉTENTION. L'état d'une personne ou d'une chose arrêtée et saisie par justice ou autrement.

DÉTENTION du débiteur. Voy. *Cession de biens, Débiteur.*

DÉTENTION du navire. Voy. *Avarie, Fret, Navire.*

DÉTÉRIORATION. Action par laquelle on dégrade, on gâte, on rend pire une chose. C'est aussi l'état de la chose détériorée.

Marchandises sujettes à détérioration. Voy. *Assurance.*

DÉTROIT. Lieu où la mer est serrée entre deux terres. Voy. *Gibraltar, Sund.*

DETTE, est, en général ce qu'on doit à quelqu'un. On distingue les dettes en actives et passives. Les premières sont celles dont on a droit d'exiger le paiement. Les dettes passives sont celles qu'on est obligé de payer.

DETTE ANCIENNE, en matière d'hypothèque, est celle qui précède les autres; et, en matière de subrogation, c'est celle à laquelle le nouveau créancier est subrogé.

DETTE CHIROGRAPHAIRE; elle résulte d'un titre sous seing-privé qui n'emporte point hypothèque.

DETTE CIVILE. On appelle ainsi toute dette ordinaire qui n'est point pour fait de commerce, ni pour condamnation en matière criminelle.

DETTE CLAIRE OU LIQUIDE, est celle dont l'objet est fixe ou certain. Ainsi, une créance de la somme de 100 francs est une dette liquide, tandis qu'une somme qui doit revenir d'un compte de société, est une dette non liquide, puisqu'on ne peut voir qu'après l'apurement du compte à quoi cette somme s'élèvera.

DETTE CONDITIONNELLE, dépend de quelque événement, et ne peut être exigée qu'après l'accomplissement de quelque condition.

DETTE HYPOTHÉCAIRE, est celle qui est fondée sur un titre authentique, et pour laquelle on peut agir hypothécairement contre le tiers détenteur d'un immeuble hypothéqué à cette dette.

DETTE IMMOBILIÈRE, est celle qui est réputée immeuble, comme une rente foncière.

DETTE LÉGALE, est celle à laquelle on est obligé par la loi, comme les alimens dus réciproquement entre ascendans et descendans.

DETTE MOBILIÈRE, qui a pour objet quelque chose de mobilier, comme une somme d'argent due par promesse, obligation, reliquat de compte, ou une certaine quantité de denrées, de marchandises, etc.

DETTE PERSONNELLE, est une dette contractée par le débiteur personnellement, ou celle pour laquelle le créancier a une action personnelle.

DETTE PRIVILÉGIÉE. Elle fait préférer un créancier à tout autre, soit hypothécaire, soit chirographaire.

DETTE PURE ET SIMPLE, est celle qu'on s'oblige de payer sans aucun terme ou délai et sans condition.

DETTE RÉELLE, celle qui résulte uniquement de la détention ou possession d'un immeuble, comme la rente foncière.

DETTE SIMULÉE OU FICTIVE, est celle que l'on

contracte en apparence, mais qui n'est pas sé-
rieuse, et dont il y a ordinairement une contre-
lettre.

DETTE SOLIDAIRE. Une dette est solidaire lorsque le créancier peut l'exiger en totalité de l'un
ou de l'autre des coobligés indifféremment.

L'associé commanditaire qui fait quelque acte
de gestion, ou est employé pour les affaires de
la société, même en vertu de procuration, est
obligé solidairement avec les associés en nom
collectif pour toutes les dettes et engagemens de
la société (28).

Les navires et autres bâtimens de mer, quoique meubles, sont affectés aux dettes du vendeur
(190).

L'ouverture de la faillite rend exigibles les
dettes passives non échues (448).

Le bilan devra contenir l'état des dettes actives et passives du failli (471).

Sera déclaré banqueroutier frauduleux tout
commerçant failli qui aura détourné aucune dette
active, ou qui aura supposé des dettes passives
et collusoires entre lui et des créanciers fictifs,
en faisant des écritures simulées, ou en se constituant débiteur, sans cause ni valeur, par des
actes publics, ou par des engagemens sous signature privée (593).

Voyez *Femme, Inventaire, Journal, Prescription, Réhabilitation, Saisie, Syndic définitif.*

DETTE ACTIVE. Voy. *Liquidation, Syndic, Union
des créanciers.*

DETTE COMMERCIALE. Voy. *Faillite, Paiement.*

DETTE PASSIVE. Voy. *Liquidation, Syndic définitif, Union de créanciers.*

DEVOIRS. Choses auxquelles on est obligé par la loi, par l'honnêteté, par la bienséance.

DEVOIRS du Commissionnaire. Voy. *Commissionnaire.*

DEVOIRS du greffier et des huissiers près les tribunaux de commerce. Voy. *Greffier, Huissier.*

DIAMANT. Pierre précieuse, la plus brillante et la plus dure de toutes. Voy. *Femme.*

DIFFÉRENCE. Diversité, dissemblance, distinction.

Toute différence entre le contrat d'assurance et le connaissement qui diminuerait l'opinion du risque ou en changerait le sujet, annulle l'assurance (348).

DIFFÉREND. Débat, contestation. Ce mot signifie aussi la chose contestée.

Dans le cours d'une contestation, la représentation des livres peut être ordonnée par le juge, même d'office, à l'effet d'en extraire ce qui concerne le différend (15). *Quid*, si les livres dont la représentation est offerte, requise ou ordonnée, sont dans des lieux éloignés du tribunal saisi de l'affaire (16). *Quid*, si la partie aux livres de laquelle on offre d'ajouter foi refuse de les représenter (17) ?

DILIGENCES, se dit des voitures publiques qui vont plus vite que les voitures ordinaires.

Les dispositions qui règlent les droits et les devoirs du voiturier sont communes aux entrepreneurs de diligences (107). Voy. *Voiturier.*

DIMINUTION, amoindrissement, rabais, retranchement d'une partie de quelque chose.

Les diminutions qui arrivent par le vice pro-

pre de la chose sur laquelle le prêt à la grosse
a lieu, ne sont point à la charge du prêteur (326).

Les diminutions qui arrivent par le vice propre
de la chose assurée ne sont point à la charge des
assureurs (352).

DISSOLUTION. On entend par ce mot l'anéan-
tissement moral de l'état d'une chose.

DISSOLUTION DE SOCIÉTÉ. Cette dissolution peut
avoir lieu par le fait, par le temps et par la mort.

Elle a lieu par le fait, lorsque les associés se
séparent, qu'ils se rendent compte et qu'ils par-
tagent.

Elle a lieu par le temps, lorsque les associés sont
arrivés au terme où il a été dit que la société fini-
rait.

Elle a lieu par la mort, lorsque l'un des associés vient à mourir.

Voyez *Société.*

DISTRACTION. Ce mot se dit de l'action de
faire distraire d'une saisie immobilière un immeuble qu'on n'aurait pas dû y comprendre.

La demande en distraction se fait par une opposition à la saisie de la part de celui qui est propriétaire d'un immeuble ou d'un droit immobilier
en tout ou en partie, pour le faire distraire de cette
saisie comme y ayant été mal à propos compris,
et pour empêcher qu'il ne soit vendu avec les
autres biens.

En matière de saisie et vente de bâtimens de
mer, les demandes en distraction doivent être
formées et notifiées au greffe du tribunal avant
l'adjudication.

Si les demandes en distraction ne sont formées
qu'après l'adjudication, elles sont converties, de
plein

plein droit, en opposition à la délivrance des sommes provenant de la vente (210).

Le demandeur aura trois jours pour fournir ses moyens.

Le défendeur aura trois jours pour contredire.

La cause sera portée à l'audience sur une simple citation (211).

Voyez *Créancier hypothécaire*, *Vente*.

DISTRIBUTION. C'est l'action de donner à chacun la part qui peut lui appartenir dans un tout, et l'effet de cette action.

DISTRIBUTION, se dit particulièrement pour signifier la répartition qui se fait du prix des choses saisies, entre les saisissans et les opposans. Il se dit aussi de la part qu'on assigne à chaque créancier dans le prix des ventes des effets du débiteur.

Lorsque la distribution du prix des immeubles sera faite antérieurement à celle du prix des meubles, ou simultanément, les seuls créanciers hypothécaires non remplis sur le prix des immeubles, concourront à proportion de ce qui leur restera dû, avec les créanciers chirographaires, sur les deniers appartenant à la masse chirographaire. 539)Voy.*Créance, Créancier, Délai, Navire, Vente*.

DIVORCE. On appelle *divorce*, la séparation de corps d'un mari et d'une femme et la dissolution de leur mariage.

Tout jugement qui prononcera une séparation de corps ou un divorce entre mari et femme dont l'un serait commerçant, sera soumis aux formalités prescrites par l'art. 872 du Code de procédure civile; à défaut de quoi, les créanciers seront toujours admis à s'y opposer pour tout ce qui touche leurs intérêts, et à contredire toute liquidation qui en aurait été la suite (66).

DOL. Il se dit, en général, des fraudes, des surprises, des ruses qu'on met en usage pour tromper quelqu'un.

Un contrat d'assurance ou de réassurance consenti pour une somme excédant la valeur des effets chargés, est nul à l'égard de l'assuré seulement, s'il est prouvé qu'il y a dol ou fraude de sa part (357).

S'il n'y a ni dol ni fraude, le contrat est valable jusqu'à concurrence de la valeur des effets chargés, d'après l'estimation qui en est faite ou convenue.

En cas de perte, les assureurs sont tenus d'y contribuer chacun à proportion des sommes par eux assurées.

Ils ne reçoivent pas la prime de cet excédant de valeur, mais seulement l'indemnité de demi pour cent (358).

S'il existe plusieurs contrats d'assurance faits sans fraude sur le même chargement, et que le premier contrat assure l'entière valeur des effets chargés, il subsistera seul.

Les assureurs qui ont signé les contrats subséquens, sont libérés; ils ne reçoivent que demi pour cent de la somme assurée.

Si l'entière valeur des effets chargés n'est pas assurée par le premier contrat, les assureurs qui ont signé les contrats subséquens, répondent de l'excédant en suivant l'ordre de la date des contrats (359).

DOMICILE. C'est le lieu où quelqu'un fait sa demeure, où il a fixé son établissement et où est le siége de sa fortune.

L'acte par lequel le mineur est autorisé à faire le commerce, doit être affiché au tribunal de commerce du lieu où le mineur veut établir son domicile (2).

La lettre de voiture doit indiquer le domicile du commissionnaire par l'entremise duquel le transport s'opère, s'il y en a un, et le domicile du voiturier (102).

Une lettre de change peut être tirée sur un individu, et payable au domicile d'un tiers (111).

Sont réputées simples promesses toutes lettres de change contenant supposition de domicile (112).

L'acceptation d'une lettre de change payable dans un autre lieu que celui de la résidence de l'accepteur, indique le domicile où le paiement doit être effectué ou les diligences faites (123).

Les protêts faute d'acceptation ou de paiement doivent être faits au domicile de celui sur qui la lettre de change était payable, ou à son dernier domicile connu ;

Au domicile des personnes indiquées par la lettre de change pour la payer au besoin,

Au domicile du tiers qui a accepté par intervention ; le tout par un seul et même acte.

En cas de fausse indication de domicile, le protêt est précédé d'un acte de perquisition (173).

L'huissier énonce dans le procès-verbal de saisie d'un bâtiment de mer l'élection de domicile faite par le créancier dans le lieu où siége le tribunal devant lequel la vente doit être poursuivie, et dans le lieu où le navire saisi est amarré (200).

En matière de saisie et vente de bâtimens de mer, les criées, publications et affiches doivent désigner l'élection de domicile faite par le pour-

14.

suivant dans le lieu où siége le tribunal, et dans le lieu où le bâtiment est amarré (204).

Elles doivent également désigner le domicile du propriétaire du navire saisi (*Ibid.*)

Le connaissement indique le domicile du capitaine (281).

Le contrat d'assurance exprime le domicile de celui qui fait assurer (332).

En cas de faillite d'une société en nom collectif, la déclaration du failli contiendra l'indication du domicile de chacun des associés solidaires (440).

Le procès-verbal de vérification de créances énoncera le domicile des créanciers et de leurs fondés de pouvoir (505).

Voyez *Commandement, Créance, Débiteur, Réhabilitation, Revendication, Saisie.*

DOMMAGE, est le tort que quelqu'un souffre dans sa personne ou dans ses biens. Il peut être causé ou par dol et à dessein de nuire, ou par cas fortuit, ou par force majeure.

Le capitaine répond de tout le dommage qui peut arriver aux marchandises qu'il aurait chargées sur le tillac de son vaisseau sans le consentement par écrit du chargeur.

Cette disposition n'est point applicable au petit cabotage (229).

Les dommages causés, par le fait de l'emprunteur, à la chose sur laquelle le prêt à la grosse a eu lieu, ne sont point à la charge du prêteur (326).

Les dommages causés par le fait et faute des propriétaires des choses assurées, par les affréteurs ou chargeurs, ne sont point à la charge des assureurs (352).

Tous dommages réputés avaries se règlent entre les assureurs et les assurés à raison de leurs intérêts (371).

Tout dommage qui arrive au navire et aux marchandises, depuis leur chargement et départ jusqu'à leur retour et déchargement, sont réputés avaries (397).

Les dommages occasionnés par le jet aux marchandises restées dans le navire sont avaries communes (400).

Sont également avaries communes les dommages soufferts volontairement pour le bien et salut commun du navire et des marchandises depuis leur chargement et départ jusqu'à leur retour et déchargement (*ibid*).

Est avarie particulière le dommage arrivé aux marchandises par leur vice propre, par tempête, prise, naufrage ou échouement (403).

Est aussi avarie particulière, en général, le dommage souffert pour le navire seul ou pour les marchandises seules, depuis leur chargement et départ jusqu'à leur retour et déchargement (*ibid*).

Voyez *Abordage*, *Action*, *Adjudication*, *Assurance*, *Avarie*, *Contribution*, *Fin de non-recevoir*, *Jet*, *Nullité*, *Paiement*.

DOMMAGES-INTÉRÊTS. C'est l'indemnité ou dédommagement qu'on doit à la personne à qui l'on a causé quelque préjudice.

Cas où les parties ont action en dommages et intérêts contre les agens de change ou courtiers (87). Voy. *Agent de change*, *Courtier*.

Si, après les vingt-quatre heures de la présentation d'une lettre de change, elle n'est pas rendue acceptée ou non acceptée, celui qui l'a retenue

est passible de dommages-intérêts envers le po-
teur (125).

Les dommages-intérêts dus aux affréteurs po
le défaut de délivrance des marchandises qu'
ont chargées, ou pour remboursement des av
ries souffertes par lesdites marchandises par
faute du capitaine ou de l'équipage, sont dett
privilégiées sur le navire (191).

Le privilège ne peut être exercé qu'autant q
les dommages-intérêts seront constatés par l
jugemens, ou par les décisions arbitrales q
seront intervenues (192).

Le capitaine d'un navire, engagé pour u
voyage, est tenu de l'achever, à peine de to
dépens, dommages-intérêts envers les propri
taires et les affréteurs (238).

Le capitaine qui a déclaré le navire d'un pl
grand port qu'il n'est, est tenu des dommage
intérêts envers l'affréteur (289).

N'est réputé y avoir erreur en la déclaration d
tonnage d'un navire, si l'erreur n'excède un qu
rantième, ou si la déclaration est conforme a
certificat de jauge (290).

Le même jugement qui aura prononcé l
peines contre les complices de banqueroute fra
duleuse, les condamnera à payer, envers
la masse des créanciers, des dommages-intéré
égaux à la somme dont ils ont tenté de la fraud
(598).

Voyez *Affrétement, Charte-Partie, Connaiss-
ment, Convention, Cour d'appel, Fret, Huissie
Navire, Nolissement, Notaire, Protét.*

DONATION, est, en général, une libérali
qu'une personne fait volontairement à une aut
par quelque acte public.

La donation entre-vifs est un acte par lequel le donateur se dépouille actuellement et irrévocablement de la chose donnée en faveur du donateur qui l'accepte.

Sera déclaré banqueroutier frauduleux tout commerçant failli qui aura fait des donations supposées (593). Voy. *Femme.*

DOT. On appelle, en général, *dot*, tous les biens que la femme apporte au mari pour soutenir les charges du mariage. Mais, à proprement parler, il n'y a que ceux qu'elle ou ses parens, ou quelques autres personnes constituent en dot dans le contrat de mariage, qui deviennent dotaux; les autres biens de la femme sont appelés paraphernaux. La femme a l'administration et la jouissance de ces derniers, tandis que le mari seul a l'administration des biens dotaux pendant le mariage.

Les biens des femmes marchandes publiques stipulés dotaux, quand elles sont mariées sous le régime dotal, ne peuvent être hypothéqués et aliénés que dans les cas déterminés et avec les formes réglées par le Code Napoléon (7). Voy. *Femme, Régime dotal.*

DOUANE, se dit tant du lieu où l'on acquitte les droits d'entrée et de sortie des marchandises, que de ces droits mêmes.

La loi du 30 avril 1806, concernant les douanes, renferme des règles si intéressantes pour le commerce, que je crois ne pouvoir mieux faire que de la rapporter en entier. *Voyez à la fin du volume.*

Dans les affaires contentieuses et pour le service des douanes, les courtiers interprètes et conducteurs de navires servent seuls de truchement à tous étrangers, maîtres de navire, marchands, équipages de vaisseau et autres personnes de mer (80).

Voyez *Acquit à caution*, *Acquit de paiement*.

DROIT, se dit de la faculté que quelqu'un a de faire quelque chose, de jouir de quelque chose, de ce qui lui appartient, en vertu de la loi, ou de quelque titre.

DROITS et actions des femmes en cas de faillite. Voy. *Femme*.

DROITS des créanciers hypothécaires. Voyez *Créancier hypothécaire*.

DROITS du failli sur ses débiteurs. Voy. *Actes conservatoires*, *Agent de la faillite*, *Banqueroute*, *Syndic définitif*, *Syndic provisoire*, *Union*.

DROIT, se dit du salaire qu'on taxe, qui est ordonné pour certaines vacations.

DROITS du commissionnaire. Voy. *Commissionnaire*.

DROITS du greffier et des huissiers près les tribunaux de commerce. Voy. *Greffier*, *Huissier*.

DROIT. Ce mot comprend toutes les impositions établies sur les marchandises, sur les denrées, et autres objets, pour les besoins de l'Etat.

L'assureur n'est tenu d'aucune espèce de droits imposés sur le navire et les marchandises (354).

DROITS de congés, visites, rapports, tonnes, balises, ancrages et autres. Voy. *Avarie*.

DROITS de pilotage, tonnage, cale, amarrage, bassin, avant-bassin *Voy.* ces mots.

DROIT CIVIL. C'est celui qui est fondé sur une loi émanée de la volonté du Législateur. Il diffère du droit naturel en ce qu'il peut être changé par l'autorité qui l'a établi, et que le droit naturel est invariable.

Le contrat de société se règle par le droit civil (18).

E

EAU (Transport par). Voy. *Commissionnaire pour les transports par terre et par eau, Entreprise, Transport.*

EAU (Voie d'). Voy. *Voie d'eau.*

ÉCHANGE. C'est l'acte par lequel deux personnes se transportent réciproquement la propriété de quelque chose.

Si le capitaine a la liberté d'entrer dans différens ports pour échanger son chargement, l'assureur ne court les risques des effets que lorsqu'ils sont à bord, s'il n'y a convention contraire (362). Voy. *Troc.*

ÉCHÉANCE. C'est le jour auquel on doit payer ou faire payer quelque chose.

L'échéance d'une obligation, promesse, lettre de change, est le terme auquel doit s'en faire le paiement.

Il y a des lettres de change qui n'ont qu'une seule échéance, et d'autres qui, pour ainsi dire, semblent en avoir deux. De la première espèce sont les lettres payables à vue, à jour préfix et à volonté; de la seconde, toutes celles qui jouissent du bénéfice de dix jours de faveur à Paris.

L'échéance des lettres de change à jour préfix est le jour du paiement fixé par la lettre; et celle des lettres à vue et à volonté, le moment même de leur présentation par le porteur à celui sur qui elles sont tirées; en sorte que, faute de paiement actuel, il faut les faire protester.

A l'égard des deux échéances des lettres de change qui jouissent du bénéfice des dix jours de faveur, la première est le jour marqué dans la lettre, soit qu'il se compte de celui de l'acceptation, comme dans les lettres à plusieurs jours de vue, soit qu'elle ne dépende pas de cette acceptation, comme dans celles à une ou plusieurs usances. La seconde échéance est le dernier des dix jours de faveur.

La première échéance est certainement la véritable; et, à la rigueur, on pourrait faire protester toute lettre de change, faute de paiement, le lendemain qu'elle est échue, sans attendre les dix jours, mais l'usage l'a emporté pour la seconde échéance; et les lettres de change ne se paient plus qu'à la fin, et même au dernier de ces dix jours.

Ce délai de dix jours et autres semblables sont abrogés par le Code, comme on le verra ci-après.

Une lettre de change peut être tirée

A vue,

A un ou plusieurs jours
A un ou plusieurs mois } De vue;
A une ou plusieurs usances

A un ou plusieurs jours
A un ou plusieurs mois } De date;
A une ou plusieurs usances

A jour *fixe ou à jour, déterminé ;*

En foire (129).

La lettre de change à vue est payable à sa présentation (130).

L'échéance d'une lettre de change

A un ou plusieurs jours
A un ou plusieurs mois } De vue
A une ou plusieurs usances

Est fixée par la date de l'acceptation, ou par celle du protêt faute d'acceptation (131).

L'usance est de trente jours qui courent du lendemain de la date de la lettre de change.

Les mois sont tels qu'ils sont fixés par le calendrier grégorien (132).

Une lettre de change payable en foire est échue la veille du jour fixé pour la clôture de la foire, ou le jour de la foire, si elle ne dure qu'un jour (133).

Si l'échéance d'une lettre de change est un jour férié légal, elle est payable la veille (134).

Tous délais de grace, de faveur, d'usage, ou d'habitudes locales, pour le paiement des lettres de change, sont abrogés (135).

Les dispositions ci-dessus sont applicables aux billets à ordre faits entre marchands, négocians ou banquiers, ou entre toutes personnes pour opérations de commerce de terre ou de mer, trafic de banque et courtage (187).

Celui qui paie une lettre de change avant son échéance, est responsable de la validité du paiement (144).

Celui qui paie une lettre de change à son échéance et sans opposition, est présumé valablement libéré (145).

Le porteur d'une lettre de change ne peut être contraint d'en recevoir le paiement avant l'échéance (146).

Le porteur d'une lettre de change doit en exiger le paiement le jour de son échéance (161).

Voyez *Acceptation*, *Déchéance*, *Effets de commerce*, *Porteur*, *Provision*.

ÉCHELLE. Terme de commerce maritime, qui pourtant ne se dit guères que de celui qui se fait dans le Levant, par la Méditerranée. C'est un port, ou, comme on l'appelle quelquefois dans le

Nord et la mer Baltique, une ville d'étape où les marchands d'Europe, sur-tout les Français, Anglais, Hollandais et Italiens, entretiennent des consuls, des facteurs et des commissionnaires; où ils ont des magasins et des bureaux, et où ils envoient régulièrement, chaque année, des vaisseaux chargés de marchandises propres au Levant, d'où ils rapportent celles qui s'y fabriquent, qui y croissent, ou qui y sont voiturées de l'intérieur des terres. On croit que la dénomination d'*Échelle* vient du mot *escale*, vieux terme de marine qui signifiait autrefois port de mer. Les principales échelles du Levant, et où il se fait le plus grand commerce, sont *Smyrne.—Alexandrette.—Alep.—Seyde.—Chypre.—Échelle-Neuve.—Angora.—Beibazar.—Salé.—Constantinople.—Alexandrie.—Rosette.—LeCaire.—Le Bastion de France.—Tunis.—Alger.—Tripoli de Syrie.—Tripoli de Barbarie.—Napoli de Romanie.—La Morée.—Isle de Négrepont.—Isle de Candie.—Durazzo.—Zea, Naxis et Paros.—L'île de Tine et Miconi.—Scio*, et les autres de l'Archipel les plus considérables.

Voyez *Assurance*, *Délai*, *Porteur.*

ÉCHOUEMENT. Terme par lequel on désigne le choc d'un vaisseau contre un écueil, tel qu'un banc de sable, un bas-fond, etc., sur quoi il touche et est arrêté, parce qu'il n'a pas assez d'eau pour se soutenir à flot, ce qui d'ordinaire le met en grand danger de se briser.

Toutes pertes et dommages qui arrivent aux objets assurés, par échouement, sont aux risques des assureurs (350).

Le délaissement des objets assurés peut être fait en cas d'échouement avec bris (369).

En cas d'échouement avec bris, l'assuré doit, sans préjudice du délaissement à faire en temps et lieu, travailler au recouvrement des effets naufragés.

Sur son affirmation, les frais de recouvrement lui sont alloués jusqu'à concurrence de la valeur des effets recouvrés (381).

Est avarie particulière, le dommage arrivé aux marchandises par échouement (403).

Voyez *Fret, Innavigabilité*.

ÉCOUTILLE. Sorte de trappe, d'ouverture dans le tillac d'un vaisseau pour y descendre et en tirer les gros fardeaux.

Sont avaries particulières supportées par les propriétaires des marchandises, sauf leur recours contre le capitaine, le navire et le fret, les dommages arrivés aux marchandises, faute par le capitaine d'avoir bien fermé les écoutilles (405).

ÉCRIT. On dit *rédiger par écrit,* pour dire, écrire ce qu'on a lu, ce qu'on a pensé, ce dont on est convenu.

Toute convention pour louage d'un navire doit être rédigée par écrit (273).

Le contrat d'assurance est rédigé par écrit (332).

ÉCRITURE. On distingue, dans l'ordre judiciaire, deux sortes d'écritures : les écritures publiques et les écritures privées. Les premières sont celles qui émanent d'officiers publics, c'est-à-dire, de ceux qui sont préposés pour recevoir différens actes à l'authenticité desquels on doit une foi entière, lorsqu'ils sont souscrits de la signature de ces officiers. Les écritures privées sont celles que font entre eux les particuliers, dans le cas où ils peuvent se passer du ministère d'officiers publics, comme pour des promesses, des reconnaissances, des obligations, etc. Quant à la différence et aux effets de ces deux sortes d'écritures, voyez *Acte.*

ÉCRITURE SIMULÉE. Voy. *Banqueroute frauduleuse.*

EFFET. On emploie quelquefois le terme d'*effet*, dans l'acception de biens, soit meubles, soit immeubles : c'est dans ce sens qu'on appelle *effets d'une succession*, un pré, un champ, des rentes, des billets, de l'argent comptant, des marchandises, etc.

EFFET, se dit aussi des lettres de change, des rentes sur l'état, etc.

Les scellés doivent être apposés sur les effets du failli (451).

Les syndics provisoires, après avoir rendu leur compte définitif au failli, lui remettront ses effets (525).

Voyez *Contribution*, *Inventaire*, *Jet*, *Marchandise*, *Syndic provisoire.*

EFFET DE COMMERCE. A l'égard des effets de commerce non échus, par lesquels le failli se trouve être l'un des obligés, les autres obligés ne sont tenus que de donner caution pour le paiement à l'échéance, s'ils n'aiment mieux payer immédiament (448).

Les effets qui seront à courte échéance, ou susceptibles d'acceptation, seront extraits des scellés par le juge de paix, décrits et remis aux agens pour en faire le recouvrement. Le bordereau en sera remis au commissaire (463).

Voyez *Banqueroute frauduleuse*, *Contrat à la grosse*, *Femme*, *Revendication.*

EFFETS MOBILIERS ET IMMOBILIERS. Sera déclaré

banqueroutier frauduleux tout commerçant failli qui aura détourné aucuns effets mobiliers (593).

Voy. *Banqueroute frauduleuse*, *Femme mariée*, *Inventaire*, *Syndic définitif*, *Union de créanciers*, *Vente*.

EFFETS NAUFRAGÉS. Voy. *Matelot*.

EFFETS PUBLICS. Le résultat des négociations et des transactions qui s'opèrent dans la bourse, détermine le cours des effets publics (72).

Ce cours est constaté par les agens de change, dans la forme prescrite par les réglemens de police généraux ou particuliers (73).

Il sera pourvu par des réglemens d'administration publique, à tout ce qui est relatif à la négociation et transmission de propriété des effets publics (90).

Voyez *Négociation*.

ELBE (Ile d'). Cette île est à l'Est de celle de Corse, et dépend du département du Golo. On l'appelait autrefois *Æthalia*. Elle appartenait au Grand-Duc de Toscane et au roi de Naples ; elle appartient à la France depuis 1801.

Voyez *Délai*, *Porteur*.

ÉLECTEUR, ÉLECTION. On appelle *électeur* celui qui élit, et *élection*, l'action d'élire, le choix que les électeurs font d'une personne pour remplir une dignité, une place.

Voyez *Notable*, *Tribunal de commerce*.

ELECTION des membres des tribunaux de commerce. Voy. *Tribunal de commerce*.

ÉLECTION *de domicile*. On dit, en terme de pratique, *faire élection de domicile*, pour marquer un lieu où l'on recevra les assignations et autres actes judiciaires.

Voyez *Domicile*.

EMBARQUEMENT, action de s'embarquer ou d'embarquer quelque chose. *Embarquement* se dit aussi pour les frais qu'il en coûte pour embarquer des marchandises.

Voyez *Matelot.*

EMPÊCHEMENT, obstacle, opposition.

EMPÊCHEMENT de comparaître. Voy. *Failli.*

EMPEREUR. C'est, en général, le chef, le Souverain d'un Empire.

Le Sénatus-Consulte organique du 28 floréal an XII a statué, par l'art. Ier du titre Ier, que le Gouvernement de la République était confié à un Empereur qui prenait le titre d'Empereur des Français; que la justice se rendait au nom de l'Empereur par des officiers qu'il instituait. Par l'art. 2 il a déclaré que NAPOLÉON BONAPARTE, premier Consul actuel de la République, était EMPEREUR DES FRANÇAIS.

C'est le premier Souverain de la quatrième dynastie des Monarques français.

Les agens de change et les courtiers sont nommés par l'Empereur (75).

EMPLOI *de deniers*, se dit de l'usage qu'on doit en faire, suivant leur destination.

Sera déclaré banqueroutier frauduleux, tout commerçant failli qui ne justifiera pas de l'emploi de ses recettes (593).

EMPLOI de deniers. Voy. *Femme.*

EMPLOI du montant de l'indemnité due au matelot fait esclave, pour son rachat. Voy. *Indemnité.*

EMPLOYÉ. C'est, en général, celui qui est occupé dans une administration, chez un négociant, banquier, etc.

Les

Les agens de la faillite, dans le cas où ils procéderont eux-mêmes à la formation du bilan, pourront prendre des informations et renseignemens auprès des employés du failli (473).

EMPRUNT, EMPRUNTEUR. Emprunt, est ce qu'on reçoit à titre de prêt.

On emprunte de l'argent, un meuble, un animal, et quelquefois un logement.

Celui qui accorde l'emprunt se nomme le *prêteur*, et celui qui le reçoit, *l'emprunteur*.

Le commerçant failli sera poursuivi comme banqueroutier simple et pourra être déclaré tel, s'il résulte de son dernier inventaire que son actif étant de 5o pour cent au-dessous de son passif, il a fait des emprunts considérables (586).

Voyez *Capitaine*.

Emprunt à la grosse. La loi répute acte de commerce tout emprunt à la grosse (633).

Voy. *Assurance, Capitaine, Contrat à la grosse, Nullité, Paiement.*

Emprunteur à la grosse. Voyez *Contrat à la grosse*.

ENCAN, cri public qui se fait par un huissier pour vendre les meubles à l'enchère.

Voy. *Entreprise*.

ENCHÈRE. C'est l'offre qu'on fait au-dessus de quelqu'un, pour une chose qui se vend par justice au plus offrant, ou qu'on veut affermer.

En matière de saisie et vente de bâtimens de mer, les criées, publications et affiches doivent désigner les jours des audiences auxquelles les enchères seront reçues (2o4).

Après la première criée, les enchères seront reçues le jour indiqué par l'affiche.

15

Le juge commis d'office pour la vente, continu ᵒⁱ
de recevoir les enchères après chaque criée, d
huitaine en huitaine, à jour certain fixé par so ᵉ
ordonnance (205).

Les syndics provisoires pourront procéder à l ᵉ
vente des effets et marchandises du failli, par l
voie des enchères publiques, par l'entremise de l
courtiers et à la bourse (492).

ENCHÉRISSEUR. Celui qui met une enchère ᵣ
Voyez *Adjudication.*

ENDOSSEMENT. C'est ce qu'on écrit au d ᵉ
d'un acte et qui y est relatif : ainsi, la quittanc ᵉ
qu'un créancier met au dos de l'obligation ou ᵒ
la promesse de son débiteur, est un endoss ᵉ
ment ; mais ce mot se dit particulièrement d
l'ordre que quelqu'un passe au profit d'un autre
au dos d'une lettre ou billet de change qui éta ᵗ
tiré au profit de l'endosseur. On peut faire co ᵣ
sécutivement plusieurs de ces endossemens ; c'es
à-dire, que celui au profit de qui la lettre est-e ᵣ
dossée, met lui-même son endossement au prof ᵗ
d'un autre.

Un endossement est ordinairement conçu e
ces termes :

Pour moi payerez à (N), *ou à son ordre, v ᵃˢ
leur reçue de lui comptant;* ou bien, *en ma ᵢₛ
chandises.*

La propriété d'une lettre de change se transm ᵉₙ
par la voie de l'endossement (136).

L'endossement est daté.

Il exprime la valeur fournie.

Il énonce le nom de celui à l'ordre de qui ᵢₙ
est passé (137).

Si l'endossement n'est pas conforme aux disp ᵒˢⁱ

sitions de l'article précédent, il n'opère pas le transport; il n'est qu'une procuration (138).

Il est défendu d'antidater les ordres à peine de faux (139).

Les dispositions ci-dessus sont applicables aux billets à ordre faits entre marchands, négocians ou banquiers, ou entre toutes personnes pour opérations de commerce de terre ou de mer, trafic, change, banque et courtage (187).

Tout acte de prêt à la grosse peut être négocié par la voie de l'endossement, s'il est à ordre.

En ce cas, la négociation de cet acte a les mêmes effets et produit les mêmes actions en garantie que celle des autres effets de commerce (313).

Voyez *Journal, Protét.*

ENDOSSEUR. Celui qui met son nom sur le dos d'une lettre de change pour la transporter à quelqu'un.

Voyez *Acceptation, Aval, Déchéance, Délai, Paiement, Porteur, Protét, Provision, Rechange, Retraite, Saisie, Solidarité.*

ENFANT. Ce terme se dit, en droit, du fils ou de la fille par relation au père et à la mère.

Les agens de la faillite, dans le cas où ils procéderont eux-mêmes à la formation du bilan, pourront prendre des informations et renseignemens auprès des enfans du failli (473).

Si le failli vient à décéder après l'ouverture de sa faillite, ses enfans pourront se présenter pour le suppléer dans la formation du bilan, et pour toutes les autres obligations imposées au failli (475).

ENGAGEMENT. C'est une obligation que l'on contracte envers autrui.

15.

Les associés en nom collectif indiqués dans l'acte de société, sont solidaires pour tous les engagemens de la société, encore qu'un seul des associés ait signé, pourvu que ce soit sous la raison sociale.(22).

L'associé commanditaire qui fait quelque acte de gestion ou est employé pour les affaires de la société, même en vertu de procuration, est obligé solidairement, avec les associés en nom collectif, pour toutes les dettes et engagemens de la société. (28).

Les administrateurs d'une société anonime ne contractent, à raison de leur gestion, aucune obligation personnelle ni solidaire relativement aux engagemens de la société (32).

Tous engagemens pour fait de commerce, contractés par le débiteur dans les dix jours qui précèdent l'ouverture de la faillite, sont présumés frauduleux, quant au failli : ils sont nuls, lorsqu'il est prouvé qu'il y a fraude de la part des autres contractans (445).

Les tribunaux de commerce connaîtront de toutes les contestations relatives aux engagemens entre négocians, marchands et banquiers (631).

Voyez *Assurance, Banqueroute frauduleuse, Caution, Créancier, Faillite, Mineur, Paiement.*

ENGAGEMENT. L'action de mettre en gage, de donner en gage, ou l'effet de cette action.

ENGAGEMENT de marchandises, victuailles. Voyez *Capitaine.*

ENGAGEMENT, se dit de l'enrôlement d'un soldat, d'un matelot, et même de l'argent qu'il reçoit ou qu'on lui promet en s'enrôlant.

Les conditions d'engagement du capitaine et des hommes d'équipage d'un navire sont consta-

tées par le rôle d'équipage, ou par les conventions des parties (250).

Voyez *Capitaine*, *Equipage*, *Gens de mer*,
Matelot.

ENNEMI, étant dit absolument et indéfini-
ment, signifie, le parti contraire qui fait guerre
ouverte.

Le matelot est traité et pansé aux dépens du
navire et du chargement, s'il est blessé en combattant contre les ennemis (263).

Voyez *Avarie*, *Chasse*, *Fret*, *Jet*.

ENQUÊTE. C'est une recherche qui se fait par
ordre de justice. Pour cet effet, on reçoit des dé-
positions de témoins sur des faits dont quelqu'un
veut avoir la preuve, soit par cette voie seule,
soit pour faire concourir cette preuve testimoniale avec quelque preuve par écrit.

Voyez *Créance*.

ENREGISTREMENT. Ce terme signifie proprement la transcription ou inscription d'un acte
quelconque sur un registre.

Voy. *Contrat à la grosse*, *Greffe*, *Prescription*.

ENREGISTREMENT. Ce mot s'emploie pour
désigner une formalité, que, moyennant un droit
déterminé, on donne à certains actes pour en
assurer l'existence et en constater la date.

L'acte par lequel un mineur est autorisé à faire
le commerce, doit être enregistré (2).

ENTRELIGNE. L'espace qui reste entre deux
lignes écrites ou imprimées. Il signifie aussi ce
qui est écrit dans cet espace.

Les agens de change et courtiers sont tenus de
consigner dans leur livre, sans entrelignes, toutes
les conditions des ventes, achats, assurances, né-

gociations, et en général toutes les opérations
faites par leur ministère (84).

Le procès-verbal de vérification de créances
mentionnera les entrelignes, s'il s'en trouve dans
les titres de créances (5o5).

ENTREPRENEUR. C'est celui qui entreprend à
forfait quelque ouvrage considérable, comme des
fortifications, la construction d'un bâtiment, la
fourniture des vivres, etc.

ENTREPRENEUR de diligences et voitures publiques. Voy. *Diligence*, *Voiture publique.*

ENTREPRISE. Dessein de faire une chose. Il se
dit aussi de l'exécution de la chose entreprise.
En ce sens, on dit, *faire une entreprise de commerce*, *placer son argent dans une entreprise de
commerce.*

La société anonime est qualifiée par la désignation de l'objet de son entreprise (3o).

Un agent de change ou courtier ne peut s'intéresser directement ni indirectement, sous son
nom ou sous un nom interposé, dans aucune entreprise commerciale (85).

La loi répute acte de commerce toute entreprise
de manufactures, de commission, de transport
par terre et par eau, de fournitures, d'agence,
bureaux d'affaires, établissemens de ventes à l'encan, de spectacles publics (632).

ENTREPRISE de construction de bâtimens. Voyez
Bâtiment.

ENVELOPPE. Le papier et la toile qui sert à
empaqueter et couvrir les marchandises.
Voyez *Revendication.*

ENVOYEUR. Celui qui envoie des marchandises.
Voy. *Revendication.*

ÉPOUX, qui est conjoint par mariage. Ce terme, au pluriel, s'emploie quelquefois pour le mari et la femme.

Voyez *Contrat de mariage*, *Régime dotal*, *Séparation de biens*.

ÉQUIPAGE. On appelle ainsi, en termes de marine, les officiers, matelots, mousses et garçons qui servent sur un vaisseau, et qui le montent.

Dans les affaires contentieuses de commerce et pour le service des douanes, les courtiers-interprètes et conducteurs de navires servent seuls de truchement à tous équipages des vaisseaux étrangers (80).

Il appartient au capitaine de former l'équipage du vaisseau, et de choisir et louer les matelots et autres gens de l'équipage; ce qu'il fera néanmoins de concert avec le propriétaire, lorsqu'il sera dans le lieu de leur demeure (223).

Les gens de l'équipage qui sont à bord, ou qui, sur les chaloupes, se rendent à bord pour faire voile, ne peuvent être arrêtés pour dettes civiles, si ce n'est à raison de celles qu'ils auront contractées pour le voyage; et même, dans ce dernier cas, ils ne peuvent être arrêtés, s'ils donnent caution (231).

Les conditions d'engagement des hommes d'équipage d'un navire sont constatées par le rôle d'équipage ou par les conventions des parties (250).

Les gens de l'équipage ne peuvent, sous aucun prétexte, charger dans le navire aucune marchandise pour leur compte, sans la permission des propriétaires, et sans en payer le fret, s'ils n'y sont autorisés par l'engagement (251).

Toutes les dispositions concernant les loyers,

pansément et rachat des matelots sont communes
aux autres gens de l'équipage (272).

La nourriture et les loyers de l'équipage pendant la détention du navire sont réputés avaries
(300).

Tout homme de l'équipage qui apporte des
pays étrangers des marchandises assurées en
France, est tenu d'en laisser un connaissement
dans les lieux où le chargement s'effectue, entre
les mains du consul de France, et, à défaut, entre
les mains d'un Français, notable négociant, ou
du magistrat du lieu (345).

La loi répute actes de commerce tous accords
et conventions pour salaires et loyers d'équipages
(633).

Voyez *Assurance, Capitaine, Contribution,
Délibération, Dommages-Intérêts, Gages, Jet,
Loyers, Navire, Prescription, Propriétaire de
navire, Rôle d'équipage.*

ÉQUIPEMENT, se dit des armes, victuailles,
en un mot, de la provision de tout ce qui est
nécessaire à la subsistance, à la manœuvre de
l'équipage d'un vaisseau.

Voyez *Capitaine, Créancier, Fourniture, Matelot, Navire, Prescription, Prêt à la grosse,
Prime d'assurance.*

ERREUR. Faute, méprise, ignorance.

N'est réputé y avoir erreur en la déclaration
du tonnage d'un navire, si l'erreur n'excède un
quarantième, ou si la déclaration est conforme
au certificat de jauge (290).

ESCLAVE. C'est l'état de la personne qui est
en servitude et sous la puissance absolue d'un
maître.

Le matelot pris dans le navire et fait esclave ne peut rien prétendre contre le capitaine, les propriétaires ni les affréteurs pour le paiement de son rachat.

Il est payé de ses loyers jusqu'au jour où il a été pris et fait esclave (266).

Le matelot pris et fait esclave, s'il a été envoyé en mer ou à terre pour le service du navire, a droit à l'entier paiement de ses loyers.

Il a droit au paiement d'une indemnité pour son rachat, si le navire arrive à bon port (267.).

ESCROQUERIE. On appelle escroc, le fripon qui est dans l'habitude d'attraper de l'argent ou autre chose par ruse, par fourberie. L'*escroquerie* est l'action que commet l'escroc en friponnant.

Les personnes condamnées pour fait d'escroquerie ne pourront être admises au bénéfice de cession (575).

Les personnes condamnées pour fait d'escroquerie ne seront point admises à la réhabilitation (612).

ESPÈCE, signifie sorte, et il se dit des choses et des personnes.

Le connaissement doit indiquer les espèces des objets à transporter (281).

ESPÈCES, signifie les diverses pièces de monnaie, et, dans ce cas, il se met toujours au pluriel.

Une lettre de change doit énoncer la valeur fournie en espèces, en marchandises, en compte, ou de toute autre manière (110).

Même disposition pour le billet à ordre (188).

ESTIMATION. C'est la prisée ou évaluation d'une chose.

Le contrat d'assurance exprime la valeur ou

l'estimation des marchandises ou objets que l'o...
fait assurer (332).

Voyez *Assurance, Dol, Expert, Fraude, In...
ventaire, Jet.*

ÉTABLISSEMENT. Action d'établir, d'insti...
tuer.

ÉTABLISSEMENT de ventes à l'encan. Voy. *Entre...
prise.*

ÉTABLISSEMENT. Établir *un comptoir, un...
loge, une factorerie,* c'est mettre un marchan...
et des commis avec des marchandises, dans u...
lieu propre pour le négoce. Il se dit particuliè...
rement des établissemens que font les compa...
gnies de commerce dans les Indes orientales.

ÉTABLISSEMENT FRANÇAIS. Voy. *Délai, Porteu...*

ÉTAT. C'est la distribution dans laquelle s...
trouve une chose, une affaire.

Les syndics définitifs de la faillite doivent dre...
ser l'état des vêtemens, hardes et meubles qu...
sont remis au failli pour son usage et celui d...
sa famille (529).

ÉTAT de frais. Voy. *Frais de justice, Navire.*

ÉTAT de situation de la faillite. Voy. *Créan...
cier, Répartition.*

ÉTRANGER. On appelle ainsi celui qui es...
né de parens étrangers et hors des pays de l...
domination française, soit qu'il réside continuel...
lement en France ou qu'il n'y soit que simple...
voyageur.

On appelle pays étrangers, les pays qui son...
hors de la domination française.

Dans les affaires contentieuses de commerce...
et pour le service des douanes, les courtier...

interprètes et conducteurs de navires servent seuls de truchement à tous étrangers, maîtres de navires, marchands, équipages de vaisseau et autres personnes de mer (80).

Les étrangers ne pourront être admis au bénéfice de cession (575).

Voyez *Capitaine*, *Pays étranger*, *Saisie*.

EUROPE, une des quatre parties du monde habité. Elle est bornée, au nord, par la mer Glaciale; à l'ouest, par l'Océan Atlantique; au sud, par la mer Méditerranée, qui la sépare de l'Afrique; et à l'est, par la partie occidentale de l'Asie. Elle a environ 1100 lieues de longueur du sud-ouest au nord-ouest; et 900 lieues de largeur du nord au sud.

Le porteur d'une lettre de change tirée du continent ou des îles de l'Europe, et payable dans les possessions européennes de la France, soit à vue, soit à un ou plusieurs jours ou moins du usances de vue, doit en exiger le paiement ou l'acceptation dans les six mois de sa date, sous peine de perdre son recours sur les endosseurs et même sur le tireur, si celui-ci a fait provision.

Le délai est de huit mois pour la lettre de change tirée des Echelles du Levant et des côtes septentrionales de l'Afrique, sur les possessions européennes de la France, et réciproquement du continent et des îles de l'Europe sur les établissemens français aux Echelles du Levant et aux côtes septentrionales de l'Afrique.

Il est d'un an pour les lettres de change tirées du continent et des îles des Indes occidentales sur les possessions européennes de la France, et réciproquement du continent et des îles de l'Europe sur les possessions françaises et établissemens français aux côtes occidentales d'Afrique, au continent et aux îles des Indes occidentales.

Il est de deux ans pour les lettres de change tirées du continent et des îles des Indes orientales sur les possessions européennes de la France, et réciproquement du continent et des îles de l'Europe sur les possessions françaises ou établissemens français au continent et aux îles des Indes orientales.

Les délais ci-dessus de huit mois, d'un an et de deux ans, sont doublés en temps de guerre maritime (160).

Voyez *Assurance, Délai.*

EVOCATION, signifie, en général, un jugement qui tire une affaire d'un tribunal, pour la faire juger dans un autre.

ÉVOQUER une demande, c'est la faire renvoyer par-devant un juge supérieur, en conséquence de ce qu'elle est connexe et dépendante d'une autre.

Voyez *Banqueroute, Cour de justice criminelle, Tribunal de police correctionnelle.*

EXCÉDANT, signifie le nombre, la quantité qui excède.

EXCÉDANT de valeur des objets assurés. Voy. *Assurance, Dol, Fraude.*

EXÉCUTION, signifie l'accomplissement d'une chose, l'action d'exécuter.

On appelle *exécution définitive*, l'accomplissement pur et simple des clauses ou dispositions renfermées dans un jugement ou dans un acte, sans qu'il y ait lieu d'y rien changer dans la suite, à la différence de l'*exécution provisoire* qui peut être révoquée par le jugement définitif.

Un agent de change ou courtier ne peut se rendre garant de l'exécution des marchés dans lesquels il s'entremet (86).

EXÉCUTION de conventions. Voy. *Convention.*

EXÉCUTION de jugement. Voy. *Jugement.*

EXÉCUTION de jugemens emportant la contrainte par corps. Voy. *Garde du commerce, Tribunal de commerce.*

EXÉCUTOIRE. Ce terme se dit de tout acte qui donne pouvoir de procéder à une exécution judiciaire, comme un contrat, un jugement, un arrêt, etc.

EXÉCUTOIRE, pris substantivement, signifie, acte qui donne pouvoir de procéder à une exécution judiciaire. C'est dans ce sens qu'on dit, *exécutoire de dépens*, pour exprimer la commission accordée par le juge et délivrée par le greffier, pour permettre de mettre à exécution la taxe qui a été faite des dépens.

Le jugement arbitral est motivé.

Il est déposé au greffe du tribunal de commerce.

Il est rendu exécutoire sans aucune modification, et transcrit sur les registres, en vertu d'une ordonnance du président du tribunal, lequel est tenu de la rendre pure et simple, et dans le délai de trois jours du dépôt au greffe (61).

EXERCICE. On dit *exercer un droit, une action*, pour dire en user, les faire valoir.

EXERCICE d'action d'avarie. Voy. *Avarie.*

EXPÉDIER, EXPÉDITEUR, EXPÉDITIONNAIRE, EXPÉDITION. Expédier, signifie, en terme de commerce, faire partir ce qu'on a à envoyer à un correspondant; l'*expéditeur* ou *expéditionnaire*

est celui à qui est confié le soin de faire parveni
l'envoi à sa destination.

La loi répute acte de commerce toute expéditi
maritime (633).

EXPÉDITEUR. Voy. *Commissionnaire pour le
transports par terre et par eau, Lettre de voiture
Marchandise.*

EXPÉDITION de marchandises. Voy. *Assurance
Capitaine, Commissionnaire, Connaissement, Ma
chandise, Saisie, Voiturier.*

EXPÉDITION. Ce terme s'emploie pour expr
mer la copie d'un acte quelconque.

EXPÉDITION de jugement. Voy. *Tribunal de com
merce.*

EXPÉDITION de l'acte de protêt. Voy. *Compte d
retour, Rechange.*

EXPÉDITION de requête. Voy. *Réhabilitation.*

EXPÉDITION du rapport fait par le capitain
de navire, soit à son arrivée, soit dans le cas o
il a fait naufrage. Voy. *Capitaine.*

EXPERT. On donne ce nom à des gens nommé
par autorité de justice, ou choisis par les partie
intéressées pour examiner, pour estimer certaine
choses, et en faire leur rapport.

En cas de refus ou contestation pour la récep
tion des objets transportés, leur état est vérifi
et constaté par des experts nommés par le pré
sident du tribunal de commerce, ou par le juge
de paix, à son défaut, et par ordonnance au
pied d'une requête (106).

Si le capitaine congédié par le propriétaire du
navire est copropriétaire de ce même navire,
il peut renoncer à la copropriété, et exiger le
remboursement du capital qui la représente.

Le montant de ce capital est déterminé par des experts convenus ou nommés d'office (219).

Dans les cas où le capitaine est tenu des dommages-intérêts envers l'affréteur, ces dommages-intérêts sont réglés par des experts (295).

En cas d'abordage de navires, l'estimation du dommage est faite par experts (407).

L'état des pertes et dommages est fait dans le lieu du déchargement du navire, à la diligence du capitaine et par experts.

Les experts sont nommés par le tribunal de commerce, si le déchargement se fait dans un port français.

Dans les lieux où il n'y a pas de tribunal de commerce, les experts sont nommés par le juge de paix.

Ils sont nommés par le consul de France, et, à son défaut, par le magistrat du lieu, si la décharge se fait dans un port étranger.

Les experts prêtent serment avant d'opérer (414).

Les marchandises jetées sont estimées suivant le prix courant du lieu du déchargement ; leur qualité est constatée par la production des connaissemens et des factures, s'il y en a (415).

Les experts nommés en vertu de l'article précédent, font la répartition des pertes et dommages.

La répartition est rendue exécutoire par l'homologation du tribunal.

Dans les ports étrangers, la répartition est rendue exécutoire par le consul de France, ou, à son défaut, par tout tribunal compétent sur les lieux (416).

EXPROPRIATION. Ce terme a remplacé, dans

l'usage, celui de décret dont on se servait autrefois pour désigner l'action de faire vendre en justice l'immeuble hypothéqué à une dette.

S'il n'y a pas d'action en expropriation des immeubles du failli, formée avant la nomination des syndics définitifs, eux seuls seront admis à poursuivre la vente : ils seront tenus d'y procéder dans huitaine (532). Voyez, quant à la forme, les mots *Créancier, Syndic définitif.*

EXTINCTION. On dit *extinction d'une rente, d'une obligation,* pour dire l'amortissement, le remboursement d'une rente, d'une obligation.

Extinction des obligations et des priviléges. Voy. *Privilége.*

EXTINCTION. *A l'extinction des feux, de la bougie.* Sorte de formule dont on se sert dans quelques ventes, où l'on est reçu à enchérir jusqu'à ce que la bougie soit éteinte.
Voyez *Feux.*

EXTRACTION *de prison.* Action par laquelle on tire quelqu'un de prison.
Voyez *Cession de biens, Débiteur.*

EXTRAIT. C'est ce qui est tiré d'un acte, d'un livre, d'un registre. Ce mot signifie le sommaire, l'analyse d'un acte, d'une pièce, etc.

Extrait de la pétition du demandeur en réhabilitation sera inséré dans les papiers publics (607). Voy. *Contrat de mariage, Procès-verbal.*

Extrait des actes de société. Voy. *Acte de société.*

Extrait des pièces, titres et papiers relatifs à la banqueroute. Voy. *Banqueroute.*

Extrait de registres. Voy. *Créance.*

F

F

FACTEUR. C'est celui qui est chargé de quelque négoce pour le compte d'un autre.

La commission des facteurs consiste à acheter ou à vendre des marchandises, et quelquefois à faire l'une et l'autre de ces choses.

La fonction des facteurs établis pour acheter, est de faire des achats pour des marchands, de faire emballer les marchandises, et de les envoyer à ceux pour lesquels ils les ont achetées.

Quant aux facteurs pour la vente, les marchands et fabricans leur envoient leurs marchandises, pour les vendre au prix et aux conditions détaillés dans les ordres qu'ils leur donnent.

Les facteurs sont de véritables mandataires, avec cette différence que ceux-ci n'ont pas de gages, et que ceux-là en ont.

Les facteurs engagent leurs commettans, et obligent envers eux, pour raison des fonctions auxquelles ils sont préposés, de la même manière que le commettant lui-même pourrait s'obliger envers une autre personne, ou obliger quelqu'un envers lui.

Les tribunaux de commerce connaîtront des actions contre les facteurs, pour le fait seulement du trafic du marchand auquel ils sont attachés (634).

FACTURE. C'est un état détaillé des diverses sortes et qualités de marchandises qu'un négociant envoie à son correspondant; elle s'écrit ordinairement à la suite de la lettre qui donne avis de l'envoi, ou sur une feuille séparée qu'on insère dans cette lettre.

16

La facture doit porter en tête la date de l'envoi, les noms, tant de celui qui le fait que de celui à qui il est fait, les marques et numéros des balles, ballots, paquets, tonnes ou tonneaux qui renferment la marchandise, le nom du voiturier ou de l'expéditionnaire que l'on en a chargé, et enfin le terme du paiement.

Viennent ensuite les détails de la quantité e qualité de chaque sorte de marchandises, chacune désignée par le numéro, le poids ou l'aunage qu'elle se trouve avoir, avec le prix, soit au kilogramme, soit à la pièce, soit au mètre, et la somme que donne la quantité multipliée par le prix.

A la suite du montant des valeurs de chaque partie, on doit porter, sous le nom de *frais*, ceux faits à l'achat pour courtage, à l'expédition pour emballage, pour droit de sortie, s'il y en a, etc. Le montant de ces articles ayant été ajouté à celui de la marchandise, on calcule sur la totalité des deux sommes réunies, la commission, si elle a lieu, et l'ayant ajoutée au dernier résultat, on forme l'addition finale, au bas de laquelle on écrit *sauf erreur ou omission.*

Les achats et ventes se constatent par une facture acceptée (109).

Si la valeur des marchandises n'est point fixée par le contrat d'assurance, elle peut être justifiée par les factures (339).

Les marchandises ne pourront être revendiquées, si, avant leur arrivée, elles ont été vendues sans fraude, sur factures et connaissemens ou lettres de voiture (578).

Voyez *Créancier, Expert, Fournisseur, Jet.* *Navire.*

FAILLI, FAILLITE. C'est l'état dans lequel se trouve un marchand, banquier ou négociant, dont les affaires sont tellement dérangées, qu'il est dans l'impossibilité de remplir les engagemens qu'il a contractés, et d'acquitter les sommes dont il s'est rendu débiteur.

La faillite diffère de la banqueroute, en ce que celle-ci a sa cause dans la mauvaise foi du débiteur, et que l'autre peut être une suite des pertes qu'il a faites, et des accidens qui lui sont arrivés.

FAILLI. Après l'apposition des scellés, le commissaire rendra compte au tribunal de l'état apparent des affaires du failli, et pourra proposer, ou sa mise en liberté pure et simple, avec sauf-conduit provisoire de sa personne, ou sa mise en liberté avec sauf-conduit, en fournissant caution de se représenter, sous peine de paiement d'une somme que le tribunal arbitrera, et qui tournera, le cas advenant, au profit des créanciers (466).

A défaut par le commissaire de proposer un sauf-conduit pour le failli, ce dernier pourra présenter sa demande au tribunal de commerce, qui statuera après avoir entendu le commissaire (467).

Si le failli a obtenu un sauf-conduit, les agens l'appelleront auprès d'eux, pour clorre et arrêter les livres en sa présence.

Si le failli ne se rend pas à l'invitation, il sera sommé de comparaître.

Si le failli ne comparaît pas quarante-huit heures après la sommation, il sera réputé s'être absenté à dessein.

Le failli pourra néanmoins comparaître par fondé de pouvoir, s'il propose des empêchemens jugés valables par le commissaire (468).

16.

Le failli qui n'aura pas obtenu de sauf-conduit, comparaîtra par un fondé de pouvoir ; à
défaut de quoi il sera réputé s'être absenté à
dessein (469).

Il sera présent ou dûment appelé à la levée des
scellés, et aux opérations de l'inventaire (487).

Si le failli a obtenu un sauf-conduit, les syndics pourront l'employer pour faciliter et éclairer
leur gestion ; ils fixeront les conditions de son
travail (493).

Nul commerçant failli ne pourra se présenter
à la bourse, à moins qu'il n'ait obtenu sa réhabilitation (614).

Voyez *Actes conservatoires*, *Action civile*, *Agens*
de la faillite, *Banqueroute*, *Bilan*, *Cession des*
biens, *Concordat*, *Créance*, *Créancier*, *Faillite*,
Femme, *Inventaire*, *Liquidation*, *Livre de com-*
merce, *Magistrat de sûreté*, *Réhabilitation*, *Ré-*
partition, *Revendication*, *Traité*, *Tribunal de*
commerce, *Syndic*, *Union*, *Vente*.

FAILLITE. La communication des livres et inventaires ne peut être ordonnée en justice que
dans les affaires de succession, communauté,
partage de société, et en cas de faillite (14).

Cas où un commerçant failli doit être puni
comme banqueroutier frauduleux (69 et 70).
Voy. *Séparation de biens*.

Ceux qui ont fait faillite ne peuvent être agens
de change ni courtiers, s'ils n'ont été réhabilités
(83).

En cas de faillite, tout agent de change ou
courtier est poursuivi comme banqueroutier (89).

L'accepteur d'une lettre de change n'est pas
restituable contre son acceptation, quand même
le tireur aurait failli à son insu avant qu'il eût accepté (121).

Il n'est admis d'opposition au paiement qu'en cas de perte de la lettre de change, ou de la faillite du porteur (149).

Le porteur d'une lettre de change n'est point dispensé du protêt faute de paiement par la faillite de celui sur qui la lettre de change est tirée.

Dans le cas de faillite de l'accepteur avant l'échéance, le porteur peut faire protester et exercer son recours (163).

Si l'assureur tombe en faillite lorsque le risque n'est pas encore fini, l'assuré peut demander caution, ou la résiliation du contrat.

L'assureur a le même droit en cas de faillite de l'assuré (346).

Tout commerçant qui cesse ses paiemens est en état de faillite (437).

Tout commerçant failli qui se trouve dans l'un des cas de faute grave ou de fraude prévus par le Code, est en état de banqueroute (438).

Tout failli sera tenu, dans les trois jours de la cessation de paiement, d'en faire la déclaration au greffe du tribunal de commerce; le jour où il aura cessé ses paiemens, sera compris dans ces trois jours.

En cas de faillite d'une société en nom collectif, la déclaration du failli contiendra le nom et l'indication du domicile de chacun des associés solidaires (440).

L'ouverture de la faillite est déclarée par le tribunal de commerce : son époque est fixée, soit par la retraite du débiteur, soit par la clôture de ses magasins, soit par la date de tous actes constatant le refus d'acquitter ou de payer des engagemens de commerce.

Tous les actes ci-dessus mentionnés ne consta-

teront néanmoins l'ouverture de la faillite qu
lorsqu'il y aura cessation de paiement ou décla
ration du failli (441).

Le failli, à compter du jour de la faillite, es
dessaisi, de plein droit, de l'administration d
tous ses biens (442).

Nul ne peut acquérir privilége ni hypothèqu
sur les biens du failli, dans les dix jours qui pré
cèdent l'ouverture de la faillite (443).

Tous actes translatifs de propriétés immobi
lières faits par le failli, à titre gratuit, dans le
dix jours qui précèdent l'ouverture de la faillite
sont nuls et sans effet relativement à la masse de
créanciers; tous actes du même genre, à titre
onéreux, sont susceptibles d'être annullés, su
la demande des créanciers, s'ils paraissent au
juges porter des caractères de fraude (444).

Tous actes ou engagemens pour fait de com
merce, contractés par le débiteur dans les di
jours qui précèdent l'ouverture de la faillite, sor
présumés frauduleux quant au failli : ils sor
nuls, lorsqu'il est prouvé qu'il y a fraude de
part des autres contractans (445).

Toutes sommes payées dans les dix jours q p
précèdent l'ouverture de la faillite, pour dette
commerciales non échues, sont rapportées (446)

Tous actes ou paiemens faits en fraude de
créanciers sont nuls (447).

L'ouverture de la faillite rend exigibles le
dettes passives non échues; à l'égard des effe
de commerce par lesquels le failli se trouver
être l'un des obligés, les autres obligés ne sero
tenus que de donner caution pour le paiement
à l'échéance, s'ils n'aiment mieux payer immédi
tement (448).

Voyez *Actes conservatoires, Action, Agent a*

a *faillite*, Bilan, Capitaine, Créancier, Femme, uge-Commissaire, *Magistrat de sûreté*, *Réhabi-* *litation*, *Répartition*, *Revendication* , *Scellé* , *Syndic*.

FAIT. Ce terme a différentes acceptions. Je ne parlerai que de celles dans lesquelles il est employé dans le Code de commerce.

Fait d'autrui, se dit de tout ce que fait, dit ou écrit une personne relativement à une autre personne : c'est ce qu'on appelle, en jurisprudence, *res inter alios acta*. Il est de principe que le fait d'autrui ne peut pas nuire à un tiers : cependant cette règle admet quelques exceptions : tels sont les cas où un tuteur agit pour son mineur, un mari pour sa femme, un associé pour toute la société, etc.

Faits de commerce, se dit des achats, des ventes, des négociations, en un mot, de toutes les opérations commerciales.

Le commissionnaire qui se charge d'un transport par terre ou par eau est garant des faits du commissionnaire intermédiaire auquel il adresse les marchandises (99).

Le propriétaire du navire est civilement responsable des faits du capitaine, pour ce qui est relatif au navire et à l'expédition.

La responsabilité cesse par l'abandon du navire et du fret (216).

Faits de commerce. Voy. *Acte de commerce*, *Mineur*, *Preuve*, *Tribunal de commerce*.

FALSIFICATION. Action par laquelle on altère une chose par quelque mauvais mélange.

Falsification, se dit encore de l'action par laquelle on contrefait quelque chose, comme l'écri-

ture, le sceau, le cachet de quelqu'un avec le
dessein de tromper.

Voyez *Assurance.*

FAMILLE. On appelle ainsi l'assemblage de b
plusieurs personnes unies par les liens du sang.

FAMILLE du failli. Voy. *Hardes, Meubles, Vête-*
mens.

FAUTE. C'est, en droit, une action ou une
omission faite mal-à-propos, soit par impéritie,
soit par negligence.

On divise ordinairement les fautes en *fautes*
graves et fautes légères, et en *fautes très-légères.*

La *faute grave* consiste à ne pas observer à l'é-
gard d'autrui ce que l'homme le moins attentif a
coutume d'observer dans ses propres affaires,
comme de ne pas prévoir les événemens naturels
qui arrivent communément, de s'embarquer par
un vent contraire, de faire des entreprises dont
le succès est douteux, etc. Cette faute est compa-
rée au dol, parce qu'elle contient en soi une présomption de fraude; attendu que celui qui ne
sait pas ce qu'il doit faire, est réputé agir par un
esprit de *dol.*

La *faute légère* est l'omission du soin qu'un
père de famille diligent a coutume d'observer
dans ses affaires.

La *faute très-légère* est l'omission du soin le
plus exact, tel que l'aurait eu le père de famille
le plus diligent.

Tout capitaine, maître ou patron chargé de la
conduite d'un navire ou autre bâtiment, est garant de ses fautes, même légères, dans l'exercice
de ses fonctions (221).

Tout commerçant failli qui se trouve dans l'un
des cas de faute grave prévus par le Code, est

en état de banqueroute (438). Voy. *Assurance,*
Baratterie de patron, Capitaine.

FAUX. Ce terme s'applique au crime de celui
qui se rend coupable d'une supposition fraudu-
euse pour cacher ou altérer la vérité, au préjudice d'autrui.

Il est défendu d'antidater les ordres à peine de
faux (139).

FAVEUR (Délai de). On nomme *jours de grâce
ou de faveur*, un nombre de jours qu'il est passé
en usage d'accorder, au-delà du terme désigné
pour le paiement d'une lettre de change, à celui
sur qui elle est tirée.

Voyez *Echéance.*

FEMME MARIÉE, est celle qui, par les liens
sacrés d'un mariage légitime, devient participante
de l'état, des droits et prérogatives de son mari.

La signature des femmes non négociantes ou
marchandes publiques sur lettres de change ne
vaut, à leur égard, que comme simple promesse
(113).

Les agens de la faillite, dans le cas où ils procéderont eux-mêmes à la formation du bilan,
pourront prendre des informations et renseignemens auprès de la femme du failli (473).

En cas de faillite, les droits et actions des femmes, lors de la publication du Code, seront réglés
ainsi qu'il suit (544).

Les femmes mariées sous le régime dotal, les
femmes séparées de biens, et les femmes communes en biens, qui n'auraient point mis les immeubles apportés en communauté, reprendront
en nature lesdits immeubles et ceux qui leur seront survenus par successions ou donations entre-
vifs ou pour cause de mort (545).

Elles reprendront pareillement les immeubles
acquis par elles et en leur nom, des deniers provenant desdites successions et donations, pourvu
que la déclaration d'emploi soit expressément stipulée au contrat d'acquisition, et que l'origine
des deniers soit constatée par inventaire ou par
tout autre acte authentique (546).

Sous quelque régime qu'ait été formé le contrat
de mariage, hors le cas prévu par l'article précédent, la présomption légale est que les biens acquis par la femme du failli appartiennent à son
mari, sont payés de ses deniers, et doivent être
réunis à la masse de son actif ; sauf à la femme
à fournir la preuve du contraire (547).

L'action en reprise, résultant des dispositions
des art. 545 et 546 ci-dessus, ne sera exercée par
la femme qu'à charge des dettes et hypothèques
dont les biens seront grevés, soit que la femme
s'y soit volontairement obligée, soit qu'elle y ait
été judiciairement condamnée (548).

La femme ne pourra exercer, dans la faillite,
aucune action à raison des avantages portés au
contrat de mariage ; et réciproquement, les créanciers ne pourront se prévaloir, dans aucun cas,
des avantages faits par la femme au mari dans le
même contrat (549).

En cas que la femme ait payé des dettes pour
son mari, la présomption légale est qu'elle l'a
fait des deniers de son mari ; et elle ne pourra, en
conséquence, exercer aucune action dans la faillite, sauf la preuve contraire, comme il est dit à
l'art. 547 ci-dessus (550).

La femme dont le mari était commerçant à
l'époque de la célébration du mariage, n'aura
hypothèque, pour les deniers ou effets mobiliers
qu'elle justifiera par actes authentiques avoir ap-

portés en dot, pour le remploi de ses biens aliénés pendant le mariage, et pour l'indemnité des
dettes par elle contractées avec son mari, que
sur les immeubles qui appartenaient à son mari à
l'époque ci-dessus (551).

Sera, à cet égard, assimilée à la femme dont
le mari était commerçant à l'époque de la célébration du mariage, la femme qui aura épousé un
fils de négociant, n'ayant, à cette époque, aucun
état ou profession déterminée, et qui deviendrait
lui-même négociant (552).

Sera exceptée des dispositions des art. 549 et
551, et jouira de tous les droits hypothécaires
accordés aux femmes par le Code Napoléon, la
femme dont le mari avait, à l'époque de la célébration du mariage, une profession déterminée
autre que celle de négociant : néanmoins, cette
exception ne sera pas applicable à la femme dont
le mari ferait le commerce dans l'année qui suivrait la célébration du mariage (553).

Tous les meubles meublans, effets mobiliers,
diamans, tableaux, vaisselle d'or et d'argent, et
autres objets, tant à l'usage du mari qu'à celui
de la femme, sous quelque régime qu'ait été formé le contrat de mariage, seront acquis aux créanciers, sans que la femme puisse en recevoir autre
chose que les habits et linges à son usage, qui lui
seront accordés d'après les dispositions de l'art. 529.
(Voy. cet article aux mots *Union des créanciers*).

Toutefois, la femme pourra reprendre les bijoux, diamans et vaisselle qu'elle pourra justifier,
par état légalement dressé, annexé aux actes, ou
par bons et loyaux inventaires, lui avoir été donnés par contrat de mariage, ou lui être advenus
par succession seulement (554).

La femme qui aurait détourné, diverti ou re-

celé des effets mobiliers portés en l'article précédent, des marchandises, des effets de commerce,
de l'argent comptant, sera condamnée à les rapporter à la masse, et poursuivie en outre comme
complice de banqueroute frauduleuse (555).

Pourra aussi, suivant la nature des cas, être
poursuivie comme complice de banqueroute frauduleuse, la femme qui aura prêté son nom ou son
intervention à des actes faits par le mari en fraude
de ses créanciers (556).

Les dispositions ci-dessus ne seront point applicables aux droits et actions des femmes acquis
avant la publication du Code (557).

Voyez *Divorce, Marchande publique, Séparation de biens, Séparation de corps.*

FÉRIÉ (jour). Ce terme signifie la même chose
que *jour de fête.*

Les jours de fête ont été fixés par un indult
donné à Paris le 9 avril 1802, dont la publication a été ordonnée par un arrêté du 29 germinal
an X.

Ces fêtes sont, indépendamment des dimanches, au nombre de quatre; savoir: Noël, l'As-
cension, l'Assomption, et la fête de tous les
Saints.

Si l'échéance d'une lettre de change est à un
jour férié légal, elle est payable la veille (134).

Le refus de paiement doit être constaté, le
lendemain du jour de l'échéance, par un acte
que l'on nomme protêt faute de paiement.

Si ce jour est un jour férié légal, le protêt
est fait le jour suivant (162).

FEU. Toutes pertes et dommages qui arrivent
aux objets assurés, par feu, sont aux risques
des assureurs (350).

FEU. Faire une adjudication à l'extinction des feux, c'est adjuger la chose qu'on met à l'enchère à celui qui fait son offre dans le moment où une petite bougie cesse de brûler.

L'adjudication d'un navire saisi se fait à l'extinction des feux sans autre formalité (206).

FILLE, se dit par opposition à femme mariée.

La signature des filles non négociantes ou marchandes publiques sur lettres de change ne vaut, à leur égard, que comme simple promesse (113).

FIN DE NON-RECEVOIR, se dit d'une exception par laquelle on soutient que la partie adverse n'est pas recevable à intenter une action, une demande.

Les fins de non-recevoir se tirent de la forme, ou du défaut de qualité, ou du laps de temps.

Elles se tirent de la forme, comme quand un mineur intente une action sans être assisté de son tuteur ou curateur, une femme sans être autorisée par son mari, ou à défaut du mari, par le juge. Elles se tirent du défaut de qualité, comme quand on oppose au demandeur qu'il n'est point héritier de celui dont il réclame les droits. Enfin, elles se tirent du laps de temps, lorsqu'il y a quelque prescription acquise.

Sont non recevables,

Toutes actions contre le capitaine et les assureurs, pour dommage arrivé à la marchandise, si elle a été reçue sans protestation;

Toutes actions contre l'affréteur, pour avarie, si le capitaine a livré les marchandises et reçu son fret sans avoir protesté;

Toutes actions en indemnité pour dommages causés par l'abordage dans un lieu où le capi-

taine a pu agir, s'il n'a point fait de réclamation
(435).

Ces protestations et réclamations sont nulles,
si elles ne sont faites et signifiées dans les vingt-
quatre heures et si, dans le mois de leur date
elles ne sont suivies d'une demande en justice
(436).

FLOT. On dit qu'*un vaisseau est à flot*, qu'on
l'a mis à flot, pour dire, qu'il ne touche point
le fond, qu'il est soutenu sur l'eau, qu'il a assez
d'eau.

Sont avaries communes les frais faits pour
remettre à flot le navire échoué dans l'intention
d'éviter la perte totale ou la prise (400).

FOI, signifie, témoignage, assurance. Dans ce
sens, on dit : *cet acte fait foi en justice.*

Foi, se prend aussi pour l'assurance donnée
de garder sa parole, sa promesse.

On dit qu'*un homme est dans la bonne foi*, qu'il
a fait une chose dans la bonne foi, pour dire qu'il
agit ou qu'il a agi selon sa conscience.

Possesseur de bonne foi, se dit d'un homme
qui possède une chose qu'il croit lui appartenir
légitimement.

Les livres que les individus faisant le commerce
sont obligés de tenir, et pour lesquels ils n'ont
pas observé les formalités prescrites, ne peuvent
être représentés ni faire foi en justice, au profit
de ceux qui les ont tenus, sans préjudice de ce
qui est réglé pour les *faillites et banqueroutes*
(13). Voy. *Banqueroute, Faillite.*

Les rapports non vérifiés ne sont point admis
à la décharge du capitaine et ne font point foi en
justice, excepté dans le cas où le capitaine nau-

fragé s'est sauvé seul dans le lieu où il a fait son rapport (247).

Le connaissement rédigé dans les formes prescrites fait foi entre toutes les parties intéressées au chargement, et entre elles et les assureurs (283).

En cas de diversité entre les connaissemens d'un même chargement, celui qui sera entre les mains du capitaine fera foi, s'il est rempli de la main du chargeur, ou de celle de son commissionnaire; et celui qui est présenté par le chargeur ou le consignataire sera suivi, s'il est rempli de la main du capitaine (284).

Foi (bonne) du failli. Voy. *Syndic définitif, Union des créanciers.*

FOIRE. Grand marché public où l'on vend toutes sortes de marchandises, et qui se tient régulièrement en certains temps, une ou plusieurs fois l'année.

Une lettre de change peut être tirée en foire (129).

Une lettre de change payable en foire est échue la veille du jour fixé pour la clôture de la foire, ou le jour de la foire, si elle ne dure qu'un jour (133).

FOLLE ENCHÈRE, est l'adjudication qui se fait de nouveau, aux risques, périls et fortune de celui qui a enchéri le dernier, et à qui l'on a adjugé, soit un meuble, soit un bâtiment, soit un bien-fonds, faute d'avoir rempli les conditions de l'adjudication.

S'il ne se présente point d'enchérisseur qui porte la chose au prix pour lequel l'adjudication aura été faite, et qu'au contraire l'adjudication soit faite à un moindre prix, le premier adju-

2

56   *Fonction. — Force.*

dicataire demeure obligé de parfaire ce qui en
manquera jusqu'à concurrence de son enchère
à quoi il sera contraint par saisie et vente de
ses biens meubles et immeubles.

Voyez *Adjudication.*

FONCTION. Action qu'on fait pour s'acquitte
des obligations d'une charge ; pratique de certaines choses attachées de droit à une charge,
un emploi.

Les fonctions des juges de commerce sont seulement honorifiques (628).

Cessation des fonctions du juge-commissaire
et des syndics de la faillite. Voy. *Concordat.*

FONDÉ DE POUVOIR. C'est celui qui a pouvoir d'agir pour autrui, qui est fondé de la procuration d'un autre pour faire quelque chose
pour lui.

Voyez *Bilan, Capitaine, Créancier, Failli,
Propriétaire de navire.*

FONDS, se dit d'une certaine somme d'argent.
Ce mot exprime, dans les entreprises en société,
les fonds qu'ont faits entre eux les associés pour
son établissement. Il exprime assez communément ce qu'un négociant possède en marchandises. On dit : *Tel marchand a vendu son fonds,*
pour dire qu'il a transmis à un autre la propriété
de toutes les marchandises qu'il possédait.

L'associé commanditaire n'est passible des pertes que jusqu'à concurrence des fonds qu'il a mis
ou dû mettre dans la société (26).

Voyez *Bordereau, Caisse, Société en commandite.*

FORCE. Ce mot a plusieurs acceptions. Je le
considérerai ici comme violence.

On

On appelle *force majeure*, une puissance supérieure à laquelle on ne peut résister.

Le commissionnaire qui se charge d'un transport par terre ou par eau est garant de l'arrivée
des marchandises et effets dans le délai déterminé par la lettre de voiture, hors les cas de
force majeure légalement constatée (97).

Il est garant des avaries, ou perte de marchandises et effets, s'il n'y a stipulation contraire
dans la lettre de voiture, ou force majeure (98).

Le voiturier est garant de la perte des objets à
transporter, hors les cas de la force majeure.

Il est garant des avaries autres que celles qui
proviennent du vice propre de la chose ou de
la force majeure (103).

Si, par l'effet de la force majeure, le transport
n'est pas effectué dans le délai convenu, il n'y a
pas lieu à indemnité contre le voiturier pour
cause de retard (104).

La responsabilité du capitaine de navire ne
cesse que par la preuve d'obstacles de force majeure (230).

Si les matelots sont engagés au profit ou au
fret, il ne leur est dû aucun dédommagement
par journées pour la rupture, le retardement ou
la prolongation de voyage occasionnés par force
majeure (257).

S'il existe une force majeure qui n'empêche
que pour un temps la sortie du navire, les conventions pour le louage subsistent, et il n'y a pas
lieu à des dommages-intérêts à raison du retard.

Elles subsistent également, et il n'y a pas lieu
à aucune augmentation de fret, si la force majeure arrive pendant le voyage (277).

Voyez *Contrat à la grosse.*

17

FORFAIT, se dit d'un trafic, d'un marel[...]
par lequel un homme s'oblige de faire une cho[...]
pour un certain prix, à perte ou à gain.

La vente à *forfait* est une vente de plusieu[...]
marchandises pour un prix convenu, sans e[...]
trer dans le détail de la valeur de chacune [...]
particulier.

FORFAIT, se dit aussi des entreprises que d[...]
ouvriers s'engagent de faire pour une certai[...]
somme, sans mettre un prix sur les objets [...]
particulier.

Le fret d'un bâtiment peut avoir lieu à forf[...]
(286).

L'union des créanciers peut se faire autoris[...]
par le tribunal de commerce, le failli dûme[...]
appelé, à traiter à forfait des droits et actio[...]
du failli dont le recouvrement n'aurait pas é[...]
opéré, et à les aliéner (563).

FORMALITÉ. Formule de droit, manière f[...]
melle, expresse de procéder en justice.

FORMALITÉ, se dit aussi de certaines règles ét[...]
blies pour la régularité et la validité des actes [...]

Les associations commerciales en participatio[...]
ne sont pas sujettes aux formalités prescrit[...]
pour les autres sociétés de commerce (5o).

FORMALITÉ de justice. Voyez *Justice*.

FORTUNE. On appelle *fortune de mer*, les [...]
cheux accidens qui arrivent à ceux qui navigue[...]
sur mer, comme de faire naufrage, d'échouer, et [...]

Toutes pertes et dommages qui arrivent a[...]
objets assurés, par fortune de mer, sont a[...]
risques des assureurs (35o).

Le délaissement des objets assurés peut être f[...]
en cas d'innavigabilité par fortune de mer (369).
Voyez *Contrat à la grosse*.

FOURNITURE, action de fournir, de livrer. Ce mot signifie aussi ce qui est fourni, ce qui est livré.

Toute action en paiement pour fournitures de bois et autres choses nécessaires aux construction, équipement et avictuaillement du navire, se prescrit un an après ces fournitures faites (433).

Voyez *Créancier, Entreprise, Navire.*

FRAIS. On appelle ainsi les dépenses occasionnées par la poursuite d'un procès. C'est ce qu'on nomme autrement dépens. Cependant le nom de dépens s'applique plus particulièrement aux frais que la partie qui a succombé doit payer à celle qui a obtenu gain de cause.

FRAIS, se dit aussi des dépenses occasionnées par une opération particulière, soit d'achat, soit de vente d'une certaine sorte de marchandises.

Les livres des commerçans dont la tenue est ordonnée par le Code de commerce, sont cotés et paraphés sans frais (11). Même disposition pour les livres des agens de change et courtiers (84).

Le propriétaire d'une lettre de change égarée doit supporter les frais occasionnés pour s'en procurer une seconde (154).

Sont avaries communes, les frais du déchargement pour alléger le navire et entrer dans un havre et dans une rivière, quand le navire est contraint de le faire par tempête ou par la poursuite de l'ennemi;

Les frais faits pour remettre à flot le navire échoué dans l'intention d'éviter la perte totale ou la prise (400).

Les frais faits pour sauver les marchandises, sont avaries particulières (403).

17.

Les deniers provenant des ventes et recouvr: v:
mens opérés par les agens ou syndics de la faillit ili
seront versés, sauf la déduction des dépenses (e9.
frais, dans une caisse à double serrure (496).

Voyez *Adjudication, Commettant, Comm*: :
sionnaire, Intérét, Marchandise, Paiement, R :
change, Réhabilitation.

FRAIS (Contribution aux) nécessaires pour e:
pédier le navire. Voy. *Capitaine.*

FRAIS de l'administration de la faillite. Voy:
Créancier, Répartition.

FRAIS de charge, de décharge, de déplacemen:
de rechargement, de retardement. Voy. *Fret.*

FRAIS de déchargement, magasinage, remba:
quement, sauvetage. Voy. *Assurance, Innavig:*
bilité.

FRAIS d'entretien, de garde d'un bâtiment. Vo:
Navire.

FRAIS DE JUSTICE. Les frais de justice et autr::
faits pour parvenir à la vente d'un navire et à l:
distribution du prix, sont dettes privilégiées su::
le navire (191).

Le privilége ne peut être exercé qu'autant qu:
ces frais seront constatés par les états des frais a:
rêtés par les tribunaux compétens (192).

Voyez *Greffier, Syndic, Tribunal de commerce*:

FRAIS de poursuite en banqueroute simple:
Voy. *Banqueroute simple.*

FRAIS de protêt, de commission de banque:
courtage, de port de lettres. Voy. *Compte de r*::
tour, Rechange.

FRAIS de rechange. Voy. *Acceptation.*

FRAIS de recouvrement d'effets jetés à la mer::
Voy. *Contribution.*

Frais de retour. Voy. *Congé*, *Indemnité*.

Frais de sauvetage. Voy. *Contribution*, *Jet*, *Sauvetage*.

Frais de transport. Voy. *Assurance*.

Frais faits pendant le voyage d'un navire. Voy. *Assurance*, *Fret*.

Frais occasionnés par l'échouement. Voy. *Assurance*, *Innavigabilité*.

FRANC D'AVARIES. Clause en vertu de laquelle l'assureur est affranchi de toutes sortes d'avaries.

La clause *franc d'avarie* affranchit les assureurs de toutes avaries, soit communes, soit particulières, excepté dans les cas qui donnent ouverture au délaissement ; et dans ces cas, les assurés ont l'option entre le délaissement et l'exercice d'action d'avarie (409).

FRANÇAIS (Négociant) établi en pays étranger. Voy. *Assurance*, *Connaissement*, *Equipage*, *Passager*.

FRANCE. Voy. *Capitaine*, *Commissionnaire*, *Créance*, *Délai*, *Equipage*, *Passager*, *Voiturier*.

FRANCISATION. On appelle *acte de francisation*, un acte par lequel il conste qu'un navire appartient à un ou plusieurs Français.

Le capitaine est tenu d'avoir à bord l'acte de francisation (226).

FRAUDE. Tromperie, action faite de mauvaise foi.

On tient pour principe que la fraude ne se présume pas : elle n'est censée avoir lieu que quand elle est prouvée.

Tout emprunt à la grosse, fait pour une somme

excédant la valeur des objets sur lesquels il est affecté, peut être déclaré nul, à la demande du prêteur, s'il est prouvé qu'il y a fraude de la part de l'emprunteur (316).

S'il n'y a fraude, le contrat est valable jusqu'à la concurrence de la valeur des effets affectés à l'emprunt, d'après l'estimation qui en est faite ou convenue.

Le surplus de la somme empruntée est remboursé avec intérêt au cours de la place (317).

Un contrat d'assurance ou de réassurance consenti pour une somme excédant la valeur des effets chargés, est nul à l'égard de l'assuré seulement, s'il est prouvé qu'il y a dol ou fraude de sa part (357).

S'il n'y a ni dol ni fraude, le contrat est valable jusqu'à concurrence de la valeur des effets chargés, d'après l'estimation qui en est faite ou convenue.

En cas de perte, les assureurs sont tenus d'y contribuer chacun à proportion des sommes par eux assurées.

Ils ne reçoivent pas la prime de cet excédant de valeur, mais seulement l'indemnité de demi pour cent (358).

S'il existe plusieurs contrats d'assurance faits sans fraude sur le même chargement, et que le premier contrat assure l'entière valeur des effets chargés, il subsistera seul.

Les assureurs qui ont signé les contrats subséquens, sont libérés; ils ne reçoivent que demi pour cent de la somme assurée.

Si l'entière valeur des effets chargés n'est pas assurée par le premier contrat, les assureurs qui ont signé les contrats subséquens, répondent de l'excédant, en suivant l'ordre de la date des contrats (359).

Tout commerçant failli qui se trouve dans l'un des cas de fraude prévus par le Code, est en état de banqueroute (438).

Tous actes ou paiemens faits en fraude des créanciers du failli, sont nuls (447).

Les marchandises ne pourront être revendiquées, si, avant leur arrivée, elles ont été vendues sans fraude, sur factures et connaissemens ou lettres de voiture (578).

Voyez *Acte*, *Banqueroute*, *Concordat*, *Homologation*, *Vente*.

Actes faits par le failli en fraude de ses créanciers. Voy. *Banqueroute frauduleuse*, *Femme*.

Fraude dans l'estimation des objets assurés. Voy. *Assurance*.

Fraude en matière de transport de marchandises. Voy. *Commissionnaire*, *Voiturier*.

FRET. Terme de commerce de mer. Il signifie le louage d'un navire en tout ou en partie, pour voiturer et transporter des marchandises d'un port ou d'un pays à un autre. Ce qu'on appelle *fret* sur l'Océan, se nomme *nolis* sur la Méditerranée.

Le résultat des négociations et des transactions qui s'opèrent dans la bourse détermine le cours du fret (72).

Ce cours est constaté par les courtiers, dans la forme prescrite par les réglemens de police généraux ou particuliers (73).

Les courtiers interprètes et conducteurs de navires ont seuls le droit de constater le cours du fret ou du nolis (80).

Le navire et le fret sont spécialement affecté
aux loyers des matelots (271).

Toute convention pour louage d'un vaisseau
doit énoncer le prix du fret ou nolis (273).

Si le navire est frété au mois, et s'il n'y a convention contraire, le fret court du jour où le
navire a fait voile (275).

Le prix du loyer d'un navire ou autre bâtiment
de mer, est appelé *fret* ou *nolis*.

Il est réglé par les conventions des parties;

Il est constaté par la charte-partie ou par le
connaissement;

Il a lieu pour la totalité ou pour partie du bâtiment, pour un voyage entier ou pour un temps
limité, au tonneau, au quintal, à forfait, ou à
cueillette, avec désignation du tonnage du vaisseau (286).

Si le navire est loué en totalité, et que l'affréteur ne lui donne pas toute sa charge, le capitaine
ne peut prendre d'autres marchandises sans le
consentement de l'affréteur.

L'affréteur profite du fret des marchandises qui
complètent le chargement du navire qu'il a entièrement affrété (287).

L'affréteur qui n'a pas chargé la quantité de
marchandises portée par la charte-partie, est tenu
de payer le fret en entier, et pour le chargement
complet auquel il s'est engagé.

S'il en charge davantage, il paie le fret de l'excédant sur le prix réglé par la charte-partie.

Si cependant l'affréteur, sans avoir rien chargé, rompt le voyage avant le départ, il paiera en
indemnité, au capitaine, la moitié du fret convenu par la charte-partie pour la totalité du chargement qu'il devait faire.

Si le navire a reçu une partie de son charge-ment, et qu'il parte à non-charge, le fret entier sera dû au capitaine (288).

Le capitaine qui a déclaré le navire d'un plus grand port qu'il n'est, est tenu des dommages-intérêts envers l'affréteur (289).

N'est réputé y avoir erreur en la déclaration du tonnage d'un navire, si l'erreur n'excède un qua-rantième, ou si la déclaration est conforme au certificat de jauge (290).

Si le navire est chargé à cueillette, soit au quin-tal, au tonneau ou à forfait, le chargeur peut retirer ses marchandises, avant le départ du na-vire, en payant le demi-fret.

Il supportera les frais de charge, ainsi que ceux de décharge et de rechargement des autres mar-chandises qu'il faudrait déplacer, et ceux du re-tardement (291).

Le capitaine peut faire mettre à terre dans le lieu du chargement, les marchandises trouvées dans son navire, si elles ne lui ont point été déclarées, ou en prendre le fret au plus haut prix qui sera payé dans le même lieu pour les mar-chandises de même nature (292).

Le chargeur qui retire ses marchandises pen-dant le voyage, est tenu de payer le fret en entier et tous les frais de déplacement occasionnés par le déchargement; si les marchandises sont reti-rées pour cause des faits ou des fautes du capi-taine, celui-ci est responsable de tous les frais (293).

Si le navire est arrêté au départ, pendant la route ou au lieu de sa décharge, par le fait de l'affréteur, les frais du retardement sont dus par l'affréteur;

Si, ayant été frété pour l'aller et le retour, le
navire fait son retour sans chargement ou avec
un chargement incomplet, le fret entier est dû
au capitaine, ainsi que l'intérêt du retardement
(294).

Le capitaine est tenu des dommages-intérêts
envers l'affréteur, si, par son fait, le navire a
été arrêté ou retardé au départ, pendant sa route
ou au lieu de sa décharge.

Ces dommages-intérêts sont réglés par des experts (295).

Si le capitaine est contraint de faire radouber
le navire pendant le voyage, l'affréteur est tenu
d'attendre, ou de payer le fret en entier.

Dans le cas où le navire ne pourrait être radoubé, le capitaine est tenu d'en louer un autre.

Si le capitaine n'a pu louer un autre navire,
le fret n'est dû qu'à proportion de ce que le
voyage est avancé (296).

Le capitaine perd son fret, et répond des dommages-intérêts de l'affréteur, si celui-ci prouve
que, lorsque le navire a fait voile, il était hors
d'état de naviguer.

La preuve est admissible nonobstant et contre
les certificats de visite au départ (297).

Le fret est dû pour les marchandises que le
capitaine a été contraint de vendre pour subvenir aux victuailles, radoub et autres nécessités
pressantes du navire, en tenant par lui compte
de leur valeur au prix que le reste, ou autre pareille marchandise de même qualité, sera vendu
au lieu de la décharge, si le navire arrive à bon
port.

Si le navire se perd, le capitaine tiendra compte
des marchandises sur le pied qu'il les aura ven-

lues, en retenant également le fret porté aux connaissemens (298).

S'il arrive interdiction de commerce avec le pays pour lequel le navire est en route, et qu'il soit obligé de revenir avec son chargement, il n'est dû au capitaine que le fret de l'aller, quoique le vaisseau ait été affrété pour l'aller et le retour (299).

Si le vaisseau est arrêté dans le cours de son voyage par l'ordre d'une Puissance, il n'est dû aucun fret pour le temps de sa détention, si le navire est affrété au mois; ni augmentation de fret, s'il est loué au voyage.

La nourriture et les loyers de l'équipage pendant la détention du navire, sont réputés avaries (300).

Le capitaine est payé du fret des marchandises jetées à la mer pour le salut commun, à la charge de contribution (301).

Il n'est dû aucun fret pour les marchandises perdues par naufrage ou échouement, pillées par les pirates ou prises par les ennemis.

Le capitaine est tenu de restituer le fret qui lui aura été avancé, s'il n'y a convention contraire (302).

Si le navire et les marchandises sont rachetés, ou si les marchandises sont sauvées du naufrage, le capitaine est payé du fret jusqu'au lieu de la prise ou du naufrage.

Il est payé du fret entier en contribuant au rachat, s'il conduit les marchandises au lieu de leur destination (303).

La contribution pour le rachat se fait, sur le prix courant des marchandises au lieu de leur décharge, déduction faite des frais, et sur la moitié du navire et du fret.

Les loyers des matelots n'entrent point en contribution (304).

Si le consignataire refuse de recevoir les marchandises, le capitaine peut, par autorité de justice, en faire vendre pour le paiement de son fret, et faire ordonner le dépôt du surplus.

S'il y a insuffisance, il conserve son recours contre le chargeur (305).

Le capitaine ne peut retenir les marchandises dans son navire, faute de paiement de son fret;

Il peut, dans le temps de la décharge, demander le dépôt en mains tierces jusqu'au paiement de son fret (306).

Le capitaine est préféré, pour son fret, sur les marchandises de son chargement, pendant quinzaine après leur délivrance, si elles n'ont passé en mains tierces (307).

En cas de faillite des chargeurs ou réclamateurs avant l'expiration de la quinzaine, le capitaine est privilégié sur tous les créanciers pour le paiement de son fret et des avaries qui lui sont dus (308).

En aucun cas, le chargeur ne peut demander de diminution sur le prix du fret (309).

Le chargeur ne peut abandonner, pour le fret, les marchandises diminuées de prix ou détériorées par leur vice propre ou par cas fortuit.

Si toutefois des futailles contenant vin, huile, miel et autres liquides, ont tellement coulé qu'elles soient vides ou presque vides, lesdites futailles pourront être abandonnées pour le fret (310).

Le fret des marchandises sauvées, quand même il aurait été payé d'avance, fait partie du délaissement du navire, et appartient également à l'assureur, sans préjudice des droits des prêteurs à la grosse, de ceux des matelots pour leur loyer, et des frais et dépenses pendant le voyage (386).

Toute action en paiement pour fret du navire se prescrit un an après le voyage fini (433).

Voyez *Action, Assurance, Avarie, Capitaine, Connaissement, Contrat à la grosse, Equipage, Fin de non-recevoir, Innavigabilité, Matelot, Navire, Nullité, Propriétaire de navire, Révendication.*

FRÉTEUR. Propriétaire ou maître d'un vaisseau, qui loue ce vaisseau à un marchand, pour transporter et voiturer ses marchandises. Sur la Méditerranée, on l'appelle *nolisseur.*

Toute convention pour louage d'un vaisseau doit énoncer le nom du fréteur (273).

FUTAILLE. Vaisseau où l'on met du vin et autres liquides. On le dit quelquefois des vaisseaux où l'on conserve l'eau qu'on embarque sur les navires destinés aux voyages de long cours; mais plus ordinairement on les appelle *barriques.*

Voyez *Fret.*

G

GABARE. Espèce de bateau plat et large qui va à la voile et à la rame. Les gabares servent à transporter les cargaisons des vaisseaux à bord, quand on en fait le chargement, ou à en décharger les marchandises quand les navires sont arrivés.

Voyez *Contrat à la grosse.*

GAGE. C'est ce qu'on met entre les mains de quelqu'un pour sûreté d'une dette.

On peut donner en gage toutes les choses mobilières qui entrent dans le commerce.

Les créanciers du failli nantis d'un gage n'auront point de voix dans les délibérations relatives au concordat (520).

Voyez *Capitaine, Créancier, Syndic.*

GAGES. Ce que l'on donne au capitaine, aux matelots et autres gens de l'équipage pour paiement de leurs services.

Les gages du gardien et frais de garde du bâtiment depuis son entrée dans le port jusqu'à la vente, sont dettes privilégiées sur le bâtiment (191).

Le privilége ne peut être exercé qu'autant que ces dettes seront constatées par des états arrêtés par le président du tribunal de commerce (192).

Les gages du capitaine et autres gens de l'équipage employé au dernier voyage d'un navire sont dettes privilégiées sur le navire (191).

Le privilége ne peut être exercé qu'autant que les gages seront constatés par les rôles d'armement et de désarmement arrêtés dans les bureaux de l'inscription maritime (192).

Toute action en paiement pour gages des officiers, matelots et autres gens de l'équipage, se prescrit un an après le voyage fini (433).

Voyez *Matelot.*

GARANT, GARANTIE. Le *garant* est celui qui se rend responsable de quelque chose envers quelqu'un et qui est obligé de l'en faire jouir. Et l'on appelle *garantie,* l'obligation du *garant.*

On distingue deux sortes de garanties, dont l'une est appelée *garantie de droit,* et l'autre *garantie de fait,* ou *conventionnelle.*

La *garantie de droit* est celle à laquelle on est obligé de plein droit, lors même qu'elle n'a pas été stipulée. Telle est la garantie que tout vendeur ou cédant doit à l'acquéreur ou cessionnaire, pour lui assurer la jouissance ou la propriété de la chose vendue ou cédée.

La *garantie de fait* ou *conventionnelle* est celle qui n'a lieu qu'en vertu de la convention.

Un agent de change ou courtier ne peut se rendre garant des marchés dans lesquels il s'entremet (86).

Le commissionnaire qui se charge d'un transport par terre ou par eau, est garant de l'arrivée des marchandises et effets dans le délai déterminé par la lettre de voiture, hors les cas de la force majeure légalement constatée (97).

Il est garant des avaries ou pertes des marchandises et effets, s'il n'y a stipulation contraire dans la lettre de voiture ou force majeure (98).

Il est garant des faits du commissionnaire intermédiaire auquel il adresse les marchandises (99).

Le voiturier est garant de la perte des objets à transporter, hors les cas de la force majeure.

Il est garant des avaries autres que celles qui proviennent du vice propre de la chose, ou de la force majeure (103).

Le tireur et les endosseurs d'une lettre de change sont garans solidaires de l'acceptation et du paiement à l'échéance (118).

Voyez *Aval, Contrat à la grosse, Déchéance, Délai, Porteur, Protêt, Provision, Solidarité.*

GARDE, signifie la charge, la commission de garder, de conserver une chose, d'empêcher qu'elle ne se perde, qu'elle ne se détériore, etc.

Les frais de garde d'un bâtiment depuis son entrée dans le port jusqu'à la vente sont dettes privilégiées sur le bâtiment (191).

Le privilége ne peut être exercé, qu'autant que
ces dettes seront constatées par des états arrêtés
par le président du tribunal de commerce (192).

GARDES du commerce. Cette dénomination
s'applique à des officiers ministériels dont l'article 625 du Code de commerce a déterminé la
création pour la ville de Paris seulement, et dont
les fonctions doivent consister à mettre à exécution les contraintes par corps qui dériveront des
jugemens du tribunal de commerce de cette ville.

Un édit du mois de juillet 1778 créa, sous le
titre d'officiers gardes du commerce, douze de
ces officiers qui furent chargés de mettre à exécution la contrainte par corps pour dettes civiles.

Les fonctions de ces officiers sont détaillées
dans les treize articles qui composent l'édit de
création.

La loi du 15 germinal an VI a maintenu ces
officiers dans leurs fonctions pour les exercer
concurremment avec les huissiers.

Ainsi, cet ordre de choses doit durer jusqu'à
ce que les officiers énoncés dans le Code aient
été créés.

Il sera établi, pour la ville de Paris seulement,
des gardes du commerce pour l'exécution des jugemens emportant la contrainte par corps; la
forme de leur organisation et leurs attributions
seront déterminées par un règlement particulier
(625).

GARDIEN, celui qui est chargé de garder quelque chose. On donne particulièrement ce nom à
ceux que l'on commet pour garder les meubles ou
autres effets qui ont été, ou saisis par huissier,
ou sur lesquels un officier public a mis le scellé.

Les gages du gardien du bâtiment depuis son
entrée

...trée dans le port jusqu'à la vente, sont dettes ...ivilégiées sur le bâtiment (191).

... Le privilége ne peut être exercé qu'autant que ...s dettes seront constatées pas des états arrêtés ...r le président du tribunal de commerce (192).

... L'huissier chargé de procéder à la saisie d'un ...timent de mer, établit un gardien (200).

... GENDARME. Le corps de la gendarmerie est ...ne force instituée pour assurer dans l'intérieur ...l'Empire le maintien de l'ordre et l'exécution ...s lois. Le service de ce corps consiste dans une ...rveillance continue et répressive.

... Le tribunal de commerce peut ordonner que la ...rsonne du failli sera sous la garde d'un gen— ...rme (455).

...GENS, suivi de la préposition *de*, et d'un sub- ...ntif qui désigne une profession, un état quel- ...nque, signifie tous ceux d'une nation qui sont ...cet état, de cette profession. On dit, en ce ...ns, *gens de guerre*, *gens de mer*.

...Gens de guerre. Voy. *Propriétaire de navire*.

...Gens de l'équipage. Voy. *Capitaine, Interroga-* ...re.

...Gens de mer. Dans les affaires contentieuses de ...mmerce et pour le service des douanes, les ...urtiers-interprètes et conducteurs des navires ...vent seuls de truchement à tous étrangers ...ns de mer (80).

...Nul prêt à la grosse ne peut être fait aux gens ...mer sur leurs loyers ou voyages (319).

...La loi répute faits de commerce tous engage- ...ens de gens de mer pour le service des bâtimens de ...mmerce (633). Voy. *Assurance, Loyer, Nullité*.

...GÉRENT, est celui qui est chargé de gérer, de ...uverner, d'administrer les affaires d'autrui.

L'extrait des actes de société doit contenir [...] désignation de ceux des associés autorisés à gér[...] pour la société (43).

GESTION, administration.

L'associé commanditaire ne peut faire auc[...] acte de gestion ni être employé pour les affai[...] de la société, même en vertu d'une procurati[...] (27). Effet de la contravention à cette prohibi[...] tion (28). Voy. *Société en commandite.*

Les administrateurs d'une société anonime [...] contractent, à raison de leur gestion, aucu[...] obligation personnelle ni solidaire relativeme[...] aux engagemens de la société (32).

GESTION de la Faillite. Voy. *Juge-Commissai[...]*

GIBRALTAR, est une ville très forte, situ[...] près du détroit qui porte son nom, et à l'entr[...] de la Méditerranée. Cette ville, qui avait app[...] tenu aux Maures, et ensuite aux Espagnols, [...] maintenant sous la domination anglaise. Le [...] cher sur lequel elle est bâtie portait autrefois[...] nom de *Calpe.* Elle a un port très-fortifié [...] commande le passage du détroit. Ce détroit a h[...] lieues de long sur cinq de large.

Sont réputés voyages de longs cours ceux qui[...] font dans toutes les côtes et pays situés sur l[...] céan, au-delà du détroit de Gibraltar (377).

GOUVERNEMENT, se dit pour signifier ce[...] qui gouvernent.

La société anonime ne peut exister qu'a[...] l'autorisation du Gouvernement et avec son [...] probation pour l'acte qui la constitue ; cette [...] probation doit être donnée dans la forme presci[...] pour les réglemens d'administration publique[...] (37).

L'acte du Gouvernement qui autorise les sociétés anonimes doit être affiché avec l'acte d'association, et pendant le même temps (45).

La bourse de commerce est la réunion qui a lieu sous l'autorité du Gouvernement, des commerçans, capitaine de navires, agens de change et courtiers (71).

Le même individu peut, si l'acte du Gouvernement qui l'institue l'y autorise, cumuler les fonctions d'agent de change, de courtier de marchandises ou d'assurances, et de courtier-interprète et conducteur de navire (81).

Si le navire est arrêté par ordre du Gouvernement avant le voyage commencé, il n'est dû aux matelots que les journées employées à équiper le bâtiment (253).

Il déterminera, dans un réglement relatif au rachat des captifs, les formes suivant lesquelles se feront le recouvrement et l'emploi du montant de l'indemnité due au matelot fait esclave pour son rachat (269).

Le délaissement des objets assurés peut être fait en cas d'arrêt de la part du Gouvernement, après le voyage commencé (369).

GRACE. On nomme *jours de grace, délai de grace*, un nombre de jours qu'il est passé en usage d'accorder au-delà du terme désigné pour le paiement d'une lettre de change à celui sur qui elle est tirée.

Voyez *Echéance.*

GRAND-JUGE MINISTRE DE LA JUSTICE. Le sénatus-consulte du 16 thermidor an X lui a attribué le droit de surveiller et de reprendre les tribunaux, les justices de paix et les membres qui les composent.

18.

Les tribunaux de commerce sont dans les attri- bu- tions et sous la surveillance du grand-juge ministre de la justice (630).

GREFFE, GREFFIER. Un greffe est le lieu où l'on conserve les minutes, registres et autres actes des tribunaux. Et l'on appelle *greffier*, l'officier qui tient un greffe.

L'extrait des actes de société en nom collectif ou en commandite doit être remis, dans la quinzaine de leur date, au greffe du tribunal de commerce de l'arrondissement dans lequel est établie la maison du commerce social, pour être transcrit sur le registre et affiché pendant trois mois dans la salle des audiences.

Si la société a plusieurs maisons de commerce situées dans divers arrondissemens, la remise, la transcription et l'affiche de cet extrait seront faites au tribunal de commerce de chaque arrondisse- ment (42).

Le jugement arbitral est motivé.

Il est déposé au greffe du tribunal de commerce.

Il est rendu exécutoire sans aucune modifica- tion, et transcrit sur les registres, en vertu d'une ordonnance du président du tribunal, lequel est tenu de la rendre pure et simple, et dans le délai de trois jours du dépôt au greffe (61).

Le procès-verbal de visite d'un navire est dé- posé au greffe du tribunal de commerce (225).

Le rapport que le capitaine de navire est tenu de faire à son arrivée, est fait et déposé au greffe du tribunal de commerce (243).

Tout prêteur à la grosse, en France, est tenu de faire enregistrer son contrat au greffe

...ribunal de commerce, dans les dix jours de la
...ate, à peine de perdre son privilége (312).

Tout failli sera tenu, dans les trois jours de
...a cessation de paiement, d'en faire la déclara-
...on au greffe du tribunal de commerce; le jour
...à il aura cessé ses paiemens sera compris dans
...es trois jours (440).

Pourra être poursuivi comme banqueroutier
...mple et être déclaré tel, le failli qui ne se sera
...as conformé à la disposition ci-dessus (587).

Voyez *Adjudication*, *Banqueroute*, *Contrat à
...a grosse*, *Contrat de mariage*, *Créance*, *Four-
...isseur*, *Navire*, *Ouvrier*.

G<small>REFFIER</small>. Il y aura près de chaque tribunal
...e commerce un greffier, dont les droits et les
...evoirs seront déterminés par un réglement
...'administration publique (624).

Le pouvoir en vertu duquel on plaide pour
...ne partie devant les tribunaux de commerce,
...st exhibé au greffier avant l'appel de la cause,
...t par lui visé sans frais (627)

Voyez *Banqueroute*.

GROENLAND. C'est un grand pays des terres
...rctiques, situé entre les détroits de Davis et
...orbisher et l'Islande. Il fut découvert en 982.
...e nom de Groënland est pris de la mousse qui
...apisse les côtes.

Le Groënland est hérissé de montagnes qui
...ont couvertes de neiges et de glaces, dont la
...lus grande partie ne fond jamais. Les côtes sont
...a seule partie qui soit habitée. Elles sont cou-
...pées de plusieurs golfes considérables, et bordées
...l'un grand nombre d'îles.

Sont réputés voyages de long cours, ceux qui
...e font au Groënland (377).

GROSSE AVENTURE. On appelle *contrat o*
prêt à la grosse aventure, ou simplement *à ii*
grosse, l'acte par lequel un des contractans prêt
à l'autre, pour un commerce maritime, un
somme d'argent à gros intérêt, à condition que
si le vaisseau vient à périr par quelque acciden
de force majeure, la dette sera perdue.

Ce contrat, qui est du nombre des contrat
aléatoires, était en usage chez les Romains, comm
le prouvent plusieurs lois du Digeste et du Cod

Quel que soit l'intérêt ou le profit que l'em
prunteur s'oblige de donner au prêteur, dans ll
cas d'un heureux succès, le contrat à la gross
n'est point usuraire. En effet, l'usure que le
lois défendent consiste à exiger quelque chos
au-delà de la somme prêtée pour la récompens
du prêt; mais dans le contrat à la grosse, c
que l'emprunteur doit donner pour la somm
prêtée n'est point la récompense du prêt, c'es
le prix des risques dont le prêteur s'est charge

En temps de paix, on porte ordinairemen
l'intérêt ou profit maritime de l'argent donné
la grosse, à 15 ou 20 pour cent, s'il s'agit d'u
voyage de long cours aux îles de l'Amérique
et à 25 ou 30 pour cent, s'il s'agit d'un voyag
à la côte de Guinée. Mais, en temps de guerre, o
stipule un intérêt plus fort, parce que les risque
sont plus étendus. Au surplus, l'intérêt ou prof
maritime n'étant, en pareil cas, limité par aucun
loi, il n'y a d'autre règle à cet égard que la con
vention des parties contractantes.

Voyez *Contrat à la grosse, Emprunt, Prêt.*

GUERRE. C'est la querelle, le différent qu
s'est élevé entre des Etats souverains, et qui s
poursuit par la voie des armes.

L'assurance peut être faite en temps de guerre (335).

L'augmentation de prime qui aura été stipulée en temps de paix pour le temps de guerre qui pourrait survenir, et dont la quotité n'aura pas été déterminée par les contrats d'assurances, est réglée par les tribunaux, en ayant égard aux risques, aux circonstances et aux stipulations de chaque police d'assurance (343).

Toutes pertes et dommages qui arrivent aux objets assurés, par déclaration de guerre, sont aux risques des assureurs (350).

GUERRE MARITIME. Voy. *Délai*, *Porteur*.

GUINDAGE, se dit des palans et autres cordages qui servent à charger ou décharger les marchandises d'un bâtiment de mer.

Les dommages arrivés aux marchandises, faute par le capitaine d'avoir fourni de bons guindages, seront des avaries particulières supportées par le propriétaire des marchandises, mais pour lesquelles il a son recours contre le capitaine, le navire et le fret (405).

H

HABIT, vêtement, ce qui sert à couvrir le corps.

Voyez *Femme*.

HABITUDE. Coutume, disposition acquise par des actes réitérés.

Délais d'habitudes locales. Voy. *Echéance*.

HARDES. Il se dit généralement de tout ce qui est d'un usage nécessaire et ordinaire pour l'habillement.

Les hardes des gens de l'équipage ne contribuent point au jet : la valeur de celles qui auront
été jetées sera payée par contribution sur tou[s]
les autres effets (419).

Dans tous les cas, il sera, sous l'approbation
du commissaire, remis au failli et à sa famille le[s]
hardes nécessaires à l'usage de leurs personnes.
Cette remise se fera sur la proposition des syndics qui en dresseront l'état (529).

HASARD. On appelle opérations de pur hasard
celles dont le succès n'est pas probable.

HASARD, signifie aussi péril, risque.

Le rapport que le capitaine est tenu de faire
dans les vingt-quatre heures de son arrivée, doit
énoncer les hasards qu'il a courus (242).

Le commerçant failli sera poursuivi comme
banqueroutier simple, et pourra être déclaré
tel, s'il est reconnu qu'il a consommé de fortes
sommes à des opérations de pur hasard (586).

HAVRE. Port de mer.

Le capitaine est tenu d'être en personne dans
son navire, à l'entrée et à la sortie des havres
(227).

Sont avaries communes les frais du déchargement pour alléger le navire et entrer dans un
havre, quand le navire est contraint de le faire
par tempête ou par la poursuite de l'ennemi
(400).

Voyez *Avarie.*

HÉRITIER. On appelle héritier celui qui, par
la volonté de l'homme ou par l'autorité de la loi,
est subrogé à tous les droits et en la cause d'un
défunt.

Les dispositions relatives aux contestations

ntre associés, et à la manière de les décider, ont communes aux héritiers des associés (62).

Voyez *Arbitres, Associés, Jugement arbitral.*

Les héritiers des prétendus débiteurs de lettres le change ou de billets à ordre prescrits sont enus d'affirmer, sous serment, qu'ils estiment le bonne foi qu'il n'est plus rien dû (189).

Voyez *Prescription.*

HOMMES D'ÉQUIPAGE, s'entend des gens qui composent l'équipage d'un navire.

Voyez *Equipage.*

HOMOLOGATION. Approbation, confirmation par autorité de justice, ou jugement qui ordonne l'exécution de quelque acte, tel qu'un contrat d'union, de direction, d'atermoiement passé entre des créanciers.

La délibération du conseil de famille qui autorise un mineur à faire le commerce, doit être homologuée par le tribunal civil (2).

Le traité entre le failli et ses créanciers sera homologué dans la huitaine du jugement sur les oppositions. L'homologation le rendra obligatoire pour tous les créanciers, et conservera l'hypothèque à chacun d'eux sur les immeubles du failli; à cet effet, les syndics seront tenus de faire inscrire aux hypothèques le jugement d'homologation, à moins qu'il n'y ait été dérogé par le concordat (524).

L'homologation étant signifiée aux syndics provisoires, ceux-ci rendront leur compte définitif au failli, en présence du commissaire; ce compte sera débattu et arrêté. En cas de contestation, le tribunal de commerce prononcera: les syndics remettront ensuite au failli l'universalité de ses biens, ses livres, papiers, effets (525).

Le failli donnera décharge ; les fonctions du commissaire et des syndics cesseront, et il sera dressé du tout procès-verbal par le commissaire.

Le tribunal de commerce pourra, pour cause d'inconduite ou de fraude, refuser l'homologation du concordat ; et, dans ce cas, le failli sera en prévention de banqueroute, et renvoyé, de droit, devant le magistrat de sûreté, qui sera tenu de poursuivre d'office.

S'il accorde l'homologation, le tribunal déclarera le failli excusable, et susceptible d'être réhabilité aux conditions prescrites pour la réhabilitation (526). Voy. *Réhabilitation.*

Les tribunaux de commerce connaîtront de l'homologation du traité entre le failli et ses créanciers (635).

HUILE. Liqueur grasse et onctueuse, qui se tire de plusieurs sortes de choses, soit par la simple expression, soit par le moyen du feu.

Futailles contenant huile. Voy. *Fret.*

HUISSIER. On nomme huissiers, des officiers chargés de faire les significations nécessaires à l'instruction des procédures et à l'exécution des jugemens. Les fonctions des huissiers sont encore d'assister aux audiences, pour y recevoir les ordres des juges, y faire observer le silence, ouvrir et fermer les portes de l'auditoire, et faire les significations d'avoué à avoué.

Les protêts faute d'acceptation ou de paiement sont faits par deux notaires ou par un notaire et deux témoins, ou par un huissier et deux témoins (173).

Les notaires et les huissiers sont tenus, à peine de destitution, dépens, dommages-intérêts envers les parties, de laisser copie exacte des proêts, et de les inscrire en entier, jour par jour et par ordre de dates, dans un registre particulier, coté et paraphé et tenu dans les formes prescrites pour les répertoires (176).

Il y aura près de chaque tribunal de commerce les huissiers dont les droits, vacations et devoirs seront fixés par un réglement d'administration publique (624).

Voyez *Cession de biens, Saisie.*

HYPOTHÉCAIRE (créancier). C'est celui dont le contrat a été passé par-devant notaire ou reconnu en justice, et dont la créance est hypothéquée sur les biens de son débiteur. Dans les faillites, les créanciers hypothécaires passent avant les chirographaires.

Voyez *Créancier hypothécaire.*

HYPOTHÈQUE, signifie le droit qu'un créancier a dans la chose qui appartient, ou qui a appartenu à son débiteur, et dont l'effet consiste à suivre cette chose dans quelques mains qu'elle passe, afin de la faire vendre, et d'être payé sur le prix.

Nul ne peut acquérir privilége ni hypothèque sur les biens du failli dans les dix jours qui précèdent l'ouverture de la faillite (443).

Voyez *Actes conservatoires, Concordat, Femme, Marchande publique, Mineur.*

I

IDENTITÉ. Ce qui fait que deux ou plusieurs choses ne sont qu'une, sont comprises sous une même idée.

IDENTITÉ de Marchandises. Voy. *Revendication.*

ISLE. Espace de terre entouré d'eau de tous côtés.

Sont réputés voyages de longs cours ceux qui se font aux îles de l'Amérique méridionale et septentrionale (377).

ISLE DE CAPRAJA. Voy. *Délai*, *Porteur*.

ISLE D'ELBE. Voy. *Délai*, *Porteur*.

ISLES Açores, Canaries, Madère, etc. Voy. *Assurance*, *Délai*.

ISLES de l'Europe, des Indes-Occidentales et Orientales.

Voyez *Délai*, *Porteur*.

IMMEUBLE. Ce terme s'emploie pour désigner des biens en fonds qui ne peuvent être transportés d'un lieu à un autre, comme les terres, bois, vignes, bâtimens, etc.

On comprend encore sous le nom d'*immeubles*, les objets que le propriétaire d'un fonds y a placés pour le service et l'exploitation de ce fonds; tels sont les animaux attachés à la culture, les ustensiles aratoires, les semences, les pigeons des colombiers, les lapins des garennes, etc. etc.

Il y a aussi certains biens qui, sans avoir de corps matériel ni de situation fixe, sont réputés immeubles par fiction; ce sont l'usufruit des choses immobilières, les servitudes ou services fonciers, les actions qui tendent à revendiquer un immeuble, etc.

Les mineurs marchands et les femmes marchandes publiques peuvent engager, hypothéquer leurs immeubles, en suivant les formalités prescrites à ce sujet par le Code Napoléon (6 et 7).

Le bilan devra contenir l'énumération et l'évaluation de tous les effets mobiliers et immobiliers du débiteur (471).

Voyez *Actes conservatoires, Banqueroute frauduleuse, Cession de biens, Concordat, Créancier
hypothécaire, Distribution, Expropriation, Femme, Syndic définitif, Union, Vente.*

INCOMPÉTENCE, est l'état du juge qui n'a pas
le pouvoir de connaître d'une contestation. On
distingue l'incompétence matérielle (*ratione ma-
teriæ*) de l'incompétence personnelle (*ratione
personæ*).

L'incompétence matérielle a lieu lorsqu'un juge
connaît d'une matière attribuée à un autre juge;
comme si un tribunal d'attribution connaissait
d'une question réservée aux juges ordinaires, et
réciproquement.

Il y a incompétence personnelle, lorsque, dans
la matière de son ressort, un juge prononce entre des personnes qui ne sont point ses justiciables,
comme quand, dans une cause personnelle, les
parties sont domiciliées sous une autre juridiction.

Voyez *Cour d'appel.*

INCONDUITE, défaut de conduite.
Voyez *Concordat, Homologation.*

INDEMNITÉ. C'est, en général, ce qui est donné à quelqu'un pour empêcher qu'il ne souffre
quelque dommage.

La lettre de voiture doit énoncer l'indemnité
due pour cause de retard (102).

Si, par l'effet de la force majeure, le transport
n'est pas effectué dans le délai convenu, il n'y a
pas lieu à indemnité contre le voiturier pour cause
de retard (104).

Le capitaine congédié par le propriétaire du navire n'a droit à aucune indemnité, s'il n'y a convention par écrit (218).

Si la rupture, le retardement ou la prolongation du voyage arrivent par le fait des chargeurs,
les gens de l'équipage ont part aux indemnités
qui sont adjugées au navire.

Ces indemnités sont partagées entre les propriétaires du navire et les gens de l'équipage dans
la même proportion que l'aurait été le fret.

Si l'empêchement arrive par le fait du capitaine
ou des propriétaires, ils sont tenus des indemnités
dues aux gens de l'équipage (257).

Le matelot pris et fait esclave, s'il a été envoyé
en mer ou à terre pour le service du navire, a
droit au paiement d'une indemnité pour son rachat, si le navire arrive à bon port (267).

L'indemnité est due par le propriétaire du navire, si le matelot a été envoyé en mer ou à terre
pour le service du navire.

L'indemnité est due par les propriétaires du
navire et du chargement, si le matelot a été envoyé en mer ou à terre pour le service du navire
et du chargement (268).

Le montant de l'indemnité est fixé à 600 francs.

Le recouvrement et l'emploi en seront faits suivant les formes déterminées par le Gouvernement
dans un réglement relatif au rachat des captifs
(269).

Tout matelot qui justifie qu'il est congédié sans
cause valable, a droit à une indemnité contre le
capitaine.

L'indemnité est fixée au tiers des loyers, si le
congé a lieu avant le voyage commencé.

L'indemnité est fixée à la totalité des loyers et
aux frais du retour, si le congé a lieu pendant le
cours du voyage.

Le capitaine ne peut, dans aucun des cas ci-dessus, répéter le montant de l'indemnité contre les propriétaires du navire.

Il n'y a pas lieu à indemnité, si le matelot est congédié avant la clôture du rôle d'équipage (270).

Toute convention pour louage d'un vaisseau doit énoncer l'indemnité convenue pour cause de retard (273).

Si l'affréteur, sans avoir rien chargé sur le navire affrété, rompt le voyage avant le départ, il paiera, en indemnité, au capitaine, la moitié du fret convenu par la charte-partie pour la totalité du chargement qu'il devoit faire (288).

Si le voyage est rompu avant le départ du vaisseau, même par le fait de l'assuré, l'assurance est nulle; l'assureur reçoit, à titre d'indemnité, demi pour cent de la somme assurée (349).

Les agens de la faillite, après la reddition de leur compte, auront droit à une indemnité qui leur sera payée par les syndics provisoires (483).

Cette indemnité sera réglée selon les lieux et suivant la nature de la faillite, d'après les bases qui seront établies par un réglement d'administration publique (484).

Si les agens ont été pris parmi les créanciers, ils ne recevront aucune indemnité (485).

Voy. *Action, Affrétement, Assurance, Charte-partie, Dol, Fin de non-recevoir, Fraude, Matelot, Nolissement.*

Indemnité des dettes contractées par la femme avec son mari pendant le mariage. Voy. *Femme.*

INDES. L'Inde est divisée en deux parties. L'Inde en-deçà du Gange, ou Indes Occidentales, et l'Inde au-delà du Gange, ou Indes Orientales.

Chacune de ces parties est terminée par une grande

presqu'île : celle qui termine l'Inde en-deçà du
Gange, porte le nom de *presqu'île Occidentale*, ou
de *presqu'île du Décan;* celle qui termine l'Inde
au-delà du Gange, porte le nom de *presqu'île*
Orientale, ou de *presqu'île de Malaca.*

L'Inde a pris son nom du fleuve *Sinda*, autrefois *Indus*, qui arrose sa partie occidentale.

Sont réputés voyages de long cours, ceux qui
se font aux Indes Orientales et Occidentales (377).

INDES Occidentales et Orientales. Voy. *Assu-*
rance, *Délai*, *Porteur.*

INDICATION. Action par laquelle on indique.
Indication de domicile. Voyez *Domicile*,
Protêt.

INDUSTRIE. On donne ce nom au travail, à
la pratique d'un art, d'un commerce quelconque.
Voyez *Tribunal de commerce.*

INFIDÉLITÉ en matière de transport de marchandises. Voy. *Commissionnaire*, *Voiturier.*

INFORMATION. On dit, *prendre des informa-*
tions, pour dire, faire des recherches, afin de
découvrir la vérité d'un fait.
Voyez *Bilan.*

INNAVIGABILITÉ. On dit, d'une mer où l'on
ne peut naviguer, d'un navire hors d'état de tenir la mer, qu'ils sont innavigables.

Le capitaine perd son fret et répond des dommages-intérêts de l'affréteur, si celui-ci prouve
que, lorsque le navire a fait voile, il était hors
d'état de naviguer.

La preuve est admissible, nonobstant et contre
les certificats de visite au départ (297).

Le délaissement des objets assurés peut être
fait

it en cas d'innavigabilité par fortune de mer
(369).

Le délaissement à titre d'innavigabilité ne peut être fait, si le navire échoué peut être relevé, réparé et mis en état de continuer sa route pour le lieu de sa destination.

Dans ce cas, l'assuré conserve son recours sur les assureurs, pour les frais et avaries occasionnés par l'échouement (389).

Si le navire a été déclaré innavigable, l'assuré sur le chargement est tenu d'en faire la notification dans le délai de trois jours de la réception de la nouvelle (390).

Le capitaine est tenu, dans ce cas, de faire toutes diligences pour se procurer un autre navire, à l'effet de transporter les marchandises au lieu de leur destination (391).

L'assureur court les risques des marchandises chargées sur un autre navire, dans le cas prévu par l'article précédent, jusqu'à leur arrivée et leur déchargement (392).

L'assureur est tenu, en outre, des avaries, frais de déchargement, magasinage, rembarquement, de l'excédant du fret, et de tous autres frais qui auront été faits pour sauver les marchandises, jusqu'à concurrence de la somme assurée (393).

Si, dans les délais prescrits par l'article 387 (voyez cet article au mot *Délai*), le capitaine n'a pu trouver de navire pour recharger les marchandises et les conduire au lieu de leur destination, l'assuré peut en faire le délaissement (394).

Les marchandises ne contribuent point au paiement du navire réduit à l'état d'innavigabilité (425).

Voyez. *Capitaine.*

19

INSCRIPTION, se dit de l'action d'écrire, copier un acte sur un registre.

En matière de société anonime, la propriété des actions peut être établie par une inscription sur les registres de la société (36).

INSCRIPTION HYPOTHÉCAIRE. Enregistremen dans les registres du conservateur des hypoth ques, des bordereaux des actes qui emporter hypothèque.

Voyez *Actes conservatoires.*

INSCRIPTION MARITIME, est l'action d'insé rer dans un registre les noms de ceux qui sont des tinés à la navigation. On appelle *bureau d'inscrip tion*, le lieu où se fait cette opération.

Voyez *Gages, Loyers, Navire.*

INSERTION. Action par laquelle on insère, on état de la chose insérée.

INSERTION dans les journaux. Voy. *Créancier, Journaux.*

INSTRUCTION, se dit de la procédure qui lieu pour vérifier les faits, éclairer la religion de juges, et mettre l'affaire en état d'être jugée.

Dans le cas où les juges du tribunal civil exerce ront les fonctions et connaîtront des matières at tribuées aux juges de commerce, l'instruction aura lieu dans la même forme que devant les tri bunaux de commerce, et les jugemens produi ront les mêmes effets (641).

Voyez *Banqueroute frauduleuse, Cour d'appel Procureur-Impérial.*

INTERDICTION, INTERDIT. Interdiction, est le jugement qui prive quelqu'un de l'administra tion de ses biens et quelquefois de sa personne,

dans les cas de démence, de fureur, de prodiga-
lité.

L'*interdit*, est celui contre qui a été prononcé
le jugement.

Le mineur qui veut faire le commerce ne peut
en commencer les opérations, ni être réputé majeur, quant aux engagemens par lui contractés
pour fait de commerce, sans avoir été préalablement autorisé par sa mère, si son père est interdit (2).

INTERDICTION DE COMMERCE. C'est la défense
que fait l'Empereur aux négocians, marchands et
autres personnes de faire aucun négoce de marchandises avec les nations contre qui la France
est en guerre.

L'interdiction de commerce se fait en même
temps que la déclaration de guerre; et elle ne
se lève ordinairement qu'avec celle de la paix. Il
y a cependant des guerres qui n'emportent pas
l'interdiction du commerce.

Tant que cette interdiction subsiste, toute
marchandise est de contrebande, soit qu'elle
vienne du pays avec lequel on est en guerre, soit
qu'elle y aille, et, comme telle, est sujette à confiscation, ainsi que les voitures, équipages et
vaisseaux qui servent aux transports.

Voyez *Affrétement*, *Charte-Partie*, *Commerce*,
Convention, *Fret*, *Navire*, *Nolissement*.

INTÉRESSÉ dans une compagnie de commerce,
dans une société, dans une manufacture, dans
la cargaison et armement d'un vaisseau marchand, etc., est celui qui en fait les fonds avec
d'autres associés, lorsque ces fonds ne sont pas
faits par actions ; autrement, on le nomme actionnaire.

Les formalités relatives à la remise au greffe,
la transcription et à l'affiche de l'extrait des ac
de société en nom collectif et en commanditi
doivent être observées, à peine de nullité, à l'
gard des intéressés (42).

Intéressé au navire et au chargement. Voy. *C*
pitaine, *Contrat à la grosse.*

INTÉRÊT. Ce qui convient, ce qui importe
quelque manière que ce soit à l'utilité de qu
qu'un. C'est dans ce sens qu'on dit, *embrasse*
prendre les intérêts de quelqu'un.

On appelle aussi *intérêt*, le profit que tire
créancier de l'argent qui lui est dû.

INTÉRÊT, signifie la part qu'on a dans une s
ciété, dans une entreprise commerciale. On di
en ce sens, *j'ai un intérêt considérable dans*
vaisseau; il a un intérêt d'un sixième dans te
compagnie. Voulez vous prendre intérêt dans n
manufacture ?

INTÉRÊT des propriétaires. Voy. *Propriétaire*
navire.

En matière de société anonyme, les associés
sont passibles que de la perte du montant de leu
intérêt dans la société (33).

Les associations commerciales en participatio
ont lieu pour les objets, dans les formes, avec l
proportions d'intérêt et aux conditions conv
nues entre les participans (48).

Un agent de change ou courtier ne peut s'int
resser directement ni indirectement sous son nom
ou sous un nom interposé, dans aucune entre
prise commerciale (85).

Voyez *Capitaine*, *Navire.*

L'intérêt du principal de la lettre de chang

rotestée faute de paiement est dû à compter du
jour du protêt (184).

L'intérêt des frais de protêt, rechange et autres frais légitimes, n'est dû qu'à compter du jour
de la demande en justice (185).

Voyez *Adjudication, Commettant, Commissionnaire, Contrat à la grosse, Créancier, Marchandise, Paiement, Réhabilitation.*

INTERLIGNE. Voy. *Entreligne.*

INTERPELLATION, est la sommation qu'on
fait à quelqu'un de répondre sur un fait.

La prescription ne peut avoir lieu, s'il y a interpellation judiciaire (434).

INTERPRÈTE, celui qui rend les mots d'une
langue par les mots d'une autre langue.
Voyez *Courtier-Interprète.*

INTERROGATOIRE. On nomme ainsi les questions faites par un juge à une partie sur la vérité
de certains faits qui doivent déterminer le jugement, la décision d'une affaire, et les réponses
qui sont faites à ces questions par la partie.

Pour vérifier le rapport du capitaine qui a fait
naufrage, le juge reçoit l'interrogatoire des gens
de l'équipage, et, s'il est possible, des passagers,
sans préjudice des autres preuves (247).

INTERVENANT. Terme de pratique. Qui intervient.
Voyez *Acceptation par intervention, Paiement
par intervention.*

INTERVENTION. C'est l'action par laquelle on
intervient dans une contestation, dans un procès, dans un acte, dans un paiement, etc., et les
suites de cette action.

Un emprunt à la grosse fait par le capitaine, dans le lieu de la demeure des propriétaires du navire sans leur autorisation authentique ou leur intervention dans l'acte, ne donne action et privilège que sur la portion que le capitaine peut avoir au navire et au fret (321).

Pourra, suivant la nature des cas, être poursuivie comme complice de banqueroute frauduleuse, la femme qui aura prêté son intervention à des actes faits par le mari en fraude de ses créanciers (556).

Voyez *Acceptation*, *Paiement par intervention*.

INVENTAIRE. Rôle, mémoire, état, dénombrement par écrit, contenant par articles les biens, meubles, titres, papiers d'une personne, d'une maison. Il se dit particulièrement de l'énumération et description des effets d'une succession.

Le commerçant est tenu de faire, tous les ans, sous seing-privé, un inventaire de ses effets mobiliers et immobiliers, et de ses dettes actives et passives, et de le copier, année par année, sur un registre spécial à ce destiné (9).

Le livre des inventaires doit être paraphé (10).

Aussitôt après leur nomination, les syndics provisoires réquerront la levée des scellés, et procéderont à l'inventaire des biens du failli. Ils seront libres de se faire aider, pour l'estimation, par qui ils jugeront convenable; conformément à l'article 937 du Code de procédure civile, cet inventaire se fera par les syndics à mesure que les scellés seront levés, et le juge de paix y assistera et le signera à chaque vacation (486).

Le failli sera présent ou dûment appelé aux opérations de l'inventaire (487).

L'inventaire terminé, les marchandises, l'argent, les titres actifs, meubles et effets du débiteur, seront remis aux syndics qui s'en chargeont au pied dudit inventaire (491).

Voyez *Banqueroute simple*, *Femme*, *Magistrat de sûreté*.

IRRÉGULARITÉ. Défaut de conformité aux règles, d'exactitude, de ponctualité.

IRRÉGULARITÉ dans la tenue des livres. Voyez *Banqueroute simple*, *Livres de commerce*.

J

JAUGE, est la mesure commune et connue qu'un muid ou autre vaisseau doit contenir, suivant les différens usages des lieux. Ainsi, l'on dit: le muid est de jauge, pour faire entendre qu'il contient juste le nombre de litres qu'il doit naturellement contenir. On dit aussi qu'un tonneau est de bonne ou de mauvaise jauge, quand il est plus ou moins grand par rapport à son espèce.

La jauge enseigne aussi combien un navire peut contenir de tonneaux, combien un tonneau de mer, qui est estimé peser 2000 livres (979 kilogrammes environ) peut occuper de pieds cubes dans le fond de cale du navire.

N'est réputé y avoir erreur en la déclaration du tonnage d'un navire, si l'erreur n'excède un quarantième, ou si la déclaration est conforme au certificat de jauge (290).

JET DE MARCHANDISES C'est l'action de jeter dans la mer, pour alléger un vaisseau dans l'es-

pérance de le sauver, une partie des marcha...
dises dont il est chargé.

Toutes pertes et dommages qui arrivent a...
objets assurés, par jet, sont aux risques des a...
reurs (35o).

Les choses jetées à la mer sont avaries co...
munes (4oo).

Si, par tempête ou par la chasse de l'enne...
le capitaine se croit obligé, pour le salut du...
vire, de jeter en mer une partie de son charg...
ment, de couper ses mâts, ou d'abandonner...
ancres, il prend l'avis des intéressés au char...
ment qui se trouvent dans le vaisseau, et...
principaux de l'équipage.

S'il y a diversité d'avis, celui du capitaine...
des principaux de l'équipage est suivi (41o).

Les choses les moins nécessaires, les plus p...
santes et de moindre prix, sont jetées les pr...
mières, et ensuite les marchandises du prem...
pont, au choix du capitaine et par l'avis d...
principaux de l'équipage (411).

Le capitaine est tenu de rédiger par écrit...
délibération, aussitôt qu'il en a les moyens.

La délibération exprime

Les motifs qui ont déterminé le jet,

Les objets jetés ou endommagés.

Elle présente la signature des délibérans, o...
les motifs de leur refus de signer.

Elle est transcrite sur le registre (412).

Au premier port où le navire abordera, le ca...
pitaine est tenu, dans les vingt-quatre heures...
son arrivée, d'affirmer les faits contenus dans...
délibération transcrite sur le registre (413).

L'état des pertes et dommages est fait dans...
lieu du déchargement du navire à la diligence d...
capitaine et par experts.

. Les experts sont nommés par le tribunal de commerce, si le déchargement se fait dans un port français.

Dans les lieux où il n'y a pas de tribunal de commerce, les experts sont nommés par le juge de paix.

Il sont nommés par le consul de France, et, à son défaut, par le magistrat du lieu, si la décharge se fait dans un port étranger.

Les experts prêtent serment avant d'opérer (414).

Les marchandises jetées sont estimées suivant le prix courant du lieu du déchargement ; leur qualité est constatée par la production des connaissemens, et des factures, s'il y en a (415).

Les experts nommés en vertu de l'article précédent font la répartition des pertes et dommages.

La répartition est rendue exécutoire par l'homologation du tribunal.

Dans les ports étrangers, la répartition est rendue exécutoire par le consul de France, ou, à son défaut, par tout tribunal compétent sur les lieux (416).

La répartition pour le paiement des pertes et dommages est faite sur les effets jetés et sauvés, et sur moitié du navire et du fret, à proportion de leur valeur au lieu du déchargement (417).

Si la qualité des marchandises a été déguisée par le connaissement, et qu'elles se trouvent d'une plus grande valeur, elles contribuent sur le pied de leur estimation, si elles sont sauvées ;

Elles sont payées d'après la qualité désignée par le connaissement, si elles sont perdues.

Si les marchandises déclarées sont d'une qualité inférieure à celle qui est indiquée par le connais-

sement, elles contribuent d'après la qualité indiquée par le connaissement, si elles sont sauvées;

Elles sont payées sur le pied de leur valeur, si
elles sont jetées ou endommagées (418).

Les munitions de guerre et de bouche, et les
hardes des gens de l'équipage ne contribuent
point au jet; la valeur de celles qui auront été
jetées sera payée par contribution sur tous les
autres effets (419).

Les effets dont il n'y a pas de connaissement
ou déclaration du capitaine, ne sont pas payés
s'ils sont jetés; ils contribuent s'ils sont sauvés
(420).

Les effets chargés sur le tillac du navire contribuent s'ils sont sauvés.

S'ils sont jetés ou endommagés par le jet, le
propriétaire n'est point admis à former une demande en contribution; il ne peut exercer son
recours que contre le capitaine (421).

Il n'y a lieu à contribution pour raison du
dommage arrivé au navire, que dans le cas où le
dommage a été fait pour faciliter le jet (422).

Si le jet ne sauve le navire, il n'y a lieu à aucune contribution.

Les marchandises sauvées ne sont point tenues
du paiement ni du dédommagement de celles qui
ont été jetées ou endommagées (423).

Si le jet sauve le navire, et si le navire, en continuant sa route, vient à se perdre, les effets sauvés contribuent au jet sur le pied de leur valeur
en l'état où ils se trouvent, déduction faite des
frais de sauvetage (424).

Les effets jetés ne contribuent en aucun cas
au paiement des dommages arrivés depuis le jet
aux marchandises sauvées.

Les marchandises ne contribuent point au paie-

ment du navire perdu ou réduit à l'état d'innavigabilité (425).

Si, en vertu d'une délibération, le navire a été
ouvert pour en extraire les marchandises, elles
contribuent à la réparation du dommage causé
au navire (426).

En cas de perte des marchandises mises dans
des barques pour alléger le navire entrant dans
un port ou une rivière, la répartition en est faite
sur le navire et son chargement en entier.

Si le navire périt avec le reste de son chargement, il n'est fait aucune répartition sur les marchandises mises dans les alléges, quoiqu'elles
arrivent à bon port (427).

Dans tous les cas ci-dessus exprimés, le capitaine et l'équipage sont privilégiés sur les marchandises ou le prix en provenant pour le montant
de la contribution (428).

Si, depuis la répartition, les effets jetés sont
recouvrés par les propriétaires, ils sont tenus de
rapporter au capitaine et aux intéressés ce qu'ils
ont reçu dans la contribution, déduction faite
des dommages causés par le jet et des frais de
recouvrement (429).

Marchandises jetées à la mer pour le salut
commun. Voy. *Fret.*

JEU. C'est un exercice auquel on hasarde ordinairement de l'argent.

Le commerçant failli sera poursuivi comme
banqueroutier simple, et pourra être déclaré
tel, s'il est reconnu qu'il a consommé de fortes
sommes au jeu (586).

JOUR. Durée de vingt-quatre heures qu'on
compte ordinairement d'un midi à l'autre : c'est
ce qu'on appelle jour naturel ou civil.

Le jour artificiel, qui est le premier qu'il semble qu'on ait appelé simplement jour, est le temps de la lumière qui est déterminé par le lever et le coucher du soleil.

Lorsqu'il a été convenu qu'une dette se payerait à un jour déterminé, elle ne peut être exigée qu'après que ce jour s'est écoulé.

On dit qu'une lettre de change est payable à jour préfix, à jour nommé, lorsque le jour qu'elle doit être payée est exprimé et fixé dans la lettre.

Une lettre de change à deux, à quatre, à six jours de vue préfix, est celle qui doit être payée deux jours, quatre jours ou six jours après celui de son acceptation.

Quant à ce qu'on appelle *les dix jours de faveur*, voyez *Délai*, *Faveur*.

Les agens de change et courtiers sont tenus de consigner dans leur livre, jour par jour, toutes les conditions des ventes, achats, assurances, négociations, et en général de toutes les opérations faites par leur ministère (84).

En matière de saisie et vente de bâtimens de mer, les criées, publications et affiches doivent désigner les jours des audiences auxquelles les enchères seront reçues (204).

Voyez *Délai, Echéance, Porteur.*

JOURNAL. On appelle, dans le commerce, *livre-journal*, un livre sur lequel un marchand inscrit jour par jour les marchandises qu'il vend aux différens particuliers.

Comme on ne peut point se faire de titre à soi-même, il faut en conclure que les livres-journaux des marchands ne font pas une preuve pleine et entière contre les personnes à qui ils prétendent avoir vendu leurs marchandises. Ce pendant la faveur du commerce a établi que, quand ces livres journaux sont en bon ordre, qu'ils sont écrits jour par jour et sans aucun blanc, que le marchand jouit d'une bonne réputation, et que sa demande est formée dans l'année de la fourniture, ils forment une semi-preuve; et pour suppléer à ce qui manque à la preuve de la fourniture, les juges prennent souvent le serment du marchand.

Quant à la preuve que les journaux d'un marchand font contre lui relativement aux marchés qu'il a faits, aux sommes qui lui ont été payées, aux marchandises qui lui ont été livrées, elle est complète, quand même tout cela aurait été écrit d'une autre main que celle du marchand, pourvu qu'il conste que le journal est celui dont le marchand a coutume de se servir. Cette décision de Dumoulin est fondée sur ce que le journal étant en la possession du marchand, on doit présumer que tout ce qui y est écrit l'a été de son consentement.

Le livre-journal d'un commerçant doit présenter, jour par jour, ses dettes actives et passives, les opérations de son commerce, ses négociations, acceptations ou endossemens d'effets, et généralement tout ce qu'il reçoit et paie à quelque titre que ce soit; il doit énoncer, mois par mois, les sommes employées à la dépense de sa maison (8).

Le livre-journal doit être paraphé (10).

JOURNAL, se dit d'une gazette ou feuille périodique destinée à annoncer les nouvelles de différens endroits,

Le jugement qui ordonnera l'apposition des scellés, déclarera l'époque de l'ouverture de la faillite, et nommera le commissaire et les agens de la faillite, sera inséré par extrait dans les journaux, suivant le mode établi par l'article 683 du Code de procédure civile (457).

Les jugemens par lesquels le tribunal de police correctionnelle déclarera qu'il y a banqueroute simple, seront insérés dans un journal, conformément à l'art. 683 du Code de procédure civile (592).

Les arrêts des Cours de justice criminelle contre les banqueroutiers et leurs complices, seront insérés dans un journal, conformément à l'art. 683 du Code de procédure civile (599).

Voyez *Créancier, Papier public.*

JOURNÉE. C'est le travail d'un ouvrier, d'un matelot pendant un jour.

Journées employées par les matelots à l'équipement du navire. Voyez *Matelot.*

JUGE (Grand). Voy. *Grand-Juge.*

JUGE. On appelle juge, un homme préposé par l'Empereur pour administrer la justice aux particuliers.

Les livres dont la tenue est ordonnée par le Code, doivent être cotés, paraphés et visés, soit par un des juges des tribunaux de commerce, soit par le maire ou un adjoint, dans la forme ordinaire et sans frais (11). Même disposition pour les livres des agens de change et courtiers (84).

Les livres de commerce, régulièrement tenus, peuvent être admis par le juge pour faire preuve entre commerçans pour fait de commerce (12).

Dans le cours d'une contestation, la représentation des livres de commerce peut être ordonnée par le juge, même d'office, à l'effet d'en extraire ce qui concerne le différend (15). *Quid*, si les livres dont la représentation est offerte, requise ou ordonnée, sont dans des lieux éloignés du tribunal saisi de l'affaire (16)? *Quid*, si la partie aux livres de laquelle on offre d'ajouter foi, refuse de les représenter? (17).

Le délai pour le jugement arbitral est fixé par les parties lors de la nomination des arbitres; et s'ils ne sont pas d'accord sur le délai, il sera réglé par les juges (54).

Les juges ne peuvent accorder aucun délai pour le paiement d'une lettre de change (157).

Le porteur d'une lettre de change protestée faute de paiement, peut, en obtenant la permission du juge, saisir conservatoirement les effets mobiliers des tireurs, accepteurs et endosseurs (172).

Le juge commis d'office pour la vente d'un bâtiment de mer saisi, reçoit les enchères après chaque criée, de huitaine en huitaine, à jour certain fixé par son ordonnance (205).

Le registre que le capitaine de navire est obligé de tenir est coté et paraphé par l'un des juges du tribunal de commerce (224).

Pour être nommé juge au tribunal de commerce, il faut être âgé de trente ans, et avoir exercé le commerce avec honneur et distinction pendant cinq ans (620).

Voyez *Adjudication, Capitaine, Serment, Tribunal de commerce.*

JUGE-COMMISSAIRE. On donne ce nom à un juge préposé par le tribunal pour exercer un acte de juridiction, ou remplir certaines fonctions de justice.

Par le même jugement qui ordonnera l'apposition des scellés, le tribunal de commerce déclarera l'époque de l'ouverture de la faillite; il nommera un de ses membres, commissaire de la faillite
et un ou plusieurs agens, suivant l'importance d
la faillite, pour remplir, sous la surveillance d
commissaire, les fonctions qui leur sont attribuées par le Code (454).

Le juge-commissaire fera au tribunal de commerce le rapport de toutes les contestations qu
la faillite pourra faire naître et qui seront de l
compétence de ce tribunal.

Il sera chargé spécialement d'accélérer la confection du bilan, la convocation des créancier
et de surveiller la gestion de la faillite, soit pendant la durée de la gestion provisoire des agens
soit pendant celle de l'administration des syndic
provisoires ou définitifs (458).

Le bordereau des effets du portefeuille du faill
extrait des scellés, sera remis au commissaire. I
visera les quittances des agens pour le recouvrement des autres sommes dues au failli (463).

Après l'apposition des scellés, le commissair
rendra compte au tribunal de l'état apparent de
affaires du failli, et pourra proposer ou sa mise e
liberté pure et simple, avec sauf-conduit provisoire de sa personne, ou sa mise en liberté ave
sauf-conduit, en fournissant caution de se représenter, sous peine de paiement d'une somme qu
le tribunal arbitrera, et qui tournera, le cas advenant, au profit des créanciers (466).

A défaut par le commissaire de proposer un
sauf-conduit pour le failli, ce dernier pourra présenter sa demande au tribunal de commerce qu
statuera après avoir entendu le commissaire (467)

L

Le failli que les agens appelleront auprès d'eux, pourra comparaître par fondé de pouvoir, s'il propose des empêchemens jugés valables par le commissaire (468).

Le juge-commissaire pourra, soit d'office, soit sur la demande d'un ou de plusieurs créanciers, ou même de l'agent, interroger les commis et autres employés du failli pour la rédaction du bilan (474).

Dès que le bilan aura été remis, par les agens, au juge-commissaire, celui-ci dressera, dans trois jours, pour tout délai, la liste des créanciers, il sera remise au tribunal de commerce, et il les fera convoquer par lettres, affiches et insertion dans les journaux (476).

Même avant la confection du bilan, le commissaire délégué pourra convoquer les créanciers, suivant l'exigence des cas (477).

Les créanciers susdits se réuniront en présence du commissaire, aux jour et lieu indiqués par lui (478).

Les créanciers réunis présenteront au juge-commissaire une liste triple du nombre des syndics provisoires qu'ils estimeront devoir être nommés (480).

Il est présent au compte que les agens de la faillite rendent aux syndics provisoires de toutes leurs opérations et de l'état de la faillite (481).

Il surveille les opérations des syndics provisoires (482).

Il statue, s'il y a lieu, sur les plaintes qui lui sont portées par les créanciers contre les opérations des syndics, ou fait son rapport au tribunal de commerce (495).

Le juge-commissaire veille à ce qu'il soit pro-

20

cédé diligemment à la vérification des créances, mesure que les créanciers se présentent (501).

Le juge-commissaire dresse procès-verbal de vérification des créances (503).

Le commissaire peut, suivant l'exigence d cas, demander aux créanciers la représentatic de leurs registres, ou l'extrait fait par les juges commerce du lieu, en vertu d'un compulsoir: il peut aussi, d'office, renvoyer devant le ti bunal de commerce qui statuera sur son rappo (505).

Si la créance est contestée en tout ou en parti le juge-commissaire, sur la réquisition des sy: dics, pourra ordonner la représentation des titr du créancier et le dépôt de ses titres au greffe d tribunal de commerce. Il pourra même, sans qu soit besoin de citation, renvoyer les parties à br délai devant le tribunal de commerce qui juge: sur son rapport (508).

Aux lieu, jour et heure qui seront fixés par commissaire, l'assemblée se formera, sous sa pr sidence; il n'y sera admis que des créanciers r connus, ou leurs fondés de pouvoirs (515).

Le failli ne peut se faire représenter à l'assen: blée des créanciers, que pour des motifs valabl: et approuvés par le commissaire (516).

Le commissaire vérifiera les pouvoirs de ceu qui s'y présenteront comme fondés de procur: tion: il fera rendre compte en sa présence, p: les syndics provisoires, de l'état de la faillite, d: formalités qui auront été remplies et des opér: tions qui auront eu lieu: le failli sera entend (517).

Le commissaire tiendra procès-verbal de ce q: aura été dit et décidé dans cette assemblée (518,

Les syndics peuvent admettre les demandes en revendication , sauf l'approbation du commissaire; s'il y a contestation, le tribunal prononcera après avoir entendu le commissaire (585).

Voyez *Agent de la faillite, Bordereau , Caisse, Concordat, Créance, Créancier, Magistrat de sûreté, Répartition, Syndic, Union , Vente.*

JUGE DE COMMERCE. Voy. *Juge - Commissaire, Créance.*

JUGE DE PAIX. Officier de justice et de police qui connaît, dans un arrondissement déterminé, de divers objets, des uns en dernier ressort, et des autres à charge d'appel. Les affaires dont le jugement n'appartient, ni aux juges de paix, ni aux tribunaux de commerce, et qui ne sont pas exceptées par le Code de procédure , sont, avant d'aller au tribunal civil , portées immédiatement devant le juge de paix pour la conciliation des parties.

Les juges de paix sont nommés par l'Empereur. Il les choisit parmi les candidats présentés par les assemblées des cantons.

En cas que les livres de commerce dont la représentation est offerte , requise ou ordonnée, soient dans des lieux éloignés du tribunal saisi de l'affaire , les juges peuvent adresser une commission rogatoire au tribunal de commerce du lieu, ou déléguer un juge de paix pour en prendre connaissance, dresser un procès-verbal du contenu, et l'envoyer au tribunal saisi de l'affaire (16).

En cas de refus ou contestation pour la réception des objets transportés, leur état est vérifié et constaté par des experts nommés par le président du tribunal de commerce, ou par le juge de

20.

paix, à son défaut, et par ordonnance au pied
d'une requête (106).

Dans les lieux où il n'y a pas de tribunal de
commerce, le juge de paix peut accorder au capitaine la même autorisation que le tribunal de commerce dans les lieux où il y en a (234).

Dans les lieux où il n'y a pas de tribunal de
commerce, le capitaine du navire est tenu de
faire, dans les vingt-quatre heures de son arrivée,
son rapport au juge de paix de l'arrondissement.

Le juge de paix est tenu d'envoyer, sans délai,
le rapport au président du tribunal de commerce
le plus voisin (243).

Dans les lieux où il n'y a pas de tribunal de
commerce, les experts chargés d'estimer les marchandises jetées sont nommés par le juge de
paix (414).

Aussitôt que le tribunal de commerce aura connaissance de la faillite, il ordonnera l'apposition
des scellés : expédition du jugement sera sur-le-
champ adressée au juge de paix (449).

Le juge de paix pourra, sur la notoriété acquise, apposer les scellés sur les meubles et effets
du failli (450).

Le juge de paix adressera, sans délai, au tribunal de commerce, le procès-verbal de l'apposition des scellés sur les meubles et effets du failli
(453).

Les livres du failli seront extraits des scellés, et
remis par le juge de paix aux agens, après avoir
été arrêtés par lui ; il constatera sommairement,
par son procès-verbal, l'état dans lequel ils se
trouveront.

Les effets du portefeuille qui seront à courte
échéance ou susceptibles d'acceptation, seront
aussi extraits des scellés par le juge de paix, de l.

rits et remis aux agens pour en faire le recouvrement : le bordereau en sera remis au commissaire (463).

Il assistera à l'inventaire des biens du failli, et il signera à chaque vacation (486).

Voyez *Capitaine, Relâche, Scellé.*

JUGEMENT. On appelle jugement, la décision d'une contestation donnée par juge compétent, entre personnes capables de plaider.

Tout jugement qui prononce une séparation de corps ou un divorce entre mari et femme dont l'un est commerçant, doit être soumis aux formalités prescrites par l'art. 872 du Code de procédure civile ; à défaut de quoi, les créanciers seront toujours admis à s'y opposer, pour ce qui touche les intérêts, et contredire toute liquidation qui en aurait été la suite (66).

Le jugement qui ordonnera l'apposition des scellés, déclarera l'ouverture de la faillite, et nommera le commissaire et les agens de la faillite, sera affiché et inséré par extrait dans les journaux, suivant le mode établi par l'art. 683 du Code de procédure civile.

Il sera exécutoire provisoirement, mais susceptible d'opposition ; savoir : pour le failli, dans les huit jours qui suivront celui de l'affiche ; pour les créanciers présens ou représentés, et pour tout autre intéressé, jusques et y compris le jour du procès-verbal constatant la vérification des créances ; pour les créanciers en demeure, jusqu'à l'expiration du dernier délai qui leur aura été accordé (457).

Les jugemens, dans les tribunaux de commerce, seront rendus par trois juges au moins : aucun suppléant ne pourra être appelé que pour compléter ce nombre (626).

Voyez *Agent de la faillite, Banqueroute, Cession de biens, Concordat, Créance, Créancier hypothécaire, Délai, Dommages-intérêts, Homologation, Navire, Syndic, Tribunal de commerce, Vente.*

JUGEMENT ARBITRAL. C'est le jugement que portent les arbitres.

Il y aura lieu à l'appel du jugement arbitral ou au pourvoi en cassation, si la renonciation n'a pas été stipulée. L'appel sera porté devant la Cour d'appel (52.)

Le délai pour le jugement est fixé par les parties lors de la nomination des arbitres, et, s'ils ne sont pas d'accord sur le délai, il sera réglé par les juges (54).

Il est déposé au greffe du tribunal de commerce;

Il est motivé;

Il est rendu exécutoire sans aucune modification, et transcrit sur les registres, en vertu d'une ordonnance du président du tribunal, lequel est tenu de la rendre pure et simple, et dans le délai de trois jours du dépôt au greffe (61).

Si des mineurs sont intéressés dans une contestation pour raison d'une société commerciale, le tuteur ne pourra renoncer à la faculté d'appeler du jugement arbitral (63).

JUGEMENT CONTRADICTOIRE. Un jugement est contradictoire, quand il n'a été rendu qu'après que toutes les parties ont été ouïes. Voyez *Cour d'appel.*

JUGEMENT DÉFINITIF. On appelle jugemens définitifs ceux qui décident le fonds de la question.

Voyez *Tribunal de commerce.*

JUGEMENT EMPORTANT CONTRAINTE PAR CORPS. C'est un jugement qui permet au créancier de faire emprisonner son débiteur, quand il ne remplit pas les engagemens qu'il a contractés.

Voyez *Garde du commerce.*

JUGEMENT EN DERNIER RESSORT. C'est un jugement dont on ne peut point interjeter appel.

Voyez *Tribunal de commerce.*

JUGEMENT PAR DÉFAUT. On nomme ainsi le jugement rendu sur la demande ou sur la plaidoirie de l'une des parties, sans que l'autre ni son avoué aient été entendus. Voy. *Cour d'appel, Tribunal de commerce.*

JURIDICTION. C'est le pouvoir de celui qui a droit de juger.

Quelquefois ce mot signifie le ressort, l'étendue du lieu où des juges ont le pouvoir de juger.

Quelquefois aussi on entend par *juridiction*, le tribunal où l'on juge. C'est en ce sens qu'on dit, *juridiction commerciale*, pour désigner le tribunal qui connaît des contestations en matière de commerce.

Voyez *Tribunal de commerce.*

JUSTICE. Les jurisconsultes romains définissent la justice, une volonté ferme et constante de rendre à chacun ce qui lui est dû.

Quelquefois *justice* signifie *le tribunal où l'on juge les parties.* Souvent la *justice* est prise pour les officiers qui la rendent.

Les parties remettent leurs pièces et mémoires aux arbitres sans aucune formalité de justice (56).

Voyez *Capitaine, Consentement, Consignataire, Demande en justice, Frais, Fret, Vente en justice.*

L

LACUNE, se dit du vide qui se trouve dans un livre, dans le corps d'un ouvrage, et qui en interrompt la suite.

Tous les livres des commerçans doivent être tenus sans lacunes (10). Même disposition pour le registre sur lequel le commissionnaire doit copier les lettres de voiture (102).

LAMANAGE. Terme de marine. Travail, profession des mariniers lamaneurs.

On appelle *lamaneur*, un pilote ou marinier qui conduit les vaisseaux étrangers dans les rades ou dans les ports, lorsque les parages sont dangereux et inconnus à ceux qui les abordent. Il y a aussi des lamaneurs vers l'embouchure des rivières : on les loue pour éviter les bancs, les syrtes et autres dangers que la mer déplace presque tous les ans, comme à Rouen, par exemple, où il y a des lamaneurs fixes de deux lieues en deux lieues.

L'assureur n'est point tenu du lamanage (354). Voyez *Avarie*.

LECTURE. Action de lire.

Les tribunaux auxquels la demande en réhabilitation aura été adressée, feront faire la lecture publique de l'arrêt portant réhabilitation (611).

LETTRE DE CHANGE. C'est l'écrit par lequel un négociant donne ordre à un de ses correspondans d'une ville, autre que celle où il réside, de payer à la personne qu'il lui dénomme, ou à son ordre, une certaine somme, au terme

...u'il lui désigne. Cet ordre se nomme *traite*,
...lativement à celui qui le donne, et *lettre de*
...ange, de ce qu'au moyen des transports d'or-
...re, nommés *endossemens*, elle change de mains
...et de propriétaire.

...Dans toute lettre de change, il intervient né-
...cessairement trois personnes; savoir: celle qui
...l'a fait, que l'on nomme *le tireur*; celle au nom de
...qui elle est faite, qui est censée en avoir donné
...la valeur, et celle qui doit la payer. Cette der-
...nière ne fait qu'exécuter ce qui a été convenu
...entre les deux premières.

...La lettre de change est tirée d'un lieu sur un
...autre.

...Elle est datée.

...Elle énonce

...La somme à payer,

...Le nom de celui qui doit payer,

...L'époque et le lieu où le paiement doit s'ef-
...fectuer,

...La valeur fournie en espèces, en marchan-
...dises, en compte, ou de toute autre manière.

...Elle est à l'ordre d'un tiers, ou à l'ordre du
...tireur lui-même.

...Si elle est par 1re, 2e, 3e, 4e, etc., elle l'ex-
...prime (110).

...Une lettre de change peut être tirée sur un
...individu, et payable au domicile d'un tiers.

...Elle peut être tirée par ordre et pour le compte
...d'un tiers (111).

...Sont réputées simples promesses toutes lettres
...de change contenant supposition, soit de nom,
...soit de qualité, soit de domicile, soit des lieux
...d'où elles sont tirées, ou dans lesquels elles sont
...payables (112).

...La signature des femmes et des filles non négocianles ou marchandes publiques, sur lettre de change, ne vaut, à leur égard, que comme simple promesse (113).

Les lettres de change souscrites par des mineurs non négocians sont nulles à leur égard, sauf les droits respectifs des parties, conformément à l'art. 1312 du Code Napoléon (114).

Règles relatives à la provision(115, 116 et 117). Voy. *Provision ;*

À l'acceptation (118 à 125). Voy. *Acceptation.*

À l'Acceptation par intervention (126, 127 et 128). Voy. *Acceptation par intervention ;*

À l'échéance (129 à 135). Voy. *Échéance ;*

À l'endossement (136 à 139). Voy. *Endossement ;*

À la solidarité (140). Voy. *Solidarité.*

À l'aval (141 et 142). Voy. *Aval ;*

Au paiement (143 à 157). Voy. *Paiement ;*

Au paiement par intervention (158 et 159). Voy. *Paiement par intervention ;*

Aux droits et devoirs du porteur (160 à 172). Voy. *Porteur ;*

Aux protêts (173 à 176). Voy. *Protêt ;*

Au rechange (177 à 186). Voy. *Rechange.*

La loi répute actes de commerce, entre toutes personnes, les lettres de change, ou remises d'argent faites de place en place (632).

Lorsque les lettres de change ne sont réputées que simples promesses, le tribunal de commerce est tenu de renvoyer au tribunal civil, s'il en est requis par le défendeur (636).

Lorsque des lettres de change porteront en même temps des signatures d'individus négocians et d'individus non négocians, le tribunal de commerce en connaîtra; mais il ne pourra pro

...cer la contrainte par corps contre les individus non négocians, à moins qu'ils ne se soient
engagés à l'occasion d'opérations de commerce,
trafic, change, banque ou courtage (637).

Voyez *Négociation*, *Paiement*, *Prescription*.

LETTRE DE VOITURE. Dans le transport de
marchandises par mer, le maître du navire
donne au propriétaire des marchandises une reconnaissance de celles qu'il a reçues ; dans le
transport par terre ou par les rivières, c'est le
propriétaire qui remet au voiturier ou batelier
une lettre, nommée de voiture, à l'adresse de celui
à qui les marchandises sont adressées.

Cette lettre doit exprimer 1º. la date de la remise des marchandises ; 2º. le nom du voiturier
et le lieu de sa résidence ; 3º. le nombre de
balles ou ballots, caisses, tonnes ou tonneaux ;
4º. la sorte et la qualité de la marchandise qu'ils
contiennent ; 5º. les marques qui y sont appli-
quées ; leur poids et le prix de la voiture à tant
du kilogramme. Il doit, en outre, y être stipulé
que les marchandises seront rendues bien condi-
tionnées, et en tant de jours, à peine de perdre
un tiers ou moitié du prix de la voiture ; et qu'il
lui sera remboursé les droits qu'il justifiera avoir
payés en route, ainsi que le remboursement que
l'on fait suivre quelquefois.

La lettre de voiture forme un contrat entre
l'expéditeur et le voiturier, ou entre l'expéditeur,
le commissionnaire et le voiturier (101).

La lettre de voiture doit être datée.

Elle doit exprimer

La nature et le poids ou la contenance des objets à transporter ;

Le délai dans lequel le transport doit être effectué.

Elle indique

Le nom et le domicile du commissionnaire par l'entremise duquel le transport s'opère, s'il y en a un,

Le nom de celui à qui la marchandise est adressée,

Le nom et le domicile du voiturier.

Elle énonce

Le prix de la voiture,

L'indemnité due pour cause de retard.

Elle est signée par l'expéditeur ou le commissionnaire.

Elle présente en marge

Les marques et numéros des objets à transporter.

La lettre de voiture est copiée par le commissionnaire sur un registre coté et paraphé sans intervalle et de suite (102).

Les marchandises ne pourront être revendiquées, si, avant leur arrivée, elles ont été vendues sans fraude, sur factures et connaissemens ou lettres de voiture (578).

Voyez *Commissionnaire pour les transports par terre et par eau, Garant, Marchandise.*

LETTRE MISSIVE, signifie proprement, une lettre écrite pour être envoyée à quelqu'un. On ne s'en sert guère que parmi les négocians.

Le commerçant est tenu de mettre en liasse les lettres missives qu'il reçoit et de copier sur un registre celles qu'il envoie (8).

Les lettres adressées au failli seront remises aux agens; ils les ouvriront, s'il est absent; s'il est présent, il assistera à leur ouverture (463).

Tous les créanciers du failli seront avertis par les papiers publics et par les lettres des syndics, de se présenter dans le délai de quarante jours, par eux ou par leurs fondés de pouvoirs, aux syndics de la faillite, à l'effet de leur déclarer à quel titre et pour quelle somme ils sont créanciers, et de leur remettre leurs titres de créances ou de les déposer au greffe du tribunal de commerce. Il leur en sera donné récépissé (502).

Voyez *Créancier*.

LEVANT. Les Français appellent ainsi les pays situés à l'Orient, à l'égard de la France. Il ne se dit néanmoins que de ceux qui sont les plus proches de nous, et qui ne s'étendent guère au delà de la Méditerranée; les autres, comme la Perse, l'Inde, la Chine, le Japon, conservent le nom d'Orient.

Voyez *Délai*, *Echelles du Levant*, *Porteur*.

LEVÉE DU SCELLÉ. C'est l'action par laquelle on lève un scellé.

Voyez *Scellé*.

LIBÉRATION. Terme de jurisprudence. On s'en sert pour exprimer la décharge d'une dette.

Celui qui emprunte à la grosse sur des marchandises, n'est point libéré par la perte du navire et du chargement, s'il ne justifie qu'il y avait pour son compte des effets jusqu'à la concurrence de la somme empruntée (329).

Voyez *Assurance*, *Paiement*.

LIBERTÉ. Ce mot est opposé à prison. En ce sens, on dit : *Il était en prison, on l'a mis en liberté.*

Voyez *Failli*.

LICITATION, se dit d'une vente au plus offrant

et dernier enchérisseur, d'une maison, d'un héritage qui appartient en commun à plusieurs cohéritiers ou copropriétaires, et qui ne peut se partager commodément.

La licitation d'un navire ne peut être accordée que sur la demande des propriétaires, formant ensemble la moitié de l'intérêt total dans le navire, s'il n'y a par écrit convention contraire (220).

LIEU, se prend pour certain endroit désigné, indiqué.

Sont réputées simples promesses, toutes lettres de change contenant supposition des lieux d'où elles sont tirées ou dans lesquels elles sont payables (112).

En matière de saisie et vente de bâtimens de mer, les criées, publications et affiches doivent désigner le lieu où le bâtiment saisi est gisant ou flottant (204).

Toute convention pour louage d'un vaisseau doit énoncer le lieu convenu pour la charge et pour la décharge (273).

LINGE. Toile coupée selon les différens usages auxquels on la veut employer, soit pour la personne, soit pour les diverses nécessités du ménage, etc.
Voyez *Femme.*

LIQUIDATEUR. C'est celui qui est chargé de présider, de travailler à une liquidation de compte.
Voyez *Prescription.*

LIQUIDATION. Terme de pratique, de finance, de commerce. C'est l'action par laquelle on débrouille, on règle, on fixe ce qui étoit embarrassé, incertain en toute espèce de comptes.

Tout jugement qui prononcera une séparation de corps ou un divorce entre mari et femme dont l'un serait commerçant, doit être soumis aux formalités prescrites par l'art. 872 du Code de procédure civile; à défaut de quoi, les créanciers seront toujours admis à s'y opposer pour ce qui touche leurs intérêts, et à contredire toute liquidation qui en aurait été la suite (66).

Les syndics définitifs de la faillite poursuivent, en vertu du contrat d'union, la liquidation des dettes actives et passives du failli, sous la surveillance du commissaire, et sans qu'il soit besoin d'appeler le failli (528).

LIQUIDATION du mobilier du failli. Voy. *Créancier*, *Répartition*.

LISTE. Catalogue de plusieurs noms. Il se dit plus ordinairement des personnes.

LISTE des commerçans notables ayant droit de voter pour l'élection des membres des tribunaux de commerce. Voy. *Notable*.

LISTE des créanciers. Voy. *Créancier*.

LIVRAISON. Action par laquelle on livre de la marchandise qu'on a vendue. Il n'est guère en usage que parmi les marchands.

Voyez *Marchandise*, *Nourriture*, *Prescription*, *Revendication*.

LIVRE, en terme de commerce, se prend pour les différens registres ou journaux sur lesquels les négocians, marchands et banquiers, écrivent par ordre, soit en gros, soit en détail, toutes les affaires de leur commerce, et même leurs affaires domestiques qui y ont rapport.

Quoique les marchands et négocians ne soient obligés par le Code à avoir d'autres livres que le livre-journal, le livre des inventaires et le livre de copies de lettres, ceux qui font un commerce considérable ne peuvent se dispenser d'en avoir plusieurs autres pour tenir leurs affaires en bon ordre. Les principaux de ces livres sont :

1°. *Le grand livre, ou livre d'extrait, ou livre de raison.* On l'appelle *grand*, parce qu'il est le plus grand des livres dont se servent les négocians ; *livre d'extrait*, à cause qu'on y porte tous les articles extraits du livre-journal ; et *livre de raison*, parce qu'il rend raison à celui qui le tient de toutes ses affaires.

C'est sur ce livre qu'on forme tous ses comptes en débit et crédit dont on trouve les sujets sur le livre-journal. Pour former chaque compte, il faut se servir de deux pages qui, au *folio* où l'on veut le mettre, se trouvent opposées l'une à l'autre : la page à gauche sert pour le débit, et la page à droite pour le crédit. Le débit se marque par le mot *doit*, qu'on met après le nom du débiteur ; et le crédit par le mot *avoir*.

Chaque article doit être composé de cinq parties ou membres, qui sont, 1°. la date ; 2°. celui à qui on débite ce compte, ou par qui on le crédite ; 3°. le sujet, c'est-à-dire, pourquoi on le débite ou crédite ; 4°. le *folio* de rencontre ; 5°. la somme ou le montant de l'article.

2°. *Le livre de caisse et bordereaux.* On l'appelle *livre de caisse*, parce qu'il contient, en débit et crédit, tout ce qui entre d'argent dans la caisse d'un négociant, et tout ce qui en sort ; *livre de bordereaux*, à cause que les espèces de monnaies qui sont entrées dans la caisse, ou qui en sont sorties, y sont détaillées par bordereaux.

Sur ce livre s'écrivent toutes les sommes qui se reçoivent et se payent journellement, la recette du côté du débit, en marquant de qui on a reçu,

our quoi, pour qui, et en quelles espèces ; et
la dépense du côté du crédit ; en faisant aussi
mention des espèces, des raisons du paiement,
et de ceux pour qui et à qui on l'a fait.

3°. *Le livre des échéances*, où l'on écrit le jour
de l'échéance de toutes les sommes qu'on a à
payer ou à recevoir, soit par lettres de change,
billets, marchandises ou autrement, afin qu'en
comparant les recettes et les paiemens, on puisse
pourvoir à temps aux fonds pour les paiemens,
en faisant recevoir les billets et les lettres échus,
et en prenant d'ailleurs ses précautions de bonne
heure.

Ce livre se dresse comme le grand livre, c'est-
à-dire, sur deux pages opposées l'une à l'autre.
Ce qui est à recevoir se met à la page à gauche, et
ce qui est à payer s'écrit à la droite.

4°. *Le livre des numéros*, qu'on tient pour
connaître facilement toutes les marchandises qui
entrent dans un magasin, qui en sortent ou qui
y restent. La forme en est ordinairement longue
et étroite, comme d'une demi-feuille de papier
pliée en deux dans la longueur ; chaque page est
divisée par des lignes transversales et parallèles,
éloignées les unes des autres d'environ un pouce,
et réglées de deux autres lignes de haut en bas,
l'une à la marge, et l'autre du côté des sommes.

Pour chaque intervalle des carrés longs que
forment ces lignes, on écrit dans la page à gauche
le volume des marchandises, c'est-à-dire, si c'est
une balle, une caisse ou un tonneau ; ou leur
qualité, comme poivre, girofle, miel, savon, etc.,
et leur poids ou quantité ; et vis-à-vis, du côté de
la marge, les numéros qui sont marqués sur les
balles, caisses ou tonneaux qu'on a reçus dans
le magasin.

21

A la page droite, on suit le même ordre po[ur]
la décharge des marchandises qui sortent du m[a]
gasin, en mettant vis-à-vis de chaque article [à]
la gauche, d'abord à la marge, la date des jou[rs]
où les marchandises sont sorties du magasi[n]
et dans le carré long, le nom de ceux à qui ell[es]
ont été vendues ou envoyées.

5o. *Le livre des factures*, qui se tient pour [ne]
pas embarrasser le journal de quantité de factur[es]
nécessaires, en dressant les comptes des divers[es]
marchandises reçues, envoyées ou vendues, o[ù]
l'on est obligé d'entrer dans un grand détail. L[es]
factures qu'on doit porter sur ce livre sont, l[es]
factures des marchandises qu'on achète et qu'o[n]
envoie pour le compte d'autrui;

Celles des marchandises qu'on vend par com[m]
mission;

Les factures des marchandises qu'on envo[ie]
en quelque lieu, pour être vendues pour no[tre]
compte;

Celles des marchandises qui sont en société[,]
dont nous avons la direction;

Enfin, tous les comptes qu'on ne termine p[as]
sur-le-champ, et qu'on ne veut pas ouvrir s[ur]
le grand livre.

6o. *Le livre des comptes courans*, qui se tie[nt]
en débit et crédit, de même que le grand livr[e.]
Il sert à dresser les comptes qui sont envoy[és]
aux correspondans, pour les régler de conce[rt]
avec eux avant de les solder sur le grand livr[e,]
et c'est proprement un double des comptes cou[u]
rans qu'on garde pour y avoir recours.

7°. *Les livres des commissions, ordres ou av[is]*
sur lequel on écrit toutes les commissions, o[r]
dres ou avis qu'on reçoit de ses correspondan[s.]

Les marges de ces livres doivent être très-l[arges]

s, pour y pouvoir mettre, vis-à-vis de chaque
article, les notes nécessaires concernant leur
exécution. Quelques-uns se contentent de rayer
les articles quand ils ont été exécutés.

8°. *Le livre des acceptations ou des traites*, qui
est un livre destiné à enregistrer toutes les lettres de change que les correspondans marquent,
par leurs lettres missives ou d'avis, qu'ils ont
tirées sur nous ; et cet enregistrement se fait,
afin qu'on puisse être en état de connaître, à
la présentation des lettres, si l'on a ordre de les
accepter ou non. Si on les accepte, on met sur
le livre des acceptations, à côté de l'article,
un A, qui veut dire accepté : si, au contraire,
on ne les accepte pas, on met un A et un P,
qui signifie à protester.

9°. *Le livre des remises*, qui sert à enregistrer
toutes les lettres de change, à mesure que les
correspondans les remettent, pour en exiger le
paiement. Si elles sont protestées faute d'acceptation, et renvoyées à ceux qui en ont fait les
remises, il faut en faire mention à côté des articles, en mettant un P en marge, et la date du
jour où elles ont été renvoyées, puis les barrer ;
mais si ces lettres sont acceptées, on met un A
à côté des articles, et la date des acceptations,
si elles sont à quelques jours de vue.

10°. *Le livre de dépense*, où se mettent en détail toutes les menues dépenses qu'on fait, soit
pour son ménage, soit pour son commerce, et
dont au bout de chaque mois on fait un total,
pour en former un article sur le mémorial ou
journal.

11°. *Le livre des copies de lettres*, qui sert à
conserver des copies de toutes les lettres d'affaires qu'on écrit à ses correspondans, afin d'être

21.

à même de savoir avec exactitude et lorsqu'on
en a besoin, ce qu'on leur a écrit et les ordres
qu'on leur a donnés.

12°. *Le livre des ports de lettres*, qui est un
petit registre sur lequel on ouvre des comptes
particuliers à chacun des correspondans pour
les ports de lettres qu'on a payés pour eux, et
qu'on solde ensuite quand on le juge à propos,
afin d'en porter le total à leur débit.

13°. *Le livre des vaisseaux*, qui se tient en
débit et crédit, en donnant un compte à chaque
vaisseau. Dans le débit, se mettent les frais d'a-
taillement, gages, etc.; et dans le crédit, tout
ce que le vaisseau produit, soit pour fret, soit
autrement; et ensuite le total de l'un et de l'autre
se porte sur le journal en débitant et créditant
le vaisseau.

14°. *Le livre des ouvriers*, lequel est particulièrement en usage chez les marchands qui font
fabriquer des étoffes et autres marchandises. Il
se tient en débit et en crédit pour chaque ouvrier qu'on fait travailler. Dans le débit, on met
les matières qu'on leur donne à fabriquer; et
dans le crédit, les ouvrages qu'ils rapportent
après les avoir fabriqués.

Tout commerçant est tenu d'avoir un livre-journal qui *présente*, jour par jour, ses dettes actives et
passives, les opérations de son commerce, ses
négociations, acceptations ou endossemens d'effets, et généralement tout ce qu'il reçoit et paie,
à quelque titre que ce soit, et qui *énonce*, mois
par mois, les sommes employées à la dépense de
sa maison : le tout indépendamment des autres
livres usités dans le commerce, mais qui ne sont
pas indispensables.

Il est tenu de mettre en liasse les lettres mis-

...ves qu'il reçoit, et de copier sur un registre ...elles qu'il envoie (8).

Il est tenu de faire, tous les ans, sous seing-privé, un inventaire de ses effets mobiliers et ...mmobiliers, et de ses dettes actives et passives, ...el de le copier, année par année, sur un re-gistre spécial à ce destiné (9).

Le livre-journal et le livre des inventaires se-...nt paraphés.

Le livre de copies de lettres ne sera pas sou-...is à cette formalité.

Tous seront tenus par ordre de dates, sans ...lancs, lacunes, ni transports en marge (10).

Les livres dont la tenue est ordonnée par les ...ticles 8 et 9 ci-dessus, seront cotés, paraphés ...et visés, soit par un des juges des tribunaux de ...mmerce, soit par le maire ou un adjoint, dans ...o forme ordinaire et sans frais. Les commerçans ...ront tenus de conserver ces livres pendant dix ...s (11).

Les livres de commerce, régulièrement tenus, ...euvent être admis par le juge pour faire preuve ...ntre commerçans pour fait de commerce (12).

Les livres que les individus faisant le com-...erce sont obligés de tenir, et pour lesquels ils ...auront pas observé les formalités ci-dessus pres-...rites, ne pourront être représentés ni faire foi ...n justice, au profit de ceux qui les auront tenus, ...ns préjudice de ce qui sera réglé au livre des *...aillites et Banqueroutes* (13). Voy. *Banqueroute,* *...aillite.*

La communication des livres et inventaires ne ...eut être ordonnée en justice que dans les af-...aires de succession, communauté, partage de ...ociété, et en cas de faillite (14).

Dans le cours d'une contestation, la représen-...ation des livres peut être ordonnée par le juge,

même d'office, à l'effet d'en extraire ce qui con
cerne le différent (15).

En cas que les livres dont la représentation
offerte, requise ou ordonnée, soient dans
lieux éloignés du tribunal saisi de l'affaire,
juges peuvent adresser une commission rogato
au tribunal de commerce du lieu, ou délég
un juge de paix pour en prendre connaissan
dresser un procès-verbal du contenu, et l'envo
au tribunal saisi de l'affaire (16).

Si la partie aux livres de laquelle on offre
jouter foi, refuse de les représenter, le juge p
déférer le serment à l'autre partie (17).

Les associations commerciales en participat
peuvent être constatées par la représentation
livres (49).

Les agens de change et courtiers sont te
d'avoir un livre revêtu des formes prescrites
l'article 11 ci-dessus.

Ils sont tenus de consigner dans ce livre,
par jour, et par ordre de dates, sans ratur
entrelignes ni transpositions, et sans abréviati
ni chiffres, toutes les conditions des vent
achats, assurances, négociations, et en généra
toutes les opérations faites par leur ministère (

Les achats et ventes se constatent par les li
des parties (109).

Si la valeur des marchandises n'est point f
par le contrat d'assurance, elle peut être justi
par les livres (339).

Les scellés doivent être apposés sur les li
du failli (451).

Les livres du failli seront extraits des scel
et remis par le juge de paix aux agens, a
avoir été arrêtés par lui; il constatera somi
rement, par son procès-verbal, l'état dans leq
ils se trouveront (463).

» Les syndics provisoires, après avoir rendu leur compte définitif au failli, lui remettront ses livres (525).

» Pourra être poursuivi comme banqueroutier simple, et être déclaré tel, le failli qui présentera ses livres irrégulièrement tenus, sans néanmoins que les irrégularités indiquent de fraude, ou qui ne les présentera pas tous (587).

» Sera déclaré banqueroutier frauduleux, tout commerçant failli qui aura caché ses livres (593).

» Pourra être poursuivi comme banqueroutier frauduleux, et être déclaré tel, le failli qui n'a pas tenu de livres, ou dont les livres ne présenteront pas sa véritable situation active et passive (594).

Voyez *Bilan, Commission rogatoire, Concordat, Failli, Prime d'assurance, Serment.*

LIVRE DE COPIE DE LETTRES. Le livre de copies de lettres n'est pas soumis à la formalité du paraphe (10).

LIVRE-JOURNAL. Le commissionnaire qui se charge d'un transport par terre ou par eau, est tenu d'inscrire sur son livre-journal la déclaration de la nature et de la quantité des marchandises, et, s'il en est requis, de leur valeur (96).

Voyez *Dépense, Journal.*

LOI. On appelle *lois*, les règles qui, étant établies par une autorité légitime, obligent les hommes à certaines choses, ou leur en défendent d'autres.

Lois particulières au commerce. Voy. *Commerce.*

LOUAGE. C'est une sorte de contrat dont on distingue deux espèces : l'une est le contrat de louage des choses ; l'autre est le contrat de louage d'ouvrage.

Le contrat de louage d'ouvrage est une convention par laquelle l'un des contractans s'oblige de payer à l'autre une certaine somme pour un ouvrage que ce dernier s'oblige de faire.

Le contrat de louage d'une chose diffère principalement du contrat de louage d'ouvrage, en ce que, dans le premier, il s'agit de l'usage d'une chose accordée pour un certain prix au preneur, et que, dans le second, c'est un ouvrage à faire qui en est l'objet. Dans celui-là, c'est le preneur qui est tenu de payer le prix du louage au bailleur ; dans celui-ci, au contraire, c'est le bailleur qui doit payer le prix du louage.

Voyez *Achat, Affrétement, Charte-Partie, Convention, Nolissement.*

LOYER, signifie salaire, ce qui est dû à quelqu'un pour son travail, pour ses services.

Les gages et loyers du capitaine et autres gens de l'équipage employés au dernier voyage d'un navire, sont dettes privilégiées sur le navire (191).

Le privilége ne peut être exercé qu'autant que les gages et loyers seront constatés par les rôles d'armement et de désarmement arrêtés dans les bureaux de l'inscription maritime (192).

Les loyers de l'équipage pendant la détention du navire sont réputés avaries (300).

Nul prêt à la grosse ne peut être fait aux matelots ou gens de mer sur leurs loyers (319).

Le contrat d'assurance est nul, s'il a pour objet les loyers des gens de mer (347).

Toute action en paiement pour loyers des officiers, matelots et autres gens de l'équipage, se prescrit un an après le voyage fini (433).

LOYERS des capitaines, matelots et autres hommes de l'équipage. Voy. *Assurance, Avarie, Capitaine, Contribution, Equipage, Fret, Matelot.*

LOYER de magasin. Voy. *Magasin.*

LOYER d'un navire. Voy. *Fret.*

M

MADÈRE. Cette île, située sur les côtes d'Afrique, au nord des Canaries, dont elle n'est éloignée que de 60 lieues, fut découverte en 1420. Elle a 25 lieues de long sur 20 de large ; elle produit des grains, d'excellent vin, des fruits délicieux, du miel et des gommes de différentes espèces ; elle fournit aussi des bestiaux et de la volaille. Elle appartient aux Portugais.

Sont réputés voyages de long cours, ceux qui se font à Madère (377).

Voyez *Assurance, Délai.*

MAGASIN. Lieu où l'on serre des marchandises, soit pour les y vendre par pièces, comme on dit, *balles sous cordes,* ce que font les marchands en gros ; soit pour les y réserver et garder jusqu'à ce que l'occasion de les porter à la boutique se présente, comme font les marchands en détail.

MAGASIN, se dit encore chez les détailleurs, d'une arrière-boutique où ils mettent les meilleures marchandises, et celles dont ils ne veulent pas faire de montre.

Le loyer des magasins où se trouvent déposés les agrès et apparaux d'un navire, est dette privilégiée sur le navire (191).

Le privilége ne peut être exercé qu'autant que ces dettes seront constatées par des états arrêt... par le président du tribunal de commerce (19...

Les scellés doivent être apposés sur les mag... sins du failli (451).

Voyez *Marchandise, Revendication.*

Clôture des magasins du débiteur. Voy. *Failli...*

MAGASINAGE (Frais de). Voy. *Assuranc... Innavigabilité.*

MAGISTRAT. Ce mot, chez les Romains, si... gnifiait une personne revêtue de l'autorité p... blique, ayant empire, c'est-à-dire, command... ment et juridiction. La plupart réunissaient l'a... torité civile et militaire. Ils étaient ainsi appelé... parce que leurs fonctions et leur autorité l... élevaient au-dessus des particuliers.

En France, on appelle *magistrats*, les personn... préposées pour rendre la justice.

Chez l'étranger, le Magistrat des lieux où... n'y a pas de consul français, supplée celui... pour autoriser les capitaines de navires franç... à emprunter sur le corps et quille du vaisseau... à mettre en gage ou à vendre des marchandise... jusqu'à concurrence de la somme que les besoi... constatés du vaisseau exigent (234).

Si le capitaine est forcé de relâcher dans u... port étranger où il n'y a pas de consul françai... il est tenu de déclarer au magistrat du lieu... causes de sa relâche (245).

Si la décharge du navire se fait dans un po... étranger, et qu'il n'y ait pas de consul de Franc... le magistrat du lieu nomme des experts po... procéder à l'estimation des marchandises que... capitaine a été obligé de jeter en mer (414).

Voyez *Assurance*, *Connaissement*, *Equipage*, *Passager*.

MAGISTRAT *de sûreté*. La loi du 7 pluviose an IX, qui institue les magistrats de sûreté, les charge spécialement de la recherche et de la poursuite de tous les délits dont la connaissance appartient, soit aux tribunaux de police correctionnelle, soit aux Cours criminelles. L'art. 2 de cette loi porte qu'il y en aura six à Paris, deux à Bordeaux, Lyon et Marseille ; que néanmoins, dans ces trois dernières villes, le Gouvernement pourra, si le bien du service l'exige, porter le nombre des magistrats de sûreté à trois, et à douze pour Paris.

En toute faillite, les agens, syndics provisoires et définitifs, seront tenus de remettre, dans la huitaine de leur entrée en fonctions, au magistrat de sûreté de l'arrondissement, un mémoire ou compte sommaire de l'état apparent de la faillite, de ses principales causes et circonstances, et des caractères qu'elle paraît avoir (488).

Le magistrat de sûreté pourra, s'il le juge convenable, se transporter au domicile du failli ou des faillis, assister à la rédaction du bilan, de l'inventaire et des autres actes de la faillite, se faire donner tous les renseignemens qui en résulteront, et faire, en conséquence, les actes ou poursuites nécessaires, le tout d'office et sans frais (489).

S'il présume qu'il y a banqueroute simple ou frauduleuse, s'il y a mandat d'amener, de dépôt ou d'arrêt décerné contre le failli, il en donnera connaissance, sans délai, au juge-commissaire du tribunal de commerce ; en ce cas, ce commissaire ne pourra proposer, ni le tribunal accorder de sauf-conduit au failli (490).

Le failli prévenu de banqueroute est renvoyé de droit devant le magistrat de sûreté, qui est tenu de poursuivre d'office (526).

MAIN-D'ŒUVRE. Terme de manufactures, s'entend de deux manières ; quelquefois il signifie l'ouvrage que fait chaque fabricant, et quelquefois il se prend pour le prix que l'entrepreneur lui en donne ; il se dit aussi du travail des ouvriers employés par le fabricant.

Voyez *Créancier*, *Navire*.

MAIN-LEVÉE. C'est un acte qui lève l'empêchement résultant d'une saisie ou d'une opposition. On l'appelle *main-levée*, parce que l'effet de cet acte est communément d'ôter de la main de justice, de l'autorité de laquelle avait été formé l'empêchement.

Cependant on donne aussi main-levée d'une opposition sans ordonnance de justice, ni titre paré.

On donne main-levée d'une saisie-arrêt, d'une saisie-exécution, et d'une saisie immobilière.

La main-levée peut être ordonnée par un jugement, ou consentie par le saisissant ou opposant, soit en jugement ou dehors.

Pendant les délais prescrits pour le délaissement des objets arrêtés de la part d'une Puissance, les assurés sont tenus de faire toutes les diligences qui peuvent dépendre d'eux, à l'effet d'obtenir la main-levée des effets arrêtés.

Pourront, de leur côté, les assureurs, ou de concert avec les assurés, ou séparément, faire toutes démarches à même fin (388).

MAIN-TIERCE, signifie un séquestre, une personne entre les mains de qui on dépose une

...ose contestée, et qui n'a aucun intérêt en ...ffaire, pour la rendre à celni qui aura gain ...e cause.

Dépôt de marchandises en mains-tierces. Voy. *...pitaine.*

MAIRE. Le premier officier d'une commune.

Les livres dont la tenue est ordonnée par le ...de, doivent être cotés et paraphés, soit par ...a des juges des tribunaux de commerce, soit ...r le maire ou un adjoint, dans la forme or...naire et sans frais (11). Même disposition pour ...s livres des agens de change et courtiers (84).

Le registre que le capitaine de navire est obligé ...i tenir, est coté et paraphé par le maire ou son ...joint, dans les lieux où il n'y a pas de tribunal ...i commerce (224).

Dans les lieux où il n'y a pas de tribunal de ...mmerce, la déclaration du failli admis au ...néfice de cession, est constatée par le procès-...rbal de l'huissier, qui est signé par le maire ...71).

MAISON. Logis, bâtiment pour y loger, pour ...habiter.

MAISON, se prend aussi pour tous ceux qui ...mposent une même famille.

Dépenses de la maison du failli. Voy. *Dépense.*

MAISON COMMUNE. Nom donné depuis la ...volution française, à ce qu'on appelait aupa-...vant *Maison* ou *Hôtel de ville.*

Dans les lieux où il n'y a pas de tribunal de ...ommerce, le failli admis au bénéfice de cession, ...ra tenu de faire ou de réitérer sa cession en ...ersonne et non par procureur, ses créanciers ...ppelés à la maison commune, un jour de

séance. La déclaration du failli sera constatée
par le procès-verbal de l'huissier, qui sera sign[é]
par le maire (571).

Les noms, prénoms, profession et demeure
du débiteur admis au bénéfice de cession, seron[t]
insérés dans des tableaux à ce destinés, placé[s]
dans le lieu des séances de la maison commun[e]
(573).

Copie de la pétition du demandeur en réhab[i]-
litation restera affichée pendant deux mois [à]
la maison commune du domicile du pétitionnaire (607).

MAISON D'ARRÊT. Lieu désigné pour y ten[ir]
enfermées les personnes dont l'arrestation a ét[é]
légalement ordonnée.

Par le même jugement qui ordonnera l'appo[o]-
sition des scellés, et déclarera l'époque de l'ou[u]-
verture de la faillite, le tribunal de commerc[e]
ordonnera, en même temps, le dépôt de la per[n]-
sonne du failli dans la maison d'arrêt, pou[r]
dettes, ou la garde de sa personne par un off[i]-
cier de police ou de justice, ou par un gendarm[e].

Il ne pourra, en cet état, être reçu contre l[e]
failli d'écrou ou recommandation, en vert[u]
d'aucun jugement du tribunal de commerc[e]
(455).

MAISON DE COMMERCE. Lorsqu'un parti[cu]-
culier ou des associés ont magasin ouvert e[n]
diverses villes sous la raison de leur société, o[u]
sous le nom d'un d'entre eux, on dit qu'ils on[t]
maison en tel et tel lieu.

Voyez *Acte de société, Greffe, Tribunal d[e]
commerce.*

MAITRE DE BATEAU. Celui à qui appartien[t]
le bateau. Il se dit aussi de celui qui le conduit [il].

Les dispositions qui règlent les droits et les devoirs du voiturier, sont communes aux maîtres de bateau (107). Voy. *Voiturier.*

MAÎTRE DE NAVIRE. On donne ce nom, dans les ports de l'Océan, à celui qui commande l'équipage, et qui est chargé du détail d'un navire marchand; dans les ports de la Méditerranée, on le nomme *patron.*

Dans les affaires contentieuses de commerce, et pour le service des douanes, les courtiers-interprètes et conducteurs de navires servent seuls de truchement à tous étrangers maîtres de navire (80).

Voyez *Capitaine.*

MAJEUR, MAJORITÉ. On entend par *majeur,* une personne que la loi présume avoir acquis toute la maturité d'esprit et de jugement nécessaire pour se conduire dans ses affaires. En cela, le majeur est opposé au mineur, que la loi présume, au contraire, n'avoir pas acquis les connaissances et la maturité suffisantes pour diriger et administrer son bien.

Le Code Napoléon, art. 488, fixe la majorité à vingt-un ans accomplis.

Préalables sans lesquels un mineur ne peut être réputé majeur quant aux engagemens par lui contractés pour faits de commerce (2). Voy. *Mineur.*

MAJORITÉ. Nombre excédant la moitié des votes. *Avoir la majorité des voix, une grande majorité,* c'est en avoir beaucoup au-dessus de la moitié. S'il s'agit de la majorité des voix de tous les votans d'une assemblée, c'est *la majorité absolue;* s'il s'agit de la plus forte pluralité des suffrages, c'est *la majorité* ou *la pluralité relative.*

Il se dit aussi des votans eux-mêmes, *la majorité des votans.*

En tout ce qui concerne l'intérêt commun des propriétaires d'un navire, l'avis de la majorité est suivi.

La majorité se détermine par une portion d'intérêt dans le navire, excédant la moitié de sa valeur (220).

MAJORITÉ des créanciers. Voy. *Concordat, Union.*

MALADIE. Indisposition, dérangement, altération dans la santé.

Le matelot est traité aux dépens du navire, s'il tombe malade pendant le voyage (262).

MANDAT, MANDATAIRE. Le mandat est une convention par laquelle quelqu'un se charge de faire quelque chose pour une autre personne.

Celui qui donne la chose à faire se nomme *mandant*, et celui qui s'en charge, *mandataire.*

La société anonyme est administrée par des mandataires à temps, révocables, associés ou non associés, salariés ou gratuits (31).

Les administrateurs d'une société anonyme ne sont responsables que de l'exécution du mandat qu'ils ont reçu (32).

Voyez *Revendication.*

MANDAT *d'amener.* Ordonnance par laquelle un juge fait comparaître devant lui un individu contre lequel il existe des preuves ou des présomptions de délit.

S'il y a mandat d'amener décerné contre le failli, le magistrat de sûreté en donnera connaissance, sans délai, au juge-commissaire du tribunal de commerce; en ce cas, ce commissaire

ne

pourra proposer, ni le tribunal accorder de
sauf-conduit au failli (490).

MANDAT *d'arrêt.* Lorsqu'un délit est de nature
à être puni, soit d'un emprisonnement de plus
de trois jours, soit d'une peine infamante ou afflictive, le juge doit délivrer un ordre pour faire
conduire le prévenu dans la maison d'arrêt du
lieu où siége le directeur du jury d'accusation,
dans l'arrondissement duquel le délit a été commis. Cet ordre se nomme *mandat d'arrêt.*

S'il y a mandat d'arrêt décerné contre le failli,
le magistrat de sûreté en donnera connaissance,
sans délai, au juge-commissaire du tribunal de
commerce; en ce cas, ce commissaire ne pourra
proposer, ni le tribunal accorder de sauf-conduit
au failli (490).

MANDAT *de dépôt.* C'est l'ordre donné par un
substitut magistrat de sûreté, pour faire conduire
dans la maison d'arrêt établie près du tribunal
de l'arrondissement, une personne prévenue de
délit, et l'y faire garder jusqu'à ce que le directeur du jury l'ait mise en liberté, ou l'ait renvoyée
devant le tribunal de simple police, ou devant le
tribunal de première instance jugeant correctionnellement, ou devant le jury d'accusation. Dans
ce dernier cas, le mandat de dépôt est toujours
converti en mandat d'arrêt.

S'il y a mandat de dépôt décerné contre le failli,
le magistrat de sûreté en donnera connaissance,
sans délai, au juge-commissaire du tribunal de
commerce; en ce cas, ce commissaire ne pourra
proposer, ni le tribunal accorder de sauf-conduit
au failli (490).

MANUFACTURE. On donne ce nom aux lieux
où l'on occupe un assez grand nombre d'ouvriers.

22

à la fabrication d'une même sorte de marchandises, comme de draps, d'étoffes de soie, de
peaux, d'armes, etc.

Les manufactures font valoir les production
de la terre, en les accommodant aux usages
la société. Sans manufactures, un Etat ne peu
être florissant. Les manufactures, en procuran
à tous les citoyens du travail et des subsistances
en augmentent considérablement les forces. C'e
le meilleur moyen d'étendre la population
d'élever l'agriculture. La fertilité des terres, l'a-
bondance de leurs productions, ne sont qu'un
faible avantage pour un Etat, sans le secours
manufactures.

Il s'est élevé en France un grand nombre
manufactures qu'il serait trop long d'énumér
Je dirai seulement que, sous ce rapport comme
sous tant d'autres, nous n'avons rien à envie
nos voisins.

Voyez *Entreprise.*

MARC LE FRANC. On dit, en termes de pala
au marc-le-franc, pour dire, au prorata de
qui est dû à chaque créancier.

La distribution des deniers provenant de
vente de navires saisis, se fait entre les créa-
ciers autres que les privilégiés, au marc le fra
de leurs créances (214).

S'il y a contrat à la grosse et assurance s
le même navire ou sur le même chargement,
produit des effets sauvés du naufrage est parta
entre le prêteur à la grosse, *pour son capit
seulement,* et l'assureur, pour les sommes ass
rées, au marc le franc de leur intérêt respecti
sans préjudice des priviléges établis à l'art.
(331). Voy. l'art. 191, au mot *Navire.*

S'il y a des effets chargés pour le montant des
effets assurés, en cas de perte d'une partie, elle
sera payée par tous les assureurs de ces effets, au
marc le franc de leur intérêt (360).

Les avaries communes sont supportées par les
marchandises et par la moitié du navire et du
fret, au marc le franc de la valeur (401).

Le montant de l'actif mobilier du failli, distraction faite des frais et dépenses de l'administration de la faillite, du secours qui a été accordé
au failli, et des sommes payées aux privilégiés,
sera réparti entre tous les créanciers, au marc le
franc de leurs créances, vérifiées et affirmées
(558).

MARCHAND. On qualifie de ce nom celui qui
fait son état d'acheter et de vendre. Il est marchand en gros lorsqu'il n'achète et ne vend que
par balle, caisse, tonne, tonneau. Il est marchand en détail, lorsqu'ayant acheté en balle,
caisse, tonne, tonneau, il vend sa marchandise,
suivant le besoin des acheteurs, en parties, telles
petites qu'elles puissent lui être demandées.

Dans les affaires contentieuses de commerce,
et pour le service des douanes, les courtiers-interprètes et conducteurs de navires servent seuls
de truchement à tous marchands étrangers (80).

Les tribunaux de commerce connaîtront de
toutes contestations relatives aux engagemens et
transactions entre marchands (631).

Voyez *Billet à ordre*, *Obligation*, *Tribunal de
commerce*.

MARCHANDE PUBLIQUE. La femme ne peut être
marchande publique, sans le consentement de
son mari (4).

La femme, si elle est marchande publique,

22.

peut, sans l'autorisation de son mari, s'obli[...]
pour ce qui concerne son négoce ; et, audit c[...]
elle oblige aussi son mari, s'il y a communau[...]
entre eux.

Elle n'est pas réputée marchande publiqu[...]
si elle ne fait que détailler les marchandises [...]
commerce de son mari ; elle n'est réputée te[...]
que lorsqu'elle fait un commerce séparé (5).

Les femmes marchandes publiques peuve[...]
engager, hypothéquer et aliéner leurs imme[...]
bles. Toutefois leurs biens stipulés dotaux, qua[...]
elles sont mariées sous le régime dotal, ne pe[...]
vent être hypothéqués et aliénés que dans l[...]
cas déterminés et avec les formes réglées par[...]
Code Napoléon (7).

Voyez *Femme, Fille.*

MARCHANDISE. On désigne sous ce no[...]
toutes les choses que les marchands vendent [...]
débitent, soit en gros, soit en détail, dans les [...]
gasins, boutiques, foires, marchés, etc. comm[...]
les draperies, les soieries, les merceries, les ép[...]
ceries, etc., etc.

Le résultat des négociations et des transactio[...]
qui s'opèrent dans la bourse, détermine le cou[...]
des marchandises (72).

Ce cours est constaté par les courtiers, dans [...]
forme prescrite par les réglemens de police gé[...]
raux et particuliers (73).

Les courtiers de marchandises, constitués [...]
la manière prescrite par la loi, ont seuls le dro[...]
de faire le courtage des marchandises et d'e[...]
constater le cours (78).

Tout commissionnaire qui a fait des avanc[...]
sur des marchandises à lui expédiées d'une aut[...]
place, pour être vendues pour le compte d'u[...]

commettant, a privilége pour le remboursement
de ses avances, intérêts et frais, sur la valeur
des marchandises, si elles sont à sa disposition,
dans ses magasins, ou dans un dépôt public,
ou si, avant qu'elles soient arrivées, il peut
constater, par un connaissement ou par une
lettre de voiture, l'expédition qui lui en a été
faite (93).

Si les marchandises ont été vendues et livrées
pour le compte du commettant, le commissionnaire sera remboursé sur le produit de la vente,
du montant de ses avances, intérêts et frais, par
préférence aux créanciers du commettant (94).

Tous prêts, avances ou paiemens qui pourraient être faits sur des marchandises déposées
ou consignées dans le lieu du domicile du commissionnaire, ne donnent privilége au commissionnaire ou dépositaire, qu'autant qu'il s'est
conformé aux dispositions prescrites par le Code
Napoléon, livre III, tit. XVII, pour les prêts sur
gages ou nantissemens (95).

Le commissionnaire qui se charge d'un transport par terre ou par eau, est tenu d'inscrire sur
son livre-journal la déclaration de la nature et de
la quantité des marchandises, et, s'il en est requis, de leur valeur (96).

Il est garant de l'arrivée des marchandises et
effets dans le délai déterminé par la lettre de
voiture, hors les cas de la force majeure légalement constatée (97).

Il est garant des avaries ou pertes de marchandises ou effets, s'il n'y a stipulation contraire
dans la lettre de voiture ou force majeure (98).

Il est garant des faits du commissionnaire intermédiaire auquel il adresse les marchandises
(99).

La marchandise sortie du magasin du vende͏͏
ou de l'expéditeur, voyage, s'il n'y a conventi͏͏
contraire, aux risques et périls de celui à qui e͏͏
appartient, sauf son recours contre le commi͏͏
sionnaire et le voiturier chargé du transpo͏͏
(100).

La lettre de voiture indique le nom de ce͏͏
à qui la marchandise est adressée (102).

Une lettre de change doit énoncer la vale͏͏
fournie en espèces, en marchandises, en compt͏͏
ou de toute autre manière (110). Même disp͏͏
sition pour le billet à ordre (188).

Le capitaine peut faire mettre à terre, da͏͏
le lieu du chargement, les marchandises tro͏͏
vées dans son navire, si elles ne lui ont pas é͏͏
déclarées, ou en prendre le fret au plus hat͏͏
prix qui sera payé dans le même lieu, pour͏͏
marchandises de même nature (292).

Le chargeur qui retire ses marchandises pe͏͏
dant le voyage, est tenu de payer le fret en e͏͏
tier et tous les frais de déplacement occasionn͏͏
par le déchargement; si les marchandises so͏͏
retirées pour cause des faits ou des fautes d͏͏
capitaine, celui-ci est responsable de tous l͏͏
frais (293).

Sera déclaré banqueroutier frauduleux tou͏͏
commerçant failli qui aura détourné aucun͏͏
marchandises (593).

Ne seront point de la compétence des tribuna͏͏
de commerce, les actions intentées contre u͏͏
commerçant pour paiement des marchandis͏͏
achetées pour son usage particulier (638).

Voyez *Achat, Action, Affrétement, Agent* ͏͏
la faillite, Allége, Assurance, Avarie, Banqu͏͏
route, Capitaine, Charte-partie, Commissionnair͏͏
Connaissement, Contrat à la grosse, Convention͏͏

Dommages-intérêts, Droit, Équipage, Expert, Femme, Fin de non-recevoir, Fret, Innavigabilité, Inventaire, Jet, Matelot, Navire, Nolissement, Prescription, Reconnaissance, Responsabilité, Revendication, Syndic, Union, Vente, Voiturier.

MARCHÉ. Lieu public où l'on vend toutes sortes de choses nécessaires pour la subsistance et pour la commodité de la vie.

MARCHÉ, se dit également des conventions que les marchands et autres particuliers font les uns avec les autres, soit pour fournitures, achats, ou troc de marchandises sur un certain pied, ou moyennant une certaine somme.

Les marchés se concluent, ou verbalement sur les simples paroles, en donnant par l'acheteur au vendeur des arrhes; ou par écrit, soit sous signature privée, soit par-devant notaires.

Les marchés par écrit doivent être faits doubles, afin que le vendeur et l'acheteur en aient chacun une copie.

Un agent de change ou courtier ne peut se rendre garant de l'exécution des marchés dans lesquels il s'entremet (86).

MARGE. Le blanc qui est autour d'une page imprimée ou écrite. Il se dit principalement du blanc qui est aux côtés du dehors de la page, et au bas.

Tous les livres des commerçans doivent être tenus sans transports en marge (10).

La lettre de voiture doit présenter en marge, les marques et les numéros des objets à transporter (102).

Le connaissement présente en marge les marques et numéros des objets à transporter (281).

MARI. Celui qui est uni à une femme par lien conjugal.

Voyez *Consentement, Divorce, Femme, Séparation.*

MARIAGE, est l'union d'un homme et d'une femme qui ont promis réciproquement d'être fidèles l'un à l'autre.

Voyez *Femme.*

MARQUE, en termes de négoce et de manufacture, se dit de certains caractères qui s'appliquent et s'impriment sur plusieurs sortes de marchandises, soit pour connaître le lieu de leur fabrique, soit pour rendre garans de leur bonté les ouvriers qui les ont fabriquées ou apprêtées, soit pour faire connaître qu'elles ont été vues et visitées par les préposés à la police de leur manufacture, soit encore pour servir de preuve que les droits imposés sur les marchandises ont été bien et dûment acquittés.

La lettre de voiture doit présenter en marge les marques des objets à transporter (102).

Le connaissement présente en marge les marques des objets à transporter (281).

Voyez *Revendication.*

MASSE, se dit de plusieurs sommes, de plusieurs effets assemblés, qui font un tout. Lorsqu'après la discussion des biens d'un débiteur il apparaît qu'ils ne sont pas suffisans pour satisfaire ses créanciers, on fait une masse de tous ses effets mobiliers, que l'on partage entre ses créanciers au marc le franc.

Les syndics définitifs de la faillite représentent la masse des créanciers du failli (528).

Le même jugement qui aura prononcé le

peines contre les complices de banqueroute frauduleuse, les condamnera

1º. A réintégrer à la masse des créanciers, les
biens, droits et actions frauduleusement soustraits;

2º. A payer, envers ladite masse, des dommages-intérêts égaux à la somme dont ils ont
tenté de la frauder (598).

Voyez *Actes conservatoires, Banqueroute simple,
Créancier, Faillite, Syndic définitif.*

MASSE CHIROGRAPHAIRE. Voy. *Créancier hypothécaire, Distribution, Vente.*

MASSE HYPOTHÉCAIRE. Voy. *Créancier hypothécaire, Vente.*

MAT. Grosse et longue pièce de bois plantée
debout dans un vaisseau, dans une galère, et qui
sert à porter les voiles.

Les mâts rompus ou coupés sont avaries communes (400).

Est avarie particulière, la perte des mâts causée
par la tempête ou autre accident de mer (403).

Voyez *Adjudication, Affiche, Criée, Jet.*

MATELOT. Les matelots sont des gens de mer
qui servent à la manœuvre d'un vaisseau, sous les
ordres du pilote et du capitaine.

Lorsqu'un matelot est valablement engagé à un
capitaine ou maître, il est obligé de faire le service du navire, qui consiste non-seulement à s'y
rendre au jour fixé pour travailler à l'équiper,
charger les vivres et faire voile, mais encore à
charger les marchandises, tant du propriétaire
que des marchands chargeurs.

Les conditions d'engagement du capitaine et
des hommes d'équipage d'un navire, sont constatées par le rôle d'équipage, ou par les conventions des parties (250).

. Le capitaine et les gens de l'équipage ne peuvent, sous aucun pretexte, charger dans le navire aucune marchandise pour leur compte, sans la permission des propriétaires et sans en payer le fret, s'ils n'y sont autorisés par l'engagement (251).

Si le voyage est rompu par le fait des propriétaires, capitaine ou affreteurs, avant le départ du navire, les matelots loués au voyage ou au mois sont payés des journées par eux employées à l'équipement du navire. Ils retiennent pour indemnité les avances reçues.

Si les avances ne sont pas encore payées, ils reçoivent, pour indemnité, un mois de leurs gages convenus.

Si la rupture arrive après le voyage commencé, les matelots loués au voyage sont payés en entier aux termes de leur convention.

Les matelots loués au mois reçoivent leurs loyers stipulés pour le temps qu'ils ont servi, et en outre, pour indemnité, la moitié de leurs gages pour le reste de la durée présumée du voyage pour lequel ils étaient engagés.

Les matelots loués au voyage ou au mois reçoivent en outre leur conduite de retour jusqu'au lieu du départ du navire, à moins que le capitaine, les propriétaires ou affréteurs, ou l'officier d'administration, ne leur procurent leur embarquement sur un autre navire revenant audit lieu de leur départ (252).

S'il y a interdiction de commerce avec le lieu de la destination du navire, ou si le navire est arrêté par ordre du Gouvernement avant le voyage commencé, il n'est dû aux matelots que les journées employées à équiper le bâtiment (253).

Si l'interdiction de commerce ou l'arrêt du navire arrivent pendant le cours du voyage,

Dans le cas d'interdiction, les matelots sont payés à proportion du temps qu'ils ont servi;

Dans le cas de l'arrêt, le loyer des matelots engagés au mois court pour moitié pendant le temps de l'arrêt;

Le loyer des matelots engagés au voyage est payé au terme de leur engagement (254).

Si le voyage est prolongé, le prix des loyers des matelots engagés au voyage est augmenté à proportion de la prolongation (255).

Si la décharge du navire se fait volontairement dans un lieu plus rapproché que celui qui est désigné par l'affrétement, il ne leur est fait aucune diminution (256).

Si les matelots sont engagés au profit ou au fret, il ne leur est dû aucun dédommagement ni journées pour la rupture, le retardement ou la prolongation de voyage occasionnés par force majeure.

Si la rupture, le retardement ou la prolongation arrivent par le fait des chargeurs, les gens de l'équipage ont part aux indemnités qui sont adjugées au navire.

Ces indemnités sont partagées entre les propriétaires du navire et les gens de l'équipage dans la même proportion que l'aurait été le fret.

Si l'empêchement arrive par le fait du capitaine ou des propriétaires, ils sont tenus des indemnités dues aux gens de l'équipage (257).

En cas de prise, de bris et naufrage, avec perte entière du navire et des marchandises, les matelots ne peuvent prétendre aucun loyer.

Ils ne sont point tenus de restituer ce qui leur a été avancé sur leurs loyers (258).

Si quelque partie du navire est sauvée, les matelots engagés au voyage ou au mois sont payés de leurs loyers échus sur les débris du navire qu'ils ont sauvés.

Si les débris ne suffisent pas, ou s'il n'y a que des marchandises sauvées, ils sont payés de leurs loyers subsidiairement sur le fret (259).

Les matelots engagés au fret sont payés de leurs loyers seulement sur le fret, à proportion de celui que reçoit le capitaine (260).

De quelque manière que les matelots soient loués, ils sont payés des journées par eux employées à sauver les débris et les effets naufragés (261).

Le matelot est payé de ses loyers, traité et pansé aux dépens du navire, s'il tombe malade pendant le voyage, ou s'il est blessé au service du navire (262).

Le matelot est traité et pansé aux dépens du navire et du chargement, s'il est blessé en combattant contre les ennemis et les pirates (263).

Si le matelot, sorti du navire sans autorisation, est blessé à terre, les frais de ses pansement et traitement sont à sa charge : il pourra même être congédié par le capitaine.

Ses loyers, en ce cas, ne lui seront payés qu'à proportion du temps qu'il aura servi (264).

En cas de mort d'un matelot pendant le voyage, si le matelot est engagé au mois, ses loyers sont dûs à sa succession jusqu'au jour de son décès.

Si le matelot est engagé au voyage, la moitié de ses loyers est due, s'il meurt en allant ou au port d'arrivée.

Le total de ses loyers est dû, s'il meurt en revenant.

Si le matelot est engagé au profit ou au fret, sa part entière est due s'il meurt, le voyage commencé.

Les loyers du matelot tué en défendant le navire, sont dus en entier pour tout le voyage, si le navire arrive à bon port (265).

Le matelot pris dans le navire et fait esclave ne peut rien prétendre contre le capitaine, les propriétaires ni les affréteurs, pour le paiement de son rachat.

Il est payé de ses loyers jusqu'au jour où il est pris et fait esclave. (266).

Le matelot pris et fait esclave, s'il a été envoyé en mer ou à terre pour le service du navire, a droit à l'entier paiement de ses loyers.

Il a droit au paiement d'une indemnité pour son rachat, si le navire arrive à bon port (267).

L'indemnité est due par les propriétaires du navire, si le matelot a été envoyé en mer ou à terre pour le service du navire.

L'indemnité est due par les propriétaires du navire et du chargement, si le matelot a été envoyé en mer ou à terre pour le service du navire et du chargement (268).

Le montant de l'indemnité est fixé à 600 francs.

Le recouvrement et l'emploi en seront faits suivant les formes déterminées par le Gouvernement, dans un réglement relatif au rachat des captifs (269).

Tout matelot qui justifie qu'il est congédié sans cause valable, a droit à une indemnité contre le capitaine.

L'indemnité est fixée au tiers des loyers, si le congé a lieu avant le voyage commencé.

L'indemnité est fixée à la totalité des loyers et aux frais du retour, si le congé a lieu pendant le cours du voyage.

Le capitaine ne peut, dans aucun des cas ci-dessus, répéter le montant de l'indemnité contre les propriétaires du navire.

Il n'y a pas lieu à indemnité, si le matelot est congédié avant la clôture du rôle d'équipage.

Dans aucun cas, le capitaine ne peut congédier un matelot dans les pays étrangers (270).

Le navire et le fret sont spécialement affectés aux loyers des matelots (271).

Toutes les dispositions concernant les loyers, pansement et rachat des matelots, sont communs aux officiers et à tous autres gens de l'équipage (272).

Nul prêt à la grosse ne peut être fait aux matelots sur leurs loyers ou voyages (319).

Sont avaries communes les pansement et nourriture des matelots blessés en défendant le navire, les loyers et nourriture des matelots pendant la détention, quand le navire est arrêté en voyage par ordre d'une Puissance, et pendant les réparations des dommages volontairement soufferts pour le salut commun, si le navire est affrété au mois (400).

La nourriture, dans les cas ci-dessus, est avarie particulière, si le navire est affrété au voyage (403).

Voyez *Assurance, Avarie, Capitaine, Contribution, Fret, Nourriture, Prescription.*

MATIÈRE, se dit d'un procès, des affaires, des questions, comme quand on dit, cela s'observe en matière civile, et non pas en matière criminelle.

Un procès en matière civile est celui que l'on poursuit par action, et où il ne s'agit que d'un intérêt pécuniaire, quand même il serait intenté pour quelque délit; car ce n'est pas le délit qui rend la cause criminelle, mais seulement la manière de procéder.

Voyez *Cour d'appel.*

MATIÈRES MÉTALLIQUES, se dit non-seulement de l'or et de l'argent monnoyé, mais encore des ouvrages d'or et d'argent, des diamans, des perles, et de toutes sortes de pierreries fines et précieuses.

Voyez *Négociation.*

MATIÈRES SOMMAIRES, sont celles qui doivent être instruites et jugées plus promptement que les autres.

Voyez *Cour d'appel.*

MÉDITERRANÉE. La mer Méditerranée, ou simplement la *Méditerranée*, qui borne l'Europe au sud, tire son nom de ce qu'elle est située au milieu des terres. On lui donne encore d'autres noms qui ont rapport aux différens pays qu'elle baigne. On l'appelle *le golfe de Lyon*, le long des côtes de la France qui avoisinent l'embouchure du Rhône; la *mer Adriatique* ou *le golfe de Venise*, entre l'Italie et la Turquie d'Europe; l'*Archipel*, entre la Turquie d'Europe et la Turquie d'Asie; et la *mer du Levant* dans sa partie la plus orientale qui s'avance dans la Turquie d'Asie. Elle communique avec l'Océan atlantique par le détroit de Gibraltar. Voy. *Assurance, Délai.*

MÉMOIRE, est le nom que l'on donne à un écrit sommaire, qui contient le narré d'un fait,

avec les circonstances, sur une question que l'on
veut consulter.

On appelle aussi *mémoire*, un écrit qui contien [...]
les faits et les circonstances d'une affaire qui es [...]
sur le point d'être jugée.

Les parties remettent leurs pièces et mémoire [...]
aux arbitres sans aucune formalité de justice (56) [...]

L'associé en retard de remettre ses pièces et [...]
mémoires, est sommé de le faire dans les di[...]
jours (57).

S'il n'y a renouvellement de délai, ou si le nou[...]
veau délai est expiré, les arbitres jugent sur le[...]
seules pièces et mémoires remis (59).

MÉMOIRE. On dit, en terme de comptabilité [...]
pour mémoire, et on écrit ces mots à côté d[...]
certains articles qui sont seulement mentionnés [...]
sans être portés en ligne de compte, mais qu[...]
seront examinés à part.

Les créanciers du failli qui seront valablement [...]
nantis par des gages, ne seront inscrits dans l[...]
masse que pour mémoire (535).

MÉMOIRE *d'ouvriers*. Mémoire, chez les mar-[...]
chands et les ouvriers, se dit de l'état détaillé [...]
des marchandises qu'ils ont fournies, ou de l'ou[...]
vrage qu'ils ont livré.

Ces mémoires doivent exprimer, non-seule-[...]
ment la nature, la qualité et la quantité de[...]
marchandises fournies et des ouvrages livrés, [...]
mais encore le mois et le jour qu'ils l'ont été. [...]
Ils doivent indiquer les personnes à qui on le[...]
a données, les ordres par écrit, s'il y en a, le[...]
prix convenus, ou ceux qu'on a dessein de le[...]
vendre; enfin, les sommes déjà reçues à compte. [...]

Voyez *Créancier, Fournisseur, Navire, Ouvrier.* [...]
MER. [...]

MER. L'amas des eaux qui environnent la terre, et qui la couvrent en plusieurs endroits.

MER (Commerce de) Voy. *Assurance, Billet à ordre.*

MER d'Europe. Voy. *Assurance, Délai.*

MER (Gens de). Voy. *Gens de mer.*

MER (Transport par) Voy. *Transport.*

MER (Voyage de). Voy. *Courtier d'assurance.*

MER PACIFIQUE. La mer pacifique, qu'on appelle aussi l'*Océan pacifique*, sépare l'Asie de l'Amérique. Elle est à l'est de l'Asie; elle prend le nom de *mer de la Chine* sur les côtes de la Chine.

Sont réputés voyages de long cours ceux qui se font à la mer pacifique (377).

MÈRE. C'est une femme qui a mis un enfant au monde.

Le mineur qui veut faire le commerce ne peut ni commencer les opérations, ni être réputé majeur, quant aux engagemens par lui contractés pour faits de commerce, s'il n'a été préalablement autorisé par sa mère, en cas de décès, interdiction ou absence du père (2).

MEUBLES. On donne ce nom, en général, à toutes les choses qui peuvent être transportées facilement d'un lieu dans un autre sans être détériorées, telles que les habits, linges et hardes, les lits, tapisseries, chaises, glaces, commodes et autres choses qui garnissent les maisons et appartemens; les bestiaux, volailles; les instrumens aratoires et de jardinage; l'argent comptant, les bijoux, les diamans, les tableaux, les livres, etc.

Outre les objets qui sont regardés comme meubles, on doit encore ranger dans la même

23

classe les matériaux préparés et conduits sur le lieu pour bâtir, les presses d'imprimerie, les moulins sur bateaux, les pressoirs qui peuvent se désassembler, le poisson qui est en boutique ou en réservoir, les pigeons de volière qui sont destinés pour l'usage de la maison, enfin le bois coupé, le blé, le foin fauché, quoiqu'ils soient encore sur le lieu.

Dans le nombre des meubles, il y en a qui sont immeubles en certains cas. Par exemple, les glaces, les tableaux, les lambris, et autres boiseries scellées et attachées à perpétuelle demeure, perdent leur qualité de meubles. Les bestiaux, les ustensiles aratoires, les pigeons, les poissons, les pressoirs, etc., que le propriétaire a attachés au fonds à perpétuelle demeure, perdent également leur qualité de meubles.

Les navires et autres bâtimens de mer sont meubles (190).

Les scellés doivent être apposés sur les meubles du failli (451).

Le bilan devra contenir l'énumération et l'évaluation de tous les effets mobiliers et immobiliers du débiteur (471).

Dans tous les cas où il sera, sous l'approbation du commissaire, remis au failli et à sa famille les meubles nécessaires à l'usage de leurs personnes, cette remise se fera sur la proposition des syndics, qui en dresseront l'état (529).

Voyez *Cession de biens, Créancier hypothécaire, Distribution, Femme, Inventaire.*

Créanciers se prétendant privilégiés sur les meubles du failli. Voy. *Syndic définitif.*

MIDI. Le milieu du jour, le point qui partage le jour également ou à peu près, entre le soleil

Levant et le soleil couchant. Il est des actes qui doivent indiquer s'ils ont été passés avant ou après midi.

Il est énoncé dans le contrat d'assurance s'il est souscrit avant ou après midi (332).

MIEL. Suc doux que les abeilles font de ce qu'elles recueillent sur les fleurs ou sur les feuilles des plantes.

Futailles contenant miel. Voy. *Fret.*

MINEUR, MINORITÉ. Un mineur est celui qui, n'ayant pas encore vingt-un ans accomplis, est censé n'avoir pas un jugement assez sûr pour se conduire et diriger ses affaires : c'est pourquoi on lui donne un tuteur qui veille sur sa personne et administre ses biens.

Tout mineur émancipé de l'un et de l'autre sexe, âgé de dix-huit ans accomplis, qui veut profiter de la faculté que lui accorde l'art. 487 du Code Napoléon, de faire le commerce, ne peut en commencer les opérations, ni être réputé majeur, quant aux engagemens par lui contractés pour faits de commerce ; 1°. s'il n'a été préalablement autorisé par son père, ou par sa mère, en cas de décès, interdiction ou absence du père ; ou, à défaut du père et de la mère, par une délibération du conseil de famille, homologuée par le tribunal civil ; 2°. si, en outre, l'acte d'autorisation n'a été enregistré et affiché au tribunal de commerce du lieu où le mineur veut établir son domicile (2).

Même disposition pour les mineurs non commerçans, à l'égard de tous les faits qui sont déclarés faits de commerce par les art. 632 et 633, (3).

Ils peuvent engager et hypothéquer leurs im-

23.

meubles, ils peuvent même les aliéner, en suivant les formalités prescrites par les art. 457 et
suivans du Code Napoléon (6).

Si des mineurs sont intéressés dans une contestation pour raison d'une société commerciale,
le tuteur ne pourra renoncer à la faculté d'appeler du jugement arbitral (63).

Les lettres de change souscrites par des mineurs
non négocians sont nulles, à leur égard, sauf les
droits respectifs des parties, conformément à
l'art. 1312 du Code Napoléon (114).

MINISTÈRE. L'emploi, la charge qu'on exerce.
Il se dit aussi de l'entremise de quelqu'un dans
une affaire, du service qu'il rend à quelqu'un
dans quelque emploi, dans quelque fonction.

MINISTÈRE des avoués. Voy. *Avoué.*

MINISTÈRE PUBLIC. On désigne sous ce nom
les fonctions des magistrats établis près des
Cours et Tribunaux, sous le titre de Procureurs
généraux-impériaux, et procureurs-impériaux
pour veiller à l'exécution des lois, aux intérêts
de l'Etat, des mineurs, des interdits, des absens, etc.

Les cas de banqueroute simple seront jugé
par les tribunaux de police correctionnelle, sur
la poursuite d'office qui pourra être faite par le
ministère public (588).

Les formalités relatives au serment que le
juges de commerce sont obligés de prêter avant
d'entrer en fonction, sont remplies sur les conclusions du ministère public (629).

MINISTRE. On appelle Ministre, un citoyen

revêtu d'une des premières magistratures de l'Etat, et dont les fonctions consistent particulièrement à veiller à l'exécution des lois, des décrets impériaux et des réglemens d'administration publique. Ils correspondent immédiatement avec les autorités qui leur sont subordonnées.

Les Ministres sont nommés par l'Empereur, et il les révoque quand il le juge convenable.

MINISTRE DE LA JUSTICE. Voy. *Grand Juge.*

MINISTRE DE L'INTÉRIEUR. La liste des notables pour l'élection des membres des tribunaux de commerce, sera dressée par le Préfet, et approuvée par le Ministre de l'intérieur (619).

MISE A PRIX, est une déclaration d'un immeuble que fait afficher celui qui en poursuit la vente par expropriation ; cette déclaration doit contenir l'état de l'héritage et des lieux, les clauses et conditions sous lesquelles l'adjudication doit être faite, et le prix que le poursuivant y a mis.

En matière de saisie et vente de bâtimens de mer, les criées, publications et affiches doivent désigner la première mise à prix (204).

MISE *en liberté.* Délivrance de prison. Voy. *Failli.*

MOBILIER, a la même signification que *meubles.* Voy. *ce mot.*

Voyez *Créancier hypothécaire, Saisie, Vente.*

MOIS. Une des douze parties de l'année, dont chacune contient trente jours ou environ.

Les mois sont tels qu'ils sont fixés par le calendrier grégorien (132).

Voyez *Echéance.*

Matelots loués au mois. Voy. *Matelot.*

Mois de vue. Voy. *Délai, Porteur.*

MONNAIE. On appelle *monnaie*, toutes sortes de pièces d'or et d'argent, ou de quelque autre métal servant au commerce, battues par autorité souveraine, et marquées au coin, soit de l'Empereur, soit de quelque État souverain.

Une lettre de change doit être payée dans la monnaie qu'elle indique (143).

Tout effet dont le prix est stipulé dans le contrat d'assurance en monnaie étrangère, est évalué au prix que la monnaie stipulée vaut en monnaie de France, suivant le cours à l'époque de la police (338).

MORT. C'est la fin, la cessation de la vie.

Le porteur d'une lettre de change n'est point dispensé du protêt faute de paiement par la mort de celui sur qui la lettre de change est tirée (163).

En cas de mort d'un matelot pendant le voyage, si le matelot est engagé au mois, ses loyers sont dus à sa succession jusqu'au jour de son décès.

Si le matelot est engagé au voyage, la moitié de ses loyers est due, s'il meurt en allant, ou au port d'arrivée.

Le total de ses loyers est dû, s'il meurt en revenant.

Si le matelot est engagé au profit ou au fret, sa part entière est due, s'il meurt le voyage commencé.

Les loyers du matelot tué en défendant le navire sont dus en entier pour tout le voyage, si le navire arrive à bon port (265).

MUNITIONS. Provision de choses nécessaires dans un navire et autre bâtiment de mer.

L'huissier fait, dans le procès-verbal de saisie d'un bâtiment de mer, l'énonciation et la description des munitions (200).

MUNITIONS DE BOUCHE. Les munitions de guerre et de bouche, ne contribuent point au jet; la valeur de celles qui auront été jetées sera payée par contribution sur tous les autres effets (419).

MUNITIONS DE GUERRE. Voy. ci-dessus *Munitions de bouche.*

N

NANTISSEMENT. Ce que l'on donne à un créancier pour sûreté de son dû.

Les créanciers du failli nantis d'un gage n'auront point voix dans les délibérations relatives au concordat (520). Voy. *Créancier.*

NATURE, signifie sorte, espèce.

La lettre de voiture doit exprimer la nature des objets à transporter (102).

Le connaissement doit indiquer la nature des objets à transporter (281).

Le contrat d'assurance exprime la nature des marchandises ou objets que l'on fait assurer (332). Voy. *Capitaine, Revendication.*

NAUFRAGE. C'est le bris, la rupture, le fracassement et la perte d'un vaisseau qui donne contre des rochers, ou qui coule à fond, ou enfin qui périt par quelque autre accident. Cela provient fort souvent des tempêtes; mais l'impéritie des pilotes y a aussi beaucoup de part; car on reconnaît qu'à mesure que la navigation s'est perfectionnée, les naufrages sont devenus plus rares.

En cas de bris et naufrage avec perte entière du navire et des marchandises, les matelots ne peuvent prétendre aucun loyer.

Ils ne sont point tenus de restituer ce qui leur a été avancé sur leurs loyers (258).

Le délaissement des objets assurés peut être fait en cas de naufrage (369).

En cas de naufrage, l'assuré doit, sans préjudice du délaissement à faire en temps et lieu, travailler au recouvrement des effets naufragés.

Sur son affirmation, les frais de recouvrement lui sont alloués jusqu'à concurrence de la valeur des effets recouvrés (381).

Est avarie particulière, le dommage arrivé aux marchandises par naufrage (403). Voy. *Capitaines*, *Contrat à la grosse*, *Fret*.

NAVIGATION. On appelle *navigation*, les voyages sur mer ou sur les grandes rivières.
Voyez *Assurance*, *Risque*.

NAVIGATION (droits de). Voy. *Avarie*.

NAVIGATION intérieure et extérieure. Voy. *Bâtiment*.

NAVIRE. C'est un vaisseau, un bâtiment propre pour aller sur mer.

La grandeur d'un navire s'estime par la quantité de tonneaux qu'il peut porter, et cette estimation se fait par le jaugeage du fond de cale qui est proprement le lieu essentiel de la charge.

Le tonneau de mer est le poids de deux milliers (979 kilogrammes environ) pesant de marchandises, que l'on estime occuper, l'un portant l'autre, la place de 42 pieds cubes (137 décimètres cubes environ). Ainsi, un navire dont la capacité du fond de cale sera de 8,400 pieds cubes (1,740 mètres cubes) sera du port de 200 tonneaux.

Les navires et autres bâtimens de mer sont meubles.

Néanmoins ils sont affectés aux dettes du venleur, et spécialement à celles que la loi déclare privilégiées (190).

Sont privilégiées, et dans l'ordre où elles sont rangées, les dettes ci-après désignées :

1°. Les frais de justice et autres, faits pour parvenir à la vente et à la distribution du prix ;

2°. Les droits de pilotage, tonnage, cale, amarrage, bassin ou avant-bassin ;

3°. Les gages du gardien et frais de garde du bâtiment, depuis son entrée dans le port jusqu'à la vente ;

4°. Le loyer des magasins où se trouvent déposés les agrès et les apparaux ;

5°. Les frais d'entretien du bâtiment et de ses agrès et apparaux, depuis son dernier voyage et son entrée dans le port ;

6°. Les gages et loyers du capitaine et autres gens de l'équipage employés au dernier voyage ;

7°. Les sommes prêtées au capitaine pour les besoins du bâtiment pendant le dernier voyage, et le remboursement du prix des marchandises par lui vendues pour le même objet ;

8°. Les sommes dues au vendeur, aux fournisseurs et ouvriers employés à la construction, si le navire n'a point encore fait de voyage ; et les sommes dues aux créanciers pour fournitures, travaux, main-d'œuvre, pour radoub, victuailles, armement et équipement avant le départ du navire, s'il a déjà navigué ;

9°. Les sommes prêtées à la grosse sur le corps, quille, agrès, apparaux, pour radoub, victuailles, armement et équipement avant le départ du navire ;

10°. Le montant des primes d'assurances faites sur le corps, quille, agrès, apparaux, et sur armement et équipement du navire, dues pour le dernier voyage ;

11º. Les dommages-intérêts dus aux affréteurs pour le défaut de délivrance des marchandises qu'ils ont chargées, ou pour remboursement des avaries souffertes par lesdites marchandises par la faute du capitaine ou de l'équipage.

Les créanciers compris dans chacun des numéros du présent article viendront en concurrence et au marc le franc, en cas d'insuffisance du prix (191).

Le privilége accordé aux dettes énoncées dans le précédent article, ne peut être exercé qu'autant qu'elles seront justifiées dans les formes suivantes :

1º. Les frais de justice seront constatés par les états de frais arrêtés par les tribunaux compétens ;

2º. Les droits de tonnage et autres, par les quittances légales des receveurs ;

3º. Les dettes désignées par les numéros 1, 3, 4 et 5 de l'art. 191, ci-dessus, seront constatées par des états arrêtés par le président du tribunal de commerce ;

4º. Les gages et loyers de l'équipage, par les rôles d'armement et désarmement arrêtés dans les bureaux de l'inscription maritime ;

5º. Les sommes prêtées et la valeur des marchandises vendues pour les besoins du navire pendant le dernier voyage, par des états arrêtés par le capitaine, appuyés de procès-verbaux signés par le capitaine et les principaux de l'équipage constatant la nécessité des emprunts ;

6º. La vente du navire par un acte ayant date certaine, et les fournitures pour l'armement équipement et victuailles du navire, seront con-

tées par les mémoires, factures ou états visés
par le capitaine et arrêtés par l'armateur, dont
un double sera déposé au greffe du tribunal de
commerce avant le départ du navire, ou, au
plus tard, dans les dix jours après son départ;

7°. Les sommes prêtées à la grosse sur le corps,
quille, agrès, apparaux, armement et équipement, avant le départ du navire, seront constatées par des contrats passés devant notaires, ou
sous signatures privées, dont les expéditions ou
doubles seront déposés au greffe du tribunal de
commerce dans les dix jours de leur date;

8°. Les primes d'assurances seront constatées
par les polices ou par les extraits des livres des
courtiers d'assurances;

9°. Les dommages-intérêts dus aux affréteurs
seront constatés par les jugemens, ou par les dé-
sions arbitrales qui seront intervenues (192).

Les priviléges des créanciers seront éteints,

Indépendamment des moyens généraux d'ex-
nction des obligations,

Par la vente en justice faite dans les formes
prescrites pour la vente du navire;

Ou lorsqu'après une vente volontaire, le navire
aura fait un voyage en mer sous le nom et aux
risques de l'acquéreur, et sans opposition de la
part des créanciers du vendeur (193).

Un navire est censé avoir fait un voyage en
mer,

Lorsque son départ et son arrivée auront été
constatés dans deux ports différens et trente jours
après le départ;

Lorsque, sans être arrivé dans un autre port,
il s'est écoulé plus de soixante jours entre le départ
et le retour dans le même port, ou lorsque le na-

vire parti pour un voyage de long cours, a ét[...]
plus de soixante jours en voyage sans réclamatio[...]
de la part des créanciers du vendeur (194).

La vente volontaire d'un navire doit être fait[...]
par écrit, et peut avoir lieu par acte public, o[...]
par acte sous signatures privées;

Elle peut être faite pour le navire entier, o[...]
pour une portion du navire,

Le navire étant dans le port ou en voyage (195[...]

La vente volontaire d'un navire en voyage n[...]
préjudicie pas aux créanciers du vendeur ;

En conséquence, nonobstant la vente, le n[...]
vire ou son prix continue d'être le gage desdi[...]
créanciers, qui peuvent même, s'ils le jugent con[...]
venable, attaquer la vente pour cause de fraud[...]
(196).

Le navire et le fret sont spécialement affecté[...]
aux loyers des matelots (271).

Toute convention pour louage d'un vaisseau[...]
doit énoncer le nom et le tonnage du navire (273[...]

Si le navire est arrêté au départ, pendant l[...]
route, ou au lieu de sa décharge, par le fait d[...]
l'affréteur, les frais du retardement sont dus pa[...]
l'affréteur.

Si, ayant été frété pour l'aller et le retour, l[...]
navire fait son retour sans chargement ou ave[...]
un chargement incomplet, le fret entier est d[...]
au capitaine, ainsi que l'intérêt du retardeme[...]
(294).

Le capitaine est tenu des dommages-intérê[...]
envers l'affréteur, si, par son fait, le navire[...]
été arrêté ou retardé au départ, pendant sa rout[...]
ou au lieu de sa décharge.

Ces dommages-intérêts sont réglés par des ex[...]
perts (295).

Si le capitaine est contraint de faire radouber navire pendant le voyage, l'affréteur est tenu attendre, ou de payer le fret en entier.

Dans le cas où le navire ne pourrait être radoubé, le capitaine est tenu d'en louer un autre.

Si le capitaine n'a pu louer un autre navire, fret n'est dû qu'à proportion de ce que le voyage est avancé (296).

Le capitaine perd son fret, et répond des dommages-intérêts de l'affréteur, si celui-ci prouve que, lorsque le navire a fait voile, il était hors état de naviguer.

La preuve est admissible nonobstant et contre s certificats de visite au départ (297).

Le fret est dû pour les marchandises que le capitaine a été contraint de vendre pour subvenir aux victuailles, radoub et autres nécessités ressantes du navire, en tenant par lui compte e leur valeur au prix que le reste, ou autre pareille marchandise de même qualité, sera vendu au lieu de la décharge, si le navire arrive à bon port.

Si le navire se perd, le capitaine tiendra compte es marchandises sur le pied qu'il les aura venues, en retenant également le fret porté aux connaissemens (298).

S'il arrive interdiction de commerce avec le pays pour lequel le navire est en route, et qu'il soit obligé de revenir avec son chargement, il est dû au capitaine que le fret de l'aller, quoique le vaisseau ait été affrété pour l'aller et le retour (299).

Si le vaisseau est arrêté dans le cours de son voyage par l'ordre d'une Puissance, il n'est dû aucun fret pour le temps de sa détention, si le

navire est affrété au mois; ni augmentation en
fret, s'il est loué au voyage.

La nourriture et les loyers des matelots pendant
la détention du navire, sont réputés avaries
(300).

Si le navire et les marchandises sont rachetés,
ou si les marchandises sont sauvées du naufrage,
le capitaine est payé du fret jusqu'au lieu de la
prise ou du naufrage.

Il est payé du fret entier en contribuant au rachat, s'il conduit les marchandises au lieu de
leur destination (303).

La contribution pour le rachat se fait, sur le
prix courant des marchandises au lieu de leur
décharge, déduction faite des frais, et sur la
moitié du navire et du fret.

Les loyers des matelots n'entrent point en contribution (304).

Le capitaine ne peut retenir les marchandises
dans son navire faute de paiement de son fret.

Il peut, dans le temps de la décharge, demander le dépôt en mains tierces jusqu'au paiement
de son fret (306).

Le contrat à la grosse énonce le nom du navire
(311).

Le capitaine ne peut acquérir la propriété du
navire par voie de prescription (430).

Voyez *Abordage*, *Adjudication*, *Allége*, *Assurance*, *Avarie*, *Capitaine*, *Connaissement*, *Contrat à la grosse*, *Contribution*, *Courtier interprète*,
Domicile, *Droit*, *Engagement*, *Equipage*, *Fret*,
Innavigabilité, *Jet*, *Licitation*, *Maître de navire*,
Matelot, *Perte*, *Prescription*, *Propriétaire de navire*, *Saisie*, *Tillac*, *Tonnage*, *Vente*.

NÉGLIGENCE. Faute de soin.

...cident provenant de la négligence du capi-
...ou de l'équipage. Voy. *Avarie.*

...GOCIANT. Qui fait le négoce. Le mot *négo-*
...a un sens un peu plus étendu que celui de
...*chand.* Le premier fait le commerce en grand;
...cond vend en détail.

...es tribunaux de commerce connaîtront de
...es contestations relatives aux engagemens
... transactions entre négocians (631).

...oyez *Billet à ordre, Femme, Fille, Obliga-*

...ÉGOCIATION. Les marchands négocient en
...érentes marchandises : les banquiers négo-
...t en argent, en billets et lettres de change.
...Négocier une lettre de change, c'est la céder
...la transporter à un autre, moyennant la va-
...r que l'acheteur en donne au cédant ou ven-
...ce qui peut se faire de trois manières, sa-
...au pair, avec profit, avec perte.

...n négocie au pair, quand on reçoit précisé-
...t la somme exprimée dans la lettre de change.
...égociation se fait avec profit, quand le cé-
...t reçoit plus que ne porte la lettre, et elle se
...avec perte, quand on cède une lettre de
...ge pour une somme moindre que celle qui
...t portée.

...uand le tireur d'une lettre de change reçoit
...que le pair, cela s'appelle *avance pour le*
...r. On nomme au contraire *avance pour le*
...*eur d'argent, et perte pour le tireur,* lorsque
...neur donne moins que le pair.

...est par l'entremise des agens de change que
...ont la plupart des négociations des billets et
...es de change.

Le résultat des négociations et des transaction
qui s'opèrent dans la bourse, détermine le cours
du change, des marchandises, des assurances
du fret ou nolis, du prix des transports par
terre ou par eau, des effets publics et autres
dont le cours est susceptible d'être coté (72).

Les agens de change, constitués de la manière
prescrite par la loi, ont seuls le droit de faire le
négociations des effets publics et autres susceptibles d'être cotés; de faire pour le compte d'autrui les négociations des lettres de change ou billets, et de tous papiers commerçables, et d'er
constater le cours.

Les agens de change peuvent faire, concurremment avec les courtiers des marchandises
les négociations et le courtage des ventes o
achats des matières métalliques. Ils ont seuls le
droit d'en constater le cours (76).

Les agens de change et courtiers sont tenus d
consigner dans leur livre, jour par jour et par
ordre de dates, sans ratures, entrelignes ni trans
positions, et sans abréviations ni chiffres, toute
les conditions des négociations opérées par leu
ministère (84).

Tout acte de prêt à la grosse peut être négocié par la voie de l'endossement, s'il est à ordre.

En ce cas, la négociation de cet acte a le
mêmes effets et produit les mêmes actions e
garantie que celles des autres effets de commerc
(313).

Sera déclaré banqueroutier frauduleux tout
commerçant failli qui aura fait des négociation
- supposées (593).

Voyez *Compte de retour, Effets publics, Journal, Rechange, Retraite.*

NOLIS

NOLIS, NOLISSEMENT. Louage d'un vaisseau, ou la convention faite entre un marchand
et le maître d'un bâtiment, pour transporter des
marchandises d'un lieu à un autre. On ne s'en
sert que sur la Méditerranée; sur l'Océan, l'on
dit *fret*. Voyez *Fret*.

Nolis. Le résultat des négociations et des transactions qui s'opèrent dans la bourse, détermine
le cours du nolis (72).

Ce cours est constaté par les courtiers, dans la
forme prescrite par les réglemens de police généraux ou particuliers (73).

Les courtiers interprètes et conducteurs de
navires ont seuls le droit de constater le cours
du fret ou du nolis (80).

Voyez *Fret*.

Nolissement. Toute convention pour louage
d'un vaisseau, appelée *charte-partie, affrétement*
ou *nolissement*, doit être rédigée par écrit;

Elle énonce

Le nom et le tonnage du navire,

Le nom du capitaine,

Les noms du fréteur et de l'affréteur,

Le lieu et le temps convenus pour la charge et
pour la décharge,

Le prix du fret ou nolis,

Si l'affrétement est total ou partiel,

L'indemnité convenue pour les cas de retard
(273).

Si le temps de la charge et de la décharge du
navire n'est point fixé par les conventions des
parties, il est réglé suivant l'usage des lieux (274).

Si le navire est frété au mois, et s'il n'y a convention contraire, le fret court du jour où le
navire a fait voile (275).

24

Si, avant le départ du navire, il y a interdic il
tion de commerce avec le pays pour lequel il es ii
destiné, les conventions sont résolues sans dom ie
mages-intérêts de part ni d'autre.

Le chargeur est tenu des frais de la charge e
de la décharge de ses marchandises (276).

S'il existe une force majeure qui n'empêch l
que pour un temps la sortie du navire, les con
ventions subsistent, et il n'y a pas lieu à dom
mages-intérêts à raison du retard.

Elles subsistent également, et il n'y a lieu i
aucune augmentation de fret, si la force majeur i
arrive pendant le voyage (277).

Le chargeur peut, pendant l'arrêt du navire
faire décharger ses marchandises à ses frais,
condition de les recharger ou d'indemniser l
capitaine (278).

Dans le cas de blocus du port pour lequel l
navire est destiné, le capitaine est tenu, s'il n'a
des ordres contraires, de se rendre dans un def
ports voisins de la même Puissance où il lui ser
permis d'aborder (279).

Le navire, les agrès et apparaux, le fret et le
marchandises chargées, sont respectivement al
fectés à l'exécution des conventions des partie
(280).

La loi répute acte de commerce tout nolisse
ment (633).

NOM. C'est ce qui sert à distinguer l'un d
l'autre tous les citoyens.

Les noms des associés peuvent seuls faire parti
de la raison sociale (21).

Le nom d'un associé commanditaire ne peu
faire partie de la raison sociale (25).

¶ La société anonyme n'est désignée par le nom d'aucun des associés (29).

¶ L'extrait des actes de société doit contenir les noms des associés autres que les actionnaires ou commanditaires (43).

¶ Un agent de change ou courtier ne peut s'intéresser directement ni indirectement, sous son nom ou sous un nom interposé, dans aucune entreprise commerciale (85).

¶ Le commissionnaire agit en son propre nom, ou sous un nom social, pour le compte de son commettant (91).

¶ La lettre de voiture doit indiquer le nom du commissionnaire par l'entremise duquel le transport s'opère, s'il y en a un; le nom de celui à qui la marchandise est adressée, le nom du voiturier (102).

¶ Sont réputées simples promesses toutes lettres de change contenant supposition de nom (112).

¶ L'endossement d'une lettre de change doit énoncer le nom de celui à l'ordre de qui il est passé (137).

¶ Le compte de retour énonce le nom de celui sur qui la retraite est faite (181).

¶ Le billet énonce le nom de celui à l'ordre de qui il est souscrit (188).

¶ L'huissier énonce dans le procès-verbal de saisie d'un bâtiment de mer, les noms du créancier pour qui il agit, du propriétaire, du capitaine et du bâtiment (200).

¶ En matière de saisie et vente de bâtimens de mer, les criées, publications et affiches doivent désigner les noms du poursuivant, du propriétaire du navire saisi, du bâtiment, et, s'il est

24.

armé ou en armement, celui du capitaine, enfin celui de l'avoué du poursuivant (204).

Le capitaine qui, pendant le cours du voyage, a emprunté sur le corps et quille du navire pour les besoins constatés du navire, est obligé, avant son départ d'un port étranger, ou des colonies françaises, de faire connaître à ses propriétaires, ou à leurs fondés de pouvoirs, les noms des prêteurs (235).

Toute convention pour louage d'un vaisseau doit énoncer les noms du navire, du capitaine, du fréteur et de l'affréteur (273).

Le connaissement doit indiquer les noms du chargeur, de celui à qui l'expédition est faite, du capitaine et du navire (281).

Le contrat à la grosse énonce les noms du navire et du capitaine, ceux du prêteur et de l'emprunteur (311).

Le contrat d'assurance exprime le nom de celui qui fait assurer, ceux du navire et du capitaine (332).

En cas de faillite d'une société en nom collectif, la déclaration du failli contiendra le nom de chacun des associés solidaires (440).

Voyez *Débiteur.*

NOM COLLECTIF. Voy. *Société en nom collectif.*

NOM SOCIAL. C'est le nom sous lequel des associés manifestent au public leur association et la raison de leur commerce par la manière dont leurs noms se suivent. Dans la suite des noms *Bernard, Charles, Mathieu; Bernard* est nommé le premier, parce qu'il a mis dans la société plus que *Charles*, et *Charles* est nommé le second,

arce qu'il a mis plus que *Mathieu*. Le nom social doit être signé dans cet ordre par ceux des
associés qui ont la signature ; et ainsi signé, il
oblige non-seulemens le signataire, mais encore
les coassociés.

La société en commandite est régie sous un
nom social, qui doit être nécessairement celui
d'un ou plusieurs associés responsables et solidaires (23).

Lorsqu'il y a plusieurs associés solidaires et en
nom, soit que tous gèrent ensemble, soit qu'un
ou plusieurs gèrent pour tous, la société est à la
fois société en nom collectif à leur égard et société
en commandite à l'égard des simples bailleurs de
fonds (24).

La société anonime n'existe point sous un nom
social ; elle n'est désignée par le nom d'aucun des
associés (29).

Le commissionnaire agit sous son propre nom
ou sous un nom social, pour le compte de son
commettant (91).

NOMINATION. C'est l'action par laquelle on
confère une place, un emploi, une fonction.

Nomination des arbitres. Voy. *Arbitre.*

Nomination des membres des tribunaux de commerce. Voy. *Tribunal de commerce.*

NOTABLES. Ce mot est employé ici pour désigner les principaux négocians et marchands d'une
ville.

La liste des notables pour l'élection des membres des tribunaux de commerce sera dressée sur
tous les commerçans de l'arrondissement par le
préfet, et approuvée par le ministre de l'intérieur : leur nombre ne peut être au-dessous de

vingt-cinq dans les villes où la population n'excède pas quinze mille ames; dans les autres villes, il doit être augmenté à raison d'un électeur pour mille ames de population (619).

NOTAIRE. Les notaires sont des fonctionnaires publics établis pour recevoir tous les actes et contrats auxquels les parties doivent ou veulent faire donner le caractère d'authenticité attaché aux actes de l'autorité publique, et pour en assurer la date, en conserver le dépôt et en délivrer des grosses et des expéditions.

Les notaires sont institués à vie, et ils sont obligés de prêter leur ministère quand ils en sont requis.

Le notaire qui a reçu le contrat de mariage entre époux dont l'un est commerçant, est tenu de le remettre par extrait aux greffes et chambres prescrits par l'art. 872 du Code de procédure, sous peine de cent francs d'amende, et même de destitution et de responsabilité envers les créanciers, s'il est prouvé que l'omission soit la suite d'une collusion (68).

Les courtiers d'assurances rédigent les contrats et polices d'assurances, concurremment avec les notaires; ils en attestent la vérité par leur signature; certifient le taux des primes pour tous les voyages de mer ou de rivière (79).

Les protêts faute d'acceptation ou de paiement sont faits par deux notaires, ou par un notaire et deux témoins, ou par un huissier et deux témoins (173).

Les notaires et les huissiers sont tenus, à peine de destitution, dépens, dommages-intérêts envers les parties, de laisser copie exacte des protêts et de les inscrire en entier, jour par jour et par ordre de dates, dans un registre particulier, coté, paraphé et tenu dans les formes prescrites pour les répertoires (176).

¶ Le contrat à la grosse peut être fait devant notaire (311).

¶ NOTIFICATION. C'est un acte par lequel on donne connaissance de quelque chose dans les formes juridiques.

¶ Voyez *Assurance*, *Composition*.

¶ NOTIFICATION du protêt. Voy. *Acceptation, Déchéance.*

¶ NOTIFICATION du procès-verbal de saisie. *Voy.* *Saisie.*

¶ NOTORIÉTÉ. Ce mot se dit, en général, de ce qui est connu publiquement.

¶ Les jurisconsultes appellent *notoriété de fait,* celle qui est fondée sur une certaine croyance publique, et *notoriété de droit*, celle qui a pour cause un jugement, ou quelque autre acte juridique.

¶ On appelle *acte de notoriété*, des actes par lesquels des témoins suppléent à des preuves par écrit.

¶ Ces actes ne sont, à proprement parler, que les certificats sur un point de fait.

¶ Dès que le tribunal de commerce aura connoissance de la faillite, soit par la déclaration du failli, soit par la requête de quelque créancier, soit par la notoriété publique, il ordonnera l'apposition des scellés (449).

¶ Le juge de paix pourra aussi apposer les scellés sur la notoriété acquise (450).

¶ Voyez *Banqueroute frauduleuse, Procureur-impérial, Tribunal de commerce.*

NOURRITURE. Alimens.

La nourriture de l'équipage pendant la détention du navire est réputée avarie (300).

Sont avaries communes, la nourriture des matelots blessés en défendant le navire, celle des matelots pendant la détention, quand le navire est arrêté par ordre d'une Puissance, et pendant les réparations des dommages soufferts pour le salut commun, si le navire est affrété au mois (400).

La nourriture, dans les cas ci-dessus, est avarie particulière, si le navire est affrété au voyage (403).

Toute action en paiement pour nourriture fournie aux matelots par l'ordre du capitaine, se prescrit un an après la livraison (433).

Voyez *Avarie*.

NOUVELLE. Le premier avis qu'on reçoit d'une chose arrivée récemment.

Assurances faites sur bonnes ou mauvaises nouvelles. Voy. *Assurance*.

Nouvelle de l'innavigabilité ou de la perte d'un navire. Voy. *Assurance, Délai, Innavigabilité*.

NULLITÉ. On appelle *nullité*, ou la qualité d'un acte qui est nul et comme non-avenu, ou le vice qui empêche cet acte de produire son effet.

Les formalités relatives à la remise au greffe, à la transcription et à l'affiche de l'extrait des actes de société en nom collectif et en commandite doivent être observées, à peine de nullité, à l'égard des intéressés (42).

Tout emprunt à la grosse fait pour une somme excédant la valeur des objets sur lesquels il est affecté, peut être déclaré nul à la demande du prêteur, s'il est prouvé qu'il y a fraude de la part de l'emprunteur (316).

Le contrat d'assurance est nul, s'il a pour objet

Le fret des marchandises existantes à bord du navire,

Le profit espéré des marchandises,

Le loyer des gens de mer,

Les sommes empruntées à la grosse,

Les profits maritimes des sommes prêtées à la grosse (347).

Toute réticence, toute fausse déclaration de la part de l'assuré, toute différence entre le contrat d'assurance et le connaissement, qui diminueraient l'opinion du risque ou en changeraient le sujet, annullent l'assurance.

L'assurance est nulle, même dans le cas où la réticence, la fausse déclaration ou la différence n'auraient pas influé sur le dommage ou la perte de l'objet assuré (348).

Si le voyage est rompu avant le départ du vaisseau, même par le fait de l'assuré, l'assurance est annullée (349).

Toute assurance faite après la perte ou l'arrivée des objets assurés, est nulle, s'il y a présomption qu'avant la signature du contrat, l'assuré a pu être informé de la perte, ou l'assureur, de l'arrivée des objets assurés (365).

Tous actes translatifs de propriétés immobilières, faits par le failli, à titre gratuit, dans les dix jours qui précèdent l'ouverture de la faillite, sont nuls et sans effet, relativement à la masse des créanciers ; tous actes du même genre, à titre onéreux, sont susceptibles d'être annullés sur la demande des créanciers, s'ils paraissent aux juges porter des caractères de fraude (444).

Tous actes ou engagemens pour fait de commerce, contractés par le débiteur, dans les dix
jours qui précèdent l'ouverture de la faillite, sont
présumés frauduleux, quant au failli; ils sont
nuls, lorsqu'il est prouvé qu'il y [a] fraude de la
part des autres contractans (445).

Voyez *Action*, *Assurance*, *Concordat*, *Cour
d'appel*, *Dol*, *Fin de non-recevoir*, *Fraude*, *Tribunal de commerce*.

NUMÉRO, signifie le nombre, la cote qu'on
met sur quelque chose.

NUMÉROTER, c'est appliquer à une balle, caisse,
tonne ou tonneau de marchandises, ainsi qu'à
une pièce d'étoffe que l'on vient de recevoir, un
nombre nommé *numéro*, pour servir à la désigner et à se rendre compte de ce qu'elle est devenue.

Dans les fabriques, on désigne par des numéros consécutifs les degrés de dimension ou de
qualité d'un même genre de marchandises.

Les marchands en détail nomment aussi *numéros* des caractères de leur invention qu'ils sub-
stituent aux chiffres, pour noter sur une carte
attachée à chaque pièce de leur marchandise le
prix qu'elle leur coûte, ou celui auquel elles
veulent la vendre, et de là vient que l'on dit
d'un commis qui sait lire et déchiffrer ces caractères, qu'il entend le numéro.

La lettre de voiture doit présenter en marge
les numéros des objets à transporter (102).

Le connaissement présente, en marge, les
numéros des objets à transporter (281).

O

OBJET. Le contrat à la grosse énonce les objets sur lesquels le prêt est affecté (311).

OBLIGATION est, en général, l'acte par lequel on est obligé à quelque chose.

Pour former une obligation, il faut le concours de deux personnes, dont l'une se trouve engagée à quelque chose envers l'autre.

On appelle *débiteur* celui qui a contracté l'obligation, et *créancier*, celui au profit de qui elle est contractée.

On peut considérer les obligations,

1°. Relativement à la nature de l'engagement qui en résulte ;

2°. Relativement aux différentes manières dont elles peuvent être contractées ;

3°. Relativement à la qualité des différentes choses qu'elles ont pour objet ;

4°. Relativement à l'ordre qu'ont entre elles les choses qu'elles ont pour objet ;

5°. Relativement à l'ordre dans lequel elles sont contractées ;

6°. Relativement au droit qu'a le créancier pour les faire exécuter.

Je passe sous silence, comme n'étant point de mon sujet, les subdivisions dont chacune de ces divisions est susceptible.

Les administrateurs d'une société anonime ne contractent, à raison de leur gestion, aucune obligation personnelle ni solidaire, relativement aux engagemens de la société (32).

La prescription ne peut avoir lieu, s'il y a obligation (434).

La loi répute actes de commerce toutes obligations entre négocians, marchands et banquiers
(632). Voy. *Femme*, *Privilége*.

OBSTACLE. Empêchement, opposition, ce
qui empêche qu'une chose ne soit, ne se fasse
ne réussisse.

Voyez *Force majeure*.

OCÉAN. Un *océan* est une grande étendue
d'eau dont la communication n'est pas inter-
ceptée par des terres.

Il y a quatre Océans : l'Océan *Atlantique*, l'O-
céan *Pacifique*, l'Océan *Septentrional* et l'Océan
Indien. L'océan Atlantique sépare l'Europe e
l'Afrique de l'Amérique. L'Océan Septentrional
qu'on appelle communément la *Mer Glaciale*
baigne les côtes septentrionales de l'Europe, de
l'Asie et de l'Amérique, et fait communiquer au
nord l'Océan Atlantique avec l'Océan Pacifique.
L'Océan Indien baigne les côtes méridionales de
l'Asie et les côtes orientales de l'Afrique, et fait
communiquer au sud l'Océan Atlantique avec
l'Océan Pacifique.

Sont réputés voyages de long cours ceux qui
se font dans toutes les côtes et pays situés sur
l'Océan, au-delà des détroits de Gibraltar et du
Sund (377).

OFFICE. Lorsque les parties refusent de nommer des arbitres, des experts, et qu'ils sont
nommés par le juge, on dit qu'ils sont nommé
d'office.

En cas de refus de l'un ou de plusieurs associés de nommer des arbitres, les arbitres sont
nommés d'office au tribunal de commerce. (55)

OFFICIER. C'est, en général, celui qui exerce
un office, soit civil, soit militaire.

OFFICIER de navire, est celui qui commande dans un navire.

OFFICIER de navire. Toutes les dispositions relatives aux loyers, pansement et rachat des matelots, sont communes aux officiers du vaisseau (272).

OFFICIER d'administration d'un navire. Voyez *Matelot.*

OFFICIER de navire, de vaisseau. Voy. *Capitaine, Prescription.*

OFFICIERS DE JUSTICE, sont ceux qui sont préposés pour rendre la justice, ou pour faire les actes et les procédures nécessaires dans la poursuite des procès, ou qui sont préposés pour exécuter les ordres des juges. Tels sont les juges, les greffiers, les notaires, les avoués, les huissiers.

OFFICIER DE JUSTICE. Le tribunal de commerce peut ordonner que la personne du failli sera sous la garde d'un officier de justice (455).

OFFICIER DE POLICE. La loi du 29 septembre 1791 avait créé pour la ville de Paris vingt-quatre officiers de police sous le nom d'officiers de paix, et les avait chargés de veiller à la tranquillité publique.

Ces officiers furent ensuite supprimés par l'article 10 de la loi du 19 vendémiaire an IV ; mais la loi du 23 floréal suivant les a rétablis, et les a chargés, comme avait fait la loi de 1791, de veiller à la tranquillité publique, de se porter dans les endroits où elle pourra être troublée, d'arrêter les délinquans, et de les traduire devant qui de droit.

Les officiers de police doivent être nommés par l'Empereur. C'est ce qui résulte d'un arrêté du 19 nivose an VIII.

OFFICIER DE POLICE. Le tribunal de commerc
peut ordonner que la personne du failli sera sou
la garde d'un officier de police (455).

OMISSION. Voy. *Notaire.*

OPÉRATION DE COMMERCE. Les association
commerciales en participation sont relatives
une ou plusieurs *opérations de commerce* (48).

Les agens de change et courtiers sont tent
de consigner dans leur livre, jour par jour e
par ordre de dates, sans ratures, entrelignes r
transpositions, et sans abréviations ni chiffres
toutes les conditions des opérations faites pa
leur ministère (84).

Voyez *Banque, Banqueroute simple, Billet
ordre, Change, Commerce, Courtage, Journa
Hasard, Syndic, Tribunal de commerce.*

OPPOSANT. Voy. *Créancier, Opposition, Tr
bunal de commerce.*

OPPOSITION, est un acte dont l'objet est d'en
pêcher qu'on ne fasse quelque chose au préjudic
de la personne à la requête de qui il est fait.

Si les demandes en distraction ne sont formée
qu'après l'adjudication des navires saisis, elle
sont converties, de plein droit, en opposition
à la délivrance des sommes provenant de la vent
(210).

L'opposant a trois jours pour fournir se
moyens.

Le défendeur a trois jours pour contredire.

La cause est portée à l'audience sur une simpl
citation (211).

Pendant trois jours après celui de l'adjudica
tion, les oppositions à la délivrance du pri

seront reçues ; passé ce temps, elles ne seront plus admises (212).

Tout créancier qui n'aura pas été payé intégralement de sa créance en principal, intérêts et frais, et toute autre partie intéressée, pourront, pendant la durée de l'affiche, former opposition à la réhabilitation par simple acte au greffe, appuyé de pièces justificatives, s'il y a lieu. Le créancier opposant ne pourra jamais être partie dans la procédure tenue pour la réhabilitation, sans préjudice toutefois de ses autres droits (608).

Voy. *Créancier, Jugement, Paiement, Réhabilitation.*

OPPOSITION au concordat. Voy. *Concordat, Tribunal de commerce.*

OR. Métal jaune, le plus précieux, le plus parfait, le plus ductile et le plus pesant de tous.

Vaisselle d'or. Voy. *Femme.*

ORDONNANCE, se dit de ce qui est mis par les juges au bas des requêtes qu'ils répondent. Ce terme signifie aussi ce qu'ils mettent au bas d'un procès-verbal, ou qu'ils y insèrent, pour juger quelques contestations qui se forment devant eux.

Le jugement arbitral est motivé ;

Il est déposé au greffe du tribunal de commerce ;

Il est rendu exécutoire sans aucune modification, et transcrit sur les registres, en vertu d'une ordonnance du président du tribunal, lequel est tenu de la rendre pure et simple, et dans le délai de trois jours du dépôt au greffe (61).

Si la lettre de change perdue est revêtue de l'acceptation, le paiement ne peut en être exigé

sur une 2e., 3e., 4e., etc., que par ordonnanc[e]
du juge, et en donnant caution (151).

ORDONNANCE du juge-commissaire. Voy. *Bor*-
dereau, Caisse, Juge, Juge de paix, Président.

ORDRE. C'est, en fait de lettres de change e[t]
billets, la cession qu'en fait le propriétaire à u[n]
autre par ces mots écrits au dos : *Pour moi paye[z]*
à un tel, ou à son ordre, valeur reçue comptan[t]
(ou en marchandises) *dudit*, etc.

Une lettre de change est à l'ordre d'un tiers
ou à l'ordre du tireur lui-même (110).

Elle peut être tirée par ordre et pour le compt[e]
d'un tiers (111).

L'endossement d'une lettre de change do[it]
énoncer le nom de celui à l'ordre de qui il es[t]
passé (137).

Il est défendu d'antidater les ordres, à peine d[e]
faux (139).

Le billet à ordre énonce le nom de celui à l'ordre de qui il est souscrit (188).

Le connaissement peut être à ordre. (281).

Tout acte de prêt à la grosse peut être négoci[é]
par la voie de l'endossement, s'il est à ordre.

En ce cas, la négociation de cet acte a les mêm[es]
effets, et produit les mêmes actions en garant[ie]
que celles des autres effets de commerce (313).

ORDRE DES CRÉANCIERS. C'est l'état qu'on dress[e]
de tous les créanciers d'un homme, d'une succession, pour les payer suivant leur privilège o[u]
hypothèque.

Voyez *Créancier hypothécaire, Vente.*

ORGANISATION, est l'action de régler le mo[u]-
vement intérieur d'un corps administratif o[u]
judiciaire.

ORGANISATIO[N]

ORGANISATION des gardes du commerce. Voy. *Garde du commerce.*

ORGANISATION des tribunaux de commerce. Voy. *Tribunal de commerce.*

ORIGINAL, est la minute ou la grosse de quelque acte : ce terme est relatif à copie ; et, dans ce sens, on dit, collationner une copie à son original.

Chaque connaissement est fait en quatre originaux au moins,

Un pour le chargeur,

Un pour celui à qui les marchandises sont adressées,

Un pour le capitaine,

Un pour l'armateur du bâtiment.

Les quatre originaux sont signés par le chargeur et par le capitaine, dans les vingt-quatre heures après le chargement (282).

Voyez *Tribunal de commerce.*

OUVERTURE de la faillite. Voy. *Faillite.*

OUVERTURE de la répartition du montant de l'actif mobilier du failli. Voy. *Créancier*, *Répartition.*

OUVRAGE. Ce qui est produit par l'ouvrier. Toute action pour ouvrages faits se prescrit un an après la réception des ouvrages (433).

OUVRIER. Celui qui travaille de la main et qui fait quelque ouvrage.

Les sommes dues aux ouvriers employés à la construction, si le navire n'a point encore fait de voyage, sont dettes privilégiées sur le navire (191).

Le privilége ne peut être exercé qu'autant que ces dettes seront constatées par le capitaine et

25

arrêtées par l'armateur, dont un double sera d...
posé au greffe du tribunal de commerce avant l...
départ du navire, ou, au plus tard, dans les di...
jours après son départ (192).

Toute action pour salaires d'ouvriers se pre...
crit un an après la réception des ouvrages (433)...

P

PAIEMENT. C'est ce qui se donne pour acqui...
ter une dette, une obligation.

Un agent de change ou courtier ne peut pay...
pour le compte de ses commettans (85).

Le paiement du prix de la voiture éteint tou...
action contre le voiturier (105).

Une lettre de change doit énoncer la somme...
payer; le nom de celui qui doit payer; l'époqu...
et le lieu où le paiement doit s'effectuer (110)...

Même disposition pour le billet à ordre (188)...

Une lettre de change peut être tirée sur un in...
dividu et payable au domicile d'un tiers (111)...

Une lettre de change doit être payée dans l...
monnaie qu'elle indique (143).

Celui qui paie une lettre de change avant so...
échéance, est responsable de la validité du paie...
ment (144).

Celui qui paie une lettre de change à so...
échéance et sans opposition, est présumé vala...
blement libéré (145).

Le porteur d'une lettre de change ne peut êtr...
contraint d'en recevoir le paiement avant l'é...
chéance (146).

Le paiement d'une lettre de change fait sur un...
seconde, troisième, quatrième, etc., est valabl...
lorsque la deuxième, troisième, quatrième, etc...

...orte que ce paiement annulle l'effet des autres (147).

Celui qui paie une lettre de change sur une deuxième, troisième, quatrième, etc., sans retirer celle sur laquelle se trouve son acceptation, n'opère point sa libération à l'égard du tiers porteur de son acceptation (148).

Il n'est admis d'opposition au paiement qu'en cas de perte de la lettre de change, ou de la faillite du porteur (149).

En cas de perte d'une lettre de change non acceptée, celui à qui elle appartient peut en poursuivre le paiement sur une seconde, troisième, quatrième, etc. (150).

Si la lettre de change perdue est revêtue de l'acceptation, le paiement ne peut en être exigé sur une deuxième, troisième, quatrième, que par ordonnance du juge, et en donnant caution (151).

Si celui qui a perdu la lettre de change, qu'elle soit acceptée ou non, ne peut représenter la deuxième, troisième, quatrième, etc. Il peut demander le paiement de la lettre de change perdue, et l'obtenir par l'ordonnance du juge, en justifiant de sa propriété par ses livres, et en donnant caution (152).

En cas de refus de paiement, sur la demande formée en vertu des deux articles précédens, le propriétaire de la lettre de change perdue conserve tous ses droits par un acte de protestation.

Cet acte doit être fait le lendemain de l'échéance de la lettre de change perdue.

Il doit être notifié aux tireurs et endosseurs, dans les formes et délais prescrits pour la notification du protêt (153).

25.

Le propriétaire de la lettre de change égar[ée]
doit, pour s'en procurer la seconde, s'adresse[r à]
son endosseur immédiat, qui est tenu de l[ui]
prêter son nom et ses soins pour agir envers s[on]
propre endosseur, et ainsi, en remontant d'[en]-
dosseur en endosseur, jusqu'au tireur de la lett[re.]
Le propriétaire de la lettre de change égarée s[up]-
portera les frais (154).

L'engagement de la caution, mentionné da[ns]
les art. 151 et 152, est éteint après trois ans, [si]
pendant ce temps, il n'y a eu ni demandes, [ni]
poursuites juridiques (155).

Les paiemens faits à-compte sur le monta[nt]
d'une lettre de change, sont à la décharge [des]
tireurs et endosseurs.

Le porteur est tenu de faire protester la lett[re]
de change pour le surplus (156).

Les juges ne peuvent accorder aucun dé[lai]
pour le paiement d'une lettre de change (157[).]

Les dispositions ci-dessus sont applicables a[ux]
billets à ordre faits entre marchands, négoc[ians]
ou banquiers, ou entre toutes personnes po[ur]
opération de commerce de terre ou de mer, t[ra]-
fic, change, banque et courtage (187).

L'huissier énonce dans le procès-verbal de [sai]-
sie d'un bâtiment de mer, la somme dont il po[ur]-
suit le paiement (200).

Les adjudicataires des navires de tous tonna[ges]
sont tenus de payer le prix de leur adjudicat[ion]
dans les vingt-quatre heures, ou de le consig[ner]
sans frais au greffe du tribunal de commer[ce,]
à peine d'y être contraints par corps.

A défaut de paiement ou de consignation [le]
bâtiment est remis en vente et adjugé trois jo[urs]
après une nouvelle publication et affiche uniq[ue,]
à la folle enchère des adjudicataires, qui s[ont]

également contraints par corps pour le paiement du déficit, des dommages-intérêts et des frais (109).

Le matelot est payé de ses loyers s'il tombe malade pendant le voyage, ou s'il est blessé au service du navire (262).

L'assuré peut, par la signification mentionnée en l'art. 374 (Voyez cet article au mot *Assurance*) ou faire le délaissement avec sommation à l'assureur de payer la somme assurée dans le délai fixé par le contrat, ou se réserver de faire le délaissement dans les délais fixés par la loi (378).

L'assuré est tenu, en faisant le délaissement, de déclarer toutes les assurances qu'il a faites ou fait faire, même celles qu'il a ordonnées, et l'argent qu'il a pris à la grosse, soit sur le navire, soit sur les marchandises, faute de quoi le délai du paiement, qui doit commencer à courir du jour du délaissement, sera suspendu jusqu'au jour où il fera notifier ladite déclaration, sans qu'il en résulte aucune prorogation du délai établi pour former l'action en délaissement (379).

En cas de déclaration frauduleuse, l'assuré est privé des effets de l'assurance; il est tenu de payer les sommes empruntées, nonobstant la perte ou la prise du navire (380).

En cas de naufrage ou d'échouement avec bris, l'assuré doit, sans préjudice du délaissement à faire en temps et lieu, travailler au recouvrement des effets naufragés.

Sur son affirmation, les frais de recouvrement lui sont alloués jusqu'à concurrence de la valeur des effets recouvrés (381).

Si l'époque du paiement n'est point fixée par

le contrat, l'assureur est tenu de payer l'assurance trois mois après la signification du délaissement (382).

Les actes justificatifs du chargement et de la perte sont signifiés à l'assureur avant qu'il puisse être poursuivi pour le paiement des sommes assurées (383).

L'assureur est admis à la preuve des faits contraires à ceux consignés dans les attestations.

L'admission à la preuve ne suspend pas les condamnations de l'assureur au paiement provisoire de la somme assurée, à la charge par l'assuré de donner caution.

L'engagement de la caution est éteint après quatre années révolues, s'il n'y a pas eu de poursuite (384).

Le délaissement signifié et accepté ou jugé valable, les effets assurés appartiennent à l'assureur à partir de l'époque du délaissement.

L'assureur ne peut, sous prétexte du retour du navire, se dispenser de payer la somme assurée (385).

Le fret des marchandises sauvées, quand même il aurait été payé d'avance, fait partie du délaissement du navire, et appartient également à l'assureur, sans préjudice des droits des prêteurs à la grosse, de ceux des matelots pour leur loyer et des frais et dépenses pendant le voyage (386).

Est prescrite,

Toute action en paiement,

Pour fret de navire, gages et loyers des officiers, matelots et autres gens de l'équipage, un an après le voyage fini;

Pour nourriture fournie aux matelots par l'ordre du capitaine, un an après la livraison;

Pour fournitures de bois et autres choses nécessaires aux construction, équipement et avic-
taillement du navire, un an après ces fournitures faites ;

Pour salaires d'ouvriers et pour ouvrages faits
un an après la réception des ouvrages (433).

Tout commerçant qui cesse ses paiemens est
en état de faillite (437).

Tout failli sera tenu, dans les trois jours de la
cessation de paiement, d'en faire la déclaration
au greffe du tribunal de commerce ; le jour où il
aura cessé ses paiemens, sera compris dans ces
trois jours (440).

Toutes sommes payées, dans les dix jours qui
précèdent l'ouverture de la faillite, pour dettes
commerciales non échues, sont rapportées (446).

Tous paiemens faits en fraude des créanciers
du failli, sont nuls (447).

A l'égard des effets de commerce non échus,
par lesquels le failli se trouve être l'un des obligés, les autres obligés ne sont tenus que de donner
caution pour le paiement, à l'échéance, s'ils n'aiment mieux payer immédiatement (448).

Voyez *Acceptation*, *Assurance*, *Aval*, *Capitaine*, *Commissionnaire*, *Composition*, *Contrat à
la grosse*, *Contribution*, *Créancier*, *Déchéance*,
Délai, *Echéance*, *Faillite*, *Intérêt*, *Jet*, *Porteur*,
Réhabilitation, *Répartition*, *Revendication*.

PAIEMENT PAR INTERVENTION. Une lettre de change
protestée peut être payée par tout intervenant
pour le tireur ou pour l'un des endosseurs.

L'intervention et le paiement doivent être
constatés dans l'acte de protêt, ou à la suite de
l'acte (158).

Celui qui paye une lettre de change par in-

tervention, est subrogé aux droits du porteur
et tenu des mêmes devoirs pour les formalités
remplir.

Si le paiement par intervention est fait po
le compte du tireur, tous les endosseurs so
libérés.

S'il est fait pour un endosseur, les endosseu
subséquens sont libérés.

S'il y a concurrence pour le paiement d'u
lettre de change par intervention, celui q
opère le plus de libérations est préféré.

Si celui sur qui la lettre était originaireme
tirée, et sur qui a été fait le protêt faute d'a
ceptation, se présente pour la payer, il doit êt
préféré à tous autres (159).

Les dispositions ci-dessus sont applicables au
billets à ordre faits entre marchands, négocia
ou banquiers, ou entre toutes personnes po
opération de commerce de terre ou de mer, tr
fic, change, banque et courtage (187).

PAIX. C'est l'état d'un peuple qui n'est poi
en guerre.

L'assurance peut être faite en temps de pa
(335).

PANSEMENT. L'action de panser une plai
une blessure; il signifie encore les soins et l
remèdes qu'on emploie pour panser une ble
sure, des blessés.

Le matelot est pansé aux dépens du navire
s'il est blessé au service du navire (262).

Le matelot est traité et pansé aux dépens d
navire et du chargement, s'il est blessé en con
battant contre les ennemis et les pirates (263).

Si le matelot sorti du navire sans autorisation

est blessé à terre, les frais de ses pansement et traitement sont à sa charge (264).

Toutes les dispositions relatives au pansement des matelots, sont communes aux officiers et à tous autres gens de l'équipage (272).

L'augmentation de prime qui aura été stipulée en temps de paix pour le temps de guerre qui pourrait survenir, et dont la quotité n'a pas été déterminée par le contrat d'assurance, est réglée par les tribunaux, en ayant égard aux risques, aux circonstances, et aux stipulations de chaque police d'assurance (343).

Le pansement des matelots blessés en défendant le navire est avarie commune (400).

PAPIERS, se dit de toutes sortes de titres, renseignemens, mémoires et autres écritures; et, en ce sens, on s'en sert plus ordinairement au pluriel.

Les scellés doivent être apposés sur les papiers du failli (451).

Les syndics provisoires, après avoir rendu leur compte définitif au failli, remettront à celui-ci ses papiers (525).

Voyez *Banqueroute, Bilan, Concordat.*

PAPIER, se dit des lettres de change, billets à ordre et autres effets de cette nature qui représentent l'argent comptant. On dit d'un papier qui peut être commercé avec facilité, qu'il est commerçable.

Voyez *Négociation.*

PAPIERS PUBLICS. On appelle ainsi les gazettes et nouvelles publiques imprimées.

Tous les créanciers du failli seront avertis par les papiers publics de se présenter, dans le délai de quarante jours, par eux ou par leurs fondés

de pouvoirs, aux syndics de la faillite, à l'effet
de leur déclarer à quel titre et pour quelle somme
ils sont créanciers, et de leur remettre leurs titres
de créances, ou de les déposer au greffe du tribunal de commerce. Il leur en sera donné récépissé (502).

La demande en cession de biens sera insérée
dans les papiers publics, comme il est dit à l'article 683 du Code de procédure civile (569).

La pétition du demandeur en réhabilitation
sera insérée par extrait dans les papiers publics
(607).

Voyez *Criées, Journaux.*

PARAPHE, PARAPHER. Un paraphe est une
marque qui est faite d'un ou de plusieurs traits
de plume, et qu'on met ordinairement après son
nom quand on signe.

Quelquefois le paraphe sert seulement à marquer les feuillets d'un livre, d'un registre, pour
en constater le nombre; c'est ainsi qu'un juge,
ou autre fonctionnaire, paraphe par premier
et dernier tous les feuillets des livres que la loi
soumet à cette formalité; c'est-à-dire, qu'il met
sur chaque feuillet un nombre, avec un paraphe
qui tient lieu de signature, et que ces nombres
suivent jusqu'au dernier feuillet sur lequel celui
qui paraphe met le nombre, comme *trentième*,
s'il y en a trente, et ajoute ces mots *et dernier*,
avec son paraphe.

Le livre-journal et celui des inventaires doivent
être paraphés (10). Le livre de copies de lettres
n'est pas soumis à cette formalité, *ibid.*

Les livres des commerçans dont la teneur est
ordonnée par le Code doivent être cotés, paraphés et visés, soit par un des juges des tribunaux

le commerce, soit par le maire ou un adjoint, dans la forme ordinaire et sans frais; les commerçans seront tenus de les garder pendant dix ans (11). Même disposition pour les livres des agens de change et courtiers (84).

I. Le registre où les notaires et les huissiers sont tenus d'inscrire les protêts, doit être coté et paraphé (176).

I. Le registre que le capitaine est obligé de tenir est paraphé par l'un des juges du tribunal de commerce, où par le maire ou son adjoint, dans les lieux où il n'y a point de tribunal de commerce (224).

I. PARIS. Il sera établi, pour la ville de Paris seulement, des gardes du commerce pour l'exécution des jugemens emportant la contrainte par corps; la forme de leur organisation et leurs attributions seront déterminées par un réglement particulier (625).

PART. Portion de quelque chose qui se divise entre plusieurs personnes.

I. Sont affectées aux sommes empruntées, même dans le lieu de la demeure des intéressés, pour radoub et victuailles, les parts et portions des copropriétaires qui n'auraient pas fourni leur contingent pour mettre le bâtiment en état, dans les vingt-quatre heures de la sommation qui leur en sera faite (322).

PARTAGE, se dit lorsque, dans une compagnie de juges, d'arbitres, il y a autant de voix d'un côté que de l'autre pour le jugement d'une affaire.

I. En cas de partage, les arbitres nomment un sur-arbitre, s'il n'est nommé par le compromis;

si les arbitres sont discordans, le sur-arbitre est nommé par le tribunal de commerce (60).

PARTAGE. C'est la division qui se fait entre plusieurs personnes de biens ou effets qui leur appartenaient en commun, ou comme cohéri- tiers, ou comme copropriétaires, ou en qualité de coassociés, à quelque titre que ce soit.
Voyez *Société.*

PARTICIPANT, PARTICIPATION. Voy. *Asso- ciation commerciale en participation.*

Indépendamment de la société en nom collec- tif, de la société en commandite et de la société anonyme, la loi reconnaît les associations com- merciales en participation. (47) Voy. *Association commerciale en participation.*

PARTIE. C'est celui qui plaide contre quel- qu'un, soit en demandant, soit en défendant. L'avoué qui parle de son client, l'appelle *sa partie.*

Si la partie aux livres de laquelle on offre d'ajouter foi refuse de les représenter, le juge peut déférer le serment à l'autre partie (17).

Le contrat de société se règle par les conven- tions des parties (18).

Le délai pour le jugement arbitral est fixé par les parties lors de la nomination des arbitres; et s'ils ne sont pas d'accord sur le délai, il sera réglé par les juges (54).

Les parties remettent leurs pièces et mémoires aux arbitres sans aucune formalité de justice (56).

Cas où les parties ont action en dommages et intérêts contre les agens de change ou courtiers (87). Voy. *Agent de Change, Courtier.*

Les achats et ventes se constatent par le bordereau ou arrêté d'un agent de change ou courtier, dûment signé par les parties ; par la correspondance et par les livres de ces mêmes parties (109).

Les lettres de change souscrites par des mineurs non négocians sont nulles, à leur égard, sauf les droits respectifs des parties, conformément à l'article 1312 du Code Napoléon (114).

Le donneur d'aval est tenu solidairement et par les mêmes voies que les tireurs et endosseurs, sauf les conventions différentes des parties (142).

Le contrat d'assurance exprime la soumission des parties à des arbitres, en cas de contestation, si elle a été convenue (332).

Le créancier qui s'est opposé à la réhabilitation ne peut pas être partie dans la procédure tenue pour la réhabilitation, sans préjudice toutefois de ses autres droits (608).

Nul ne pourra plaider pour une partie devant les tribunaux de commerce, si la partie présente à l'audience ne l'autorise, ou s'il n'est muni d'un pouvoir spécial (627).

Voyez *Avarie, Capitaine, Convention, Cour d'appel, Engagement, Equipage.*

PASSAGER. Celui qui s'embarque sur un vaisseau pour ne faire que passer en quelque lieu.

Tout passager qui apporte des pays étrangers des marchandises assurées en France, est tenu d'en laisser un connaissement dans les lieux où le chargement s'effectue, entre les mains du consul de France, et, à défaut, entre les mains

d'un Français, notable négociant, ou du magis‑
trat du lieu (345).

Voyez *Capitaine, Interrogatoire.*

PASSIF , en termes de comptabilité et de juris‑
prudence, est l'opposé de l'actif. La *dette active*
est celle dont on peut exiger le paiement; la *dette*
passive est celle qu'on est tenu d'acquitter.

Voyez *Banqueroute, Capitaine.*

PATRON. C'est, sur la Méditerranée, le maître
d'un vaisseau, d'une barque ou de quelque autre
bâtiment chargé de marchandises. Sur l'Océan,
on dit, maître.

Voyez *Baratterie de patron.*

PAYEUR. C'est celui qui paye. Ce nom se
donne particulièrement à des fonctionnaires
chargés de la distribution des sommes que le
Gouvernement emploie à l'acquit des dettes de
l'Etat.

Les tribunaux de commerce connaîtront des
billets faits par les payeurs (634).

Voyez *Tribunal de commerce.*

PAYS ÉTRANGERS, se dit des pays qui ne
sont pas sous la domination française.

Dans aucun cas, le capitaine ne peut congédier
un matelot dans les pays étrangers (270).

Si le contrat à la grosse est fait à l'étranger,
il est soumis aux formalités prescrites par l'ar‑
ticle 234 (312). Voy. l'art. 234, au mot *Capi-*
taine.

Voy. *Assurance, Commissionnaire, Equipage,*
Passager, Voiturier.

PEINE. C'est la punition d'un délit.

On appelle *peine*, en matière de contrats, une
clause par laquelle on s'engage à quelque chose,

en cas d'inexécution de la promesse qu'on a faite.

Toute personne qui se présenterait comme créancier à l'assemblée des créanciers, et dont le titre serait postérieurement reconnu supposé de concert entre elle et le failli, encourra les peines portées contre les complices de banqueroutiers frauduleux (479).

Lorsque le prévenu aura été atteint et déclaré coupable de banqueroute frauduleuse, il sera puni des peines portées au Code pénal pour la banqueroute frauduleuse (596).

Voyez *Banqueroute frauduleuse.*

PERCEPTEUR des contributions. C'est un agent chargé du recouvrement de certaines impositions.

Les tribunaux de commerce connaîtront des billets faits par les percepteurs (634).

Voyez *Tribunal de commerce.*

PÈRE. C'est celui qui a un ou plusieurs enfans.

Le mineur qui veut faire le commerce, ne peut en commencer les opérations, ni être réputé majeur quant aux engagemens par lui contractés pour faits de commerce, s'il n'a été préalablement autorisé par son père (2).

PÉRIL. Danger, risque, état où il y a quelque chose de fâcheux à craindre.

On dit, en termes de pratique, *prendre une affaire à ses risques et périls*, pour dire, se charger de tout ce qui en peut arriver, se charger du bon et du mauvais succès.

Hors le cas de péril imminent, le capitaine ne peut décharger aucune marchandise avant d'avoir fait son rapport, à peine de poursuites extraordinaires contre lui (243).

Voyez *Risque.*

PERQUISITION. Recherche exacte qu'on fai
de quelqu'un ou de quelque chose.

Acte de perquisition. Voy. *Domicile, Protêt.*

PERSONNE. Terme qui ne se dit que de l'homm
et de la femme, et dont on se sert également pou
signifier un homme ou une femme.

Le connaissement peut être à personne dénom
mée (281).

PERTE , signifie dommage.

PERTE , se dit d'un mauvais succès, d'un évène
ment désavantageux dans une affaire, dans un
entreprise , etc.

L'associé commanditaire n'est passible des per
tes que jusqu'à concurrence des fonds qu'il a mi
ou dû mettre dans la société (26).

En matière de société anonyme, les associés n
sont passibles que de la perte du montant de leur
intérêts dans la société (33).

Le voiturier est garant de la perte des objets
transporter , hors les cas de la force majeur
(103).

Si les effets sur lesquels le prêt à la grosse a e
lieu , sont entièrement perdus , et que la pert
soit arrivée par cas fortuit, dans le temps et dan
le lieu des risques, la somme prêtée ne peut êtr
réclamée (325).

Les pertes qui arrivent par le vice propre de l
chose , ne sont point à la charge du prêteur (326

Celui qui emprunte à la grosse n'est point li
béré par la perte du navire et du chargement
s'il ne justifie qu'il y avoit pour son compte de
effets jusqu'à la concurrence de la somme em
pruntée (329).

Les pertes qui arrivent par le vice propre de l
                                                chose

hose assurée, ne sont point à la charge des assu-
eurs (352).

Est avarie particulière la perte des cables, an-
res, voiles, mâts, cordages, causée par tempête
u autre accident de mer (403).

Le bilan devra contenir le tableau des profits et
es pertes du failli (471).

S'il n'existe pas de présomption de banqueroute, la quotité de la somme que le failli a droit
de demander sur ses biens, à titre de secours, est
fixée en proportion du plus ou moins de perte
qu'il fait supporter à ses créanciers (530).

Sera déclaré banqueroutier frauduleux tout
commerçant failli qui aura supposé des pertes
(593).

Voyez *Assurance*, *Avarie*, *Capitaine*, *Contrat
à la grosse*, *Contribution*, *Dol*, *Fraude*, *Jet*,
Marchandises, *Nullité*.

PÉTITION. Ce terme signifie une demande
faite par écrit à quelque autorité constituée.
Voyez *Réhabilitation.*

PÉTITIONNAIRE, est celui qui présente une
pétition.
Voyez *Réhabilitation.*

PIÈCES, en termes du palais, se dit de tout ce
qu'on écrit et produit en justice, pour justifier
sa cause son droit.

Les parties remettent leurs pièces et mémoires
aux arbitres sans aucune formalité de justice (56).

L'associé en retard de remettre les pièces et
mémoires, est sommé de le faire dans les dix
jours (57).

Les arbitres peuvent, suivant l'exigence des
26

cas, proroger le délai pour la production d
pièces (58).

S'il n'y a renouvellement de délai, ou si le no
veau délai est expiré, les arbitres jugent sur l
seules pièces et mémoires remis (59).

Voyez *Banqueroute.*

PILLAGE. C'est le dégât, le ravage et l'enlèv
ment des marchandises et autres effets que fo
les corsaires, les pirates.

Toutes pertes et dommages qui arrivent au
objets assurés, par pillage, sont aux risques d
assureurs (350).

PILOTAGE. Terme de commerce de mer, q
signifie les droits qui sont dus aux pilotes q
aident aux navires à entrer dans les ports ou à
sortir.

Les droits de pilotage sont dettes privilégié
sur le navire (191).

Le privilège ne peut être exercé qu'autant q
ces droits seront constatés par les quittances l
gales des receveurs (192).

L'assureur n'est point tenu du pilotage (354
Voyez *Avarie.*

PIRATE. Écumeur de mer, celui qui court l
mers avec un vaisseau armé en guerre, pour vol
les vaisseaux amis ou ennemis, sans distinctio
Il diffère d'un armateur en course, en ce q
celui-ci fait la guerre en honnête homme, n'att
quant que les vaisseaux ennemis, à quoi il e
autorisé par une commission du Gouvernemen

Le matelot est traité et pansé aux dépens d
navire et du matelot, s'il est blessé en comba
tant contre les pirates (263).

Voyez *Fret.*

PLACE, se prend absolument pour le lieu du change, de la banque; le lieu où les banquiers, les négocians s'assemblent dans une ville, pour y traiter des affaires de leur commerce, de leur négoce. En ce sens, on dit : *Acheter, vendre au cours de la place, avoir crédit sur la place, faire des remises de place en place,* etc.

Voyez *Contrat à la grosse, Lettre de change, Marchandise.*

PLACE, signifie un lieu public découvert, et environné de bâtimens, soit pour l'embellissement d'une ville, soit pour la commodité du commerce.

Voyez *Affiche, Criée.*

PLAIDOIRIE. L'art de plaider une cause ; la profession et l'exercice qu'on en fait.

Voyez *Cour d'appel.*

PLURALITÉ. On appelle *pluralité absolue,* dans les recensemens des suffrages d'une assemblée, celle qui se forme de plus de la moitié de la totalité des suffrages ; et *pluralité relative,* celle qui ne se forme que de la supériorité du nombre des voix qu'a un concurrent relativement aux autres concurrens.

Voyez *Scrutin, Tribunal de commerce.*

POIDS. Pesanteur, qualité de ce qui est pesant.

Poids, se dit aussi d'un corps d'une pesanteur connue, et qui sert, par le moyen d'une balance, à connaître ce que pèsent les autres corps.

La lettre de voiture doit exprimer le poids des objets à transporter (102).

POLICE. On appelle *police,* l'ordre et les réglemens établis dans une ville pour tout ce qui regarde la sûreté et la commodité des habitans.

26.

Il se dit aussi de la juridiction établie pour l'exercice de la police.

POLICE CORRECTIONNELLE, est une partie de la police judiciaire exercée relativement aux délits sujets à la police correctionnelle.

Voyez *Tribunal de police correctionnelle.*

POLICE D'ASSURANCE.

On appelle *contrat d'assurance*, une convention par laquelle un des contractans se charge, moyennant une certaine somme, du risque des cas fortuits auxquels une chose est exposée, et s'oblige envers l'autre contractant de l'indemniser de la perte que lui causeraient ces cas fortuits, s'ils avaient lieu.

L'on appelle *police d'assurance*, l'acte qu'on dresse par écrit de cette convention *.

(*) *Formule de police d'assurance pour un navire.*

Nous, assureurs soussignés, promettons et nous obligeons à vous, Monsieur (N) d'assurer et assurons; savoir, chacun de nous la somme par nous ci-dessous déclarée sur le corps quille, agrès, apparaux, appendances et dépendances du navire nommé (N), du port de cent tonneaux ou environ de présent en ce port de Bordeaux, en destination pour Dunkerque, et de retour en cedit port, lequel navire vous estimez à la somme de quarante mille francs, de laquelle estimation nous nous contentons et consentons de gré à gré que vous fassiez assurer de ladite somme en plein ou en partie sans que nous puissions exiger d'autre pièce justificative de ladite valeur que la présente police, le tout en prime liée, et cas d'avarie, ne vous rembourser que l'excédant de trois pour cent, et en cas de perte totale, échouement ou délaissement suivi d'abandon, vous payer en plein sur bonne ou mauvaise nouvelle, le tout de bonne foi. Lequel risque prenons à notre charge depuis le jour et heure que ledit navire lâchera ses amarres pour appareiller de cedit port de Bordeaux, et durera jusqu'à tant que le navire soit arrivé à Dunkerque, et de retour en ce port de 24 heures en bon sauvement; et accordons que ledit

Toute action dérivant d'une police d'assurance est prescrite après cinq ans, à compter de la date de la police (432).

Voyez *Assurance*, *Navire*, *Prime d'assurance*.

...avire, faisant ledit voyage, pourra naviguer avant et arrière, ...droite et à gauche. Nous soumettant de courir risque de ...ous périls de mer, de feu, des vents, d'amis, d'ennemis, de ...ettres de marque et contre-marque, d'arrêts et détentions, ...uelconques, et de baratterie de patron, maître, marinier, et ...énéralement tous autres périls et fortunes ou cas fortuits qui ...ourraient avenir en quelque manière que ce soit; nous ...ettant en la place de vous, Monsieur, pour vous ga-...antir et indemniser de toutes pertes et dommages qui pour-...aient arriver; et en cas de perte ou dommage audit na-...ire, etc. (ce que Dieu ne veuille), promettons et nous ...bligeons de payer ou rembourser à vous ou à votre ordre, ...oute la perte et dommage que vous aurez reçus; à propor-...on de la somme que chacun de nous avons assurée; et ce, ...rois mois après que nous serons dûment informés de la perte ...u dommage arrivé audit navire, et en tel cas donnons cha-...un de nous pouvoir spécial à vous, Monsieur (N) ou à votre ...ommis, pour, tant à notre dommage que profit, travailler ...u sauvetage dudit navire, etc.; promettant en tout événe-...ment de payer les frais et dépens faits pour le sauvetage dudit ...avire, etc. soit qu'ils soient recouvrés ou non, ajoutant foi ...t entier crédit au compte, et à la personne ou personnes qui ...uront fait lesdits frais et dépens; confessons être payés du ...rix de la présente assurance de vous Monsieur (N) à raison ...e cinq pour cent, payable en votre billet à trois mois du jour ...e la présente, le tout en bonne foi, sans fraude, selon et sui-...ant le Code de commerce; et en cas de contestation entre nous, ...our le fait de la présente assurance et dépendance d'icelle, nous ...onviendrons d'arbitres pour juger les différens. Pour l'exé-...ution de tout, obligeons tous nos biens avec renonciation à ...outes exceptions et tromperies contraires à ces présentes; la ...résente étant une suite pareille et conforme, et pour joindre ...une autre police et avoir le même effet, comme n'étant ...u'une même chose. Sommes convenus encore, etc. (Voyez au ...not *Assurance*, les différentes conventions qui peuvent être ...objet d'une police d'assurance).

Fait double à Bordeaux le....

PONT. On appelle *pont*, le tillac et les diffé
rens étages d'un navire.

Voyez *Jet*.

POPULATION, se dit du nombre des habitan:
d'un pays, d'un ville.

Le nombre des notables, pour l'élection de:
membres des tribunaux de commerce est fixé d'a
près la population des villes où siégent les tribu
naux (619).

PORT. Lieu propre à recevoir les vaisseau:
pour y prendre leur chargement, y faire leu
décharge, ou pour les tenir à couvert des tempêtes. — On appelle *port franc*, celui dans leque
les bâtimens étrangers ne sont assujétis à aucun
droit d'entrée ou de sortie pour les marchandise:
qu'ils y importent ou en exportent.

Le capitaine est tenu d'être en personne dan:
son navire à l'entrée et à la sortie des ports (227).

Le contrat d'assurance désigne le port d'où le
navire a dû ou doit partir, les ports dans lesquels
il doit charger ou décharger, ceux dans lesquels
il doit entrer (332).

Si le capitaine a la liberté d'entrer dans différens ports pour compléter ou échanger son chargement, l'assureur ne court les risques des effets
assurés que lorsqu'ils sont à bord, s'il n'y a convention contraire (362).

Voyez *Affiche, Blocus, Criée, Délibération,
Jet, Matelot, Navire.*

PORTS D'EUROPE. Voyez *Assurance, Délai*.

PORT ÉTRANGER. Voy. *Capitaine, Relâche.*

PORT. Le port d'un navire est la charge qu'il
peut porter ; elle s'évaluait jadis en tonneaux de
deux milliers chacun : ainsi, un navire du port

de deux cents tonneaux, faisant actuellement deux cents *barriques* environ, est celui qui peut porter quatre cents milliers, ou 195,568 kilogr.

Le capitaine qui a déclaré le navire d'un plus grand port qu'il n'est, est tenu des dommages-intérêts envers l'affréteur (289).

N'est réputé y avoir erreur dans la déclaration du tonnage d'un navire, si l'erreur n'excède un quarantième, ou si la déclaration est conforme au certificat de jauge (290).

PORT. On appelle frais de port, ce que l'on paie pour le transport ou la voiture d'une balle d'un lieu dans un autre, ou pour les lettres que la poste nous fait remettre.

Voyez *Compte de retour*, *Rechange*.

PORTEFEUILLE. Carton plié en deux, couvert de peau ou de quelque étoffe, et servant à renfermer des papiers. Il s'en fait aussi sans carton, en maroquin, en étoffe, etc.

Les scellés doivent être apposés sur les portefeuilles du failli (451).

Voyez *Effets de commerce*, *Revendication*.

PORTEUR d'une lettre de change, est celui à l'ordre de qui est passée en dernier lieu une lettre ou billet payable dans la ville de sa résidence, et qui se trouve par-là chargé de la faire payer ou protester à son échéance.

Le porteur d'une lettre de change tirée du continent et des îles de l'Europe, et payable dans les possessions européennes de la France, soit à vue, soit à un ou plusieurs jours ou mois ou usances de vue, doit en exiger le paiement ou l'acceptation dans les six mois de sa date, sous peine de perdre son recours sur les endosseurs et même sur le tireur, si celui-ci a fait provision.

Le délai est de huit mois pour la lettre d
change tirée des Echelles du Levant et des côte
septentrionales de l'Afrique, sur les possession
européennes de la France ; et réciproquement, d
continent et des îles de l'Europe sur les établisse
mens français aux Echelles du Levant et aux côte
septentrionales de l'Afrique.

Le délai est d'un an pour les lettres de chang
tirées des côtes occidentales de l'Afrique, jusque
et compris le cap de Bonne-Espérance.

Il est aussi d'un an pour les lettres de chang
tirées du continent et des îles des Indes occiden
tales sur les possessions européennes de la France
et réciproquement, du continent et des îles d
l'Europe sur les possessions françaises ou établis
semens français aux côtes occidentales de l'Afri
que, au continent et aux îles des Indes occidentales.

Le délai est de deux ans pour les lettres de
change tirées du continent et des îles des Indes
orientales sur les possessions européennes de la
France ; et réciproquement, du continent et des
îles de l'Europe sur les possessions françaises ou
établissemens français au continent et aux îles
des Indes orientales.

Les délais ci-dessus, de huit mois, d'un an et
de deux ans, sont doublés en temps de guerre
maritime (160).

Le porteur d'une lettre de change doit en exiger le paiement le jour de son échéance (161).

Le refus de paiement doit être constaté, le
lendemain du jour de l'échéance, par un acte que
l'on nomme *protêt faute de paiement.*

Si ce jour est un jour férié légal, le protêt est
fait le jour suivant (162).

81. Le porteur n'est dispensé du protêt faute de paiement, ni par le protêt faute d'acceptation, ni par la mort ou faillite de celui sur qui la lettre de change est tirée.

82. Dans le cas de faillite de l'accepteur avant l'échéance, le porteur peut faire protester, et exercer son recours (163).

83. Le porteur d'une lettre de change protestée faute de paiement, peut exercer son action en garantie,

84. Ou individuellement contre le tireur et chacun des endosseurs,

85. Ou collectivement contre les endosseurs et le tireur.

86. La même faculté existe pour chacun des endosseurs, à l'égard du tireur et des endosseurs qui le précèdent (164).

87. Si le porteur exerce le recours individuellement contre son cédant, il doit lui faire notifier le protêt, et, à défaut de remboursement, le faire citer en jugement dans les quinze jours qui suivent la date du protêt, si celui-ci réside dans la distance de cinq myriamètres.

88. Ce délai, à l'égard du cédant domicilié à plus de cinq myriamètres de l'endroit où la lettre de change était payable, sera augmenté d'un jour par deux myriamètres et demi excédant les cinq myriamètres (165).

89. Les lettres de change tirées de France et payables hors du territoire continental de la France, en Europe, étant protestées, les tireurs et endosseurs résidant en France seront poursuivis dans les délais ci-après :

90. De deux mois pour celles qui étaient payables en Corse, dans l'île d'Elbe ou de Capraja, en Angleterre et dans les Etats limitrophes de la France;

De quatre mois pour celles qui étaient payable
dans les autres Etats de l'Europe;

De six mois pour celles qui étaient payable
aux Echelles du Levant et sur les côtes septentrionales de l'Afrique;

D'un an pour celles qui étaient payables au
côtes occidentales de l'Afrique, jusques et compri
le cap de Bonne-Espérance, et dans les Indes occidentales;

De deux ans pour celles qui étaient payable
dans les Indes orientales.

Ces délais seront observés dans les mêmes proportions pour le recours à exercer contre les tireurs et endosseurs résidant dans les possession
françaises situées hors d'Europe.

Les délais ci-dessus, de six mois, d'un an et de
deux ans, seront doublés en temps de guerre maritime (166).

Si le porteur exerce son recours collectivemen
contre les endosseurs et le tireur, il jouit, à l'é-
gard de chacun d'eux, du délai déterminé par le
articles précédens.

Chacun des endosseurs a le droit d'exercer l
même recours, ou individuellement, ou collectivement, dans le même délai.

A leur égard, le délai court du lendemain de la
date de la citation en justice (167).

Après l'expiration des délais ci-dessus,

Pour la présentation de la lettre de change
vue, ou à un ou plusieurs jours ou mois ou
usances de vue,

Pour le protêt faute de paiement,

Pour l'exercice de l'action en garantie,

Le porteur de la lettre de change est déchu de
tous droits contre les endosseurs (168).

Les endosseurs sont également déchus de toute action en garantie contre leurs cédans, après les délais ci-dessus prescrits, chacun en ce qui le concerne (169).

La même déchéance a lieu contre le porteur et les endosseurs, à l'égard du tireur lui-même, si ce dernier justifie qu'il y avait provision à l'échéance de la lettre de change.

Le porteur, en ce cas, ne conserve d'action que contre celui sur qui la lettre était tirée (170).

Les effets de la déchéance prononcée par les trois articles précédens, cessent en faveur du porteur, contre le tireur, ou contre celui des endosseurs qui, après l'expiration des délais fixés pour le protêt, la notification du protêt ou la citation en jugement, a reçu par compte, compensation ou autrement, les fonds destinés au paiement de la lettre de change (171).

Indépendamment des formalités prescrites pour l'exercice de l'action en garantie, le porteur d'une lettre de change protestée faute de paiement, peut, en obtenant la permission du juge, saisir conservatoirement les effets mobiliers des tireur, accepteurs et endosseurs (172).

Voyez *Acceptation*, *Paiement*, *Rechange*, *Retraite*, *Solidarité*.

PORTEUR. Quand on dit qu'*un billet est payable au porteur*, cela doit s'entendre qu'il est payable à celui qui l'a entre les mains, et qui le présentera à son échéance. Pour être payé de ces sortes de billets, on n'a besoin ni d'ordre ni de transport : il est bon néanmoins de savoir à qui l'on paie.

Le connaissement peut être au porteur (281).

PORTEUR (Titre au). Voyez *Titre*.

PORTEUR d'un titre, est celui qui a entre ses mains un acte servant à établir quelque droit, quelque qualité.

Voyez *Créance.*

PORTION. Part d'un tout, d'un héritage, d'une maison.

Voyez *Part* et *Portion.*

PORTION d'intérêt. Voy. *Propriétaire de navire*

POSSESSIONS EUROPÉENNES de France. Voy. *Délai* et *Porteur.*

POURSUITE. On donne ce nom aux procédures qui ont lieu dans un procès. On dit, par exemple, une poursuite civile, une poursuite criminelle, etc.

Poursuite civile, est celle qui commence par un exploit, par lequel le demandeur conclut à une demande pécuniaire.

La poursuite criminelle, qu'on appelle encore poursuite extraordinaire, est celle qui commence par une plainte, ou par une dénonciation qui est suivie d'une information, de récolement et de confrontation de témoins.

POURSUITE CIVILE. Voy. *Assurance, Paiement.*

POURSUITE CRIMINELLE. Voy. *Assurance, Capitaine.*

✦ POURSUITE D'OFFICE. Voy. *Banqueroute simple, Ministère public.*

POURSUITE en banqueroute. Voy. *Banqueroute simple, Magistrat de sûreté.*

POURSUITE EXTRAORDINAIRE. Hors le cas de péril imminent, le capitaine ne peut décharger aucune marchandise, avant d'avoir fait son rapport, à

...eine de poursuites extraordinaires contre lui
(248).

POURSUITE JUDICIAIRE. Voy. *Cession de biens,
Prescription.*

POURSUITE JURIDIQUE. Voyez *Prescription.*

POURSUITE. Action de celui qui poursuit
quelqu'un, qui court après quelqu'un pour l'atteindre, pour le prendre.

POURSUITE de l'ennemi. Voy. *Avarie.*

POURSUIVANT, est celui qui poursuit une
vente de meubles par autorité de justice, ou
une expropriation, une licitation, un ordre,
une distribution de deniers.
Voyez *Créancier, Criée.*

POURVOI en cassation. Voy. *Cassation.*

POUVOIR, se dit de l'acte, de l'écrit par lequel on donne pouvoir d'agir, de faire.

Nul ne peut plaider pour une partie devant
les tribunaux de commerce, si la partie, présente
à l'audience, ne l'autorise, ou s'il n'est muni d'un
pouvoir spécial : ce pouvoir, qui pourra être
donné au bas de l'original ou de la copie de l'assignation, sera exhibé au greffier avant l'appel
de la cause, et par lui visé sans frais (627).

POUVOIRS (fondé de). Voy. *Créancier, Propriétaire de navire.*

PRÉFET, est un fonctionnaire qui réunit dans
sa personne seule l'administration proprement
dite dont étaient chargés précédemment l'administration centrale et le commissaire du Gouvernement attaché à cette administration.

La liste des notables, pour l'élection des mem-

bres des tribunaux de commerce, sera dressée pa
le préfet (619).

PRÉNOM. C'est le nom qui précède le nom d
famille.

L'extrait des actes de société doit contenir le
noms et prénoms des associés autres que les ac
tionnaires ou commanditaires (43).
Voyez *Débiteur.*

PRESCRIPTION, dans un sens, est l'acquisi
tion du droit de propriété par la possession d'un
chose pendant un temps déterminé par la loi ; et
dans un autre sens, ce mot désigne l'extinctioi
d'un droit, d'une charge, d'une obligation, qu
sont demeurés sans exécution durant le même
temps.

Toutes actions contre les associés non liqui
dateurs et leurs veuves, héritiers ou ayant
cause, sont prescrites cinq ans après la fin ou l:
dissolution de la société, si l'acte de société qu
en énonce la durée ou l'acte de dissolution a été
affiché et enregistré, conformément aux articles 42, 43 et 44, et si, depuis cette formalité
remplie, la prescription n'a été interrompue à
leur égard par aucune poursuite judiciaire (64).
Voyez *Acte de société.*

Toutes actions contre le commissionnaire et le
voiturier, à raison de la perte et avarie des marchandises, sont prescrites, après six mois, pour
les expéditions faites dans l'intérieur de la France,
et après un an pour celles qui seront faites à
l'étranger ; le tout à compter, pour les cas de
perte, du jour où le transport des marchandises
aurait dû être effectué, et pour les cas d'avaries,
du jour où la remise des marchandises aura été

nite, sans préjudice des cas de fraude ou d'infidélité (108).

Toutes actions relatives aux lettres de change et aux billets à ordre souscrits par des négocians, marchands ou banquiers, ou pour faits de commerce, se prescrivent par cinq ans, à compter du jour du protêt, ou de la dernière poursuite juridique, s'il n'y a eu condamnation, ou si la dette n'a été reconnue par acte séparé.

Néanmoins les prétendus débiteurs seront tenus, s'ils en sont requis, d'affirmer, sous serment, qu'ils ne sont plus redevables, et leurs veuves, héritiers ou ayant-cause, qu'ils estiment de bonne foi qu'il n'est plus rien dû (189).

Le capitaine ne peut acquérir la propriété du navire par voie de prescription (430).

L'action en délaissement est prescrite dans les délais exprimés par l'article 373. Voy. cet article au mot *Assurance* (431).

Toute action dérivant d'un contrat à la grosse, ou d'une police d'assurance, est prescrite après cinq ans, à compter de la date du contrat (432).

Sont prescrites,

Toutes actions en paiement pour fret de navire, gages et loyers des officiers, matelots et autres gens de l'équipage, un an après le voyage fini ;

Pour nourriture fournie aux matelots par l'ordre du capitaine, un an après la livraison ;

Pour fournitures de bois et autres choses nécessaires aux constructions, équipement et avitaillement du navire, un an après ces fournitures faites ;

Pour salaires d'ouvriers et pour ouvrages faits, un an après la réception des ouvrages ;

Toute demande en délivrance de marchandises, un an après l'arrivée du navire (433).

La prescription ne peut avoir lieu, s'il y a cédule, obligation, arrêté de compte ou interpellation judiciaire (434).

PRÉSENCE. Existence d'une personne dans un lieu marqué.

L'acte de protêt doit énoncer la présence ou l'absence de celui qui doit payer (174).

PRÉSENTATION. Présenter une lettre de change, c'est la porter au marchand, négociant, banquier, ou telle autre personne que ce soit, sur qui elle est tirée, et la lui mettre entre les mains pour l'accepter, et ensuite la payer au temps de l'échéance.

Une lettre de change doit être acceptée à sa présentation, ou, au plus tard, dans les vingt-quatre heures de la présentation.

Après les vingt-quatre heures, si elle n'est pas rendue acceptée ou non acceptée, celui qui l'a retenue est passible de dommages-intérêts envers le porteur (125).

Une lettre de change à vue est payable à sa présentation (130).

Voyez *Délai*, *Porteur*.

PRÉSIDENCE. Fonction de président, droit de présider.

L'assemblée des créanciers du failli se forme sous la présidence du juge-commissaire (515).

PRÉSIDENT. C'est celui qui préside à une assemblée, à une compagnie.

Président du tribunal civil. Voy. *Réhabilitation*.

Président du tribunal de commerce. Le jugement arbitral est motivé;

Il est déposé au greffe du tribunal de commerce ;

Il est rendu exécutoire sans aucune modification, et transcrit sur les registres, en vertu d'une ordonnance du président du tribunal, lequel est tenu de la rendre pure et simple, et dans le délai de trois jours du dépôt au greffe (61).

En cas de refus ou contestation pour la réception des objets transportés, leur état est vérifié et constaté par des experts nommés par le président du tribunal de commerce, par ordonnance au pied d'une requête (106).

Le rapport que le capitaine de navire est tenu de faire à son arrivée, est fait au greffe devant le président du tribunal de commerce (243).

Le président devra être âgé de quarante ans, et ne pourra être choisi que parmi les anciens juges, y compris ceux qui ont exercé dans les tribunaux actuels, et même les anciens juges-consuls des marchands (620).

Voyez *Capitaine, Gages, Garde, Gardien, Magasin, Navire, Réhabilitation, Relâche, Tribunal de commerce.*

PRÉSOMPTION. Conjecture, jugement fondé sur des apparences, sur des indices.

En jurisprudence, on appelle particulièrement *présomption*, ce qui est supposé vrai par provision, tant que le contraire n'est pas prouvé.

Toute assurance faite après la perte ou l'arrivée des objets assurés, est nulle, s'il y a présomption qu'avant la signature du contrat, l'assuré a pu être informé de la perte, ou l'assureur, de l'arrivée des objets assurés (365).

La présomption existe, si, en comptant trois quarts de myriamètres (une lieue et demie) par

heure, sans préjudice des autres preuves, il es
établi que, de l'endroit de l'arrivée ou de la pert
du vaisseau, ou du lieu où la première nouvell
en est arrivée, elle a pu être portée dans le lie
où le contrat d'assurance a été passé, avant l
signature du contrat (366)

Si cependant l'assurance est faite sur bonne
ou mauvaises nouvelles, la présomption men
tionnée dans les articles précédens n'est poin
admise (367).

PRÉSOMPTION de banqueroute. Voy. *Concordat
Syndic définitif, Union des créanciers.*

PRÊT. Action par laquelle on prête de l'ar
gent. Il signifie aussi la chose prêtée.
Voy. *Commissionnaire.*

PRÊT A LA GROSSE. Voy. *Grosse aventure.*

Les sommes prêtées à la grosse sur le corps
quille, agrès, apparaux, pour radoub, victuailles
armement et équipement avant le départ d
navire, sont dettes privilégiées sur le navire
(191).

Le privilége ne peut être exercé qu'autant qu
les sommes prêtées seront constatées par des con
trats passés devant notaires ou sous signature
privées, dont les expéditions doubles seront dé
posées au greffe du tribunal de commerce, dan
les dix jours de leur date (192).

Le contrat d'assurance peut avoir pour obje
les sommes prêtées à la grosse (334).

La loi répute acte de commerce tout prêt à l
grosse (633).

Voyez *Assurance, Contrat à la grosse, Nullité.*

PRÊTE-NOM. Celui qui prête son nom à quel
qu'un pour tenir un bail, acheter un immeuble
faire une entreprise, etc.

La femme du failli qui aura prêté son nom

des actes faits par son mari en fraude de ses créanciers, peut, suivant la nature des cas, être poursuivie comme complice de banqueroute frauduleuse (556).

Sera déclaré banqueroutier frauduleux tout commerçant failli qui aura acheté des immeubles ou des effets mobiliers à la faveur d'un prête-nom (593).

PRÊTEUR. Celui qui prête de l'argent ou autre chose. Voy. *Capitaine.*

PRÊTEUR A LA GROSSE. Voy. *Assurance, Contrat à la grosse, Fret.*

PREUVE. On appelle preuve, une conséquence légitime qui résulte d'un fait évident, dont la certitude fait conclure qu'un autre fait dont on ignorait la vérité, est véritable ou ne l'est pas.

Les livres de commerce, régulièrement tenus, peuvent être admis par le juge pour faire preuve entre commerçans pour faits de commerce (12).

La responsabilité du capitaine de navire ne cesse que par la preuve d'obstacles de force majeure (230).

Le capitaine perd son fret et répond des dommages-intérêts de l'affréteur, si celui-ci prouve que, lorsque le navire a fait voile, il était hors d'état de naviguer.

La preuve est admissible nonobstant et contre les certificats de visite au départ (297).

Le contrat d'assurance n'est annullé que sur la preuve que l'assuré savait la perte, ou l'assureur l'arrivée du navire, avant la signature du contrat (367).

En cas de preuve contre l'assuré, celui-ci paie à l'assureur une double prime.

En cas de preuve contre l'assureur, celui-ci

27.

paie à l'assuré une somme double de la prime convenue.

Celui d'entre eux contre qui la preuve est faite est poursuivi correctionnellement (368).

Voyez *Assurance*, *Femme*, *Paiement.*

PREUVE TESTIMONIALE. Cette preuve serait la plus simple et la plus parfaite de toutes les preuves, si les hommes étaient incapables de se tromper et de trahir la vérité. Les actes, quelque authentiques qu'ils soient, ne forment qu'un témoignage muet; ils ne peuvent donner aucun éclaircissement sur des circonstances qu'il serait important d'approfondir : les témoins, au contraire, éclaireraient une foule de choses.

Aucune preuve par témoins ne peut être admise contre et outre le contenu dans les actes de société, ni sur ce qui serait allégué avoir été dit avant l'acte, lors de l'acte ou depuis, encore qu'il s'agisse d'une somme au-dessous de 150 fr. (41)

Les associations commerciales en participation peuvent être constatées par la preuve testimoniale, si le tribunal juge qu'elle peut être admise (49).

Les achats et ventes se constatent par la preuve testimoniale, dans le cas où le tribunal croira devoir l'admettre (109).

PRÉVARICATION. Trahison faite à la cause, à l'intérêt des personnes qu'on est obligé de soutenir; manquement fait par mauvaise foi contre le devoir de sa charge, contre les obligations de son ministère.

Prévarications du capitaine et de l'équipage. Voyez *Assurance*, *Baratterie de patron.*

PRÉVENTIONS. On dit, en termes de palais

un *homme prévenu de crime*, pour dire, accusé de crime.

PRÉVENTION de banqueroute. Voy. *Banqueroute simple, Concordat, Homologation.*

PRIME D'ASSURANCE. C'est la somme qu'un négociant qui veut faire assurer la marchandise, paye à l'assureur pour le prix de l'assurance.

Les courtiers d'assurance certifient le taux des primes pour tous les voyages de mer ou de rivière (79).

Le montant des primes d'assurances faites sur le corps, quille, agrès, apparaux et sur armement et équipement du navire, dues pour le dernier voyage, sont dettes privilégiées sur le navire (191).

Le privilége ne peut être exercé qu'autant que les primes d'assurances seront constatées par la police ou par les extraits des livres des courtiers d'assurances (192).

Le contrat d'assurance exprime la prime d'assurance (332).

L'augmentation de prime qui aura été stipulée en temps de paix pour le temps de guerre qui pourrait survenir, et dont la quotité n'aura pas été déterminée par le contrat d'assurance, est réglée par les tribunaux, en ayant égard aux risques, aux circonstances et aux stipulations de chaque police d'assurance (343).

Si l'assurance a pour objet des marchandises pour l'aller et le retour, et si le vaisseau étant parvenu à sa première destination, il ne se fait point de chargement en retour, ou si le chargement en retour n'est pas complet, l'assureur reçoit seulement les deux tiers proportionnels de la prime convenue, s'il n'y a stipulation contraire (356).

En cas de preuve qu'il savait la perte du navire avant la signature du contrat d'assurance, l'assuré paie à l'assureur une double prime.

En cas de preuve contre l'assureur qu'il savait l'arrivée du navire avant la signature du contrat, l'assureur paie à l'assuré une somme double de la prime convenue (368).

Voyez *Assurance*, *Dol*, *Fraude*.

PRIME *de réassurance* (la) peut être moindre ou plus forte que celle d'assurance (342).

PRINCIPAL, signifie la somme capitale, le sort principal d'une dette.

Voyez *Compte de retour*, *Créancier*, *Intérêt*, *Rechange*, *Réhabilitation*, *Retraite*.

PRISE. L'action de prendre. Il signifie aussi la chose qu'on a prise.

En cas de prise du navire, les matelots ne peuvent prétendre aucun loyer.

Ils ne sont point tenus de restituer ce qui leur a été avancé sur leurs loyers (258):

Toutes pertes et dommages qui arrivent aux objets assurés, par prise, sont aux risques des assureurs (350).

Le délaissement des objets assurés peut être fait en cas de prise (369).

Est avarie particulière, le dommage arrivé aux marchandises par prise (403).

Voyez *Assurance*, *Avarie*, *Composition*, *Délai*.

PRIVILÈGE. Ce terme signifie la préférence qu'on accorde à un créancier sur les autres, non pas eu égard à l'ordre des hypothèques, mais à la nature des créances, et selon qu'elles sont plus ou moins favorables, et qu'un créancier se trouve avoir un droit spécial sur un certain effet.

Les priviléges des créanciers sur un navire sont éteints,

Indépendamment des moyens généraux d'extinction des obligations,

Par la vente en justice faite dans les formes prescrites pour la vente des navires;

Ou lorsqu'après une vente volontaire, le navire aura fait un voyage en mer sous le nom et aux risques de l'acquéreur, et sans opposition de la part des créanciers du vendeur (193).

Nul ne peut acquérir privilége ni hypothèque sur les biens du failli, dans les dix jours qui précèdent l'ouverture de la faillite (443).

Voyez *Capitaine, Commandement, Commissionnaire, Contrat à la grosse, Contribution, Fret, Marchandises, Navire, Saisie, Syndic.*

PRIX. Valeur, estimation d'une chose, ce qu'une chose vaut. Il signifie aussi ce qu'une chose *se vend, ce qu'on en paie, ce qu'on l'achète.*

La lettre de voiture doit énoncer le prix de la voiture (102).

Toute convention pour louage d'un vaisseau doit énoncer le prix du fret ou nolis (273).

Le connaissement énonce le prix du fret (281).

Le prix du loyer d'un navire ou autre bâtiment de mer est réglé par les conventions des parties (286).

PRIX (Paiement du) de l'adjudication de navires. Voy. *Adjudication, Paiement.*

PRIX (Distribution du) des immeubles et des meubles du failli. Voyez *Créancier hypothécaire, Distribution.*

PRIX des loyers du matelot. Voy. *Matelot.*

PRIX des marchandises. Voy. *Avarie, Fret.*

Prix (Mise à). Voy. *Mise à prix.*

Prix principal de l'adjudication des immeubles du failli. Voy. *Surenchère.*

PROCÉDURE. C'est l'instruction judiciaire d'un procès. Ainsi, sous le nom de *procédure*, on comprend tous les actes, tels que les exploits de demande, les exceptions, les défenses, les sommations et autres qui ont lieu, tant pour introduire une demande que pour parvenir à la faire juger. La matière des procès et les moyens qui établissent le droit des parties, sont ce qu'on appelle le *fond*, au lieu que la procédure s'appelle la *forme*.

Forme de procéder devant les Cours d'appel. Voy. *Cour d'appel;* — devant les tribunaux de commerce. Voy. *Tribunal de commerce.*

Procédure tenue pour la réhabilitation. Voyez *Réhabilitation.*

PROCÈS-VERBAL. Ce nom s'applique aux descentes des juges, visites et rapports d'experts, apposition et levée de scellés, saisies-exécutions, saisies immobilières et généralement à tous les actes dressés et arrêtés par gens ayant serment en justice, et qui contiennent et établissent un fait par le rapport des dires, contestations, comparution ou absence des parties, et de toutes les circonstances qui peuvent servir à le constater.

En cas que les livres de commerce dont la représentation est offerte, requise ou ordonnée, soient dans des lieux éloignés du tribunal saisi de l'affaire, les juges peuvent adresser une commission rogatoire au tribunal de commerce du lieu, ou déléguer un juge de paix pour en prendre connaissance, dresser un procès-verbal du contenu, et l'envoyer au tribunal saisi de l'affaire (16).

Le procès-verbal de visite d'un navire est déposé au greffe du tribunal de commerce; il en est délivré extrait au capitaine (225).

Le capitaine est tenu d'avoir à bord les procès-verbaux de visite (226).

En matière de faillite, le juge de paix adressera, sans délai, au tribunal de commerce, le procès-verbal de l'apposition des scellés (453).

Le juge-commissaire tiendra procès-verbal de ce qui aura été dit et décidé dans l'assemblée des créanciers (518).

Voyez *Capitaine, Cession de biens, Concordat, Créance, Délai, Jugement, Juge de paix, Saisie, Serment.*

PROCURATION, est un acte par lequel une personne donne à quelqu'un le pouvoir d'agir pour elle, comme elle pourrait faire elle-même.

L'associé commanditaire ne peut faire aucun acte de gestion, ni être employé pour les affaires de la société, même en vertu d'une procuration (27).

Effet de la contravention à cette prohibition (28). Voy. *Société en commandite.*

Si l'endossement d'une lettre de change n'est pas daté; s'il n'exprime pas la valeur fournie; s'il n'énonce pas le nom de celui à l'ordre de qui il est passé, il n'opère pas le transport; il n'est qu'une procuration (138).

Voyez *Créancier.*

PROCUREUR FONDÉ. On appelle ainsi celui qui est chargé de la procuration d'une personne.

Voyez *Cession de biens.*

PROCUREURS-GÉNÉRAUX et PROCUREURS-

IMPÉRIAUX. Ils sont spécialement chargés de faire observer dans les jugemens à rendre, les lois qui intéressent l'ordre public, et à faire exécuter les jugemens rendus.

Ils exercent leur ministère, non par voie d'action, mais seulement par voie de réquisition dans les procès dont le tribunal est saisi.

Ils sont entendus dans toutes les causes qui intéressent les pupilles, les mineurs, les interdits, les femmes mariées, et dans celle où les propriétés, ainsi que les droits de l'Etat et ceux d'une commune se trouvent intéressés. Ils sont, en outre, chargés de veiller pour les absens qui n'ont point de défenseur.

Ils doivent tenir la main à l'exécution des jugemens, et poursuivre d'office cette exécution dans toutes les dispositions qui intéressent l'ordre public.

Ils doivent veiller, dans chaque tribunal, au maintien de la discipline, et à la régularité du service, suivant le mode déterminé par les lois.

PROCUREUR-GÉNÉRAL près la Cour d'appel. Voy. *Réhabilitation.*

PROCUREUR-IMPÉRIAL. Les procureurs-impériaux sont tenus d'interjeter appel de tous jugemens des tribunaux de police correctionnelle, lorsque, dans le cours de l'instruction, ils auront reconnu que la prévention de banqueroute simple est de nature à être convertie en prévention de banqueroute frauduleuse (591).

Les cas de banqueroute frauduleuse seront poursuivis d'office devant les Cours de justice criminelle, par les procureurs-impériaux et leurs substituts, sur la notoriété publique, ou sur la dénonciation, soit des syndics, soit d'un créancier (595).

Voyez *Banqueroute*, *Réhabilitation*.

PRODUCTION. On nomme ainsi l'assemblage des titres, papiers ou procédures qu'une partie fait paraître en justice pour appuyer sa demande ou sa défense, ou la vérité de ce qu'elle allègue.

Les arbitres peuvent, suivant l'exigence des cas, proroger le délai pour la production des pièces (58).

Voyez *Créancier*, *Expert*, *Jet*.

PROFESSION, se dit de tous les différens états et de tous les différens emplois de la vie civile.

L'huissier énonce dans le procès-verbal de saisie d'un bâtiment de mer, la profession du créancier pour lequel il agit (200).

En matière de saisie et vente de bâtimens de mer, les criées, publications et affiches doivent désigner la profession des poursuivans (204).

Voyez *Débiteur*.

PROFIT. Gain, émolument, avantage.

Dans la tenue des livres à parties doubles, on donne le nom de *profits et des pertes*, au compte au débit duquel on porte les rabais, réfactions, escomptes qui nous sont faits, les remises que nous faisons à des créanciers en faillite; les sommes accordées aux associés pour leurs dépenses particulières, aux commis pour leurs appointemens, aux domestiques pour gages, et généralement tout ce qui tend à diminuer les profits qu'on espère. Les articles que l'on porte au crédit de ce compte, sont les rabais, réfactions, escomptes que nous obtenons; les droits de commission que nous valent des achats faits pour compte de correspondans, et généralement tout ce qui nous procure bénéfice sur un objet parti-

culier. Ayant ainsi porté au crédit de ce compte
les bénéfices accidentels et ceux résultés de la
vente des marchandises, et au débit tout ce qui
est réduction de valeur sur des articles antérieurement portés à différens comptes, ainsi que toutes
les dépenses occasionnées par le commerce ; la différence du débit au crédit sera le résultat : elle sera
bénéfice si le montant du crédit excède celui du
débit ; elle sera perte si c'est au contraire celui
du débit qui excède celui du crédit.

Tous emprunts à la grosse sur le profit espéré
des marchandises chargées sur le navire, sont
prohibés.

Le prêteur, dans ce cas, n'a droit qu'au remboursement du capital, sans aucun intérêt (318).

Le contrat d'assurance est nul, s'il a pour objet
le profit espéré des marchandises (347).

Le bilan devra contenir le tableau des profits
et des pertes du failli (471).

PROFIT COMMUN. Le capitaine qui navigue à
profit commun sur le chargement, ne peut faire
aucun trafic ni commerce pour son compte particulier, s'il n'y a convention contraire (239).

PROFIT de la composition. Voy. *Assurance,*
Composition.

PROFIT MARITIME, se dit de l'intérêt de l'argent que l'on prête sur un vaisseau marchand,
soit pour un voyage, soit pour chaque mois
qu'il est en mer, moyennant quoi le prêteur court
les risques de la mer et de la terre.

PROFIT MARITIME. Le contrat à la grosse énonce
la somme convenue pour le profit maritime (311).
Voyez *Contrat à la grosse.*

PROFIT (Matelot engagé au). Voy. *Matelot.*

PROLONGATION. Le temps qu'on ajoute à la durée fixe de quelque chose.

PROLONGATION de voyage. Voy. *Matelot.*

PROMESSE. Assurance qu'on donne de bouche ou par écrit, de faire ou de dire quelque chose.

On appelle aussi absolument *promesse* un billet sous seing-privé, par lequel on promet de payer quelque somme d'argent (*).

Sont réputées simples promesses toutes lettres de change contenant supposition, soit de nom, soit de qualité, soit de domicile, soit des lieux d'où elles sont tirées, ou dans lesquels elles sont payables (112).

La signature des femmes ou des filles non négociantes ou marchandes publiques sur lettres de change, ne vaut, à leur égard, que comme simple promesse (113).

Lorsque les lettres de change seront réputées simples promesses, le tribunal de commerce sera tenu de renvoyer au tribunal civil, s'il en est requis par le défendeur (636).

PROPRIÉTAIRE, est celui ou celle qui possède quelque chose en propriété.

Le contrat d'assurance exprime si celui qui fait assurer est propriétaire des objets à assurer, ou s'il n'est que commissionnaire (332).

Les dommages causés par le fait et faute des

(*) *Modèle d'une promesse.*

En tel temps, (ou à tel terme) je paierai (ou promets payer) à M.... la somme de.... valeur reçue comptant ou valeur reçue en marchandises dudit. A Paris ce...

propriétaires des objets assurés, ne sont point à la charge des assureurs (352).

Les avaries particulières sont supportées et payées par le propriétaire de la chose qui a essuyé le dommage ou occasionné la dépense (404).

Voyez *Avarie, Contribution, Denrée, Revendication.*

PROPRIÉTAIRE DE NAVIRE ou DE VAISSEAU MARCHAND. C'est celui qui a fait construire à ses dépens, ou acheté de ses deniers un bâtiment de mer.

Tout propriétaire de navire est civilement responsable des faits du capitaine, pour ce qui est relatif au navire et à l'expédition.

La responsabilité cesse par l'abandon du navire et du fret (216).

Les propriétaires des navires équipés en guerre ne seront toutefois responsables des délits et déprédations commis en mer par les gens de guerre qui sont sur leurs navires, ou par les équipages, que jusqu'à concurrence de la somme pour laquelle ils auront donné caution, à moins qu'ils n'en soient participans ou complices (217).

Le propriétaire peut congédier le capitaine.

Il n'y a pas lieu à indemnité, s'il n'y a convention par écrit (218)

Si le capitaine congédié est copropriétaire du navire, il peut renoncer à la copropriété et exiger le remboursement du capital qui la représente.

Le montant de ce capital est déterminé par des experts convenus ou nommés d'office (219).

En tout ce qui concerne l'intérêt commun des propriétaires d'un navire, l'avis de la majorité est suivi.

La majorité se détermine par une portion d'intérêt dans le navire, excédant la moitié de sa valeur.

La licitation du navire ne peut être accordée que sur la demande des propriétaires, formant ensemble la moitié de l'intérêt total dans le navire, s'il n'y a, par écrit, convention contraire (220).

Le capitaine, dans le lieu de la demeure des propriétaires ou de leurs fondés de pouvoir, ne peut, sans leur autorisation spéciale, faire travailler au radoub du bâtiment, acheter des voiles, cordages, et autres choses pour le bâtiment, prendre à cet effet de l'argent sur le corps du navire, ni fréter le navire (232).

Voyez *Capitaine, Commandement, Congé, Contrat à la grosse, Criée, Equipage, Indemnité, Matelot, Saisie.*

PROPRIÉTÉ. C'est le droit par lequel une chose appartient en propre à quelqu'un.

En vertu du droit de propriété, le propriétaire peut disposer, comme il lui plaît, de la chose qui lui appartient; il peut en changer les formes, il peut la vendre, il peut la donner, il peut la détruire, etc., pourvu toutefois qu'il ne donne aucune atteinte aux lois ni aux droits d'autrui.

En matière de société anonime, la propriété des actions peut être établie par une inscription sur les régistres de la société (36).

Le capitaine est tenu d'avoir à bord l'acte de propriété (226).

Le capitaine ne peut acquérir la propriété du navire par voie de prescription (430).

PROPRIÉTÉ (Acte translatif de). Voy. *Acte.*

PROPRIÉTÉ (Transmission de). Voy. *Effets publics.*

PROROGATION, signifie une prolongation de délai.

Les arbitres peuvent, suivant l'exigence des cas, proroger le délai pour la production des pièces (58).

Voyez *Assurance, Paiement.*

PROTESTATION. C'est une déclaration qu'on fait par quelque acte, contre la fraude, l'oppression ou la violence de quelqu'un, ou contre la nullité d'une procédure, jugement ou autre acte, par laquelle déclaration on proteste que ce qui a été fait, ou ce qui serait fait au contraire, ne pourra nuire ni préjudicier à celui qui proteste, lequel se réserve de se pourvoir en temps et lieu contre ce qui fait l'objet de sa protestation.

Voyez *Action, Fin de non-recevoir, Paiement.*

PROTÊT. C'est un acte par lequel, faute d'acceptation ou de paiement d'une lettre de change, on déclare que celui sur qui elle est tirée et son correspondant seront tenus de tous les préjudices qu'on en recevra. Ainsi, il y a deux sortes de protêts, l'un faute d'accepter, et l'autre faute de payer (*).

(*) *Formule d'un protêt faute d'accepter.*

L'an 1808, le 25e. jour de février, avant ou après midi, à la requête de... demeurant à... rue... où il élit son domicile, je N... huissier à... demeurant à..., soussigné, certifie avoir sommé et interpellé M... demeurant à... en son domicile parlant à... d'accepter présentement, pour payer à son échéance la lettre de change dont copie est ci-dessus transcrite, l'original de laquelle je lui ai, à cet effet, exhibé et représenté;

Il y a encore une sorte de protêt qu'on appelle *protêt de perquisition*. Il a lieu lorsque la personne sur qui la lettre est tirée, n'est point connue et ne se trouve point; dans ce cas, le notaire ou l'huissier se transporte dans la rue indiquée par la lettre, et fait la perquisition nécessaire pour découvrir la personne, et ne la trouvant pas, dresse acte de sa recherche, et cet acte est ce que l'on appelle protêt de perquisition. Quelquefois on joint à cet acte un certificat des plus

---

lequel, parlant comme dessus, a été refusant d'accepter ladite lettre de change, pour lequel refus je lui ai déclaré que ledit... renverra ladite lettre de change sur les lieux, prendra pareille somme de... en tous lieux, places et endroits, aux risques, périls, fortune, dépens, dommages-intérêts de qui il appartiendra, à ce qu'il n'en ignore; et lui ai, parlant comme dessus, laissé copie, tant de ladite lettre de change que du présent.

Formule d'un protêt faute de payer.

L'an 1808, le 25e. jour de février, avant ou après midi, à la requête de M... marchand, demeurant à... où il élit son domicile, je N... huissier à... demeurant à... soussigné certifie avoir sommé et interpellé M... marchand à Paris, y demeurant rue... en son domicile parlant à... de présentement payer audit... ou à moi, huissier, pour lui porteur, la somme de... contenue en la lettre de change, dont copie est ci-dessus transcrite, de lui acceptée et échue, laquelle je lui ai, à cet effet, exhibée en original, et offert rendre bien et dûment quittancée, en faisant ledit paiement, lequel... parlant comme dessus, m'a fait réponse... sommé de signer ladite réponse a refusé; laquelle réponse j'ai prise pour refus de paiement, pour lequel j'ai protesté du renvoi de ladite lettre de change, et de prendre pareille somme à change et rechange en tous lieux, places et endroits, aux risques, périls et fortune, dépens, dommages-intérêts de qui il appartiendra, à ce qu'il n'en ignore, et lui ai, parlant comme dessus, laissé copie, tant de ladite lettre de change, acceptation et ordre, que du présent.

28

notables banquiers et négocians de la ville
que la personne sur qui la lettre est tirée n'es
pas connue sous le nom porté à cette lettre.

Les paiemens faits à compte sur le montan
d'une lettre de change, sont à la décharge de
tireurs et endosseurs.

Le porteur est tenu de faire protester la lettre
de change pour le surplus (156).

Le refus de paiement doit être constaté le len
demain du jour de l'échéance, par un acte que
l'on nomme protêt faute de paiement.

Si ce jour est un jour férié légal, le protêt es
fait le jour suivant (162).

Le porteur n'est dispensé du protêt faute de
paiement, ni par le protêt faute d'acceptation
ni par la mort ou faillite de celui sur qui la lettre
de change est tirée.

Dans le cas de la faillite de l'accepteur avan
l'échéance, le porteur peut faire protester e
exercer son recours (163).

Le porteur d'une lettre de change protestée
faute de paiement, peut exercer son action en
garantie,

Ou individuellement contre le tireur et chacun
des endosseurs,

Ou collectivement contre les endosseurs et le
tireur.

La même faculté existe pour chacun des en
dosseurs, à l'égard du tireur et des endosseurs
qui le précèdent (164).

Si le porteur exerce le recours individuelle
ment contre son cédant, il doit lui faire notifier
le protêt, et à défaut de remboursement, le faire
citer en jugement dans les quinze jours qui sui
vent la date du protêt, si celui-ci réside dans la
distance de cinq myriamètres.

Ce délai, à l'égard du cédant domicilié à plus de cinq myriamètres de l'endroit où la lettre de change était payable, sera augmenté d'un jour par deux myriamètres et demi, excédant les cinq myriamètres (165).

Les protêts faute d'acceptation ou de paiement sont faits par deux notaires, ou par un notaire et deux témoins, ou par un huissier et deux témoins.

Le protêt doit être fait

Au domicile de celui sur qui la lettre de change était payable, ou à son dernier domicile connu;

Au domicile des personnes indiquées par la lettre de change pour la payer au besoin;

Au domicile du tiers qui a accepté par intervention,

Le tout par un seul et même acte.

En cas de fausse indication de domicile, le protêt est précédé d'un acte de perquisition (173).

L'acte de protêt contient

La transcription littérale de la lettre de change, de l'acceptation, des endosseurs et des recommandations qui y sont indiquées;

La sommation de payer le montant de la lettre de change.

Il énonce la présence ou l'absence de celui qui doit payer;

Les motifs du refus de payer, et l'impuissance ou le refus de signer (174).

Nul acte de la part du porteur de la lettre de change ne peut suppléer l'acte de protêt, hors le cas prévu par les articles 150 et suivans, touchant la perte de la lettre de change (175). Voy. *Paiement.*

28.

Les notaires et les huissiers sont tenus, à peine de destitution, dépens, dommages-intérêts envers les parties, de laisser copie exacte des protêts, et de les inscrire en entier, jour par jour, et par ordre de dates, dans un registre particulier, coté et paraphé, et tenu dans les formes prescrites pour les répertoires (176).

Les dispositions ci-dessus sont applicables aux billets à ordre faits entre marchands, négocians ou banquiers, ou entre toutes personnes pour opérations de commerce de terre ou de mer, trafic, change, banque et courtage (187).

Voy. *Acceptation, Compte de retour, Déchéance, Délai, Echéance, Paiement, Porteur, Prescription, Provision, Rechange.*

PROVISION. Terme de commerce de lettres de change. C'est le fonds que celui qui tire une lettre de change a coutume de remettre à son correspondant, sur qui il l'a tirée, pour qu'il soit en état de la payer à son échéance.

Un marchand, banquier ou autre, n'est pas obligé de payer une lettre de change, pour laquelle il n'a point de provision entre les mains; mais quand il fait honneur à la lettre de son ami ou de son correspondant, c'est-à-dire qu'il l'accepte sans provision, il en fait sa propre dette par son acceptation, et le porteur de la lettre, sans être tenu de la faire protester faute de paiement, pour avoir son recours sur le tireur, peut s'en faire payer par l'accepteur, et le contraindre par les voies de droit de l'acquitter.

La provision doit être faite par le tireur, ou par celui pour le compte de qui la lettre de change est tirée, sans que le tireur cesse d'être personnellement obligé (115).

Il y a provision, si, à l'échéance de la lettre de change, celui sur qui elle est fournie est redevable au tireur, ou à celui pour le compte de qui elle est tirée, d'une somme au moins égale au montant de la lettre de change (116).

L'acceptation suppose la provision.

Elle en établit la preuve à l'égard des endosseurs.

Soit qu'il y ait ou non acceptation, le tireur seul est tenu de prouver, en cas de dénégation, que ceux sur qui la lettre était tirée, avaient provision à l'échéance, sinon il est tenu de la garantir, quoique le protêt ait été fait après les délais fixés (117).

Voyez *Déchéance, Délai, Porteur.*

PROVISIONS. Amas et fournitures de choses nécessaires, soit pour la subsistance d'un navire, soit pour sa défense.

L'huissier fait dans le procès-verbal de saisie d'un bâtiment de mer, l'énonciation et la description des provisions (200).

PUBLICATION. Action par laquelle on rend une chose publique et notoire.

Voyez *Adjudication, Criée.*

Les dispositions relatives aux droits et actions les femmes des faillis, ne sont point applicables aux droits et actions de ces femmes, acquis avant la publication du Code (557).

PUISSANCE, se prend pour État souverain.

Dans le cas de blocus du port pour lequel le navire est destiné, le capitaine est tenu, s'il n'a les ordres contraires, de se rendre dans un des ports voisins de la même Puissance, où il lui est permis d'aborder (279).

Le délaissement des objets assurés peut être fait en cas d'arrêt d'une Puissance étrangère (369).

Voyez *Arrêt, Assurance, Avarie, Délai, Fret, Navire.*

Q

QUAI. Levée, ordinairement revêtue de pierres de taille, et faite le long d'une rivière, entre la rivière même et les maisons, pour la commodité du chemin, et pour empêcher le débordement de l'eau.

On appelle aussi *quai* le rivage d'un port de mer, qui sert pour la charge et la décharge des marchandises.

Voyez *Adjudication, Affiche, Criée.*

QUALITÉ. Ce mot se dit des titres qu'une personne prend à cause de sa charge, de sa dignité, de quelque prétention, etc.

On prend qualité dans une succession, en se portant héritier, ou légataire, ou donataire.

On appelle *qualité d'un jugement* ou *d'un arrêt,* les noms des parties litigantes, avec leurs demandes et défenses, qu'on énonce avant le vu et le dispositif du jugement.

L'extrait des actes de société doit contenir les qualités des associés, autres que les actionnaires ou commanditaires (43).

Sont réputées simples promesses toutes lettres de change contenant supposition de qualité (112).

Le contrat d'assurance exprime la qualité de celui qui fait assurer, s'il est propriétaire ou commissionnaire (332).

QUALITÉ. Ce qui fait qu'une chose est telle

ou telle, bonne ou mauvaise, grande ou petite, etc.

Le connaissement doit exprimer les qualités
des objets à transporter (281).

QUALITÉ de marchandises. Voy. *Capitaine,
Expert, Jet.*

QUANTITÉ, se dit de tout ce qui peut être
mesuré ou nombré.

Le connaissement doit exprimer la quantité
des objets à transporter (281).

QUARANTAINE. On appelle ainsi le séjour
que ceux qui viennent du Levant, ou de tout
autre pays infecté ou soupçonné de contagion,
sont obligés de faire dans un lieu séparé de la
ville où ils arrivent. On prend cette précaution
pour éviter que les équipages ou passagers ne
rapportent de l'Orient l'air des maladies conta-
gieuses et pestilentielles qui y sont fort fréquen-
tes, et l'on a donné à cette épreuve le nom de
quarantaine, parce qu'elle doit durer quarante
jours. Cependant, lorsqu'on est sûr que les marchandises et les passagers ne viennent point de
lieux, ou suspects ou infectés de contagion, on
abrège ce terme, et l'on permet le débarquement, tant des personnes que des marchandises,
mais on dépose les uns et les autres dans un la-
zaret où on les parfume. Le temps qu'elles y demeurent se nomme toujours *quarantaine*, quoiqu'il ne soit souvent que de huit ou quinze jours,
et quelquefois de moins. Ce langage n'est pas
exact, mais l'usage l'a confirmé.

Sont avaries particulières, la nourriture et les
loyers des matelots pendant la quarantaine, que
le navire soit loué au voyage ou au mois (403).

QUILLE. Longue pièce de bois qui va de la
poupe à la proue d'un vaisseau, et qui lui sert
comme de fondement.

On appelle *quille de pont*, une longue pièce
de bois qui soutient le pont d'un navire.

Les emprunts à la grosse peuvent être affectés
sur le corps et quille du navire (315).

Le contrat d'assurance peut avoir pour objet
le corps et quille du vaisseau, vide ou chargé,
armé ou non armé, seul ou accompagné (334).

Voyez *Capitaine*, *Navire*, *Prêt à la grosse*,
Prime d'assurance.

QUINTAL. Ce mot exprimait jadis le poids de
cent livres. On le peut faire servir actuellement à
exprimer un poids de cent kilogrammes, et alors
on le nomme *quintal décimal*.

Le fret d'un bâtiment peut avoir lieu au quintal (286).

QUITTANCE, est l'écrit mis au bas d'un billet,
d'une obligation, d'une facture, d'un mémoire
par lequel on reconnaît avoir reçu du débiteur
le paiement de ce qu'il nous doit, et l'en tenir
quitte. Cette quittance s'exprime communément
au dos des lettres de change et billets, par ces mots
écrits à la suite des endossemens, *pour acquit*,
au-dessous desquels on signe son nom.

Les quittances se font sur papier timbré, lorsqu'elles sont pour tenir quitte du paiement d'un
terme de loyer de maison, de fermage, d'arrérages
de rentes, et de tous objets dont le titre reste en
notre possession jusqu'au remboursement du
principal.

Le demandeur en réhabilitation sera tenu de
joindre à sa pétition les quittances et autres pièces,
justifiant qu'il a acquitté intégralement toutes

es sommes par lui dues en principal, intérêts et frais (605).

Voyez *Amarrage*, *Avant-Bassin*, *Bassin*, *Cale*, *Créancier*, *Navire*, *Pilotage*, *Répartition*, *Tonnage*.

R

RACHAT. Action de retirer des mains d'autrui une chose, moyennant certain prix; *rachat* signifie aussi délivrance, rédemption.

Toutes les dispositions relatives au rachat des matelots, sont communes aux officiers et à tous autres gens de l'équipage (272).

Les choses données par composition et à titre de rachat du navire et des marchandises, sont avaries communes (400).

Voyez *Assurance*, *Composition*, *Fret*, *Indemnité*, *Matelot*, *Navire*.

RADE. Certaine étendue de mer proche des côtes, qui n'est point enfermée, mais qui est à l'abri de certains vents, et où les vaisseaux peuvent tenir à l'ancre.

Le contrat d'assurance désigne les rades dans lesquelles le navire doit charger ou décharger et celles dans lesquelles il doit entrer (332).

RADOUB, terme de marine. Réparation qui se fait au corps d'un vaisseau endommagé par quelque accident ou par le temps.

Voyez *Capitaine*, *Contrat à la grosse*, *Créancier*, *Fret*, *Navire*, *Prêt à la grosse*, *Propriétaire de navire*.

RAISON, terme de commerce. On appelle *la raison d'une société* les noms des associés rangés et énoncés de la manière que la société signera les lettres missives, les billets, les lettres de change.

Ainsi, l'on dit, la raison de la société sera : *Bernard Mathieu et compagnie.*

La société en nom collectif est celle que contractent deux ou plusieurs personnes, et qui a pour objet de faire le commerce sous une raison sociale (20).

Les noms des associés peuvent seuls faire partie de la raison sociale (21).

Les associés en nom collectif, indiqués dans l'acte de société, sont solidaires pour tous les engagemens de la société, encore qu'un seul des associés ait signé, pourvu que ce soit sous la raison sociale (22).

Le nom d'un associé commanditaire ne peut faire partie de la raison sociale (25).

L'extrait des actes de société doit contenir la raison de commerce de la société (43).

Voyez *Société.*

RAPPORT. Récit, témoignage; il se dit particulièrement de l'exposition, du récit qu'un juge fait d'un procès devant les autres juges du même tribunal.

RAPPORT D'EXPERTS, est le témoignage que rendent, par ordre de justice, les experts qui ont été nommés pour visiter, examiner, mesurer ou approuver quelque chose.

RAPPORT, en terme de commerce de mer, signifie un acte par lequel le capitaine d'un vaisseau marchand doit, dans les 24 heures de son arrivée dans le port, déclarer à qui de droit le lieu d'où il est parti, le temps de son départ, en quoi consiste le chargement de son navire, les hasards qu'il a courus, les désordres qui sont arrivés dans son bord, et toutes les circonstances de son voyage.

I Le capitaine est tenu, dans les vingt-quatre heures de son arrivée, de faire son rapport (242). Voyez *Avarie, Capitaine, Créance, Juge-commissaire.*

RAPPORT *à la masse*, est la confusion, le mélange d'une somme au fonds d'argent d'une société.

Toutes sommes payées dans les dix jours qui précèdent l'ouverture de la faillite pour dettes commerciales non échues, sont rapportées (446).

Voyez *Femme.*

RATURE. Effaçure faite en passant quelques traits de plume sur ce qu'on a écrit.

Les agens de change et courtiers sont tenus de consigner dans leur livre, sans ratures, toutes les conditions des ventes, achats, assurances, négociations, et en général de toutes les opérations faites par leur ministère (84).

Le procès-verbal de vérification des créances mentionnera les ratures, s'il s'en trouve dans les titres de créance (505).

RÉASSURANCE. Voy. *Assurance.*

L'assureur peut faire réassurer par d'autres les effets qu'il a assurés.

L'assuré peut faire assurer le coût de l'assurance.

La prime de réassurance peut être moindre ou plus forte que celle de l'assurance (342).

Un contrat de réassurance consenti pour une somme excédant la valeur des effets chargés, est nul à l'égard de l'assuré seulement, s'il est prouvé qu'il y a fraude de sa part (357).

RÉCÉPISSÉ. C'est l'écrit par lequel on recon-

naît avoir reçu des papiers, des pièces, etc. Ce
mot est purement latin, ainsi que plusieurs autres qui sont demeurés dans la pratique, parce
qu'autrefois les expéditions se faisaient en latin.

Voyez *Créance.*

RÉCEPTION. Action par laquelle on reçoit. En
ce sens, il ne se dit guère que de certaines choses, comme nouvelle, lettre, paquet, ballot, etc.

La réception des objets transportés et le paiement du prix de la voiture éteignent toute action
contre le voiturier (105).

Voyez *Assurance, Délai, Ouvrage, Prescription, Voiturier.*

RECETTE. Action de recevoir ce qui est dû en
argent ou autrement. Ce mot se dit également de
ce qui est reçu.

Le registre que le capitaine de navire est obligé
(tenir, contient la recette concernant le navire
224).

Sera déclaré banqueroutier frauduleux, tout
commerçant failli qui ne justifiera pas de l'emploi
de ses recettes (593).

RECEVEUR, est, en général, celui qui est
chargé de faire une recette, soit en denrées, soit
en deniers.

Les tribunaux de commerce connaîtront des
billets faits par les receveurs (634). Voy. *Tribunal de commerce.*

Voyez aussi *Amarrage, Avant-Bassin, Bassin,
Cale, Navire, Pilotage, Tonnage.*

RECHANGE. C'est le prix d'un nouveau change
dû par les tireurs et endosseurs d'une lettre de
change à celui qui en est le porteur, lorsque n'ayant

pas été acceptée ou payée, il s'est trouvé forcé d'en retirer la valeur sur le tireur ou sur une place intermédiaire entre celle du tireur et celle où la lettre était payable.

Le porteur propriétaire d'une lettre de change protestée faute de paiement, peut tirer sur la ville où la lettre de change est originaire et non autre (à moins qu'il n'y ait point de change établi entre cette ville et la sienne principale) les frais du protêt, sa provision, le courtage et le prix du nouveau change qui s'appelle *rechange*.

Le porteur qui n'est pas propriétaire d'une lettre de change protestée faute de paiement, ne peut que la renvoyer à son auteur et répéter les frais du protêt et sa provision.

Lorsqu'il n'y a pas de change entre la place où la lettre protestée a été tirée, et celle où elle est payable, le rechange des places intermédiaires est dû.

Compte de retour d'une lettre tirée de Paris sur Lyon.

	f.	c.
Principal de la lettre. · · · · · · · ·	1,000 f.	« c.
Frais de protêt. · · · · · · · · · · ·	1	50
Provision à un tiers pour cent.	3	33
Courtage à un huitième pour cent · · · · · · · · · · · · · · · · · ·	»	25
Différence de change à un demi pour cent. · · · · · · · · · · · · · ·	15	7
Port de lettres · · · · · · · · · · ·	1	50
Montant de la traite en retour. · · · · · · · · · · · · · · · · · · ·	1,021 f.	65 c.

Le rechange s'effectue par une retraite (177).
La retraite est une nouvelle lettre de change,

au moyen de laquelle le porteur se rembourse
sur le tireur, ou sur l'un des endosseurs, du prin
cipal de la lettre protestée, de ses frais et du nou
veau change qu'il paie (178).

Le rechange se règle, à l'égard du tireur, par
le cours du change du lieu où la lettre de change
était payable, sur le lieu d'où elle a été tirée.

Il se règle, à l'égard des endosseurs, par le
cours du change du lieu où la lettre de change a
été remise ou négociée par eux, sur le lieu où le
remboursement s'effectue (179).

La retraite est accompagnée d'un compte de
retour (180).

Le compte de retour comprend,

Le principal de la lettre de change protestée;

Les frais de protêt et autres frais légitimes, tels
que commission de banque, courtage, timbres
et ports de lettres.

Il énonce le nom de celui sur qui la retraite est
faite, et le prix du change auquel elle est négociée.

Il est certifié par un agent de change.

Dans les lieux où il n'y a pas d'agent de change,
il est certifié par deux commerçans.

Il est accompagné de la lettre de change protestée, du protêt et d'une expédition de l'acte de
protêt.

Dans le cas où la retraite est faite sur l'un des
endosseurs, elle est accompagnée, en outre, d'un
certificat qui constate le cours du change du lieu
où la lettre de change était payable, sur le lieu
d'où elle a été tirée (181).

Il ne peut être fait plusieurs comptes de retour
sur une même lettre de change.

Ce compte de retour est remboursé d'endosseur

l endosseur respectivement et définitivement par
e tireur (182).

Les rechanges ne peuvent être cumulés. Chaque
endosseur n'en supporte qu'un seul, ainsi que le
tireur (183).

L'intérêt du principal de la lettre de change
protestée faute de paiement, est dû à compter du
jour du protêt (184).

L'intérêt des frais de protêt, rechange et autres
frais légitimes, n'est dû qu'à compter du jour de
la demande en justice (185).

Il n'est point dû de rechange, si le compte de
retour n'est pas accompagné des certificats d'agens
de change ou de commerçans prescrits par l'article 181 (186).

Les dispositions ci-dessus sont applicables aux
billets à ordre faits entre marchands, négocians
ou banquiers, ou entre toutes personnes pour
opérations de commerce de terre ou de mer, trafic, change, banque et courtage (187).

RECHARGEMENT. Action de charger de nouveau.

Voyez *Affrétement, Charte-Partie, Fret, Nolissement.*

RÉCLAMATEUR. Celui qui réclame, qui revendique une chose qui lui appartient. Il est principalement d'usage pour signifier un négociant
ou autre personne qui redemande un vaisseau ou
les marchandises de son chargement qu'il prétend n'être pas de bonne prise, et qu'il conteste
aux armateurs qui s'en sont rendus maîtres.

Voyez *Capitaine, Fret.*

RÉCLAMATION. Revendication d'une chose,
d'un bien, d'un effet.

Voyez *Action, Fin de non-recevoir.*

RECOMMANDATION. On nomme ainsi, une espèce d'opposition formée par quelqu'un à la sortie et mise en liberté d'un prisonnier.

Voyez *Protêt.*

RECONNAISSANCE. Acte par écrit pour reconnaître qu'on a reçu quelque chose, soit par emprunt, soit en dépôt, ou pour reconnaître qu'on est obligé à quelque devoir.

Le capitaine fournit une reconnaissance des marchandises dont il se charge.

Cette reconnaissance se nomme *connaissement* (222). Voy. *Connaissement.*

RECOURS, est une action donnée contre celui qui s'est engagé expressément ou tacitement de garantir, pour qu'il indemnise des objets dont il doit la garantie.

La marchandise sortie du magasin du vendeur ou de l'expéditeur, voyage, s'il n'y a convention contraire, aux risques et périls de celui à qui elle appartient, sauf son recours contre le commissionnaire et le voiturier chargés du transport (100).

Dans le cas de faillite de l'accepteur avant l'échéance, le porteur peut faire protester et exercer son recours (163).

Le propriétaire des marchandises avariées par la négligence du capitaine ou de l'équipage, a son recours contre le capitaine, le navire et le fret (405).

Le propriétaire des effets jetés à la mer ou endommagés par le jet ne peut exercer son recours que contre le capitaine (421).

Voyez *Capitaine, Délai, Porteur, Protêt.*

RECOUVREMENT.

RECOUVREMENT. Recherche qu'on fait de ses dettes, de ses effets. Il se dit aussi de la recette dont un commis est chargé.

Un agent de change ou courtier ne peut recevoir pour le compte de ses commettans (85).

En cas de naufrage ou d'échouement avec bris, l'assuré doit, sans préjudice du délaissement à faire en temps et lieu, travailler au recouvrement des effets naufragés.

Sur son affirmation, les frais de recouvrement lui sont alloués jusqu'à concurrence de la valeur des effets recouvrés (381).

Les deniers provenant de recouvremens opérés par les agens ou syndics de la faillite, seront versés, sous la déduction des dépenses et frais, dans une caisse à double serrure (496).

Voyez *Caissier*, *Contribution*, *Effets de commerce*, *Indemnité*, *Revendication*, *Syndic définitif*, *Union*.

REÇU. Acquit, quittance, décharge, acte par lequel il paraît qu'une chose a été payée et acquittée.

Tout commissionnaire ou consignataire qui aura reçu les marchandises mentionnées dans les connaissemens ou chartes-parties, sera tenu d'en donner reçu au capitaine qui le demandera, à peine de tous dépens, dommages-intérêts, même de ceux de retardement (285).

REDDITION, se dit en parlant d'un compte qu'on présente pour être arrêté.

Voy. *Administrateur*, *Comptable*, *Dépositaire*, *Tuteur*.

RÉÉLECTION. Action d'élire une seconde fois.

29

Le président et les juges des tribunaux de commerce ne pourront rester plus de deux ans en place, et ne pourront être réélus qu'après un an d'intervalle (623).

REFUS. Action de refuser.

REFUS d'acceptation Voy. *Acceptation*.

REFUS DE PAIEMENT. Voy. *Porteur*, *Protêt*.

REFUS de recevoir les objets transportés. Voy. *Voiturier*.

REFUS de signer. Voy. *Délibération*.

RÉGIME DOTAL. Le régime dotal fondé sur la loi du 20 pluviose an XII, qui fait partie du Code Napoléon, ne tire pas sa dénomination de la seule circonstance qu'il y a une dot constituée; il n'est ainsi appelé, comme l'a observé l'orateur du Gouvernement, en présentant au Corps législatif le projet de la loi citée, qu'à raison de la manière particulière dont la dot se trouve non pas constituée, mais régie d'après la constitution qui en a été faite.

Tout époux marié sous le régime dotal qui embrasserait la profession de commerçant postérieurement à son mariage, est tenu de remettre un extrait de son contrat de mariage aux greffes et chambres désignés par l'art. 872 du Code de procédure, et ce dans le mois du jour où il aura ouvert son commerce; à peine, en cas de faillite, d'être puni comme banqueroutier frauduleux (69).

La même remise doit être faite, sous les mêmes peines, dans l'année de la publication du Code, par tout époux marié sous le régime dotal, qui, au moment de ladite publication, exercerait la profession de commerçant (70).

Voyez *Contrat de mariage*, *Dot*, *Femme*.

REGISTRE. C'est, en général, le livre où l'on écrit les actes et les affaires de chaque jour pour y avoir recours.

En matière de société anonyme, la propriété des actions peut être établie par une inscription sur les registres de la société. Dans ce cas, la cession s'opère par une déclaration de transfert inscrite sur les registres, et signée de celui qui fait le transport ou d'un fondé de pouvoir (36).

Le jugement arbitral est motivé.

Il est déposé au greffe du tribunal de commerce.

Il est rendu exécutoire sans aucune modification, et transcrit sur les registres, en vertu d'une ordonnance du président du tribunal, lequel est tenu de la rendre pure et simple, et dans le délai de trois jours du dépôt au greffe (61).

La lettre de voiture doit être copiée par le commissionnaire sur un registre coté et paraphé sans intervalle et de suite (102).

Les notaires et les huissiers sont tenus d'inscrire en entier les protêts jour par jour, et par ordre de dates, dans un registre particulier, coté, paraphé et tenu dans les formes prescrites pour les répertoires (176).

Le capitaine tient un registre coté et paraphé par l'un des juges du tribunal de commerce, ou par le maire ou son adjoint dans les lieux où il n'y a pas de tribunal de commerce.

Ce registre contient

Les résolutions prises pendant le voyage,

La recette et la dépense concernant le navire, et généralement tout ce qui concerne le fait de sa charge et tout ce qui peut donner lieu à un compte à rendre, à une demande à former (224).

29.

La délibération en vertu de laquelle s'est fait le jet des marchandises et autres objets du navire, est transcrite sur le registre (412).

Les scellés doivent être apposés sur les registres du failli (451).

Voyez *Capitaine*, *Créance*, *Transcription*, *Tribunal de commerce*.

RÉGLEMENT. Ce mot se dit de tout ce qui est prescrit pour maintenir la règle : telles sont les lois émanées du corps législatif ; tels sont aussi les décrets impériaux. ʼ

·Il sera pourvu par des réglemens d'administration publique à tout ce qui est relatif à la négociation et transmission de propriété des effets publics (90).

L'indemnité accordée aux agens de la faillite sera réglée d'après les bases qui seront établies par un réglement d'administration publique (484).

Un réglement d'administration publique déterminera le nombre des tribunaux de commerce, et les villes qui seront susceptibles d'en recevoir par l'étendue de leur commerce et de leur industrie (615).

Les droits, vacations et devoirs du greffier et des huissiers près des tribunaux de commerce, seront fixés par un réglement d'administration publique (624).

La forme de l'organisation des gardes du commerce et leurs attributions seront déterminées par un réglement particulier (625). Voy. *Garde du commerce.*

RÉGLEMENT relatif au rachat des captifs. Voyez *Indemnité*, *Matelot.*

RÉHABILITATION. Les négocians à qui il est arrivé de faire banqueroute, faillite ou cession de biens à leurs créanciers, étant exclus de toutes charges et fonctions publiques, peuvent redevenir habiles à les exercer, lorsqu'après avoir justifié qu'ils ont pleinement payé à leurs créanciers principal et intérêts, ils ont obtenu arrêt de la Cour d'appel qui les réhabilite et les remet dans l'état où ils étaient avant leur faillite.

Ceux qui ont fait faillite ne peuvent être agens de change ni courtiers, s'ils n'ont été réhabilités (83).

Toute demande en réhabilitation, de la part du failli, sera adressée à la Cour d'appel dans le ressort de laquelle il sera domicilié (604).

Le demandeur sera tenu de joindre à sa pétition les quittances et autres pièces justifiant qu'il a acquitté intégralement toutes les sommes par lui dues en principal, intérêts et frais (605).

Le procureur général de la Cour d'appel, sur la communication qui lui aura été faite de la requête, en adressera des expéditions, certifiées de lui, au procureur impérial près le tribunal d'arrondissement, et au président du tribunal de commerce du domicile du pétitionnaire ; et, s'il a changé de domicile depuis la faillite, au tribunal de commerce dans l'arrondissement duquel elle a eu lieu, en les chargeant de recueillir tous les renseignemens qui seront à leur portée, sur la vérité des faits qui auront été exposés (606).

A cet effet, à la diligence tant du procureur-impérial que du président du tribunal de commerce, copie de ladite pétition restera affichée pendant un délai de deux mois, tant dans les salles d'audience de chaque tribunal, qu'à la bourse et à la maison commune, et sera insérée par extrait dans les papiers publics (607).

Tout créancier qui n'aura pas été payé intégralement de sa créance en principal, intérêts et frais, et toute autre partie intéressée, pourront, pendant la durée de l'affiche, former opposition à la réhabilitation par simple acte au greffe, appuyé de pièces justificatives, s'il y a lieu. Le créancier opposant ne pourra jamais être partie dans la procédure tenue pour la réhabilitation, sans préjudice toutefois de ses autres droits (608).

Après l'expiration des deux mois, le procureur impérial et le président du tribunal de commerce transmettront, chacun séparément, au procureur général de la Cour d'appel, les renseignemens qu'ils auront recueillis, les oppositions qui auront pu être formées, et les connaissances particulières qu'ils auraient sur la conduite du failli; ils y joindront leur avis sur sa demande (609).

Le procureur général de la Cour d'appel fera rendre, sur le tout, arrêt portant admission ou rejet de la demande en réhabilitation; si la demande est rejetée, elle ne pourra plus être reproduite (610).

L'arrêt portant réhabilitation sera adressé, tant au procureur impérial qu'au président des tribunaux auxquels la demande aura été adressée. Ces tribunaux en feront faire la lecture publique et la transcription sur leurs registres (611).

Ne seront point admis à la réhabilitation, les stellionataires, les banqueroutiers frauduleux, les personnes condamnées pour fait de vol ou d'escroquerie, ni les personnes comptables, telles que les tuteurs, administrateurs ou dépositaires,

i qui n'auront pas rendu ou apuré leurs comptes
(612).

Pourra être admis à la réhabilitation, le banqueroutier simple qui aura subi le jugement par lequel il aura été condamné (613).

Nul commerçant failli ne pourra se présenter à la bourse, à moins qu'il n'ait obtenu sa réhabilitation (614).

Voyez *Concordat*, *Homologation*.

RÉINTÉGRER. Rétablir quelqu'un dans une fonction dont il avait été exclu.

Tout agent de change ou courtier destitué pour avoir fait des opérations de commerce ou de banque pour son compte, pour s'être intéressé directement ou indirectement, sous son nom ou sous un nom interposé, dans des entreprises commerciales; pour s'être rendu garant de l'exécution des marchés dans lesquels il s'est entremis; enfin, pour avoir reçu ou payé pour le compte de ses commettans, ne peut être réintégré dans ses fonctions (88).

REJET, en terme de pratique, se dit d'une pièce qui est rejetée d'un procès.

REJET de la demande en réhabilitation. Voy. *Réhabilitation.*

RELACHE, RELACHER, en terme de marine, signifie discontinuer sa route, et se retirer à l'abri, pour céder à la tempête, ou pour éviter quelque autre péril. *Relâche*, se dit d'un lieu propre pour y relâcher.

Si, pendant le cours du voyage, le capitaine est obligé de relâcher dans un port français, il est tenu de déclarer au président du tribunal de commerce du lieu, les causes de sa relâche.

Dans les lieux où il n'y a pas de tribunal de commerce, la déclaration est faite au juge de paix du canton.

Si la relâche forcée a lieu dans un port étranger, la déclaration est faite au consul de France, ou, à son défaut, au Magistrat du lieu (245).

Sont avaries particulières, les dépenses résultant de toutes relâches occasionnées, soit par la perte fortuite des câbles, ancres, voiles, mâts, cordages, soit par le besoin d'avitaillement, soit par voie d'eau à réparer (403)

RELIQUAT, se dit de ce qui reste dû par un comptable, après que son compte est arrêté.

Voyez *Syndic définitif.*

REMBARQUEMENT. Action de rembarquer, d'embarquer de nouveau.

Voyez *Assurance, Innavigabilité.*

REMBOURSEMENT. Paiement que l'on fait pour rendre une somme que l'on doit.

Le contrat à la grosse énonce l'époque du remboursement de la somme empruntée (311).

Voyez *Acceptation, Argent, Capitaine, Capital, Porteur, Protét, Rechange, Retraite.*

REMISE, signifie la somme que l'on abandonne à celui qui est chargé de faire une recette, un recouvrement, et qui lui tient lieu d'appointemens.

REMISE, se dit aussi de la grâce que l'on fait à un débiteur, en lui remettant une partie de ce qu'il doit.

REMISE, se dit également en parlant de l'argent que des négocians font remettre à leurs correspondans, soit par lettres de change, soit autrement.

§. Remise en matière de vente. Voy. *Adjudication.*

§ Remise d'argent faite de place en place. Voy. *Lettre de change.*

§ Remise en effets de commerce ou en tous autres effets. Voy. *Revendication.*

REMPLOI. C'est le remplacement d'une chose qui a été aliénée ou dénaturée, comme une somme de deniers qu'on a reçue, un immeuble qu'on a vendu, des futaies qu'on a abattues, etc.

Le remploi peut se faire de deux manières, à savoir; réellement, en subrogeant un bien au lieu d'un autre, avec déclaration que ce bien est pour tenir lieu de remploi de celui qui a été aliéné ou dénaturé; ou bien il se fait fictivement, en payant la valeur du bien aliéné à celui auquel le remploi en était dû.

Voyez *Femme.*

RENONCIATION. C'est, en général, l'acte par lequel on renonce à quelque chose.

Il y aura lieu à l'appel de jugement arbitral, ou au pourvoi en cassation, si la renonciation n'a pas été stipulée (52).

Renonciation au profit de la composition. Voy. *Assurance, Composition.*

RENOUVELLEMENT. Action par laquelle on renouvelle ou l'on continue une chose.

Renouvellement de délai. Voy. *Délai.*

Renouvellement d'emprunt. Voy. *Contrat à la grosse.*

RENSEIGNEMENT. Indice qui sert à faire reconnaître une chose.

Voyez *Banqueroute, Bilan, Créance.*

RENVOI. C'est l'acte par lequel un juge se désiste de la connaissance d'une affaire pendante par-devant lui, et prescrit aux parties de se pourvoir devant un autre juge qu'il leur indique, auquel la connaissance de l'affaire appartient naturellement.

Voyez *Créance, Juge-Commissaire.*

RÉPARATION. On dit, réparer le dommage que l'on a causé à quelqu'un, pour dire, le dédommager du tort qu'on lui a fait.

Voyez *Navire.*

RÉPARTITION. Division, distribution, partage qui se fait d'une chose entre plusieurs personnes qui y ont un intérêt commun. Il s'entend principalement, parmi les négocians, des profits que produisent les actions qu'on a dans les fonds d'une compagnie.

Le montant de l'actif mobilier du failli, distraction faite des frais et dépenses de l'administration de la faillite, du secours qui a été accordé au failli, et des sommes payées aux privilégiés, sera réparti entre tous les créanciers, au marc le franc de leurs créances, vérifiées et affirmées (558).

A cet effet, les syndics remettront tous les mois, au commissaire, un état de situation de la faillite, et des deniers existans en caisse; le commissaire ordonnera, s'il y a lieu, une répartition entre les créanciers, et en fixera la quotité (559).

Les créanciers seront avertis des décisions du commissaire et de l'ouverture de la répartition (560).

« Nul paiement ne sera fait que sur la représentation du titre constitutif de la créance.

« Le caissier mentionnera, sur le titre, le paiement qu'il effectuera ; le créancier donnera quittance en marge de l'état de répartition (561).

« Lorsque la liquidation sera terminée, l'union
des créanciers sera convoquée à la diligence des
syndics, sous la présidence du commissaire, les
syndics rendront leur compte, et son reliquat
formera la dernière répartition (562).

§ V Voyez *Allége, Contribution.*

§ RÉPARTITION de deniers. Voy. *Créance, Créancier hypothécaire, Délai, Vente.*

§ RÉPARTITION des pertes et dommages occasionnés par le jet de marchandises. Voy. *Expert,
Jet.*

RÉPERTOIRE. C'est un inventaire, un recueil
où les choses, les matières sont arrangées dans
un ordre qui fait qu'on les trouve facilement.

Le registre dans lequel les notaires et les huissiers sont obligés d'inscrire les protêts, doit être
tenu dans les formes prescrites pour les répertoires (176).

REPRÉSAILLES. Mauvais traitement que l'on
fait à un ennemi, pour s'indemniser du dommage qu'il a causé.

On le dit aussi de ce qu'on fait pour se venger
des ennemis qui ont violé le droit de la guerre.

Toutes pertes et dommages qui arrivent aux
objets assurés, par représailles sont aux risques
des assureurs (350).

REPRÉSENTATION *d'actes, de livres, de registres.* C'est l'action de les exhiber, de les exposer
devant les yeux.

Les livres que les individus faisant le commerce sont obligés de tenir, et pour lesquels ils n'auront pas observé les formalités prescrites, ne peuvent être représentés, ni faire foi en justice, au profit de ceux qui les ont tenus, sans préjudice de ce qui est réglé pour les faillites et banqueroutes (13). Voy. *Banqueroute, Faillite.*

Dans le cours d'une contestation, la représentation des livres de commerce peut être ordonnée par le juge, même d'office, à l'effet d'en extraire ce qui concerne le différend (15). *Quid* si les livres dont la représentation est offerte, requise ou ordonnée, sont dans les lieux éloignés du tribunal saisi de l'affaire? (16). *Quid* si la partie aux livres de laquelle on offre d'ajouter foi, refuse de les représenter? (17). Voy. *Commission rogatoire, Créance, Créancier, Répartition.*

REPRISES, signifie ce que la femme a droit de reprendre sur les biens de son mari. On joint ordinairement les termes de *reprises* et *conventions matrimoniales*: les reprises et les conventions ne sont pourtant pas absolument la même chose, et il semble que le terme de reprises a une application plus particulière aux biens que la femme a apportés, et qu'elle a droit de reprendre, soit en nature ou en argent, comme la dot en général, et singulièrement les deniers stipulés propres, les propres réels et les remplois des propres aliénés; et que, sous le terme de *conventions matrimoniales*, on entend plus volontiers ce que la femme a droit de prendre en vertu du contrat, comme son préciput, sa part de la communauté, et autres avantages qui peuvent lui avoir été faits par le contrat. Néanmoins, dans l'usage, on comprend souvent le tout sous le terme de *reprises*, ou sous celui de *conventions matrimoniales*.

Voyez *Femme*.

REQUÊTE. C'est un acte par lequel on forme une demande en justice.

Dès que le tribunal de commerce aura connaissance de la faillite, soit par la déclaration du failli, soit par la requête de quelque créancier, soit par la notoriété publique, il ordonnera l'apposition des scellés (449).

Voyez *Juge de paix*, *Président*, *Réhabilitation*.

RÉQUISITION. Action de requérir. Voyez *Créance*.

RÉSILIATION. Terme de pratique. Résolution d'un acte, la cassation d'un contrat, soit par le consentement des parties, soit par l'autorité des juges.

Si l'assureur tombe en faillite lorsque le risque n'est pas encore fini, l'assuré peut demander caution, ou la résiliation du contrat.

L'assureur a le même droit en cas de faillite de l'assuré (346).

RÉSOLUTION. Dessein que l'on forme, que l'on prend. Il signifie aussi décision d'une question, d'une difficulté.

Le registre que le capitaine est obligé de tenir, contient les résolutions prises pendant le voyage (224).

RESPONSABILITÉ. Obligation d'être responsable, d'être garant de quelque chose.

La société en commandite se contracte entre un ou plusieurs associés responsables et solidaires, et un ou plusieurs associés simples bailleurs de fonds, que l'on nomme *commanditaires* ou *asso ciés en commandite* (23).

Elle est régie sous un nom social, qui doit être nécessairement celui d'un ou plusieurs des asso ciés responsables et solidaires (*ibid.*).

Les administrateurs d'une société anonime ne sont responsables que de l'exécution du manda qu'ils ont reçu (32).

Tout propriétaire de navire est civilement res ponsable des faits du capitaine pour ce qui est relatif au navire et à l'expédition.

La responsabilité cesse par l'abandon du navire et du fret (216).

Les propriétaires de navires équipés en guerre ne seront toutefois responsables des délits et de prédations commis en mer par les gens de guerre qui sont sur leurs navires, ou par les équipages, que jusqu'à concurrence de la somme pour laquelle ils auront donné caution, à moins qu'ils n'en soient participans ou complices (217).

Le capitaine de navire est responsable des mar chandises dont il se charge (222).

Cas où le capitaine est responsable de tous les événemens envers les intéressés au navire et au chargement (228). Voy. *Capitaine.*

Le capitaine répond également de tout le dom mage qui peut arriver aux marchandises qu'il aurait chargées sur le tillac de son vaisseau, sans le consentement par écrit du chargeur.

Cette disposition n'est point applicable au pe tit cabotage (229).

La responsabilité du capitaine ne cesse que par la preuve d'obstacles de force majeure (230).

Voyez *Capitaine, Notaire, Paiement.*

RESTITUTION. On appelle *restitution*, ou *restitution en entier*, un bénéfice que les lois accordent à celui qui a été lésé dans quelque acte où il a été partie, pour le remettre au même état où il était avant cet acte, s'il y a juste cause de le faire.

I. L'accepteur d'une lettre de change n'est pas restituable contre son acceptation, quand même le tireur aurait failli à son insu avant qu'il eût accepté (121).

RETARD, RETARDEMENT. Délai, remise.

I. La lettre de voiture doit énoncer l'indemnité due pour cause de retard (102).

Si, par l'effet de la force majeure, le transport n'est pas effectué dans le délai convenu, il n'y a pas lieu à indemnité contre le voiturier pour cause de retard (194).

Voyez *Connaissement, Fret, Indemnité, Matelot, Navire.*

RÉTICENCE. Suppression ou omission volontaire d'une chose qu'on devrait dire. Il se dit aussi de la chose même qu'on n'a pas dite.

RÉTICENCE de la part de l'assuré. Voy. *Assurance, Nullité.*

RETIREMENT. Action de retirer une chose d'un lieu où elle avait été mise, où elle était rentrée.

RETIREMENT des fonds versés à la caisse d'amortissement. Voy. *Caisse d'amortissement.*

RETOUR. Ce mot a différentes acceptions : il se dit des marchandises qu'un navire rapporte des pays où il était allé en chercher.

Il se dit aussi de la somme que rend celui qui,

dans un échange, fournit une moindre valeur de marchandises que celle qu'il reçoit.

Les banquiers l'emploient lorsqu'ayant fait des remises pour leur compte à un correspondant, ils lui donnent ordre de leur en faire le retour en lettres sur la place qu'ils lui indiquent ; dans ce cas, le correspondant qui reçoit un tel ordre, doit chercher quel sera l'avantage de cette place par les opérations de calcul nommées *arbitrages*.

L'assurance peut être faite pour l'aller et le retour, ou seulement pour l'un des deux (335).

Si l'assurance est faite sur le retour d'un pays où le commerce ne se fait que par troc, et que l'estimation des marchandises ne soit pas faite par la police, elle sera réglée sur le pied de la valeur de celles qui ont été données en échange, en y joignant les frais de transport (340).

Si l'assurance a pour objet des marchandises pour l'aller et le retour, et si le vaisseau étant parvenu à sa première destination, il ne se fait point de chargement en retour, ou si le chargement en retour n'est pas complet, l'assureur reçoit seulement les deux tiers proportionnels de la prime convenue, s'il n'y a stipulation contraire (356).

L'assureur ne peut, sous prétexte du retour du navire, se dispenser de payer la somme assurée (385).

RETOUR du navire. Voy. *Avarie, Congé, Fret, Indemnité, Matelot, Navire.*

RETOUR (compte de) Voy. *Compte de retour.*

RETRAITE, se dit de la lettre que tire un négociant sur celui qui vient d'en tirer une sur lui, au moyen de quoi il se rembourse, non seulement de ce qu'il a déboursé, mais encore de sa provision ;

sion, courtage et ports de lettres. D'ordinaire, les retraites sont onéreuses à celui qui les fait faire.

Le rechange s'effectue par une retraite (177).

La retraite est une nouvelle lettre de change, au moyen de laquelle le porteur se rembourse sur le tireur, ou sur l'un des endosseurs, du principal de la lettre protestée, de ses frais et du nouveau change qu'il paye (178).

La retraite est accompagnée d'un compte de retour (180).

Dans le cas où la retraite est faite sur l'un des endosseurs, elle est accompagnée, en outre, d'un certificat qui constate le cours du change du lieu où la lettre de change était payable, sur le lieu d'où elle a été tirée (181).

RETRAITE. Action de se retirer. On dit qu'un associé se retire, pour dire qu'il quitte la société, qu'il n'y est plus intéressé.

RETRAITE d'associés. Voy. *Société.*

RETRAITE du débiteur. Voy. *Faillite.*

REVENDICATION. Action de revendiquer, de réclamer une chose qui nous appartient, et qui est entre les mains d'un autre.

Le vendeur pourra, en cas de faillite, revendiquer les marchandises par lui vendues et livrées, et dont le prix ne lui a pas été payé, dans les cas et aux conditions ci-après exprimés (576).

La revendication ne pourra avoir lieu que pendant que les marchandises expédiées seront encore en route, soit par terre, soit par eau, et avant qu'elles soient entrées dans les magasins du failli ou dans les magasins du commissionnaire

30

chargé de les vendre pour le compte du failli (577).

Elles ne pourront être revendiquées, si, avant leur arrivée, elles ont été vendues sans fraude, sur factures et connaissemens ou lettres de voiture (578).

En cas de revendication, le revendiquant sera tenu de rendre l'actif du failli indemne de toute avance faite pour fret ou voitures, commission, assurance ou autres frais, et de payer les sommes dues pour mêmes causes, si elles n'ont pas été acquittées (579).

La revendication ne pourra être exercée que sur les marchandises qui seront reconnues être identiquement les mêmes, et que lorsqu'il sera reconnu que les balles, barriques ou enveloppes dans lesquelles elles se trouvaient lors de la vente, n'ont pas été ouvertes, que les cordes ou marques n'ont été ni enlevées ni changées, et que les marchandises n'ont subi en nature et quantité ni changement ni altération (580).

Pourront être revendiquées, aussi long-temps qu'elles existeront en nature, en tout ou en partie, les marchandises consignées au failli, à titre de dépôt, ou pour être vendues pour le compte de l'envoyeur : dans ce dernier cas même, le prix desdites marchandises pourra être revendiqué, s'il n'a pas été payé ou passé en compte courant entre le failli et l'acheteur (581).

Dans tous les cas de revendication, excepté ceux de dépôt et de consignation de marchandises, les syndics des créanciers auront la faculté de retenir les marchandises revendiquées, en payant au réclamant le prix convenu entre lui et le failli (582).

1.° Les remises en effets de commerce, ou en tous autres effets non encore échus, ou échus et non encore payés, et qui se trouveront en nature dans le portefeuille du failli à l'époque de sa faillite, pourront être revendiquées, si ces remises ont été faites par le propriétaire avec le simple mandat d'en faire le recouvrement et d'en garder la valeur à sa disposition, ou si elles ont reçu de sa part la destination spéciale de servir au paiement d'acceptations ou de billets tirés au domicile du failli (583).

La revendication aura pareillement lieu pour les remises faites sans acceptation ni disposition, si elles sont entrées dans un compte courant par lequel le propriétaire ne serait que créditeur; mais elle cessera d'avoir lieu, si, à l'époque des remises, il était débiteur d'une somme quelconque (584).

Dans les cas où la loi permet la revendication, les syndics examineront les demandes; ils pourront les admettre, sauf l'approbation du commissaire: s'il y a contestation, le tribunal prononcera après avoir entendu le commissaire (585).

REVENDIQUANT. Celui qui revendique. Voyez *Revendication*.

REVENTE. Seconde vente. *La revente d'un domaine.*

On dit, *une marchandise de revente*, pour dire une marchandise qu'on n'achète pas de la première main.

Le commerçant failli sera poursuivi comme banqueroutier simple et pourra être déclaré tel, s'il a revendu des marchandises à perte ou au-dessous du cours (586).

Voyez *Achat*, *Bâtiment*.

30.

RISQUES. Danger que court un vaisseau et les marchandises qu'il porte.

Si les effets sur lesquels le prêt à la grosse a eu lieu, sont entièrement perdus, et que la perte soit arrivée par cas fortuit, dans le temps et dans le lieu des risques, la somme prêtée ne peut être réclamée (325).

Le contrat d'assurance exprime les temps auxquels les risques doivent commencer et finir (332).

Le contrat d'assurance peut avoir pour objet toutes choses ou valeurs estimables à prix d'argent, sujettes aux risques de la navigation (334).

Si le contrat d'assurance ne règle pas le temps des risques, les risques commencent et finissent dans le temps réglé par l'art. 328, pour les contrats à la grosse (341). Voy. l'art. 328 au mot *Contrat à la grosse.*

Si l'assureur tombe en faillite lorsque le risque n'est pas encore fini, l'assuré peut demander caution, ou la résiliation du contrat.

L'assureur a le même droit en cas de faillite de l'assuré (346).

Si l'assurance est faite pour un temps limité, l'assureur est libre après l'expiration du temps, et l'assuré peut faire assurer les nouveaux risques (363).

L'assureur est déchargé des risques, et la prime lui est acquise, si l'assuré envoie le vaisseau en un lieu plus éloigné que celui qui est désigné par le contrat, quoique sur la même route.

L'assurance a son entier effet, si le voyage est raccourci (364).

Le délaissement des objets assurés ne s'étend

qu'aux effets qui sont l'objet de l'assurance et du risque (372).

Voyez *Assurance*, *Composition*, *Contrat à la grosse*, *Guerre*, *Paix*, *Prime d'assurance*.

RISQUES ET PÉRILS. La marchandise sortie du magasin du vendeur ou de l'expéditeur, voyage, s'il n'y a convention contraire, aux risques et périls de celui à qui elle appartient, sauf son recours contre le commissionnaire et le voiturier chargés du transport (100).

RIVIÈRE. Assemblage d'eaux qui coulent toujours dans un lit, dans un canal, d'une largeur et d'une étendue considérable.

Le capitaine est tenu d'être en personne dans son navire, à l'entrée et à la sortie des rivières (227).

Sont avaries communes les frais du déchargement pour alléger le navire et entrer dans une rivière, quand le navire est contraint de le faire par tempête ou par la poursuite de l'ennemi (400).

Voyez *Assurance*, *Avarie*, *Courtier d'assurance*, *Transport*.

RÔLE. Liste, catalogue.

RÔLE d'armement et de désarmement. Voy. *Gages*, *Loyer*, *Navire*.

RÔLE D'ÉQUIPAGE. Le capitaine est tenu d'avoir à bord le rôle d'équipage (226).

Voyez *Capitaine*, *Congé*, *Engagement*, *Equipage*, *Indemnité*, *Matelot*.

ROUTE. Voie, chemin qu'on tient par terre ou par mer pour aller en quelque lieu.

Le rapport que le capitaine est tenu de faire, dans les vingt-quatre heures de son arrivée, doit énoncer la route qu'il a tenue (242).

Toutes pertes et dommages qui arrivent aux objets assurés, par changement forcé de route, sont aux risques des assureurs (350).

Voyez *Assurance, Contrat d'assurance, Navire.*

RUPTURE. On dit, *rompre un voyage*, pour dire ne pas faire un voyage qu'on avait résolu de faire.

Voyez *Assurance, Fret, Nullité.*

S

SAISIE. C'est, en général, un exploit par lequel un huissier arrête et met sous la main de la justice les biens ou effets auxquels le saisissant prétend avoir droit, ou qu'il fait arrêter pour sûreté de ses droits et prétentions.

On ne peut procéder par voie de saisie sur les biens de quelqu'un qu'en vertu d'une obligation, ou pour cause de délit, chose privilégiée, ou qui soit équivalente.

Pour saisir, il faut être créancier, soit de son chef, soit de celui dont on est héritier.

On distingue plusieurs sortes de saisies dont voici les principales :

SAISIE-ARRÊT, est celle que le créancier fait sur son débiteur entre les mains d'un tiers qui doit quelque chose à ce même débiteur, pour que ce tiers ait à ne se point dessaisir de ce qu'il a entre ses mains, au préjudice du saisissant.

SAISIE-EXÉCUTION. C'est une saisie de meubles

meublans et autres effets mobiliers qu'on se propose de faire enlever et de faire vendre pour,
sur le prix en provenant, être le saisissant payé
de ce qui lui est dû.

SAISIE-GAGERIE, est une simple saisie d'effets
mobiliers qui diffère de la saisie-exécution, en
ce que les effets saisis restent entre les mains de
la personne à qui ils appartiennent ; mais elle
ne les possède plus qu'en qualité de dépositaire,
et c'est à ce titre seul que l'huissier saisissant
doit lui laisser les choses comprises dans son
procès-verbal.

SAISIE-IMMOBILIÈRE, est un acte par lequel un
créancier fait mettre les biens-immeubles de son
débiteur sous la main de la justice, pour être
vendus par expropriation au plus offrant et dernier enchérisseur.

SAISIE-REVENDICATION. Revendiquer, c'est demander judiciairement une chose qui nous appartient, et qui est entre les mains d'autrui.

Le porteur d'une lettre de change protestée
faute de paiement, peut, en obtenant la permission du juge, saisir conservatoirement les
effets mobiliers des tireurs, accepteurs et endosseurs (172).

Tous bâtimens de mer peuvent être saisis (197).

Il ne pourra être procédé à la saisie que vingt-
quatre heures après le commandement de payer
(198).

Le commandement devra être fait à la personne du propriétaire ou à son domicile, s'il
s'agit d'une action générale à exercer contre lui.

Le commandement pourra être fait au capitaine du navire, si la créance est du nombre de

celles qui sont susceptibles de privilége sur le navire, aux termes de l'article 191 (199).

Voyez *Navire.*

L'huissier énonce dans le procès-verbal,

Les nom, profession et demeure du créancier pour qui il agit ;

Le titre en vertu duquel il procède ;

La somme dont il poursuit le paiement ;

L'élection de domicile faite par le créancier dans le lieu où siège le tribunal devant lequel la vente doit être poursuivie, et dans le lieu où le navire saisi est amarré ;

Les noms du propriétaire et du capitaine ;

Le nom, l'espèce et le tonnage du bâtiment.

Il fait l'énonciation et la description des chaloupes, canots, agrès, ustensiles, armes, munitions et provisions.

Il établit un gardien (200).

Si le propriétaire du navire saisi demeure dans l'arrondissement du tribunal, le saisissant doit lui faire notifier, dans le délai de trois jours, copie du procès-verbal de saisie, et le faire citer devant le tribunal, pour voir procéder à la vente des choses saisies.

Si le propriétaire n'est point domicilié dans l'arrondissement du tribunal, les significations et citations lui sont données à la personne du capitaine du bâtiment saisi, ou, en son absence, à celui qui représente le propriétaire ou le capitaine ; et le délai de trois jours est augmenté d'un jour à raison de deux myriamètres et demi (cinq lieues) de la distance de son domicile.

S'il est étranger et hors de France, les citations et significations sont données, ainsi qu'il est prescrit par le Code de procédure, art. 69(201).

Le bâtiment prêt à faire voile n'est pas saisissable, si ce n'est à raison de dettes contractées pour le voyage qu'il va faire; et même, dans ce dernier cas, le cautionnement de ces dettes empêche la saisie.

Le bâtiment est censé prêt à faire voile lorsque le capitaine est muni de ses expéditions pour son voyage (215).

Voyez *Adjudication*, *Créancier*, *Criée*.

SALAIRE. Récompense, paiement pour travail, ou pour service.

Salaire d'équipages. Voy. *Equipage*.

SALLE *des audiences*. On entend par ce mot le lieu où s'assemblent les juges pour écouter les plaintes ou contestations qui sont portées devant eux, et rendre leur décisions.

L'extrait des actes de société en nom collectif et en commandite doit être affiché pendant trois mois dans la salle des audiences du tribunal de commerce de l'arrondissement dans lequel est établie la maison du commerce social (42).

Quid si la société a plusieurs maisons de commerce situées dans divers arrondissemens? *Ibid.*

Voyez *Auditoire*.

SALUT. Conservation, rétablissement dans un état heureux et convenable.

Les ancres et autres effets abandonnés pour le salut commun sont avaries communes (400).

Voyez *Avarie*.

SAUF-CONDUIT. Lettres émanées de l'autorité publique, par lesquelles on permet à quelqu'un d'aller en quelque endroit, d'y séjourner un certain temps, et de s'en retourner librement, sans crainte d'être arrêté.

Si le failli a obtenu un sauf-conduit, les synd... pourront l'employer pour faciliter et éclai... leur gestion ; ils fixeront les conditions de s... travail (493).

Pourra être poursuivi comme banqueroutier frauduleux et être déclaré tel, le failli, qui ayan... obtenu un sauf-conduit, ne s'est pas représen... à justice (594.).

Voyez *Créancier*, *Failli*, *Magistrat de sûreté*.

SAUVETAGE. C'est un terme de marine q... se dit de l'action de tirer du péril, de mettr... en sûreté soit un navire, soit la cargaison qu'i... contient.

En cas de naufrage, le paiement des somm... empruntées à la grosse est réduit à la valeur de... effets sauvés et affectés au contrat, déductio... faite des frais de sauvetage (327).

Les frais de sauvetage sont avaries particu... lières (403).

Voyez *Assurance*, *Contrat à la grosse*, *Con*... *tribution*, *Innavigabilité*, *Jet*, *Matelot*.

SCELLÉ. C'est l'apposition d'un sceau sur le... effets de quelqu'un, pour la conservation de ce... mêmes effets, et pour l'intérêt d'un tiers.

Le scellé se met sur les coffres, cabinets e... portes des cabinets où sont les effets, par le... moyen d'une bande de papier qui est attachée... aux deux bouts par des sceaux ou cachets, en... cire d'Espagne, de manière que cette bande d... papier couvre les serrures, et empêche d'ouvri... les portes et autres lieux fermés, sur lesquel... le scellé est apposé.

Quelquefois, pour empêcher que le scellé ap... posé à une porte extérieure ne soit endommagé...

par inadvertance, ou autrement, on le couvre d'une plaque de tôle attachée avec des clous.

Dès que le tribunal de commerce aura connaissance de la faillite, soit par la déclaration du failli, soit par la requête de quelque créancier, soit par la notoriété publique, il ordonnera l'apposition des scellés : expédition du jugement sera, sur-le-champ, adressée au juge de paix (449).

Le juge de paix pourra aussi apposer les scellés sur la notoriété acquise (450).

Les scellés seront apposés sur les magasins, comptoirs, caisses, porte-feuilles, livres, registres, papiers, meubles et effets du failli (451).

Si la faillite est faite par des associés réunis en société collective, les scellés seront apposés, non-seulement dans le principal manoir de la société, mais dans le domicile séparé de chacun des associés solidaires (452).

Dans tous les cas, le juge de paix adressera, sans délai, au tribunal de commerce, le procès-verbal de l'apposition des scellés (453).

Si, après la nomination des agens, et la prestation du serment, les scellés n'avaient point été apposés, les agens requerront le juge de paix de procéder à l'apposition (462).

Les livres du failli seront extraits des scellés, et remis par le juge de paix aux agens, après avoir été arrêtés par lui ; il constatera sommairement, par son procès-verbal, l'état dans lequel ils se trouveront.

Les effets du porte-feuille qui seront à courte échéance ou susceptibles d'acceptation, seront aussi extraits des scellés par le juge de paix, décrits et remis aux agens pour en faire le recouvrement : le bordereau en sera remis au commissaire (463).

Aussitôt après leur nomination, les syndics provisoires requerront la levée des scellés et procéderont à l'inventaire des biens du failli. Ils seront libres de se faire aider, pour l'estimation, par qui ils jugeront convenable. Conformément à l'art. 937 du Code de procédure civile, cet inventaire se fera par les syndics à mesure que les scellés seront levés, et le juge de paix y assistera et le signera à chaque vacation (486).

Le failli sera présent ou dûment appelé à la levée des scellés (487).

Voyez *Agent de la faillite, Juge-commissaire.*

SCRUTIN. Manière dont les assemblées politiques ou les compagnies procèdent dans les élections qui se font par suffrages secrets, que l'on donne par billets pliés, ou par petites boules qu'on appelle ballotes. Il y a plusieurs sortes de scrutins.

On appelle *scrutin individuel,* celui auquel on procède en faisant par chaque votant un bulletin particulier pour chaque sujet à élire, et sur lequel on n'écrit qu'un seul nom.

On appelle *scrutin de liste,* celui par lequel on vote à la fois sur tous les sujets à élire, en écrivant dans le même billet autant de noms qu'il y a de nominations à faire.

On appelle *scrutin de liste double,* celui par lequel non-seulement chaque électeur vote à la fois sur tous les sujets à élire, mais encore désigne un nombre de sujets double de celui des places à remplir, en écrivant dans le même billet un nombre de noms double de celui des nominations à faire.

Au premier tour de scrutin, on obtient la pluralité relative des suffrages. Mais il faut quelquefois trois tours pour obtenir la pluralité absolue.

L'élection des juges et suppléans au tribunal de commerce sera faite au scrutin individuel, et à la pluralité absolue des suffrages; et lorsqu'il s'agira d'élire le président, l'objet spécial de cette élection sera annoncé avant d'aller au scrutin (621).

SÉANCE. On appelle ainsi l'assemblée d'une compagnie.

SÉANCE, signifie aussi le temps pendant lequel un corps politique, ou une compagnie réglée, ou des juges sont assemblés pour travailler aux affaires.

Voyez *Maison commune.*

SECOURS. Aide, assistance dans le besoin.

S'il n'existe pas de présomption de banqueroute, le failli aura droit de demander, à titre de secours, une somme sur ses biens (530).

Voyez *Créancier*, *Répartition.*

SEING-PRIVÉ. Voy. *Signature privée.*

SEL. C'est une substance dont on se sert pour assaisonner ce qu'on mange.

Voyez *Assurance.*

SEPARATION *de biens.* On connoît deux espèces de séparations de biens entre mari et femme. L'une se fait avant le mariage, et on l'appelle vulgairement *séparation contractuelle,* parce qu'elle est stipulée par le contrat qui précède le mariage. Elle a l'effet d'empêcher que le mariage n'établisse une communauté entre les futurs conjoints. L'autre s'opère pendant le mariage, et rompt par conséquent la communauté que l'union des deux époux avait établie entre eux. Celle-ci n'étant pas volontaire, se nomme *séparation judiciaire,* parce qu'elle n'a lieu qu'en vertu d'un jugement.

Toute demande en séparation de biens doit être poursuivie, instruite et jugée conformément à ce qui est prescrit au Code Napoléon, liv. III, tit. V, chap. II, sect. III, et au Code de procédure civile, 2.ᵉ part. liv. 1.er tit. VIII (65).

Voyez *Séparation de corps, Divorce, Contrat de mariage.*

Tout époux séparé de biens et marié sous le régime dotal, qui embrasserait la profession de commerçant postérieurement à son mariage, est tenu de remettre un extrait de son contrat de mariage aux greffes et chambres désignés par l'art. 872 du Code de procédure, et ce dans le mois du jour où il aura ouvert son commerce, à peine, en cas de faillite, d'être puni comme banqueroutier frauduleux (69).

La même remise doit être faite, sous les mêmes peines, dans l'année de la publication du Code par tout époux séparé de biens ou marié sous le régime dotal, qui, au moment de ladite publication, exercerait la profession de commerçant (70).

Voyez *Contrat de mariage, Femme.*

SÉPARATION *de corps.* C'est le résultat d'un jugement qui permet à un mari de ne plus habiter avec sa femme, et à une femme de ne plus habiter avec son mari. La séparation de corps et d'habitation affranchit la femme de l'autorité que le mari avait sur sa personne en vertu de la loi. Cette séparation emporte toujours la séparation de biens.

Tout jugement qui prononce une séparation de corps ou un divorce entre mari et femme, dont l'un est commerçant, doit être soumis aux formalités prescrites par l'art. 872 du Code de procédure civile; à défaut de quoi les créanciers seront toujours admis à s'y opposer pour ce qui touche leurs intérêts et à contredire toute liquidation qui en aurait été la suite (66).

SÉQUESTRE. Ce mot se dit, tant de la consignation d'une chose litigieuse en main-tierce, pour la conserver à qui elle appartient, que de la personne même à laquelle le dépôt est confié.

En cas de refus ou contestation pour la réception des objets transportés, le dépôt ou séquestre, et ensuite le transport dans un dépôt public peut en être ordonné (106).

SERMENT. Affirmation d'une chose en prenant à témoin Dieu, ou ce que l'on regarde comme saint, comme divin.

Si la partie aux livres de laquelle on offre d'ajouter foi, refuse de les représenter, le juge peut déférer le serment à l'autre partie (17).

Les prétendus débiteurs de lettres de change ou de billets à ordre prescrits, sont tenus, s'ils en sont requis, d'affirmer sous serment qu'ils ne sont plus redevables, et leurs veuves, héritiers ou ayant-cause, qu'ils estiment de bonne foi qu'il n'est plus rien dû (189).

Les agens de la faillite ne pourront faire aucune fonction, avant d'avoir prêté serment, devant le commissaire, de bien et fidèlement s'acquitter des fonctions qui leur seront attribuées (461).

Les juges de commerce prêtent serment avant d'entrer en fonction, à l'audience de la Cour d'appel, lorsqu'elle siège dans l'arrondissement communal où le tribunal de commerce est établi; dans le cas contraire, la Cour d'appel commet, si les juges de commerce le demandent, le tribunal civil de l'arrondissement pour recevoir leur serment, et, dans ce cas, le tribunal en dresse procès-verbal, et l'envoie à la Cour d'appel, qui en ordonne l'insertion dans ses registres. Ces formalités sont remplies sur les conclusions du Ministère public, et sans frais (629).

Voyez *Agent de la faillite.*

SERVICE. Le matelot est traité et pansé aux dépens du navire, s'il est blessé au service du navire (262).

Voyez *Esclave, Indemnité, Matelot.*

SERVITEUR. Celui qui sert en qualité de domestique.

Les tribunaux de commerce connaîtront des actions contre les serviteurs des marchands, pour le fait seulement du trafic du marchand auquel ils sont attachés (634).

SIGNATAIRE. Voy. *Solidarité.*

SIGNATURE. C'est le seing, le nom de quelqu'un écrit de sa main, mis au bas d'un contrat ou d'un acte quelconque pour le certifier, le confirmer ou le rendre valable.

SIGNATURE, signifie aussi action de signer.

Les associés en nom collectif indiqués dans l'acte de société, sont solidaires pour tous les engagemens de la société, encore qu'un seul des associés ait signé, pourvu que ce soit sous la raison sociale (22).

L'extrait

L'extrait des actes de société doit contenir la désignation de ceux des associés autorisés à signer pour la société (43).

Les courtiers d'assurance attestent, par leur signature, la vérité des contrats ou polices d'assurance (79).

La lettre de voiture doit être signée par l'expéditeur ou le commissionnaire (102).

La signature des femmes et des filles non négociantes ou marchandes publiques sur lettres de change, ne vaut, à leur égard, que comme simple promesse (113).

L'acte de protêt doit énoncer l'impuissance ou le refus de signer (174).

Les originaux des connaissemens sont signés par le chargeur et par le capitaine (282).

Le bilan devra être signé par le débiteur (471).

Le concordat, s'il est consenti, sera, à peine de nullité, signé séance tenante (522).

Le commerçant failli sera poursuivi comme banqueroutier simple, et pourra être déclaré tel, s'il a donné des signatures de crédit ou de circulation, pour une somme triple de son actif, selon son dernier inventaire (586).

Voyez *Assurance*, *Délibération*, *Tribunal de commerce*.

SIGNATURE PRIVÉE, est la signature que les parties apposent aux écrits qu'elles passent, et qui marquent qu'elles reconnaissent pour véritable ce qui y est énoncé, et en consentent l'exécution.

Le contrat à la grosse peut être fait sous signature privée (311).

Le contrat d'assurance peut être fait sous signature privée (332).

31

Voyez *Acte sous signature privée*, *Banqueroute frauduleuse*.

SIGNIFICATION. C'est la notification, la connaissance qu'on donne d'un arrêt, d'un jugement, d'un acte, par voie de justice.

Dans le cas où le délaissement peut être fait, et dans le cas de tous autres accidens aux risques des assureurs, l'assuré est tenu de signifier à l'assureur les avis qu'il a reçus.

La signification doit être faite dans les trois jours de la réception de l'avis (374).

Voyez *Saisie*.

SIGNIFICATION de la composition. Voy. *Composition*.

SIGNIFICATION de protestation et réclamation. Voy. *Fin de non-recevoir*.

SIGNIFICATION du délaissement des objets assurés. Voy. *Assurance*, *Délai*.

SITUATION, se dit de l'état, de la disposition des affaires.

SITUATION de la caisse de la faillite. Voy. *Bordereau*, *Caisse*.

SITUATION de la faillite. Voy. *Créancier*, *Répartition*.

SOCIÉTÉ. On appelle société, une convention par laquelle deux ou plusieurs particuliers mettent en commun entre eux tous leurs biens, ou une partie, en quelque commerce, ouvrage ou autre affaire, pour en partager les profits, et en supporter la perte en commun, chacun selon ses fonds, ou ce qui est réglé par le traité de société.

On distingue trois sortes principales de sociétés commerciales, savoir : les sociétés en nom collectif, les sociétés en commandite, et les sociétés anonymes.

La communication des livres et inventaires ne peut être ordonnée en justice que dans les affaires de succession, communauté, partage de société et en cas de faillite (14).

Le contrat de société se règle par le droit civil, par les lois particulières au commerce, et par les conventions des parties (18).

La loi reconnaît trois espèces de sociétés commerciales :

La société en nom collectif;

La société en commandite;

La société anonyme (19).

L'extrait des actes de société doit contenir l'époque où la société doit commencer, et celle où elle doit finir (43).

Toute continuation de société, après son terme expiré, doit être constatée par une déclaration des coasssociés. Cette déclaration et tous actes portant dissolution de société avant le terme fixé pour sa durée par l'acte qui l'établit, tout changement ou retraite d'associés, toutes nouvelles stipulations ou clauses, tous changemens à la raison de société sont soumis aux formalités prescrites par les art. 42, 43 et 44; en cas d'omission de ces formalités, il y a lieu à l'application des dispositions pénales de l'art. 42, 3e. alinéa (46). Voyez, quant à ces dispositions, *Actes de société.*

Toute contestation entre associés, et pour raison de la société, doit être jugée par des arbitres (51).

Si des mineurs sont intéressés dans une contestation pour raison d'une société commerciale, le tuteur ne pourra renoncer à la faculté d'appeler du jugement arbitral (63).

Voyez *Acte de société*, *Prescription*.

SOCIÉTÉ ANONYME. La société anonyme n'existe

31.

pas sous un nom social; elle n'est désignée par le nom d'aucuns des associés (29).

Elle est qualifiée par la désignation de l'objet de son entreprise (30).

Elle est administrée par des mandataires à temps, révocables, associés ou non associés, salariés ou gratuits (31).

Les administrateurs ne sont responsables que de l'exécution du mandat qu'ils ont reçu. Ils ne contractent, à raison de leur gestion, aucune obligation personnelle ni solidaire, relativement aux engagemens de la société (32).

Les associés ne sont passibles que de la perte du montant de leur intérêt dans la société (33).

Le capital de la société anonime se divise en actions et même en coupons d'action d'une valeur égale (34).

L'action peut être établie sous la forme d'un titre au porteur. Dans ce cas, la cession s'opère par la tradition du titre (35).

La propriété des actions peut être établie par une inscription sur les registres de la société. Dans ce cas, la cession s'opère par une déclaration de transfert inscrite sur le registre, et signée de celui qui fait le transport, ou d'un fondé de pouvoir (36).

La société anonime ne peut exister qu'avec l'autorisation du Gouvernement, et avec son approbation pour l'acte qui la constitue; cette approbation doit être donnée dans la forme prescrite pour les réglemens d'administration publique (*) (37).

Les sociétés anonimes ne peuvent être formées que par des actes publics (40).

(*) Voyez le réglement du Ministre de l'intérieur, relatif à l'exécution de cet article, pag. 539.

L'acte du Gouvernement qui autorise les sociétés anonimes, doit être affiché avec l'acte d'association, et pendant le même temps (45).

SOCIÉTÉ EN COMMANDITE. La société en commandite se contracte entre un ou plusieurs associés responsables et solidaires et un ou plusieurs associés simples bailleurs de fonds, que l'on nomme *commanditaires* ou *associés en commandite.*

Elle est régie sous un nom social, qui doit être nécessairement celui d'un ou plusieurs des associés responsables et solidaires (23).

Lorsqu'il y a plusieurs associés solidaires et en nom, soit que tous gèrent ensemble, soit qu'un ou plusieurs gèrent pour tous, la société est à la fois société en nom collectif à leur égard, et société en commandite à l'égard des simples bailleurs de fonds (24).

Le nom d'un associé commanditaire ne peut faire partie de la raison sociale (25).

L'associé commanditaire n'est passible des pertes que jusqu'à concurrence des fonds qu'il a mis ou dû mettre dans la société (26).

L'associé commanditaire ne peut faire aucun acte de gestion ni être employé pour les affaires de la société, même en vertu de procuration (27).

En cas de contravention à la prohibition mentionnée en l'article précédent, l'associé commanditaire est obligé solidairement, avec les associés en nom collectif, pour toutes les dettes et engagemens de la société (28).

Le capital des sociétés en commandite peut être divisé en actions, sans aucune autre dérogation aux règles établies pour ce genre de sociétés (38).

Elle doit être constatée par acte public ou sous signature privée en se conformant dans le dernier cas à l'art. 1325 du Code Napoléon (39).

L'extrait des actes de société est signé, pour les actes publics, par les notaires, et pour les actes sous seing-privé, par les associés solidaires ou gérens, soit que la société se divise ou ne se divise pas en actions (44).

Voyez *Acte de société.*

Société en nom collectif , est celle que contractent deux personnes ou un plus grand nombre, et qui a pour objet de faire le commerce sous une raison sociale (20).

Les noms des associés peuvent seuls faire partie de la raison sociale (21).

Les associés en nom collectif indiqués dans l'acte de société, sont solidaires pour tous les engagemens de la société , encore qu'un seul des associés ait signé, pourvu que ce soit sous la raison sociale (22).

Lorsqu'il y a plusieurs associés solidaires et en nom , soit que tous gèrent ensemble, soit qu'un ou plusieurs gèrent pour tous, la société est à la fois société en nom collectif à leur égard, et société en commandite à l'égard des simples bailleurs de fonds (24).

Elle doit être constatée par acte public ou sous signature privée , en se conformant, dans le dernier cas, à l'art. 1325 du Code Napoléon (39).

L'extrait des actes de société est signé, pour les actes publics, par les notaires, et pour les actes sous seing-privé, par tous les associés (44).

En cas de faillite d'une société en nom collectif, la déclaration du failli contiendra le nom

t l'indication du domicile de chacun des associés solidaires (440).

Si la faillite est faite par des associés réunis en société collective, les scellés seront apposés non-seulement dans le principal manoir de la société, mais dans le domicile séparé de chacun des associés solidaires (452).

Voyez *Acte de société.*

Société en participation. Voy. *Association commerciale en participation.*

SOLIDARITÉ, signifie, en termes de pratique, engagement, obligation où sont plusieurs débiteurs de payer un seul pour tous, une somme qu'il doivent en commun.

Les associés en nom collectif, indiqués dans l'acte de société, sont solidaires pour tous les engagemens de la société, encore qu'un seul des associés ait signé, pourvu que ce soit sous la raison sociale (22).

La société en commandite se contracte entre un ou plusieurs associés responsables et solidaires, et un ou plusieurs bailleurs de fonds, que l'on nomme commanditaires ou associés en commandite (23).

Elle est régie sous un nom social qui doit être celui d'un ou plusieurs des associés responsables et solidaires. *Ibid.*

L'associé commanditaire qui fait quelque acte de gestion ou est employé pour les affaires de la société, même en vertu de procuration, est obligé solidairement, avec les associés en nom collectif, pour toutes les dettes et engagemens de la société (28).

Les administrateurs d'une société anonime ne contractent, à raison de leur gestion, aucune obligation personnelle ni solidaire relativement aux engagemens de la société (32).

Le tireur et les endosseurs d'une lettre de change sont garans solidaires de l'acceptation et du paiement à l'échéance (118).

Tous ceux qui ont signé, accepté ou endossé une lettre de change, sont tenus à la garantie solidaire envers le porteur (140).

Les dispositions ci-dessus sont applicables aux billets à ordre entre marchands, négocians ou banquiers ou entre toutes personnes pour opération de commerce de terre ou de mer, trafic, change, banque et courtage (187).

Voyez *Acceptation, Aval, Créancier.*

SOMMATION, est un acte par lequel on interpelle quelqu'un de dire ou de faire quelque chose. Les huissiers font des sommations de payer, de comparaître, de remettre des pièces, etc.

L'associé en retard de remettre les pièces et mémoires aux arbitres, est sommé de le faire dans les dix jours (57).

Voyez *Capitaine, Contrat à la grosse, Créancier.*

SOMMATION de comparaître. Voy. *Failli.*

SOMMATION de payer. Voy. *Paiement., Protêt.*

SOMME, une quantité d'argent.

La lettre de change doit énoncer la somme à payer (110).

Même disposition pour le billet à ordre (188).

L'huissier énonce dans le procès-verbal de saisie d'un bâtiment de mer, la somme dont il poursuit le paiement (200).

En matière de saisie et vente de bâtimens de mer, les criées, publications et affiches doivent désigner le montant de la somme due au poursuivant (204).

Le contrat à la grosse énonce la somme convenue pour le profit maritime (311).

Le contrat d'assurance exprime la somme assurée (332).

Voyez *Argent* , *Contrat à la grosse.*

SORTIE. Action de sortir.

Sortie du navire. Voy. *Affrétement, Charte-partie, Convention, Force majeure, Nolissement.*

SOUMISSION. C'est une promesse de faire quelque chose sous les peines portées par les lois ou par la soumission.

Le contrat d'assurance exprime la soumission des parties à des arbitres, en cas de contestation, si elle a été convenue (332).

SPECTACLE. C'est une représentation théâtrale que l'on donne au public.

Il se dit aussi du lieu où se donne la représentation.

Voyez *Entreprise.*

STELLIONAT, STELLIONATAIRE. On donnait généralement, dans le Droit romain, le nom de *Stellionat* à toutes les espèces de fraudes que l'on commettait dans les conventions. Le mot *Stellionat* tire son origine du mot latin *Stellio*, qui était donné à une espèce de lézard qu'on distinguait par sa finesse et par la variété de ses couleurs, parce que les coupables de ce délit emploient toutes sortes de ruses et de finesses pour cacher leurs fraudes.

Dans le Droit français, on ne regarde comme stellionataire que celui qui fait une déclaration frauduleuse dans un contrat, soit en vendant un héritage qui ne lui appartient pas, soit en déclarant comme franc et quitte de toutes charges un fonds qui se trouve déjà hypothéqué à d'autres. Ainsi, on peut commettre ce délit non-seulement dans les ventes et dans les obligations, mais encore dans les constitutions de rente.

La peine du stellionat, chez les Romains, était arbitraire : on le punissait d'une manière plus ou moins sévère, suivant les circonstances.

. En France, la peine qu'on prononçait contre les stellionataires, avant la révolution, était toujours infamante, et quelquefois afflictive. Aujourd'hui le stellionat n'est pas rangé parmi les délits qui appartiennent au Code pénal : on l'envisage comme une sorte de filouterie ou d'escroquerie, et, sous ce rapport, on le punit conformément aux articles 32 et 35 du titre II de la loi du 19 juillet 1791. Quant aux indemnités dues à la partie lésée, elles entraînent toujours la contrainte par corps, au terme de l'article 2066 du Code Napoléon.

Les stellionataires ne pourront être admis au bénéfice de cession (575).

Les stellionataires ne seront point admis à la réhabilitation (612).

STIPULATION. Terme de pratique, qui se dit de toutes sortes de clauses, conditions et conventions qui entrent dans un contrat.

Voyez *Assurance, Société.*

SUBROGATION. Action de mettre une chose à la place d'une autre. « La subrogation d'une » chose, dit Renusson, a lieu quand cette chose » est subrogée à une autre, qu'elle prend sa place, » et qu'elle est réputée avoir une même qualité pr̄ que l'autre ». Il suit de cette définition que la subrogation de chose ne consiste que dans une fiction ; car on peut bien feindre qu'une chose est la même qu'une autre, mais on ne peut jamais réaliser cette identité. Les fictions légales sont de droit étroit; elles ne peuvent être établies que par la loi, ou par des conventions que la loi autorise, et ce principe s'applique dans toute son étendue à la subrogation.

Celui qui paye une lettre de change par inter-vention, est subrogé aux droits du porteur, et tenu des mêmes devoirs pour les formalités à rem-plir (159).

SUBSTITUT, est un fonctionnaire public qui est chargé de suppléer et de remplacer le pro-cureur général et le procureur impérial près les Cours et les tribunaux.

Voyez *Banqueroute, Procureur impérial.*

SUCCESSION. Ce terme désigne proprement la transmission des droits actifs et passifs d'un défunt à la personne de son héritier.

La communication des livres et inventaires ne peut être ordonnée en justice que dans les affaires de successions, communauté, partage de société, et en cas de faillite (14).

Voyez *Femme, Matelot, Mort.*

SUFFRAGE. Déclaration qu'on fait de son sen-timent, de sa volonté, et qu'on donne soit de vive voix, soit par écrit ou autrement, dans l'occasion d'une élection, d'une délibération.

Voyez *Scrutin, Tribunal de commerce.*

SUND. Détroit d'Europe de deux lieues de large, entre la ville d'Elsinbourg en Schonen, et la ville d'Elsingor dans l'île de Séeland. C'est la clef de la Mer Baltique. Tous les vaisseaux qui y passent payent un droit aux Danois dans la ville d'Elsingor. Le canal du Sund s'étend au sud du détroit dans un espace de vingt lieues, et va toujours en s'élargissant.

Sont réputés voyages de long cours ceux qui se font dans toutes les côtes et pays situés sur l'Océan, au-delà du détroit du Sund (377).

SUPPLÉANT, est celui qui remplit la place d'un autre.

Pour être nommé suppléant au tribunal de commerce, il faut être âgé de trente ans, et avoir exercé le commerce avec honneur et distinction pendant cinq ans (620).

Voyez *Tribunal de commerce.*

SUPPOSITION, signifie une chose controuvée et alléguée faussement.

Voyez *Assurance.*

SUPPOSITION de nom, de qualité, de domicile, des lieux. Voy. ces mots.

SUR-ARBITRE. Celui qu'on choisit par-dessus deux ou plusieurs arbitres pour décider une affaire, quand ils sont partagés.

En cas de partage, les arbitres nomment un sur-arbitre, s'il n'est nommé par le compromis; si les arbitres sont discordans sur le choix, le sur-arbitre est nommé par le tribunal de commerce (60).

SURCHARGE. Le procès-verbal de vérification de créances mentionnera les surcharges, s'il s'en trouve dans les titres de créance (505).

SURENCHÈRE. Enchère qu'on fait au-dessus d'une autre enchère.

Pendant huitaine, après l'adjudication des immeubles, tout créancier aura droit de surenchérir. La surenchère ne pourra être au-dessous du dixième du prix principal de l'adjudication (565).

SURSIS. Surseoir, c'est suspendre, retarder, différer le jugement d'une affaire, ou l'exécution d'une contrainte.

Voyez *Cession de biens, Cour d'appel.*

SURVEILLANCE. Les tribunaux de commerce sont sous la surveillance du grand juge ministre de la justice (630).

SYNDICS. Dans les faillites, on nomme syndics, les négocians que les créanciers ont choisis parmi eux pour veiller à leurs intérêts, et faire, sous l'autorisation du juge-commissaire, la vente de ses effets et marchandises, et les répartitions des deniers provenus tant de ladite vente que du recouvrement des dettes actives du failli.

Voyez *Agent de la faillite, Juge-Commissaire.*

SYNDIC DÉFINITIF. En toute faillite, les syndics seront tenus de remettre, dans la huitaine de leur entrée en fonctions, au magistrat de sûreté de l'arrondissement, un mémoire ou compte sommaire de l'état apparent de la faillite, de ses principales causes et circonstances, et des caractères qu'elle paraît avoir (488).

A compter de l'entrée en fonctions des syndics, toute action civile intentée, avant la faillite contre la personne et les biens mobiliers du failli, par un créancier privé, ne pourra être suivie que contre les syndics, et toute action qui serait intentée après la faillite, ne pourra l'être que contre les agens et les syndics (494).

A compter de leur entrée en fonctions, les syndics seront tenus de faire tous actes pour la conservation des droits du failli sur ses débiteurs.

Ils seront aussi tenus de requérir l'inscription aux hypothèques sur les immeubles des débiteurs du failli, si elle n'a été requise par ce dernier, et s'il a des titres hypothécaires. L'inscription sera reçue au nom des syndics, qui joindront à leurs bordereaux l'extrait des jugemens qui les auront nommés (499).

S'il n'intervient point de traité, les créanciers assemblés formeront, à la majorité individuelle des créanciers présens, un contrat d'union; ils nommeront un ou plusieurs syndics définitifs: les créanciers nommeront un caissier, chargé de recevoir les sommes provenant de toute espèce de recouvrement. Les syndics définitifs recevront le compte des syndics provisoires, ainsi qu'il a été dit pour le compte des agens (527).

Voyez *Agent de la faillite*.

Les syndics représenteront la masse des créanciers; ils procéderont à la vérification du bilan, s'il y a lieu.

Ils poursuivront, en vertu du contrat d'union, et sans autres titres authentiques, la vente des immeubles du failli, celle de ses marchandises et effets mobiliers, et la liquidation de ses dettes actives et passives: le tout sous la surveillance du commissaire, et sans qu'il soit besoin d'appeler le failli (528).

Dans tous les cas, il sera, sous l'approbation du commissaire, remis au failli et à sa famille, les vêtemens, hardes et meubles nécessaires à l'usage

I de leurs personnes. Cette remise se fera sur la proposition des syndics, qui en dresseront l'état (529).

S'il n'existe pas de présomption de banque-route, le failli aura droit de demander, à titre de secours, une somme sur ses biens; les syndics en proposeront la quotité, et le tribunal, sur le rapport du commissaire, la fixera, en proportion des besoins et de l'étendue de la famille du failli, de sa bonne foi, et du plus ou moins de perte qu'il fera supporter à ses créanciers (530).

S'il n'y a pas d'action en expropriation des immeubles formée avant la nomination des syndics définitifs, eux seuls seront admis à poursuivre la vente; ils seront tenus d'y procéder dans huitaine, selon la forme qui sera indiquée ci-après (532).

Les syndics présenteront au commissaire l'état des créanciers se prétendant privilégiés sur les immeubles, et le commissaire autorisera le paiement de ces créanciers sur les premiers deniers rentrés. S'il y a des créanciers contestant le privilége, le tribunal prononcera; les frais seront supportés par ceux dont la demande aura été rejetée, et ne seront pas au compte de la masse (533).

Les syndics seront autorisés à retirer, au profit de la faillite, les gages dont seront nantis les créanciers du failli, en remboursant la dette (536).

Si les syndics ne retirent pas le gage, qu'il soit vendu par les créanciers, et que le prix excède la créance, le surplus sera recouvré par les syndics; si le prix est moindre que la créance, le créancier nanti viendra à contribution pour le surplus (537).

Lorsque la liquidation du mobilier du failli sera terminée, l'union des créanciers sera convoquée à la diligence des syndics , sous la présidence du commissaire; les syndics rendront leur compte et son reliquat formera la dernière répartition (562).

Voyez *Actes conservatoires, Banqueroute simple, Caisse, Créance, Créancier, Répartition.*

SYNDICS DE L'UNION. L'union pourra, dans tout état de cause , se faire autoriser par le tribunal de commerce, le failli dûment appelé, à traiter à forfait de ses droits et actions dont le recouvrement n'aurait pas été opéré, et à les aliéner ; en ce cas, les syndics feront tous les actes nécessaires (563).

Les syndics de l'union , sous l'autorisation du commissaire, procéderont à la vente des immeubles du failli , suivant les formes prescrites par le Code Napoléon , pour la vente des biens des mineurs (564).

Dans tous les cas de revendication, excepté ceux de dépôt et de consignation de marchandises , les syndics auront la faculté de retenir les marchandises revendiquées, en payant au réclamant le prix convenu entre lui et le failli (582).

Dans le cas où la loi permet la revendication, les syndics examineront les demandes ; ils pourront les admettre , sauf l'approbation du commissaire. S'il y a contestation , le tribunal prononcera après avoir entendu le commissaire(585).

SYNDICS PROVISOIRES. Les créanciers réunis présenteront au juge-commissaire une liste triple du nombre des syndics provisoires qu'ils estimeront devoir être nommés. Sur cette liste, le tribunal de commerce nommera (480).

Dans les vingt-quatre heures qui suivront la nomination des syndics provisoires , les agens cesseront leurs fonctions, et rendront compte aux syndics , en présence du commissaire, de toutes

toutes leurs opérations et de l'état de la faillite (481).

Après ce compte rendu, les syndics continueront leurs opérations commencées par les agens, et seront chargés provisoirement de toute l'administration de la faillite, sous la surveillance du juge-commissaire (482).

Ils payent aux agens de la faillite l'indemnité qui leur est allouée (483).

Aussitôt après leur nomination, les syndics provisoires requerront la levée des scellés, et procéderont à l'inventaire des biens du failli. Ils seront libres de se faire aider, pour l'estimation, par qui ils jugeront convenable, conformément à l'article 937 du Code de procédure civile. Cet inventaire se fera par les syndics à mesure que les scellés seront levés, et le juge de paix y assistera et le signera à chaque vacation (486).

En toute faillite, les syndics seront tenus de remettre, dans la huitaine de leur entrée en fonctions, au magistrat de sûreté de l'arrondissement, un mémoire ou compte sommaire de l'état apparent de la faillite, de ses principales causes et circonstances, et des caractères qu'elle paraît avoir (488).

L'inventaire terminé, les marchandises, l'argent, les titres actifs, meubles et effets du débiteur seront remis aux syndics qui s'en chargeront au pied dudit inventaire (491).

Les syndics pourront, sous l'autorisation du commissaire, procéder au recouvrement des dettes actives du failli.

Ils pourront aussi procéder à la vente de ses effets et marchandises, soit par la voie des enchères publiques, par l'entremise des courtiers et à la bourse, soit à l'amiable, à leur choix (492).

32

Si le failli a obtenu un sauf-conduit, les syndics pourront l'employer pour faciliter et éclairer leur gestion; ils fixeront les conditions de son travail (493).

A compter de l'entrée en fonction des syndics provisoires, toute action civile intentée avant la faillite contre la personne et les biens mobiliers du failli par un créancier privé, ne pourra être suivie que contre les agens et syndics; et toute action intentée après la faillite, ne pourra l'être que contre les agens et les syndics (494).

Si les créanciers ont quelque motif de se plaindre des opérations des syndics, ils en référeront au commissaire qui statuera, s'il y a lieu, ou fera son rapport au tribunal de commerce (495).

A compter de leur entrée en fonction, les syndics seront tenus de faire tous actes pour la conservation des droits du failli sur ses débiteurs.

Ils seront aussi tenus de requérir l'inscription aux hypothèques sur les immeubles des débiteurs du failli, si elle n'a été requise par ce dernier; et s'il a des titres hypothécaires, l'inscription sera reçue au nom des syndics, qui joindront à leurs bordereaux un extrait des jugemens qui les auront nommés (499).

Dans les trois jours après l'expiration des délais prescrits pour l'affirmation des créanciers connus, les créanciers dont les créances ont été admises, seront convoqués par les syndics provisoires (514).

Voyez *Actes conservatoires, Banqueroute, Bordereau, Caisse, Concordat, Créance, Créancier, Syndic définitif.*

T

TABLEAU. On donne ce nom à certaines pancartes où l'on inscrit, par ordre du juge, les choses qu'on veut rendre publiques.

Le contrat de mariage entre époux, dont l'un est commerçant, doit être exposé, par extrait, dans un tableau placé, à cet effet, dans les chambres des notaires et des avoués (67).

Les nom, prénoms, profession et demeure du débiteur admis au bénéfice de cession, seront insérés dans des tableaux à ce destinés, placés dans l'auditoire du tribunal de commerce de son domicile, ou du tribunal civil qui en fait les fonctions, dans le lieu des séances de la maison commune, et à la bourse (573).

TABLEAUX. Ouvrages de peinture sur une table de bois, de cuivre, etc. ou sur de la toile.

Voyez *Femme.*

TAUX. Le prix établi pour la vente de denrées.

Il se prend aussi pour le denier auquel les intérêts de l'argent sont réglés par la loi.

Les courtiers d'assurances certifient le taux des primes pour tous les voyages de mer ou de rivière (79).

Voyez *Assurance.*

TÉMOIGNAGE, TÉMOIN. On appelle *témoignage*, le rapport de quelqu'un sur un fait; et *témoin*, celui qui fait ce rapport.

Les protêts, faute d'acceptation ou de paiement, sont faits par deux notaires, ou par un

32.

notaire et deux témoins, ou par un huissier
deux témoins (176).

TÉMOINS (Preuve par). Voy. *Preuve testim*
niale.

TEMPÊTE. Orage, violente agitation de l'a
causée par l'impétuosité des vents, et souve
mêlée de pluie, de grêle, d'éclairs, de to
nerre, etc. Il se dit plus ordinairement d
orages qui arrivent sur mer.

Toutes pertes ou dommages qui arrivent a
objets assurés, par tempête, sont aux risqu
des assureurs (35o).

Est avarie particulière le dommage arrivé a
marchandises par tempête (4o3).

Si, par tempête, le capitaine se croit oblig
pour le salut du navire, de jeter en mer une par
de son chargement, de couper ses mâts, ou d'ab
donner ses ancres, il prend l'avis des intéres
au chargement, qui se trouvent dans le vaissea
et des principaux de l'équipage.

S'il y a diversité d'avis, celui du capitaine e
des principaux de l'équipage est suivi (41o).
Voyez *Avarie*.

TEMPS, se prend pour terme préfix.

Toute convention pour louage d'un vaissea
doit énoncer le temps de la charge et de la dé
charge du navire (273).

Si ce temps n'est point fixé par les conven
tions des parties, il est réglé suivant l'usage de
lieux (274).

TEMPS (Assurance pour un) limité.
Voyez *Assurance*, *Délai*.

TEMPS des risques. Voy. *Contrat à la gros*

TERME. Fin, borne des actions et des choses qui ont quelque étendue de temps ou de lieu.

Continuation de société après son terme expiré (46).

Dissolution de société avant le terme fixé pour la durée. *Ibid.* Voy. *Société.*

TERRE. Le commerce de terre est celui qui se fait de ville à ville, de province à province, d'Etat à Etat, par des voitures ou par les rivières et canaux qui traversent les pays.

Voyez *Billet à ordre.*

TERRE (Mettre des marchandises à). Voy. *Contrat à la grosse, Fret, Marchandises.*

TERRE (Transport par). Voy. *Commissionnaire pour les transports par terre et par eau, Entreprise, Transport.*

TERRE-NEUVE. Grande île de l'Océan sur la côte orientale de l'Amérique septentrionale, à l'entrée du golfe de Saint-Laurent, à quinze ou seize lieues de l'île du cap Breton. Le principal avantage qu'on retire de cette île, est la pêche de la morue qui est très-abondante sur ses côtes. Plaisance en est la capitale.

Sont réputés voyages de long cours ceux qui se font à Terre-Neuve. (377).

TIERS-ARBITRE. Voy. *Surarbitre.*

TIERS. Le défaut d'aucune des formalités relatives à la remise au greffe, à la transcription et à l'affiche de l'extrait des actes de société en nom collectif et en commandite, ne peut être opposé à des tiers par les associés (42).

Une lettre de change est à l'ordre d'un tiers ou du tireur lui-même (110).

Elle peut être tirée sur un individu, et payable au domicile d'un tiers.

Elle peut être tirée par ordre et pour le compte d'un tiers (111).

TIERS INTERVENANT, en terme de Palais, se dit de celui qui intervient, qui demande à être reçu dans une instance, dans un procès.
Voyez *Acceptation par intervention.*

TIERS-SAISI. On appelle ainsi les personnes entre les mains desquelles on saisit les sommes quelconques qu'elles peuvent devoir à celui sur qui la saisie est faite.
Voyez *Créancier.*

TILLAC. Le plus haut pont d'un vaisseau sur lequel sont ordinairement les matelots et les passagers.

Le capitaine répond de tout le dommage qui peut arriver aux marchandises qu'il aurait chargées sur le tillac de son vaisseau sans le consentement par écrit du chargeur.

Cette disposition n'est pas applicable au petit cabotage. (229).

Les effets chargés sur le tillac du navire contribuent s'ils sont sauvés.

S'ils sont jetés ou endommagés par le jet, le propriétaire n'est point admis à former une demande en contribution; il ne peut exercer son recours que contre le capitaine. (421).

TIMBRE. On appelle *Timbre*, la marque imprimée et apposée au papier dont on se sert pour différens actes, et qu'on appelle *Papier timbré*.
Voyez *Compte de retour, Courtage.*

TIREUR. En matière de change et de banque

tireur est celui qui fournit sa propre traite
un autre.

Les tireurs de lettres de change en foire ou
en paiement, ne peuvent se dispenser de les
payer avec les intérêts, lorsque ces mêmes lettres viennent à protêt faute d'acceptation.

Quant aux lettres à usances et à long terme,
le tireur ne peut être contraint au remboursement que sur un protêt faute de paiement à
l'échéance.

On donne, dans le commerce, le nom de
tirailleurs à ceux qui, se trouvant gênés dans
leurs affaires, tirent fréquemment des lettres de
change à longues échéances pour se faire des
fonds, et pour la valeur desquelles ils remettent
ensuite dans le temps d'autres remises ; ceux qui
en usent ainsi perdent ordinairement leur crédit
par la méfiance qu'ils inspirent.

Voyez *Acceptation, Aval, Déchéance, Délai,
Lettre de change, Paiement, Porteur, Protêt,
Provision, Rechange, Retraite, Saisie.*

TITRE. C'est l'acte qui sert à établir quelque
droit, quelque qualité.

On appelle *Titre authentique*, celui qui est
émané d'un officier public ; *Titre exécutoire*, celui
qui emporte exécution parée contre l'obligé ; et
Titre hypothécaire, celui qui emporte hypothèque.

TITRE, se dit aussi de la cause en vertu de
laquelle on possède ou on réclame une chose.

En ce sens, on appelle *Titre gratuit*, celui par
lequel on acquiert une chose sans qu'il en coûte
rien. Ainsi, celui qui fait une donation, un testament, dispose de ses biens à titre gratuit.

On appelle *Titre onéreux*, celui par lequel on

acquiert une chose, non pas gratuitement, mais à prix d'argent, ou moyennant d'autres charges et conditions, comme un contrat de vente ou d'échange, un bail à rente.

On appelle *Titre lucratif*, celui en vertu duquel on gagne quelque chose, comme une donation ou un legs. Par le terme de *Titre lucratif*, on entend souvent la cause lucrative, comme le legs, plutôt que le titre ou acte, qui est le testament contenant le legs.

En matière de société anonime, l'action peut être établie sous la forme d'un titre au porteur. Dans ce cas, la cession s'opère par la tradition du titre (35).

L'huissier énonce dans le procès-verbal de saisie d'un bâtiment de mer, le titre en vertu duquel il procède (200).

En matière de saisie et vente de bâtimens de mer, les criées, publications et affiches doivent désigner les titres en vertu desquels agit le poursuivant (204).

Voyez *Banqueroute*, *Cession de biens*, *Concordat*, *Créance*, *Créancier*, *Inventaire*, *Répartition*.

TITRE GRATUIT. (Acte translatif de propriété à) Voyez *Acte*.

TITRE HYPOTHÉCAIRE. Voy. *Actes conservatoires*.

TITRE ONÉREUX. (Acte translatif de propriété à) Voyez *Acte*.

TONNAGE. On appelle ainsi un droit qui se lève sur les vaisseaux marchands à tant par tonneau. Il se dit aussi de la charge que peut porter un navire, et qu'on évalue en tonneaux.

Les droits de tonnage sont dettes privilégiées sur le navire (191).

Le privilége ne peut être exercé qu'autant que

ces droits seront constatés par les quittances lé-gales des receveurs (192).

L'huissier énonce dans le procès-verbal de saisie d'un bâtiment de mer, le tonnage du bâtiment (200).

Si la saisie a pour objet un bâtiment dont le tonnage soit au-dessus de dix tonneaux, il sera fait trois criées et publications des objets en vente (202).

En matière de saisie et vente de bâtimens de mer, les criées, publications et affiches doivent désigner le tonnage du bâtiment saisi (204).

Toute convention pour louage d'un vaisseau doit énoncer le tonnage du navire (273).

Le connaissement indique le tonnage du navire (281).

Le fret d'un bâtiment peut avoir lieu à cueillette, avec désignation du tonnage du vaisseau (286).

N'est réputé y avoir erreur en la déclaration du tonnage d'un navire, si l'erreur n'excède un quarantième, ou si la déclaration est conforme au certificat de jauge (290).

L'assureur n'est point tenu du tonnage (354).

TONNE, est un grand tonneau vide et bien bouché, qu'on fait surnager dans quelques endroits dangereux de la mer ou de l'embouchure des rivières, pour indiquer aux pilotes les rochers, bancs de sable, écueils ou bas-fonds où leurs navires pourraient toucher et se perdre.

En quelques endroits des côtes de France et ailleurs, on fait payer à chaque navire marchand un droit de tonne, c'est-à-dire, un certain droit pour l'entretien de ces sortes de tonnes.

Voyez *Avarie.*

TONNEAU, se dit d'une mesure de quantité de grains ou de liquides, qui contient ou qui pèse plus ou moins, suivant les lieux. Le tonneau de mer est estimé peser 2000 livres (979 kilogram. environ).

Le fret d'un bâtiment peut avoir lieu au tonneau (286).

Bâtiment du port de dix tonneaux et au-dessous. Voy. *Adjudication.*

TOUAGE. Terme de marine. C'est l'action de faire avancer un navire, en tirant un câble à force de bras, ou au moyen du cabestan.
Voyez *Avarie.*

TRADITION. Terme de pratique et de jurisprudence. Action par laquelle on livre une chose à une personne.
Voyez *Titre.*

TRADUCTION. L'action de celui qui traduit.

TRADUCTION, signifie aussi la version d'un ouvrage, d'un titre, d'un acte dans une langue différente de celle où ils ont été écrits.

Les courtiers interprètes et conducteurs de navires ont seuls le droit de traduire, en cas de contestations portées devant les tribunaux, les déclarations, chartes-parties, connaissémens, contrats et tous actes de commerce dont la traduction serait nécessaire (80).

TRAFIC. Négoce, commerce de marchandises.
Le capitaine qui navigue à profit commun sur le chargement, ne peut faire aucun trafic pour son compte particulier, s'il n'y a convention contraire (239).
Voyez *Billet à ordre, Tribunal de commerce.*

TRAITE, est la lettre de change tirée par un négociant à l'ordre d'un tiers sur un de ses correspondans.

Ce mot exprime aussi les achats des marchandises que l'on fait dans un pays pour les transporter dans un autre.

Voyez *Lettre de change.*

TRAITÉ. Transaction, accord, convention.

Les tribunaux de commerce connaîtront de l'homologation du traité entre le failli et ses créanciers (635).

Voyez *Concordat, Union.*

TRAITEMENT, se dit de la manière dont un médecin conduit une maladie. Il se dit aussi des soins et des remèdes qu'un chirurgien emploie pour traiter un malade.

Le matelot est traité aux dépens du navire, s'il tombe malade pendant le voyage (262).

Si le matelot, sorti du navire sans autorisation, est blessé à terre, les frais de ses pansement et traitement sont à sa charge (264).

TRANSACTION, est une convention entre deux ou plusieurs personnes, qui, pour prévenir ou terminer un procès, règlent leur différend de gré à gré.

Lorsqu'on transige, le plus sûr moyen de ne donner par la suite ouverture à aucune contestation, est de n'entrer dans aucun détail et de s'exprimer en ces termes généraux : *lesquelles parties, pour terminer tous leurs procès et différends, sont convenues,* etc. ; parce que, si l'on veut détailler ces chefs de contestations, la moindre omission ou ambiguité dans les termes donne matière à de nouvelles discussions.

Le résultat des négociations et des transactions qui s'opèrent dans la bourse, détermine le cours du change, des marchandises, des assurances, du fret ou nolis, du prix des transports par terre ou par eau, des effets publics et autres dont le cours est susceptible d'être coté (72).

Les tribunaux de commerce connaîtront de toutes contestations relatives aux transactions entre négocians, marchands et banquiers (631).

TRANSCRIPTION. Action de copier, de transcrire sur un registre un acte soit entier, soit par extrait, pour en conserver la teneur et en constater l'authenticité.

L'extrait des actes de société en nom collectif et en commandite doit être transcrit sur le registre du greffe du tribunal de commerce de l'arrondissement dans lequel est située la maison du commerce social (42). *Quid* si la société a plusieurs maisons de commerce situées dans divers arrondissemens? (*ibid.*) Voy. *Société*.

L'acte de protêt doit contenir la transcription littérale de la lettre de change, de l'acceptation, des endossemens et des recommandations qui y sont indiquées (174).

Les tribunaux auxquels la demande en réhabilitation aura été adressée, feront transcrire sur leurs registres l'arrêt portant réhabilitation (611).

Voyez *Délibération*.

TRANSFERT. Voy. *Action, Cession, Transport*.

TRANSMISSION. Action de céder, de mettre ce qu'on possède en la possession d'un autre.

TRANSMISSION DE PROPRIÉTÉ. Voy. *Effets publics*.

TRANSPORT. On appelle *transport*, dans un acte, l'addition qu'on met à la marge, et qui fait partie du corps de l'acte.

Tous les livres des commerçans doivent être tenus sans transports en marge (10).

TRANSPORT. C'est un acte qui fait passer la propriété de quelque droit ou action d'une personne à une autre, par le moyen de la cession qui lui est faite. Ainsi, *transport* et *cession*, en ce sens, sont synonimes.

On appelle *cédant*, celui qui fait le transport; et *cessionnaire*, celui au profit duquel il est fait.

Le transport se fait avec garantie ou sans garantie, ce qui dépend de la convention.

Si l'endossement d'une lettre de change n'est pas daté; s'il n'exprime pas la valeur fournie; s'il n'énonce pas le nom de celui à l'ordre de qui il est passé, il n'opère pas le transport, il n'est qu'une procuration (138).

Voyez *Action, Cession.*

TRANSPORT. Action par laquelle on transporte une chose d'un lieu en un autre.

Le résultat des négociations et des transactions qui s'opèrent dans la bourse, détermine le cours du prix des transports par terre et par eau (72).

Ce cours est constaté par les courtiers dans la forme prescrite par les réglemens de police généraux ou particuliers (73).

L'assurance peut être faite pour tous transports par mer, rivières et canaux navigables (335).

Voyez *Assurance, Commissionnaire pour les transports par terre et par eau, Courtier de transport, Innavigabilité, Voiturier.*

TRANSPOSITION. Renversement de l'ordre

dans lequel les choses sont ordinairement rangées.

Les agens de change et courtiers sont tenus de consigner dans leur livre, sans transpositions, toutes les conditions des ventes, achats, assurances, négociations, et généralement de toutes les opérations faites par leur ministère (84).

TRAVAIL. Peine, fatigue qu'on prend pour faire quelque chose.

Il se dit aussi de l'ouvrage même de quelque nature qu'il soit.

Voyez *Créancier, Navire.*

TRIBUNAL. C'est la juridiction d'un magistrat ou de plusieurs qui siègent ensemble.

Dans les ports étrangers où il n'y a pas de consul de France, la répartition des pertes et dommages occasionnés par le jet des marchandises est rendue exécutoire par tout tribunal compétent sur les lieux (416).

Voyez *Adjudication, Criée, Domicile, Frais de justice, Guerre, Navire, Paix, Prime d'assurance.*

TRIBUNAL DE COMMERCE. Les tribunaux de commerce sont des tribunaux d'exception qui ont été établis par le titre XII de la loi du 24 août 1790, pour connaître des affaires de commerce, tant de terre que de mer, sans distinction.

L'acte par lequel un mineur est autorisé à faire le commerce doit être affiché au tribunal de commerce du lieu où le mineur veut établir son domicile (2).

En cas de refus de l'un ou de plusieurs associés de nommer des arbitres, les arbitres sont nommés d'office par le tribunal de commerce 55).

En cas de partage, les arbitres nomment un sur-arbitre, s'il n'est nommé par le compromis; si les arbitres sont discordans sur le choix, le sur-arbitre est nommé par le tribunal de commerce (60).

Le jugement arbitral est motivé. Il est déposé au greffe du tribunal de commerce. Il est rendu exécutoire sans aucune modification, et transcrit sur les registres, en vertu d'une ordonnance du président du tribunal, lequel est tenu de la rendre pure et simple, et dans le délai de trois jours du dépôt au greffe (61).

Si, pendant le cours du voyage, il y a nécessité de radoub ou d'achat de victuailles, le capitaine, après l'avoir constaté par un procès-verbal, signé des principaux de l'équipage, pourra, en se faisant autoriser en France, par le tribunal de commerce, emprunter sur le corps et quille du vaisseau, mettre en gage ou vendre des marchandises jusqu'à concurrence de la somme que les besoins constatés exigent (234).

Les experts chargés d'estimer les marchandises jetées, sont nommés par le tribunal de commerce, si le déchargement se fait dans un port français (414).

Tout failli sera tenu, dans les trois jours de la cessation de paiemens, d'en faire la déclaration au greffe du tribunal de commerce; le jour où il aura cessé ses paiemens sera compris dans ces trois jours (440).

L'ouverture de la faillite est déclarée par le tribunal de commerce (441).

Dès que le tribunal de commerce aura connaissance de la faillite, soit par la déclaration du failli, soit par la requête de quelque créan-

cier, soit par la notoriété. publique, il ordonnera l'apposition des scellés : expédition du jugement sera sur le. champ adressée au juge de
paix (449).

Le juge de paix adressera, sans délai, au tribunal de commerce , le procès-verbal de l'apposition des scellés sur les meubles et effets du
failli (453).

Par le même jugement qui ordonnera l'apposition des scellés, le tribunal de commerce déclarera l'époque de l'ouverture de la faillite; il
nommera un de ses membres commissaire de la.
faillite, et un ou plusieurs agens, suivant l'importance de la faillite, pour remplir, sous la
surveillance du commissaire, les fonctions qui
leur sont attribuées par le Code.

Dans le cas où les scellés auraient été apposés
par le juge de paix , sur la notoriété acquise, le
tribunal se conformera au surplus des dispositions
ci-dessus prescrites, dès qu'il aura connaissance de
la faillite (454).

Le tribunal de commerce ordonnera , en
même temps , ou le dépôt de la personne du
failli dans la maison d'arrêt pour dettes, ou la
garde de sa personne par un officier de police
ou de justice, ou par un gendarme.

Il ne pourra, en cet état, être reçu contre
le failli d'écrou ou récommandation , en vertu
d'aucun jugement du tribunal de commerce
(455).

Le tribunal de commerce pourra , pour cause
d'inconduite ou de fraude, refuser l'homologation du concordat ; et, dans ce cas, le failli sera
en prévention de banqueroute , et renvoyé, de
                                          droit

...droit, devant le magistrat de sûreté, qui sera
...enu de poursuivre d'office.

... S'il accorde l'homologation, le tribunal dé-
...clarera le failli excusable, et susceptible d'être
... réhabilité aux conditions prescrites pour la ré-
...habilitation. Voy. *Réhabilitation* (526 et 531).

... Il prononce, après avoir entendu le juge com-
...missaire, sur les contestations relatives à la re-
...vendication (585).

Organisation des tribunaux de commerce.

... Un règlement d'administration publique dé-
...terminera le nombre des tribunaux de com-
...merce, et les villes qui seront susceptibles d'en
...recevoir par l'étendue de leur commerce et de
...leur industrie (615).

... L'arrondissement de chaque tribunal de com-
...merce sera le même que celui du tribunal civil
...dans le ressort duquel il sera placé ; et, s'il se
...trouve plusieurs tribunaux de commerce dans
...le ressort d'un seul tribunal civil, il leur sera
...assigné des arrondissemens particuliers (616).

... Chaque tribunal de commerce sera composé
...d'un juge président, de juges et de suppléans. Le
...nombre des juges ne pourra pas être au-dessous
...de deux, ni au-dessus de huit, non compris
...le président. Le nombre des suppléans sera pro-
...portionné au besoin du service. Le règlement
...d'administration publique fixera, pour chaque
...tribunal, le nombre des juges et celui des sup-
...pléans (617).

... Les membres des tribunaux de commerce se-
...ront élus dans une assemblée composée de com-
...merçans notables, et principalement des chefs

des maisons les plus anciennes et les plus recommandables par la probité, l'esprit d'ordre
et d'économie (618).

La liste des notables sera dressée, sur tous
les commerçans de l'arrondissement, par le préfet, et approuvée par le ministre de l'intérieur:
leur nombre ne peut être au-dessous de ving-
cinq dans les villes où la population n'excède
pas quinze mille ames; dans les autres villes,
il doit être augmenté à raison d'un électeur pour
mille ames de population (619).

Tout commerçant pourra être nommé juge
ou suppléant, s'il est âgé de trente ans, s'il
exerce le commerce avec honneur et distinction
depuis cinq ans. Le président devra être âgé de
quarante ans, et ne pourra être choisi que
parmi les anciens juges, y compris ceux qui
ont exercé dans les tribunaux actuels, et même
les anciens juges consuls des marchands (620).

L'élection sera faite au scrutin individuel, à
la pluralité absolue des suffrages; et lorsqu'il
s'agira d'élire le président, l'objet spécial de cette
élection sera annoncé avant d'aller au scrutin.
(621).

A la première élection, le président et la
moitié des juges et des suppléans dont le tribunal sera composé, seront nommés pour deux
ans; la seconde moitié des juges et des suppléans
sera nommée pour un an: aux élections postérieures, toutes les nominations seront faites pour
deux ans. (622).

Le président et les juges ne pourront rester
plus de deux ans en place, ni être réélus qu'après
un an d'intervalle (623).

Il y aura près de chaque tribunal un greffier

des huissiers nommés par le Gouvernement : leurs droits, vacations et devoirs, seront fixés par un réglement d'administration publique (624).

Il sera établi, pour la ville de Paris seulement, des gardes du commerce pour l'exécution des jugemens emportant la contrainte par corps : la forme de leur organisation et leurs attributions seront déterminées par un réglement particulier (625).

Les jugemens, dans les tribunaux de commerce, seront rendus par trois juges au moins; chacun suppléant ne pourra être appelé que pour compléter ce nombre (626).

Le ministère des avoués est interdit dans les tribunaux de commerce, conformément à l'article 414 du Code de procédure civile; nul ne pourra plaider pour une partie devant ces tribunaux, si la partie, présente à l'audience, ne l'autorise, ou s'il n'est muni d'un pouvoir spécial : ce pouvoir, qui pourra être donné au bas de l'original ou de la copie de l'assignation, sera exhibé au greffier avant l'appel de la cause, et par lui visé sans frais (627).

Les fonctions des juges de commerce sont seulement honorifiques (628).

Ils prêtent serment avant d'entrer en fonctions, à l'audience de la Cour d'appel, lorsqu'elle siége dans l'arrondissement communal où le tribunal de commerce est établi; dans le cas contraire, la Cour d'appel commet, si les juges de commerce le demandent, le tribunal civil de l'arrondissement pour recevoir leur serment; et, dans ce cas, le tribunal en dresse procès-verbal, et l'envoie à la Cour d'appel, qui en ordonne l'insertion dans ses registres. Ces formalités seront remplies sur les conclusions du ministère public, et sans frais (629).

Les tribunaux de commerce sont dans les attributions et sous la surveillance du Grand-Juge Ministre de la justice (630).

Compétence des Tribunaux de commerce.

Les tribunaux de commerce connaîtront

1°. De toutes contestations relatives aux engagemens et transactions entre négocians, marchands et banquiers;

2.° Entre toutes personnes, des contestations relatives aux actes de commerce (631).

La loi répute actes du commerce,

Tout achat de denrées et marchandises pour les revendre, soit en nature, soit après les avoir travaillées et mises en œuvre, ou même pour en louer simplement l'usage;

Toute entreprise de manufactures, de commission, de transport par terre ou par eau;

Toute entreprise de fournitures, d'agences, bureaux d'affaires, établissemens de ventes à l'encan, de spectacles publics;

Toute opération de change, banque et courtage;

Toutes les opérations des banques publiques;

Toutes obligations entre négocians, marchands et banquiers;

Entre toutes personnes, les lettres de change ou remises d'argent faites de place en place (632)

La loi répute pareillement actes de commerce.

Toute entreprise de construction, et tous achats, ventes et reventes de bâtimens pour la navigation intérieure et extérieure;

Toutes expéditions maritimes;

Tout achat ou vente d'agrès, apparaux et avitaillemens;

Tout affrétement ou nolissement, emprunt ou prêt à la grosse; toutes assurances et autres contrats concernant le commerce de mer;

Tous accords et conventions pour salaires et loyers d'équipages;

Tous engagemens de gens de mer, pour le service de bâtimens de commerce (633).

Les tribunaux de commerce connaîtront également

1°. Des actions contre les facteurs, commis des marchands ou leurs serviteurs, pour le fait seulement du trafic du marchand auquels ils sont attachés;

2°. Des billets faits par les receveurs, payeurs, percepteurs, ou autres comptables de deniers publics (634).

Ils connaîtront enfin

1°. Du dépôt du bilan et des registres du commerçant en faillite, de l'affirmation et de la vérification des créances;

2°. Des oppositions au concordat, lorsque les moyens de l'opposant seront fondés sur des actes ou opérations dont la connaissance est attribuée par la loi aux juges des tribunaux de commerce;

Dans tous les autres cas, ces oppositions seront jugées par les tribunaux civils;

En conséquence, toute opposition au concordat contiendra les moyens de l'opposant, à peine de nullité;

3°. De l'homologation du traité entre le failli et ses créanciers;

4°. De la cession de biens faite par le failli, pour la partie qui en est attribuée aux tribunaux de commerce par l'article 931 du Code de procédure civile (635).

Lorsque les lettres de change ne seront réputées que simples promesses aux termes de l'article 112, (Voy. cet art. au mot *Lettre de change*) ou lorsque les billets à ordre ne porteront que des signatures d'individus non négocians, et n'auront pas pour occasion des opérations de commerce, trafic, change, banque ou courtage, le tribunal de commerce sera tenu de renvoyer au tribunal civil, s'il en est requis par le défendeur (636).

Lorsque ces lettres de change et ces billets à ordre porteront en même temps des signatures d'individus négocians et d'individus non négocians, le tribunal de commerce en connaîtra ; mais il ne pourra prononcer la contrainte par corps contre les individus non négocians, à moins qu'ils ne se soient engagés à l'occasion d'opérations de commerce, trafic, change, banque ou courtage (637).

Ne seront point de la compétence des tribunaux de commerce, les actions intentées contre un propriétaire, cultivateur ou vigneron, pour vente de denrées provenant de son cru ; les actions intentées contre un commerçant, pour paiement de denrées et marchandises achetées pour son usage particulier.

Néanmoins les billets souscrits par un commerçant seront censés faits pour son commerce, et ceux des receveurs, payeurs, percepteurs ou autres comptables de deniers publics, seront censés faits pour leur gestion, lorsqu'une autre cause n'y sera point énoncée (638).

Les tribunaux de commerce jugeront en dernier ressort,

1°. Toutes les demandes dont le principal n'excédera pas la valeur de 1000 francs;

2°. Toutes celles où les parties justiciables de

ces tribunaux, et usant de leurs droits, auront
déclaré vouloir être jugés définitivement et sans
appel (639).

Dans les arrondissemens où il n'y aura pas de
tribunaux de commerce, les juges du tribunal
civil exerceront les fonctions et connaîtront des
matières attribuées aux juges de commerce par
le Code (640).

L'instruction, dans ce cas, aura lieu dans la
même forme que devant les tribunaux de commerce, et les jugemens produiront les mêmes
effets (641).

Forme de procéder devant les Tribunaux de Commerce.

La forme de procéder devant les tribunaux de
commerce sera suivie telle qu'elle a été réglée
par le titre XXV du livre II de la Iere. partie du
Code de procédure civile (642).

Néanmoins les articles 156, 158 et 159 du
même Code, relatifs aux jugemens par défaut
rendus par les tribunaux inférieurs, seront applicables aux jugemens par défaut rendus par
les tribunaux de commerce (643).

Les appels des jugemens de tribunaux de commerce seront portés par-devant les Cours dans
le ressort desquelles ces tribunaux sont situés
(644).

Voyez *Agent de la faillite, Auditoire, Capitaine, Cession de biens, Commission rogatoire,
Compte, Concordat, Contestation, Cour d'Appel,
Créance, Créancier, Failli, Greffe, Juge, Juge-
commissaire, Magistrat de sûreté, Président, Réhabilitation, Syndic, Union.*

TRIBUNAL DE POLICE CORRECTIONNELLE. Les tribunaux de police correctionnelle ont été institués pour connaître des délits plus graves que les contraventions à la police ordinaire, mais trop peu cependant pour y appliquer la solennité du jury.

Cas où le tribunal de police correctionnelle prononce l'amende encourue par les agens de change et courtiers (87). Voyez *Agent de change*, *Courtier*.

Sont poursuivis correctionnellement l'assuré et l'assureur, lorsqu'il est prouvé que l'assuré savait la perte, et l'assureur, l'arrivée du navire, avant la signature du contrat d'assurance (368).

La banqueroute simple est jugée par les tribunaux correctionnels (439).

Les cas de banqueroute simple seront jugés par les tribunaux de police correctionnelle, sur la demande des syndics ou sur celle de tout créancier du failli, ou sur la poursuite d'office qui sera faite par le ministère public (588).

Le tribunal de police correctionnelle, en déclarant qu'il y a banqueroute simple, devra, suivant l'exigence des cas, prononcer l'emprisonnement pour un mois au moins et deux ans au plus.

Les jugemens seront affichés, en outre, et insérés dans un journal, conformément à l'art. 683 du Code de procédure civile (592).

Dans les cas de poursuite et de condamnation en banqueroute simple ou en banqueroute frauduleuse, les actions civiles, autres que celles dont il est parlé à l'art. 598, ne peuvent être attirées, attribuées ni évoquées aux tribunaux de police correctionnelle (600). Voy. *Banqueroute*.

TRIBUNAL DE PREMIÈRE INSTANCE. La loi du

27 ventose an VIII en a établi un dans chaque arrondissement communal de l'Empire. Ces tribunaux connaissent des matières civiles en premier et en dernier ressort, dans les cas déterminés par la loi. Ils connaissent aussi des matières de police correctionnelle, et ils prononcent sur l'appel des jugemens rendus en premier ressort par les juges de paix.

La délibération du conseil de famille qui autorise un mineur à faire le commerce, doit être homologuée par le tribunal civil (2).

Dans les arrondissemens où il n'y aura pas de tribunaux de commerce, les juges du tribunal civil exerceront les fonctions et connaîtront des matières attribuées aux juges de commerce par le Code (640).

Voyez *Auditoire, Serment, Tribunal de commerce.*

TROC. Echange d'une chose contre une autre. Un marchand dit qu'il a troqué une marchandise contre une autre, pour dire, qu'il n'a point déboursé d'argent, qu'il ne s'est donné que des marchandises de part et d'autre.

Chez les sauvages, le commerce ne se fait que par troc, en donnant une marchandise pour une autre. Avant que le commerce fût au point où il est maintenant, cela se pratiquait aussi par les nations les plus policées.

Si l'assurance est faite sur le retour d'un pays où le commerce ne se fait que par troc, et que l'estimation des marchandises ne soit pas faite par la police, elle sera réglée sur le pied de la valeur de celles qui ont été données en échange, en y joignant les frais de transport (340).

TRUCHEMENT. Interprète, celui qui explique à deux personnes qui parlent deux langues différentes, ce qu'elles se disent l'une à l'autre.

Dans les affaires contentieuses de commerce, et pour le service des douanes, les courtiers-interprètes et conducteurs de navires servent seuls de truchement à tous étrangers, maîtres de navires, marchands, équipages de vaisseau et autres personnes de mer (80).

TUTEUR. Celui qui est établi pour avoir soin de la personne et des biens d'un mineur.

Si des mineurs sont intéressés dans une contestation pour raison d'une société commerciale, le tuteur ne pourra renoncer à la faculté d'appeler du jugement arbitral (63).

Les tuteurs ne pourront être admis au bénéfice de cession (575).

Les tuteurs qui n'auront pas rendu ou apuré leurs comptes, ne seront point admis à la réhabilitation (612).

U

UNION. On appelle *Contrat d'union*, un contrat qui se fait entre les créanciers d'un homme, par lequel contrat ils s'unissent pour agir de concert à l'effet de parvenir au recouvrement de leur dû, et d'empêcher que les biens de leur débiteur ne se consument en frais par la multiplicité et la contrariété des procédures. Par ce même contrat, ils nomment des syndics et un caissier, auxquels syndics ils donnent pouvoir de faire toutes poursuites et diligences nécessaires pour la conservation de leurs droits et pour leur intérêt commun : consentant que tout ce qui aura été fait par les syndics ait son plein et entier effet, et vaille comme s'il avait été fait par tous les créanciers du débiteur. Enfin, par le même contrat, les créanciers consentent que les syndics procèdent à la vente des immeubles, des marchandises et des effets mobiliers du failli, et à la liquidation de ses dettes actives et passives.

S'il n'intervient point de traité, les créanciers assemblés formeront, à la majorité individuelle des créanciers présens, un contrat d'union ; ils nommeront un ou plusieurs syndics définitifs : les créanciers nommeront un caissier, chargé de recevoir les sommes provenant de toute espèce de recouvrement. Les syndics définitifs recevront le compte des syndics provisoires, ainsi qu'il a été dit pour le compte des agens (527).

Voyez *Agent de la faillite.*

Les syndics représenteront la masse des créanciers ; ils procéderont à la vérification du bilan, s'il y a lieu.

Ils poursuivront, en vertu du contrat d'union, et sans autres titres authentiques, la vente des immeubles du failli, celle de ses marchandises et effets mobiliers, et la liquidation de ses dettes actives et passives ; le tout sous la surveillance du commissaire, et sans qu'il soit besoin d'appeler le failli (528).

Dans tous les cas, il sera, sous l'approbation du commissaire, remis au failli et à sa famille les vêtemens, hardes et meubles nécessaires à l'usage de leurs personnes. Cette remise se fera sur la proposition des syndics, qui en dresseront l'état (529).

S'il n'existe pas de présomption de banqueroute, le failli aura droit de demander, à titre
de secours, une somme sur ses biens : les syndics en proposeront la quotité ; et le tribunal,
sur le rapport du commissaire, la fixera en proportion des besoins et de l'étendue de la famille
du failli, de sa bonne foi, et du plus ou moins
de perte qu'il fera supporter à ses créanciers (530).

Toutes les fois qu'il y aura union de créanciers, le commissaire du tribunal de commerce
lui rendra compte des circonstances. Le tribunal
prononcera sur son rapport, comme il est dit
au mot *Concordat* (voy. ce mot), si le failli est
ou non excusable, et susceptible d'être réhabilité.

En cas de refus du tribunal de commerce, le
failli sera en prévention de banqueroute, et renvoyé, de droit, devant le magistrat de sureté,
comme il est dit au mot *Concordat* (531).

Voyez *Concordat.*

Lorsque la liquidation du mobilier du failli sera
terminée, l'union des créanciers sera convoquée
à la diligence des syndics, sous la présidence du
commissaire ; les syndics rendront leur compte,
et son reliquat formera la dernière répartition
(562).

L'union pourra, dans tout état de cause, se
faire autoriser par le tribunal de commerce, le
failli dûment appelé, à traiter à forfait des droits
et actions dont le recouvrement n'aurait pas été
opéré, et à les aliéner ; en ce cas, les syndics
feront tous les actes nécessaires (563).

USAGE. Coutume, pratique reçue.
Délai d'usage. Voy. *Echéance.*

USANCE. En matière de lettre de change, on entend par le terme d'*usance*, un délai d'un mois qui est donné à celui sur qui la lettre est tirée, pour la payer. Dans l'origine, l'usance était le délai qu'on avait coutume d'accorder suivant l'usage ; mais comme l'usage n'était pas par-tout uniforme sur la fixation du délai pour le paiement des lettres tirées à usance, l'ordonnance de 1673 avait réglé que les usances pour le paiement des lettres seraient de trente jours, encore que le mois eût plus ou moins de jours : cette disposition est confirmée par le nouveau Code. Ainsi, une lettre à usance est payable au bout de trente jours ; une lettre à deux usances est payable au bout de deux mois.

Il faut observer que le terme de trente jours fixé pour les usances par le Code de commerce, n'a lieu que pour la France, et non pour les pays étrangers : il faut suivre pour ceux-ci les différentes coutumes qui y sont observées.

Une lettre de change peut être tirée à une ou plusieurs usances de vue et de date (129).

L'échéance d'une lettre de change à une ou plusieurs usances de vue, est fixée par la date de l'acceptation ou par celle du protêt faute d'acceptation (131).

L'usance est de trente jours qui courent du lendemain de la date de la lettre de change (132).

Voyez *Délai*, *Porteur*.

USTENSILE. On désigne sous ce nom, en général, différentes sortes de petits meubles

L'huissier fait, dans le procès-verbal de saisie d'un bâtiment de mer, l'énonciation et la description des ustensiles (200).

V

VAISSEAU, se dit d'un bâtiment de bois construit d'une manière propre à transporter des hommes et des marchandises par mer et sur les grands fleuves.

Toutes pertes et dommages qui arrivent aux objets assurés, par changement forcé de vaisseau, sont aux risques des assureurs (350).

Voyez *Affrètement*, *Assurance*, *Capitaine*, *Charte-Partie*, *Convention*, *Equipage*, *Fret.*

VAISSELLE. Tout ce qui sert à l'usage de la table, comme plats, assiettes, etc.

Vaisselle d'or et d'argent. Voy. *Femme.*

VALEUR. Ce que vaut une chose suivant l'estimation qu'on en peut faire.

VALEUR. C'est, en fait de lettres de change et billets, ce qu'on donne en échange, soit en argent, soit en marchandises.

L'extrait des actes de société doit contenir le montant des valeurs fournies ou à fournir par actions ou en commandite (43).

Une lettre de change doit énoncer la valeur fournie en espèces, en marchandises, en compte, ou de toute autre manière (110).

Même disposition pour le billet à ordre (188).

L'endossement d'une lettre de change doit exprimer la valeur fournie (137).

Le contrat d'assurance exprime la valeur ou l'estimation des marchandises ou objets que l'on fait assurer (332).

Le contrat d'assurance peut avoir pour objet

toutes valeurs estimables à prix d'argent, sujettes
aux risques de la navigation (334).

V VALEUR des effets chargés.

V Voyez *Assurance.*

V VALEUR du navire, des marchandises et du
fret.

V Voyez *Avarie, Marchandises.*

V VALIDITÉ. La force et la vertu que certaines
choses reçoivent des formalités et des conditions
requises pour les rendre valables.

V VALIDITÉ du paiement. Voy. *Paiement.*

V VENDEUR. Celui qui vend.

I Les navires et autres bâtimens de mer, quoique meubles, sont affectés aux dettes du vendeur
(190).

V Voyez *Marchandise, Navire, Revendication,
Vente volontaire.*

V VENTE. On appelle *vente,* le contrat par lequel une personne cède à une autre quelque
chose qui lui appartient moyennant un certain
prix que l'acheteur en paye au vendeur.

9 Ce contrat est du droit des gens, et l'un des
plus anciens qui soit usité.

I L'usage des échanges est cependant plus ancien
que celui des ventes proprement dites ; car, avant
que l'on connût la monnaie, tout le commerce
se faisait par échange ; celui qui avait du grain en
donnait pour avoir des veaux, des moutons, etc.,
et ainsi du reste : mais celui qui avait besoin
d'une chose, n'ayant pas toujours de son côté
quelque chose qui convînt à celui qui pouvait
lui fournir ce qui lui était nécessaire, on fit
choix d'une matière dont la valeur publique et

constante pût servir à faciliter les échanges, en la rendant propre à être échangée contre toutes sortes de choses, selon la quantité qu'on mettrait de cette matière, qui est ce qu'on appelle *or et argent monnayé*: de sorte qu'il est vrai de dire que l'usage de la monnaie a été inventé pour faire ce qu'on appelle *une vente proprement dite*, c'est-à-dire, une vente à prix d'argent.

Ce contrat est synallagmatique, c'est-à-dire qu'il renferme un engagement réciproque entre le vendeur et l'acheteur.

C'est aussi un contrat commutatif, par lequel chaque contractant a dessein de recevoir autant qu'il donne.

Pour former une vente proprement dite, il faut le concours de trois choses : savoir, la chose qui fait l'objet de la vente, le prix de la chose vendue, et le consentement des contractans.

D'où il suit que, si je vous vends une pièce de mousseline des Indes que je croyais être dans mon magasin, et qui ne s'y trouve plus, il n'y aura point de vente, faute d'une chose qui en soit l'objet.

Les agens de change et courtiers sont tenus de consigner dans leur livre, jour par jour et par ordre de dates, sans ratures, entrelignes ni transpositions, et sans abréviations ni chiffres, toutes les conditions des ventes opérées par leur ministère (84).

En cas de refus ou contestation pour la réception des objets transportés, la vente peut en être ordonnée en faveur du voiturier, jusqu'à concurrence du prix de la voiture (106).

Les ventes se constatent

Par actes publics;

Par actes sous signature privée;

Pa

Par le bordereau ou arrêté d'un agent de change ou courtier, dûment signé par les parties ;

Par une facture acceptée ;

Par la correspondance ;

Par les livres des parties ;

Par la preuve testimoniale, dans le cas où le tribunal croira devoir l'admettre (109).

Les frais de justice et autres, faits pour parvenir à la vente d'un navire, sont dettes privilégiées sur ce navire (191).

Le privilége ne peut être exercé qu'autant que les frais seront constatés par les états de frais arrêtés par les tribunaux compétens (192).

Les deniers provenant des ventes opérées par les agens ou syndics de la faillite, seront versés, sous la déduction des dépenses et frais, dans une caisse à double serrure (496).

Les syndics définitifs de la faillite poursuivent, en vertu du contrat d'union, la vente des immeubles du failli, celle de ses marchandises et effets mobiliers, sous la surveillance du commissaire, et sans qu'il soit besoin d'appeler le failli (528).

Si la vente du mobilier précède celle des immeubles et donne lieu à une ou plusieurs répartitions de deniers, avant la distribution du prix des immeubles, les créanciers hypothécaires concourront à ces répartitions dans la proportion de leurs créances totales, et sauf, le cas échéant, les distractions dont il sera ci-après parlé (540).

Après la vente des immeubles et le jugement d'ordre entre les créanciers hypothécaires, ceux d'entre ces derniers qui viendront en ordre utile sur le prix des immeubles pour la totalité de leurs créances, ne toucheront le montant de leur collo-

34

cation hypothécaire, que sous la déduction des sommes par eux perçues dans la masse chirographaire.

Les sommes ainsi déduites ne resteront point dans la masse hypothécaire, mais retourneront à la masse chirographaire, au profit de laquelle il en sera fait distraction (541).

A l'égard des créanciers hypothécaires qui ne seront colloqués que partiellement dans la distribution du prix des immeubles, il sera procédé comme il suit :

Leurs droits sur la masse chirographaire seront définitivement réglés d'après les sommes dont ils resteront créanciers après leur collocation immobilière ; et les deniers qu'ils auront touchés au delà de cette proportion, dans la distribution antérieure, leur seront retenus sur le montant de leur collocation hypothécaire et reversés dans la masse chirographaire (542).

Les syndics de l'union, sous l'autorisation du commissaire, procéderont à la vente des immeubles, suivant les formes prescrites par le Code Napoléon pour la vente des biens des mineurs (564)

Pendant huitaine, après l'adjudication, tout créancier aura droit de surenchérir. La surenchère ne pourra être au-dessous du dixième du prix principal de l'adjudication (565).

Sera déclaré banqueroutier frauduleux, tout commerçant failli qui aura fait des ventes supposées (593).

Voyez *Adjudication, Agrès, Bâtiment, Capitaine, Cession de biens, Créancier, Domicile Expropriation, Juge, Marchandise, Navire, Négociation, Publications, Revendication, Saisie Syndic.*

VENTE à l'encan. Voy. *Entreprise.*

VENTE EN JUSTICE. Les priviléges des créanciers sur un navire s'éteignent par la vente en justice faite dans les formes prescrites pour la vente des navires (193).

Tous bâtimens de mer peuvent être vendus par autorité de justice (197).

VENTE VOLONTAIRE. Les priviléges des créanciers sur un navire sont éteints, lorsqu'après une vente volontaire, le navire a fait un voyage en mer sous le nom et aux risques de l'acquéreur, et sans opposition de la part des créanciers du vendeur (193).

La vente volontaire d'un navire doit être faite par écrit, et peut avoir lieu par acte public, ou par acte sous signature privée;

Elle peut être faite pour le navire entier, ou pour une portion du navire,

Le navire étant dans le port ou en voyage (195).

La vente volontaire d'un navire en voyage ne préjudicie pas aux créanciers du vendeur;

En conséquence, nonobstant la vente, le navire ou son prix continue d'être le gage desdits créanciers, qui peuvent même, s'ils le jugent convenable, attaquer la vente pour cause de fraude (196).

VÉRIFICATION. C'est l'action de vérifier.

VÉRIFICATION du rapport fait par le capitaine de navire, soit à son arrivée, soit dans le cas où il a fait naufrage. Voy. *Capitaine.*

VÉRIFICATION des objets assurés. Voyez *Assurance.*

VÉRIFICATION de créances. Voy. *Banqueroute frauduleuse, Concordat, Créance, Créancier,*

34.

Délai, Jugement, Répartition, Tribunal de commerce.

VÊTEMENT. Ce qui sert à couvrir le corps.

Dans tous les cas, il sera, sous l'approbation du commissaire, remis au failli et à sa famille les vêtemens nécessaires à l'usage de leurs personnes. Cette remise sera faite sur la proposition des syndics définitifs qui en dresseront l'état (529).

VEUVE. Femme dont le mari est mort, et qui n'est point remariée.

Les dispositions relatives aux contestations entre associés, et à la manière de les décider, sont communes aux veuves des associés (62). Voyez *Arbitre, Associé, Jugement arbitral.*

Les veuves des prétendus débiteurs de lettres de change ou de billets à ordre prescrits sont tenues d'affirmer, sous serment, qu'elles estiment, de bonne foi, qu'il n'est plus rien dû (189).

Si le failli vient à décéder après l'ouverture de sa faillite, sa veuve pourra se présenter pour le suppléer dans la formation du bilan, et pour toutes les autres obligations imposées au failli par le Code (475). Voy. *Prescription.*

VICE. Défaut, imperfection.

Le voiturier est garant des avaries autres que celles qui proviennent du vice propre de la chose (103).

Les déchets, diminutions et pertes qui arrivent par le vice propre de la chose sur laquelle le prêt à la grosse a eu lieu, ne sont point à la charge du prêteur (326).

Les déchets, diminutions et pertes qui arrivent par le vice propre de la chose assurée ne sont point à la charge des assureurs (352).

Est avarie particulière, le dommage arrivé aux marchandises par leur vice propre (403).

Marchandises détériorées par leur vice propre. Voyez *Fret*.

VICTUAILLES. Vivres qu'on charge sur des vaisseaux.

Si les victuailles manquent pendant le voyage, le capitaine, en prenant l'avis des principaux de l'équipage, peut contraindre ceux qui ont des vivres en particulier, de les mettre en commun, à la charge de leur en payer la valeur (249).

Les emprunts à la grosse peuvent être affectés sur les victuailles (315).

Le contrat d'assurance peut avoir les victuailles pour objet (334).

Voyez *Capitaine, Créancier, Fret, Navire, Prêt à la grosse.*

VIGNERON. Celui qui cultive la vigne. Voyez *Denrées*.

VIN. Liqueur propre à boire que l'on tire du raisin.

Futailles contenant vin. Voy. *Fret*.

VISA. Terme pris du latin, pour exprimer une formule qui se met sur certains actes, pour en assurer l'authenticité.

Le capitaine est tenu, dans les vingt-quatre heures de son arrivée, de faire viser son registre (242).

Le pouvoir en vertu duquel on plaide pour une partie devant les tribunaux de commerce, est exhibé au greffier avant l'appel de la cause, et par lui visé sans frais (627).

VISITE. Examen qu'on fait des marchandises

chargées sur un navire. On appelle *droit de vi-site*, le salaire qu'on paye au préposé qui se transporte sur le vaisseau pour procéder à cet examen.

Le procès-verbal de visite d'un navire est déposé au greffe du tribunal de commerce; il en est délivré extrait au capitaine (225).

Le capitaine est tenu d'avoir à bord les procès-verbaux de visite (226).

Voyez *Avarie*, *Capitaine*.

VIVRES. Toutes les choses dont un homme se peut nourrir.

Voyez *Capitaine*, *Victuailles*.

VOIE D'EAU. En termes de marine, on appelle *voie d'eau*, une ouverture qui se fait dans un vaisseau, et par laquelle l'eau entre.

Sont avaries particulières les dépenses résultant de toutes relâches occasionnées par voie d'eau à réparer (403).

VOILE. Plusieurs lés de toile forte cousus ensemble, et que l'on attache aux antennes ou vergues des mâts, pour prendre, pour recevoir le vent.

On dit *faire voile*, pour dire naviguer.

Le bâtiment prêt à faire voile n'est pas saisissable, si ce n'est à raison de dettes contractées pour le voyage qu'il va faire; et même dans ce dernier cas, le cautionnement de ces dettes empêche la saisie.

Le bâtiment est censé prêt à faire voile, lorsque le capitaine est muni de ses expéditions pour son voyage (215).

Est avarie particulière la perte des voiles causée par tempête ou autre accident de mer (403).

Voyez *Affrétement*, *Capitaine*, *Charte-partie*, *Contrat à la grosse*, *Convention*, *Equipage*, *Navire*, *Nolissement*, *Propriétaire de navire*.

VOITURE. Ce qui sert au transport des marchandises, des personnes.

Voiture, signifie aussi le port, le transport des marchandises, des hardes, des personnes.

La lettre de voiture doit énoncer le prix de la voiture (102).

Voyez *Revendication*, *Voiturier*.

VOITURES PUBLIQUES. Ce sont celles dont chacun a la liberté de se servir en payant par tête pour les personnes, ou tant du kilogramme pesant pour les hardes, marchandises ou autres effets.

Les dispositions qui règlent les droits et les devoirs du voiturier sont communes aux entrepreneurs de voitures publiques (107).

Voyez *Voiturier*.

VOITURIER. Celui qui transporte pour de l'argent des denrées, des marchandises par terre ou par eau.

Le voiturier est garant de la perte des objets à transporter, hors les cas de la force majeure.

Il est garant des avaries autres que celles qui proviennent du vice propre de la chose ou de la force majeure (103).

Si, par l'effet de la force majeure, le transport n'est pas effectué dans le délai convenu, il n'y a pas lieu à indemnité contre le voiturier pour cause de retard (104).

La réception des objets transportés, et le paiement du prix de la voiture éteignent toute action contre le voiturier (105).

En cas de refus ou contestation pour la réception des objets transportés, leur état est vérifié et constaté par des experts nommés par le président du tribunal de commerce, ou, à son défaut, par le juge de paix, et par ordonnance, au pied d'une requête, le dépôt ou séquestre, et ensuite le transport dans un dépôt public peut en être ordonné.

La vente peut en être ordonnée en faveur du voiturier, jusqu'à concurrence du prix de la voiture (106).

Les dispositions concernant les voituriers sont communes aux maîtres de bateaux, entrepreneurs de diligences et voitures publiques (107).

Toutes actions contre le commissionnaire et le voiturier, à raison de la perte ou de l'avarie des marchandises, sont prescrites après six mois, pour les expéditions faites dans l'intérieur de la France, et après un an, pour celles faites à l'étranger; le tout à compter, pour les cas de perte, du jour où le transport des marchandises aurait dû être effectué, et pour les cas d'avaries, du jour où la remise des marchandises aura été faite, sans préjudice des cas de fraude ou d'infidélité (108).

Voyez *Lettre de change, Marchandises, Commissionnaire pour le transport par terre et par eau.*

VOL. Action de celui qui prend, qui dérobe. Il se dit aussi de la chose volée.

Les personnes condamnées pour fait de vol ne pourront être admises au bénéfice de cession (575).

Les personnes condamnées pour fait de vol ne seront point admises à la réhabilitation (612).

VOYAGE. Le chemin qu'on fait pour aller d'un lieu à un autre lieu qui est éloigné.

Il se dit aussi de l'allée ou venue que quelqu'un fait pour notre service.

Tout capitaine d'un navire engagé pour un voyage, est tenu de l'achever, à peine de tous dépens, dommages et intérêts envers les propriétaires et les affréteurs (238).

Le contrat à la grosse énonce si le prêt a lieu pour un voyage, pour quel voyage et pour quel temps (311).

Nul prêt à la grosse ne peut être fait aux matalots ou gens de mer, sur leurs loyers ou voyages (319).

L'assurance peut être faite avant ou pendant le voyage du vaisseau;

Pour le voyage entier ou pour un temps limité;

Pour tous voyages par mer, rivières et canaux navigables (335).

Toutes pertes et dommages qui arrivent aux objets assurés, par changement forcé de voyage, sont aux risques des assureurs (350). Voy. *Assurance.*

Le délaissement des objets assurés ne peut être fait avant le voyage commencé (370).

Voyez *Assurance, Capitaine, Contrat à la grosse, Courtier d'assurance, Délai, Equipage, Fret, Matelot, Navire, Prescription, Saisie, Vente volontaire.*

VOYAGES DE LONG-COURS. C'est ainsi qu'on appelle les voyages qui se font sur mer dans des vaisseaux qui doivent rester long-temps en route. Tels sont les voyages qui se font aux Indes orientales et occidentales, à la mer Pacifique, au Canada, à Terre-Neuve, au Groënland, et aux autres côtes et îles de l'Amérique méridionale et septentrionale, aux Açores, Canaries, à Madère et dans toutes les côtes et pays situés sur l'Océan, au-delà des détroits de Gibraltar et du Sund.

Voyez *Assurance, Délai.*

VUE. Les lettres de change à vue sont celles dont l'échéance est le moment même de leur présentation par le porteur à celui sur qui elles sont tirées.

Une lettre de change peut être tirée

A vue,

A un ou plusieurs jours
A un ou plusieurs mois   } *De vue;*
A une ou plusieurs usances

(129.)

La lettre de change à vue est payable à sa présentation (130).

L'échéance d'une lettre de change

A un ou plusieurs jours
A un ou plusieurs mois   } *De vue*
A une ou plusieurs usances

est fixée par la date de l'acceptation ou par celle du protêt faute d'acceptation (131).

Voyez *Acceptation, Délai, Porteur.*

FIN DU MANUEL,

REGLEMENT de S. Exc. le Ministre de l'Intérieur, relatif à l'exécution de l'article 37 du Code de commerce, concernant les Sociétés anonimes.

1°. Les individus qui voudront former une société anonime, seront tenus de se conformer au Code de commerce; et pour obtenir l'autorisation du Gouvernement, ils adresseront au Préfet de leur département, et à Paris, au Conseiller d'Etat Préfet de police, une pétition signée de ceux qui veulent former la société.

2°. La pétition contiendra la désignation de l'affaire ou des affaires que la société veut entreprendre, le temps de sa durée, le domicile des pétitionnaires, le montant du capital que la société devra posséder, la manière dont ils entendent former ce capital, soit par souscriptions simples ou par actions, les délais dans lesquels le capital devra être réalisé, le domicile choisi où sera placée l'administration, le mode d'administration, et enfin l'acte ou les actes d'association passés entre les intéressés.

3°. Si les souscripteurs de la pétition ne complètent pas eux seuls la société qui doit être formée, s'ils déclarent avoir l'intention de la compléter lorsque seulement ils auront reçu l'approbation du Gouvernement, ils devront, dans ce cas, composer au moins le quart en somme du capital, et s'obliger de payer leur contingent aussitôt après l'autorisation donnée.

4°. Les préfets des départemens et le préfet de police à Paris, feront, sur la pétition à eux adressée, toutes les informations nécessaires pour vérifier les qualités et la moralité, soit des auteurs du projet, soit des pétitionnaires, ils donneront leur avis sur l'utilité de l'affaire, sur la probabilité du succès qu'elle pourra obtenir; ils déclareront si l'entreprise ne paraît point contraire aux mœurs, à la bonne-foi du commerce et au bon ordre des affaires en général; ils feront des recherches sur les facultés des pétitionnaires, de manière à s'assurer qu'ils sont en état de réaliser la mise pour laquelle ils entendent s'intéresser.

Les pièces et l'avis du préfet seront adressés au Ministre.

5°. Le Ministre, après avoir examiné la proposition, la soumettra à S. M. en son Conseil d'Etat, qui statuera sur son admission ou son rejet.

6°. Il ne pourra être rien changé aux bases et au but de la société anonime, après l'approbation reçue, sans avoir ob-

tenu, dans les formes prescrites par la présente
une nouvelle autorisation du Gouvernement, et
de l'interdiction de la société.

7°. Les sociétés anonymes actuellement exist-
tenues, à peine d'interdiction, de demander l'auto-
Gouvernement, dans les mêmes formes prescrites
sente instruction; et ce, dans le délai de six mois
du 1er. janvier 1808.

Le Ministre de l'Intérieur, Cana

CODE
DE COMMERCE.

~~~~~~

LIVRE PREMIER.

DU COMMERCE EN GÉNÉRAL.

TITRE PREMIER.

Des Commerçans.

ART. Iᵉʳ. SONT commerçans ceux qui exercent des actes de commerce, et en font leur profession habituelle.

2. Tout mineur émancipé de l'un et de l'autre sexe, âgé de dix-huit ans accomplis, qui voudra profiter de la faculté que lui accorde l'article 487 du Code Napoléon, de faire le commerce, ne pourra en commencer les opérations, ni être réputé majeur, quant aux engagemens par lui contractés pour faits de commerce, 1.° s'il n'a été préalablement autorisé par son père; ou par sa mère, en cas de décès, interdiction ou absence du père; ou, à défaut du père et de la mère, par une délibération du conseil de famille, homologuée par le tribunal civil; 2.° si, en outre, l'acte d'autorisation n'a été enregistré et affiché au tribunal de commerce du lieu où le mineur veut établir son domicile.

3. La disposition de l'article précédent est applicable aux mineurs, même non commerçans, à l'égard de tous les faits qui sont déclarés faits de commerce par les dispositions des art. 632 et 633 du titre II du livre IV.

4. La femme ne peut être marchande publique sans le consentement de son mari.

5. La femme, si elle est marchande publique, peut, sans l'autorisation de son mari, s'obliger pour ce qui concerne son négoce; et audit cas, elle oblige aussi son mari, s'il y a communauté entre eux.

a

Elle n'est pas réputée marchande publique si elle ne fait que détailler les marchandises du commerce de son mari ; elle n'est réputée telle que lorsqu'elle fait un commerce séparé.

6. Les mineurs marchands, autorisés comme il est dit ci-dessus, peuvent engager et hypothéquer leurs immeubles.

Ils peuvent même les aliéner, mais en suivant les formalités prescrites par les art. 457 et suivans du Code Napoléon.

7. Les femmes marchandes publiques peuvent également engager, hypothéquer et aliéner leurs immeubles.

Toutefois leurs biens stipulés dotaux, quand elles sont mariées sous le régime dotal, ne peuvent être hypothéqués ni aliénés que dans les cas déterminés et avec les formes réglées par le Code Napoléon.

TITRE II.

Des Livres de commerce.

8. Tout commerçant est tenu d'avoir un livre-journal qui *présente*, jour par jour, ses dettes actives et passives, les opérations de son commerce, ses négociations, acceptations ou endossemens d'effets, et généralement tout ce qu'il reçoit et paie, à quelque titre que ce soit ; et qui *énonce*, mois par mois, les sommes employées à la dépense de sa maison : le tout indépendamment des autres livres usités dans le commerce, mais qui ne sont pas indispensables.

Il est tenu de mettre en liasse les lettres missives qu'il reçoit, et de copier sur un registre celles qu'il envoie.

9. Il est tenu de faire, tous les ans, sous seing-privé, un inventaire de ses effets mobiliers et immobiliers, et de ses dettes actives et passives, et de le copier, année par année, sur un registre spécial à ce destiné.

10. Le livre-journal et le livre des inventaires seront paraphés et visés une fois par année.

Le livre de copies de lettres ne sera pas soumis à cette formalité.

Tous seront tenus par ordre de dates, sans blancs, lacunes ni transports en marge.

11. Les livres dont la tenue est ordonnée par les art. 8 et 9 ci-dessus, seront cotés, paraphés et visés soit par un des juges des tribunaux de commerce, soit par le maire ou un adjoint, dans la forme ordinaire et sans frais. Les commerçans seront tenus de conserver ces livres pendant dix ans.

12. Les livres de commerce, régulièrement tenus, peuvent être admis par le juge pour faire preuve entre commerçans pour faits de commerce.

13. Les livres que les individus faisant le commerce sont obligés de tenir, et pour lesquels ils n'auront pas observé les formalités ci-dessus prescrites, ne pourront être représentés ni faire foi en justice, au profit de ceux qui les auront tenus; sans préjudice de ce qui sera réglé au livre *des Faillites et Banqueroutes*.

14. La communication des livres et inventaires ne peut être ordonnée en justice que dans les affaires de succession, communauté, partage de société, et en cas de faillite.

15. Dans le cours d'une contestation, la représentation des livres peut être ordonnée par le juge, même d'office, à l'effet d'en extraire ce qui concerne le différend.

16. En cas que les livres dont la représentation est offerte, requise ou ordonnée, soient dans des lieux éloignés du tribunal saisi de l'affaire, les juges peuvent adresser une commission rogatoire au tribunal de commerce du lieu, ou déléguer un juge de paix pour en prendre connaissance, dresser un procès-verbal du contenu, et l'envoyer au tribunal saisi de l'affaire.

17. Si la partie aux livres de laquelle on offre d'ajouter foi, refuse de les représenter, le juge peut déférer le serment à l'autre partie.

TITRE III.

Des Sociétés.

SECTION PREMIÈRE.

Des diverses Sociétés, et de leurs Règles.

18. Le contrat de société se règle par le droit civil, par les lois particulières au commerce, et par les conventions des parties.

19. La loi reconnaît trois espèces de sociétés commerciales:

La société en nom collectif,
La société en commandite,
La société anonyme.

20. La *société en nom collectif* est celle que contractent deux personnes ou un plus grand nombre, et qui a pour objet de faire le commerce sous une raison sociale.

a..

21. Les noms des associés peuvent seuls faire partie de la raison sociale.

22. Les associés en nom collectif indiqués dans l'acte de société, sont solidaires pour tous les engagemens de la société, encore qu'un seul des associés ait signé, pourvu que ce soit sous la raison sociale.

23. La *société en commandite* se contracte entre un ou plusieurs associés responsables et solidaires, et un ou plusieurs associés simples bailleurs de fonds, que l'on nomme *commanditaires* ou *associés en commandite*.

Elle est régie sous un nom social, qui doit être nécessairement celui d'un ou plusieurs des associés responsables et solidaires.

24. Lorsqu'il y a plusieurs associés solidaires et en nom, soit que tous gèrent ensemble, soit qu'un ou plusieurs gèrent pour tous, la société est, à la fois, société en nom collectif à leur égard, et société en commandite à l'égard des simples bailleurs de fonds.

25. Le nom d'un associé commanditaire ne peut faire partie de la raison sociale.

26. L'associé commanditaire n'est passible des pertes que jusqu'à concurrence des fonds qu'il a mis ou dû mettre dans la société.

27. L'associé commanditaire ne peut faire aucun acte de gestion, ni être employé pour les affaires de la société, même en vertu de procuration.

28. En cas de contravention à la prohibition mentionnée dans l'article précédent, l'associé commanditaire est obligé solidairement, avec les associés en nom collectif, pour toutes les dettes et engagemens de la société.

29. La *société anonime* n'existe point sous un nom social: elle n'est désignée par le nom d'aucun des associés.

30. Elle est qualifiée par la désignation de l'objet de son entreprise.

31. Elle est administrée par des mandataires à temps, révocables, associés ou non associés, salariés ou gratuits.

32. Les administrateurs ne sont responsables que de l'exécution du mandat qu'ils ont reçu.

Ils ne contractent, à raison de leur gestion, aucune obligation personnelle ni solidaire relativement aux engagemens de la société.

33. Les associés ne sont passibles que de la perte du montant de leur intérêt dans la société.

34. Le capital de la société anonime se divise en actions et même en coupons d'action d'une valeur égale.

35. L'action peut être établie sous la forme d'un titre au porteur.

Dans ce cas, la cession s'opère par la tradition du titre.

36. La propriété des actions peut être établie par une inscription sur les registres de la société.

Dans ce cas, la cession s'opère par une déclaration de transfert inscrite sur les registres, et signée de celui qui fait le transport ou d'un fondé de pouvoir.

37. La société anonyme ne peut exister qu'avec l'autorisation du Gouvernement, et avec son approbation pour l'acte qui la constitue; cette approbation doit être donnée dans la forme prescrite pour les réglemens d'administration publique.

38. Le capital des sociétés en commandite pourra être aussi divisé en actions, sans aucune autre dérogation aux règles établies pour ce genre de sociétés.

39. Les sociétés en nom collectif ou en commandite doivent être constatées par des actes publics ou sous signatures privées, en se conformant, dans ce dernier cas, à l'article 1325 du Code Napoléon.

40. Les sociétés anonymes ne peuvent être formées que par des actes publics.

41. Aucune preuve par témoins ne peut être admise contre et outre le contenu dans les actes de société, ni sur ce qui serait allégué avoir été dit avant l'acte, lors de l'acte ou depuis, encore qu'il s'agisse d'une somme au-dessous de cent cinquante francs.

42. L'extrait des actes de société en nom collectif et en commandite, doit être remis, dans la quinzaine de leur date, au greffe du tribunal de commerce de l'arrondissement dans lequel est établie la maison du commerce social, pour être transcrit sur le registre, et affiché pendant trois mois dans la salle des audiences.

Si la société a plusieurs maisons de commerce situées dans divers arrondissemens, la remise, la transcription et l'affiche de cet extrait, seront faites au tribunal de commerce de chaque arrondissement.

Ces formalités seront observées, à peine de nullité à l'égard des intéressés, mais le défaut d'aucune d'elles ne pourra être opposé à des tiers par les associés.

43. L'extrait doit contenir,

Les noms, prénoms, qualités et demeures des associés, autres que les actionnaires ou commanditaires,

La raison de commerce de la société,

La désignation de ceux des associés autorisés à gérer, administrer et signer pour la société;

Le montant des valeurs fournies ou à fournir par actions ou en commandite,

L'époque où la société doit commencer, et celle où elle doit finir.

44. L'extrait des actes de société est signé, pour les actes publics, par les notaires, et pour les actes sous seing-privé, par tous les associés, si la société est en nom collectif, et par les associés solidaires ou gérens, si la société est en commandite, soit qu'elle se divise ou ne se divise pas en actions.

45. L'acte du gouvernement qui autorise les sociétés anonimes, devra être affiché avec l'acte d'association; et pendant le même temps.

46. Toute continuation de société, après son terme expiré, sera constatée par une déclaration des coassociés.

Cette déclaration, et tous actes portant dissolution de société avant le terme fixé pour sa durée par l'acte qui l'établit, tout changement ou retraite d'associés, toutes nouvelles stipulations ou clauses, tout changement à la raison de société, sont soumis aux formalités prescrites par les art. 42, 43 et 44.

En cas d'omission de ces formalités, il y aura lieu à l'application des dispositions pénales de l'art. 42, §. 3.

47. Indépendamment des trois espèces de sociétés ci-dessus, la loi reconnaît les *associations commerciales en participation.*

48. Ces associations sont relatives à une ou plusieurs *opérations de commerce;* elles ont lieu pour les objets, dans les formes, avec les proportions d'intérêt et aux conditions convenus entre les participans.

49. Les associations en participation peuvent être constatées par la représentation des livres, de la correspondance, ou par la preuve testimoniale, si le tribunal juge qu'elle peut être admise.

50. Les associations commerciales en participation ne sont pas sujettes aux formalités prescrites pour les autres sociétés.

SECTION II.

Des Contestations entre Associés, et de la manière de les décider.

51. Toute contestation entre associés, et pour raison de la société, sera jugée par des arbitres.

52. Il y aura lieu à l'appel du jugement arbitral ou au pourvoi en cassation, si la renonciation n'a pas été stipulée. L'appel sera porté devant la cour d'appel.

53. La nomination des arbitres se fait

Par un acte sous signature privée,

Par acte notarié,

Par acte extrajudiciaire,

Par un consentement donné en justice.

54. Le délai pour le jugement est fixé par les parties, lors de la nomination des arbitres; et, s'ils ne sont pas d'accord sur le délai, il sera réglé par les juges.

55. En cas de refus de l'un ou de plusieurs des associés de nommer des arbitres, les arbitres sont nommés d'office par le tribunal de commerce.

56. Les parties remettent leurs pièces et mémoires aux arbitres, sans aucune formalité de justice.

57. L'associé en retard de remettre les pièces et mémoires, est sommé de le faire dans les dix jours.

58. Les arbitres peuvent, suivant l'exigence des cas, proroger le délai pour la production des pièces.

59. S'il n'y a renouvellement de délai, ou si le nouveau délai est expiré, les arbitres jugent sur les seules pièces et mémoires remis.

60. En cas de partage, les arbitres nomment un sur-arbitre, s'il n'est nommé par le compromis; si les arbitres sont discordans sur le choix, le sur-arbitre est nommé par le tribunal de commerce.

61. Le jugement arbitral est motivé.

Il est déposé au greffe du tribunal de commerce.

Il est rendu exécutoire sans aucune modification, et transcrit sur les registres, en vertu d'une ordonnance du président du tribunal, lequel est tenu de la rendre pure et simple, et dans le délai de trois jours du dépôt au greffe.

62. Les dispositions ci-dessus sont communes aux veuves, héritiers ou ayant-cause des associés.

63. Si des mineurs sont intéressés dans une contestation pour raison d'une société commerciale, le tuteur ne pourra renoncer à la faculté d'appeler du jugement arbitral.

64. Toutes actions contre les associés non liquidateurs et leurs veuves, héritiers ou ayant-cause, sont prescrites cinq ans après la fin ou la dissolution de la société, si l'acte de société qui en énonce la durée ou l'acte de dissolution a été affiché et enregistré conformément aux art. 42, 43, 44 et 46, et si, depuis cette formalité remplie, la prescription n'a été interrompue, à leur égard, par aucune poursuite judiciaire.

TITRE IV.

Des Séparations de biens.

65. Toute demande en séparation de biens sera poursuivie, instruite et jugée conformément à ce qui est prescrit au Code Napoléon, liv. III, tit. V, chap. II, sect. III, et au Code de procédure civile, 2.ᵉ partie, liv. I, tit. VIII.

66. Tout jugement qui prononcera une séparation de corps ou un divorce entre mari et femme dont l'un serait commerçant, sera soumis aux formalités prescrites par l'art. 872 du Code de procédure civile; à défaut de quoi, les créanciers seront toujours admis à s'y opposer, pour ce qui touche leurs intérêts, et à contredire toute liquidation qui en aurait été la suite.

67. Tout contrat de mariage entre époux dont l'un sera commerçant, sera transmis par extrait, dans le mois de sa date, aux greffes et chambres désignés par l'art. 872 du Code de procédure civile, pour être exposé au tableau, conformément au même article.

Cet extrait annoncera si les époux sont mariés en communauté, s'ils sont séparés de biens, ou s'ils ont contracté sous le régime dotal.

68. Le notaire qui aura reçu le contrat de mariage sera tenu de faire la remise ordonnée par l'article précédent, sous peine de cent francs d'amende, et même de destitution et de responsabilité envers les créanciers, s'il est prouvé que l'omission soit la suite d'une collusion.

69. Tout époux séparé de biens et marié sous le régime dotal, qui embrasserait la profession de commerçant postérieurement à son mariage, sera tenu de faire pareille remise dans le mois du jour où il aura ouvert son commerce, à peine, en cas de faillite, d'être puni comme banqueroutier frauduleux.

70. La même remise sera faite, sous les mêmes peines, dans l'année de la publication de la présente loi, par tout époux séparé de biens ou marié sous le régime dotal, qui, au moment de ladite publication, exercerait la profession de commerçant.

TITRE V.

Des Bourses de commerce, Agens de change et Courtiers.

SECTION PREMIÈRE.

Des Bourses de commerce.

71. La bourse de commerce est la réunion qui a lieu, sous l'autorité du Gouvernement, des commerçans, capitaines de navires, agens de change et courtiers.

72. Le résultat des négociations et des transactions qui s'opèrent dans la bourse, détermine le cours du change, des marchandises, des assurances, du fret ou nolis, du prix des transports par terre ou par eau, des effets publics et autres dont le cours est susceptible d'être coté.

73. Ces divers cours sont constatés par les agens de change et courtiers, dans la forme prescrite par les réglemens de police généraux ou particuliers.

SECTION II.

Des Agens de change et Courtiers.

74. La loi reconnaît, pour les actes de commerce, des agens intermédiaires; savoir: les agens de change et les courtiers.

75. Il y en a dans toutes les villes qui ont une bourse de commerce.

Ils sont nommés par l'Empereur.

76. Les agens de change, constitués de la manière prescrite par la loi, ont seuls le droit de faire les négociations des effets publics et autres susceptibles d'être cotés; de faire pour le compte d'autrui les négociations des lettres de change ou billets, et de tous papiers commerçables, et d'en constater le cours.

Les agens de change pourront faire, concurremment avec les courtiers de marchandises, les négociations et le courtage des ventes ou achats des matières métalliques. Ils ont seuls le droit d'en constater le cours.

77. Il y a des courtiers de marchandises,

Des courtiers d'assurances,

Des courtiers interprètes et conducteurs de navires,

Des courtiers de transport par terre et par eau.

78. Les courtiers de marchandises, constitués de la manière prescrite par la loi, ont seuls le droit de faire le courtage des marchandises, d'en constater le cours; ils exercent, concurremment avec les agens de change, le courtage des matières métalliques.

79. Les courtiers d'assurances rédigent les contrats ou polices d'assurances, concurremment avec les notaires; ils en attestent la vérité par leur signature, certifient le taux des primes pour tous les voyages de mer ou de rivière.

80. Les courtiers interprètes et conducteurs de navires font le courtage des affrétemens : ils ont, en outre, seuls le droit de traduire, en cas de contestations portées devant les tribunaux, les déclarations, chartes-parties, connaissemens, contrats, et tous actes de commerce dont la traduction serait nécessaire; enfin, de constater le cours du fret ou du nolis.

Dans les affaires contentieuses de commerce, et pour le service des douanes, ils serviront seuls de truchement à tous étrangers, maîtres de navire, marchands, équipages de vaisseau et autres personnes de mer.

81. Le même individu peut, si l'acte du Gouvernement qui l'institue l'y autorise, cumuler les fonctions d'agent de change, de courtier de marchandises ou d'assurances, et de courtier interprète et conducteur de navires.

82. Les courtiers de transport par terre et par eau, constitués selon la loi, ont seuls, dans les lieux où ils sont établis, le droit de faire le courtage des transports par terre et par eau; ils ne peuvent cumuler, dans aucun cas et sous aucun prétexte, les fonctions de courtiers de marchandises, d'assurances, ou de courtiers conducteurs de navires, désignées aux articles 78, 79 et 80.

83. Ceux qui ont fait faillite, ne peuvent être agens de change ni courtiers, s'ils n'ont été réhabilités.

84. Les agens de change et courtiers sont tenus d'avoir un livre revêtu des formes prescrites par l'article 11.

Ils sont tenus de consigner dans ce livre, jour par jour, et par ordre de dates, sans ratures, entrelignes ni transpositions, et sans abréviations ni chiffres, toutes les conditions des ventes, achats, assurances, négociations, et en général de toutes les opérations faites par leur ministère.

85. Un agent de change ou courtier ne peut, dans aucun cas et sous aucun prétexte, faire des opérations de commerce ou de banque pour son compte.

Il ne peut s'intéresser directement ni indirectement sous

son nom, ou sous un nom interposé, dans aucune entreprise commerciale.

Il ne peut recevoir ni payer pour le compte de ses commettans.

86. Il ne peut se rendre garant de l'exécution des marchés dans lesquels il s'entremet.

87. Toute contravention aux dispositions énoncées dans les deux articles précédens, entraîne la peine de destitution, et une condamnation d'amende, qui sera prononcée par le tribunal de police correctionnelle, et qui ne peut être au-dessus de trois mille francs, sans préjudice de l'action des parties en dommages et intérêts.

88. Tout agent de change ou courtier destitué en vertu de l'article précédent, ne peut être réintégré dans ses fonctions.

89. En cas de faillite, tout agent de change ou courtier est poursuivi comme banqueroutier.

90. Il sera pourvu, par des réglemens d'administration publique, à tout ce qui est relatif à la négociation et transmission de propriété des effets publics.

TITRE VI.

Des Commissionnaires.

SECTION PREMIERE.

Des Commissionnaires en général.

91. Le commissionnaire est celui qui agit, en son propre nom, ou sous un nom social, pour le compte d'un commettant.

92. Les devoirs et les droits du commissionnaire qui agit au nom d'un commettant, sont déterminés par le Code Napoléon, livre III, titre XIII.

93. Tout commissionnaire qui a fait des avances sur des marchandises à lui expédiées d'une autre place pour être vendues pour le compte d'un commettant, a privilége, pour le remboursement de ses avances, intérêts et frais, sur la valeur des marchandises, si elles sont à sa disposition, dans ses magasins, ou dans un dépôt public, ou si, avant qu'elles soient arrivées, il peut constater, par un connaissement ou par une lettre de voiture, l'expédition qui lui en a été faite.

94. Si les marchandises ont été vendues et livrées pour le compte du commettant, le commissionnaire se rembourse, sur

le produit de la vente, du montant de ses avances, intérêts et frais, par préférence aux créanciers du commettant.

95. Tous prêts, avances ou paiemens qui pourraient être faits sur des marchandises déposées ou consignées par un individu résidant dans le lieu du domicile du commissionnaire, ne donnent privilége au commissionnaire ou dépositaire qu'autant qu'il s'est conformé aux dispositions prescrites par le Code Napoléon, livre III, titre XVII, pour les prêts sur gages ou nantissemens.

SECTION II.

Des Commissionnaires pour les transports par terre et par eau.

96. Le commissionnaire qui se charge d'un transport par terre ou par eau, est tenu d'inscrire sur son livre-journal la déclaration de la nature et de la quantité des marchandises, et, s'il en est requis, de leur valeur.

97. Il est garant de l'arrivée des marchandises et effets dans le délai déterminé par la lettre de voiture, hors les cas de la force majeure légalement constatée.

98. Il est garant des avaries, ou pertes de marchandises et effets, s'il n'y a stipulation contraire dans la lettre de voiture, ou force majeure.

99. Il est garant des faits du commissionnaire intermédiaire auquel il adresse les marchandises.

100. La marchandise sortie du magasin du vendeur ou de l'expéditeur, voyage, s'il n'y a convention contraire, aux risques et périls de celui à qui elle appartient, sauf son recours contre le commissionnaire et le voiturier chargés du transport.

101. La lettre de voiture forme un contrat entre l'expéditeur et le voiturier, ou entre l'expéditeur, le commissionnaire et le voiturier.

102. La lettre de voiture doit être datée.

Elle doit exprimer,

La nature et le poids ou la contenance des objets à transporter,

Le délai dans lequel le transport doit être effectué.

Elle indique,

Le nom et le domicile du commissionnaire par l'entremise duquel le transport s'opère, s'il y en a un,

Le nom de celui à qui la marchandise est adressée,

Le nom et le domicile du voiturier.

Elle énonce,

Le prix de la voiture,

L'indemnité due pour cause de retard.

Elle est signée par l'expéditeur ou le commissionnaire.

Elle présente en marge,

Les marques et numéros des objets à transporter.

La lettre de voiture est copiée par le commissionnaire sur un registre coté et paraphé sans intervalle et de suite.

SECTION III.

Du Voiturier.

103. Le voiturier est garant de la perte des objets à transporter, hors les cas de la force majeure.

Il est garant des avaries autres que celles qui proviennent du vice propre de la chose, ou de la force majeure.

104. Si, par l'effet de la force majeure, le transport n'est pas effectué dans le délai convenu, il n'y a pas lieu à indemnité contre le voiturier pour cause de retard.

105. La réception des objets transportés et le paiement du prix de la voiture éteignent toute action contre le voiturier.

106. En cas de refus ou contestation pour la réception des objets transportés, leur état est vérifié et constaté par des experts nommés par le président du tribunal de commerce, ou, à son défaut, par le juge de paix et par ordonnance au bied d'une requête.

Le dépôt ou séquestre, et ensuite le transport dans un dépôt public, peut en être ordonné.

La vente peut en être ordonnée en faveur du voiturier, jusqu'à concurrence du prix de la voiture.

107. Les dispositions contenues dans le présent titre sont communes aux maîtres de bateaux, entrepreneurs de diligences et voitures publiques.

108. Toutes actions contre le commissionnaire et le voiturier, à raison de la perte ou de l'avarie des marchandises, seront prescrites, après six mois, pour les expéditions faites dans l'intérieur de la France, et après un an, pour celles faites à l'étranger; le tout à compter, pour les cas de perte, du jour où le transport des marchandises aurait dû être effectué, et, pour les cas d'avaries, du jour où la remise des marchandises aura été faite; sans préjudice des cas de fraude ou d'infidélité.

TITRE VII.

Des Achats et Ventes.

109. Les achats et ventes se constatent,

Par actes publics,

Par actes sous signature privée,

Par le bordereau ou arrêté d'un agent de change ou courtier, dûment signé par les parties,

Par une facture acceptée,

Par la correspondance,

Par les livres des parties,

Par la preuve testimoniale, dans le cas où le tribunal croira
devoir l'admettre.

TITRE VIII.

De la Lettre de Change, du Billet à ordre et de la Prescription.

SECTION PREMIÈRE.

De la Lettre de change.

§. Ier. De la forme de la Lettre de change.

110. La lettre de change est tirée d'un lieu sur un autre.
Elle est datée.
Elle énonce,

La somme à payer,

Le nom de celui qui doit payer,

L'époque et le lieu où le paiement doit s'effectuer,

La valeur fournie en espèces, en marchandises, en compte,
ou de toute autre manière.

Elle est à l'ordre d'un tiers, ou à l'ordre du tireur lui-
même.

Si elle est par première, seconde, troisième, quatrième,
etc., elle l'exprime.

111. Une lettre de change peut être tirée sur un individu,
et payable au domicile d'un tiers.

Elle peut être tirée par ordre et pour le compte d'un tiers.

112. Sont réputées simples promesses toutes lettres de

change contenant supposition, soit de nom, soit de qualité, soit de domicile, soit des lieux où elles *sont* tirées ou dans lesquels elles *sont* payables.

113. **La signature des femmes et des filles non négociantes ou marchandes publiques sur lettres de change ne vaut, à leur égard, que comme simple promesse.**

114. **Les lettres de change souscrites par des mineurs non négocians sont nulles à leur égard, sauf les droits respectifs des parties, conformément à l'art. 1312 du Code Napoléon.**

§. II. De la Provision.

115. **La provision doit être faite par le tireur, ou par celui pour le compte de qui la lettre de change sera tirée, sans que le tireur cesse d'être personnellement obligé.**

116. **Il y a provision, si, à l'échéance de la lettre de change, celui sur qui elle est fournie est redevable au tireur, ou à celui pour compte de qui elle est tirée, d'une somme au moins égale au montant de la lettre de change.**

117. **L'acceptation suppose la provision.**

Elle en établit la preuve à l'égard des endosseurs.

Soit qu'il y ait ou non acceptation, le tireur seul est tenu de prouver, en cas de dénégation, que ceux sur qui la lettre était tirée, avaient provision à l'échéance : sinon il est tenu de la garantir, quoique le protêt ait été fait après les délais fixés.

§. III. De l'Acceptation.

118. **Le tireur et les endosseurs d'une lettre de change sont garans solidaires de l'acceptation et du paiement à l'échéance.**

119. **Le refus d'acceptation est constaté par un acte que l'on nomme *protêt faute d'acceptation*.**

120. **Sur la notification du protêt faute d'acceptation, les endosseurs et le tireur sont respectivement tenus de donner caution pour assurer le paiement de la lettre de change à son échéance, ou d'en effectuer le remboursement avec les frais de protêt et de rechange.**

La caution, soit du tireur, soit de l'endosseur, n'est solidaire qu'avec celui qu'elle a cautionné.

121. **Celui qui accepte une lettre de change, contracte l'obligation d'en payer le montant.**

L'accepteur n'est pas restituable contre son acceptation, quand même le tireur aurait failli à son insu avant qu'il eût accepté.

122. **L'acceptation d'une lettre de change doit être signée.**

L'acceptation est exprimée par le mot *accepté.*

Elle est datée, si la lettre est à un ou plusieurs jours ou mois de vue ;

Et, dans ce dernier cas, le défaut de date de l'acceptation rend la lettre exigible au terme y exprimé, à compter de sa date.

123. L'acceptation d'une lettre de change payable dans un autre lieu que celui de la résidence de l'accepteur, indique le domicile où le paiement doit être effectué ou les diligences faites.

124. L'acceptation ne peut être conditionnelle ; mais elle peut être restreinte quant à la somme acceptée.

Dans ce cas, le porteur est tenu de faire protester la lettre de change pour le surplus.

125. Une lettre de change doit être acceptée à sa présentation, ou au plus tard dans les vingt-quatre heures de la présentation.

Après les vingt-quatre heures, si elle n'est pas rendue acceptée ou non acceptée, celui qui l'a retenue est passible de dommages-intérêts envers le porteur.

§. IV. De l'Acceptation par Intervention.

126. Lors du protêt faute d'acceptation, la lettre de change peut être acceptée par un tiers intervenant pour le tireur ou pour l'un des endosseurs.

L'intervention est mentionnée dans l'acte de protêt ; elle est signée par l'intervenant.

127. L'intervenant est tenu de notifier sans délai son intervention à celui pour qui il est intervenu.

128. Le porteur de la lettre de change conserve tous ses droits contre le tireur et les endosseurs, à raison du défaut d'acceptation par celui sur qui la lettre était tirée, nonobstant toutes acceptations par intervention.

§. V. De l'Échéance.

129. Une lettre de change peut être tirée

à vue ;

à un ou plusieurs jours	
à un ou plusieurs mois	de vue ;
à une ou plusieurs usances	
à un ou plusieurs jours	
à un ou plusieurs mois	de date ;
à une ou plusieurs usances	

à jour fixe ou à jour déterminé ;

en foire.

La

130. La lettre de change à vue est payable à sa présentation.

131. L'échéance d'une lettre de change

à un ou plusieurs jours
à un plusieurs mois } de vue,
à une ou plusieurs usances

est fixée par la date de l'acceptation, ou par celle du protêt faute d'acceptation.

132. L'usance est de trente jours, qui courent du lendemain de la date de la lettre de change.

Les mois sont tels qu'ils sont fixés par le calendrier grégorien.

133. Une lettre de change payable en foire est échue la veille du jour fixé pour la clôture de la foire, ou le jour de la foire, si elle ne dure qu'un jour.

134. Si l'échéance d'une lettre de change est à un jour férié légal, elle est payable la veille.

135. Tous délais de grace, de faveur, d'usage ou d'habitudes locales, pour le paiement des lettres de change, sont abrogés.

§. VI. De l'Endossement.

136. La propriété d'une lettre de change se transmet par la voie de l'endossement.

137. L'endossement est daté.

Il exprime la valeur fournie.

Il énonce le nom de celui à l'ordre de qui il est passé.

138. Si l'endossement n'est pas conforme aux dispositions de l'article précédent, il n'opère pas le transport; il n'est qu'une procuration.

139. Il est défendu d'antidater les ordres, à peine de faux.

§. VII. De la Solidarité.

140. Tous ceux qui ont signé, accepté ou endossé une lettre de change, sont tenus à la garantie solidaire envers le porteur.

§. VIII. De l'Aval.

141. Le paiement d'une lettre de change, indépendamment de l'acceptation et de l'endossement, peut être garanti par un aval.

142. Cette garantie est fournie, par un tiers, sur la lettre même ou par acte séparé.

Le donneur d'aval est tenu solidairement et par les mêmes

voies que les tireurs et endosseurs ; sauf les conventions
différentes des parties.

§. IX. Du Paiement.

143. Une lettre de change doit être payée dans la monnaie
qu'elle indique.

144. Celui qui paye une lettre de change avant son échéance,
est responsable de la validité du paiement.

145. Celui qui paye une lettre de change à son échéance et
sans opposition, est présumé valablement libéré.

146. Le porteur d'une lettre de change ne peut être contraint
d'en recevoir le paiement avant l'échéance.

147. Le paiement d'une lettre de change fait sur une seconde,
troisième, quatrième, etc, est valable, lorsque la seconde,
troisième, quatrième, etc., porte que ce paiement annulle
l'effet des autres.

148. Celui qui paye une lettre de change sur une seconde,
troisième, quatrième, etc., sans retirer celle sur laquelle se
trouve son acceptation, n'opère point sa libération à l'égard
du tiers porteur de son acceptation.

149. Il n'est admis d'opposition au paiement qu'en cas de
perte de la lettre de change, ou de la faillite du porteur.

150. En cas de perte d'une lettre de change *non acceptée*,
celui à qui elle appartient peut en poursuivre le paiement sur
une seconde, troisième, quatrième, etc.

151. Si la lettre de change perdue est revêtue de l'acceptation,
le paiement ne peut en être exigé sur une seconde, troisième, quatrième, etc., que par ordonnance du juge, et en
donnant caution.

152. Si celui qui a perdu la lettre de change, qu'elle soit acceptée ou non, ne peut représenter la seconde, troisième,
quatrième, etc., il peut demander le paiement de la lettre de
change perdue, et l'obtenir par l'ordonnance du juge, en
justifiant de sa propriété par ses livres, et en donnant
caution.

153. En cas de refus de paiement, sur la demande formée en
vertu des deux articles précédens, le propriétaire de la lettre de change perdue conserve tous ses droits par un acte de
protestation.

Cet acte doit être fait le lendemain de l'échéance de la lettre
de change perdue.

Il doit être notifié aux tireur et endosseurs, dans les formes et délais ci-après prescrits pour la notification du protêt.

154. Le propriétaire de la lettre de change égarée doit, pour

se procurer la seconde, s'adresser à son endosseur immédiat qui est tenu de lui prêter son nom et ses soins pour agir envers son propre endosseur, et ainsi en remontant d'endosseur en endosseur jusqu'au tireur de la lettre. Le propriétaire de la lettre de change égarée supportera les frais.

155. L'engagement de la caution, mentionné dans les art. 151 et 152 est éteint après trois ans, si, pendant ce temps, il n'y a eu ni demandes ni poursuites juridiques.

156. Les paiemens faits à compte sur le montant d'une lettre de change, sont à la décharge des tireur et endosseurs.

Le porteur est tenu de faire protester la lettre de change pour le surplus.

157. Les juges ne peuvent accorder aucun délai pour le paiement d'une lettre de change.

§. X. Du Paiement par intervention.

158. Une lettre de change protestée peut être payée par tout intervenant pour le tireur, ou pour l'un des endosseurs.

L'intervention et le paiement seront constatés dans l'acte de protêt ou à la suite de l'acte.

159. Celui qui paye une lettre de change par intervention, est subrogé aux droits du porteur, et tenu des mêmes devoirs pour les formalités à remplir.

Si le paiement par intervention est fait pour le compte du tireur, tous les endosseurs sont libérés.

S'il est fait pour un endosseur, les endosseurs subséquens sont libérés.

S'il y a concurrence pour le paiement d'une lettre de change par intervention, celui qui opère le plus de libération est préféré.

Si celui sur qui la lettre était originairement tirée, et sur qui a été fait le protêt faute d'acceptation, se présente pour la payer, il sera préféré à tous autres.

§. XI. Des droits et devoirs du Porteur.

160. Le porteur d'une lettre de change tirée du continent et des îles de l'Europe, et payable dans les possessions européennes de la France, soit à vue, soit à un ou plusieurs jours ou mois ou usances de vue, doit en exiger le paiement ou l'acceptation dans les six mois de sa date, sous peine de perdre son recours sur les endosseurs et même sur le tireur, si celui-ci a fait provision.

Le délai est de huit mois pour la lettre de change tirée des Échelles du Levant et des côtes septentrionales de l'A-

b..

frique, sur les possessions européennes de la France, et réciproquement du continent et des îles de l'Europe sur les établissemens français aux Echelles du Levant et aux côtes septentrionales de l'Afrique.

Le délai est d'un an pour les lettres de change tirées des côtes occidentales de l'Afrique, jusques et compris le cap de Bonne-Espérance.

Il est aussi d'un an pour les lettres de change tirées du continent et des îles des Indes occidentales sur les possessions européennes de la France, et réciproquement du continent et des îles de l'Europe sur les possessions françaises ou établissemens français aux côtes occidentales de l'Afrique, au continent et aux îles des Indes occidentales.

Le délai est de deux ans pour les lettres de change tirées du continent et des îles des Indes orientales sur les possessions européennes de la France, et réciproquement du continent et des îles de l'Europe sur les possessions françaises ou établissemens français au continent et aux îles des Indes orientales.

Les délais ci-dessus de huit mois, d'un an et de deux ans sont doublés en temps de guerre maritime.

161. Le porteur d'une lettre de change doit en exiger le paiement le jour de son échéance.

162. Le refus de paiement doit être constaté, le lendemain du jour de l'échéance, par un acte que l'on nomme *protêt faute de paiement*.

Si ce jour est un jour férié légal, le protêt est fait le jour suivant.

163. Le porteur n'est dispensé du protêt faute de paiement, ni par le protêt faute d'acceptation, ni par la mort ou faillite de celui sur qui la lettre de change est tirée.

Dans le cas de faillite de l'accepteur avant l'échéance, le porteur peut faire protester et exercer son recours.

164. Le porteur d'une lettre de change protestée faute de paiement, peut exercer son action en garantie,

Ou individuellement contre le tireur et chacun des endosseurs,

Ou collectivement contre les endosseurs ou le tireur.

La même faculté existe pour chacun des endosseurs, à l'égard du tireur et des endosseurs qui le précèdent.

165. Si le porteur exerce le recours individuellement contre son cédant, il doit lui faire notifier le protêt, et, à défaut de remboursement, le faire citer en jugement dans les quinze jours qui suivent la date du protêt, si celui-ci réside dans la distance de cinq myriamètres.

Ce délai, à l'égard du cédant domicilié à plus de cinq myriamètres de l'endroit où la lettre de change était payable, sera augmenté d'un jour par deux myriamètres et demi excédant les cinq myriamètres.

166. Les lettres de change tirées de France et payables hors du territoire continental de la France, en Europe, étant protestées, les tireurs et endosseurs résidant en France, seront poursuivis dans les délais ci-après :

De deux mois pour celles qui étaient payables en Corse, dans l'île d'Elbe ou de Capraja, en Angleterre et dans les Etats limitrophes de la France ;

De quatre mois pour celles qui étaient payables dans les autres Etats de l'Europe ;

De six mois pour celles qui étaient payables aux Echelles du Levant et sur les côtes septentrionales de l'Afrique ;

D'un an pour celles qui étaient payables aux côtes occidentales de l'Afrique, jusques et compris le cap de Bonne-Espérance, et dans les Indes occidentales ;

De deux ans pour celles qui étaient payables dans les Indes orientales.

Ces délais seront observés dans les mêmes proportions pour le recours à exercer contre les tireurs et endosseurs résidant dans les possessions françaises situées hors d'Europe.

Les délais ci-dessus, de six mois, d'un an et de deux ans, seront doublés en temps de guerre maritime.

167. Si le porteur exerce son recours collectivement contre les endosseurs et le tireur, il jouit, à l'égard de chacun d'eux, du délai déterminé par les articles précédens.

Chacun des endosseurs a le droit d'exercer le même recours, ou individuellement, ou collectivement, dans le même délai.

A leur égard, le délai court du lendemain de la date de la citation en justice.

168. Après l'expiration des délais ci-dessus,

Pour la présentation de la lettre de change à vue, ou à un ou plusieurs jours ou mois ou usances de vue,

Pour le protêt faute de paiement,

Pour l'exercice de l'action en garantie,

Le porteur de la lettre de change est déchu de tous droits contre les endosseurs.

169. Les endosseurs sont également déchus de toute action en garantie contre leurs cédans, après les délais ci-dessus prescrits, chacun en ce qui le concerne.

170. La même déchéance a lieu contre le porteur et les endosseurs, à l'égard du tireur lui-même, si ce dernier justifie qu'il y avait provision à l'échéance de la lettre de change.

Le porteur, en ce cas, ne conserve d'action que contre ce lui sur qui la lettre était tirée.

171. Les effets de la déchéance prononcée par les trois articles précédens, cessent en faveur du porteur, contre le tireur, ou contre celui des endosseurs qui, après l'expiration des délais fixés pour le protèt, la notification du protèt ou la citation en jugement, a reçu par compte, compensation ou autrement, les fonds destinés au paiement de la lettre de change.

172. Indépendamment des formalités prescrites pour l'exercice de l'action en garantie, le porteur d'une lettre de change protestée faute de paiement, peut, en obtenant la permission du juge, saisir conservatoirement les effets mobiliers des tireur, accepteurs et endosseurs.

§. XII. Des Protêts.

173. Les protêts faute d'acceptation ou de paiement, sont faits par deux notaires, ou par un notaire et deux témoins, ou par un huissier et deux témoins.

Le protêt doit être fait.

Au domicile de celui sur qui la lettre de change était payable, ou à son dernier domicile connu.

Au domicile des personnes indiquées par la lettre de change pour la payer au besoin,

Au domicile du tiers qui a accepté par intervention.

Le tout par un seul et même acte.

En cas de fausse indication de domicile, le protêt est précédé d'un acte de perquisition.

174. L'acte de protêt contient,

La transcription littérale de la lettre de change, de l'acceptation, des endossemens, et des recommandations qui y sont indiquées,

La sommation de payer le montant de la lettre de change. Il énonce.

La présence ou l'absence de celui qui doit payer,

Les motifs du refus de payer, et l'impuissance ou le refus de signer.

175. Nul acte, de la part du porteur de la lettre de change, ne peut suppléer l'acte de protêt hors le cas prévu par les articles 150 et suivans, touchant la perte de la lettre de change.

176. Les notaires et les huissiers sont tenus, à peine de destitution, dépens, dommages-intérêts envers les parties, de laisser copie exacte des protêts, et de les inscrire en entier, jour

par jour et par ordre de dates, dans un registre particulier, coté, paraphé, et tenu dans les formes prescrites pour les répertoires.

§. XIII. Du Rechange.

177. Le rechange s'effectue par une retraite.

178. La retraite est une nouvelle lettre de change, au moyen de laquelle le porteur se rembourse sur le tireur, ou sur l'un des endosseurs, du principal de la lettre protestée, de ses frais, et du nouveau change qu'il paye.

179. Le rechange se règle, à l'égard du tireur, par le cours du change du lieu où la lettre de change était payable, sur le lieu d'où elle a été tirée.

Il se règle, à l'égard des endosseurs, par le cours du change du lieu où la lettre de change a été remise ou négociée par eux, sur le lieu où le remboursement s'effectue.

180. La retraite est accompagnée d'un compte de retour.

181. Le compte de retour comprend,

Le principal de la lettre de change protestée.

Les frais de protêt et autres frais légitimes, tels que commission de banque, courtage, timbre et ports de lettres.

Il énonce le nom de celui sur qui la retraite est faite, et le prix du change auquel elle est négociée.

Il est certifié par un agent de change. Dans les lieux où il n'y a pas d'agent de change, il est certifié par deux commerçans.

Il est accompagné de la lettre de change protestée, du protêt, ou d'une expédition de l'acte de protêt.

Dans le cas où la retraite est faite sur l'un des endosseurs, elle est accompagnée, en outre, d'un certificat qui constate le cours du change du lieu où la lettre de change était payable, sur le lieu d'où elle a été tirée.

182. Il ne peut être fait plusieurs comptes de retour sur une même lettre de change.

Ce compte de retour est remboursé d'endosseur à endosseur respectivement et définitivement par le tireur.

183. Les rechanges ne peuvent être cumulés. Chaque endosseur n'en supporte qu'un seul, ainsi que le tireur.

184. L'intérêt du principal de la lettre de change protestée faute de paiement, est dû à compter du jour du protêt.

185. L'intérêt des frais de protêt, rechange et autres frais légitimes, n'est dû qu'à compter du jour de la demande en justice.

186. Il n'est point dû de rechange, si le compte de retour

n'est pas accompagné des certificats d'agens de change ou de commerçans, prescrits par l'article 181.

SECTION II.

Du Billet à ordre.

187. Toutes les dispositions relatives aux lettres de change, et concernant

l'échéance,
l'endossement,
la solidarité,
l'aval,
le paiement,
le paiement par intervention,
le protèt,
les devoirs et droits du porteur,
le rechange ou les intérêts,

sont applicables aux billets à ordre sans préjudice des dispositions relatives aux cas prévus par les articles 636, 637 et 638.

188. Le billet à ordre est daté.

Il énonce

La somme à payer,
Le nom de celui à l'ordre de qui il est souscrit,
L'époque à laquelle le payement doit s'effectuer,
La valeur qui a été fournie en espèces, en marchandises, en compte, ou de toute autre manière.

SECTION III.

De la Prescription.

189. Toutes actions relatives aux lettres de change, et à ceux des billets à ordre, souscrits par des négocians, marchands ou banquiers, ou pour faits de commerce se prescrivent par cinq ans, à compter du jour du protèt, ou de la dernière poursuite juridique, s'il n'y a eu condamnation, ou si la dette n'a été reconnue par acte séparé.

Néanmoins, les prétendus débiteurs seront tenus, s'ils en sont requis, d'affirmer, sous serment, qu'ils ne sont plus redevables; et leurs veuves, héritiers ou ayant-cause, qu'ils estiment de bonne foi qu'il n'est plus rien dû.

CODE
DE COMMERCE.

~~~~~~~~~~~~~~~~~~~~~~~~~~~~~~

LIVRE II.

DU COMMERCE MARITIME.

TITRE PREMIER.

Des Navires et autres Bâtimens de mer.

190. Les navires et autres bâtimens de mer sont meubles. Néanmoins ils sont affectés aux dettes du vendeur, et spécialement à celles que la loi déclare privilégiées.

191. Sont privilégiées, et dans l'ordre où elles sont rangées, les dettes ci-après désignées :

1°. Les frais de justice et autres, faits pour parvenir à la vente et à la distribution du prix ;

2°. Les droits de pilotage, tonnage, cale, amarrage et bassin ou avant-bassin ;

3°. Les gages du gardien et frais de garde du bâtiment, depuis son entrée dans le port jusqu'à la vente ;

4°. Le loyer des magasins où se trouvent déposés les agrès et les apparaux ;

5°. Les frais d'entretien du bâtiment et de ses agrès et apparaux, depuis son dernier voyage et son entrée dans le port ;

6°. Les gages et loyers du capitaine et autres gens de l'équipage employés au dernier voyage ;

7°. Les sommes prêtées au capitaine pour les besoins du bâtiment pendant le dernier voyage, et le remboursement du prix des marchandises par lui vendues pour le même objet;

8°. Les sommes dues au vendeur, aux fournisseurs et ouvriers employés à la construction, si le navire n'a point encore fait de voyage ; et les sommes dues aux créanciers pour fournitures, travaux, main-d'œuvre, pour radoub, victuailles, armement et équipement avant le départ du navire, s'il a déjà navigué ;

9°. Les sommes prêtées à la grosse sur le corps, quille, agrès, apparaux, pour radoub, victuailles, armement et équipement avant le départ du navire ;

10°. Le montant des primes d'assurances faites sur le corps, quille, agrès, apparaux et sur armement et équipement du navire, dues pour le dernier voyage.

11°. Les dommages-intérêts dus aux affréteurs pour le défaut de délivrance des marchandises qu'ils ont chargées, ou pour remboursement des avaries souffertes par lesdites marchandises par la faute du capitaine ou de l'équipage.

Les créanciers compris dans chacun des numéros du présent article, viendront en concurrence, et au marc le franc, en cas d'insuffisance du prix.

192. Le privilége accordé aux dettes énoncées dans le précédent article, ne peut être exercé qu'autant qu'elles seront justifiées dans les formes suivantes :

1°. Les frais de justice seront constatés par les états de frais arrêtés par les tribunaux compétens ;

2°. Les droits de tonnage et autres, par les quittances légales des receveurs ;

3°. Les dettes désignées par les n°s. 1, 3, 4 et 5 de l'art. 191 seront constatées par des états arrêtés par le président du tribunal de commerce ;

4°. Les gages et loyers de l'équipage, par les rôles d'armement et désarmement arrêtés dans les bureaux de l'inscription maritime ;

5°. Les sommes prêtées et la valeur des marchandises vendues pour les besoins du navire pendant le dernier voyage, par des états arrêtés par le capitaine, appuyés de procès-verbaux signés par le capitaine et les principaux de l'équipage, constatant la nécessité des emprunts ;

6°. La vente du navire par un acte ayant date certaine, et les fournitures pour l'armement, équipement et victuailles du navire, seront constatées par les mémoires, factures ou états visés par le capitaine et arrêtés par l'armateur, dont un double sera déposé au greffe du tribunal de commerce avant le départ du navire, ou, au plus tard, dans les dix jours après son départ ;

7°. Les sommes prêtées à la grosse sur le corps, quille, agrès, apparaux, armement et équipement, avant le départ du navire, seront constatées par des contrats passés devant notaire, ou sous signatures privées, dont les expéditions ou

...bles seront déposés au greffe du tribunal de commerce dans les dix jours de leur date.

I 3°. Les primes d'assurance seront constatées par les polices ou par les extraits des livres des courtiers d'assurances.

I 4°. Les dommages-intérêts dus aux affréteurs seront constatés par les jugemens, ou par les décisions arbitrales qui seront intervenues.

193. Les priviléges des créanciers seront éteints,

Indépendamment des moyens généraux d'extinction des obligations,

Par la vente en justice faite dans les formes établies par le titre suivant.

Ou lorsqu'après une vente volontaire, le navire aura fait un voyage en mer sous le nom et aux risques de l'acquéreur, et sans opposition de la part des créanciers du vendeur.

194. Un navire est censé avoir fait un voyage en mer,

Lorsque son départ et son arrivée auront été constatés dans deux ports différens et trente jours après le départ;

Lorsque, sans être arrivé dans un autre port, il s'est écoulé plus de soixante jours entre le départ et le retour dans le même port, ou lorsque le navire parti pour un voyage de long cours, a été plus de soixante jours en voyage sans réclamation de la part des créanciers du vendeur.

195. La vente volontaire d'un navire doit être faite par écrit, et peut avoir lieu par acte public, ou par acte sous signatures privées;

Elle peut être faite pour le navire entier ou pour une portion du navire,

Le navire étant dans le port ou en voyage.

196. La vente volontaire d'un navire en voyage ne préjudicie point aux créanciers du vendeur;

En conséquence, nonobstant la vente, le navire ou son prix continue d'être le gage desdits créanciers, qui peuvent même, s'ils le jugent convenable, attaquer la vente pour cause de fraude.

TITRE II.

De la Saisie et Vente des Navires.

197. Tous bâtimens de mer peuvent être saisis et vendus sous autorité de justice, et le privilége des créanciers sera purgé par les formalités suivantes.

198. Il ne pourra être procédé à la saisie que vingt-quatre heures après le commandement de payer.

199. Le commandement devra être fait à la personne du propriétaire ou à son domicile, s'il s'agit d'une action générale à exercer contre lui.

Le commandement pourra être fait au capitaine du navire, si la créance est du nombre de celles qui sont susceptibles de privilége sur le navire, aux termes de l'art. 191.

200. L'huissier énonce dans le procès-verbal,

Les nom, profession et demeure du créancier pour qui il agit;

Le titre en vertu duquel il procède;

La somme dont il poursuit le paiement;

L'élection de domicile faite par le créancier dans le lieu où siége le tribunal devant lequel la vente doit être poursuivie, et dans le lieu où le navire saisi est amarré;

Les noms du propriétaire et du capitaine;

Le nom, l'espèce et le tonnage du bâtiment.

Il fait l'énonciation et la description des chaloupes, canots, agrès, ustensiles, armes, munitions et provisions.

Il établit un gardien.

201. Si le propriétaire du navire saisi demeure dans l'arrondissement du tribunal, le saisissant doit lui faire notifier, dans le délai de trois jours, copie du procès-verbal de saisie, et le faire citer devant le tribunal, pour voir procéder à la vente des choses saisies.

Si le propriétaire n'est point domicilié dans l'arrondissement du tribunal, les significations et citations lui sont données à la personne du capitaine du bâtiment saisi, ou, en son absence, à celui qui représente le propriétaire ou le capitaine; et le délai de trois jours est augmenté d'un jour à raison de deux myriamètres et demi (cinq lieues) de la distance de son domicile.

S'il est étranger et hors de France, les citations et significations sont données ainsi qu'il est prescrit par le Code de procédure civile, art. 69.

202. Si la saisie a pour objet un bâtiment dont le tonnage soit au-dessus de dix tonneaux,

Il sera fait trois criées et publications des objets en vente.

Les criées et publications seront faites consécutivement, de huitaine en huitaine, à la bourse et dans la principale place publique du lieu où le bâtiment est amarré.

L'avis en sera inséré dans un des papiers publics imprimés dans le lieu où siége le tribunal devant lequel la saisie se poursuit; et s'il n'y en a pas, dans l'un de ceux qui seraient imprimés dans le département.

203. Dans les deux jours qui suivent chaque criée et publication, il est apposé des affiches,

Au grand mât du bâtiment saisi,

A la porte principale du tribunal devant lequel on procède,

Dans la place publique et sur le quai du port où le bâtiment est amarré, ainsi qu'à la bourse de commerce.

204. Les criées, publications et affiches doivent désigner

Les nom, profession et demeure du poursuivant ;

Les titres en vertu desquels il agit ;

Le montant de la somme qui lui est due ;

L'élection de domicile par lui faite dans le lieu où siége le tribunal, et dans le lieu où le bâtiment est amarré ;

Les nom et domicile du propriétaire du navire saisi ;

Le nom du bâtiment, et, s'il est armé ou en armement, celui du capitaine ;

Le tonnage du navire ;

Le lieu où il est gisant ou flottant ;

Le nom de l'avoué du poursuivant ;

La première mise à prix ;

Les jours des audiences auxquelles les enchères seront reçues.

205. Après la première criée, les enchères seront reçues le jour indiqué par l'affiche.

Le juge commis d'office pour la vente, continue de recevoir les enchères après chaque criée, de huitaine en huitaine, à jour certain fixé par son ordonnance.

206. Après la troisième criée, l'adjudication est faite au plus offrant et dernier enchérisseur, à l'extinction des feux, sans autre formalité.

Le juge commis d'office peut accorder une ou deux remises, de huitaine chacune.

Elles sont publiées et affichées.

207. Si la saisie porte sur des barques, chaloupes et autres bâtimens du port de dix tonneaux et au-dessous, l'adjudication sera faite à l'audience, après la publication, sur le quai, pendant trois jours consécutifs, avec affiche au mât, ou à défaut, en autre lieu apparent du bâtiment ; et à la porte du tribunal.

Il sera observé un délai de huit jours francs entre la signification de la saisie et la vente.

208. L'adjudication du navire fait cesser les fonctions du capitaine ; sauf à lui à se pourvoir en dédommagement contre qui de droit.

209. Les adjudicataires des navires de tout tonnage, seront tenus de payer le prix de leur adjudication dans le délai de

vingt-quàtre heures, ou de le consigner, sans frais, au greffe du tribunal de commerce, à peine d'y être contraints par corps.

A défaut de paiement ou de consignation, le bâtiment sera remis en vente, et adjugé trois jours après une nouvelle publication et affiche unique, à la folle enchère des adjudicataires, qui seront également contraints par corps pour le paiement du déficit, des dommages, des intérêts et des frais.

210. Les demandes en distraction seront formées et notifiées au greffe du tribunal avant l'adjudication.

Si les demandes en distraction ne sont formées qu'après l'adjudication, elles seront converties, de plein droit, en oppositions à la délivrance des sommes provenant de la vente.

211. Le demandeur ou l'opposant aura trois jours pour fournir ses moyens.

Le défendeur aura trois jours pour contredire.

La cause sera portée à l'audience sur une simple citation.

212. Pendant trois jours après celui de l'adjudication, les oppositions à la délivrance du prix seront reçues ; passé ce temps, elles ne seront plus admises.

213. Les créanciers opposans sont tenus de produire au greffe leurs titres de créance, dans les trois jours qui suivent la sommation qui leur en est faite par le créancier poursuivant ou par le tiers saisi ; faute de quoi il sera procédé à la distribution du prix de la vente, sans qu'ils y soient compris.

214. La collocation des créanciers et la distribution de deniers sont faites entre les créanciers privilégiés, dans l'ordre prescrit par l'article 191, et entre les autres créanciers, au marc le franc de leurs créances.

Tout créancier colloqué l'est tant pour son principal que pour les intérêts et frais.

215. Le bâtiment prêt à faire voile n'est pas saisissable, si ce n'est à raison de dettes contractées pour le voyage qu'il va faire ; et même, dans ce dernier cas, le cautionnement de ses dettes empêche la saisie.

Le bâtiment est censé prêt à faire voile, lorsque le capitaine est muni de ses expéditions pour son voyage.

TITRE III.

Dés Propriétaires de Navires.

216. Tout propriétaire de navire est civilement responsable des faits du capitaine, pour ce qui est relatif au navire et à l'expédition.

La responsabilité cesse par l'abandon du navire et du fret.

217. Les propriétaires des navires équipés en guerre ne seront toutefois responsables des délits et déprédations commis en mer par les gens de guerre qui sont sur leurs navires, ou par les équipages, que jusqu'à concurrence de la somme pour laquelle ils auront donné caution, à moins qu'ils n'en soient participans ou complices.

218. Le propriétaire peut congédier le capitaine.

Il n'y a pas lieu à indemnité, s'il n'y a convention par écrit.

219. Si le capitaine congédié est copropriétaire du navire, il peut renoncer à la copropriété et exiger le remboursement du capital qui la représente.

Le montant de ce capital est déterminé par des experts convenus ou nommés d'office.

220. En tout ce qui concerne l'intérêt commun des propriétaires d'un navire, l'avis de la majorité est suivi.

La majorité se détermine par une portion d'intérêt dans le navire, excédant la moitié de sa valeur.

La licitation du navire ne peut être accordée que sur la demande des propriétaires, formant ensemble la moitié de l'intérêt total dans le navire, s'il n'y a, par écrit, convention contraire.

TITRE IV.

Du Capitaine.

221. Tout capitaine, maître ou patron, chargé de la conduite d'un navire ou autre bâtiment, est garant de ses fautes, même légères, dans l'exercice de ses fonctions.

222. Il est responsable des marchandises dont il se charge.

Il en fournit une reconnaissance.

Cette reconnaissance se nomme *connaissement*.

223. Il appartient au capitaine de former l'équipage du vaisseau, et de choisir et louer les matelots et autres gens de l'équipage ; ce qu'il fera néanmoins de concert avec les propriétaires, lorsqu'il sera dans le lieu de leur demeure.

224. Le capitaine tient un registre coté et paraphé par l'un des juges du tribunal de commerce, ou par le maire ou son adjoint, dans les lieux où il n'y a pas de tribunal de commerce.

Ce registre contient,

Les résolutions prises pendant le voyage ;

La recette et la dépense concernant le navire, et généralement tout ce qui concerne le fait de sa charge, et tout ce qui peut donner lieu à un compte à rendre, à une demande à former.

225. Le capitaine est tenu, avant de prendre charge, de faire visiter son navire, aux termes et dans les formes prescrits par les réglemens.

Le procès-verbal de visite est déposé au greffe du tribunal de commerce; il en est délivré extrait au capitaine.

226. Le capitaine est tenu d'avoir à bord,

L'acte de propriété du navire,
L'acte de francisation,
Le rôle d'équipage,
Les connaissemens et chartes-parties,
Les procès-verbaux de visite,
Les acquits de paiement ou à caution des douanes.

227. Le capitaine est tenu d'être en personne dans son navire, à l'entrée et à la sortie des ports, havres ou rivières.

228. En cas de contravention aux obligations imposées par les quatre articles précédens, le capitaine est responsable de tous les événemens envers les intéressés au navire et au chargement.

229. Le capitaine répond également de tout le dommage qui peut arriver aux marchandises qu'il aurait chargées sur le tillac de son vaisseau sans le consentement par écrit du chargeur.

Cette disposition n'est point applicable au petit cabotage.

230. La responsabilité du capitaine ne cesse que par la preuve d'obstacles de force majeure.

231. Le capitaine et les gens de l'équipage qui sont à bord, ou qui sur les chaloupes se rendent à bord pour faire voile, ne peuvent être arrêtés pour dettes civiles, si ce n'est à raison de celles qu'ils auront contractées pour le voyage, et même, dans ce dernier cas, ils ne peuvent être arrêtés s'ils donnent caution.

232. Le capitaine, dans le lieu de la demeure des propriétaires ou de leurs fondés de pouvoirs, ne peut, sans leur autorisation spéciale, faire travailler au radoub du bâtiment, acheter des voiles, cordages, et autres choses pour le bâtiment, prendre à cet effet de l'argent sur le corps du navire, ni fréter le navire.

233. Si le bâtiment était fréré du consentement des propriétaires, et que quelques-uns d'eux fissent refus de contribuer aux frais nécessaires pour l'expédier, le capitaine pourra en ce cas, vingt-quatre heures après sommation faite aux refusans de fournir leur contingent, emprunter à la grosse pour
leur

leur compte sur leur portion d'intérêt dans le navire, avec autorisation du juge.

234. Si, pendant le cours du voyage, il y a nécessité de radoub, ou d'achat de victuailles, le capitaine, après l'avoir constaté par un procès-verbal signé des principaux de l'équipage, pourra, en se faisant autoriser en France par le tribunal de commerce, ou, à défaut, par le juge de paix, chez l'étranger par le consul français, ou, à défaut, par le magistrat des lieux, emprunter sur le corps et quille du vaisseau, mettre en gage ou vendre des marchandises, jusqu'à concurrence de la somme que les besoins constatés exigent.

Les propriétaires, ou le capitaine qui les représente, tiendront compte des marchandises vendues, d'après le cours des marchandises de même nature et qualité, dans le lieu de la décharge du navire, à l'époque de son arrivée.

235. Le capitaine avant son départ d'un port étranger ou des colonies françaises, pour revenir en France, sera tenu d'envoyer à ses propriétaires ou à leurs fondés de pouvoirs, un compte signé de lui, contenant l'état de son chargement, le prix des marchandises de sa cargaison, les sommes par lui empruntées, les noms et demeures des prêteurs.

236. Le capitaine qui aura sans nécessité pris de l'argent sur le corps, avitaillement ou équipement du navire, engagé ou vendu des marchandises ou des victuailles, ou qui aura employé dans ses comptes, des avaries et des dépenses supposées, sera responsable envers l'armement, et personnellement tenu du remboursement de l'argent ou du paiement des objets, sans préjudice de la poursuite criminelle, s'il y a lieu.

237. Hors le cas d'innavigabilité légalement constatée, le capitaine ne peut, à peine de nullité de la vente, vendre le navire sans un pouvoir spécial des propriétaires.

238. Tout capitaine de navire, engagé pour un voyage est tenu de l'achever, à peine de tous dépens, dommages-intérêts envers les propriétaires et les affréteurs.

239. Le capitaine qui navigue à profit commun sur le chargement, ne peut faire aucun trafic ni commerce pour son compte particulier, s'il n'y a convention contraire.

240. En cas de contravention aux dispositions mentionnées dans l'article précédent, les marchandises embarquées par le capitaine pour son compte particulier sont confisquées au profit des autres intéressés.

241. Le capitaine ne peut abandonner son navire pendant le voyage, pour quelque danger que ce soit, sans l'avis des officiers et principaux de l'équipage; et, en ce cas, il est tenu

dé sauver avée lui l'argent et ce qu'il pourra des marchandises les plus précieuses de son chargement, sous peine de
répondre en son propre nom.

Si les objets ainsi tirés du navire sont perdus par quelque
cas fortuit, le capitaine en demeurera déchargé.

242. Le capitaine est tenu, dans les vingt-quatre heures de
son arrivée, de faire viser son registre, et de faire son rapport.

Le rapport doit énoncer,

Le lieu et le temps de son départ,

La route qu'il a tenue,

Les hasards qu'il a courus,

Les désordres arrivés dans le navire, et toutes les circonstances remarquables de son voyage.

243. Le rapport est fait au greffe devant le président du tribunal de commerce.

Dans les lieux où il n'y a pas de tribunal de commerce, le
rapport est fait au juge de paix de l'arrondissement.

Le juge de paix qui a reçu le rapport, est tenu de l'envoyer, sans délai, au président du tribunal de commerce le
plus voisin.

Dans l'un et l'autre cas, le dépôt en est fait au greffe du
tribunal de commerce.

244. Si le capitaine aborde dans un port étranger, il
est tenu de se présenter au consul de France, de lui
faire un rapport, et de prendre un certificat constatant l'é-
poque de son arrivée et de son départ, l'état et la nature de
son chargement.

245. Si, pendant le cours du voyage, le capitaine est obligé
de relâcher dans un port français, il est tenu de déclarer au
président du tribunal de commerce du lieu, les causes de la
relâche.

Dans les lieux où il n'y a pas de tribunal de commerce, la
déclaration est faite au juge de paix du canton.

Si la relâche forcée a lieu dans un port étranger, la déclaration est faite au consul de France, ou, à son défaut, au
magistrat du lieu.

246. Le capitaine qui a fait naufrage, et qui s'est sauvé seul
ou avec partie de son équipage, est tenu de se présenter devant le juge du lieu, ou, à défaut de juge, devant toute autre
autorité civile, d'y faire son rapport, de le faire vérifier par
ceux de son équipage qui se seraient sauvés et se trouveraient
avec lui, et d'en lever expédition.

247. Pour vérifier le rapport du capitaine, le juge reçoit les

terrogatoire des gens de l'équipage, et, s'il est possible, des passagers, sans préjudice des autres preuves.

Les rapports non vérifiés ne sont point admis à la décharge du capitaine, et ne font point foi en justice, excepté dans le cas où le capitaine naufragé s'est sauvé seul dans le lieu où il a fait son rapport.

La preuve des faits contraires est réservée aux parties.

248. Hors les cas de péril imminent, le capitaine ne peut décharger aucune marchandise avant d'avoir fait son rapport, à peine de poursuites extraordinaires contre lui.

249. Si les victuailles du bâtiment manquent pendant le voyage, le capitaine, en prenant l'avis des principaux de l'équipage, pourra contraindre ceux qui auront des vivres en particulier de les mettre en commun, à la charge de leur en payer la valeur.

TITRE V.

De l'Engagement et des Loyers des Matelots et Gens de l'équipage.

250. Les conditions d'engagement du capitaine et des hommes de l'équipage d'un navire, sont constatées par le rôle d'équipage, ou par les conventions des parties.

251. Le capitaine et les gens de l'équipage ne peuvent, sous aucun prétexte, charger dans le navire aucune marchandise pour leur compte, sans la permission des propriétaires et sans en payer le fret, s'ils n'y sont autorisés par l'engagement.

252. Si le voyage est rompu par le fait des propriétaires, capitaine ou affréteurs, avant le départ du navire, les matelots loués au voyage ou au mois sont payés des journées par eux employées à l'équipement du navire. Ils retiennent pour indemnité les avances reçues.

Si les avances ne sont pas encore payées, ils reçoivent, pour indemnité, un mois de leurs gages convenus.

Si la rupture arrive après le voyage commencé, les matelots loués au voyage sont payés en entier aux termes de leur convention.

Les matelots loués au mois reçoivent leurs loyers stipulés pour le temps qu'ils ont servi, et en outre, pour indemnité,

c.

la moitié de leurs gages pour le reste de la durée présumée du voyage pour lequel ils étaient engagés.

Les matelots loués au voyage ou au mois reçoivent en outre leur conduite de retour jusqu'au lieu du départ du navire, à moins que le capitaine, les propriétaires ou affréteurs, ou l'officier d'administration, ne leur procurent leur embarquement sur un autre navire revenant audit lieu de leur départ.

253. S'il y a interdiction de commerce avec le lieu de la destination du navire, ou si le navire est arrêté par ordre du Gouvernement ayant le voyage commencé,

Il n'est dû aux matelots que les journées employées à équiper le bâtiment.

254. Si l'interdiction de commerce ou l'arrêt du navire arrivent pendant le cours du voyage,

Dans le cas d'interdiction, les matelots sont payés à proportion du temps qu'ils auront servi;

Dans le cas de l'arrêt, le loyer des matelots engagés au mois, court pour moitié pendant le temps de l'arrêt;

Le loyer des matelots engagés au voyage est payé au terme de leur engagement.

255. Si le voyage est prolongé, le prix des loyers des matelots engagés au voyage est augmenté à proportion de la prolongation.

256. Si la décharge du navire se fait volontairement dans un lieu plus rapproché que celui qui est désigné par l'affrétement, il ne leur est fait aucune diminution.

257. Si les matelots sont engagés au profit ou au fret, il ne leur est dû aucun dédommagement ni journées pour la rupture, le retardement ou la prolongation de voyage occasionnés par force majeure.

Si la rupture, le retardement ou la prolongation arrivent par le fait des chargeurs, les gens de l'équipage ont part aux indemnités qui sont adjugées au navire.

Ces indemnités sont partagées entre les propriétaires du navire et les gens de l'équipage, dans la même proportion que l'aurait été le fret.

Si l'empêchement arrive par le fait du capitaine ou des propriétaires, ils sont tenus des indemnités dues aux gens de l'équipage.

258. En cas de prise, de bris et naufrage, avec perte entière du navire et des marchandises, les matelots ne peuvent prétendre aucun loyer.

Ils ne sont point tenus de restituer ce qui leur a été avancé sur leurs loyers.

259. Si quelque partie du navire est sauvée, les matelots engagés au voyage ou au mois sont payés de leurs loyers échus sur les débris du navire qu'ils ont sauvés.

Si les débris ne suffisent pas, ou s'il n'y a que des marchandises sauvées, ils sont payés de leurs loyers subsidiairement sur le fret.

260. Les matelots engagés au fret sont payés de leurs loyers seulement sur le fret, à proportion de celui que reçoit le capitaine.

261. De quelque manière que les matelots soient loués, ils sont payés des journées par eux employées à sauver les débris et les effets naufragés.

262. Le matelot est payé de ses loyers, traité et pansé aux dépens du navire, s'il tombe malade pendant le voyage, ou s'il est blessé au service du navire.

263. Le matelot est traité et pansé aux dépens du navire et du chargement, s'il est blessé en combattant contre les ennemis et les pirates.

264. Si le matelot, sorti du navire sans autorisation, est blessé à terre, les frais de ses pansement et traitement sont à sa charge : il pourra même être congédié par le capitaine.

Ses loyers, en ce cas, ne lui seront payés qu'à proportion du temps qu'il aura servi.

265. En cas de mort d'un matelot pendant le voyage, si le matelot est engagé au mois, ses loyers sont dus à sa succession jusqu'au jour de son décès.

Si le matelot est engagé au voyage, la moitié de ses loyers est due s'il meurt en allant ou au port d'arrivée.

Le total de ses loyers est dû s'il meurt en revenant.

Si le matelot est engagé au profit ou au fret, sa part entière est due s'il meurt, le voyage commencé.

Les loyers du matelot tué en défendant le navire, sont dus en entier pour tout le voyage, si le navire arrive à bon port.

266. Le matelot pris dans le navire et fait esclave ne peut rien prétendre contre le capitaine, les propriétaires ni les affréteurs, pour le paiement de son rachat.

Il est payé de ses loyers jusqu'au jour où il est pris et fait esclave.

267. Le matelot pris et fait esclave s'il a été envoyé en mer ou à terre pour le service du navire, a droit à l'entier paiement de ses loyers.

Il a droit au paiement d'une indemnité pour son rachat, si le navire arrive à bon port.

268. L'indemnité est due par les propriétaires du navire, si

le matelot a été envoyé en mer ou à terre pour le service du navire.

L'indemnité est due par les propriétaires du navire et du chargement, si le matelot a été envoyé en mer ou à terre pour le service du navire et du chargement.

269. Le montant de l'indemnité est fixé à 600 francs.

Le recouvrement et l'emploi en seront faits suivant les formes déterminées par le Gouvernement, dans un réglement relatif au rachat des captifs.

270. Tout matelot qui justifie qu'il est congédié sans cause valable, a droit à une indemnité contre le capitaine.

L'indemnité est fixée au tiers des loyers, si le congé a lieu avant le voyage commencé.

L'indemnité est fixée à la totalité des loyers et aux frais du retour, si le congé a lieu pendant le cours du voyage.

Le capitaine ne peut, dans aucun des cas ci-dessus, répéter le montant de l'indemnité contre les propriétaires du navire.

Il n'y a pas lieu à indemnité, si le matelot est congédié avant la clôture du rôle d'équipage.

Dans aucun cas, le capitaine ne peut congédier un matelot dans les pays étrangers.

271. Le navire et le fret sont spécialement affectés aux loyers des matelots.

272. Toutes les dispositions concernant les loyers, pansement et rachat des matelots, sont communes aux officiers et à tous autres gens de l'équipage.

TITRE VI.

Des Chartes-parties, Affrétemens ou Nolissemens.

273. Toute convention pour louage d'un vaisseau, appelée charte-partie, affrétement ou nolissement, doit être rédigée par écrit;

Elle énonce,

Le nom et le tonnage du navire,

Le nom du capitaine,

Les noms du fréteur et de l'affréteur,

Le lieu et le temps convenus pour la charge et pour la décharge,

Le prix du fret ou nolis,

Si l'affrétement est total ou partiel,

L'indemnité convenue pour les cas de retard.

274. Si le temps de la charge et de la décharge du navire n'est point fixé par les conventions des parties, il est réglé suivant l'usage des lieux.

275. Si le navire est frété au mois, et s'il n'y a convention contraire, le fret court du jour où le navire a fait voile.

276. Si, avant le départ du navire, il y a interdiction de commerce avec le pays pour lequel il est destiné, les conventions sont résolues sans dommages-intérêts de part ni d'autre.

Le chargeur est tenu des frais de la charge et de la décharge de ses marchandises.

277. S'il existe une force majeure qui n'empêche que pour un temps la sortie du navire, les conventions subsistent, et il n'y a pas lieu à dommages-intérêts à raison du retard.

Elles subsistent également, et il n'y a lieu à aucune augmentation de fret, si la force majeure arrive pendant le voyage.

278. Le chargeur peut, pendant l'arrêt du navire, faire décharger ses marchandises à ses frais, à condition de les recharger ou d'indemniser le capitaine.

279. Dans le cas de blocus du port pour lequel le navire est destiné, le capitaine est tenu, s'il n'a des ordres contraires, de se rendre dans un des ports voisins de la même puissance où il lui sera permis d'aborder.

280. Le navire, les agrès et apparaux, le fret et les marchandises chargées, sont respectivement affectés à l'exécution des conventions des parties.

TITRE VII.

Du Connaissement.

281. Le connaissement doit exprimer la nature et la quantité ainsi que les espèces ou qualités des objets à transporter.

Il indique

Le nom du chargeur,

Le nom et l'adresse de celui à qui l'expédition est faite,

Le nom et le domicile du capitaine,

Le nom et le tonnage du navire,

Le lieu du départ et celui de la destination.

Il énonce le prix du fret.

Il présente en marge les marques et numéros des objets à transporter.

Le connaissement peut être à ordre, ou au porteur, ou à personne dénommée.

282. Chaque connaissement est fait en quatre originaux au moins :

Un pour le chargeur,

Un pour celui à qui les marchandises sont adressées,

Un pour le capitaine,

Un pour l'armateur du bâtiment.

Les quatre originaux sont signés par le chargeur et par le capitaine, dans les vingt-quatre heures après le chargement.

Le chargeur est tenu de fournir au capitaine, dans le même délai, les acquits des marchandises chargées.

283. Le connaissement rédigé dans la forme ci-dessus prescrite, fait foi entre toutes les parties intéressées au chargement, et entre elles et les assureurs.

284. En cas de diversité entre les connaissemens d'un même chargement, celui qui sera entre les mains du capitaine fera foi, s'il est rempli de la main du chargeur, ou de celle de son commissionnaire ; et celui qui est présenté par le chargeur ou le consignataire sera suivi, s'il est rempli de la main du capitaine.

285. Tout commissionnaire ou consignataire qui aura reçu les marchandises mentionnées dans les connaissemens ou chartes-parties, sera tenu d'en donner reçu au capitaine qui le demandera, à peine de tous dépens, dommages-intérêts, même de ceux de retardement.

TITRE VIII.

Du Frêt ou Nolis.

286. Le prix du loyer d'un navire ou autre bâtiment de mer, est appelé *fret* ou *nolis*.

Il est réglé par les conventions des parties ;

Il est constaté par la charte-partie ou par le connaissement ;

Il a lieu pour la totalité ou pour partie du bâtiment, pour un voyage entier ou pour un temps limité, au tonneau, au quintal, à forfait, ou à cueillette, avec désignation du tonnage du vaisseau.

287. Si le navire est loué en totalité, et que l'affréteur ne lui donne pas toute sa charge, le capitaine ne peut prendre d'autres marchandises sans le consentement de l'affréteur.

L'affréteur profite du fret des marchandises qui complètent le chargement du navire qu'il a entièrement affrété.

288. L'affréteur qui n'a pas chargé la quantité de marchandises portée par la charte-partie, est tenu de payer le fret en entier, et pour le chargement complet auquel il s'est engagé.

S'il en charge davantage, il paie le fret de l'excédant sur le prix réglé par la charte-partie.

Si cependant l'affréteur, sans avoir rien chargé, rompt le voyage avant le départ, il paiera en indemnité, au capitaine, la moitié du fret convenu par la charte-partie pour la totalité du chargement qu'il devait faire.

Si le navire a reçu une partie de son chargement, et qu'il parte à non-charge, le fret entier sera dû au capitaine.

289. Le capitaine qui a déclaré le navire d'un plus grand port qu'il n'est, est tenu des dommages-intérêts envers l'affréteur.

290. N'est réputé y avoir erreur en la déclaration du tonnage d'un navire, si l'erreur n'excède un quarantième, ou si la déclaration est conforme au certificat de jauge.

291. Si le navire est chargé à cueillette, soit au quintal, au tonneau ou à forfait, le chargeur peut retirer ses marchandises, avant le départ du navire, en payant le demi-fret.

Il supportera les frais de charge, ainsi que ceux de décharge et de rechargement des autres marchandises qu'il faudrait déplacer, et ceux du retardement.

292. Le capitaine peut faire mettre à terre, dans le lieu du chargement, les marchandises trouvées dans son navire, si elles ne lui ont point été déclarées, ou en prendre le fret au plus haut prix qui sera payé dans le même lieu pour les marchandises de même nature.

293. Le chargeur qui retire ses marchandises pendant le voyage, est tenu de payer le fret en entier et tous les frais de déplacement occasionnés par le déchargement; si les marchandises sont retirées pour cause des faits ou des fautes du capitaine, celui-ci est responsable de tous les frais.

294. Si le navire est arrêté au départ, pendant la route, ou au lieu de sa décharge, par le fait de l'affréteur, les frais du retardement sont dûs par l'affréteur;

Si ayant été frété pour l'aller et le retour, le navire fait son retour sans chargement ou avec un chargement incomplet, le fret entier est dû au capitaine, ainsi que l'intérêt du retardement.

295. Le capitaine est tenu des dommages-intérêts envers l'affréteur, si, par son fait, le navire a été arrêté ou retardé au départ, pendant sa route ou au lieu de sa décharge.

Ces dommages-intérêts sont réglés par des experts.

296. Si le capitaine est contraint de faire radouber le navire pendant le voyage, l'affréteur est tenu d'attendre, ou de payer le fret en entier.

Dans le cas où le navire ne pourrait être radoubé, le capitaine est tenu d'en louer un autre.

Si le capitaine n'a pu louer un autre navire, le fret n'est dû qu'à proportion de ce que le voyage est avancé.

297. Le capitaine perd son fret, et répond des dommages-intérêts de l'affréteur, si celui-ci prouve que, lorsque le navire a fait voile, il était hors d'état de naviguer.

La preuve est admissible nonobstant et contre les certificats de visite au départ.

298. Le fret est dû pour les marchandises que le capitaine a été contraint de vendre pour subvenir aux victuailles, radoub et autres nécessités pressantes du navire, en tenant par lui compte de leur valeur au prix que le reste, ou autre pareille marchandise de même qualité, sera vendu au lieu de la décharge, si le navire arrive à bon port.

Si le navire se perd, le capitaine tiendra compte des marchandises sur le pied qu'il les aura vendues, en retenant également le fret porté aux connaissemens.

299. S'il arrive interdiction de commerce avec le pays pour lequel le navire est en route, et qu'il soit obligé de revenir avec son chargement, il n'est dû au capitaine que le fret de l'aller, quoique le vaisseau ait été affrété pour l'aller et le retour.

300. Si le vaisseau est arrêté dans le cours de son voyage par l'ordre d'une puissance,

Il n'est dû aucun fret pour le temps de sa détention, si le navire est affrété au mois; ni augmentation de fret, s'il est loué au voyage.

La nourriture et les loyers de l'équipage pendant la détention du navire, sont réputés avaries.

301. Le capitaine est payé du fret des marchandises jetées à la mer pour le salut commun, à la charge de contribution.

302. Il n'est dû aucun fret pour les marchandises perdues par naufrage ou échouement, pillées par des pirates ou prises par les ennemis.

Le capitaine est tenu de restituer le fret qui lui aura été avancé, s'il n'y a convention contraire.

303. Si le navire et les marchandises sont rachetés, ou si les marchandises sont sauvées du naufrage, le capitaine est payé de lu fret jusqu'au lieu de la prise ou du naufrage.

Il est payé du fret entier en contribuant au rachat, s'il conduit les marchandises au lieu de leur destination.

304. La contribution pour le rachat se fait, sur le prix courant des marchandises au lieu de leur décharge, déduction faite des frais, et sur la moitié du navire et du fret.

Les loyers des matelots n'entrent point en contribution.

305. Si le consignataire refuse de recevoir les marchandises, le capitaine peut, par autorité de justice, en faire vendre pour le paiement de son fret, et faire ordonner le dépôt du surplus.

S'il y a insuffisance, il conserve son recours contre le chargeur.

306. Le capitaine ne peut retenir les marchandises dans son navire faute de paiement de son fret;

Il peut, dans le temps de la décharge, demander le dépôt en mains tierces jusqu'au paiement de son fret.

307. Le capitaine est préféré, pour son fret, sur les marchandises de son chargement, pendant quinzaine après leur délivrance, si elles n'ont passé en mains tierces.

308. En cas de faillite des chargeurs ou réclamateurs avant l'expiration de la quinzaine, le capitaine est privilégié sur tous les créanciers pour le paiement de son fret et des avaries qui lui sont dus.

309. En aucun cas le chargeur ne peut demander de diminution sur le prix du fret.

310. Le chargeur ne peut abandonner pour le fret les marchandises diminuées de prix ou détériorées par leur vice propre ou par cas fortuit.

Si toutefois des futailles contenant vin, huile, miel et autres liquides, ont tellement coulé qu'elles soient vides ou presque vides, lesdites futailles pourront être abandonnées pour le fret.

TITRE IX.

Des Contrats à la Grosse.

311. Le contrat à la grosse est fait devant notaire, ou sous signatures privées.

Il énonce,

Le capital prêté et la somme convenue pour le profit maritime,

Les objets sur lesquels le prêt est affecté,

Les noms du navire et du capitaine,

Ceux du prêteur et de l'emprunteur;

Si le prêt a lieu pour un voyage,

Pour quel voyage, et pour quel temps;

L'époque du remboursement.

312. Tout prêteur à la grosse, en France, est tenu de faire enregistrer son contrat au greffe du tribunal de commerce, dans les dix jours de la date, à peine de perdre son privilége,

Et si le contrat est fait à l'étranger, il est soumis aux formalités prescrites à l'article 234.

313. Tout acte de prêt à la grosse peut être négocié par la voie de l'endossement, s'il est à ordre.

En ce cas, la négociation de cet acte a les mêmes effets et produit les mêmes actions en garantie que celle des autres effets de commerce.

314. La garantie de paiement ne s'étend pas au profit maritime, à moins que le contraire n'ait été expressément stipulé.

315. Les emprunts à la grosse peuvent être affectés,

Sur le corps et quille du navire,

Sur les agrès et apparaux,

Sur l'armement et les victuailles,

Sur le chargement,

Sur la totalité de ces objets conjointement, ou sur une partie déterminée de chacun d'eux.

316. Tout emprunt à la grosse, fait pour une somme excédant la valeur des objets sur lesquels il est affecté, peut être déclaré nul, à la demande du prêteur, s'il est prouvé qu'il y a fraude de la part de l'emprunteur.

317. S'il n'y a fraude, le contrat est valable jusqu'à la concurrence de la valeur des effets affectés à l'emprunt, d'après l'estimation qui en est faite ou convenue;

Le surplus de la somme empruntée est remboursé avec intérêt au cours de la place.

318. Tous emprunts sur le fret à faire du navire et sur le profit espéré des marchandises, sont prohibés.

Le prêteur, dans ce cas, n'a droit qu'au remboursement du capital, sans aucun intérêt.

319. Nul prêt à la grosse ne peut être fait aux matelots ou gens de mer sur leurs loyers ou voyages.

320. Le navire, les agrès et les apparaux, l'armement et les

victuailles, même le fret acquis, sont affectés par privilège au capital et intérêts de l'argent donné à la grosse sur le corps et quille du vaisseau.

Le chargement est également affecté au capital et intérêts de l'argent donné à la grosse sur le chargement.

Si l'emprunt a été fait sur un objet particulier du navire ou du chargement, le privilège n'a lieu que sur l'objet, et dans la proportion de la quotité affectée à l'emprunt.

321. Un emprunt à la grosse fait par le capitaine dans le lieu de la demeure des propriétaires du navire, sans leur autorisation authentique ou leur intervention dans l'acte, ne donne action et privilège que sur la portion que le capitaine peut avoir au navire et au fret.

322. Sont affectées aux sommes empruntées, même dans le lieu de la demeure des intéressés, pour radoub et victuailles, les parts et portions des propriétaires qui n'auraient pas fourni leur contingent pour mettre le bâtiment en état, dans les vingt-quatre heures de la sommation qui leur en sera faite.

323. Les emprunts faits pour le dernier voyage du navire sont remboursés par préférence aux sommes prêtées pour un précédent voyage, quand même il serait déclaré qu'elles sont laissées par continuation ou renouvellement.

Les sommes empruntées pendant le voyage sont préférées à celles qui auraient été empruntées avant le départ du navire; et s'il y a plusieurs emprunts faits pendant le même voyage, le dernier emprunt sera toujours préféré à celui qui l'aura précédé.

324. Le prêteur à la grosse sur marchandises chargées dans un navire désigné au contrat, ne supporte pas la perte des marchandises, même par fortune de mer, si elles ont été chargées sur un autre navire, à moins qu'il ne soit légalement constaté que ce chargement a eu lieu par force majeure.

325. Si les effets sur lesquels le prêt à la grosse a eu lieu, sont entièrement perdus, et que la perte soit arrivée par cas fortuit, dans le temps et dans le lieu des risques, la somme prêtée ne peut être réclamée.

326. Les déchets, diminutions et pertes qui arrivent par le vice propre de la chose, et les dommages causés par le fait de l'emprunteur, ne sont point à la charge du prêteur.

327. En cas de naufrage, le paiement des sommes empruntées à la grosse est réduit à la valeur des effets sauvés et affectés au contrat, déduction faite des frais de sauvetage.

328. Si le temps des risques n'est point déterminé par le contrat, il court, à l'égard du navire, des agrès, apparaux, armement et victuailles, du jour que le navire a fait voile, jusqu'au jour où il est ancré ou amarré au port ou lieu de sa destination.

A l'égard des marchandises, le temps des risques court du jour qu'elles ont été chargées dans le navire, ou dans les gabares pour les y porter, jusqu'au jour où elles sont délivrées à terre.

329. Celui qui emprunte à la grosse sur des marchandises, n'est point libéré par la perte du navire et du chargement, s'il ne justifie qu'il y avait, pour son compte, des effets jusqu'à la concurrence de la somme empruntée.

330. Les prêteurs à la grosse contribuent, à la décharge des emprunteurs, aux avaries communes.

Les avaries simples sont aussi à la charge des prêteurs, s'il n'y a convention contraire.

331. S'il y a contrat à la grosse, et assurance sur le même navire, ou sur le même chargement, le produit des effets sauvés du naufrage est partagé entre le prêteur à la grosse *pour son capital seulement*, et l'assureur, pour les sommes assurées, au marc le franc de leur intérêt respectif, sans préjudice des priviléges établis à l'article 191.

TITRE X.

Des Assurances.

SECTION PREMIÈRE.

Du Contrat d'assurance, de sa Forme et de son Objet.

332. Le contrat d'assurance est rédigé par écrit.

Il est daté du jour auquel il est souscrit.

Il y est énoncé si c'est avant ou après midi.

Il peut être fait sous signatures privées.

Il ne peut contenir aucun blanc.

Il exprime

Le nom et le domicile de celui qui fait assurer, sa qualité de propriétaire ou de commissionnaire,

Le nom et la désignation du navire,

Le nom du capitaine,

Le lieu où les marchandises ont été ou doivent être chargées,

Le port d'où ce navire a dû ou doit partir,

Les ports ou rades dans lesquels il doit charger ou décharger,

Ceux dans lesquels il doit entrer,

La nature et la valeur, ou l'estimation des marchandises ou objets que l'on fait assurer,

Les temps auxquels les risques doivent commencer et finir,

La somme assurée,

La prime ou le coût de l'assurance,

La soumission des parties à des arbitres, en cas de contestation, si elle a été convenue,

Et généralement toutes les autres conditions dont les parties sont convenues.

333. La même police peut contenir plusieurs assurances, soit à raison des marchandises, soit à raison du taux de la prime, soit à raison de différens assureurs.

334. L'assurance peut avoir pour objet,

Le corps et quille du vaisseau, vide ou chargé, armé ou non armé, seul ou accompagné,

Les agrès et apparaux,

Les armemens,

Les victuailles,

Les sommes prêtées à la grosse,

Les marchandises du chargement et toutes autres choses ou valeurs estimables à prix d'argent, sujettes aux risques de la navigation.

335. L'assurance peut être faite sur le tout ou sur une partie desdits objets, conjointement ou séparément.

Elle peut être faite en temps de paix ou en temps de guerre, avant ou pendant le voyage du vaisseau.

Elle peut être faite pour l'aller et le retour, ou seulement pour l'un des deux, pour le voyage entier ou pour un temps limité;

Pour tous voyages et transports par mer, rivières et canaux navigables.

336. En cas de fraude dans l'estimation des effets assurés, en cas de supposition ou de falsification, l'assureur peut faire procéder à la vérification et estimation des objets, sans préjudice de toutes autres poursuites, soit civiles, soit criminelles.

337. Les chargemens faits aux échelles du Levant, aux

côtes d'Afrique et autres parties du monde, pour l'Europe, peuvent être assurés sur quelque navire qu'ils aient lieu, sans désignation du navire ou du capitaine.

Les marchandises elles-mêmes peuvent, en ce cas, être assurées sans désignation de leur nature et espèce.

Mais la police doit indiquer celui à qui l'expédition est faite ou doit être consignée, s'il n'y a convention contraire dans la police d'assurance.

338. Tout effet dont le prix est stipulé dans le contrat en monnaie étrangère, est évalué au prix que la monnaie stipulée vaut en monnaie de France, suivant le cours à l'époque de la signature de la police.

339. Si la valeur des marchandises n'est point fixée par le contrat, elle peut être justifiée par les factures ou par les livres : à défaut, l'estimation en est faite suivant le prix courant au temps et au lieu du chargement, y compris tous les droits payés et les frais faits jusqu'à bord.

340. Si l'assurance est faite sur le retour d'un pays où le commerce ne se fait que par troc, et que l'estimation des marchandises ne soit pas faite par la police, elle sera réglée sur le pied de la valeur de celles qui ont été données en échange, en y joignant les frais de transport.

341. Si le contrat d'assurance ne règle point le temps des risques, les risques commencent et finissent dans le temps réglé par l'article 328 pour les contrats à la grosse.

342. L'assureur peut faire réassurer par d'autres les effets qu'il a assurés.

L'assuré peut faire assurer le coût de l'assurance.

La prime de réassurance peut être moindre ou plus forte que celle de l'assurance.

343. L'augmentation de prime qui aura été stipulée en temps de paix pour le temps de guerre qui pourrait survenir, et dont la quotité n'aura pas été déterminée par les contrats d'assurance, est réglée par les tribunaux, en ayant égard aux risques, aux circonstances et aux stipulations de chaque police d'assurance.

344. En cas de perte des marchandises assurées et chargées pour le compte du capitaine sur le vaisseau qu'il commande, le capitaine est tenu de justifier aux assureurs l'achat des marchandises, et d'en fournir un connaissement signé par deux des principaux de l'équipage.

345. Tout homme de l'équipage et tout passager qui apportent des pays étrangers des marchandises assurées en France, sont tenus d'en laisser un connaissement dans les

lieux

lieux où le chargement s'effectue, entre les mains du consul de France, et à défaut, entre les mains d'un Français, notable négociant, ou du magistrat du lieu.

346. Si l'assureur tombe en faillite lorsque le risque n'est pas encore fini, l'assuré peut demander caution, ou la résiliation du contrat.

L'assureur a le même droit en cas de faillite de l'assuré.

347. Le contrat d'assurance est nul, s'il a pour objet,

Le fret des marchandises existantes à bord du navire,

Le profit espéré des marchandises,

Les loyers des gens de mer,

Les sommes empruntées à la grosse,

Les profits maritimes des sommes prêtées à la grosse.

348. Toute réticence, toute fausse déclaration de la part de l'assuré, toute différence entre le contrat d'assurance et le connaissement, qui diminueraient l'opinion du risque ou en changeraient le sujet, annullent l'assurance.

L'assurance est nulle, même dans le cas où la réticence, la fausse déclaration, ou la différence, n'auraient pas influé sur le dommage ou la perte de l'objet assuré.

SECTION II.

Des Obligations de l'Assureur et de l'Assuré.

349. Si le voyage est rompu avant le départ du vaisseau, même par le fait de l'assuré, l'assurance est annullée; l'assureur reçoit, à titre d'indemnité, demi pour cent de la somme assurée.

350. Sont aux risques des assureurs toutes pertes et dommages qui arrivent aux objets assurés, par tempête, naufrage, échouement, abordage fortuit, changemens forcés de route, de voyage ou de vaisseau, par jet, feu, prise, pillage, arrêt par ordre de puissance, déclaration de guerre, représailles, et généralement par toutes les autres fortunes de mer.

351. Tout changement de route, de voyage ou de vaisseau, et toutes pertes et dommages provenant du fait de l'assuré, ne sont point à la charge de l'assureur; et même la prime lui est acquise, s'il a commencé à courir les risques.

352. Les déchets, diminutions et pertes qui arrivent par le vice propre de la chose, et les dommages causés par le

d

fait et faute des propriétaires, affréteurs ou chargeurs, ne sont point à la charge des assureurs.

353. L'assureur n'est point tenu des prévarications et fautes du capitaine et de l'équipage, connues sous le nom de *baratterie de patron*, s'il n'y a convention contraire.

354. L'assureur n'est point tenu du pilotage, touage et lamanage, ni d'aucune espèce de droits imposés sur le navire et les marchandises.

355. Il sera fait désignation dans la police, des marchandises sujettes, par leur nature, à détérioration particulière ou diminution, comme blés ou sels, ou marchandises susceptibles de coulage ; sinon les assureurs ne répondront point des dommages ou pertes qui pourraient arriver à ces mêmes denrées, si ce n'est toutefois que l'assuré eût ignoré la nature du chargement lors de la signature de la police.

356. Si l'assurance a pour objet des marchandises pour l'aller et le retour, et si le vaisseau étant parvenu à sa première destination, il ne se fait point de chargement en retour, ou si le chargement en retour n'est pas complet, l'assureur reçoit seulement les deux tiers proportionnels de la prime convenue, s'il n'y a stipulation contraire.

357. Un contrat d'assurance ou de réassurance consenti pour une somme excédant la valeur des effets chargés, est nul à l'égard de l'assuré seulement, s'il est prouvé qu'il y a dol ou fraude de sa part.

358. S'il n'y a ni dol ni fraude, le contrat est valable jusqu'à concurrence de la valeur des effets chargés, d'après l'estimation qui en est faite ou convenue.

En cas de pertes, les assureurs sont tenus d'y contribuer chacun à proportion des sommes par eux assurées.

Ils ne reçoivent pas la prime de cet excédant de valeur, mais seulement l'indemnité de demi pour cent.

359. S'il existe plusieurs contrats d'assurance faits sans fraude sur le même chargement, et que le premier contrat assure l'entière valeur des effets chargés, il subsistera seul.

Les assureurs qui ont signé les contrats subséquens, sont libérés ; ils ne reçoivent que demi pour cent de la somme assurée.

Si l'entière valeur des effets chargés n'est pas assurée par le premier contrat, les assureurs qui ont signé les contrats subséquens, répondent de l'excédant en suivant l'ordre de la date des contrats.

360. S'il y a des effets chargés pour le montant des sommes assurées, en cas de perte d'une partie, elle sera payée par tous les assureurs de ces effets, au marc le franc de leur interêt.

361. Si l'assurance a lieu divisément pour des marchandises qui doivent être chargées sur plusieurs vaisseaux désignés, avec énonciation de la somme assurée sur chacun, et si le chargement entier est mis sur un seul vaisseau, ou sur un moindre nombre qu'il n'en est désigné dans le contrat, l'assureur n'est tenu que de la somme qu'il a assurée sur le vaisseau ou sur les vaisseaux qui ont reçu le chargement, nonobstant la perte de tous les vaisseaux désignés, et il recevra néanmoins demi pour cent des sommes dont les assurances se trouvent annullées.

362. Si le capitaine a la liberté d'entrer dans différens ports pour compléter ou échanger son chargement, l'assureur ne court les risques des effets assurés que lorsqu'ils sont à bord, s'il n'y a convention contraire.

363. Si l'assurance est faite pour un temps limité, l'assureur est libre après l'expiration du temps, et l'assuré peut faire assurer les nouveaux risques.

364. L'assureur est déchargé des risques, et la prime lui est acquise, si l'assuré envoie le vaisseau en un lieu plus éloigné que celui qui est désigné par le contrat, quoique sur la même route.

L'assurance a son entier effet, si le voyage est raccourci.

365. Toute assurance faite après la perte ou l'arrivée des objets assurés, est nulle, s'il y a présomption qu'avant la signature du contrat, l'assuré a pu être informé de la perte, ou l'assureur, de l'arrivée des objets assurés.

366. La présomption existe, si, en comptant trois quarts de myriamètre (une lieue et demie) par heure, sans préjudice des autres preuves, il est établi que de l'endroit de l'arrivée, ou de la perte du vaisseau, ou du lieu où la première nouvelle en est arrivée, elle a pu être portée dans le lieu où le contrat d'assurance a été passé, avant la signature du contrat.

367. Si cependant l'assurance est faite sur bonnes ou mauvaises nouvelles, la présomption mentionnée dans les articles précédens n'est point admise.

Le contrat n'est annullé que sur la preuve que l'assuré savait la perte, ou l'assureur l'arrivée du navire, avant la signature du contrat.

d.

368. En cas de preuve contre l'assuré, celui-ci paie à l'assureur une double prime.

En cas de preuve contre l'assureur, celui-ci paie à l'assuré une somme double de la prime convenue.

Celui d'entre eux contre qui la preuve est faite, est poursuivi correctionnellement.

SECTION III.

Du Délaissement.

369. Le délaissement des objets assurés peut être fait,
En cas de prise,
De naufrage,
D'échouement avec bris,
D'innavigabilité par fortune de mer ;
En cas d'arrêt d'une puissance étrangère,
En cas de perte ou détérioration des effets assurés, si la détérioration ou la perte va au moins à trois quarts.

Il peut être fait en cas d'arrêt de la part du Gouvernement, après le voyage commencé.

370. Il ne peut être fait avant le voyage commencé.

371. Tous autres dommages sont réputés avaries, et se règlent, entre les assureurs et les assurés, à raison de leurs intérêts.

372. Le délaissement des objets assurés ne peut être partiel ni conditionnel.

Il ne s'étend qu'aux effets qui sont l'objet de l'assurance et du risque.

373. Le délaissement doit être fait aux assureurs dans le terme de six mois, à partir du jour de la réception de la nouvelle de la perte arrivée aux ports ou côtes de l'Europe, ou sur celles d'Asie et d'Afrique, dans la Méditerranée, ou bien, en cas de prise, de la réception de celle de la conduite du navire dans l'un des ports ou lieux situés aux côtes ci-dessus mentionnées.

Dans le délai d'un an après la réception de la nouvelle, ou de la perte arrivée, ou de la prise conduite aux colonies des Indes occidentales, aux îles Açores, Canaries, Madère et autres îles et côtes occidentales d'Afrique et orientales d'Amérique.

Dans le délai de deux ans après la nouvelle des pertes arrivées, ou des prises conduites dans toutes les autres parties du monde.

Et ces délais passés, les assurés ne seront plus recevables à faire le délaissement.

374. Dans le cas où le délaissement peut être fait, et dans le cas de tous autres accidens aux risques des assureurs, l'assuré est tenu de signifier à l'assureur les avis qu'il a reçus.

La signification doit être faite dans les trois jours de la réception de l'avis.

375. Si, après un an expiré, à compter du jour du départ du navire, ou du jour auquel se rapportent les dernières nouvelles reçues, pour les voyages ordinaires,

Après deux ans pour les voyages de long cours,

L'assuré déclare n'avoir reçu aucune nouvelle de son navire, il peut faire le délaissement à l'assureur, et demander le paiement de l'assurance, sans qu'il soit besoin d'attestation de la perte.

Après l'expiration de l'an ou des deux ans, l'assuré a, pour agir, les délais établis par l'art. 373.

376. Dans le cas d'une assurance pour temps limité, après l'expiration des délais établis, comme ci-dessus, pour les voyages ordinaires et pour ceux de long cours, la perte du navire est présumée arrivée dans le temps de l'assurance.

377. Sont réputés voyages de long cours, ceux qui se font aux Indes orientales et occidentales, à la Mer pacifique, au Canada, à Terre-Neuve, au Groenland, et aux autres côtes et îles de l'Amérique méridionale et septentrionale, aux Açores, Canaries, à Madère, et dans toutes les côtes et pays situés sur l'Océan, au-delà des détroits de Gibraltar et du Sund.

378. L'assuré peut, par la signification mentionnée en l'article 374, ou faire le délaissement avec sommation à l'assureur de payer la somme assurée dans le délai fixé par le contrat, ou se réserver de faire le délaissement dans les délais fixés par la loi.

379. L'assuré est tenu, en faisant le délaissement, de déclarer toutes les assurances qu'il a faites ou fait faire, même celles qu'il a ordonnées, et l'argent qu'il a pris à la grosse, soit sur le navire, soit sur les marchandises; faute de quoi, le délai du paiement, qui doit commencer à courir du jour du délaissement, sera suspendu jusqu'au jour où il fera notifier ladite déclaration, sans qu'il en résulte aucune prorogation du délai établi pour former l'action en délaissement.

380. En cas de déclaration frauduleuse, l'assuré est privé des effets de l'assurance; il est tenu de payer les sommes empruntées, nonobstant la perte ou la prise du navire.

381. En cas de naufrage ou d'échouement avec bris, l'assuré

doit, sans préjudice du délaissement à faire en temps et lieu, travailler au recouvrement des effets naufragés.

Sur son affirmation, les frais de recouvrement lui sont alloués jusqu'à concurrence de la valeur des effets recouvrés.

382. Si l'époque du paiement n'est point fixée par le contrat, l'assureur est tenu de payer l'assurance trois mois après la signification du délaissement.

383. Les actes justificatifs du chargement et de la perte sont signifiés à l'assureur avant qu'il puisse être poursuivi pour le paiement des sommes assurées.

384. L'assureur est admis à la preuve des faits contraires à ceux qui sont consignés dans les attestations.

L'admission à la preuve ne suspend pas les condamnations de l'assureur au paiement provisoire de la somme assurée, à la charge par l'assuré de donner caution.

L'engagement de la caution est éteint après quatre années révolues, s'il n'y a pas eu de poursuite.

385. Le délaissement signifié et accepté ou jugé valable, les effets assurés appartiennent à l'assureur, à partir de l'époque du délaissement.

L'assureur ne peut, sous prétexte du retour du navire, se dispenser de payer la somme assurée.

386. Le fret des marchandises sauvées, quand même il aurait été payé d'avance, fait partie du délaissement du navire, et appartient également à l'assureur, sans préjudice des droits des prêteurs à la grosse, de ceux des matelots pour leur loyer, et des frais et dépenses pendant le voyage.

387. En cas d'arrêt de la part d'une puissance, l'assuré est tenu de faire la signification à l'assureur, dans les trois jours de la réception de la nouvelle.

Le délaissement des objets arrêtés ne peut être fait qu'après un délai de six mois de la signification, si l'arrêt a eu lieu dans les mers d'Europe, dans la Méditerranée, ou dans la Baltique;

Qu'après le délai d'un an, si l'arrêt a eu lieu en pays plus éloigné.

Ces délais ne courent que du jour de la signification de l'arrêt.

Dans le cas où les marchandises arrêtées seraient périssables, les délais ci-dessus mentionnés sont réduits à un mois et demi pour le premier cas, et à trois mois pour le second cas.

388. Pendant les délais portés par l'article précédent, les assurés sont tenus de faire toutes diligences qui peuvent dépendre d'eux, à l'effet d'obtenir la main-levée des effets arrêtés.

Pourront, de leur côté, les assureurs, ou de concert avec

les assurés, ou séparément, faire toutes démarches à même fin.

389. Le délaissement à titre d'innavigabilité ne peut être fait, si le navire échoué peut être relevé, réparé, et mis en état de continuer sa route pour le lieu de sa destination.

Dans ce cas, l'assuré conserve son recours sur les assureurs, pour les frais et avaries occasionnés par l'échouement.

390. Si le navire a été déclaré innavigable, l'assuré sur le chargement est tenu d'en faire la notification dans le délai de trois jours de la réception de la nouvelle.

391. Le capitaine est tenu, dans ce cas, de faire toutes diligences pour se procurer un autre navire à l'effet de transporter les marchandises au lieu de leur destination.

392. L'assureur court les risques des marchandises chargées sur un autre navire, dans le cas prévu par l'article précédent, jusqu'à leur arrivée et leur déchargement.

393. L'assureur est tenu, en outre, des avaries, frais de déchargement, magasinage, rembarquement, de l'excédant du fret, et de tous autres frais qui auront été faits pour sauver les marchandises, jusqu'à concurrence de la somme assurée.

394. Si, dans les délais prescrits par l'art. 387, le capitaine n'a pu trouver de navire pour recharger les marchandises et les conduire au lieu de leur destination, l'assuré peut en faire le délaissement.

395. En cas de prise, si l'assuré n'a pu en donner avis à l'assureur, il peut racheter les effets sans attendre son ordre.

L'assuré est tenu de signifier à l'assureur la composition qu'il aura faite, aussitôt qu'il en aura les moyens.

396. L'assureur a le choix de prendre la composition à son compte, ou d'y renoncer : il est tenu de notifier son choix à l'assuré, dans les vingt-quatre heures qui suivent la signification de la composition.

S'il déclare prendre la composition à son profit, il est tenu de contribuer, sans délai, au paiement du rachat dans les termes de la convention, et à proportion de son intérêt; et il continue de courir les risques du voyage, conformément au contrat d'assurance.

S'il déclare renoncer au profit de la composition, il est tenu au paiement de la somme assurée, sans pouvoir rien prétendre aux effets rachetés.

Lorsque l'assureur n'a pas notifié son choix dans le délai susdit, il est censé avoir renoncé au profit de la composition.

TITRE XI.

Des Avaries.

397. Toutes dépenses extraordinaires faites pour le navire et les marchandises, conjointement ou séparément,

Tout dommage qui arrive aux navires et aux marchandises, depuis leur chargement et départ jusqu'à leur retour et déchargement,

Sont réputés avaries.

398. A défaut de conventions spéciales entre toutes les parties, les avaries sont réglées conformément aux dispositions ci-après.

399. Les avaries sont de deux classes, avaries grosses ou communes, et avaries simples ou particulières.

400. Sont avaries communes,

1°. Les choses données par composition et à titre de rachat du navire et des marchandises ;

2°. Celles qui sont jetées à la mer ;

3°. Les câbles ou mâts rompus ou coupés ;

4°. Les ancres et autres effets abandonnés pour le salut commun ;

5°. Les dommages occasionnés, par le jet, aux marchandises restées dans le navire ;

6°. Les pansement et nourriture des matelots blessés en défendant le navire, les loyer et nourriture des matelots pendant la détention, quand le navire est arrêté en voyage par ordre d'une puissance, et pendant les réparations des dommages volontairement soufferts pour le salut commun, si le navire est affrété au mois ;

7°. Les frais du déchargement pour alléger le navire et entrer dans un havre ou dans une rivière, quand le navire est contraint de le faire par tempête ou par la poursuite de l'ennemi ;

8°. Les frais faits pour remettre à flot le navire échoué dans l'intention d'éviter la perte totale ou la prise,

Et en général, les dommages soufferts volontairement et les dépenses faites d'après délibérations motivées, pour le bien et salut commun du navire et des marchandises, depuis leur chargement et départ jusqu'à leur retour et déchargement.

401. Les avaries communes sont supportées par les marchandises et par la moitié du navire et du fret, au marc le franc de la valeur.

402. Le prix des marchandises est établi par leur valeur au lieu du déchargement.

403. Sont avaries particulières,

1°. Le dommage arrivé aux marchandises par leur vice propre, par tempête, prise, naufrage ou échouement;

2°. Les frais faits pour les sauver;

3°. La perte des cables, ancres, voiles, mâts, cordages, causée par tempête ou autre accident de mer;

Les dépenses résultant de toutes relâches occasionnées, soit par la perte fortuite de ces objets, soit par le besoin d'avitaillement, soit par voie d'eau à réparer;

4°. La nourriture et le loyer des matelots pendant la détention, quand le navire est arrêté en voyage par ordre d'une puissance, et pendant les réparations qu'on est obligé d'y faire, ou si le navire est affrété au voyage;

5°. La nourriture et le loyer des matelots pendant la quarantaine, que le navire soit loué au voyage ou au mois;

Et en général les dépenses faites et le dommage souffert pour le navire seul, ou pour les marchandises seules, depuis leur chargement et départ jusqu'à leur retour et déchargement.

404. Les avaries particulières sont supportées et payées par le propriétaire de la chose qui a essuyé le dommage ou occasionné la dépense.

405. Les dommages arrivés aux marchandises, faute par le capitaine d'avoir bien fermé les écoutilles, amarré le navire, fourni de bons guindages, et par tous autres accidens provenant de la négligence du capitaine ou de l'équipage, sont également des avaries particulières supportées par le propriétaire des marchandises, mais pour lesquelles il a son recours contre le capitaine, le navire et le fret.

406. Les lamanages, touages, pilotages, pour entrer dans les havres ou rivières, ou pour en sortir, les droits de congés, visites, rapports, tonnes, balises, ancrages et autres droits de navigation, ne sont point avaries, mais ils sont de simples frais à la charge du navire.

407. En cas d'abordage de navires, si l'événement a été purement fortuit, le dommage est supporté, sans répétition, par celui des navires qui l'a éprouvé.

Si l'abordage a été fait par la faute de l'un des capitaines, le dommage est payé par celui qui l'a causé.

S'il y a doute dans les causes de l'abordage, le dommage est réparé à frais communs, et par égale portion, par les navires qui l'ont fait et souffert.

Dans ces deux derniers cas, l'estimation du dommage est faite par experts.

408. Une demande pour avaries n'est point recevable, si l'avarie commune n'excède pas un pour cent de la valeur cumulée du navire et des marchandises, et si l'avarie particulière n'excède pas aussi un pour cent de la valeur de la chose endommagée.

409. La clause *franc d'avaries* affranchit les assureurs de toutes avaries, soit communes, soit particulières, excepté dans les cas qui donnent ouverture au délaissement ; et, dans ces cas, les assurés ont l'option entre le délaissement et l'exercice d'action d'avarie.

TITRE XII.

Du Jet et de la Contribution.

410. Si, par tempête ou par la chasse de l'ennemi, le capitaine se croit obligé, pour le salut du navire, de jeter en mer une partie de son chargement, de couper ses mâts, ou d'abandonner ses ancres, il prend l'avis des intéressés au chargement qui se trouvent dans le vaisseau, et des principaux de l'équipage.

S'il y a diversité d'avis, celui du capitaine et des principaux de l'équipage est suivi.

411. Les choses les moins nécessaires, les plus pesantes et de moindre prix, sont jetées les premières, et ensuite les marchandises du premier pont, au choix du capitaine et par l'avis des principaux de l'équipage.

412. Le capitaine est tenu de rédiger par écrit la délibération aussitôt qu'il en a les moyens.

La délibération exprime

Les motifs qui ont déterminé le jet,

Les objets jetés ou endommagés ;

Elle présente la signature des délibérans, ou les motifs de leur refus de signer ;

Elle est transcrite sur le registre.

413. Au premier port où le navire abordera, le capitaine est tenu, dans les vingt-quatre heures de son arrivée, d'affirmer les faits contenus dans la délibération transcrite sur le registre.

414. L'état des pertes et dommages est fait dans le lieu du dé-

chargement du navire à la diligence du capitaine et par experts.

Les experts sont nommés par le tribunal de commerce, si le déchargement se fait dans un port français.

Dans les lieux où il n'y a pas de tribunal de commerce, les experts sont nommés par le juge de paix.

Ils sont nommés par le consul de France, et, à son défaut, par le magistrat du lieu, si la décharge se fait dans un port étranger.

Les experts prêtent serment avant d'opérer.

415. Les marchandises jetées sont estimées suivant le prix courant du lieu du déchargement; leur qualité est constatée par la production des connaissemens, et des factures s'il y en a.

416. Les experts nommés en vertu de l'article précédent font la répartition des pertes et dommages.

La répartition est rendue exécutoire par l'homologation du tribunal.

Dans les ports étrangers, la répartition est rendue exécutoire par le consul de France, ou, à son défaut, par tout tribunal compétent sur les lieux.

417. La répartition pour le paiement des pertes et dommages est faite sur les effets jetés et sauvés, et sur moitié du navire et du fret, à proportion de leur valeur au lieu du déchargement.

418. Si la qualité des marchandises a été déguisée par le connaissement, et qu'elles se trouvent d'une plus grande valeur, elles contribuent sur le pied de leur estimation, si elles sont sauvées;

Elles sont payées d'après la qualité désignée par le connaissement, si elles sont perdues.

Si les marchandises déclarées sont d'une qualité inférieure à celle qui est indiquée par le connaissement, elles contribuent d'après la qualité indiquée par le connaissement, si elles sont sauvées;

Elles sont payées sur le pied de leur valeur, si elles sont jetées ou endommagées.

419. Les munitions de guerre et de bouche, et les hardes des gens de l'équipage ne contribuent point au jet; la valeur de celles qui auront été jetées sera payée par contribution sur tous les autres effets.

420. Les effets dont il n'y a pas de connaissement ou déclaration du capitaine, ne sont pas payés s'ils sont jetés; ils contribuent s'ils sont sauvés.

421. Les effets chargés sur le tillac du navire contribuent s'ils sont sauvés.

S'ils sont jetés ou endommagés par le jet, le propriétaire

n'est point admis à former une demande en contribution; il ne peut exercer son recours que contre le capitaine.

422. Il n'y a lieu à contribution pour raison du dommage arrivé au navire, que dans le cas où le dommage a été fait pour faciliter le jet.

423. Si le jet ne sauve le navire, il n'y a lieu à aucune contribution.

Les marchandises sauvées ne sont point tenues du paiement ni du dédommagement de celles qui ont été jetées ou endommagées.

424. Si le jet sauve le navire, et si le navire, en continuant sa route, vient à se perdre,

Les effets sauvés contribuent au jet sur le pied de leur valeur en l'état où ils se trouvent, déduction faite des frais de sauvetage.

425. Les effets jetés ne contribuent en aucun cas au paiement des dommages arrivés depuis le jet aux marchandises sauvées.

Les marchandises ne contribuent point au paiement du navire perdu ou réduit à l'état d'innavigabilité.

426. Si, en vertu d'une délibération, le navire a été ouvert pour en extraire les marchandises, elles contribuent à la réparation du dommage causé au navire.

427. En cas de perte des marchandises mises dans des barques pour alléger le navire entrant dans un port ou une rivière, la répartition en est faite sur le navire et son chargement en entier.

Si le navire périt avec le reste de son chargement, il n'est fait aucune répartition sur les marchandises mises dans les alléges, quoiqu'elles arrivent à bon port.

428. Dans tous les cas ci-dessus exprimés, le capitaine et l'équipage sont privilégiés, sur les marchandises ou le prix en provenant, pour le montant de la contribution.

429. Si, depuis la répartition, les effets jetés sont recouvrés par les propriétaires, ils sont tenus de rapporter au capitaine et aux intéressés ce qu'ils ont reçu dans la contribution, déduction faite des dommages causés par le jet et des frais de recouvrement.

TITRE XIII.

Des Prescriptions.

430. Le capitaine ne peut acquérir la propriété du navire par voie de prescription.

431. L'action en délaissement est prescrite dans les délais exprimés par l'article 373.

432. Toute action dérivant d'un contrat à la grosse, ou d'une police d'assurance, est prescrite après cinq ans, à compter de la date du contrat.

433. Sont prescrites,

Toutes actions en paiement pour fret de navire, gages et loyers des officiers, matelots et autres gens de l'équipage, un an après le voyage fini;

Pour nourriture fournie aux matelots par l'ordre du capitaine, un an après la livraison;

Pour fournitures de bois et autres choses nécessaires aux construction, équipement et avitaillement du navire, un an après ces fournitures faites;

Pour salaires d'ouvriers et pour ouvrages faits, un an après la réception des ouvrages;

Toute demande en délivrance de marchandises, un an après l'arrivée du navire.

434. La prescription ne peut avoir lieu, s'il y a cédule, obligation, arrêté de compte ou interpellation judiciaire.

TITRE XIV.

Fins de non-recevoir.

435. Sont non recevables,

Toutes actions contre le capitaine et les assureurs, pour dommage arrivé à la marchandise, si elle a été reçue sans protestation;

Toutes actions contre l'affréteur, pour avarie, si le capitaine a livré les marchandises et reçu son fret sans avoir protesté;

Toutes actions en indemnité pour dommages causés par l'abordage dans un lieu où le capitaine a pu agir, s'il n'a point fait de réclamation.

436. Ces protestations et réclamations sont nulles, si elles ne sont faites et signifiées dans les vingt-quatre heures, et si dans le mois de leur date, elles ne sont suivies d'une demande en justice.

CODE
DE COMMERCE.

~~~~~~~~~~~~~~~~~~~~~~~~~~~~~~~~~

LIVRE III.

DES FAILLITES ET DES BANQUEROUTES.

———

DISPOSITIONS GÉNÉRALES.

437. Tout commerçant qui cesse ses paiemens est en état de faillite.

438. Tout commerçant failli qui se trouve dans l'un des cas de faute grave ou de fraude, prévus par la présente loi, est en état de banqueroute.

439. Il y a deux espèces de banqueroutes.

La banqueroute simple : elle sera jugée par les tribunaux correctionnels ;

La banqueroute frauduleuse : elle sera jugée par les cours de justice criminelle.

TITRE PREMIER.

De la Faillite.

CHAPITRE PREMIER.

De l'Ouverture de la Faillite.

440. Tout failli sera tenu, dans les trois jours de la cessation de paiemens, d'en faire la déclaration au greffe du tri-

bunal de commerce; le jour où il aura cessé ses paiemens sera compris dans ces trois jours.

En cas de faillite d'une société en nom collectif, la déclaration du failli contiendra le nom et l'indication du domicile de chacun des associés solidaires.

441. L'ouverture de la faillite est déclarée par le tribunal de commerce : son époque est fixée, soit par la retraite du débiteur, soit par la clôture de ses magasins, soit par la date de tous actes constatant le refus d'acquitter ou de payer ses engagemens de commerce.

Tous les actes ci-dessus mentionnés ne constateront néanmoins l'ouverture de la faillite que lorsqu'il y aura cessation de paiement ou déclaration du failli.

442. Le failli, à compter du jour de la faillite, est dessaisi, de plein droit, de l'administration de tous ses biens.

443. Nul ne peut acquérir privilége ni hypothèque sur les biens du failli, dans les dix jours qui précèdent l'ouverture de la faillite.

444. Tous actes translatifs de propriété immobilière, faits par le failli, à titre gratuit, dans les dix jours qui précèdent l'ouverture de la faillite, sont nuls et sans effet relativement à la masse des créanciers; tous actes du même genre, à titre onéreux, sont susceptibles d'être annullés, sur la demande des créanciers, s'ils paraissent aux juges porter des caractères de fraude.

445. Tous actes ou engagemens pour fait de commerce, contractés par le débiteur dans les dix jours qui précèdent l'ouverture de la faillite, sont présumés frauduleux, quant au failli : ils sont nuls, lorsqu'il est prouvé qu'il y a fraude de la part des autres contractans.

446. Toutes sommes payées, dans les dix jours qui précèdent l'ouverture de la faillite, pour dettes commerciales non échues, sont rapportées.

447. Tous actes ou paiemens faits en fraude des créanciers, sont nuls.

448. L'ouverture de la faillite rend exigibles les dettes passives non échues; à l'égard des effets de commerce par lesquels le failli se trouvera être l'un des obligés, les autres obligés ne seront tenus que de donner caution pour le paiement, à l'échéance, s'ils n'aiment mieux payer immédiatement.

CHAPITRE II.

De l'Apposition des Scellés.

449. Dès que le tribunal de commerce aura connaissance de la faillite, soit par la déclaration du failli, soit par la requête de quelque créancier, soit par la notoriété publique, il ordonnera l'apposition des scellés : expédition du jugement sera sur-le-champ adressée au juge de paix.

450. Le juge de paix pourra aussi apposer les scellés, sur la notoriété acquise.

451. Les scellés seront apposés sur les magasins, comptoirs, caisses, porte-feuilles, livres, registres, papiers, meubles et effets du failli.

452. Si la faillite est faite par des associés réunis en société collective, les scellés seront apposés, non-seulement dans le principal manoir de la société, mais dans le domicile séparé de chacun des associés solidaires.

453. Dans tous les cas, le juge de paix adressera sans délai, au tribunal de commerce, le procès-verbal de l'apposition des scellés.

CHAPITRE III.

De la Nomination du Juge-commissaire et des Agens de la faillite.

454. Par le même jugement qui ordonnera l'apposition des scellés, le tribunal de commerce déclarera l'époque de l'ouverture de la faillite ; il nommera un de ses membres, commissaire de la faillite, et un ou plusieurs agens, suivant l'importance de la faillite, pour remplir, sous la surveillance du commissaire, les fonctions qui leur sont attribuées par la présente loi.

Dans le cas où les scellés auraient été apposés par le juge de paix, sur la notoriété acquise, le tribunal se conformera au surplus des dispositions ci-dessus prescrites, dès qu'il aura connaissance de la faillite.

455. Le tribunal de commerce ordonnera en même temps,

ou

ou le dépôt de la personne du failli dans la maison d'arrêt pour dettes, ou la garde de sa personne par un officier de police ou de justice, ou par un gendarme.

Il ne pourra, en cet état, être reçu contre le failli d'écrou ou recommandation, en vertu d'aucun jugement du tribunal de commerce.

456. Les agens que nommera le tribunal pourront être choisis parmi les créanciers présumés, ou tous autres, qui offriraient le plus de garantie pour la fidélité de leur gestion. Nul ne pourra être nommé agent deux fois dans le cours de la même année, à moins qu'il ne soit créancier.

457. Le jugement sera affiché et inséré par extrait dans les journaux, suivant le mode établi par l'art. 683 du Code de procédure civile.

Il sera exécutoire provisoirement, mais susceptible d'opposition; savoir : pour le failli, dans les huit jours qui suivront celui de l'affiche; pour les créanciers présens ou représentés, et pour tout autre intéressé, jusques et y compris le jour du procès-verbal constatant la vérification des créances; pour les créanciers en demeure, jusqu'à l'expiration du dernier délai qui leur aura été accordé.

458. Le juge-commissaire fera au tribunal de commerce le rapport de toutes les contestations que la faillite pourra faire naître, et qui seront de la compétence de ce tribunal.

Il sera chargé spécialement d'accélérer la confection du bilan, la convocation des créanciers, et de surveiller la gestion de la faillite, soit pendant la durée de la gestion provisoire des agens, soit pendant celle de l'administration des syndics provisoires ou définitifs.

459. Les agens nommés par le tribunal de commerce géreront la faillite sous la surveillance du commissaire, jusqu'à la nomination des syndics : leur gestion provisoire ne pourra durer que quinze jours au plus, à moins que le tribunal ne trouve nécessaire de prolonger cette agence de quinze autres jours pour tout délai.

460. Les agens seront révocables par le tribunal qui les aura nommés.

461. Les agens ne pourront faire aucune fonction, avant d'avoir prêté serment, devant le commissaire, de bien et fidèlement s'acquitter des fonctions qui leur seront attribuées.

CHAPITRE IV.

Des Fonctions préalables des Agens, et des premières Dispositions à l'égard du Failli.

462. Si, après la nomination des agens et la prestation du serment, les scellés n'avaient point été apposés, les agens requerront le juge de paix de procéder à l'apposition.

463. Les livres du failli seront extraits des scellés, et remis par le juge de paix aux agens, après avoir été arrêtés par lui ; il constatera sommairement, par son procès-verbal, l'état dans lequel ils se trouveront.

Les effets du porte-feuille qui seront à courte échéance ou susceptibles d'acceptation, seront aussi extraits des scellés par le juge de paix, décrits et remis aux agens pour en faire le recouvrement : le bordereau en sera remis au commissaire.

Les agens recevront les autres sommes dues au failli, et sur leurs quittances, qui devront être visées par le commissaire. Les lettres adressées au failli seront remises aux agens ; ils les ouvriront, s'il est absent ; s'il est présent, il assistera à leur ouverture.

464. Les agens feront retirer et vendre les denrées et marchandises sujettes à dépérissement prochain, après avoir exposé leurs motifs au commissaire et obtenu son autorisation.

Les marchandises non dépérissables ne pourront être vendues par les agens qu'après la permission du tribunal de commerce, et sur le rapport du commissaire.

465. Toutes les sommes reçues par les agens seront versées dans une caisse à deux clefs, dont il sera fait mention à l'art. 496.

466. Après l'apposition des scellés, le commissaire rendra compte au tribunal de l'état apparent des affaires du failli, et pourra proposer ou sa mise en liberté pure et simple, avec sauf-conduit provisoire de sa personne, ou sa mise en liberté avec sauf-conduit, en fournissant caution de se représenter, sous peine de paiement d'une somme que le tribunal arbi-

trera, et qui tournera, le cas advenant, au profit des créanciers.

467. A défaut par le commissaire de proposer un sauf-conduit pour le failli, ce dernier pourra présenter sa demande au tribunal de commerce, qui statuera après avoir entendu le commissaire.

468. Si le failli a obtenu un sauf-conduit, les agens l'appelleront auprès d'eux, pour clorre et arrêter les livres en sa présence.

Si le failli ne se rend pas à l'invitation, il sera sommé de comparaître.

Si le failli ne comparaît pas quarante-huit heures après la sommation, il sera réputé s'être absenté à dessein.

Le failli pourra néanmoins comparaître par fondé de pouvoir, s'il propose des empêchemens jugés valables par le commissaire.

469. Le failli qui n'aura pas obtenu de sauf-conduit, comaraîtra par un fondé de pouvoir; à défaut de quoi, il sera iputé s'être absenté à dessein.

CHAPITRE V.

Du Bilan.

470. Le failli qui aura, avant la déclaration de sa faillite, préparé son bilan, ou état passif et actif de ses affaires, et qui aura gardé par devers lui, le remettra aux agens, dans les vingt-quatre heures de leur entrée en fonctions.

471. Le bilan devra contenir l'énumération et l'évaluation e tous les effets mobiliers et immobiliers du débiteur, l'état es dettes actives et passives, le tableau des profits et des ertes, le tableau des dépenses; le bilan devra être certifié éritable, daté et signé par le débiteur.

472. Si, à l'époque de l'entrée en fonction des agens, le failli avait pas préparé le bilan, il sera tenu, par lui ou par son ndé de pouvoir, suivant les cas prévus par les art. 468 et 69, de procéder à la rédaction du bilan, en présence des gens ou de la personne qu'ils auront préposée.

Les livres et papiers du failli lui seront, à cet effet, communiqués, sans déplacement.

473. Dans tous les cas où le bilan n'aurait pas été rédigé, it par le failli, soit par un fondé de pouvoir, les agens

procéd...ent eux-mêmes à la formation du bilan
des livres et papiers du failli , et au moyen des ...
et renseignemens qu'ils pourront se procurer du ...
femme du failli, de ses enfans , de ses commis et ...
ployés...

474. Le juge-commissaire pourra aussi ...
sur la demande d'un ou de plusieurs créanciers ...
l'agent , interroger les individus désignés dans l...
cédent , à l'exception de la femme et des enfans du ...
sur ce qui concerne la formation du bilan , ...
et les circonstances de sa faillite.

475. Si le failli vient à décéder après l'ouverture ...
lite , sa veuve ou ses enfans pourront se présenter ...
pléer leur auteur dans la formation du bilan , ...
les autres obligations imposées au failli par la pré...
leur défaut , les agens procéderont.

CHAPITRE VI.

Des Syndics provisoires.

SECTION PREMIÈRE.

De la nomination des Syndics provi...

476. Dès que le bilan aura été remis , par le ...
commissaire, celui-ci dressera , dans trois jours ...
délai , la liste des créanciers , qui sera remise au ...
commerce, et il les fera convoquer par lettres , ...
sertion dans les journaux.

477. Même avant la confection du bilan , le ...
légué pourra convoquer les créanciers , suivant l...
cas.

478. Les créanciers susdits se réuniront , ...
commissaire, aux jour et lieu indiqués par lui.

479. Toute personne qui se présenterait comme ...
cette assemblée , et dont le titre serait post...
connu supposé de concert entre elle et le failli ...
peines portées contre les complices de banqueroute ...
leux.

480. Les créanciers réunis présenteront ...
saire une liste triple du nombre des syndics provi...

estimeront devoir être nommés ; sur cette liste, le tribunal de commerce nommera.

SECTION II.

De la Cessation des fonctions des Agens.

481. Dans les vingt-quatre heures qui suivront la nomination des syndics provisoires, les agens cesseront leurs fonctions, et rendront compte aux syndics, en présence du commissaire, de toutes leurs opérations et de l'état de la faillite.

482. Après ce compte rendu, les syndics continueront les opérations commencées par les agens, et seront chargés provisoirement de toute l'administration de la faillite, sous la surveillance du juge-commissaire.

SECTION III.

Des Indemnités pour les Agens.

483. Les agens, après la reddition de leur compte, auront droit à une indemnité qui leur sera payée par les syndics provisoires.

484. Cette indemnité sera réglée selon les lieux et suivant la nature de la faillite, d'après les bases qui seront établies par un réglement d'administration publique.

485. Si les agens ont été pris parmi les créanciers, ils ne recevront aucune indemnité.

CHAPITRE VII.

Des Opérations des Syndics provisoires.

SECTION PREMIÈRE.

De la Levée des Scellés, et de l'Inventaire.

486. Aussitôt après leur nomination, les syndics provisoires requerront la levée des scellés, et procéderont à l'inventaire des biens du failli. Ils seront libres de se faire aider, pour l'es-

timation, par qui ils jugeront convenable; conformément à l'article 937 du Code de procédure civile, cet inventaire se fera par les syndics à mesure que les scellés seront levés, et le juge de paix y assistera et le signera à chaque vacation.

487. Le failli sera présent ou dûment appelé à la levée des scellés et aux opérations de l'inventaire.

488. En toute faillite, les agens, syndics provisoires et définitifs, seront tenus de remettre, dans la huitaine de leur entrée en fonctions, au magistrat de sûreté de l'arrondissement, un mémoire ou compte sommaire de l'état apparent de la faillite, de ses principales causes et circonstances, et des caractères qu'elle paraît avoir.

489. Le magistrat de sûreté pourra, s'il le juge convenable, se transporter au domicile du failli ou des faillis, assister à la rédaction du bilan, de l'inventaire et des autres actes de la faillite, se faire donner tous les renseignemens qui en résulteront, et faire, en conséquence, les actes ou poursuites nécessaires; le tout d'office et sans frais.

490. S'il présume qu'il y a banqueroute simple ou frauduleuse; s'il y a mandat d'amener, de dépôt ou d'arrêt décerné contre le failli, il en donnera connaissance, sans délai, au juge-commissaire du tribunal de commerce; en ce cas, ce commissaire ne pourra proposer, ni le tribunal accorder de sauf-conduit au failli.

SECTION II.

De la Vente des Marchandises et Meubles, et des Recouvremens.

491. L'inventaire terminé, les marchandises, l'argent, les titres actifs, meubles et effets du débiteur, seront remis aux syndics qui s'en chargeront au pied dudit inventaire.

492. Les syndics pourront, sous l'autorisation du commissaire, procéder au recouvrement des dettes actives du failli.

Ils pourront aussi procéder à la vente de ses effets et marchandises, soit par la voie des enchères publiques, par l'entremise des courtiers, et à la bourse, soit à l'amiable, à leur choix.

493. Si le failli a obtenu un sauf-conduit, les syndics pourront l'employer pour faciliter et éclairer leur gestion; ils fixeront les conditions de son travail.

494. A compter de l'entrée en fonctions des agens et ensuite

des syndics, toute action civile intentée, avant la faillite, contre la personne et les biens mobiliers du failli, par un créancier privé, ne pourra être suivie que contre les agens et les syndics ; et toute action qui serait intentée après là faillite, ne pourra l'être que contre les agens et les syndics.

495. Si les créanciers ont quelque motif de se plaindre des opérations des syndics, ils en réfèreront au commissaire, qui statuera, s'il y a lieu, ou fera son rapport au tribunal de commerce.

496. Les deniers provenant des ventes et des recouvremens seront versés, sous la déduction des dépenses et frais, dans une caisse à double serrure. Une des clefs sera remise au plus âgé des agens ou syndics, et l'autre à celui d'entre les créanciers que le commissaire aura préposé à cet effet.

497. Toutes les semaines, le bordereau de situation de la caisse de la faillite sera remis au commissaire, qui pourra, sur la demande des syndics, et à raison des circonstances, ordonner le versement de tout ou partie des fonds à la caisse d'amortissement, ou entre les mains du délégué de cette caisse dans les départemens, à la charge de faire courir, au profit de la masse, les intérêts accordés aux sommes consignées à cette même caisse.

498. Le retirement des fonds versés à la caisse d'amortissement se fera en vertu d'une ordonnance du commissaire.

SECTION III.

Des Actes conservatoires.

499. A compter de leur entrée en fonctions, les agens, et ensuite les syndics, seront tenus de faire tous actes pour la conservation des droits du failli sur ses débiteurs.

Ils seront aussi tenus de requérir l'inscription aux hypothèques sur les immeubles des débiteurs du failli, si elle n'a été requise par ce dernier, et s'il a des titres hypothécaires. L'inscription sera reçue au nom des agens et des syndics, qui joindront à leurs bordereaux un extrait des jugemens qui les auront nommés.

500. Ils seront tenus de prendre inscription, au nom de la masse des créanciers sur les immeubles du failli, dont ils connaîtront l'existence. L'inscription sera reçue sur un simple bordereau énonçant qu'il y a faillite, et relatant la date du jugement par lequel il auront été nommés.

SECTION IV.

De la Vérification des Créances.

5o1. La vérification des créances sera faite sans délai ; le commissaire veillera à ce qu'il soit procédé diligemment à mesure que les créanciers se présenteront.

5o2. Tous les créanciers du failli seront avertis ; à cet effet, par les papiers publics et par lettres des syndics, de se présenter, dans le délai de quarante jours, par eux ou par leurs fondés de pouvoir, aux syndics de la faillite ; de leur déclarer à quel titre et pour quelle somme ils sont créanciers, et de leur remettre leurs titres de créances, ou de les déposer au greffe du tribunal de commerce. Il leur en sera donné récépissé.

5o3. La vérification des créances sera faite contradictoirement entre le créancier ou son fondé de pouvoir et les syndics, et en présence du juge-commissaire, qui en dressera procès-verbal. Cette opération aura lieu dans les quinze jours qui suivront le délai fixé par l'article précédent.

5o4. Tout créancier dont la créance aura été vérifiée et affirmée, pourra assister à la vérification des autres créances, et fournir tout contredit aux vérifications faites ou à faire.

5o5. Le procès-verbal de vérification énoncera la représentation des titres de créance, le domicile des créanciers et de leurs fondés de pouvoir.

Il contiendra la description sommaire des titres, lesquels seront rapprochés des registres du failli.

Il mentionnera les surcharges, ratures et interlignes.

Il exprimera que le porteur est légitime créancier de la somme par lui réclamée.

Le commissaire pourra, suivant l'exigence des cas, demander aux créanciers la représentation de leurs registres, ou l'extrait fait par les juges de commerce du lieu, en vertu d'un compulsoire ; il pourra aussi, d'office, renvoyer devant le tribunal de commerce, qui statuera sur son rapport.

5o6. Si la créance n'est pas contestée, les syndics signeront, sur chacun des titres, la déclaration suivante :

Admis au passif de la faillite de***, pour la somme de..., le...
Le visa du commissaire sera mis au bas de la déclaration.

5o7. Chaque créancier, dans le délai de huitaine, après que sa créance aura été vérifiée, sera tenu d'affirmer, entre

les mains du commissaire, que ladite créance est sincère et
véritable.

508. Si la créance est contestée en tout ou en partie, le juge
commissaire, sur la réquisition des syndics, pourra ordonner
la représentation des titres du créancier, et le dépôt de ses
titres au greffe du tribunal de commerce. Il pourra même,
sans qu'il soit besoin de citation, renvoyer les parties, à bref
délai, devant le tribunal de commerce qui jugera sur son
rapport.

509. Le tribunal de commerce pourra ordonner qu'il soit
fait, devant le commissaire, enquête sur les faits, et que les
personnes qui pourront fournir des renseignemens soient, à
cet effet, citées par-devant lui.

510. A l'expiration des délais fixés pour les vérifications
des créances, les syndics dresseront un procès-verbal contenant les noms de ceux des créanciers qui n'auront pas comparu. Ce procès-verbal, clos par le commissaire, les établira
en demeure.

511. Le tribunal de commerce, sur le rapport du commissaire, fixera, par jugement, un nouveau délai pour la vérification.

Ce délai sera déterminé d'après la distance du domicile du
créancier en demeure, de manière qu'il y ait un jour par chaque
distance de trois myriamètres; à l'égard des créanciers résidant hors de France, on observera les délais prescrits par
l'article 73 du Code de procédure civile.

512. Le jugement qui fixera le nouveau délai, sera notifié
aux créanciers, au moyen des formalités voulues par l'article 683 du Code de procédure civile; l'accomplissement de
ces formalités vaudra signification à l'égard des créanciers qui
n'auront pas comparu, sans que, pour cela, la nomination
des syndics définitifs soit retardée.

513. A défaut de comparution et affirmation dans le délai
fixé par le jugement, les défaillans ne seront pas compris
dans les répartitions à faire.

Toutefois la voie de l'opposition leur sera ouverte jusqu'à la dernière distribution des deniers inclusivement,
mais sans que les défaillans, quand même il seraient des
créanciers inconnus, puissent rien prétendre aux répartitions consommées, qui, à leur égard, seront réputées irrévocables, et sur lesquelles ils seront entièrement déchus de
la part qu'ils auraient pu prétendre.

CHAPITRE VIII.

Des Syndics définitifs et de leurs fonc...

SECTION PREMIÈRE.

De l'Assemblée des Créanciers dont les cr... sont vérifiées et affirmées.

514. Dans les trois jours après l'expiration des dé... crits pour l'affirmation des créanciers connus, les cr... dont les créances ont été admises, seront convoqu... syndics provisoires.

515. Aux lieu, jour et heure qui seront fixés par... missaire, l'assemblée se formera sous sa présiden... sera admis que des créanciers reconnus, ou leurs f... pouvoirs.

516. Le failli sera appelé à cette assemblée : il d... présenter en personne, s'il a obtenu un sauf-condu... ne pourra s'y faire représenter que pour des motif... bles, et approuvés par le commissaire.

517. Le commissaire vérifiera les pouvoirs de ceu... présenteront comme fondés de procuration : il fer... compte en sa présence, par les syndics provisoires, ... de la faillite, des formalités qui auront été remplie... opérations qui auront eu lieu : le failli sera entendu.

518. Le commissaire tiendra procès-verbal de ce... été dit et décidé dans cette assemblée.

SECTION II.

Du Concordat.

519. Il ne pourra être consenti de traité entre le... eiers délibérans et le débiteur failli qu'après l'accom... des formalités ci-dessus prescrites.

Ce traité ne s'établira que par le concours d'un nom... de créanciers formant la majorité, et représentant, en o... par leurs titres de créances vérifiées, les trois quarts de... totalité des sommes dues, selon l'état des créances vérif...

et enregistrées, conformément à la section IV du chap. VII, le tout à peine de nullité.

520. Les créanciers hypothécaires inscrits et ceux nantis d'un gage n'auront point de voix dans les délibérations relatives au concordat.

521. Si l'examen des actes, livres et papiers du failli, donne quelque présomption de banqueroute, il ne pourra être fait aucun traité entre le failli et les créanciers, à peine de nullité; le commissaire veillera à l'exécution de la présente disposition.

522. Le concordat, s'il est consenti, sera, à peine de nullité, signé, séance tenante : si la majorité des créanciers présens consent au concordat, mais ne forme pas les trois quarts en somme, la délibération sera remise à huitaine pour tout délai.

523. Les créanciers opposans au concordat seront tenus de faire signifier leurs oppositions aux syndics et au failli dans huitaine, *pour tout délai.*

524. Le traité sera homologué dans la huitaine du jugement sur les oppositions. L'homologation le rendra obligatoire pour tous les créanciers, et conservera l'hypothèque à chacun d'eux sur les immeubles du failli; à cet effet, les syndics seront tenus de faire inscrire aux hypothèques le jugement d'homologation, à moins qu'il n'y ait été dérogé par le concordat.

525. L'homologation étant signifiée aux syndics provisoires, ceux-ci rendront leur compte définitif au failli, en présence du commissaire; ce compte sera débattu et arrêté. En cas de contestation, le tribunal de commerce prononcera : les syndics remettront ensuite au failli l'universalité de ses biens, ses livres, papiers, effets.

Le failli donnera décharge; les fonctions du commissaire et des syndics cesseront, et il sera dressé du tout procès-verbal par le commissaire.

526. Le tribunal de commerce pourra, pour cause d'inconduite ou de fraude, refuser l'homologation du concordat; et, dans ce cas, le failli sera en prévention de banqueroute, et renvoyé, de droit, devant le magistrat de sûreté, qui sera tenu de poursuivre d'office.

S'il accorde l'homologation, le tribunal déclarera le failli excusable et susceptible d'être réhabilité aux conditions exprimées au titre ci-après, *de la Réhabilitation.*

SECTION III.

De l'Union des Créanciers.

527. S'il n'intervient point de traité, les créanciers assemblés formeront, à la majorité individuelle des créanciers présens, un contrat d'union; ils nommeront un ou plusieurs syndics définitifs : les créanciers nommeront un caissier, chargé de recevoir les sommes provenant de toute espèce de recouvrement. Les syndics définitifs recevront le compte des syndics provisoires, ainsi qu'il a été dit pour le compte des agens à l'art. 481.

528. Les syndics représenteront la masse des créanciers; ils procéderont à la vérification du bilan, s'il y a lieu.

Ils poursuivront, en vertu du contrat d'union, et sans autres titres authentiques, la vente des immeubles du failli, celle de ses marchandises et effets mobiliers, et la liquidation de ses dettes actives et passives; le tout sous la surveillance du commissaire, et sans qu'il soit besoin d'appeler le failli.

529. Dans tous les cas, il sera, sous l'approbation du commissaire, remis au failli et à sa famille, les vêtemens, hardes et meubles nécessaires à l'usage de leurs personnes. Cette remise se fera sur la proposition des syndics, qui en dresseront l'état.

530. S'il n'existe pas de présomption de banqueroute, le failli aura droit de demander, à titre de secours, une somme sur ses biens : les syndics en proposeront la quotité, et le tribunal, sur le rapport du commissaire, la fixera, en proportion des besoins et de l'étendue de la famille du failli, de sa bonne foi, et du plus ou moins de perte qu'il fera supporter à ses créanciers.

531. Toutes les fois qu'il y aura union de créanciers, le commissaire du tribunal de commerce lui rendra compte des circonstances. Le tribunal prononcera, sur son rapport, comme il est dit à la section II du présent chapitre, si le failli est ou non excusable, et susceptible d'être réhabilité.

En cas de refus du tribunal de commerce, le failli sera en prévention de banqueroute, et renvoyé, de droit, devant le magistrat de sûreté, comme il est dit à l'article 526.

CHAPITRE IX.

Des différentes espèces de Créanciers, et de leurs Droits en cas de faillite.

SECTION PREMIÈRE.

Dispositions générales.

532. S'il n'y a pas d'action en expropriation des immeubles, formée avant la nomination des syndics définitifs, eux seuls seront admis à poursuivre la vente; ils seront tenus d'y procéder dans huitaine, selon la forme qui sera indiquée ci-après.

533. Les syndics présenteront au commissaire l'état des créanciers se prétendant privilégiés sur les meubles, et le commissaire autorisera le paiement de ces créanciers sur les premiers deniers rentrés. S'il y a des créanciers contestant le privilège, le tribunal prononcera; les frais seront supportés par ceux dont la demande aura été rejetée, et ne seront pas au compte de la masse.

534. Le créancier porteur d'engagemens solidaires, entre le failli et d'autres co-obligés qui sont en faillite, participera aux distributions dans toutes les masses, jusqu'à son parfait et entier paiement.

535. Les créanciers du failli qui seront valablement nantis par des gages, ne seront inscrits dans la masse que pour mémoire.

536. Les syndics seront autorisés à retirer les gages au profit de la faillite, en remboursant la dette.

537. Si les syndics ne retirent pas le gage, qu'il soit vendu par les créanciers, et que le prix excède la créance, le surplus sera recouvré par les syndics; si le prix est moindre que la créance, le créancier nanti viendra à contribution pour le surplus.

538. Les créanciers garantis par un cautionnement seront compris dans la masse, sous la déduction des sommes qu'ils auront reçues de la caution, la caution sera comprise dans la même masse pour tout ce qu'elle aura payé à la décharge du failli.

SECTION II.

Des droits des Créanciers hypothécaires.

539. Lorsque la distribution du prix des immeubles sera faite antérieurement à celle du prix des meubles, ou simultanément, les seuls créanciers hypothécaires non remplis sur le prix des immeubles, concourront, à proportion de ce qui leur restera dû, avec les créanciers chirographaires sur les deniers appartenant à la masse chirographaire.

540. Si la vente du mobilier précède celle des immeubles et donne lieu à une ou plusieurs répartitions de deniers avant la distribution du prix des immeubles, les créanciers hypothécaires concourront à ces répartitions dans la proportion de leurs créances totales, et sauf, le cas échéant ; les distractions dont il sera ci-après parlé.

541. Après la vente des immeubles et le jugement d'ordre entre les créanciers hypothécaires, ceux d'entre ces derniers qui viendront en ordre utile sur le prix des immeubles pour la totalité de leurs créances, ne toucheront le montant de leur collocation hypothécaire que sous la déduction des sommes par eux perçues dans la masse chirographaire.

Les sommes ainsi déduites ne resteront point dans la masse hypothécaire, mais retourneront à la masse chirographaire, au profit de laquelle il en sera fait distraction.

542. A l'égard des créanciers hypothécaires qui ne seront colloqués que partiellement dans la distribution du prix des immeubles, il sera procédé comme il suit :

Leurs droits sur la masse chirographaire seront définitivement réglés d'après les sommes dont ils resteront créanciers après leur collocation immobilière ; et les deniers qu'ils auront touchés au-delà de cette proportion, dans la distribution antérieure, leur seront retenus sur le montant de leur collocation hypothécaire et reversés dans la masse chirographaire.

543. Les créanciers hypothécaires qui ne viennent point en ordre utile, seront considérés comme purement et simplement chirographaires.

SECTION III.

Des Droits des Femmes.

544. En cas de faillite, les droits et actions des femmes, lors de la publication de la présente loi, seront réglés ainsi qu'il suit.

545. Les femmes mariées sous le régime dotal, les femmes séparées de biens, et les femmes communes en biens, qui n'auraient point mis les immeubles apportés, en communauté, reprendront en nature lesdits immeubles et ceux qui leur seront survenus par successions ou donations entre-vifs ou pour cause de mort.

546. Elles reprendront pareillement les immeubles acquis par elles et en leur nom, des deniers provenant desdites successions et donations, pourvu que la déclaration d'emploi soit expressément stipulée au contrat d'acquisition, et que l'origine des deniers soit constatée par inventaire ou par tout autre acte authentique.

547. Sous quelque régime qu'ait été formé le contrat de mariage, hors le cas prévu par l'article précédent, la présomption légale est que les biens acquis par la femme du failli appartiennent à son mari, sont payés de ses deniers, et doivent être réunis à la masse de son actif; sauf à la femme à fournir la preuve du contraire.

548. L'action en reprise, résultant des dispositions des articles 545 et 546, ne sera exercée par la femme qu'à charge des dettes et hypothèques dont les biens seront grevés, soit que la femme s'y soit volontairement obligée, soit qu'elle y ait été judiciairement condamnée.

549. La femme ne pourra exercer, dans la faillite, aucune action à raison des avantages portés au contrat de mariage; et réciproquement les créanciers ne pourront se prévaloir, dans aucun cas, des avantages faits par la femme au mari dans le même contrat.

550. En cas que la femme ait payé des dettes pour son mari, la présomption légale est qu'elle l'a fait des deniers de son mari; et elle ne pourra, en conséquence, exercer aucune action dans la faillite, sauf la preuve contraire, comme il est dit à l'article 547.

551. La femme dont le mari était commerçant à l'époque de la célébration du mariage, n'aura hypothèque pour les deniers ou effets mobiliers qu'elle justifiera, par actes authentiques, avoir apportés en dot, pour le remploi de ses biens aliénés pendant le mariage, et pour l'indemnité des dettes par elles contractées avec son mari, que sur les immeubles qui appartenaient à son mari à l'époque ci-dessus.

552. Sera, à cet égard, assimilée à la femme dont le mari était commerçant à l'époque de la célébration du mariage, la femme qui aura épousé un fils de négociant, n'ayant, à cette

époque, aucun état ou profession déterminée, et qui deviendrait lui-même négociant.

553. Sera exceptée des dispositions des articles 549 et 551,
et jouira de tous les droits hypothécaires accordés aux femmes
par le Code Napoléon, la femme dont le mari avait, à l'époque de la célébration du mariage, une profession déterminée
autre que celle de négociant; néanmoins, cette exception ne
sera pas applicable à la femme dont le mari ferait le commerce dans l'année qui suivrait la célébration du mariage.

554. Tous les meubles meublans, effets mobiliers, diamans,
tableaux, vaisselle d'or et d'argent, et autres objets tant à
l'usage du mari qu'à celui de la femme, sous quelque régime
qu'ait été formé le contrat de mariage, seront acquis aux
créanciers, sans que la femme puisse en recevoir autre chose
que les habits et linge à son usage, qui lui seront accordés
d'après les dispositions de l'article 529.

Toutefois la femme pourra reprendre les bijoux, diamans et
vaisselle qu'elle pourra justifier, par état légalement dressé,
annexé aux actes, ou par bons et loyaux inventaires, lui
avoir été donnés par contrat de mariage, ou lui être advenus
par succession seulement.

555. La femme qui aurait détourné, diverti ou recelé des
effets mobiliers portés en l'article précédent, des marchandises, des effets de commerce, de l'argent comptant, sera
condamnée à les rapporter à la masse, et poursuivie, en
outre, comme complice de banqueroute frauduleuse.

556. Pourra aussi, suivant la nature des cas, être poursuivie
comme complice de banqueroute frauduleuse, la femme qui
aura prêté son nom ou son intervention à des actes faits par le
mari en fraude de ses créanciers.

557. Les dispositions portées en la présente section ne seront point applicables aux droits et actions des femmes, acquis avant la publication de la présente loi.

CHAPITRE X.

De la Répartition entre les Créanciers, et de la Liquidation du mobilier.

558. Le montant de l'actif mobilier du failli, distraction faite
des frais et dépenses de l'administration de la faillite, du secours

cours qui a été accordé au failli, et des sommes payées aux privilégiés, sera réparti entre tous les créanciers, au marc le franc de leurs créances vérifiées et affirmées.

559. A cet effet, les syndics remettront, tous les mois, au commissaire un état de situation de la faillite, et des deniers existans en caisse; le commissaire ordonnera, s'il y a lieu, une répartition entre les créanciers, et en fixera la quotité.

560. Les créanciers seront avertis des décisions du commissaire et de l'ouverture de la répartition.

561. Nul paiement ne sera fait que sur la représentation du titre constitutif de la créance.

Le caissier mentionnera, sur le titre, le paiement qu'il effectuera : le créancier donnera quittance en marge de l'état de répartition.

562. Lorsque la liquidation sera terminée, l'union des créanciers sera convoquée à la diligence des syndics, sous la présidence du commissaire; les syndics rendront leur compte, et son reliquat formera la dernière répartition.

563. L'union pourra, dans tout état de cause, se faire autoriser par le tribunal de commerce, le failli dûment appelé, à traiter à forfait des droits et actions dont le recouvrement n'aurait pas été opéré, et à les aliéner; en ce cas, les syndics feront tous les actes nécessaires.

CHAPITRE XI.

Du Mode de Vente des Immeubles du Failli.

564. Les syndics de l'union, sous l'autorisation du commissaire, procéderont à la vente des immeubles suivant les formes prescrites par le Code Napoléon pour la vente des biens des mineurs.

565. Pendant huitaine, après l'adjudication, tout créancier aura droit de surenchérir. La surenchère ne pourra être au dessous du dixième du prix principal de l'adjudication.

TITRE II.

De la Cession de Biens.

566. La cession de biens, par le failli, est volontaire ou judiciaire.

f

567. Les effets de la cession volontaire se déterminent par les conventions entre le failli et les créanciers.

568. La cession judiciaire n'éteint point l'action des créanciers sur les biens que le failli peut acquérir par la suite; elle n'a d'autre effet que de soustraire le débiteur à la contrainte par corps.

569. Le failli qui sera dans le cas de réclamer la cession judiciaire, sera tenu de former sa demande au tribunal, qui se fera remettre les titres nécessaires : la demande sera insérée dans les papiers publics, comme il est dit à l'art. 683 du Code de procédure civile.

570. La demande ne suspendra l'effet d'aucune poursuite, sauf au tribunal à ordonner, parties appelées, qu'il y sera sursis provisoirement.

571. Le failli admis au bénéfice de cession sera tenu de faire ou de réitérer sa cession en personne et non par procureur, ses créanciers appelés, à l'audience du tribunal de commerce de son domicile, et, s'il n'y a pas de tribunal de commerce, à la maison commune, un jour de séance. La déclaration du failli sera constatée, dans ce dernier cas, par le procès-verbal de l'huissier, qui sera signé par le maire.

572. Si le débiteur est détenu, le jugement qui l'admettra au bénéfice de cession ordonnera son extraction, avec les précautions en tel cas requises et accoutumées, à l'effet de faire sa déclaration conformément à l'article précédent.

573. Les nom, prénoms, profession et demeure du débiteur, seront insérés dans des tableaux à ce destinés, placés dans l'auditoire du tribunal de commerce de son domicile, ou du tribunal civil qui en fait les fonctions, dans le lieu des séances de la maison commune, et à la bourse.

574. En exécution du jugement qui admettra le débiteur au bénéfice de cession, les créanciers pourront faire vendre les biens meubles et immeubles du débiteur, et il sera procédé à cette vente dans les formes prescrites pour les ventes faites par union de créanciers.

575. Ne pourront être admis au bénéfice de cession,

1°. Les stellionataires, les banqueroutiers frauduleux, les personnes condamnées pour fait de vol ou d'escroquerie, ni les personnes comptables.

2°. Les étrangers, les tuteurs, administrateurs ou dépositaires.

TITRE III.

De la Revendication.

576. Le vendeur pourra, en cas de faillite, revendiquer ⟨le⟩s marchandises par lui vendues et livrées, et dont le prix ⟨n⟩e lui a pas été payé, dans les cas et aux conditions ci-après ⟨ex⟩primés.

577. La revendication ne pourra avoir lieu que pendant ⟨q⟩ue les marchandises expédiées seront encore en route, soit ⟨p⟩ar terre, soit par eau, et avant qu'elles soient entrées dans ⟨le⟩s magasins du failli ou dans les magasins du commission⟨n⟩aire chargé de les vendre pour le compte du failli.

578. Elles ne pourront être revendiquées, si, avant leur ⟨ar⟩rivée, elles ont été vendues sans fraude, sur factures et ⟨co⟩nnaissemens ou lettres de voiture.

579. En cas de revendication, le revendiquant sera tenu ⟨d⟩e rendre l'actif du failli indemne de toute avance faite pour ⟨fr⟩êt ou voitures, commission, assurance ou autres frais, et de ⟨pa⟩yer les sommes dues pour mêmes causes, si elles n'ont ⟨pa⟩s été acquittées.

580. La revendication ne pourra être exercée que sur les mar⟨ch⟩andises qui seront reconnues être identiquement les mêmes, ⟨et⟩ que lorsqu'il sera reconnu que les balles, barriques ou ⟨en⟩veloppes dans lesquelles elles se trouvaient lors de la vente, ⟨n'⟩ont pas été ouvertes, que les cordes ou marques n'ont été ⟨ni⟩ enlevées ni changées, et que les marchandises n'ont subi ⟨en⟩ nature et quantité ni changement ni altération.

581. Pourront être revendiquées, aussi long-tems qu'elles ⟨ex⟩isteront en nature, en tout ou en partie, les marchandises ⟨co⟩nsignées au failli, à titre de dépôt, ou pour être vendues ⟨p⟩our le compte de l'envoyeur : dans ce dernier cas même, le ⟨p⟩rix desdites marchandises pourra être revendiqué, s'il n'a ⟨p⟩as été payé ou passé en compte courant entre le failli et ⟨l'⟩acheteur.

582. Dans tous les cas de revendication, excepté ceux de dé⟨p⟩ôt et de consignation de marchandises, les syndics des ⟨c⟩réanciers auront la faculté de retenir les marchandises re⟨v⟩endiquées, en payant au réclamant le prix convenu entre ⟨lu⟩i et le failli.

583. Les remises en effets de commerce, ou en tous autres

f.

effets non encore échus, ou échus et non encore payés, et qui se trouveront en nature dans le porte-feuille du failli à l'époque de sa faillite, pourront être revendiquées, si ces remises ont été faites par le propriétaire avec le simple mandat d'en faire le recouvrement et d'en garder la valeur à sa disposition, ou si elles ont reçu de sa part la destination spéciale de servir au paiement d'acceptations ou de billets tirés au domicile du failli.

584. La revendication aura pareillement lieu pour les remises faites sans acceptation ni disposition, si elles sont entrées dans un compte courant par lequel le propriétaire ne serait que créditeur; mais elle cessera d'avoir lieu, si, à l'époque des remises, il était débiteur d'une somme quelconque.

585. Dans les cas où la loi permet la revendication, les syndics examineront les demandes; ils pourront les admettre sauf l'approbation du commissaire; s'il y a contestation, le tribunal prononcera, après avoir entendu le commissaire.

TITRE IV.

Des Banqueroutes.

CHAPITRE PREMIER.

De la Banqueroute simple.

586. Sera poursuivi comme banqueroutier simple et pourra être déclaré tel, le commerçant failli qui se trouvera dans l'un ou plusieurs des cas suivans; savoir:

1°. Si les dépenses de sa maison, qu'il est tenu d'inscrire mois par mois sur son livre-journal, sont jugées excessives;

2°. S'il est reconnu qu'il a consommé de fortes sommes au jeu, ou à des opérations de pur hasard;

3°. S'il résulte de son dernier inventaire que son actif étant de 50 pour cent au-dessous de son passif, il a fait des emprunts considérables, et s'il a revendu des marchandises à perte ou au-dessous du cours;

4°. S'il a donné des signatures de crédit ou de circulation pour une somme triple de son actif, selon son dernier inventaire.

... Pourra être poursuivi comme banqueroutier simple, et déclaré tel,

... le failli qui n'aura pas fait, au greffe, la déclaration prescrite par l'art. 440;

... Celui qui, s'étant absenté, ne se sera pas présenté en personne aux agens et aux syndics dans les délais fixés, et sans empêchement légitime;

... Celui qui présentera des livres irrégulièrement tenus, sans néanmoins que les irrégularités indiquent de fraude, ou qui ne les présentera pas tous;

... Celui qui, ayant une société, ne se sera pas conformé à l'article 440.

588. Les cas de banqueroute simple seront jugés par les tribunaux de police correctionnelle, sur la demande des syndics ou sur celle de tout créancier du failli, ou sur la poursuite d'office qui sera faite par le ministère public.

589. Les frais de poursuite en banqueroute simple seront supportés par la masse, dans le cas où la demande aura été introduite par les syndics de la faillite.

590. Dans le cas où la poursuite aura été intentée par un créancier, il supportera les frais, si le prevenu est déchargé; lesdits frais seront supportés par la masse, s'il est condamné.

591. Les procureurs impériaux sont tenus d'interjeter appel de tous jugemens des tribunaux de police correctionnelle, lorsque, dans le cours de l'instruction, ils auront reconnu que la prévention de banqueroute simple est de nature à être convertie en prévention de banqueroute frauduleuse.

592. Le tribunal de police correctionnelle, en déclarant qu'il a banqueroute simple, devra, suivant l'exigence des cas, prononcer l'emprisonnement pour un mois au moins, et deux ans au plus;

Les jugemens, seront affichés, en outre, et insérés dans un journal, conformément à l'article 683 du Code de procédure civile.

CHAPITRE II.

De la Banqueroute frauduleuse.

593. Sera déclaré banqueroutier frauduleux tout commerçant failli qui se trouvera dans un ou plusieurs des cas suivans; savoir:

1°. S'il a supposé des dépenses ou des pertes, ou ne justifie pas de l'emploi de toutes ses recettes;

2°. S'il a détourné aucune somme d'argent, aucune dette active, aucunes marchandises, denrées ou effets mobiliers ;

3°. S'il a fait des ventes, négociations ou donations supposées ;

4°. S'il a supposé des dettes passives et collusoires entre lui et des créanciers fictifs, en faisant des écritures simulées, ou en se constituant débiteur, sans cause ni valeur, par des actes publics ou par des engagemens sous signature privée ;

5°. Si, ayant été chargé d'un mandat spécial, ou constitué dépositaire d'argent, d'effets de commerce, de denrées ou marchandises, il a, au préjudice du mandat ou du dépôt, appliqué à son profit les fonds ou la valeur des objets sur lesquels portait soit le mandat, soit le dépôt ;

6°. S'il a acheté des immeubles ou des effets mobiliers à la faveur d'un prête-nom ;

7°. S'il a caché ses livres.

594. Pourra être poursuivi comme banqueroutier frauduleux et être déclaré tel,

Le failli qui n'a pas tenu de livres, ou dont les livres ne présenteront pas sa véritable situation active et passive ;

Celui qui, ayant obtenu un sauf-conduit, ne se sera pas représenté à justice.

595. Les cas de banqueroute frauduleuse seront poursuivis d'office devant les cours de justice criminelle, par les procureurs impériaux et leurs substituts sur la notoriété publique ou sur la dénonciation, soit des syndics, soit d'un créancier.

596. Lorsque le prévenu aura été atteint et déclaré coupable des délits énoncés dans les articles précédens, il sera puni des peines portées au Code pénal pour la banqueroute frauduleuse.

597. Seront déclarés complices des banqueroutiers frauduleux et seront condamnés aux mêmes peines que l'accusé, les individus qui seront convaincus de s'être entendus avec le banqueroutier pour receler ou soustraire tout ou partie de ses biens-meubles ou immeubles ; d'avoir acquis sur lui des créances fausses, et qui, à la vérification et affirmation de leurs créances, auront persévéré à les faire valoir comme sincères et véritables.

598. Le même jugement qui aura prononcé les peines contre les complices de banqueroutes frauduleuses, les condamnera,

1°. A réintégrer à la masse des créanciers, les biens, droits et actions frauduleusement soustraits ;

2°. A payer, envers ladite masse, des dommages-intérêts égaux à la somme dont ils ont tenté de la frauder.

599. Les arrêts des cours de justice criminelle contre les ban-

s# DE LA RÉHABILITATION.

eroutiers et leurs complices, seront affichés et de plus insérés dans un journal, conformément à l'art. 683 du Code de procédure civile.

CHAPITRE III.

De l'Administration des biens en cas de Banqueroute.

600. Dans tous les cas de poursuites et de condamnations en banqueroute simple ou en banqueroute frauduleuse, les actions civiles, autres que celles dont il est parlé dans l'art. 598, resteront séparées, et toutes les dispositions relatives aux biens, prescrites pour la faillite, seront exécutées sans qu'elles puissent être attirées, attribuées ni évoquées aux tribunaux de police correctionnelle ni aux cours de justice criminelle.

601. Seront cependant tenus les syndics de la faillite, de remettre aux procureurs impériaux et à leurs substituts, toutes les pièces, titres, papiers et renseignemens qui leur seront demandés.

602. Les pièces, titres et papiers délivrés par les syndics, seront, pendant le cours de l'instruction, tenus en état de communication par la voie du greffe; cette communication aura lieu sur la réquisition des syndics, qui pourront y prendre des extraits privés ou en requérir d'officiels qui leur seront expédiés par le greffier.

603. Lesdites pièces, titres et papiers, seront, après le jugement, remis aux syndics, qui en donneront décharge; sauf néanmoins les pièces dont le jugement ordonnerait le dépôt judiciaire.

TITRE V.

De la Réhabilitation.

604. Toute demande en réhabilitation, de la part du failli, sera adressée à la cour d'appel dans le ressort de laquelle il sera domicilié.

605. Le demandeur sera tenu de joindre à sa pétition les quittances et autres pièces justifiant qu'il a acquitté intégralement toutes les sommes par lui dues en principal, intérêts et frais.

606. Le procureur général de la cour d'appel, sur la communication qui lui aura été faite de la requête, en adressera des

expéditions, certifiées de lui, au procureur impérial près le tribunal d'arrondissement, et au président du tribunal de commerce du domicile du pétitionnaire; et s'il a changé de domicile depuis la faillite, au tribunal de commerce dans l'arrondissement duquel elle a eu lieu, en les chargeant de recueillir tous les renseignemens qui seront à leur portée, sur la vérité des faits qui auront été exposés.

607. A cet effet, à la diligence tant du procureur impérial que du président du tribunal de commerce, copie de ladite pétition restera affichée pendant un délai de deux mois, tant dans les salles d'audience de chaque tribunal, qu'à la bourse et à la maison commune, et sera insérée par extrait dans les papiers publics.

608. Tout créancier qui n'aura pas été payé intégralement de sa créance en principal, intérêts et frais, et toute autre partie intéressée, pourront, pendant la durée de l'affiche, former opposition à la réhabilitation, par simple acte au greffe, appuyé de pièces justificatives, s'il y a lieu. Le créancier opposant ne pourra jamais être partie dans la procédure tenue pour la réhabilitation, sans préjudice toutefois de ses autres droits.

609. Après l'expiration des deux mois, le procureur impérial et le président du tribunal de commerce transmettront chacun séparément, au procureur général de la cour d'appel, les renseignemens qu'ils auront recueillis, les oppositions qui auront pu être formées, et les connaissances particulières qu'ils auraient sur la conduite du failli; ils y joindront leur avis sur sa demande.

610. Le procureur général de la cour d'appel fera rendre, sur le tout, arrêt portant admission ou rejet de la demande en réhabilitation; si la demande est rejetée, elle ne pourra plus être reproduite.

611. L'arrêt portant réhabilitation sera adressé tant au procureur impérial qu'au président des tribunaux auxquels la demande aura été adressée. Ces tribunaux en feront faire la lecture publique et la transcription sur leurs registres.

612. Ne seront point admis à la réhabilitation, les stellionataires, les banqueroutiers frauduleux, les personnes condamnées pour fait de vol ou d'escroquerie, ni les personnes comptables, tels que les tuteurs, administrateurs ou dépositaires, qui n'auront pas rendu ou apuré leurs comptes.

613. Pourra être admis à la réhabilitation, le banqueroutier simple qui aura subi le jugement par lequel il aura été condamné.

614. Nul commerçant failli ne pourra se présenter à la bourse, à moins qu'il n'ait obtenu sa réhabilitation.

CODE
DE COMMERCE.

LIVRE IV.

DE LA JURISDICTION COMMERCIALE.

TITRE PREMIER.

De l'Organisation des Tribunaux de Commerce.

615. Un réglement d'administration publique déterminera le nombre des tribunaux de commerce ; et les villes qui seront susceptibles d'en recevoir par l'étendue de leur commerce et de leur industrie.

616. L'arrondissement de chaque tribunal de commerce sera le même que celui du tribunal civil, dans le ressort duquel il sera placé ; et s'il se trouve plusieurs tribunaux de commerce dans le ressort d'un seul tribunal civil, il leur sera assigné des arrondissemens particuliers.

617. Chaque tribunal de commerce sera composé d'un juge-président, de juges et de suppléans. Le nombre des juges ne pourra pas être au-dessous de deux, ni au-dessus de huit, non compris le président. Le nombre des suppléans sera proportionné au besoin du service. Le réglement d'administration publique fixera, pour chaque tribunal, le nombre des juges et celui des suppléans.

618. Les membres des tribunaux de commerce seront élus dans une assemblée composée de commerçans notables, et principalement des chefs des maisons les plus anciennes et les plus recommandables par la probité, l'esprit d'ordre et d'économie.

619. La liste des notables sera dressée, sur tous les commerçans de l'arrondissement, par le préfet, et approuvée par le ministre de l'intérieur : leur nombre ne peut être

au-dessous de vingt-cinq dans les villes où la population n'excède pas quinze mille ames ; dans les autres villes, il doit être augmenté à raison d'un électeur pour mille ames de population.

620. Tout commerçant pourra être nommé juge ou suppléant, s'il est âgé de trente ans, s'il exerce le commerce avec honneur et distinction depuis cinq ans. Le président devra être âgé de quarante ans, et ne pourra être choisi que parmi les anciens juges, y compris ceux qui ont exercé dans les tribunaux actuels, et même les anciens juges consuls des marchands.

621. L'élection sera faite au scrutin individuel, à la pluralité absolue des suffrages, et lorsqu'il s'agira d'élire le président, l'objet spécial de cette élection sera annoncé avant d'aller au scrutin.

622. A la première élection, le président et la moitié des juges et des suppléans dont le tribunal sera composé, seront nommés pour deux ans ; la seconde moitié des juges et des suppléans sera nommée pour un an : aux élections postérieures, toutes les nominations seront faites pour deux ans.

623. Le président et les juges ne pourront rester plus de deux ans en place, ni être réélus qu'après un an d'intervalle.

624. Il y aura près de chaque tribunal un greffier et des huissiers nommés par le gouvernement ; leurs droits, vacations et devoirs seront fixés par un réglement d'administration publique.

625. Il sera établi, pour la ville de Paris seulement, des gardes du commerce pour l'exécution des jugemens emportant la contrainte par corps : la forme de leur organisation et leurs attributions seront déterminées par un réglement particulier.

626. Les jugemens, dans les tribunaux de commerce, seront rendus par trois juges au moins ; aucun suppléant ne pourra être appelé que pour compléter ce nombre.

627. Le ministère des avoués est interdit dans les tribunaux de commerce, conformément à l'article 414 du Code de procédure civile ; nul ne pourra plaider pour une partie devant ces tribunaux, si la partie, présente à l'audience, ne l'autorise, ou s'il n'est muni d'un pouvoir spécial. Ce pouvoir, qui pourra être donné au bas de l'original ou de la copie de l'assignation, sera exhibé au greffier avant l'appel de la cause, et par lui visé sans frais.

628. Les fonctions des juges de commerce sont seulement honorifiques.

629. Ils prêtent serment avant d'entrer en fonctions, à l'audience de la cour d'appel, lorsqu'elle siége dans l'arrondissement communal où le tribunal de commerce est établi; dans le cas contraire, la cour d'appel commet, si les juges de commerce le demandent, le tribunal civil de l'arrondissement pour recevoir leur serment; et dans ce cas, le tribunal en dresse procès-verbal, et l'envoie à la cour d'appel, qui en ordonne l'insertion dans ses registres. Ces formalités sont remplies sur les conclusions du ministère public, et sans frais.

630. Les tribunaux de commerce sont dans les attributions et sous la surveillance du Grand-Juge Ministre de la Justice.

TITRE II.

De la Compétence des Tribunaux de Commerce.

631. Les tribunaux de commerce connaîtront,

1°. De toutes contestations relatives aux engagemens et transactions entre négocians, marchands et banquiers;

2°. Entre toutes personnes, des contestations relatives aux actes de commerce.

632. La loi répute actes de commerce;

Tout achat de denrées et marchandises pour les revendre, soit en nature, soit après les avoir travaillées et mises en œuvre, ou même pour en louer simplement l'usage;

Toute entreprise de manufactures, de commission, de transport par terre ou par eau;

Toute entreprise de fournitures, d'agences, bureaux d'affaires, établissemens de ventes à l'encan, de spectacles publics;

Toute opération de change, banque et courtage;

Toutes les opérations des banques publiques;

Toutes obligations entre négocians, marchands et banquiers;

Entre toutes personnes, les lettres de change ou remises d'argent faites de place en place.

633. La loi répute pareillement actes de commerce,

Toute entreprise de construction, et tous achats, ventes

et reventes de bâtimens pour la navigation inté[...]
extérieure;

Toutes expéditions maritimes;

Tout achat ou vente d'agrès, apparaux et avitaillem[...]

Tout affrétement ou nolissement, emprunt ou p[...] grosse; toutes assurances et autres contra[...] commerce de mer;

Tous accords et conventions pour salaires et loyers [...] pages;

Tous engagemens de gens de mer, pour le service [...] mens de commerce.

634. Les tribunaux de commerce connaîtront égalem[...]

1°. Des actions contre les facteurs, commis des ma[...] ou leurs serviteurs, pour le fait seulement du tra[...] marchand auquel ils sont attachés;

2°. Des billets faits par les receveurs, payeurs, p[...] teurs ou autres comptables des deniers publics.

635. Ils connaîtront enfin,

1°. Du dépôt du bilan et des registres du commerc[...] faillite, de l'affirmation et de la vérification des créan[...]

2°. Des oppositions au concordat, lorsque les moy[...] l'opposant seront fondés sur des actes ou opérations d[...] connaissance est attribuée par la loi aux juges des tribu[...] de commerce;

Dans tous les autres cas, ces oppositions seront [...] par les tribunaux civils;

En conséquence, toute opposition au concordat co[...] les moyens de l'opposant, à peine de nullité;

3°. De l'homologation du traité entre le failli et [...] ciers;

4°. De la cession de biens faite par le failli [...] partie qui en est attribuée aux tribunaux de [...] l'art. 901 du Code de procédure civile.

636. Lorsque les lettres de change ne seront [...] simples promesses aux termes de l'art. 112 o[...] billets à ordre ne porteront que des signatur[...] non négocians, et n'auront pas pour [...] de commerce, trafic, change, [...] bunal de commerce sera tenu de r[...] s'il en est requis par le défendeur.

637. Lorsque ces lettres de change [...] teront en même temps des signatur[...] d'individus non négocians, le t[...] tre; mais il ne pourra prononcer [...]

les individus non négocians, à moins qu'ils ne se soient engagés à l'occasion d'opérations de commerce, trafic, change, banque ou courtage.

638. Ne seront point de la compétence des tribunaux de commerce, les actions intentées contre un propriétaire, cultivateur ou vigneron, pour vente de denrées provenant de son cru, les actions intentées contre un commerçant, pour paiement de denrées et marchandises achetées pour son usage particulier.

Néanmoins, les billets souscrits par un commerçant seront censés faits pour son commerce, et ceux des receveurs, payeurs, percepteurs ou autres comptables de deniers publics, seront censés faits pour leur gestion, lorsqu'une autre cause n'y sera point énoncée.

639. Les tribunaux de commerce jugeront en dernier ressort,

1°. Toutes les demandes dont le principal n'excédera pas la valeur de 1000 f.

2°. Toutes celles où les parties justiciables de ces tribunaux, et usant de leurs droits, auront déclaré vouloir être jugées définitivement et sans appel.

640. Dans les arrondissemens où il n'y aura pas de tribunaux de commerce, les juges du tribunal civil exerceront les fonctions et connaîtront des matières attribuées aux juges de commerce par la présente loi.

641. L'instruction, dans ce cas, aura lieu dans la même forme que devant les tribunaux de commerce, et les jugemens produiront les mêmes effets.

TITRE III.

De la Forme de procéder devant les Tribunaux de Commerce.

642. La forme de procéder devant les tribunaux de commerce sera suivie, telle qu'elle a été réglée par le titre XXV du livre II de la 1re. partie du Code de procédure civile.

643. Néanmoins, les articles 156, 158 et 159 du même code, concernant les jugemens par défaut rendus par les .... applicables aux jugemens par ....

seront portés pardevant les cours dans le ressort desquelles ces tribunaux sont situés.

TITRE IV.

De la Forme de procéder devant les Cours d'appel.

645. Le délai pour interjeter appel des jugemens des tribunaux de commerce, sera de trois mois, à compter du jour de la signification du jugement, pour ceux qui auront été rendus contradictoirement, et du jour de l'expiration du délai de l'opposition, pour ceux qui auront été rendus par défaut : l'appel pourra être interjeté le jour même du jugement.

646. L'appel ne sera pas reçu lorsque le principal n'excédera pas la somme ou la valeur de 1000 francs, encore que le jugement n'énonce pas qu'il est rendu en dernier ressort, et même quand il énoncerait qu'il est rendu à la charge de l'appel.

647. Les cours d'appel ne pourront, en aucun cas, à peine de nullité, et même des dommages-intérêts des parties, s'il y a lieu, accorder des défenses ni surseoir à l'exécution des jugemens des tribunaux de commerce, quand même ils seraient attaqués d'incompétence; mais elles pourront, suivant l'exigence des cas, accorder la permission de citer extraordinairement à jour et heure fixes, pour plaider sur l'appel.

648. Les appels des jugemens des tribunaux de commerce seront instruits et jugés dans les Cours, comme appels de jugemens rendus en matière sommaire. La procédure, jusques et y compris l'arrêt définitif, sera conforme à celle qui est prescrite, pour les causes d'appel en matière civile, au livre III de la 1re. partie du Code de procédure civile.

LOI qui fixe l'époque à laquelle le Code de Commerce sera exécutoire.

ART. 1er. Les dispositions du Code de Commerce ne seront exécutées qu'à compter du premier janvier 1808.

2. A dater dudit jour premier janvier 1808, toutes les anciennes lois touchant les matières commerciales sur lesquelles il est statué par ledit Code, sont abrogées.

TABLE DU CODE DE COMMERCE.

LIVRE PREMIER.
DU COMMERCE EN GÉNÉRAL.

ARTICLES

DU CODE NAPOLÉON,

Cités explicitement ou implicitement dans le Manuel du Commerçant.

457. Le tuteur, même le père ou la mère, ne peut emprunter pour le mineur, ni aliéner ou hypothéquer ses biens immeubles, sans y être autorisé par un conseil de famille.

Cette autorisation ne devra être accordée que pour cause d'une nécessité absolue, ou d'un avantage évident.

Dans le premier cas, le conseil de famille n'accordera son autorisation qu'après qu'il aura été constaté, par un compte sommaire, présenté par le tuteur, que les deniers, effets mobiliers et revenus du mineur sont insuffisans.

Le conseil de famille indiquera, dans tous les cas, les immeubles qui devront être vendus de préférence, et toutes les conditions qu'il jugera utiles.

458. Les délibérations du conseil de famille, relatives à cet objet, ne seront exécutées qu'après que le tuteur en aura demandé et obtenu l'homologation devant le tribunal de première instance, qui y statuera en la chambre du conseil, et après avoir entendu le procureur impérial.

459. La vente se fera publiquement, en présence du subrogé tuteur, aux enchères qui seront reçues par un membre du tribunal de première instance, ou par un notaire à ce commis, et à la suite de trois affiches apposées, par trois dimanches consécutifs, aux lieux accoutumés dans le canton.

Chacune de ces affiches sera visée et certifiée par le maire des communes où elles auront été apposées.

460. Les formalités exigées par les articles 457 et 458, pour l'aliénation des biens du mineur, ne s'appliquent point au cas où un jugement aurait ordonné la licitation sur la provocation d'un copropriétaire par indivis.

Seulement, et en ce cas, la licitation ne pourra se faire que dans la forme prescrite par l'article précédent : les étrangers y seront nécessairement admis.

487. Le mineur émancipé qui fait un commerce, est réputé majeur pour les faits relatifs à ce commerce.

488. La majorité est fixée à vingt-un ans accomplis ; à cet âge on est capable de tous les actes de la vie civile, sauf la restriction portée au titre *du Mariage*.

1312. Lorsque les mineurs, les interdits ou les femmes mariées sont admis, en ces qualités, à se faire restituer contre leurs engagemens, le remboursement de ce qui aurait été, en conséquence de ces engagemens, payé pendant la minorité, l'interdiction ou le mariage, ne peut en être exigé, à moins qu'il ne soit prouvé que ce qui a été payé a tourné à leur profit.

1325. Les actes sous seing-privé qui contiennent des conventions synallagmatiques, ne sont valables qu'autant qu'ils ont été faits en autant d'originaux qu'il y a de parties ayant un intérêt distinct.

Il suffit d'un original pour toutes les personnes ayant le même intérêt.

Chaque original doit contenir la mention du nombre des originaux qui en ont été faits.

Néanmoins, le défaut de mention que les originaux ont été faits doubles, triples, etc., ne peut être opposé par celui qui a exécuté de sa part la convention portée dans l'acte.

De la Dissolution de la Communauté, et de quelques-unes de ses suites.

1441. La communauté se dissout, 1°. par la mort naturelle ; 2°. par la mort civile ; 3°. par le divorce ; 4°. par la séparation de corps ; 5°. par la séparation de biens.

1442. Le défaut d'inventaire après la mort naturelle ou civile de l'un des époux, ne donne pas lieu à la continuation de la communauté ; sauf les poursuites des parties intéressées, relativement à la consistance des biens et effets communs, dont la preuve pourra être faite tant par titre que par la commune renommée.

S'il y a des enfans mineurs, le défaut d'inventaire fait perdre en outre à l'époux survivant la jouissance de leurs revenus ; et le subrogé tuteur qui ne l'a point obligé à faire inventaire, est solidairement tenu avec lui de toutes les condamnations qui peuvent être prononcées au profit des mineurs.

1443. La séparation de biens ne peut être poursuivie qu'en justice par la femme dont la dot est mise en péril, et lorsque le désordre des affaires du mari donne lieu de craindre que les biens de celui-ci ne soient point suffisans pour remplir les droits et reprises de la femme.

Toute séparation volontaire est nulle.

1444. La séparation de biens, quoique prononcée en justice, est nulle si elle n'a point été exécutée par le paiement réel des droits et reprises de la femme, effectué par acte authentique, jusqu'à concurrence des biens du mari, ou au moins par des poursuites commencées dans la quinzaine qui a suivi le jugement, et non interrompues depuis.

1445. Toute séparation de biens doit, avant son exécution, être rendue publique par l'affiche sur un tableau à ce destiné, dans la principale salle du tribunal de première instance; et de plus si le mari est marchand, banquier ou commerçant, dans celle du tribunal de commerce du lieu de son domicile; et ce, à peine de nullité de l'exécution.

Le jugement qui prononce la séparation de biens, remonte, quant à ses effets, au jour de la demande.

1446. Les créanciers personnels de la femme ne peuvent, sans son consentement, demander la séparation de biens.

Néanmoins, en cas de faillite ou de déconfiture du mari, ils peuvent exercer les droits de leur débitrice jusqu'à concurrence du montant de leurs créances.

1447. Les créanciers du mari peuvent se pourvoir contre la séparation de biens prononcée et même exécutée en fraude de leurs droits; ils peuvent même intervenir dans l'instance sur la demande en séparation pour la contester.

1448. La femme qui a obtenu la séparation de biens doit contribuer, proportionnellement à ses facultés et à celles du mari, tant aux frais du menage qu'à ceux d'éducation des enfans communs.

Elle doit supporter entièrement ces frais, s'il ne reste rien au mari.

1449. La femme séparée soit de corps et de biens, soit de biens seulement, en reprend la libre administration.

Elle peut disposer de son mobilier, et l'aliéner.

Elle ne peut aliéner ses immeubles sans le consentement du mari, ou sans être autorisée en justice à son refus.

1450. Le mari n'est point garant du défaut d'emploi ou de remploi du prix de l'immeuble que la femme séparée a aliéné sous l'autorisation de la justice, à moins qu'il n'ait concouru au contrat, ou qu'il ne soit prouvé que les deniers ont été reçus par lui, ou ont tourné à son profit.

Il est garant du défaut d'emploi ou de remploi, si la vente

g.

a été faite en sa présence et de son consentement : il ne [...] point de l'utilité de cet emploi.

1451. La communauté dissoute par la séparation, [soi...] corps et de biens, soit de biens seulement, peut être réta[...] du consentement des deux parties.

Elle ne peut l'être que par un acte passé devant no[taire...] avec minute, dont une expédition doit être affichée d[...] forme de l'article 1445.

En ce cas, la communauté rétablie reprend son [effet...] jour du mariage; les choses sont remises au même ét[at...] s'il n'y avait point eu de séparation, sans préjudice néanm[oins...] de l'exécution des actes qui, dans cet intervalle, ont pu [...] faits par la femme en conformité de l'article 1449.

Toute convention par laquelle les époux rétabliraient [...] communauté sous des conditions différentes de celles qu[i...] réglaient antérieurement, est nulle.

1452. La dissolution de communauté opérée par le di[vorce...] ou par la séparation, soit de corps et de biens, soit de [biens...] seulement, ne donne pas ouverture aux droits de survie [...] femme; mais celle-ci conserve la faculté de les exercer l[ors...] la mort naturelle ou civile de son mari.

1554. Les immeubles constitués en dot ne peuvent [être...] aliénés ou hypothéqués pendant le mariage, ni par le [mari...] ni par la femme, ni par les deux conjointement, sauf le[s ex...] ceptions qui suivent.

1555. La femme peut, avec l'autorisation de son mari[...] sur son refus, avec permission de justice, donner ses [biens...] dotaux pour l'établissement des enfans qu'elle aurai[t...] mariage antérieur; mais, si elle n'est autorisée que par [jus...] tice, elle doit réserver la jouissance à son mari.

1556. Elle peut aussi, avec l'autorisation de son [mari...] donner ses biens dotaux pour l'établissement de leurs [...] communs.

1557. L'immeuble dotal peut être aliéné lorsque l'alié[nation...] en a été permise par le contrat de mariage.

1558. L'immeuble dotal peut encore être aliéné avec [per...] mission de justice, et aux enchères, après trois affiches; [...]

Pour tirer de prison le mari ou la femme;

Pour fournir des alimens à la famille dans les cas prév[us...] par les articles 203, 205 et 206, au titre *du Mariage*;

Pour payer les dettes de la femme ou de ceux qui ont con[s...] titué la dot, lorsque ces dettes ont une date certaine ant[é...] rieure au contrat de mariage;

Pour faire de grosses réparations indispensables pour la conservation de l'immeuble dotal ;

Enfin lorsque cet immeuble se trouve indivis avec des tiers, et qu'il est reconnu impartageable.

Dans tous ces cas, l'excédent du prix de la vente au-dessus des besoins reconnus restera dotal, et il en sera fait emploi comme tel au profit de la femme.

1559. L'immeuble dotal peut être échangé, mais avec le consentement de la femme, contre un autre immeuble de même valeur, pour les quatre cinquièmes au moins, en justifiant de l'utilité de l'échange, en obtenant l'autorisation en justice, et d'après une estimation par experts nommés d'office par le tribunal.

Dans ce cas, l'immeuble reçu en échange sera dotal ; l'excédant du prix, s'il y en a, le sera aussi, et il en sera fait emploi comme tel au profit de la femme.

1560. Si, hors les cas d'exception qui viennent d'être expliqués, la femme ou le mari, ou tous les deux conjointement, aliènent le fonds dotal, la femme ou ses héritiers pourront faire révoquer l'aliénation après la dissolution du mariage, sans qu'on puisse leur opposer aucune prescription pendant sa durée : la femme aura le même droit après la séparation de biens.

Le mari lui-même pourra faire révoquer l'aliénation pendant le mariage, en demeurant néanmoins sujet aux dommages et intérêts de l'acheteur, s'il n'a pas déclaré dans le contrat que le bien vendu était dotal.

1561. Les immeubles dotaux non déclarés aliénables par le contrat de mariage, sont imprescriptibles pendant le mariage, à moins que la prescription n'ait commencé auparavant.

Ils deviennent néanmoins prescriptibles après la séparation de biens, quelle que soit l'époque à laquelle la prescription ait commencé.

TITRE VI.

De la Vente.

1582. La vente est une convention par laquelle l'un s'oblige à livrer une chose, et l'autre à la payer.

Elle peut être faite par un acte authentique ou sous seing privé.

1583. Elle est parfaite entre les parties, et la propriété

est acquise de droit à l'acheteur à l'égard du vendeur, dès qu'on est convenu de la chose et du prix, quoique la chose n'ait pas encore été livrée, ni le prix payé.

1584. La vente peut être faite purement et simplement, ou sous une condition soit suspensive, soit résolutoire.

Elle peut aussi avoir pour objet deux ou plusieurs choses alternatives.

Dans tous ces cas, son effet est réglé par les principes généraux des conventions.

1585. Lorsque des marchandises ne sont pas vendues en bloc, mais au poids, au compte ou à la mesure, la vente n'est point parfaite, en ce sens que les choses vendues sont aux risques du vendeur jusqu'à ce qu'elles soient pesées, comptées ou mesurées; mais l'acheteur peut en demander ou la délivrance ou des dommages-intérêts, s'il y a lieu, en cas d'inexécution de l'engagement.

1586. Si, au contraire, les marchandises ont été vendues en bloc, la vente est parfaite, quoique les marchandises n'aient pas encore été pesées, comptées ou mesurées.

1587. A l'égard du vin, de l'huile et des autres choses que l'on est dans l'usage de goûter avant d'en faire l'achat, il n'y a point de vente tant que l'acheteur ne les a pas goûtées et agréés.

1588. La vente faite à l'essai est toujours présumée faite sous une condition suspensive.

1589. La promesse de vente vaut vente, lorsqu'il y a consentement réciproque des deux parties sur la chose et sur le prix.

1590. Si la promesse de vente a été faite avec des arrhes, chacun des contractans est maître de s'en départir,

Celui qui les a données, en les perdant,

Et celui qui les a reçues, en restituant le double.

1591. Le prix de la vente doit être déterminé et désigné par les parties.

1592. Il peut cependant être laissé à l'arbitrage d'un tiers: si le tiers ne veut ou ne peut faire l'estimation, il n'y a point de vente.

1593. Les frais d'actes et autres accessoires à la vente, sont à la charge de l'acheteur.

Qui peut acheter ou vendre.

1594. Tous ceux auxquels la loi ne l'interdit pas, peuvent acheter ou vendre.

1595. Le contrat de vente ne peut avoir lieu entre époux que dans les trois cas suivans :

1°. Celui où l'un des deux époux cède des biens à l'autre, séparé judiciairement d'avec lui, en paiement de ses droits;

2°. Celui où la cession que le mari fait à sa femme, même non séparée, a une cause légitime, telle que le remploi de ses immeubles aliénés, ou de deniers à elle appartenans, si ces immeubles ou deniers ne tombent pas en communauté;

3°. Celui où la femme cède des biens à son mari en paiement d'une somme qu'elle lui aurait promise en dot, et lorsqu'il y a exclusion de communauté;

Sauf, dans ces trois cas, le droit des héritiers des parties contractantes, s'il y a avantage indirect.

1596. Ne peuvent se rendre adjudicataires, sous peine de nullité, ni par eux-mêmes, ni par personnes interposées,

Les tuteurs, des biens de ceux dont ils ont la tutelle;

Les mandataires, des biens qu'ils sont chargés de vendre;

Les administrateurs, de ceux des communes ou des établissemens publics confiés à leurs soins;

Les officiers publics, des biens nationaux dont les ventes se font par leur ministère.

1597. Les juges, leurs suppléans, les magistrats remplissant le ministère public, les greffiers, huissiers, avoués, défenseurs officieux et notaires, ne peuvent devenir cessionnaires des procès, droits et actions de droits litigieux qui sont de la compétence du tribunal dans le ressort duquel ils exercent leurs fonctions, à peine de nullité, et des dépens, dommages et intérêts.

Des choses qui peuvent être vendues.

1598. Tout ce qui est dans le commerce peut être vendu, lorsque des lois particulières n'en ont pas prohibé l'aliénation.

1599. La vente de la chose d'autrui est nulle; elle peut donner lieu à des dommages-intérêts lorsque l'acheteur a ignoré que la chose fût à autrui.

1600. On ne peut vendre la succession d'une personne vivante, même de son consentement.

1601. Si au moment de la vente la chose vendue était périe en totalité, la vente serait nulle.

Si une partie seulement de la chose est périe, il est au choix de l'acquéreur d'abandonner la vente; ou de deman-

der la partie conservée , en faisant déterminer le prix
la ventilation.

Des Obligations du Vendeur.

1602. Le vendeur est tenu d'expliquer clairement ce
il s'oblige.

Tout pacte obscur ou ambigu s'interprète contre le vend

1603. Il a deux obligations principales , celle de déli
et celle de garantir la chose qu'il vend.

De la Délivrance.

1604. La délivrance est le transport de la chose ve
en la puissance et possession de l'acheteur.

1605. L'obligation de délivrer les immeubles est rem
de la part du vendeur lorsqu'il a remis les clefs, s'il s'
d'un bâtiment, ou lorsqu'il a remis les titres de propr

1606. La délivrance des effets mobiliers s'opère ,

Ou par la tradition réelle ,

Ou par la remise des clefs des bâtimens qui les
tiennent,

Ou même par le seul consentement des parties, si le tr
port ne peut pas s'en faire au moment de la vente ,
l'acheteur les avait déjà en son pouvoir à un autre tit

1607. La tradition des droits incorporels se fait , ou
la remise des titres, ou par l'usage que l'acquéreur fai
du consentement du vendeur.

1608. Les frais de la délivrance sont à la charge du v
deur , et ceux de l'enlèvement à la charge de l'acheteur,
n'y a eu stipulation contraire.

1609. La délivrance doit se faire au lieu où étai
temps de la vente, la chose qui en a fait l'objet, s'il
a été autrement convenu.

1610. Si le vendeur manque à faire la délivrance
le temps convenu entre les parties, l'acquéreur pourra
son choix. demander la résolution de la vente, ou sa
en possession , si le retard ne vient que du fait du vend

1611. Dans tous les cas , le vendeur doit être condam
aux dommages et intérêts , s'il résulte un préjudice po
l'acquéreur, du défaut de délivrance au terme convenu

1612. Le vendeur n'est pas tenu de délivrer la chose
l'acheteur n'en paie pas le prix , et que le vendeur ne lui
pas accordé un délai pour le paiement.

1613. Il ne sera pas non plus obligé à la délivrance, quand même il aurait accordé un délai pour le paiement, si, depuis la vente, l'acheteur est tombé en faillite ou en état de déconfiture, en sorte que le vendeur se trouve en danger imminent de perdre le prix ; à moins que l'acheteur ne lui donne caution de payer au terme.

1614. La chose doit être délivrée en l'état où elle se trouve au moment de la vente.

Depuis ce jour, tous les fruits appartiennent à l'acquéreur.

1615. L'obligation de délivrer la chose comprend ses accessoires et tout ce qui a été destiné à son usage perpétuel.

1616. Le vendeur est tenu de délivrer la contenance telle qu'elle est portée au contrat, sous les modifications ci-après exprimées.

1617. Si la vente d'un immeuble a été faite avec indication de la contenance, à raison de tant la mesure, le vendeur est obligé de délivrer à l'acquéreur, s'il l'exige, la quantité indiquée au contrat.

Et si la chose ne lui est pas possible, ou si l'acquéreur ne l'exige pas, le vendeur est obligé de souffrir une diminution proportionnelle du prix.

1618. Si, au contraire, dans le cas de l'article précédent, il se trouve une contenance plus grande que celle exprimée au contrat, l'acquéreur a le choix de fournir le supplément du prix, ou de se désister du contrat, si l'excédant est d'un vingtième au-dessus de la contenance déclarée.

1619. Dans tous les autres cas,

Soit que la vente soit faite d'un corps certain et limité,

Soit qu'elle ait pour objet des fonds distincts et séparés,

Soit qu'elle commence par la mesure ou par la désignation de l'objet vendu suivie de la mesure,

L'expression de cette mesure ne donne lieu à aucun supplément de prix, en faveur du vendeur, pour l'excédant de mesure, ni en faveur de l'acquéreur, à aucune diminution du prix pour moindre mesure, qu'autant que la différence de la mesure réelle à celle exprimée au contrat est d'un vingtième en plus ou en moins, eu égard à la valeur de la totalité des objets vendus, s'il n'y a stipulation contraire.

1620. Dans le cas où, suivant l'article précédent, il y a lieu à augmentation de prix pour excédant de mesure, l'acquéreur a le choix ou de se désister du contrat ou de fournir le supplément du prix, et ce avec les intérêts s'il a gardé l'immeuble.

1621. Dans tous les cas où l'acquéreur a le droit de se dé-

sister du contrat, le vendeur est tenu de lui restitu...
le prix, s'il l'a reçu, les frais de ce contrat.

1622. L'action en supplément de prix de la part...
deur, et celle en diminution de prix ou en résiliati...
contrat de la part de l'acquéreur, doivent être inten...
l'année, à compter du jour du contrat, à peine de d...

1623. S'il a été vendu deux fonds par le même...
et pour un seul et même prix, avec désignation...
mesure de chacun, et qu'il se trouve moins de cont...
en l'un et plus en l'autre, on fait compensation jusqu...
concurrence ; et l'action, soit en supplément, soit en d...
tion du prix, n'a lieu que suivant les règles ci-dessus...

1624. La question de savoir sur lequel, du vendeur...
l'acquéreur, doit tomber la perte ou la détérioration...
chose vendue avant la livraison, est jugée d'après les...
prescrites au titre *des Contrats ou des Obligations conv...*
nelles en général.

De la Garantie.

1625. La garantie que le vendeur doit à l'acqué...
deux objets : le premier est la possession paisible de la...
vendue ; le second, les défauts cachés de cette chose...
vices redhibitoires.

§. Ier. De la Garantie en cas d'éviction.

1626. Quoique lors de la vente il n'ait été fait...
stipulation sur la garantie, le vendeur est obligé de...
garantir l'acquéreur de l'éviction qu'il souffre dans...
lité ou partie de l'objet vendu, ou des charges pré...
sur cet objet, et non déclarées lors de la vente.

1627. Les parties peuvent, par des conventions...
lières, ajouter à cette obligation de droit ou en d...
l'effet ; elles peuvent même convenir que le vendeur...
soumis à aucune garantie.

1628. Quoiqu'il soit dit que le vendeur ne sera...
aucune garantie, il demeure cependant tenu de ce...
résulte d'un fait qui lui est personnel : toute con...
contraire est nulle.

1629. Dans le même cas de stipulation de non-garantie...
vendeur, en cas d'éviction, est tenu à la restitution du pr...
à moins que l'acquéreur n'ait connu, lors de la vente,...
danger de l'éviction, ou qu'il n'ait acheté à ses péril...
risques.

1630. Lorsque la garantie a été promise, ou qu'il n'a rien été stipulé à ce sujet, si l'acquéreur est évincé, il a droit de demander contre le vendeur,

1°. La restitution du prix;

2°. Celle des fruits, lorsqu'il est obligé de les rendre au propriétaire qui l'évince;

3°. Les frais faits sur la demande en garantie de l'acheteur, et ceux faits par le demandeur originaire;

4°. Enfin les dommages et intérêts, ainsi que les frais et loyaux coûts du contrat.

1631. Lorsqu'à l'époque de l'éviction, la chose vendue se trouve diminuée de valeur, ou considérablement détériorée, soit par la négligence de l'acheteur, soit par des accidens de force majeure, le vendeur n'en est pas moins tenu de restituer la totalité du prix.

1632. Mais si l'acquéreur a tiré profit des dégradations par lui faites, le vendeur a droit de retenir sur le prix une somme égale à ce profit.

1633. Si la chose vendue se trouve avoir augmenté de prix à l'époque de l'éviction, indépendamment même du fait de l'acquéreur, le vendeur est tenu de lui payer ce qu'elle vaut au-dessus du prix de la vente.

1634. Le vendeur est tenu de rembourser ou de faire rembourser à l'acquéreur, par celui qui l'évince, toutes les réparations et améliorations utiles qu'il aura faites au fonds.

1635. Si le vendeur avait vendu de mauvaise foi le fonds d'autrui, il sera obligé de rembourser à l'acquéreur toutes les dépenses, même voluptuaires ou d'agrément, que celui-ci aura faites au fonds.

1636. Si l'acquéreur n'est évincé que d'une partie de la chose, et qu'elle soit de telle conséquence, relativement au tout, que l'acquéreur n'eût point acheté sans la partie dont il a été évincé, il peut faire résilier la vente.

1637. Si, dans le cas de l'éviction d'une partie du fonds vendu, la vente n'est pas résiliée, la valeur de la partie dont l'acquéreur se trouve évincé, lui est remboursée suivant l'estimation à l'époque de l'éviction, et non proportionnellement au prix total de la vente, soit que la chose vendue ait augmenté ou diminué de valeur.

1638. Si l'héritage vendu se trouve grevé, sans qu'il en ait été fait de déclaration, de servitudes non apparentes, et qu'elles soient de telle importance qu'il y ait lieu de présumer que l'acquéreur n'aurait pas acheté s'il en avait été instruit, il peut demander la résiliation du contrat, si mieux il n'aime se contenter d'une indemnité.

1639. Les autres questions auxquelles peuvent donner lieu les dommages et intérêts résultant, pour l'acquéreur, de l'inexécution de la vente, doivent être décidées suivant les règles générales établies au titre *des Contrats ou des Obligations conventionnelles en général.*

1640. La garantie pour cause d'éviction cesse lorsque l'acquéreur s'est laissé condamner par un jugement en dernier ressort, ou dont l'appel n'est plus recevable, sans appeler son vendeur, si celui-ci prouve qu'il existait des moyens suffisans pour faire rejeter la demande.

§. II. De la Garantie des défauts de la chose vendue.

1641. Le vendeur est tenu de la garantie à raison des défauts cachés de la chose vendue, qui la rendent impropre à l'usage auquel on la destine, ou qui diminuent tellement cet usage, que l'acheteur ne l'aurait pas acquise, ou n'en aurait donné qu'un moindre prix, s'il les avait connus.

1642. Le vendeur n'est pas tenu des vices apparens et dont l'acheteur a pu se convaincre lui-même.

1643. Il est tenu des vices cachés, quand même il ne les aurait pas connus, à moins que dans ce cas il n'ait stipulé qu'il ne sera obligé à aucune garantie.

1644. Dans le cas des articles 1641 et 1643, l'acheteur a le choix de rendre la chose et de se faire restituer le prix, ou de garder la chose et de se faire rendre une partie du prix, telle qu'elle sera arbitrée par experts.

1645. Si le vendeur connaissait les vices de la chose, il est tenu, outre la restitution du prix qu'il en a reçu, de tous les dommages et intérêts envers l'acheteur.

1646. Si le vendeur ignorait les vices de la chose, il ne sera tenu qu'à la restitution du prix, et à rembourser à l'acquéreur les frais occasionnés par la vente.

1647. Si la chose qui avait des vices a péri par suite de sa mauvaise qualité, la perte est pour le vendeur, qui sera tenu envers l'acheteur à la restitution du prix, et aux autres dédommagemens expliqués dans les deux articles précédens.

Mais la perte arrivée par cas fortuit sera pour le compte de l'acheteur.

1648. L'action résultant des vices redhibitoires doit être

intentée par l'acquéreur, dans un bref délai, suivant la nature des vices rédhibitoires, et l'usage du lieu où la vente a été faite.

1649. Elle n'a pas lieu dans les ventes faites par autorité de justice.

Des Obligations de l'Acheteur.

1650. La principale obligation de l'acheteur est de payer le prix au jour et au lieu réglés par la vente.

1651. S'il n'a rien été réglé à cet égard lors de la vente, l'acheteur doit payer au lieu et dans le temps où doit se faire la délivrance.

1652. L'acheteur doit l'intérêt du prix de la vente, jusqu'au payement du capital, dans les trois cas suivans :

S'il a été ainsi convenu lors de la vente :

Si la chose vendue et livrée produit des fruits ou autres revenus ;

Si l'acheteur a été sommé de payer.

Dans ce dernier cas, l'intérêt ne court que depuis la sommation.

1653. Si l'acheteur est troublé, ou a juste sujet de craindre d'être troublé par une action soit hypothécaire, soit en revendication, il peut suspendre le payement du prix jusqu'à ce que le vendeur ait fait cesser le trouble, si mieux n'aime celui-ci donner caution, ou à moins qu'il n'ait été stipulé que, nonobstant le trouble, l'acheteur payera.

1654. Si l'acheteur ne paye pas le prix, le vendeur peut demander la résolution de la vente.

1655. La résolution de la vente d'immeubles est prononcée de suite si le vendeur est en danger de perdre la chose et le prix.

Si ce danger n'existe pas, le juge peut accorder à l'acquéreur un délai plus ou moins long, suivant les circonstances.

Ce délai passé sans que l'acquéreur ait payé, la résolution de la vente sera prononcée.

1656. S'il a été stipulé, lors de la vente d'immeubles, que, faute de payement du prix dans le terme convenu, la vente serait résolue de plein droit, l'acquéreur peut néanmoins payer après l'expiration du délai, tant qu'il n'a pas été mis en demeure par une sommation : mais après cette sommation, le juge ne peut pas lui accorder de délai.

1657. En matière de vente de denrées et effets mobiliers, la résolution de la vente aura lieu de plein droit et sans som-

mation, au profit du vendeur, après l'expiration du terme
convenu pour le retirement.

De la Nullité et de la Résolution de la Vente.

1658. Indépendamment des causes de nullité ou de résolution déjà expliquées dans ce titre, et de celles qui sont
communes à toutes les conventions, le contrat de vente
peut être résolu par l'exercice de la faculté de rachat et par
la vilité du prix.

De la Faculté de rachat.

1659. La faculté de rachat ou de réméré est un pacte par
lequel le vendeur se réserve de reprendre la chose vendue,
moyennant la restitution du prix principal, et le remboursement dont il est parlé à l'art. 1673.

1660. La faculté de rachat ne peut être stipulée pour un
terme excédant cinq années.

Si elle a été stipulée pour un terme plus long, elle est ré-
duite à ce terme.

1661. Le terme fixé est de rigueur, et ne peut être prolongé par le juge.

1662. Faute par le vendeur d'avoir exercé son action de
réméré dans le terme prescrit, l'acquéreur demeure propriétaire irrévocable.

1663. Le délai court contre toutes personnes, même contre
le mineur, sauf, s'il y a lieu, le recours contre qui de droit.

1664. Le vendeur à pacte de rachat peut exercer son
action contre un second acquéreur, quand même la faculté de réméré n'aurait pas été déclarée dans le second
contrat.

1665. L'acquéreur à pacte de rachat exerce tous les droits
de son vendeur; il peut prescrire tant contre le véritable
maître que contre ceux qui prétendraient des droits ou hypothèques sur la chose vendue.

1666. Il peut opposer le bénéfice de la discussion aux créanciers de son vendeur.

1667. Si l'acquéreur à pacte de réméré d'une partie indivise d'un héritage s'est rendu adjudicataire de la totalité
sur une licitation provoquée contre lui, il peut obliger le
vendeur à retirer le tout lorsque celui-ci veut user du pacte.

1668. Si plusieurs ont vendu conjointement et par un
seul contrat un héritage commun entre eux, chacun ne

peut exercer l'action en réméré que pour la part qu'il y avait.

1669. Il en est de même, si celui qui a vendu seul un héritage a laissé plusieurs héritiers.

Chacun de ces co-héritiers ne peut user de la faculté de rachat, que pour la part qu'il prend dans la succession.

1670. Mais, dans le cas des deux articles précédens, l'acquéreur peut exiger que tous les covendeurs ou tous les cohéritiers soient mis en cause, afin de se concilier entre eux pour la reprise de l'héritage entier; et, s'ils ne se concilient pas, il sera renvoyé de la demande.

1671. Si la vente d'un héritage appartenant à plusieurs n'a pas été faite conjointement et de tout l'héritage ensemble, et que chacun n'ait vendu que la part qu'il y avait, ils peuvent exercer séparément l'action en réméré sur la portion qui leur appartenait ;

Et l'acquéreur ne peut forcer celui qui l'exercera de cette manière, à retirer le tout.

1672. Si l'acquéreur a laissé plusieurs héritiers, l'action en réméré ne peut être exercée contre chacun d'eux que pour sa part, dans le cas où elle est encore indivise, et dans celui où la chose vendue a été partagée entre eux.

Mais, s'il y a eu partage de l'hérédité, et que la chose vendue soit échue au lot de l'un des héritiers, l'action en réméré peut être intentée contre lui pour le tout.

1673. Le vendeur qui use du pacte de rachat, doit rembourser non seulement le prix principal, mais encore les frais et loyaux coûts de la vente, les réparations nécessaires, et celles qui ont augmenté la valeur du fonds, jusqu'à concurrence de cette augmentation. Il ne peut entrer en possession qu'après avoir satisfait à toutes ces obligations.

Lorsque le vendeur rentre dans son héritage par l'effet du pacte de rachat, il le reprend exempt de toutes les charges et hypothèques dont l'acquéreur l'aurait grevé: il est tenu d'exécuter les baux faits sans fraude par l'acquéreur.

De la rescision de la Vente pour cause de lésion.

1674. Si le vendeur a été lésé de plus de sept douzièmes dans le prix d'un immeuble, il a le droit de demander la rescision de la vente, quand même il aurait expressément renoncé dans le contrat à la faculté de demander cette rescision, et qu'il aurait déclaré donner la plus-value.

1675. Pour savoir s'il y a lésion de plus de sept douzièmes, il faut estimer l'immeuble suivant son état et sa valeúr au moment de la vente.

1676. La demande n'est plus recevable après l'expiration de deux années, à compter du jour de la vente.

Ce délai court contre les femmes mariées, et contre les absens, les interdits, et les mineurs venant du chef d'un majeur qui a vendu.

Ce délai court aussi et n'est pas suspendu pendant la durée du temps stipulé pour le pacte de rachat.

1677. La preuve de la lésion ne pourra être admise que par jugement, et dans le cas seulement où les faits articulés seraient assez vraisemblables et assez graves pour faire présumer la lésion.

1678. Cette preuve ne pourra se faire que par un rapport de trois experts, qui seront tenus de dresser un seul procès-verbal commun, et de ne former qu'un seul avis à la pluralité des voix.

1679. S'il y a des avis différens, le procès-verbal en contiendra les motifs, sans qu'il soit permis de faire connaître de quel avis chaque expert a été.

1680. Les trois experts seront nommés d'office, à moins que les parties ne se soient accordées pour les nommer tous les trois conjointement.

1681. Dans le cas où l'action en rescision est admise, l'acquéreur a le choix ou de rendre la chose en retirant le prix qu'il en a payé, ou de garder le fonds en payant le supplément du juste prix, sous la déduction du dixième du prix total.

Le tiers possesseur a le même droit, sauf sa garantie contre son vendeur.

1682. Si l'acquéreur préfère garder la chose en fournissant le supplément réglé par l'article précédent, il doit l'intérêt du supplément, du jour de la demande en rescision.

S'il préfère la rendre et recevoir le prix, il rend les fruits du jour de la demande.

L'intérêt du prix qu'il a payé lui est aussi compté du jour de la même demande, ou du jour du payement, s'il n'a touché aucuns fruits.

1683. La rescision pour lésion n'a pas lieu en faveur de l'acheteur.

1684. Elle n'a pas lieu en toutes ventes qui, d'après la loi, ne peuvent être faites que d'autorité de justice.

1685. Les règles expliquées dans la section précédente pour les cas où plusieurs ont vendu conjointement ou séparément,

et

et pour celui où le vendeur ou l'acheteur a laissé plusieurs héritiers, sont pareillement observées pour l'exercice de l'action en rescision.

De la Licitation.

1686. Si une chose commune à plusieurs ne peut être partagée commodément et sans perte;

Ou si, dans un partage fait de gré à gré de biens communs, il s'en trouve quelques-uns qu'aucun des copartageans ne puisse ou ne veuille prendre,

La vente s'en fait aux enchères, et le prix en est partagé entre les copropriétaires.

1687. Chacun des copropriétaires est le maître de demander que les étrangers soient appelés à la licitation : ils sont nécessairement appelés lorsque l'un des copropriétaires est mineur.

1688. Le mode et les formalités à observer pour la licitation, sont expliqués au titre *des Successions* et au Code judiciaire.

Du transport des Créances et autres Droits incorporels.

1689. Dans le transport d'une créance, d'un droit ou d'une action sur un tiers, la délivrance s'opère entre le cédant et le cessionnaire, par la remise du titre.

1690. Le cessionnaire n'est saisi, à l'égard des tiers, que par la signification du transport faite au débiteur.

Néanmoins le cessionnaire peut être également saisi par l'acceptation du transport faite par le débiteur dans un acte authentique.

1691. Si, avant que le cédant ou le cessionnaire eût signifié le transport au débiteur, celui-ci avait payé le cédant, il sera valablement libéré.

1692. La vente ou cession d'une créance comprend les accessoires de la créance, tels que caution, privilége et hypothèque.

1693. Celui qui vend une créance ou autre droit incorporel, doit en garantir l'existence au temps du transport, quoiqu'il soit fait sans garantie.

1694. Il ne répond de la solvabilité du débiteur, que lorsqu'il s'y est engagé, et jusqu'à concurrence seulement du prix qu'il a retiré de la créance.

h

1695. Lorsqu'il a promis la garantie de la solvabilité du débiteur, cette promesse ne s'entend que de la solvabilité actuelle, et ne s'étend pas au temps à venir, si le cédant ne l'a expressément stipulé.

1696. Celui qui vend une hérédité sans en spécifier en détail les objets, n'est tenu de garantir que sa qualité d'héritier.

1697. S'il avait déjà profité des fruits de quelque fonds, ou reçu le montant de quelque créance appartenant à cette hérédité, ou vendu quelques effets de la succession, il est tenu de les rembourser à l'acquéreur, s'il ne les a expressément réservés lors de la vente.

1698. L'acquéreur doit, de son côté, rembourser au vendeur ce que celui-ci a payé pour les dettes et charges de la succession, et lui faire raison de tout ce dont il était créancier, s'il n'y a stipulation contraire.

1699. Celui contre lequel on a cédé un droit litigieux, peut s'en faire tenir quitte par le cessionnaire, en lui remboursant le prix réel de la cession, avec les frais et loyaux coûts, et avec les intérêts à compter du jour où le cessionnaire a payé le prix de la cession à lui faite.

1700. La chose est censée litigieuse dès qu'il y a procès et contestation sur le fond du droit.

1701. La disposition portée en l'art. 1699 cesse,

1°. Dans le cas où la cession a été faite à un cohéritier ou copropriétaire du droit cédé.

2°. Lorsqu'elle a été faite à un créancier en payement de ce qui lui est dû;

3°. Lorsqu'elle a été faite au possesseur de l'héritage sujet au droit litigieux.

TITRE XIII.

Du Mandat.

1984. Le mandat ou procuration est un acte par lequel une personne donne à une autre le pouvoir de faire quelque chose pour le mandant et en son nom.

Le contrat ne se forme que par l'acceptation du mandataire.

1985. Le mandat peut être donné ou par acte public, ou par écrit sous seing privé, même par lettre. Il peut aussi être donné verbalement; mais la preuve testimoniale n'en est reçue que conformément au titre *Des Contrats ou des Obligations conventionnelles en général*.

L'acceptation du mandat peut n'être que tacite, et résulter de l'exécution qui lui a été donnée par le mandataire.

1986. Le mandat est gratuit, s'il n'y a convention contraire.

1987. Il est ou spécial et pour une affaire ou certaines affaires seulement, ou général et pour toutes les affaires du mandant.

1988. Le mandat conçu en termes généraux n'embrasse que les actes d'administration.

S'il s'agit d'aliéner ou hypothéquer, ou de quelque autre acte de propriété, le mandat doit être exprès.

1989. Le mandataire ne peut rien faire au-delà de ce qui est porté dans son mandat : le pouvoir de transiger ne renferme pas celui de compromettre.

1990. Les femmes et les mineurs émancipés peuvent être choisis pour mandataires; mais le mandant n'a d'action contre le mandataire mineur que d'après les règles générales relatives aux obligations des mineurs, et contre la femme mariée et qui a accepté le mandat sans autorisation de son mari, que d'après les règles établies au titre *du Contrat de mariage et des Droits respectifs des Époux*.

Des Obligations du Mandataire.

1991. Le mandataire est tenu d'accomplir le mandat tant qu'il en demeure chargé, et répond des dommages-intérêts qui pourraient résulter de son inexécution.

Il est tenu de même d'achever la chose commencée au décès du mandant, s'il y a péril en la demeure.

1992. Le mandataire répond non-seulement du dol, mais encore des fautes qu'il commet dans sa gestion.

Néanmoins la responsabilité relative aux fautes est appliquée moins rigoureusement à celui dont le mandat est gratuit qu'à celui qui reçoit un salaire.

1993. Tout mandataire est tenu de rendre compte de sa gestion, et de faire raison au mandant de tout ce qu'il a reçu en vertu de sa procuration, quand même ce qu'il aurait reçu n'eût point été dû au mandant.

1994. Le mandataire répond de celui qu'il s'est substitué dans la gestion; 1°. quand il n'a pas reçu le pouvoir de se substituer quelqu'un; 2°. quand ce pouvoir lui a été conféré

h.

sans désignation d'une personne, et que celle dont il a
choix était notoirement incapable ou insolvable.

Dans tous les cas, le mandant peut agir directement contre
la personne que le mandataire s'est substituée.

1995. Quand il y a plusieurs fondés de pouvoir ou mandataires établis par le même acte, il n'y a de solidarité entre
eux qu'autant qu'elle est exprimée.

1996. Le mandataire doit l'intérêt des sommes qu'il a employées à son usage, à dater de cet emploi; et de celles dont
il est reliquataire, à compter du jour qu'il est mis en
demeure.

1997. Le mandataire qui a donné à la partie avec laquelle
il contracte en cette qualité, une suffisante connaissance de
ses pouvoirs, n'est tenu d'aucune garantie pour ce qui a été
fait au-delà, s'il ne s'y est personnellement soumis.

Des Obligations du Mandant.

1998. Le mandant est tenu d'exécuter les engagemens contractés par le mandataire, conformément au pouvoir qui lui
a été donné.

Il n'est tenu de ce qui a pu être fait au-delà, qu'autant
qu'il l'a ratifié expressément ou tacitement.

1999. Le mandant doit rembourser au mandataire les
avances et frais que celui-ci a faits pour l'exécution du mandat, et lui payer ses salaires lorsqu'il en a été promis.

S'il n'y a aucune faute imputable au mandataire, le mandant ne peut se dispenser de faire ces remboursemens et
paicmens, lors même que l'affaire n'aurait pas réussi, ni
faire réduire le montant des frais et avances sous le prétexte
qu'ils pouvaient être moindres.

2000. Le mandant doit aussi indemniser le mandataire des
pertes que celui-ci a essuyées à l'occasion de sa gestion,
sans imprudence qui lui soit imputable.

2001. L'intérêt des avances faites par le mandataire lui
est dû par le mandant, à dater du jour des avances constatées.

2002. Lorsque le mandataire a été constitué par plusieurs
personnes pour une affaire commune, chacune d'elles est tenue solidairement envers lui de tous les effets du mandat.

Des différentes manières dont le Mandat finit.

2003. Le mandat finit,

Par la révocation du mandataire,

Par la renonciation de celui-ci au mandat,

Par la mort naturelle ou civile, l'interdiction ou la déconfiture, soit du mandant, soit du mandataire.

2004. Le mandant peut révoquer sa procuration quand bon lui semble, et contraindre, s'il y a lieu, le mandataire à lui remettre, soit l'écrit sous seing privé qui la contient, soit l'original de la procuration, si elle a été délivrée en brevet, soit l'expédition s'il en a été gardé minute.

2005. La révocation notifiée au seul mandataire, ne peut être opposée aux tiers qui ont traité dans l'ignorance de cette révocation, sauf au mandant son recours contre le mandataire.

2006. La constitution d'un nouveau mandataire pour la même affaire, vaut révocation du premier, à compter du jour où elle a été notifiée à celui-ci.

2007. Le mandataire peut renoncer au mandat, en notifiant au mandant sa renonciation.

Néanmoins, si cette renonciation préjudicie au mandant, il devra en être indemnisé par le mandataire, à moins que celui-ci ne se trouve dans l'impossibilité de continuer le mandat sans en éprouver lui-même un préjudice considérable.

2008. Si le mandataire ignore la mort du mandant ou l'une des autres causes qui font cesser le mandat, ce qu'il a fait dans cette ignorance est valide.

2009. Dans les cas ci-dessus, les engagemens du mandataire sont exécutés à l'égard des tiers qui sont de bonne foi.

2010. En cas de mort du mandataire, ses héritiers doivent en donner avis au mandant, et pourvoir, en attendant, à ce que les circonstances exigent pour l'intérêt de celui-ci.

Du Gage.

2073. Le gage confère au créancier le droit de se faire payer sur la chose qui en est l'objet, par privilége et préférence aux autres créanciers.

2074. Ce privilége n'a lieu qu'autant qu'il y a un acte public ou sous seing privé, dûment enregistré, contenant la déclaration de la somme due, ainsi que l'espèce et la nature des choses remises en gage, ou un état annexé de leurs qualité, poids et mesure.

La rédaction de l'acte par écrit et son enregistrement ne sont néanmoins prescrits qu'en matière excédant la valeur de cent cinquante francs.

2075. Le privilége énoncé en l'article précédent, ne s'établit sur les meubles incorporels, tels que les créances mobilières, que par acte public ou sous seing-privé, aussi enregistré, et signifié au débiteur de la créance donnée en gage.

2076. Dans tous les cas, le privilége ne subsiste sur le gage qu'autant que ce gage a été mis et est resté en la possession du créancier, ou d'un tiers convenu entre les parties.

2077. Le gage peut être donné par un tiers pour le débiteur.

2078. Le créancier ne peut, à défaut de paiement, disposer du gage; sauf à lui à faire ordonner en justice que ce gage lui demeurera en paiement, et jusqu'à due concurrence, d'après une estimation faite par experts, ou qu'il sera vendu aux enchères.

Toute clause qui autoriserait le créancier à s'approprier le gage, ou à en disposer sans les formalités ci-dessus, est nulle.

2079. Jusqu'à l'expropriation du débiteur, s'il y a lieu, il reste propriétaire du gage, qui n'est, dans la main du créancier, qu'un dépôt assurant le privilége de celui-ci.

2080. Le créancier répond, selon les règles établies au titre *des Contrats ou des Obligations conventionnelles en général*, de la perte ou détérioration du gage qui serait survenue par sa négligence.

De son côté, le débiteur doit tenir compte au créancier des dépenses utiles et nécessaires que celui-ci a faites pour la conservation du gage.

2081. S'il s'agit d'une créance donnée en gage, et que cette créance porte intérêts, le créancier impute ces intérêts sur ceux qui peuvent lui être dus.

Si la dette pour sûreté de laquelle la créance a été donnée en gage, ne porte point elle-même intérêts, l'imputation se fait sur le capital de la dette.

2082. Le débiteur ne peut, à moins que le détenteur du gage n'en abuse, en réclamer la restitution qu'après avoir entièrement payé, tant en principal qu'intérêts et frais, la dette pour sûreté de laquelle le gage a été donné.

S'il existait, de la part du même débiteur, envers le même créancier, une autre dette contractée postérieurement à la mise en gage, et devenue exigible avant le paiement de la première dette, le créancier ne pourra être tenu de se dessaisir du gage avant d'être entièrement payé de l'une et de l'autre dette, lors même qu'il n'y aurait eu aucune stipulation pour affecter le gage au paiement de la seconde.

2083. Le gage est indivisible nonobstant la divisibilité de la dette entre les héritiers du débiteur ou ceux du créancier.

L'héritier du débiteur, qui a payé sa portion de la dette, ne peut demander la restitution de sa portion dans le gage, tant que la dette n'est pas entièrement acquittée.

Réciproquement, l'héritier du créancier, qui a reçu sa portion de la dette, ne peut remettre le gage au préjudice de ceux de ses cohéritiers qui ne sont pas payés.

2084. Les dispositions ci-dessus ne sont applicables ni aux matières de commerce, ni aux maisons de prêt sur gage autorisées, et à l'égard desquelles on suit les lois et réglemens qui les concernent.

2121. Les droits et créances auxquels l'hypothèque légale est attribuée, sont,

Ceux des femmes mariées, sur les biens de leur mari;

Ceux des mineurs et interdits, sur les biens de leur tuteur;

Ceux de l'État, des communes et des établissemens publics, sur les biens des receveurs et administrateurs comptables.

2135. L'hypothèque existe, indépendamment de toute inscription,

1°. Au profit des mineurs et interdits, sur les immeubles appartenant à leur tuteur, à raison de sa gestion, du jour de l'acceptation de la tutelle;

2°. Au profit des femmes, pour raison de leurs dot et conventions matrimoniales, sur les immeubles de leur mari, et à compter du jour du mariage.

La femme n'a hypothèque pour les sommes dotales qui proviennent de successions à elle échues, ou de donations à elle faites pendant le mariage, qu'à compter de l'ouverture des successions, ou du jour que les donations ont eu leur effet.

Elle n'a hypothèque pour l'indemnité des dettes qu'elle a contractées avec son mari, et pour le remploi de ses propres aliénés, qu'à compter du jour de l'obligation ou de la vente.

Dans aucun cas, la disposition du présent article ne pourra préjudicier aux droits acquis à des tiers avant la publication du présent titre.

2136. Sont toutefois les maris et les tuteurs tenus de rendre publiques les hypothèques dont leurs biens sont grevés, et, à cet effet, de requérir eux-mêmes, sans aucun délai, inscription aux bureaux à ce établis, sur les immeubles à eux appartenant, et sur ceux qui pourront leur appartenir par la suite.

Les maris et les tuteurs qui, ayant manqué de requérir et de faire faire les inscriptions ordonnées par le présent article, auraient consenti ou laissé prendre des priviléges ou des hypothèques sur leurs immeubles, sans déclarer expressément que lesdits immeubles étaient affectés à l'hypothèque légale des femmes et des mineurs, seront réputés stellionataires, et comme tels contraignables par corps.

2138. A défaut par les maris, tuteurs, subrogés tuteurs, de faire faire les inscriptions ordonnées par les articles précédens, elles seront requises par le procureur impérial au tribunal de première instance du domicile des maris et tuteurs, ou du lieu de la situation des biens.

2139. Pourront les parens, soit du mari, soit de la femme, et les parens de mineur, ou, à défaut de parens, ses amis requérir lesdites inscriptions; elles pourront aussi être requises par la femme et par les mineurs.

2140. Lorsque, dans le contrat de mariage, les parties majeures seront convenues qu'il ne sera pris d'inscription que sur un ou certains immeubles du mari, les immeubles qui ne seraient pas indiqués pour l'inscription resteront libres et affranchis de l'hypothèque pour la dot de la femme et pour ses reprises et conventions matrimoniales. Il ne pourra pas être convenu qu'il ne sera pris aucune inscription.

2142. Dans le cas des deux articles précédens, le mari, le tuteur et le subrogé tuteur, ne seront tenus de requérir inscription que sur les immeubles indiqués.

2144. Pourra pareillement le mari, du consentement de sa femme, et après avoir pris l'avis des quatre plus proches parens d'icelle, réunis en assemblée de famille, demander que l'hypothèque générale sur tous ses immeubles, pour raison de la dot, des reprises et conventions matrimoniales, soit restreinte aux immeubles suffisans pour la conservation entière des droits de la femme.

2145. Les jugemens sur les demandes des maris et des tuteurs ne seront rendus qu'après avoir entendu le procureur impérial, et contradictoirement avec lui.

Dans le cas où le tribunal prononcera la réduction de l'hypothèque à certains immeubles, les inscriptions prises sur tous les autres seront rayées.

2193. Pourront les acquéreurs d'immeubles appartenant à des maris ou à des tuteurs, lorsqu'il n'existera pas d'inscription sur lesdits immeubles à raison de la gestion du tuteur, ou des dot, reprises et conventions matrimoniales de la femme, purger les hypothèques qui existeraient sur les biens par eux acquis.

2194. A cet effet, ils déposeront copie dûment collationnée du contrat translatif de propriété au greffe du tribunal civil du lieu de la situation des biens, et ils certifieront par acte signifié, tant à la femme ou au subrogé tuteur, qu'au procureur impérial au tribunal, le dépôt qu'ils auront fait. Extrait de ce contrat, contenant sa date, les noms, prénoms, professions et domiciles des contractans, la désignation de la nature et de la situation des biens, le prix et les autres charges de la vente, sera et restera affiché pendant deux mois dans l'auditoire du tribunal; pendant lequel temps, les femmes, les maris, tuteurs, subrogés tuteurs, mineurs, interdits, parens ou amis, et le procureur impérial, seront reçus à requérir, s'il y a lieu, et à faire faire au bureau du conservateur des hypothèques, des inscriptions sur l'immeuble aliéné, qui auront le même effet que si elles avaient été prises le jour du contrat de mariage, ou le jour de l'entrée en gestion du tuteur; sans préjudice des poursuites qui pourraient avoir lieu contre les maris et les tuteurs, ainsi qu'il a été dit ci-dessus, pour hypothèques par eux consenties, au profit de tierces personnes sans leur avoir déclaré que les immeubles étaient déjà grevés d'hypothèques, en raison du mariage ou de la tutelle.

2195. Si, dans le cours des deux mois de l'exposition du contrat, il n'a pas été fait d'inscription du chef des femmes, mineurs ou interdits, sur les immeubles vendus, ils passent à l'acquéreur sans aucune charge, à raison des dot, reprises et conventions matrimoniales de la femme, ou de la gestion du tuteur, et sauf le recours, s'il y a lieu, contre le mari et le tuteur.

ARTICLES

DU CODE DE PROCÉDURE,

Cités dans le Manuel du Commerçant.

69. Seront assignés,

1°. L'état, lorsqu'il s'agit de domaines et droits domaniaux, en la personne ou au domicile du préfet du département où siége le tribunal devant lequel doit être portée la demande en première instance ;

2°. Le trésor public, en la personne ou au bureau de l'agent;

3°. Les administrations ou établissemens publics, en leurs bureaux, dans le lieu où réside le siége de l'administration ; dans les autres lieux, en la personne et au bureau de leur préposé;

4°. L'empereur, pour ses domaines, en la personne du procureur impérial de l'arrondissement ;

5°. Les communes, en la personne ou au domicile du maire, et à Paris, en la personne ou au domicile du préfet :

Dans les cas ci-dessus, l'original sera visé de celui à qui copie de l'exploit sera laissée ; en cas d'absence ou de refus, le visa sera donné, soit par le juge de paix, soit par le procureur impérial près le tribunal de première instance, auquel, en ce cas, la copie sera laissée ;

6°. Les sociétés de commerce, tant qu'elles existent, en leur maison sociale ; et s'il n'y en a pas, en la personne ou au domicile de l'un des associés ;

7°. Les unions et directions de créanciers, en la personne ou au domicile de l'un des syndics ou directeurs ;

8°. Ceux qui n'ont aucun domicile connu en France, au lieu de leur résidence actuelle ; si le lieu n'est pas connu, l'exploit sera affiché à la principale porte de l'auditoire du tribunal où la demande est portée ; une seconde copie sera donnée au procureur impérial, lequel visera l'original ;

9°. Ceux qui habitent le territoire français hors du continent, et ceux qui sont établis chez l'étranger, au domicile du procureur impérial près le tribunal où sera portée la demande, lequel visera l'original, et enverra la copie, pour les premiers, au ministre de la marine, et pour les seconds, à celui des relations extérieures.

73. Si celui qui est assigné, demeure hors de la France continentale, le délai sera,

1°. Pour ceux demeurant en Corse, dans l'île d'Elbe ou de Capraja, en Angleterre et dans les États limitrophes de la France, de deux mois;

2°. Pour ceux demeurant dans les autres États de l'Europe, de quatre mois;

3°. Pour ceux demeurant hors d'Europe, en-deçà du cap de Bonne-Espérance, de six mois;

Et pour ceux demeurant au-delà, d'un an.

156. Tous jugemens par défaut contre une partie qui n'a pas constitué d'avoué, seront signifiés par un huissier commis soit par le tribunal, soit par le juge du domicile du défaillant que le tribunal aura désigné : ils seront exécutés dans les six mois de leur obtention, sinon seront réputés non avenus.

158. S'il est rendu contre une partie qui n'a point d'avoué, l'opposition sera recevable jusqu'à l'exécution du jugement.

159. Le jugement est réputé exécuté, lorsque les meubles saisis ont été vendus, ou que le condamné a été emprisonné ou recommandé, ou que la saisie d'un ou plusieurs de ses immeubles lui a été notifiée, ou que les frais ont été payés, ou enfin lorsqu'il y a quelque acte duquel il résulte nécessairement que l'exécution du jugement a été connue de la partie défaillante : l'opposition formée dans les délais ci-dessus et dans les formes ci-après prescrites, suspend l'exécution, si elle n'a pas été ordonnée nonobstant opposition.

TITRE XXV.

Procédure devant les Tribunaux de Commerce.

414. La procédure devant les tribunaux de commerce se fait sans le ministère d'avoué.

415. Toute demande doit y être formée par exploit d'ajournement, suivant les formalités ci-dessus prescrites au titre des Ajournemens.

416. Le délai sera au moins d'un jour.

417. Dans les cas qui requerront célérité, le président du tribunal pourra permettre d'assigner, même de jour à jour et d'heure à heure, et de saisir les effets mobiliers : il pourra, suivant l'exigence des cas, assujétir le demandeur à donner caution, ou à justifier de solvabilité suffisante. Ses ordonnances seront exécutoires nonobstant opposition ou appel.

418. Dans les affaires maritimes où il existe des parties non domiciliées, et dans celles où il s'agit d'agrès, victuailles, équipages, radoubs de vaisseaux prêts à mettre à la voile, et autres matières urgentes et provisoires, l'assignation de jour à jour, ou d'heure à heure, pourra être donnée sans ordonnance, et le défaut pourra être jugé sur-le-champ.

419. Toutes assignations données à bord à la personne assignée seront valables.

420. Le demandeur pourra assigner, à son choix,

Devant le tribunal du domicile du défendeur,

Devant celui dans l'arrondissement duquel la promesse a été faite et la marchandise livrée;

Devant celui dans l'arrondissement duquel le paiement devait être effectué.

421. Les parties seront tenues de comparaître en personne, ou par le ministère d'un fondé de procuration spéciale.

422. Si les parties comparaissent, et qu'à la première audience il n'intervienne pas jugement définitif, les parties non domiciliées dans le lieu où siège le tribunal, seront tenues d'y faire l'élection d'un domicile.

L'élection de domicile doit être mentionnée sur le plumitif de l'audience; à défaut de cette élection, toute signification, même celle du jugement définitif, sera faite valablement au greffe du tribunal.

423. Les étrangers demandeurs ne peuvent être obligés, en matière de commerce, à fournir une caution de payer les frais et dommages-intérêts auxquels ils pourront être condamnés, même lorsque la demande est portée devant un tribunal civil dans les lieux où il n'y a pas de tribunal de commerce.

424. Si le tribunal est incompétent à raison de la matière, il renverra les parties, encore que le déclinatoire n'ait pas été proposé.

Le déclinatoire pour toute autre cause ne pourra être proposé que préalablement à toute autre défense.

425. Le même jugement pourra, en rejetant le déclinatoire, statuer sur le fond, mais par deux dispositions distinctes, l'une sur la compétence, l'autre sur le fond; les

dispositions sur la compétence pourront toujours être atta-
quées par la voie de l'appel.

426. Les veuves et héritiers des justiciables du tribunal
de commerce y seront assignés en reprise, ou par action
nouvelle ; sauf, si les qualités sont contestées, à les renvoyer aux tribunaux ordinaires pour y être réglés, et ensuite être jugés sur le fond au tribunal de commerce.

427. Si une pièce produite est méconnue, déniée ou arguée
de faux, et que la partie persiste à s'en servir, le tribunal
renverra devant les juges qui doivent en connaître, et il sera
sursis au jugement de la demande principale.

Néanmoins, si la pièce n'est relative qu'à un des chefs
de la demande, il pourra être passé outre au jugement des
autres chefs.

428. Le tribunal pourra, dans tous les cas, ordonner,
même d'office, que les parties seront entendues en personne, à l'audience ou dans la chambre, et, s'il y a empêchement légitime, commettre un des juges, ou même un juge
de paix, pour les entendre, lequel dressera procès-verbal de
leurs déclarations.

429. S'il y a lieu à renvoyer les parties devant des arbitres, pour examen de comptes, pièces et registres, il sera
nommé un ou trois arbitres pour entendre les parties, et les
concilier, si faire se peut, sinon donner leur avis.

S'il y a lieu à visite ou estimation d'ouvrages ou marchandises, il sera nommé un ou trois experts.

Les arbitres et les experts seront nommés d'office par le
tribunal, à moins que les parties n'en conviennent à l'audience.

430. La récusation ne pourra être proposée que dans les
trois jours de la nomination.

431. Le rapport des arbitres et experts sera déposé au
greffe du tribunal.

432. Si le tribunal ordonne la preuve par témoins, il
y sera procédé dans les formes ci-dessus prescrites pour
les enquêtes sommaires.

Néanmoins, dans les causes sujettes à appel, les déposi-
tions seront rédigées par écrit par le greffier, et signées par
le témoin ; en cas de refus, mention en sera faite.

433. Seront observées, dans la rédaction et l'expédition
des jugemens, les formes prescrites dans les articles 141
et 146 pour les tribunaux de première instance.

434. Si le demandeur ne se présente pas, le tribunal donnera défaut, et renverra le défendeur de la demande.

Si le défendeur ne comparaît pas, il sera donné défaut, et les conclusions du demandeur seront adjugées si elles se trouvent justes et bien vérifiées.

435. Aucun jugement par défaut ne pourra être signifié que par un huissier commis à cet effet par le tribunal; la signification contiendra, à peine de nullité, élection de domicile dans la commune où elle se fait, si le demandeur n'y est domicilié.

Le jugement sera exécutoire un jour après la signification et jusqu'à l'opposition.

436. L'opposition ne sera plus recevable après la huitaine du jour de la signification.

437. L'opposition contiendra les moyens de l'opposant, et assignation dans le délai de la loi; elle sera signifiée au domicile élu.

438. L'opposition faite à l'instant de l'exécution, par déclaration sur le procès-verbal de l'huissier, arrêtera l'exécution; à la charge par l'opposant, de la réitérer dans les trois jours, par exploit contenant assignation; passé lequel délai, elle sera censée non avenue.

439. Les tribunaux de commerce pourront ordonner l'exécution provisoire de leurs jugemens, nonobstant l'appel, et sans caution, lorsqu'il y aura titre non attaqué, ou condamnation précédente dont il n'y aura pas d'appel : dans les autres cas, l'exécution provisoire n'aura lieu qu'à la charge de donner caution, ou de justifier de solvabilité suffisante.

440. La caution sera présentée par acte signifié au domicile de l'appelant, s'il demeure dans le lieu où siège le tribunal, sinon au domicile par lui élu en exécution de l'article 422, avec sommation à jour et heure fixes, de se présenter au greffe pour prendre communication, sans déplacement, des titres de la caution, s'il est ordonné qu'elle en fournira, et à l'audience, pour voir prononcer sur l'admission, en cas de contestation.

441. Si l'appelant ne comparaît pas, ou ne conteste point la caution, elle fera sa soumission au greffe; s'il conteste, il sera statué au jour indiqué par la sommation : dans tous les cas, le jugement sera exécutoire nonobstant opposition ou appel.

442. Les tribunaux de commerce ne connaîtront point de l'exécution de leurs jugemens.

LIVRE III.

De l'Appel, et de l'Instruction sur l'Appel.

443. LE délai pour interjeter appel sera de trois mois : il courra, pour les jugemens contradictoires, du jour de la signification à personne ou domicile;

Pour les jugemens par défaut, du jour où l'opposition ne sera plus recevable.

L'intimé pourra néanmoins interjeter incidemment appel en tout état de cause, quand même il aurait signifié le jugement sans protestation.

444. Ces délais emporteront déchéance : ils courront contre toutes parties, sauf le recours contre qui de droit; mais ils ne courront contre le mineur non émancipé, que du jour où le jugement aura été signifié tant au tuteur qu'au subrogé tuteur, encore que ce dernier n'ait pas été en cause.

445. Ceux qui demeurent hors de la France continentale auront, pour interjeter appel, outre le délai de trois mois depuis la signification du jugement, le délai des ajournemens réglé par l'article 73 du Code de procédure.

446. Ceux qui sont absens du territoire européen de l'Empire pour service de terre ou de mer, ou employés dans les négociations extérieures pour le service de l'état, auront, pour interjeter appel, outre le délai de trois mois depuis la signification du jugement, le délai d'une année.

447. Les délais de l'appel seront suspendus par la mort de la partie condamnée.

Ils ne reprendront leur cours qu'après la signification du jugement faite au domicile du défunt, avec les formalités prescrites en l'article 61, et à compter de l'expiration des délais pour faire inventaire et délibérer, si le jugement a été signifié avant que ces derniers délais fussent expirés.

Cette signification pourra être faite aux héritiers collectivement, et sans désignation des noms et qualités.

448. Dans le cas où le jugement aurait été rendu sur une pièce fausse, ou si la partie avait été condamnée faute de

représenter une pièce décisive qui était retenue par son
adversaire, les délais de l'appel ne courront que du jour où
le faux aura été reconnu ou juridiquement constaté, ou que
la pièce aura été recouvrée, pourvu que dans ce dernier cas
il y ait preuve par écrit du jour où la pièce a été recouvrée,
et non autrement.

449. Aucun appel d'un jugement non exécutoire par provision ne pourra être interjeté dans la huitaine, à dater du
jour du jugement; les appels interjetés dans ce délai seront
déclarés non recevables, sauf à l'appelant à les réitérer, s'il
est encore dans le délai.

450. L'exécution des jugemens non exécutoires par provision sera suspendue pendant ladite huitaine.

451. L'appel d'un jugement préparatoire ne pourra être
interjeté qu'après le jugement définitif et conjointement avec
l'appel de ce jugement, et le délai de l'appel ne courra que
du jour de la signification du jugement définitif: cet appel
sera recevable, encore que le jugement préparatoire ait été
exécuté sans réserves.

L'appel d'un jugement interlocutoire pourra être interjeté
avant le jugement définitif: il en sera de même des jugemens
qui auraient accordé une provision.

452. Sont réputés préparatoires les jugemens rendus pour
l'instruction de la cause, et qui tendent à mettre le procès
en état de recevoir jugement définitif.

Sont réputés interlocutoires les jugemens rendus lorsque le
tribunal ordonne, avant dire droit, une preuve, une vérification, ou une instruction qui préjuge le fond.

453. Seront sujets à l'appel les jugemens qualifiés en dernier ressort, lorsqu'ils auront été rendus par des juges qui
ne pouvaient prononcer qu'en première instance.

Ne seront recevables les appels des jugemens rendus sur
des matières dont la connaissance en dernier ressort appartient aux premiers juges, mais qu'ils auraient omis de qua-
lifier, ou qu'ils auraient qualifiés en premier ressort.

454. Lorsqu'il s'agira d'incompétence, l'appel sera recevab-
ble, encore que le jugement ait été qualifié en dernier ressort.

455. Les appels des jugemens susceptibles d'opposition ne
seront point recevables pendant la durée du délai pour l'opposition.

456. L'acte d'appel contiendra assignation dans les délais
de la loi, et sera signifié à personne ou domicile, à peine de
nullité.

457. L'appel des jugemens définitifs ou interlocutoires sera
suspensif,

suspensif, si le jugement ne prononce pas l'exécution provisoire dans les cas où elle est autorisée.

L'exécution des jugemens mal-à-propos qualifiés en dernier
ressort, ne pourra être suspendue qu'en vertu de défenses
obtenues par l'appelant, à l'audience du tribunal d'appel, sur
assignation à bref délai.

À l'égard des jugemens non qualifiés, ou qualifiés en premier ressort, et dans lesquels les juges étaient autorisés à
prononcer en dernier ressort, l'exécution provisoire pourra
en être ordonnée par le tribunal d'appel à l'audience et sur un
simple acte.

458. Si l'exécution provisoire n'a pas été prononcée dans les
cas où elle est autorisée, l'intimé pourra, sur un simple acte,
la faire ordonner à l'audience, avant le jugement d'appel.

459. Si l'exécution provisoire a été ordonnée hors des cas
prévus par la loi, l'appelant pourra obtenir des défenses à
l'audience, sur assignation à bref délai, sans qu'il puisse en
être accordé sur requête non communiquée.

460. En aucun autre cas, il ne pourra être accordé des défenses, ni être rendu aucun jugement tendant à arrêter directement ou indirectement l'exécution du jugement, à peine
de nullité.

461. Tout appel, même de jugement rendu sur instruction
par écrit, sera porté à l'audience ; sauf au tribunal à ordonner
l'instruction par écrit, s'il y a lieu.

462. Dans la huitaine de la constitution d'avoué par l'intimé, l'appelant signifiera ses griefs contre le jugement. L'intimé répondra dans la huitaine suivante. L'audience sera
poursuivie sans autre procédure.

463. Les appels de jugemens rendus en matière sommaire
seront portés à l'audience sur simple acte, et sans autre procédure. Il en sera de même de l'appel des autres jugemens,
lorsque l'intimé n'aura pas comparu.

464. Il ne sera formé, en cause d'appel, aucune nouvelle
demande, à moins qu'il ne s'agisse de compensation, ou que
la demande nouvelle ne soit la défense à l'action principale.

Pourront aussi les parties demander des intérêts, arrérages,
loyers et autres accessoires échus depuis le jugement de première instance, et les dommages et intérêts pour le préjudice
souffert depuis ledit jugement.

465. Dans les cas prévus par l'article précédent, les nouvelles demandes et les exceptions du défendeur ne pourront
être formées que par de simples actes de conclusions motivées.

i

Il en sera de même dans les cas où les parties voudraient changer ou modifier leurs conclusions.

Toute pièce d'écriture qui ne sera que la répétition de moyens ou exceptions déjà employés par écrit, soit en première instance, soit sur l'appel, ne passera point en taxe.

Si la même pièce contient à la fois et de nouveaux moyens ou exceptions, et la répétition des anciens, on n'allouera en taxe que la partie relative aux nouveaux moyens ou exceptions.

466. Aucune intervention ne sera reçue, si ce n'est de la part de ceux qui auraient droit de former tierce opposition.

467. S'il se forme plus de deux opinions, les juges plus faibles en nombre seront tenus de se réunir à l'une des deux opinions qui auront été émises par le plus grand nombre.

468. En cas de partage dans une cour d'appel, on appellera, pour le vider, un au moins ou plusieurs des juges qui n'auront pas connu de l'affaire, et toujours en nombre pair, en suivant l'ordre du tableau : l'affaire sera de nouveau plaidée, ou de nouveau rapportée s'il s'agit d'une instruction par écrit.

Dans les cas où tous les juges auraient connu de l'affaire, il sera appelé, pour le jugement, trois anciens jurisconsultes.

469. La péremption en cause d'appel aura l'effet de donner au jugement dont est appel la force de chose jugée.

470. Les autres règles établies pour les tribunaux inférieurs seront observées dans les tribunaux d'appel.

471. L'appelant qui succombera, sera condamné à une amende de cinq francs, s'il s'agit du jugement d'un juge de paix, et de dix francs sur l'appel d'un jugement du tribunal de première instance ou de commerce.

472. Si le jugement est confirmé, l'exécution appartiendra au tribunal dont est appel : si le jugement est infirmé, l'exécution, entre les mêmes parties, appartiendra à la cour d'appel qui aura prononcé, ou à un autre tribunal qu'elle aura indiqué par le même arrêt ; sauf les cas de la demande en nullité d'emprisonnement, en expropriation forcée, et autres dans lesquels la loi attribue juridiction.

473. Lorsqu'il y aura appel d'un jugement interlocutoire, si le jugement est infirmé, et que la matière soit disposée à recevoir une décision définitive, les cours et autres tribunaux d'appel pourront statuer en même temps sur le fond définitivement, par un seul et même jugement.

Il en sera de même dans les cas où les cours ou autres tribunaux d'appel infirmeraient, soit pour vices de forme, soit pour toute autre cause, des jugemens définitifs.

663. L'extrait prescrit par l'article précédent sera inséré, sur la poursuite du saisissant, dans un des journaux imprimés dans le lieu où siége le tribunal devant lequel la saisie se poursuit; et s'il n'y en a pas, dans l'un de ceux imprimés dans le département, s'il y en a: il sera justifié de cette insertion par la feuille contenant ledit extrait, avec la signature de l'imprimeur, légalisée par le maire.

TITRE VIII.

Des Séparations de biens.

865. Aucune demande en séparation de biens ne pourra être formée sans une autorisation préalable, que le président du tribunal devra donner sur la requête qui lui sera présentée à cet effet. Pourra néanmoins le président, avant de donner l'autorisation, faire les observations qui lui paraîtront convenables.

866. Le greffier du tribunal inscrira, sans délai, dans un tableau placé à cet effet dans l'auditoire, un extrait de la demande en séparation, lequel contiendra,

1°. La date de la demande;

2°. Les noms, prénoms, profession et demeure des époux;

3°. Les noms et demeure de l'avoué constitué, qui sera tenu de remettre, à cet effet, ledit extrait au greffier, dans les trois jours de la demande.

867. Pareil extrait sera inséré dans les tableaux placés, à cet effet, dans l'auditoire du tribunal de commerce, dans les chambres d'avoués de première instance et dans celles de notaires, le tout dans les lieux où il y en a: lesdites insertions seront certifiées par les greffiers et par les secrétaires des chambres.

868. Le même extrait sera inséré, à la poursuite de la femme, dans l'un des journaux qui s'impriment dans le lieu où siége le tribunal; et s'il n'y en a pas, dans l'un de ceux établis dans le département, s'il y en a.

Ladite insertion sera justifiée ainsi qu'il est dit au titre *de la Saisie immobilière*, art. 683.

869. Il ne pourra être, sauf les actes conservatoires, prononcé, sur la demande en séparation, aucun jugement qu'un mois après l'observation des formalités ci-dessus prescrites, et qui seront observées à peine de nullité, laquelle pourra être opposée par le mari ou par ses créanciers.

i.

870. L'aveu du mari ne fera pas preuve, lors même qu'il n'y aurait pas de créancier.

871. Les créanciers du mari pourront, jusqu'au jugement définitif, sommer l'avoué de la femme, par acte d'avoué à avoué, de leur communiquer la demande en séparation et pièces justificatives, même intervenir pour la conservation de leurs droits, sans préliminaire de conciliation.

872. Le jugement de séparation sera lu publiquement, l'audience tenante, au tribunal de commerce du lieu, s'il y en a; extrait de ce jugement, contenant la date, la désignation du tribunal où il a été rendu, les noms, prénoms, professions et demeure des époux, sera inséré sur un tableau à ce destiné et exposé pendant un an dans l'auditoire des tribunaux de première instance et de commerce du domicile du mari, ou lorsqu'il ne sera pas négociant; et s'il n'y a pas de tribunal de commerce, dans la principale salle de la maison commune du domicile du mari. Pareil extrait sera inséré au tableau exposé en la chambre des avoués et notaires, s'il y en a. La femme ne pourra commencer l'exécution du jugement, que du jour où les formalités ci-dessus auront été remplies, sans que néanmoins il soit nécessaire d'attendre l'expiration du susdit délai d'un an.

Le tout, sans préjudice des dispositions portées en l'article 1445 du Code civil.

873. Si les formalités prescrites au présent titre ont été observées, les créanciers du mari ne seront plus reçus, après l'expiration du délai dont il s'agit dans l'article précédent, à se pourvoir par tierce-opposition contre le jugement de séparation.

874. La renonciation de la femme à la communauté sera faite au greffe du tribunal saisi de la demande en séparation.

TITRE IX.

De la Séparation de corps, et du Divorce.

875. L'époux qui voudra se pourvoir en séparation de corps, sera tenu de présenter au président du tribunal de son domicile, requête contenant sommairement les faits; il joindra les pièces à l'appui, s'il y en a.

876. La requête sera répondue d'une ordonnance, portant

que les parties comparaîtront devant le président au jour qui sera indiqué par ladite ordonnance.

877. Les parties seront tenues de comparaître en personne, sans pouvoir se faire assister d'avoués ni de conseils.

878. Le président fera aux deux époux les représentations qu'il croira propres à opérer un rapprochement ; s'il ne peut y parvenir, il rendra ensuite de la première ordonnance, une seconde, portant qu'attendu qu'il n'a pu concilier les parties, il les renvoie à se pourvoir, sans citation préalable, au bureau de conciliation : il autorisera par la même ordonnance la femme à procéder sur la demande, et à se retirer provisoirement dans telle maison dont les parties seront convenues, ou qu'il indiquera d'office ; il ordonnera que les effets à l'usage journalier de la femme lui seront remis. Les demandes en provision seront portées à l'audience.

879. La cause sera instruite dans les formes établies pour les autres demandes, et jugée sur les conclusions du ministère public.

880. Extrait du jugement qui prononcera la séparation, sera inséré aux tableaux exposés, tant dans l'auditoire des tribunaux que dans les chambres d'avoués et notaires, ainsi qu'il est dit art. 872.

881. A l'égard du divorce, il sera procédé comme il est prescrit au Code civil.

901. Le débiteur admis au bénéfice de cession, sera tenu de réitérer sa cession en personne, et non par procureur, ses créanciers appelés, à l'audience du tribunal de commerce de son domicile ; et s'il n'y en a pas, à la maison commune, un jour de séance : la déclaration du débiteur sera constatée, dans ce dernier cas, par procès-verbal de l'huissier, qui sera signé par le maire.

937. Les scellés seront levés successivement, et à fur et mesure de la confection de l'inventaire : ils seront réapposés à la fin de chaque vacation.

LOI

SUR LES DOUANES.

Du 30 Avril 1806.

TITRE PREMIER.

Des Importations.

ART. 1. Les droits d'entrée continueront à être perçus sur les denrées et marchandises désignées en l'article suivant, conformément au tarif y porté. (*Décrets du 17 pluviose an 11, des 15, 22, 25, 28 février, 4 mars 1806.*

2. Acier non ouvré et fondu.	9 f. par quintal décimal.
Aloès.	100 f. *idem.*
Amandes en coque.	10 f. *idem.*
Anis vert.	18 f. par quintal déc.
Anis étoilé, badiane ou anis de la Chine.	75 f. *idem.*
Ardoises ordinaires..	7 f. 50 c. le mille en nomb.
Ardoises en table.	30 f. le cent en nombre.
Argent vif.	60 f. le quintal.
Arsenic.	7 f. 50 c. *idem.*
Assa fœtida.	25 f. *idem.*
Azur en poudre ou en pierre. .	20 f. *idem.*
Baume de copahu.	1 f. 50 c. le kilogramme.
Baume du Pérou.	6 f. *idem.*
Benjoin.	60 f. le quintal.
Bière.	15 f. le muid, jauge de Paris.
Bois d'acajou.	25 f. le quintal.
Idem venant des colonies françaises.	20 f. *idem.*
Bimbeloterie.	80 f. *idem.*
Borax brut.	25 f. *idem.*
Borax rafiné.	90 f. *idem.*
Bouchons de liége.	36 f. *idem.*

Brai sec et gras, poix grasse,
poix noire, poix-résine. . .   3 f. *idem.*

Cacao. . . . .   200 f. *idem.*

Idem venant des colonies, sa-
voir : pour droit d'entrée. .   6 f. *idem.*

et pour droit de consomma-
tion. . . . .   169 f. *idem.*

Café. . . . .   150 f. *idem.*

Idem venant des colonies françaises, savoir :

pour droit d'entrée. . . . .   6 f. *idem.*

et pour droit de consomma-
tion. . . . .   119 f. *idem.*

Camphre. . . . .   130 f. *idem.*

Céruse en pain et en poudre. .   12 f. *idem.*

Chapeaux de paille. . . . . .   8 f. la douzaine.

Idem d'écorce de bois. . . .   5 f. *idem.*

Chocolat. . . . .   260 f. le quintal.

Colle de poisson. . . . . . .   80 f. *idem.*

Cordages de jonc et de tilleul. .   4 f. *idem.*

Cordages de chanvre. . . . .   15 f. *idem.*

Cotons en laine. . . . . . .   60 f. *idem.*

Cotons filés. . . . .   7 f. par kilogramme.

Crin. . . . .   12 f. *idem.*

Dentelles de fil et de soie. . . .   2 f. par mètre.

Dentelles grossières de fil. . .   10 centimes par mètre.

Drogueries non dénommées au
tarif. . . . .   20 pour cent de la valeur.

Duvet. . . . .   100 f. le quintal.

Eau-de-vie. . . . .   20 centimes par litre.

Eau-de-vie double. . . . . . .   40 centimes par litre.

Écaille de tortue. . . . . . .   120 f. le quintal.

Edredon. . . . .   6 f. le kilogramme.

Encens. . . . .   20 f. le quintal.

Éponges communes. . . . . . .   60 f. *idem.*

Éponges fines. . . . .   200 f. *idem.*

Fer-blanc. . . . .   18 f. *idem.*

Fer en barre. . . . .   4 f. *idem.*

Fer en verges, feuillards, ca-
rillons, rondins et autres qui
ont reçu une première main-
d'œuvre. . . . .   6 f. *idem.*

Fer noir en feuilles et en tôle. .   10 f. *idem.*
Fil de chanvre et de lin simple.   10 f. *idem.*

Fruits, savoir :

Bigarades, cédrats, citrons, li-
    mons, oranges, chadecs. . .   10 f. le quintal.
Câpres. . . . .   30 f. *idem.*
Pistaches non cassées. . . . . .   48 f. *idem.*
Pistaches cassées. . . . .   72 f. *idem.*
Olives et picholines. . . . . . .   18 f. *idem.*
Prunes, pruneaux, raisins et
    autres fruits secs. . . . . . .   8 f. *idem.*
Tous les autres fruits non dé-
    nommés au tarif. . . . . . .   4 f. *idem.*
Garance sèche ou alizari. . . .   6 f. *idem.*
Garance moulue. . . . .   15 f. *idem.*
Garance verte. . . . .   2 f. *idem.*
Girofle (Clous de). . . . . . .   3 f. le kilogramme.
Huile d'olive fine. . . . .   20 f. le quintal.
Huile d'olive commune, et seu-
    lement propre aux fabriques.   12 f. *idem.*
Jalap. . . . .   50 f. *idem.*
Joncs pour cannes. . . . . . .   100 f. *idem.*
Ipécacuanha. . . . .   200 f. *idem.*
Iris. . . . .   30 f. *idem.*
Jus de réglisse. . . . .   24 f. *idem.*
Ivoire, ou dents d'éléphant. .   100 f. *idem.*
Kirschwaser.. . . . .   1 f. le litre.
Laiton filé noir. . . . .   12 f. le quintal.
Liége en table ou en planche .   6 f. *idem.*
Macis. . . . .   10 f. le kilogramme.
Manne. . . . .   40 f. le quintal.
Marbre brut. . . . .   6 cent. p. décim. cube.
Marbre ouvré. . . . .   12 cent. le décim. cube.
Mercerie commune. . . . . .   60 f. le quintal.
Musc. . . . .   60 f. le kilogramme.
Muscade. . . . .   8 f. *idem.*
Nacre de perle (Coquilles de).   40 f. le quintal.
Opium. . . . .   100 f. *idem.*
Orge perlé et mondé. . . . . .   12 f. *idem.*
Pâtes d'Italie. . . . .   20 f. *idem.*
Pâte de tournesol. . . . .   10 f. *idem.*

Plumes non apprêtées d'autru-
che, d'aigrette, d'espadon,
de héron, d'oiseau couronné,
et autres qui entrent dans le
commerce des plumassiers. . 5oo f. *idem.*
Plumes apprêtées au net. . . .15oo f. *idem.*
Idem de qualité inférieure,
comme petites noires, bail-
loques et de vautour, non
apprêtées. . . . . 15o f. *idem.*
Idem apprêtées au net . . . . 5oo f. *idem.*
Plumes à écrire, brutes. . . . . 20 f. *idem.*
Idem apprêtées. . . . . 100 f. *idem.*
Plumes à lit. . . . . 3o f. *idem.*
Poil de chèvre filé. . . . . 10 f. *idem.*
Poil ou soie de porc ou de san-
glier. . . . . 15 f. *idem.*
Poivre. . . . . 15o f. *idem.*
Idem venant des colonies fran-
çaises. . . . . 135 f. *idem.*
Quinquina. . . . . 100 f. *idem.*
Réglisse en bois. . . . . 5 f. *idem.*
Rhubarbe. . . . . 120 f. *idem.*
Riz. . . . . 5 f. *idem.*
Safran. . . . . 9 f. le kilogramme.
Safranum. . . . . 10 f. le quintal.
Semoule. . . . . 8 f. *idem.*
Salsepareille. . . . . 100 f. *idem.*
Scammonée. . . . . 3oo f. le quintal.
Sel ammoniac. . . . . 1 f. 5o cent. le kilog.
Idem venant d'Egypte sur bâ-
timens Français. . . . . . . 5o cent. *idem.*
Semen-contra ou barbotine. . . 3o f. le quintal.
Séné en feuilles, follicules ou
grabeau. . . . . 5o f. *idem.*
Sucre brut. . . . . 55 f. *idem.*
Idem venant des colonies fran-
çaises, savoir :
Pour droit d'entrée. . . . . . . 3 f. *idem.*
Et pour droit de consommation. 42 f. *idem.*
Sucre tête et terré. . . . . . . 100 f. *idem.*
Idem venant des colonies fran-
çaises, savoir :
Pour droit d'entrée. . . . . . 4 f. 5o cent. *idem.*

Et pour droit de consomma-
tion. . . . .   75 f. 5o cent. *idem*.

Tabac en feuilles venant de l'é-
tranger. . . . .   200 f. *idem*.

Idem venant par bâtimens fran-
çais. . . . .   180 f. *idem*.

Tamarin. . . . .   20 f. *idem*.

Tartre. . . . .   6 f. *idem*.

Thé, de quelque pays qu'il
vienne :

Celui dont la valeur sera au-
dessous de 8 fr. . . . .   3 f. par kilogramme.

Celui dont la valeur sera de 8
fr. et au-dessus. . . . . . .   3 f. *idem*.

Plus, un droit additionnel de.   10 p. cent de la valeur.

Toiles-nankins. . . . .   5o cent. par mètre.

Vermillon. . . . .   100 f. le quintal.

Verres en bouteilles pleines. .   12 f. le cent en nombre.

Vins de liqueur, tels que ceux
de Malaga, Pakaret, Kerès,
Rota, Alicante, Constance,
du Cap, de Madère, de To-
kay et autres, soit qu'ils entrent en futailles ou en bou-
teilles. . . . .   1 f. le litre.

Vins ordinaires, de quelque
pays qu'ils viennent. . . . .   25 centimes par litre.

Vinaigre. . . . .   10 centimes *idem*.

3. Les tabacs en feuilles seront admis par le bureau de
Mooch, direction de Clèves, à la charge de payer les droits
de douane, sur-le-champ et sans entrepôt, en obligations
cautionnées, suivant l'article 21 de la loi du 5 ventose an 12,
et sous la condition, en outre, d'être expédiés directement
pour la manufacture à laquelle ils seront destinés, à l'effet d'y
acquitter la taxe de fabrication, conformément aux articles
23 et 24 de la même loi. (*Décret du 10 prairial an 12.*)

4. Les cotons filés ne pourront entrer que par les bureaux
d'Anvers, Cologne, Mayence, Strasbourg, Bourg-Libre et
Versoix.

TITRE II.

Des Exportations.

5. Les droits de sortie continueront à être perçus sur les objets désignés en l'article suivant, conformément au tarif y porté. (*Decret du 17 pluviose an 3.*)

6. Armes de luxe.	5 p. cent de la valeur.
Bœufs pour l'Espagne, la partie de la Suisse qui confine au ci-devant département du Mont-Terrible, ainsi que ceux qui sortiront par les départemens de la Doire, de la Sesia, du Pô, du Tanaro, de la Stura et de Marengo.	12 f. par tête.
Brai, goudron, par navire français et par terre.	1 f. le quintal.
Par navire étranger.	2 f. *idem.*
Charbons de bois sortant par les départemens qui avoisinent le Rhin. (*Décret du 23 fructidor.*)	20 p. cent de la valeur.
Chaux. (*Décret du 17 pluviose.*)	15 cent. le quintal.
Côtes de feuilles de tabac. (*Décret du 7 ventose*).	1 f. 50 cent. le quintal.
Fromages. (*Décret du 17 pluviose*).	1 f. *idem.*
Graine de trèfle.	8 f. *idem.*
Liége en planche.	4 f. *idem.*
Miel.	5 f. *idem.*
Moutons.	1 f. par tête.
Mules et mulets.	10 f. *idem.*
Porcs.	3 f. *idem.*
Vaches.	5 f. *idem.*
Veaux.	1 f. *idem.*
Viandes salées pour l'Espagne.	4 f. le quintal.
Viandes fraîches.	3 f. *idem.*

7. Les soies provenant des départemens du Pô, de la Sesia, de la Stura, de la Doire, de Marengo et des arrondissemens qui ont été détachés, ne pourront être exportées que par les bureaux des douanes de Lyon, Nice, Gênes, Saint-Remy, Verceil et l'entrepôt d'Alexandrie, en payant par kilogramme; savoir :

	SORTANT par Lyon.	SORTANT par Verceil et Gênes.
Soies ouvrées en poil, trame, organsin et à coudre, écrues.	3^f. 00^c.	4^f. 00$_c$.
Soies rondelettes ou trame de doupion écrues, à.	1 00	1 50
Fleuret et filoselle, ou bourre de soie cardée.	0 15	0 20
Bourre de soie non cardée.	1 00	1 50
Moresques ou restes de soie.	0 20	0 25
Côte de doupion.	0 10	0 15
Soies à coudre teintes.	0 10	0 15

8. Les soies comprises aux n°s. 1 et 2, qui seront destinées à l'exportation, seront conduites et vérifiées à la douane de Turin; celles qui devront sortir par Nice, Gênes, Saint-Remy et Verceil, acquitteront les droits à Turin; celles qui devront passer par Lyon, seront expédiées sous plombs et acquits à caution pour la douane de cette ville, où, après avoir acquitté les droits, elles recevront leur destination ultérieure, et ne pourront sortir de France que par les bureaux de Cologne, Mayence, Strasbourg et Versoix.

9. Les soies ouvrées en poil, trame, organsin et à coudre écrues, les soies rondelettes ou trames de doupion écrues, ne pourront circuler dans le myriamètre des frontières que sous la formalité de l'acquit à caution.

10. La prohibition à la sortie des cocons est maintenue.

11. Les cocons ne pourront être enlevés des maisons des propriétaires situées dans le myriamètre des frontières, qu'après que la déclaration en aura été faite au bureau du lieu ou au plus prochain, et qu'il aura été délivré un passavant à la seule destination d'une filature autorisée ou située dans l'intérieur, qui sera désignée par ce passavant.

12. Les propriétaires des filatures et moulins autorisés dans le myriamètre, seront tenus de faire, quinze jours avant la récolte des cocons, au bureau des douanes le plus pro-

chain, leur déclaration du nombre des bassins qu'ils se proposent de mettre en activité, et de la quantité de cocons qui leur sera nécessaire dans la proportion de trois myriagrammes par bassin.

13. Lesdits fabricans seront pareillement tenus d'inscrire sur un registre les quantités de cocons qu'ils recevront, ainsi que les produits de la filature, et de représenter, à toutes réquisitions des préposés des douanes, ce registre, les cocons existans en nature, et la soie à raison de trois quarts de livre décimale par myriagramme de cocons; ou de justifier par des déclarations faites dans les bureaux, de l'expédition de la soie pour l'intérieur.

14. Tous les cocons que les fabricans autorisés dans le myriamètre n'auront pas enregistrés, ceux excédant les quantités qu'ils auraient pu recevoir, suivant la proportion ci-dessus déterminée, la valeur de ceux qu'ils auront reçus, et qu'ils ne représenteraient pas en nature ou en produits de la filature; enfin les cocons ou leurs produits transportés sans expédition, seront confisqués, avec l'amende de cinq cents francs.

15. Le droit de sortie des vins provenant des départemens du Pô, de la Doire, de Marengo, de la Sesia, de la Stura et du Tanaro, est réduit par muid de deux cent quatre-vingt-huit pintes à un franc cinquante centimes.

16. Le droit de sortie des vendanges et du moût dans les mêmes départemens, est fixé aux deux tiers de celui réglé pour les vins par l'article précédent.

17. Les habitans de la commune d'Ilemnon (territoire batave) qui possèdent des terres situées dans l'étendue de la commune de Moock (territoire français), pourront, à l'avenir faire enlever et transporter à leurs domiciles, en se conformant aux dispositions suivantes, les grains et gerbes qu'ils auront récoltés sur lesdites terres.

18. Ils seront tenus, avant l'enlèvement, de déclarer, au bureau des douanes le plus voisin, la quantité de gerbes par eux récoltées, et d'y souscrire une soumission valablement cautionnée de réimporter par le même bureau, dans le délai de six mois, une quantité de grains calculée sur le nombre des gerbes sorties.

19. Les voitures chargées du produit de ces récoltes ne pourront passer sur le territoire batave, qu'après avoir été conduites devant le bureau des douanes, dont les préposés s'assureront de l'exactitude des déclarations.

20. Il est permis d'exporter à l'étranger, par le port d'Urdengen, département de la Roër, les eaux-de-vie de grains

fabriquées en France, pour jouir de la faveur accordée par les lois et réglemens.

21. Les communes de Sarre, d'Urugues et de Briaton, continueront à jouir de la faculté qui leur avait été accordée par arrêtés des 18 floréal an IV et 15 frimaire an VI, d'exporter les charbons provenant des bois des coupes réglées de leurs territoires et des arbres situés sur les montagnes des Pyrénées, savoir : les communes de Sarre et d'Urugues, jusqu'à concurrence de quatre cents quintaux par an, et celle de Briaton de deux cents quintaux, en acquittant pour le droit de sortie, deux francs par char, et un franc cinquante centimes par charrette.

22. L'exportation du riz ne sera permise par les frontières de la 27e. division militaire, qu'en payant un droit d'un franc cinquante centimes par cinq myriagrammes.

23. Le produit de ce droit sera versé de la caisse des douanes dans la caisse d'amortissement, pour être employé à des travaux publics, ainsi qu'il sera ultérieurement déterminé.

24. Les fusils, dits de *traite*, ne pourront être exportés jusqu'à la paix générale, qu'après une permission du ministre de la guerre. (*Décret du 8 vendémiaire an XIV*).

25. Il est accordé pour l'exportation à l'étranger, des toiles, bonneteries et autres ouvrages en coton, une prime de cinquante francs par quintal décimal, en justifiant qu'ils proviennent de fabriques françaises, et que le coton qui a servi à leur fabrication a payé le droit d'entrée de 60 francs par quintal.

TITRE III.

Des Prohibitions.

26. L'importation des mousselines, des toiles de coton blanches et peintes, des toiles de fil et coton, des couvertures de coton, et des cotons filés pour mèches, est prohibée. (*Décret du 22 février* 1806.

27. L'exportation des brebis, ou moutons mérinos, ou métis, est prohibée. (*Décret du 21 frimaire an XIV.*)

28. Les laines non filées venues de l'étranger, ne pourront être réexportées qu'autant qu'elles auront été mises dans l'entrepôt réel du port d'arrivée, et qu'elles en seront expédiées directement pour l'étranger.

TITRE IV.

Des Entrepôts.

SECTION PREMIERE.

Entrepôt de Lyon.

29. Il y aura à Lyon un dépôt pour les marchandises étrangères non prohibées ou denrées coloniales mises à leur débarquement dans l'entrepôt réel de Marseille.

30. Toutes les marchandises fabriquées sont formellement exclues de la faculté du dépôt.

31. Les droits d'entrée seront acquis au trésor public au moment où les marchandises seront tirées de l'entrepôt de Marseille, pour le dépôt de Lyon, mais la perception en sera suspendue jusqu'à celui de leur sortie dudit dépôt pour la consommation.

32. Les marchandises tirées de l'entrepôt de Marseille pour le dépôt de Lyon seront mises sous plomb et expédiées, sous acquits-à-caution qui indiqueront en détail les quantités et espèces, ainsi que les poids et mesures de chaque balle, caisse, tonneau, etc., et porteront l'obligation de faire arriver lesdites marchandises à Lyon, dans le délai d'un mois, si elles sont transportées par terre, et dans celui de deux mois, si elles sont embarquées sur le Rhône; à défaut de représentation dans le terme prescrit, les soumissionnaires seront tenus de payer le quadruple des droits.

33. Les bateaux ou voitures qui transporteront lesdites marchandises devront arriver directement au dépôt de Lyon, où elles ne pourront être déchargées qu'en présence des préposés des douanes.

34. Lesdits préposés, après avoir reconnu l'état des plombs et cordes, procéderont à la vérification de toutes les marchandises; s'il y a excédant ou déficit aux quantités indiquées sur les acquits-à-caution, ou substitution d'une marchandise à une autre, les soumissionnaires encourront les peines portées par les lois.

35. Immédiatement après la vérification des marchandises, elles seront mises en dépôt et portées sur les registres de la douane. Les propriétaires ou consignataires feront entre les mains du receveur une soumission cautionnée d'acquitter les

droits sur les quantités expédiées de Marseille, sans qu'ils puissent prétendre à aucune réduction pour cause d'avarie, déchet, ou tout autre motif quelconque, tant dans le transport des marchandises que pendant leur séjour au dépôt. Les acquits-à-caution délivrés à Marseille, ne seront revêtus du certificat d'arrivée que lorsque ces formalités auront été remplies.

36. Après le délai d'une année, à compter du jour de l'entrée des marchandises dans l'entrepôt de Marseille, elles devront acquitter ces droits et sortir du dépôt. Celles qui en seront tirées avant l'expiration du délai, paieront immédiatement les droits.

37. Les sucres têtes et terrés, les cafés, cacao des colonies françaises et les poivres qui jouissent du transit en exécution de la loi du 8 floréal an XI, auront la même faculté en sortant du dépôt de Lyon : le transit ne pourra s'effectuer que par les bureaux de Versoix, Verrières-de-Joux, Bourg-Libre et Strasbourg.

38. Lorsque les propriétaires ou consignataires des denrées coloniales françaises désignées par l'article précédent, et des poivres déposés à Lyon, voudront jouir de la faculté du transit, ils seront tenus d'en prévenir, quinze jours avant l'expédition, le receveur de la douane, et de lui indiquer le bureau par lequel les marchandises sortiront.

39. Les certificats de décharge dont les acquits-à-caution délivrés pour les marchandises expédiées en transit, devront être revêtus, ne seront valables qu'autant qu'ils seront signés par le receveur et deux autres préposés.

40. Le bâtiment dit l'*arsenal* sera spécialement et uniquement destiné au dépôt. Il continuera à rester isolé de tous autres édifices. Les portes de magasin seront fermées à deux clefs, dont l'une restera entre les mains du receveur de la douane, et l'autre en celles du commerce. Le receveur aura son logement, et ses bureaux seront placés dans les bâtimens du dépôt.

41. La ville de Lyon ne jouira du dépôt qui lui est accordé, que lorsque les magasins destinés à recevoir les marchandises, présenteront toutes les sûretés convenables, que les murs de l'enceinte dans laquelle ils seront placés auront été élevés de quatorze pieds, que le local nécessaire pour le logement du receveur et les bureaux de la douane aura été préparé ; enfin qu'il aura été construit à la porte de ladite enceinte qui donne sur le quai, un corps-de-garde pour les préposés des douanes qui seront chargés de surveiller le dépôt.

42. Il

SECTION II.

Entrepôt de Gênes.

42. Il y aura à Gênes un port franc ou entrepôt réel de marchandises étrangères prohibées ou non prohibées, à l'exception de celles venant de fabriques ou du commerce de l'Angleterre, qui en sont formellement exclues.

43. Les bâtimens et magasins qui composent le local franc actuellement existant, continueront à y être spécialement affectés, et devront être isolés de tous autres édifices : toutes les fenêtres extérieures desdits bâtimens seront grillées, dans un mois, à compter de la date de la présente.

44. Les navires chargés de marchandises destinés pour l'entrepôt, devront aborder sur la partie du quai appelée *Ponte de' Mercanti*. Ils pourront aussi aborder, ainsi que cela se pratique aujourd'hui, près de la partie de l'entrepôt qui a une communication directe avec la mer.

Les portes des passages ci-dessus désignés, qui conduisent dans le local franc, seront gardées par les préposés des douanes, et tous les soirs les clefs seront remises entre les mains du receveur de la douane.

45. Les capitaines ou patrons des bâtimens seront tenus, dans les vingt-quatre de leur arrivée, de remettre au bureau de la douane le manifeste de leur chargement, avec indication des marques, numéros des caisses, ballots, barils, boucauds, etc., qui le composeront.

46. Dans les trois jours de l'arrivée des bâtimens, les propriétaires ou consignataires feront, au bureau de la douane, la déclaration des marchandises, en désignant les marques, le nombre et le contenu des caisses, balles, etc., ainsi que les quantités et espèces.

47. Immédiatement après le débarquement, qui ne pourra s'effectuer que sur les deux points désignés, en présence des préposés des douanes, les marchandises seront vérifiées, pesées et portées sur deux registres, dont l'un sera tenu par un receveur aux déclarations, et l'autre par un contrôleur aux entrepôts ; les propriétaires ou consignataires feront, au bas de chacun des enregistremens qui les concerneront, leur soumission de représenter lesdites marchandises dans les délais qui seront ci-après déterminés.

48. Les marchandises seront, après lesdites vérifications et enregistremens, transportées dans l'entrepôt sous la surveil-

k

lance des préposés des douanes, qui les accompagneront jusqu'à la porte intérieure du local franc.

49. Dans les quinze jours qui suivront la publication de la présente, il sera fait un nouveau recensement de toutes les marchandises existantes dans l'entrepôt; elles seront portées sur les registres indiqués par l'article 47, et les propriétaires ou consignataires feront les soumissions prescrites par le même article. Il sera également fait un recensement des marchandises qui se trouveront au dépôt de Saint-Lazare.

50. Lorsque les marchandises seront tirées de l'entrepôt, la déclaration préalable en sera faite à la douane, où elles seront immédiatement conduites et vérifiées. Celles arrivées par mer et qui seront réexportées par la même voie, ne paieront que le droit de balance; celles qui seront envoyées par terre à l'étranger, acquitteront les droits de transit fixés par le tarif annexé à la présente.

Les marchandises qui seront expédiées de l'étranger en transit par terre, à destination de l'entrepôt de Gênes, seront vérifiées, enregistrées et soumissionnées conformément aux dispositions de l'art. 47, et mises dans l'entrepôt; celles desdites marchandises qui seront envoyées à l'étranger, soit par terre, soit par mer, paieront le droit de transit conformément au tarif joint à la présente loi.

51. Les marchandises venant du royaume d'Italie ou de la république helvétique, à la destination de l'entrepôt de Gênes, et celles qui seront expédiées de Gênes pour transiter sur le territoire français, et se rendre, soit en Italie, soit en Suisse, devront passer à l'entrepôt d'Alexandrie.

52. Les marchandises permises qui seront tirées du local franc pour la consommation de la France ou du duché de Parme, acquitteront les droits fixés par le tarif de l'Empire français.

53. Les marchandises réexportées, soit par terre, soit par mer, ainsi que celles qui entreront dans la consommation, seront portées en décharge sur deux registres, dont l'un sera tenu par un contrôleur aux entrepôts, et l'autre par un receveur aux déclarations, avec indication des lieux de destination, et des dates et numéros des expéditions qui auront été délivrées.

54. Tous les bâtimens actuellement employés au service des douanes, ainsi que ceux occupés par la banque Saint-Georges, seront mis à la disposition de l'administration des douanes. Le directeur et le receveur desdites douanes à Gênes y auront leur bureau et leur logement.

Les deux corps-de-garde, dont l'un est appuyé à la partie supérieure du mur de clôture du local franc, au-dessus de la porte du pont *delle Mercanzie*, et dont l'autre est situé dans la partie de l'enceinte du port appelé *le vieux Mole*, seront également mis à la disposition de l'administration.

55. La durée de l'entrepôt sera de deux années; elle pourra être prorogée, lorsque les circonstances l'exigeront; mais à l'expiration de chaque semestre, les contrôleurs aux entrepôts se transporteront dans les différens magasins du local franc, et se feront représenter les marchandises par chaque propriétaire ou consignataire; s'il y a déficit, les propriétaires ou consignataires seront tenus de payer le double des droits pour les marchandises permises, et le double de la valeur pour celles prohibées.

56. Aucun individu ne pourra entrer dans l'entrepôt ou port franc de Gênes, s'il n'est porteur de sa patente de négociant, ou d'une carte délivrée par le directeur des douanes.

57. Il sera construit, en avant de la porte intérieure du port franc ou entrepôt, une double barrière, pour que les préposés des douanes puissent y faire librement les visites, et s'opposer au passage de ceux qui n'auraient pas la carte prescrite par l'article précédent.

58. Tout individu qui sera surpris sortant du port franc avec des marchandises prohibées ou en fraude des droits, sera, indépendamment de la confiscation des marchandises et de l'amende prononcée par les lois, condamné, pour la première fois, à six mois de prison; et pour la seconde, à un an, conformément à l'article 26 de la loi du 22 ventose an 12.

59. Les négocians qui ont des magasins dans l'entrepôt, ne pourront vendre ni laisser sortir desdits magasins aucunes marchandises, qu'après en avoir fait la déclaration à la douane: ceux qui seront convaincus d'avoir contrevenu à cette disposition, ou d'avoir eux-mêmes confié des marchandises à des hommes salariés pour les introduire dans la ville, seront, indépendamment des peines portées par les lois, privés de la faculté de l'entrepôt, du transit et de tout crédit de droits, conformément à l'article 83, section 4, de la loi du 8 floréal an 11.

SECTION III.

Entrepôt d'Alexandrie.

60. Il y aura dans la ville d'Alexandrie, département de Marengo, un entrepôt réel de marchandises étrangères pro-

hibées ou non prohibées, à l'exception de celles venant des fabriques ou du commerce anglais, qui en sont formellement exclues.

61. L'entrepôt d'Alexandrie est une continuation de celui de Gênes.

Les marchandises qui seront expédiées du port franc de cette dernière ville à destination de l'Italie ou de la Suisse, ainsi que celles venant de l'Italie, de la Suisse ou d'autres pays étrangers, par la navigation du Pô, à destination de Gênes, devront arriver à l'entrepôt d'Alexandrie.

Cependant celles dont l'entrée est permise en France, qui seront envoyées de l'entrepôt de Gênes en Italie et Suisse, pourront être conduites directement à leur destination sans passer par Alexandrie. Lorsque lesdites marchandises seront destinées pour l'Italie, elles auront la faculté de sortir par les bureaux de Sale, Casatisme et Saint-Pierre d'Arena où elles seront vérifiées sur la représentation des acquits à caution de la douane de Gênes. Celles envoyées en Suisse sortiront par le bureau de Saint-Remi, où les mêmes reconnaissances et vérifications seront faites.

Les marchandises de même nature venant de l'Italie à destination de l'entrepôt de Gênes, pourront entrer par les bureaux de Sale, Casatisme et Saint-Pierre d'Arena, et expédiées directement sous plombs et acquits-à-caution audit entrepôt. Les mêmes formalités seront remplies au bureau de Saint-Remi, pour celles venant de Suisse à la même destination.

62. Les marchandises qui seront tirées de l'entrepôt de Gênes, soit pour passer à celui d'Alexandrie, soit pour être conduites directement en Italie ou en Suisse par les bureaux désignés dans l'article précédent, seront plombées et accompagnées d'acquits-à-caution, qui indiqueront, en détail, les quantités et les espèces, ainsi que les poids, nombre ou mesure de chaque balle, caisse, baril, etc. Les voitures, chevaux ou mulets qui transporteront lesdites marchandises à l'entrepôt d'Alexandrie, devront y arriver directement sans pouvoir s'arrêter, ni entrer dans aucune auberge ou maison de la ville; les marchandises pour lesquelles on contreviendra à la présente disposition, seront saisies et confisquées ainsi que les chevaux, mulets et voitures servant au transport.

63. Au moment de l'arrivée des marchandises, soit à l'entrepôt d'Alexandrie, soit dans les bureaux désignés par l'article 61, les préposés des douanes, après avoir reconnu l'état

les plombs et cordes, procéderont à la vérification : s'il y a excédent ou déficit aux quantités indiquées sur les acquits-à-caution, ou substitution d'une marchandise à une autre, les soumissionnaires encourront les peines portées par les lois de l'Empire français.

64. Immédiatement après la vérification des marchandises qui auront été conduites à Alexandrie, elles y seront mises en entrepôt et portées en charge sur deux registres, dont l'un sera tenu par le contrôleur aux entrepôts, et l'autre, par un receveur aux déclarations; chaque propriétaire ou consignataire de marchandises fera au bas de chaque enregistrement la soumission de les représenter sous les peines portées par les lois.

65. Lorsque lesdites marchandises seront tirées de l'entrepôt pour passer en Italie ou dans l'Adriatique, elles seront mises sous deux plombs, l'un par les préposés de la douane française, l'autre par les préposés de la douane italienne, qui, comme il sera dit dans le titre suivant, auront un exercice dans l'entrepôt d'Alexandrie. Lesdites marchandises seront embarquées sur le Tanaro en présence et sous la surveillance des préposés des douanes ; des préposés français et italiens monteront à bord des bâtimens de transport, et les convoieront jusqu'à leur entrée dans le Pô. Les marchandises seront accompagnées d'expéditions de la douane d'Alexandrie, qui indiqueront en détail les quantités, espèces, ainsi que les poids, nombre, mesure et marques des balles, caisses, barils, etc., de manière que les préposés des douanes de l'Italie puissent en faire la vérification à Goro, si elles descendaient le Pô pour entrer dans l'Adriatique.

Tout versement desdites marchandises sur les rives du Tanaro ou sur la rive droite du Pô, sera puni par la confiscation de la marchandise et du bateau, avec amende de mille francs.

Les dispositions de l'article 26 de la loi du 8 floréal an XI, seront applicables aux bateliers qui feront des versemens; en conséquence, ils seront condamnés, pour la première fois, à six mois de prison; et, pour la seconde, à un an.

66. Les marchandises qui seront tirées de l'entrepôt d'Alexandrie pour le Novareze, pourront y être transportées par terre ; dans ce cas, elles seront expédiées, sous plombs et acquits-à-caution, dans la forme prescrite par l'article 62, pour la douane de Valence ou de Sale, et, après vérification, conduites, sans délai, à l'étranger.

Celles destinées pour le Milanais jouiront de la même facilité et sous les mêmes conditions : elle sortiront par le bureau de Casatisme.

67. Les marchandises expédiées du royaume d'Italie ou de l'Adriatique par le Pô, à la destination de l'entrepôt de Gênes, seront également tenues d'arriver, par le Tanaro, à l'entrepôt d'Alexandrie. Si elles viennent de l'Adriatique, les caisses, balles, tonneaux, etc., seront plombés à la douane de Goro, et accompagnés d'expéditions, qui indiqueront en détail les quantités et espèces de marchandises. Les mêmes formalités seront remplies au dernier bureau du royaume d'Italie, si les marchandises viennent de ce pays.

Les bâtimens seront, autant qu'il sera possible, convoyés par des préposés.

Au moment de leur arrivée, les conducteurs, propriétaires ou consignataires, devront remettre au receveur de la douane une déclaration exacte des différentes espèces de marchandises qui composent le chargement, avec indication de leurs poids, nombre ou mesure, ainsi que de leur valeur et des marques et numéros des ballots, caisses ou tonneaux, etc. Lesdites marchandises seront, après vérification par les agens des douanes françaises et italiennes, mises dans l'entrepôt, et portées en charges sur deux registres dans la forme prescrite par l'article 64.

Cependant celles expédiées du Novarèze en transit pour l'entrepôt de Gênes, pourront entrer par les bureaux de Valence ou de Sale, et être transportées par terre à l'entrepôt d'Alexandrie, sous toutes les formalités et conditions prescrites par l'article 62.

Celles venant du Milanais à destination de l'entrepôt de Gênes, pourront également arriver par terre à l'entrepôt d'Alexandrie sous les mêmes conditions, elles entreront par le bureau de Casatisme.

Lorsque les marchandises seront tirées de l'entrepôt d'Alexandrie pour passer à celui de Gênes, elles seront expédiées sous toutes les formalités prescrites par l'article 62.

68. Toutes les marchandises entreposées à Alexandrie, et qui ne seront pas de la classe de celles prohibées, pourront être déclarées pour la consommation de l'Empire français, et en acquitteront les droits.

69. Les marchandises qui auront été entreposées, seront, à mesure qu'elles sortiront de l'entrepôt, portées en décharge sur deux registres particuliers, avec indication des lieux de destination et des numéros des acquits-à-caution ou acquits de paiement des droits, qui auront été délivrés, ainsi que

des numéros des registres sur lesquels les marchandises auront été portées en charge à leur entrée dans l'entrepôt.

70. Le bâtiment affecté à l'entrepôt devra être isolé de tous autres édifices, et présenter toutes les sûretés convenables : les portes des magasins seront fermées à deux clefs, dont l'une sera entre les mains du receveur des douanes, et l'autre en celle du commerce. Le receveur aura son logement et ses bureaux dans le bâtiment de l'entrepôt. Il sera, en outre, construit près dudit entrepôt un corps-de-garde pour la brigade chargée de la surveillance.

71. La durée de l'entrepôt sera d'un an. Avant l'expiration de l'année, les marchandises devront être déclarées pour la consommation, ou expédiées pour l'étranger.

TITRE V.

Du Transit.

NAVIGATION DU PÔ.

72. A compter du premier vendémiaire an XIV, les droits de transit, de péage et autres auxquels la navigation du Pô est soumise, et qui se perçoivent, soit sur le territoire de l'Empire, soit dans le royaume d'Italie, soit dans les Etats de Parme et de Plaisance, sont supprimés. En conséquence, la navigation de ce fleuve sera libre depuis Turin jusqu'à la mer. Il pourra simplement être perçu un octroi de navigation pour l'entretien des chemins de halage, conformément à ce qui sera réglé.

73. Toutes les marchandises étrangères, soit qu'elles entrent dans le Pô pour passer à l'entrepôt d'Alexandrie, soit qu'elles sortent dudit entrepôt à destination de l'Adriatique, seront plombées, les premières à la douane italienne de Goro, et les secondes à celle d'Alexandrie. La même mesure aura lieu sur tous les points d'embarquement.

Les préposés desdits bureaux délivreront aux conducteurs de bateaux, des expéditions qui indiqueront en détail les quantités et espèces de marchandises, les marques et numéros des caisses, balles, tonneaux, etc. En conséquence, il y aura à l'entrepôt d'Alexandrie des préposés des douanes italiennes qui assisteront à l'embarquement, au débarquement et à la vérification desdites marchandises.

TITRE VI.

De la ligne des Douanes.

74. Il sera établi sur les Alpes, depuis Nice jusqu'en Suisse, une ligne de brigades chargée d'empêcher la contrebande, et de recueillir des renseignemens sur la direction que prendra le commerce réciproque entre la France et l'Italie.

75. L'autorisation nécessaire, d'après l'article 41, titre XIII de la loi du 22 août 1791, et l'article 37 du même titre de la même loi, et d'après la loi du 21 ventôse an XI, pour établir des manufactures et construire des moulins, soit à vent, soit à eau, ou d'autres usines, ne sera accordée dans l'étendue du territoire formant la ligne des douanes près la frontière de terre, que sur le rapport des préfets et l'avis des directeurs des douanes, constatant que la position de ces établissemens ne peut favoriser la fraude.

76. Les moulins, situés à l'extrême frontière, pourront être frappés d'interdiction par mesure administrative et par décision des préfets, lorsqu'il sera justifié qu'ils servent à la contrebande des grains et farine; le tout sauf le pourvoi pardevant Sa Majesté en son Conseil d'Etat.

77. Ces faits devront être légalement constatés par procès-verbaux de saisie ou autres dressés par les autorités locales ou par les préposés des douanes.

TARIF des Droits sur les Marchandises étrangères expédiées de l'entrepôt de Génes en transit par terre pour le royaume d'Italie, la République helvétique, et les Duchés de Parme et de Plaisance, ou qui seront expédiées desdits pays pour ledit entrepôt, et en seront exportées pour l'étranger, soit par terre, soit par mer. (Voyez l'article 50 de la loi).

A.

	Quintal décimal.
Acajou (Noix d'),	3f 00c
Acier non ouvré,	3 00
Acier. (Ouvrages d') *Voyez* Quincaillerie (*Non dénommés*)	6 00
Aiguilles à coudre,	5 00
Arquifoux,	2 50
Amadou,	2 50
Argent travaillé ($1 p. \frac{o}{o}$ de la valeur)	
— faux,	10 00
Ardoises en feuille, le mille en nombre,	1 00

B.

	Quintal décimal.
Bambous,	6 00
Bas de castor,	10 00
— de filoselle poil net,	16 00
— de soie,	16 00
— de fil fin,	7 00
— de coton fin,	7 00
— de fil ou coton grossier,	5 00
— de peau,	7 00
— de laine foulée ou au métier,	5 00
Baleines coupées et apprêtées,	6 00
Bâtons de bois vernissés,	4 25
Bière,	3 00

	Quintal décimal.
Bimbeloterie,	6f 00c
Bismuth ou étain de glace,	2 00
Bijouterie. (Ouvrages de) ($1 p. \frac{o}{o}$ de la valeur.)	
Bois d'acajou non travaillé,	3 00
— travaillé,	6 00
— d'ébène,	4 00
— de noyer d'Inde,	3 00
— de poirier des Indes,	3 00
— serpentin,	3 00
— de tilleul,	3 00
— de Fernambouc,	4 00
— de Campêche ou autres de teinture,	5 00
Bonnets de laine,	5 00
— de coton,	5 00
— rouges ou d'autres couleurs, en laine ou en estame,	6 00
Bonbons,	7 00
Bourre,	2 50
Bouchons de Liége,	4 00
Boutons de fil avec moulés,	4 00
— de métal,	7 00
— de jais,	5 00
— de verre,	4 00

	Quintal décimal.
Boutons de fil de chèvre et de soie,	5 00ᶜ
Bronze ou airain (Ouvrages de),	7 00
Brosserie,	5 00
Bonneterie. (*Non dénommée*.)	

C.

Clouterie,	5 00
Cabarets de la Chine,	19 00
— ordinaires,	5 00
Cannes des Indes,	7 00
Canons de fusil,	6 00
Câpres,	3 00
Caractères d'imprimerie,	4 00
Cardes à carder,	5 00
Chanvre non peigné,	3 00
— peigné,	2 50
— de Bologne,	3 00
Carton blanc ou gris,	5 00
Cartes à jouer,	4 00
— géographiques,	3 00
Chapeaux ordinaires,	4 00
— de paille,	3 00
— de castor,	6 00
Chandelles de suif,	3 00
Chandeliers de cuivre ou autre métal,	10 00
Chaises de canne des Indes,	3 00
Chemisettes d'estame tant à l'aiguille qu'au métier,	10 00
Cheveux,	20 00
Cordes à violon,	5 00
Coton filé,	5 00
— en laine,	3 00
Couvertures de coton,	7 00
Cristaux de Venise,	5 00
Cuirs en poil,	3 00
— préparés,	6 00

	Quintal décimal.
Cuivre en plaque ou en pain,	5 00ᶜ
Culasses de fusil,	5 00
Culottes de peau de Morlac,	7 00
— d'estame,	16 00
Coutellerie. (Ouvrages de) (*Non dénommés*).	
Crayons,	7 00

D.

Dattes,	3 00
Dents d'éléphant,	7 00
Dentelles de soie ou de fil,	16 00
— d'or et d'argent fin,	20 00
— d'or et d'argent faux,	10 00
Draps de laine d'Espagne,	10 00

Drogueries.

Ambre,	16 00
Agaric,	6 00
Idem en coque,	5 00
Aloës,	7 00
Alun,	3 00
Amidon,	4 00
Angélique,	5 00
Anis,	5 00
Antimoine,	3 00
Ammoniac,	7 00
Arsenic blanc et jaune,	5 00
Amandes,	5 00
Assa fœtida,	6 00
Azur,	10 00
Baume oriental,	20 00
— du Pérou,	15 00
— de Copahu et autres,	7 00
Benjoin ordinaire,	7 00
— en grains,	15 00
Bdellium,	7 00
Bézoard,	16 00

	Quintal décimal.		Quintal décimal.
Bitume judaïque,	5f00c	Corail blanc, ouvré ou non ouvré,	6f00c
Blanc de Baleine,	5 00	Cornes de cerf,	5 00
Bois aspalathe et de Brésil,	15 00	Couleurs à peindre,	3 00
Bol oriental,	5 00	Crême de tartre,	5 00
Borax,	10 00	Cubebe ou poivre à queue,	7 00
Bois de fustet jaune d'Espagne dit santo,	3 00	Cumin,	3 00
— de girofle,	7 00	Curcuma,	5 00
— néphrétique,	7 00	Dents d'ivoire autres que d'éléphant,	9 00
— d'aloës,	20 00	— de sanglier,	7 00
Cacao de Caraque,	7 00	Dictame de Crète,	5 00
— d'autres lieux,	6 00	Débris de Canelle,	6 00
Café,	6 00	Eau forte,	10 00
Camphre,	10 00	— de canelle,	7 00
Canelle fine,	14 00	— de mélisse,	5 00
— commune,	10 00	— de Renne,	3 00
Cardamomum en petits grains,	10 00	— thériacale,	7 00
— en longs grains,	7 00	— odoriférante,	3 00
Casse en coque,	5 00	Ecorce de gaiac,	5 00
— brisée,	4 00	Email de Venise,	5 00
Carabé ou ambre jaune,	7 00	Essence de Vitriol,	7 00
Castoréum,	20 00	Essences de bergamotte, de limon, de romarin,	10 00
Céruse,	5 00		
Chocolat,	10 00		
Cendre de gaude,	3 00	Eponges,	6 00
Civette,	20 00	Euphorbe,	5 00
Cire,	7 00	Encens en grains,	7 00
Cinabre,	14 00	— mélangé,	5 00
Clous et bois de girofle,	16 00	— en poudre,	3 00
Cochenille,	10 00	Fleur de soufre,	5 00
Colle forte,	5 00	Fleur de girofle	6 00
— de poisson,	6 00	Fenugrec,	3 00
Contrayerva,	7 00	Galanga,	5 00
Copal,	7 00	Galbanum,	7 00
Confitures,	10 00	Gallène en larmes,	7 00
Couperose de toute sorte,	7 00	Galles du Levant,	5 00
		Gallonia,	3 00
Cantharides,	10 00	Garance ou alizari,	6 00
Coriandre,	3 00	Genièvre,	5 00

	Quintal décimal.		Quintal décimal.
Giallo santo	4 00	Laudanum,	5 00
Giardolin,	5 00	Litarge,	3 00
Gomme ammoniaque,	7 00	Manne,	7 00
— arabique,	5 00	Minium,	5 00
— carabé, tant blanche que grise,	7 00	Macis,	20 00
		Magnésie,	20 00
— copal,	7 00	Mastic,	7 00
— adragante,	5 00	Méchoacan,	7 00
— élémi,	5 00	Mélasse,	3 00
— galbanum,	7 00	Meleghette,	5 00
— laque,	7 00	Miel de toute espèce,	5 00
— gaïac,	7 00	Mirobolans,	5 00
— legno santo,	7 00	Musc,	20 00
— du Levant,	3 00	Myrrhe,	10 00
Graines Sauvages,	5 00	Nacre de perles,	5 00
Guelde ou Gaude,	3 90	Nard celtique,	5 00
Gingembre,	3 00	Noix muscade,	15 00
Gui de soleil,	7 00	Opium,	15 00
— d'eau,	5 00	Opoponax,	10 00
— de chêne,	3 00	Orge de Germanie,	3 00
Herbes de jardin,	3 00	Origan,	5 00
— médicinales,	3 00	Orpiment en pierre,	3 00
Huile d'anis,	7 00	— pilé,	4 00
— de laurier,	5 00	Perles fines,	20 00
— de lin,	3 00	Pierres de bézoard,	20 00
— de noix,	3 00	Pierres à tailleur,	3 00
— de poisson,	5 00	Poivre en grains,	9 00
— de pétrole,	3 00	— en poudre,	5 00
— de vitriol,	5 00	Pistaches,	5 00
— de noix-muscade	20 00	Précipité,	7 00
— de girofle,	20 00	Quinquina en écorce,	6 00
— de canelle,	20 00	— en poudre,	5 00
Hyacinthes orientales,	17 00	Racine de jalap,	10 00
Jalap,	7 00	Rapontie,	10 00
Ipécacuanha,	7 00	Rhubarbe,	15 00
Indigo,	9 00	*Idem* blanche,	7 00
Iris,	3 00	Râpure de corne de cerf,	5 00
Jus d'acacia.	5 00	Réglisse,	3 00
— de réglisse,	5 00	Safran,	15 00
Laque fine préparée,	16 00	Salpêtre,	5 00
— fausse de Venise,	7 00	Sassafras,	3 00
Lapis lazuli,	10 00	Salseparelle,	3 00

	Quintal décimal.
Sandal (Bois de),	5f 00c
Sandaraque ,	5 00
Sang de bouc ,	5 00
— de dragon ,	7 00
Scammonée ,	10 00
Sel ammoniac ,	7 00
— gemme et autres ,	7 00
Semence d'ambrette ,	5 00
— commune ,	5 00
— d'améos ,	5 00
— de ben ,	5 00
Sebesten ,	5 00
Semence de cédrat ,	5 00
Séné ,	7 00
Sirop d'alkermès ,	10 00
— de capillaire ,	7 00
Serpentaire ,	7 00
Soliman ou sublimé ,	20 00
Idem de Venise ,	7 00
Staphisaigre ,	7 00
Storax en pain ,	5 00
— en larmes ,	20 00
Sucre en pain ,	5 00
— blanc , brisé ou en poudre ,	4 00
— gris ou cassonade ,	3 00
— candi ,	7 00
Tamarin ,	5 00
Tartre ,	3 00
Terre à peindre ,	3 00
— en pâte ou rocou ,	15 00
Thé ,	15 00
Térébentine ,	15 00
Thériaque ,	20 00
Tournesol ,	5 00
Turquinette ,	5 00
Tutie ,	3 00
Vanille ,	7 00
Vallonia ,	3 00
Vert éternel ,	7 00
— de gris ,	5 00
Vernis blanc ou gris ,	5 00

	Quintal décimal.
Vermillon ou minium ,	5f 00c
Vitriol ,	3 00
Vomique (Noix) ,	5 00
Vif-argent ,	5 00
Vert de vessie ,	6 00
— de montagne ,	5 00
Vulnéraire ,	3 00
Yeux d'écrévisse ,	7 00
Yvoire (Noir d') ,	5 00
Zédoaire ,	7 00
Drogueries non dé-nommées ,	5 00

Draperies.

	Quintal décimal.
Draps de castor et mi-castor ,	9 00
— écarlate de toutes qualités , autres que d'Angleterre ,	9 00
Baracan du Levant ,	3 00
Bluteau de Zurich ,	7 00
Calmandre ,	5 00
Camelot ponceau ,	9 00
— de poil de chèvre ou chameau ,	9 00
— du Levant ou d'Al-lemagne ,	6 00
Capotes ordinaires du Levant ,	3 00
Ceintures de laine ,	5 00
Couvertures de laine de Majorque , de Rome ou d'Allemagne ,	6 00
— piqués du Levant ,	3 00
Crépons de laine et de soie ,	5 00
— écarlate cramoisi ou ponceau ,	7 00
Flanelle ,	5 00
Futaine de laine ,	3 00
— mêlée de fil ,	7 00

	Quintal décimal.
Morelle de laine mêlée de soie,	9f 00c
Etamine d'Allemagne,	7 00
Mi-laine de Cremone et de Plaisance,	7 00
Molleton,	3 00
Peluche de laine écarlate,	9 00
— de laine et de fil,	5 00
Ratines larges et étroites,	5 00
Ecarlate cramoisie et ponceau,	6 00
Saloniques du Levant teints et blancs,	6 00
Serge écarlate,	7 00
— de Rome, teinte en couleur,	5 00
— ferandins de Milan, Crémone, etc. etc.,	6 00
Velours de coton,	6 00
Draperies non dénommées,	

E.

Eau-de-vie,	3 00
Eau de ceriset,	6 00
— de la reine ou spiritueuse,	5 00
Ecailles brutes,	20 00
Epées de métal avec leurs gardes,	10 00
Email de Venise,	5 00
Epingles petites ou grandes,	5 00
Etain en verges,	5 00
— travaillé,	7 00
Epiceries non dénommées,	
Estampes de toute sorte,	10 00
Etoffes en soie mêlée d'or et d'argent,	6 50

	Quintal décimal.
Eventails,	0

F.

Faïence,	
Fer en verges,	
—travaillé,	
Ferremens de Brescia,	3
— de Varalla,	5
Ficelle de fil,	10
— de chanvre,	5
Fil – de – fer de toute sorte,	3
Fil tant blanc qu'écru,	5
— bouilli de Lombardie,	6
— crû,	3
— de chèvre,	6
— de laiton et de cuivre,	
Fleurs artificielles de toute sorte,	
Flocons de soie,	
Flageolets et joujoux,	5
Fourrures de toute sorte,	10
Fromages,	3
Fusils ou arquebuses,	5

G.

Galons d'or et d'argent fin (1 p. % de la valeur).	
— faux,	20 00
Gants de peau,	10
— de castor et de soie,	12 00
— de laine,	9
Gardes d'épée en cuivre,	10 00
Glaces et miroirs,	10 00
Gaze de soie,	20 00
— de fil,	10 00
Graines de jardin et autres,	3 00
Grenat,	6 00

	Quintal décimal.
Grenat faux,	5f 00c
— petit,	3 00

H.

Habillemens neufs à usage d'homme et de femme,	6 00
— usés,	3 00
Harnais de chevaux,	10 00
Horlogerie (1 p. ⁰/₀ de la valeur).	
Hoyaux,	3 00
Huile de toute sorte,	6 00

I.

Instrumens aratoires,	2 00
— d'astronomie,	
— de chirurgie,	10 00
— de musique,	5 00
Ivoire (Ouvrages d'),	10 00
Joncs ou cannes des Indes,	3 00

L.

Laine de Barbarie,	5 00
— sale du Levant,	2 00
— d'Italie,	5 00
— lavée d'Espagne,	9 00
— Idem, sale,	5 00
Laiton battu et laminé en planches,	3 00
— filé,	4 00
Légumes secs de toute espèce,	2 00
Liége en table,	2 00
Limes,	5 00
Lin peigné,	5 00
— brut,	3 00
Livres reliés ou en feuilles,	6 00
Lames d'épée,	3 00
Liqueurs de toute espèce,	5 00

M.

	Quintal décimal.
Marbre travaillé (1 p. ⁰/₀ de la valeur).	
— brut de Carrare,	1f 00c
Manchons de duvet,	15 00
Maroquin de couleur,	7 00
— de Venise,	5 00
— du Levant,	5 00
— rouge,	10 00
Miroirs de Venise,	15 00
Masques de toile cirée,	6 00
Mèches,	2 00
Métal de Hollande et de Sale,	5 00
Meules à aiguiser,	2 50
Morta,	2 50
Morlaque de Rome (Peau),	6 00
Musique gravée et autre,	6 00

N.

Nattes,	2 50

O.

Olives,	5 00
Ornemens d'église,	6 00
Or travaillé (1 pour ⁰/₀ de la valeur).	
Ouvrages en or faux,	5 00
Os de baleine coupés,	6 00
Ouvrages en os et en ivoire,	10 00
— de cuivre plaqué,	5 00

P.

Peau peinte,	7 00
— dorée et argentée,	7 00
— d'hermine,	20 00
— de fouine,	15 00
— de loup-cervier,	20 00
— de martre,	15 00

	Quintal décimal.		Quintal décimal.
Peau de marmotte ,	15f00c	Pâtes de Naples et autres ,	3f00c
— d'agneau et de chevreuil en poil ,	3 00	Perles fausses ,	5 00
— tanné et en morlaque ,	6 00	Pierre à affiler ou de touche ,	3 00
— en basane ou chagrin ,	8 00	Plumes à écrire ,	5 00
		— d'oie ,	5 00
— de bœuf et de vache en poil ,	3 00	— d'autruche ,	9 00
— de chevreuil , tanné à l'huile ,	6 00	Plomb ,	3 00
		Poil de castor ,	15 00
— de cerf et maffro ,	5 00	— de lapin ,	10 00
— de petit loup du Levant ,	5 00	— de Gangara ,	7 00
		Poils à pinceaux ,	3 00
— de chat-cervier ,	7 00	Pinceaux ,	5 00
— du chat sauvage ,	5 00	Pipes en plâtre ,	5 00
— de lièvre blanc , battue ,	7 00	— de terre vernissée et autre ,	9 00
— de loudriat ,	6 00	Pistolets ,	6 00
— d'ours ,	5 00	Poils de chameau ,	8 00
— de maroquin de Murcie et de Barcelonne ,	7 00	— de chèvre ,	6 00
		Poîles ,	2 50
— de tigre ,	9 00	Poix noire et blanche ,	3 00
		Pendules avec caisses,	10 00
— de veau , brute corroyée ,	6 00	Parchemin ,	7 00
		Plaques étamées ,	5 00
— de renard , battue et tannée :	6 00	—ordinaires ,	3 00
		— petites ,	2 00
— de renard , brute ,	5 00	Planches de verre de Venise pour fenêtres,	3 00
Pelleteries apprêtées , non dénommées ,	10 00	Pomade de toute sorte ,	5 00
Pain d'épice de Naples ,	5 00	Porcelaine de la Chine, de Hollande ou de Dresde ,	10 00
Palatine de duvet ,	15 00	Poudre à poudrer ,	3 00
Papier blanc ou gris de toute sorte ,	3 00	— de sumac ,	3 00
Parapluie en toile cirée ,	3 00	**Q.**	
Parasol en soie ou mousseline ,	10 00	Quincaillerie commune ,	5 00
Passementeries,	3 00	—fine ,	15 00

R.

R.

	Quintal décimal.
Raisins de Corinthe,	3 00
Rhum,	6 00
Rotins ou roseaux des Indes,	4 00
Rubans de fil de toute qualité,	5 00
—de laine ou d'estame,	4 00

S.

Sanguine pour crayons,	3 00
Savon noir,	2 00
—de toute autre qualité,	5 00
Savonnettes,	6 00
Scocoso,	3 00
Semelles de Lisbonne,	5 00
Serrures de cuivre,	6 00
—de fer,	5 00
Selles (harnais),	4 00
Souliers,	6 00
Soies, tant brutes que travaillées,	20 00
—tordues (les 25 liv. décimales),	6 00
—gréges, tant fines qu'ordinaires,	9 00
—dites peaux de cocon,	3 00
Strasse de soie, comme bourre,	2 50
Soufre,	3 00

Salaisons.

Anchois,	4 00
Anguilles salées,	3 00
Boyaux salés,	2 50
Champignons salés,	2 50
Harengs,	4 00
Poisson mariné,	3 00
—dit lambardano,	2 50
—dit moria,	2 50

	Quintal décimal.
Poisson en saumure,	4 00
Poutargue,	5 00
Saraches, espèce de harengs,	3 00
Sardines salées,	3 00
Saumon,	3 00
Stockfisch,	3 00
Thon à l'huile,	5 00
—gras,	4 00
—maigre,	3 00
Merluches,	4 00
Thon salé,	6 00

T.

Tabatières de bergamotte,	5 00
—de bois vernissé,	6 00
Tapis ou tapisseries,	15 00
Tableaux,	4 00
Toile de crin à crible,	3 50
Torches enduites de poix-résine,	2 50

Toileries 1.re Classe.

Bordats en coton et soie, de fil et soie,	10 00
Catalusses mêlées soie,	10 00
Mouchoirs des Indes ou calanca de Lisbonne,	10 00
—imprimés en batiste,	10 00
Mousseline,	10 00
Toile d'estame faite à l'aiguille,	10 00
—de Hollande,	10 00
Nappes et serviettes de Silésie,	10 00
Bordats fins en fil,	7 00
—fil et coton,	8 00
Cravattes de coton de Zurich,	6 00

	Quintal décimal.		Quintal décimal.
Doublets de Silésie et d'Allemagne,	6f 00c	Toiles cendrées,	5 00
Mouchoirs de coton, de fil et de coton pur d'Allemagne,	6 50	— écrues de Silésie,	5 00
Futaine de Crémone,	6 50	— dites dénaretti,	5 00
— dites pelloncini,	6 50	— fontanine,	5 00
Toile battue du Levant,	6 50	— gialdonine,	5 00
— haute ou toile d'Olmo,	6 50	— cirées,	5 00
— batiste,	6 50	— de lin et d'étoupe,	5 00
— de coton, Guinée ou mi-Guinée,	6 50	— lustrées pour les chapeaux,	5 00
— bertagnette,	6 50	— dites moletti,	5 00
Indienne ou mi-calanca de coton et fil ou de coton pur,	6 50	— ouvragées,	5 00
Toile de Constance,	6 50	— dites rampiones,	5 00
— dite gambari,	6 50	— dites de la rose,	5 00
— de fil ouvrée ou calamandrée,	6 50	— dites sangals imprimées,	5 00
— mi-Hollande,	6 50	— 16.e, 18.e et 20.e,	5 00
— dite pezotti,	6 50	— imprimées de toute sorte,	5 00
— de Silésie à la façon de Hollande,	6 50	— dites talanées,	5 00
		— de Varallo,	5 00

2.e Classe.

	Quintal décimal.		Quintal décimal.
		3.e Classe.	
Bordats ordinaires du Levant,	5 00	Toiles dimitti,	3 50
— d'Allemagne,	5 00	Doublons de Parme,	3 50
Couvertures de coton et fil de Naples,	5 00	Doublets de Naples, de Plaisance,	3 50
Basin,	6 00	— ordinaires de Naples,	3 50
Indiennes, les schals compris,	6 00	Entimes d'Allemagne,	3 50
Toiles blanches et écrues de Lombardie,	5 00	Mouchoirs d'Allemagne ordinaires, tant en coton qu'en fil et coton, à 15 par paquet;	3 50
— de chanvre pour broder,	5 00	Lacerini du Levant,	
— carmagnoles,	5 00	Ombrato de chanvre et étoupe,	3 50
		Toiles de lin battu du Levant,	4 00
		— à pointes,	3 50
		— à raies ordinaires,	3 50

	Quintal décimal.		Quintal décimal.
Toiles bonne sorte, tant blanches qu'écrues,	3ᶠ00ᶜ	Toiles dites terlici,	3 50ᶜ
— canevas de Parme,	3 00	— valesi,	3 50
— de chanvre de Lombardié, blanches et écrues,	3 50	*Tabacs.*	
		Tabacs en feuilles,	3 50
— cavallines,	3 50	— en côtes ou pegoletti,	1 50
— créas,	3 50		
— fagot, tant blanches qu'écrues,	3 50	**V.**	
		Velin,	9 00
— à flammes,	3 50	Ventrières (tabliers) de laine ou de fil,	2 50
— de fil et coton à fleurs de laine et de soie,	4 00	Vermicel,	3 00
— de Fiume, de Venise, blanches et écrues,	3 50	Verre de cristal,	4 00
		— de Bohème,	6 00
— du Levant à livret, tant blanches qu'écrues,	3 50	— brisé ou groisil,	3 00
		Verrerie, non dénommée.	
— dites paretoni,	3 50	Voitures (*à la pièce*),	12 00
— roanées de Berne,	3 50		
— della rota,	3 50	Tous les objets omis au présent tarif, paieront cinq francs par quintal décimal.	
— sangals gommés,	3 50		

Collationné à l'original, par nous président et secrétaires du Corps législatif. Paris, le 30 avril 1806. *Signé* FONTANES, *président* ; DUMAIRE, DESRIBE, JACOMET, P. S. GUÉRIN, *secrétaires.*

Mandons et ordonnons, etc.

Signé NAPOLÉON.

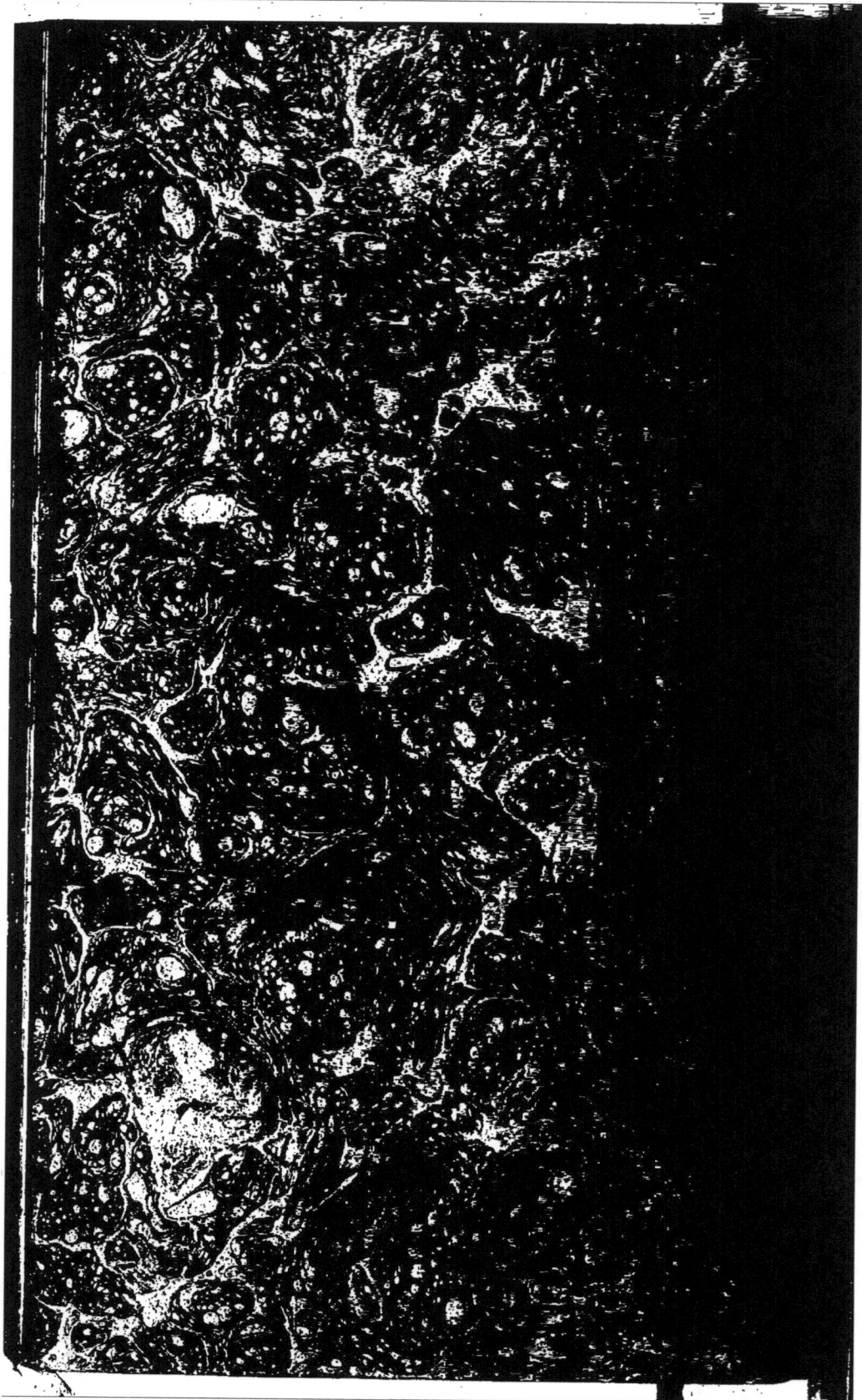

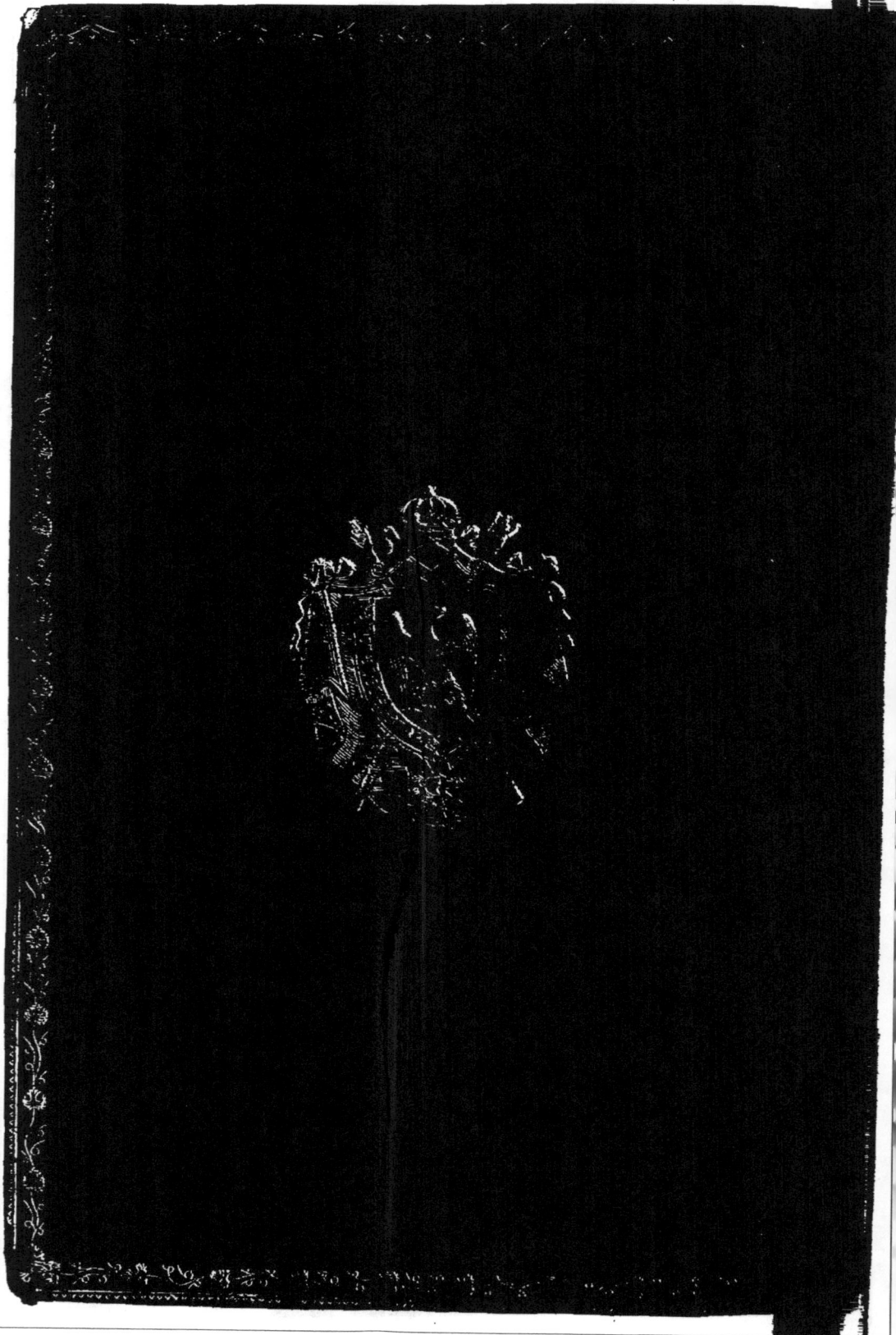